Spanish B
for the IB DIPLOMA

Mike Thacker

Sebastián Bianchi

Consultant: John Bates

HODDER
EDUCATION
AN HACHETTE UK COMPANY

Key to icons used in this book

📖	Reading	G	Grammar
✏️	Writing	🎵	¡Escuchemos una canción!
🎧	Listening	🎞️	¡Veamos una película!
💬	Speaking	🧠	Teoría del conocimiento
V	Vocabulary	🗺️	IB Learner Profile

¡Observa!

Please note that throughout this book we have used the *tú* form of address in the singular and the **ustedes** one in the plural, in keeping with usage in the majority of Spanish-speaking countries.

We have used the following abbreviations throughout the book:
E = España
HA = Hispanoamérica
CA = Centroamérica
CS = Cono Sur (Argentina, Chile, Paraguay y Uruguay)

Sebastián Bianchi

A mi padre, Hugo, por enseñarme el enorme valor de la cultura, y a mi madre, Teresita, por inculcarme la comunicación y el respeto.

Every effort has been made to trace all copyright holders, but if any have been inadvertently overlooked the Publishers will be pleased to make the necessary arrangements at the first opportunity.

Although every effort has been made to ensure that website addresses are correct at time of going to press, Hodder Education cannot be held responsible for the content of any website mentioned in this book. It is sometimes possible to find a relocated web page by typing in the address of the home page for a website in the URL window of your browser.

Hachette UK's policy is to use papers that are natural, renewable and recyclable products and made from wood grown in sustainable forests. The logging and manufacturing processes are expected to conform to the environmental regulations of the country of origin.

Orders: please contact Bookpoint Ltd, 130 Milton Park, Abingdon, Oxon OX14 4SB. Telephone: +44 (0)1235 827720. Fax: +44 (0)1235 400454. Lines are open 9.00a.m.–5.00p.m., Monday to Saturday, with a 24-hour message answering service. Visit our website at www.hoddereducation.co.uk.

© Mike Thacker & Sebastián Bianchi 2012
First published in 2012 by
Hodder Education,
an Hachette UK company
Carmelite House, 50 Victoria Embankment,
London EC4Y 0DZ

Impression number   10 9 8 7 6
Year   2019 2018 2017 2016

Cover photo: © Anibal Trejo
Typeset in Minion 11/13pt
Design and layouts by Lorraine Inglis Design
Artwork by Barking Dog
Printed and bound in Dubai

A catalogue record for this title is available from the British Library
ISBN 978 1 444 14640 0

ÍNDICE

Introduction

This book will help you to achieve three things:

1 To be a confident and creative linguist

To be proficient in Spanish at Diploma level you need to gradually build up your level of skill in reading, listening to, speaking and writing the language.

- Our book will steer you along the path to proficiency by offering a range of texts and tasks which will provoke your curiosity, stimulate you to think and challenge you to be creative with the language.
- As you work through the course, you will acquire strategies for learning, highlighted in the *Estrategias para…* feature. In doing so, you will learn to be a good **communicator**, a key attribute of the IB learner profile. In keeping with the aims of the IB, our book also explores concepts and issues which will enable you to become more **knowledgeable**, make you a more **open-minded** student of other cultures, and turn you into a more **reflective** learner.
- We introduce and remind you of the 'nuts and bolts' of Spanish language in regular *Gramática* features; these are linked to a more detailed Grammar Summary at the end of the book, covering all the key structures that you need to know.
- And we won't let you forget that learning should be fun! Speaking activities such as role-plays and debates are opportunities to be creative in the language. We also give you some pointers to Hispanic films in *¡Veamos una película!* and songs in *¡Escuchemos una canción!*, and each unit finishes with *¡A jugar!*, a game to test your wits and your knowledge.

2 To score the highest grades in IB Spanish Language B

The activities in this course will prepare you thoroughly for the IB examination.

- Reading and writing activities will prepare you for the examination by familiarising you with a range of task types.
- Listening passages, photographs and a variety of speaking activities will help you prepare for your individual and interactive oral tests.
- We give you detailed advice on how to tackle different types of text in the *¡Qué bien escribes!* sections, and the oral exam in the *¡Qué bien hablas!* sections. We also offer guidance on how to go about written assignments in *Tarea escrita de segundo año* [Nivel medio] and *Tarea creativa sobre literatura de segundo año* [Nivel superior].
- We have included, periodically, specific IB-style examination practice in *Práctica para el examen*, to

help you focus on the different types of question you will face, with tips on how to tackle them.

- All the IB topics are covered. The texts are up to date and cover a range of issues past and present, from traditional *fiestas* to the impact of computer technology. And there are plenty of opportunities to acquire the vocabulary V associated with them.
- If you are studying at Higher level, you will be stretched by the more challenging passages, identified by the heading *[Nivel superior]* in each unit. We also feature a dedicated literature section in every unit, with topic-related extracts for you to enjoy, analyse and reflect on, from a wide range of notable Hispanic writers. Your acquaintance with these will help you to prepare for your creative assignment.
- We link the topic content with the Theory of Knowledge to give you lots of practice in discussing ideas related to this important IB area of study.

3 To appreciate the range of Hispanic culture

Hispanic culture is international: over 20 countries are bound together by the common thread of the Spanish language, yet they also vary in culture and language. We have reflected that range in this book.

- The Spanish in the texts and listening extracts is authentic and contains a range of local vocabulary and usage; this will help you to become familiar with the language of different countries in the Spanish-speaking world. We have helped you to identify these differences in the *¡Observa!* feature.
- Many of the passages show the interconnectedness of the different countries that make up the Hispanic world, reinforcing the aim of the IB to give you a greater understanding of cultural diversity.
- You will also investigate many corners of the Spanish-speaking world. The *¿Qué sabes de… ?* feature in Unit 1 describes the Hispanic world; each subsequent unit gives an account of one Hispanic country or region, explaining how it has evolved and what is distinctive about it, in order to enhance your understanding of its traditions and its inhabitants.

Finally…

To get the most out of this course make sure you:

- read and listen to Spanish regularly, even if it is only for a short while.
- contribute fully to class discussion in Spanish. This is how you will build up confidence in using the language.
- explore Hispanic language and culture for yourself. Discovery is an essential part of learning!

¡Que disfrutes del libro!

UNIDAD **1**

La familia y los amigos

¡Piensa!

Las relaciones que establecemos con los otros –nuestros padres, hijos, primos, amigos, nuestra pareja o nuestros compañeros de trabajo– son espejos maravillosos que nos permiten continuar con nuestro proceso de crecimiento personal. Los otros nos ayudan a descubrir quiénes somos.

Adaptado de http://www.micuidado.com

● ¿Qué es un espejo? ¿Por qué dice el texto que nuestros familiares son "espejos maravillosos"?

● ¿Cómo es tu familia: feliz, tranquila, ruidosa, moderna, tradicional…?

● ¿Te entiendes bien con tu hermano/a, madre, padre…? ¿Por qué (no)?

● En la formación del joven, ¿influyen más los amigos o la familia?

● ¿Cómo influyen tus amigos sobre ti? ¿Para bien o para mal?

● ¿Qué haces para establecer una relación con un(a) nuevo/a compañero/a?

● ¿Qué quieres hacer de mayor? Si ya lo has decidido, ¿quién influyó más en tu decisión?

I: Esta es mi familia

Para empezar...

¿Qué sabes de la familia?

A **¿Cómo se llaman los siguientes parientes?**

1 el padre de la madre/padre
2 la hermana del padre/madre
3 la hija de un(a) hijo/a
4 el marido de una hermana
5 la hija de un(a) hermano/a

B **Completa las siguientes frases con una palabra del recuadro. ¡Cuidado! Hay más palabras que espacios.**

padrastro	huérfana	bisabuela	primo
soltero	viuda	suegro	embarazada

1 Ana es _____; sus padres se murieron cuando era joven.
2 Sergio está muy contento, porque su esposa Verónica está _____ y van a ser papás muy pronto.
3 Su marido falleció la semana pasada. Ahora que ella es _____ y pobre, tiene que vender la casa.
4 Mi hermano está _____; nunca quiso casarse.
5 La madre de Alberto se casó otra vez, así que su hijo tiene un nuevo _____.

1 Saludos de Juancito

¿Qué tal? Mi nombre es Juan Francisco Acevedo, pero todos me llaman Juancito. Tengo 14 años y soy de un pueblo cerca de Cumaná, en la costa caribe de Venezuela, donde vivo con mis papis y mi hermana, María Gracia.

Mi mamá trabaja en un hotel de lujo, porque acá hay bastante turismo. Cumaná quiere decir "ciudad donde nace el sol", y es hermosa. ¿Ustedes saben dónde está nuestra casa? ¡En la playa! Es que mi papá es pescador, igual que mi abuelo y toda su familia. Yo me llevo muy bien con mi padre y mi abuelo, y nos levantamos muy temprano para ir a pescar. Él me dice que quiere algo mejor para mí, por ejemplo ser profesional en la ciudad, pero a mí me encanta salir en su bote, con el solcito y el viento. Son como vacaciones todos los días. ¡Qué chévere!*

María Gracia y yo estudiamos en una escuela en Cumaná. Ella tiene 18 años y siempre está con su computadora, chateando con sus amigos o cosas así. Me dice que acá la vida es aburrida, pero yo estoy contento. ¿Para qué quiero más?

¡A ver cuándo vienes a visitarnos!

¡Observa!

*¡qué chévere! (Ven. coloq.) = ¡qué genial!

7

A ¿A quién(es) se refieren estas frases? Marca con una cruz (X) en la columna correspondiente, según el texto. Puede ser más de una persona, o ninguna.

	Juancito	María Gracia	el papá	la mamá	el abuelo
1 Nació en una región caribeña.					
2 Trabaja en un sitio muy visitado.					
3 Vive en la costa.					
4 Se dedica a pescar.					
5 No duerme mucho por la mañana.					
6 Estudió para ser profesional.					
7 Le encanta la vida al aire libre.					
8 Se comunica con sus pares desde lejos.					
9 No le gusta vivir en Cumaná.					
10 Le gusta recibir a sus amigos.					

B Juancito da más detalles sobre su familia. Usa los verbos en el recuadro en el presente. ¡Cuidado! Debes ponerlos en la persona correcta, y hay dos que no vas a usar.

querer	salir
divertirse	gustar
odiar	volver
llamarse	llevarse

1 Mi padre _____ Juan, como yo.

2 Mi mamá _____ a casa temprano y prepara la comida.

3 A mí _____ comer los pescados que atrapamos con papá, pero a María Gracia no.

4 Cuando sea mayor, yo _____ ser pescador como todos en la familia de mi padre.

5 En la escuela no _____ muy bien con un compañero.

6 Todos _____ mucho con mi abuelito; él siempre se ríe y hace bromas.

C Un joven quiere responder a Juancito. Te damos la ficha con todos sus datos. Escribe una carta/un e-mail informal a Juancito con ellos (o si prefieres, usando tu propia información), usando la primera persona (entre 100 y 150 palabras).

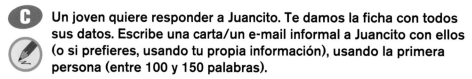

Nombre	Germán Leopoldo Guillermo Roldán Solís
Sobrenombre	"Chiche"
Fecha de nacimiento	28 de marzo de 1998
Lugar de nacimiento	Guayaquil, Ecuador
Domicilio	Av. Simón Bolívar 788, Quito, Ecuador
Características de la ciudad	Quito: capital más alta del mundo; valle de los Andes; al este del volcán Pichincha; población aproximada 2.500.000
Familiares y sus profesiones	"Pino" (padre, contador), Dolores (madre, maestra), Fabián (hermano, estudiante universitario)
Rutina diaria	7:30 levantarse 17:30 bañarse 8:30–14:30 colegio 18:00–19:00 deberes
Gustos	¡Jugar al basket!
Ambiciones	Ser basketbolista profesional

2 Una mexicana en Europa

Hola, soy Rosa. Mi familia vive en Bruselas, aunque somos de México. En mi familia hay cuatro personas: mi padre, mi madre, Guillermo, que es mi hermano menor, y yo. Primero tengo que decirles que la vida en Bruselas me aburre; cada día me entran más ganas de volver a Guadalajara, mi ciudad natal. Allá el ambiente de la ciudad es súper bueno y la gente simpática, como todos en mi país. Acá en Bélgica, lo único bueno es que ya hablo tres idiomas: español, francés e inglés, la lengua en la que me enseñan en mi colegio internacional. Me parece que con estos tres idiomas voy a tener más futuro, ¿no?

Lo que no entiendo es que a Guillermo le encanta Bruselas. Nunca para de alabar la ciudad: "qué padre* es el colegio", "qué simpáticos mis amigos belgas"… ¡Qué pesado!

Mi padre trabaja en una multinacional de carros* y mi madre es profesora de español. Aunque trabajan muchísimo entre semana, siempre tienen libres los fines de semana para salir a alguna parte en familia. A veces tomamos el Eurostar a Londres para visitar un museo, ir al teatro (¡a mi madre le chiflan los musicales!) o de compras. La última vez cenamos en un restaurante mexicano. ¡Por unas horas pude olvidarme de Bruselas e imaginar que estaba en mi país!

¡Observa!

*¡qué padre! (Méx. coloq.) = ¡qué bueno!

*carro (Méx., CA) = automóvil

A Completa las siguientes frases con una de las opciones, según lo que dice el texto:

1 Rosa nació en:
   a) Bélgica.
   b) México.
   c) Inglaterra.

2 A Rosa le caen bien:
   a) los belgas.
   b) los mexicanos.
   c) los amigos de su hermano.

3 En el colegio le dan clases en:
   a) inglés.
   b) francés.
   c) francés y español.

4 A Guillermo le encanta:
   a) su padre.
   b) su colegio.
   c) el inglés.

5 Los padres de Rosa:
   a) trabajan los fines de semana.
   b) viajan a Inglaterra cada semana.
   c) salen de Bélgica de vez en cuando.

6 A la madre de Rosa le gusta:
   a) escuchar canciones.
   b) ver películas musicales.
   c) la comida inglesa.

B Escoge los adjetivos que mejor describan la vida en Bruselas (a) según Rosa, y (b) según Guillermo. Haz una lista para cada uno.

fenomenal	genial	regia	pésima	molesta
brillante	tediosa	encantadora	buenísima
agobiante	pesada	hermosa

	Rosa	**Guillermo**
Ejemplo:	tediosa	fenomenal

Estrategias para hablar

En este libro tendrás muchas oportunidades de trabajar con tus compañeros de clase, como en el ejercicio oral a continuación.

Cuando hablas en castellano:

● No tengas miedo de cometer errores, así se aprende mejor.

● Si no puedes recordar una palabra, usa palabras más sencillas.

C ¿Vives/Has vivido en otro país? Trabaja con un(a) compañero/a y hagan una lista de las ventajas y los inconvenientes de vivir en un país extranjero.

Cuando hayan completado la lista, van a desempeñar los papeles de Rosa y Guillermo para debatir las ventajas de vivir en los dos países que ellos conocen. Guillermo sostiene que Bélgica es un país ideal; Rosa argumenta que ningún país puede compararse con México.

¡Qué bien hablas!

Cuando debates un tema es importante utilizar expresiones que indiquen tu opinión personal. Aquí tienes unas. ¡Úsalas!

A mí me parece que…

Lo que no entiendo es que…

Lo que más/menos me gusta es (que)…

Es cierto que…

No lo veo así, porque…

En mi opinión, …

A mi modo de ver, …

3 Una familia muy famosa

Me llamo **Felipe**, pero me bautizaron con los nombres de Felipe, Juan, Pablo y Alfonso de Todos los Santos. Soy español y nací en Madrid en 1968. Tengo dos hermanas mayores. Estoy casado, y dicen que soy muy guapo. Después de recibir mi formación militar, estudié derecho y terminé un Máster en Relaciones Internacionales en Washington. Soy el heredero de la corona española, además de tener otros títulos. Estoy felizmente casado con Letizia, y tenemos dos niñas: Leonor y Sofía. Soy pariente lejano de la reina Victoria de Inglaterra.

Mi nombre es **Cristina**, pero me llaman la Infanta Cristina. Soy española y nací en 1965. Tengo dos hermanos, una mayor y uno menor. Estoy casada desde hace tiempo y tengo una familia hermosa, con cuatro hijos: Juan Valentín de Todos los Santos, Pablo Nicolás, Miguel de Todos los Santos e Irene. Todos nacieron en Barcelona, porque vivimos allí. Estudié en España, Nueva York y París, y soy Embajadora de Buena Voluntad de las Naciones Unidas.

Me llamo **Sofía**. Soy griega, y de niña viví en Egipto y África del Sur, pero ahora vivo en Madrid y hablo perfectamente el español. Tengo una hermana y un hermano en Grecia. Estoy casada con Juan Carlos y tengo tres hijos y ocho nietos, ¡por ahora! Soy la reina de un país europeo y princesa de otros dos. Además, soy la presidenta de una fundación y ayudo a personas con discapacidades.

Me llamo **Elena**, pero me llaman la Infanta Elena. Soy española, pero mi madre es griega. Prefiero no decir mi edad. Tengo dos hermanos menores. Estoy divorciada, pero tengo dos hijos muy bonitos: Felipe Juan Froilán de Todos los Santos y Victoria Federica. Soy profesora de inglés y licenciada en Ciencias de la Educación.

Mi nombre es **Juan Carlos**, pero mi nombre oficial es Don Juan Carlos I Alfonso Víctor María de Borbón y Borbón. Nací en Roma, pero soy español, y mi familia es española. La abuela de mi abuela (es decir, mi tatarabuela) era inglesa, se llamaba Victoria, y también era reina. Estoy casado desde el año 1962, y tengo tres hijos ya mayores, un hijo y dos hijas. Mi esposa y yo también tenemos nietos hermosos. ¡Hago tantas cosas! Dicen que gracias a mí volvió la democracia a España.

A Lee el texto con atención. Trabaja con un(a) compañero/a y dibuja el árbol genealógico de esta familia. Son muy famosos. ¿Sabes quiénes son?

Esta familia es:

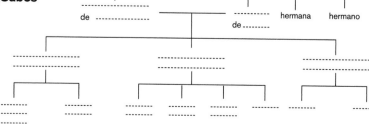

B ¿Qué más es especial con respecto a esta familia? Vuelve a leer el texto con atención durante cinco minutos. Ahora responde oralmente las preguntas referidas al texto, si es posible sin verlo.

1 ¿Qué tienen en común cuatro varones de esta familia? ¿Quiénes son?

2 ¿Cuántas nacionalidades hay en esta familia? Menciónalas y di de quién(es) son.

3 Dos personas tienen una conexión con los Estados Unidos, ¿quiénes son y cuál es su conexión?

4 ¿Quién ha vivido en más sitios que los demás? Menciónalos.

5 ¿Quién se dedica a enseñar y qué enseña? ¿Es profesional?

6 ¿Quién tiene más hijos? ¿De dónde son y por qué?

7 ¿Quién nació fuera de su país? ¿Dónde nació? ¿Su familia es de allí?

8 ¿Qué hombres tienen o van a tener un título hereditario en esta familia? ¿Qué título es?

9 ¿Cuántos primos hay en esta familia? ¿Quiénes son sus tíos?

10 ¿Quién cambió la historia de un país europeo? ¿Qué país es y qué hizo?

 C ¿Sabes algo de alguna familia real o de una familia famosa? Trabaja con un(a) compañero/a y escriban notas de quiénes la componen, cuántos años tienen y qué hace cada uno. Una vez que tengan los datos, deben leerlos. La clase debe armar el árbol genealógico en la pizarra y adivinar qué familia es.

4 Una familia con muchas historias

 A En todas las familias hay una persona muy especial. Escucha con atención el diálogo entre Marcela y Sebastián, y descubre de quién se trata en su caso.

Pista 2 Después decide si las siguientes frases referidas al audio son verdaderas o falsas.

Marca con una cruz (X) la opción que te parezca correcta. Si es falsa, explica por qué.

	Verdadero	Falso
1 A Sebastián le cae muy bien la madre de su madre.		
2 Su abuela les dejó una carta escrita en italiano.		
3 La madre de Sebastián leía la historia de la abuela a los parientes.		
4 El padre de la abuela viajó a Argentina porque allá tenía muchos familiares.		
5 Los hermanos de la abuela vivieron en Argentina nueve años sin verla.		
6 La madre de Rosina no quería llevarla a Argentina.		
7 Rosina no se casó porque no le gustaba la madre de su candidato.		
8 La abuela era muy independiente para su época.		
9 Se cumplió el sueño de la abuela, de tener una película basada en su historia.		
10 A Sebastián le gusta escribir, como a su abuela.		

¡Observa!

nonno/a = abuelo/a en italiano
tano/a (Arg. coloq.) = italiano/a (de "napolitano/a", porque muchos partían de Nápoles).

B En el audio hay muchos adjetivos que describen a familias y las cosas que hacen.

G Por ejemplo: … *mi persona* preferida, *una* hermosa *herencia*, *una* pelea *familiar*. Completa las siguientes frases utilizando un adjetivo del recuadro. ¡Cuidado! Puedes utilizar cada adjetivo solo una vez, y debes colocarlo en la forma correcta (masculino o femenino, singular o plural).

> familiar   pesimista   hermoso   paterno   mayor   extranjero
> inolvidable   alto   contento

1 Mi abuelo sufrió mucho en la guerra, pero ahora está muy _____.

2 Mi tío es muy _____, siempre piensa en lo peor.

3 Me encantan las reuniones _____, ¡siempre tenemos tantas historias!

4 ¡Qué _____ es el bebé de Juanita!

5 Mi abuela _____, la madre de papá, nació en el norte de Argentina.

6 Las historias de mi abuela son _____, las recordamos todo el tiempo.

7 No hay casi ninguna persona _____ en mi familia; todos somos de aquí.

8 Mi hermano es muy _____, como mi bisabuelo, que medía casi 2 metros.

9 Mi hermanastra es _____ que yo, nació tres años antes de mí.

C ¡Todas las familias tienen historias interesantes! Escribe una redacción corta que conteste las siguientes preguntas:

- ¿Qué persona es/fue muy especial en tu familia?
- ¿Por qué consideras que es/fue muy especial?
- ¿Qué relación de parentesco tienes/ tenías con él/ella?

- ¿Dónde nació y vive/vivió?
- ¿Qué hace/hacía normalmente?
- ¿Qué hace/hizo de especial?
- ¿Cómo recuerdas tú a esa persona?

5 Una familia monoparental

Carolina Beltrán (30 años) y su hija Nayara forman una familia monoparental. Carolina 1_____ (narrar) su lucha diaria para cuidar a su hija.

"Me separé de mi marido hace tres años. Él se fue a Sevilla y allí formó una familia. Él 2_____ (tener) que pagarme más de 5.000 euros por una sentencia judicial pasada. Dice que no 3_____ (haber) dinero, como 4_____ (decir) muchos, y la justicia 5_____ (ir) muy lenta."

Así es un día normal en la vida de esta familia:

"Nos 6_____ (levantar), llevo a Nayara al colegio y ella se queda a comer allí. Cuando acaba, nosotras 7_____ (venir) a casa, merendamos, 8_____ (ir) a visitar a alguna amiga y luego, si yo no tengo con quien dejarla, me la llevo conmigo al trabajo. Allí mis colegas la 9_____ (tratar) como a una reina. Le 10_____ (poner) el ordenador y Nayara lo pasa muy bien. A veces también se queda con algún familiar. Y los fines de semana los 11_____ (tener) libres, dedicados a mi niña y a mí misma.

"Cuando me separé, ella hablaba con su padre, pero él ya no la 12_____ (llamar) todos los días, como antes. Con el tiempo, se ha ido perdiendo esa relación. Al principio, yo se lo consentía todo a Nayara para que no lo pasara mal pero despúes eso provoca más problemas. Luego he visto que ella 13_____ (tener) que tener sus horas para comer, para dormir… tengo que aplicar una cierta disciplina."

Carolina lleva a su hija al colegio.

www.diaridetarragona.com

Estrategias para escuchar

Cuando escuchas un audio:

- Hazlo en un lugar donde puedes concentrarte, sin distracciones.
- Si no entiendes bien el audio la primera vez, escúchalo otra vez; verás que parece sonar más claro.

Gramática

LOS ADJETIVOS
Para repasar las formas femeninas y plurales de los adjetivos, ver 5 en el Resumen gramatical.

A En el texto faltan varios verbos (entre paréntesis). Lee el texto y después ponlos en la forma correcta del presente del indicativo.

 B Ahora rellena el recuadro con la información que falta:

1 Apellido de Nayara	
2 Lugar adonde se marchó el marido	
3 Cantidad que el marido debe pagar a Carolina	
4 Sitio en el que meriendan madre e hija	
5 Lo que hacen después de la merienda	
6 Lugar al que van si nadie puede cuidar a Nayara	
7 Máquina con la que juega Nayara	
8 A quién(es) se dedica Carolina los fines de semana	
9 Medio de comunicación entre padre e hija en el pasado	
10 Lo que necesita Nayara para una buena educación	

 C Compara el día normal de Nayara con el tuyo. ¿En qué se diferencian? Escribe cinco diferencias, utilizando el presente del indicativo, y compáralas con las de tu compañero/a.

Ejemplo: *A las 8.30 mi padre me lleva al colegio…*

II: ¿Cómo te llevas con tu familia?

6 De tal palo, tal astilla

Recuerdo muy bien que cuando era chico y me preguntaban:

– ¿Y vos*? ¿Qué vas a ser cuando seas grande?

Yo respondía:

– Quiero ser profesor, o algo muy distinto a mi papá, que es ingeniero aeronáutico. ¡Qué aburridos son los técnicos!

Y mi padre me decía:

– Ya vas a ver cómo somos parecidos. "De tal palo, tal astilla".

¡Y yo no entendía nada!

Ahora que tengo 25 años, entiendo por qué me decía eso. Como sigo muy interesado en la literatura en inglés, vine a Escocia, y estoy estudiando en la universidad. Pero como no soy de una familia rica, trabajo en una cafetería para ganar lo suficiente, y por las noches doy clases de español. ¡Me acuesto tarde y me despierto muy temprano para estudiar! Es una vida dura, pero hago el sacrificio porque me gusta mucho. Además, ahora conozco a mucha gente muy linda, y tengo una novia a quien quiero mucho.

El asunto es que* cada vez que vuelvo a mi casa en Argentina, mi papá me repite:

– ¿Viste?* "De tal palo, tal astilla". Yo estudié en Córdoba, a mil kilómetros de mi casa, y como mi familia venía del campo y era pobre, yo vendía vacas para pagar mis estudios. Allá conocí a gente muy linda, y a mi novia, que ahora es tu mamá.

Ahora comprendo que cuando la gente dice "de tal palo, tal astilla", no quiere decir que vas a hacer lo mismo que tus padres, quiere decir que vas a hacerlo *como* ellos.

¿Y qué dice mi papá? Mi papá se ríe.

¡Observa!

*vos = tú en varios países hispanoamericanos, especialmente del Cono Sur (Argentina, Chile, Uruguay y Paraguay) (ver 6 en el Resumen gramatical).

*el asunto es que (coloq.) = lo que pasa es que

*¿viste? (Arg. y Uru.) = ¿entiendes por qué tengo razón?

A En la siguiente lista de frases, además del ejemplo, solo hay cinco que son correctas con respecto al texto. Elígelas y márcalas con una cruz (*x*). Te damos una como ejemplo.

Ejemplo: *Al autor no le gustaba la profesión de su padre.*	*x*
1 El padre del autor quería que él fuera técnico.	
2 De niño, el autor no comprendía lo que decía su padre.	
3 Hace 25 años que el autor vive en Escocia.	
4 Él es estudiante universitario.	
5 Tiene dos trabajos porque no tiene mucho dinero.	
6 Se acuesta muy tarde porque no estudia por la mañana.	
7 Él es feliz con la gente que lo rodea.	
8 Él vuelve a su casa en Córdoba, Argentina.	
9 Su padre también trabajaba para estudiar.	
10 "De tal palo, tal astilla" significa que uno hace lo mismo que sus padres.	

B En tu casa, ¿se cumple el dicho "de tal palo, tal astilla" o hay una "oveja negra de la familia"? Escribe notas sobre dos personas, una que sigue la tradición familiar y otra que es muy diferente.

De tal palo, tal astilla	La oveja negra de la familia
La persona que sigue la tradición familiar es… porque…	La persona que es muy diferente al resto de la familia es… porque…

Ahora explica a la clase de quién(es) se trata. Compara tus notas con las del resto de la clase.

C **G** Lee el texto otra vez y busca con tu compañero/a ejemplos de verbos **irregulares** o de **cambio radical** en el presente. Haz una lista con cada tipo. Después, escribe sus formas en infinitivo.

D **G** Ahora completa las siguientes frases con el verbo en su forma correcta del presente.

1 Mi papá _____ (querer) que yo sea abogado como él.
2 Todos los días, mi hermano me _____ (pedir) ayuda con los deberes.
3 Estas vacaciones mi familia y yo _____ (ir) de vacaciones a Machu Picchu.
4 Mi madre _____ (seguir) trabajando en la escuela primaria.
5 Mi tío vive en el campo y _____ (despertarse) muy temprano para atender los animales.
6 Mi abuelo _____ (decir) que él es "la oveja negra" de nuestra familia.
7 En estos momentos Manuela _____ (estar) en la escuela secundaria.
8 Yo no _____ (hacer) mucho los domingos.
9 Mis padres _____ (reírse) cuando yo los imito.
10 ¿Ahora tú _____ (entender) qué significa "de tal palo, tal astilla"?

Gramática

EL PRESENTE DEL INDICATIVO

Recuerda que en el presente del indicativo muchos verbos son **irregulares** y muchos **cambian la ortografía** según quién hable. Mira estos ejemplos del texto 6:

- *recordar*: Rec**ue**rdo muy bien…
- *entender*: ent**ie**ndo por qué me decía eso.
- *hacer*: ha**g**o el sacrificio porque me gusta mucho.
- *decir*: ¿Y qué d**i**ce mi papá?

Para repasar el presente del indicativo, ver 11.A.I en el Resumen gramatical.

E ¿Cómo es tu familia y tu rutina? Escribe un párrafo (100 a 150 palabras). Aquí te damos una lista de verbos útiles. Escribe en la primera persona, utiliza el presente del indicativo y cuida la forma de los verbos irregulares y de cambio radical.

> despertarse   levantarse   ir   conducir
> empezar   hacer   terminar   tener   querer
> volver   reírse   decir

7 No me entiendo con mi madre ni mi hermana

A Antes de escuchar el audio, empareja las palabras siguientes con su definición correspondiente:

1	bronca	a	es necesario
2	cocinera	b	mujer que prepara los alimentos
3	rato	c	mensaje de teléfono móvil
4	hace falta	d	libros en blanco para tomar notas
5	se puso a	e	disputa
6	regañar	f	con tranquilidad
7	SMS	g	además
8	cajones	h	compartimientos de un mueble
9	cuadernos	i	hijo de un(a) hermano/a
10	en paz	j	comenzó a
11	encima	k	tiempo breve
12	sobrino	l	reñir

¡Observa!

coger = tomar (con las manos)

¡Cuidado! En la mayoría de los países hispanoamericanos, "coger" también tiene connotación sexual, entonces se dice "tomar" o "agarrar".

B Escucha el audio e indica con una cruz (*X*) si las siguientes afirmaciones son verdaderas o falsas. Si son falsas, explica por qué con tus propias palabras.

Pista 3

	Verdadero	Falso
1 Lucía comienza las disputas con su familia.		
2 Sus padres trabajan en distintos lugares.		
3 Su madre la riñe con frecuencia.		
4 Sus padres son excesivamente permisivos.		
5 Lucía solo puede salir con la aprobación de su padre.		
6 Lucía se entiende bien con su hermana mayor, Isabel.		
7 A veces Isabel lleva la ropa de Lucía.		
8 Isabel vive con sus padres y con Lucía.		
9 Lucía no se mete en las cosas de Isabel.		
10 Lucía está cansada de ayudar tanto con cosas familiares.		

8 No entiendo por qué mi hermano me sigue como un guardaespaldas

En este blog, Marisa explica el problema que tiene con su hermano, con relación a ella y su novio. A continuación hay dos respuestas al blog, que diagnostican el problema a su manera y dan consejos distintos.

http://es.answers.yahoo.com

Mi hermano Jorge tiene 17 años y yo 16. Siempre hemos estado muy unidos por la edad y lo hemos compartido todo, las riñas y los juegos, las risas y los llantos. Bueno, esa tarde Jorge decía que yo iba muy linda, que no me arreglaba nunca tanto para salir y que estaba demasiado linda…

Bueno, me encontré con mi novio y estuvimos hablando en el parque. Fuimos al cine y me encontré a mi hermano escondido; luego fuimos a la pizzería y lo vi siguiéndonos. Nos siguió toda la noche. A mi novio no se lo he dicho. Hice como si no pasase nada.

Estuve hablando con mi hermano y me niega lo que pasó. Dice que no nos seguía, pero es mentira. Ahora cada dos por tres* está detrás de mí, como un guardaespaldas. No sé lo que le pasa. Nunca he dado problemas; es mi primer novio y me gusta. Si es por mi novio, Jorge no tiene derecho. Él tiene novia y yo no los ando siguiendo todo el día.

Marisa

Mejor respuesta – Elegida por la comunidad

Asumiendo que es correcto todo lo que dices, tu hermano parecería tener un problema psicológico, al estar ustedes tan unidos y estar obsesionado con la idea de que tu cariño pueda ser para alguien que no sea él: celos. En el caso de tu hermano, serían celos enfermizos, puesto que una personalidad balanceada estaría feliz por ti. Ten cuidado, tu hermano podría llegar a lastimarte* a ti o a tu novio. Platícalo* con tus papás.

Jaime

Otra respuesta

Hola:

Mi hermano también era así, aunque en mi caso yo era la mayor, pero él no me dejaba sonreírle a nadie. Él sí tenía novia, y se besaba con ella y todo, pero conmigo era súper celoso, hasta que pasó tiempo, él maduró y se le quitó todo. Con tu hermano quizás pase lo mismo: agradécele que te cuide y dile que conozca a tu enamorado. Haz lo mismo con tu familia y verás que no vas a tener problemas. ¡Suerte!

Lola

¡Observa!

*cada dos por tres = con frecuencia

*lastimar = herir

*platicar (Méx. y CA) = conversar/hablar

A Marisa

Completa las siguientes frases con una de las opciones, según lo que dice el texto:

1 La relación entre Marisa y Jorge siempre ha sido:

a) fatal.

b) normal.

c) perfecta.

2 Aquella tarde, a Jorge no le gustaba que Marisa pareciera tan:

a) guapa.

b) triste.

c) desarreglada.

3 Mientras Marisa veía la película, Jorge estaba:

a) oculto.

b) disfrazado.

c) en casa.

4 Después de aquella noche, Marisa:

a) habló con su novio del incidente.

b) se quejó a sus padres.

c) decidió hablar con Jorge.

5 La reacción de Jorge fue:

a) admitir la verdad.

b) no decir la verdad.

c) callarse.

6 A Marisa le parece injusto lo que hace Jorge porque:

a) ella no ha tenido novio antes.

b) su novio no puede protegerla.

c) él se mete donde no debe.

B Jaime

Termina las frases siguientes con una de las frases en el recuadro, según el sentido del texto. ¡Cuidado! Sobran tres.

1 Lo que preocupa a tu hermano es que no puede…

2 Tu hermano no siente felicidad por ti porque…

3 Tienes que tener cuidado, porque…

---

a … tiene la mente desequilibrada.

b … entender a tu novio.

c … tu hermano puede hablar con tus padres.

d … piensa que no eres feliz.

e … es posible que les haga daño.

f … tolerar la idea de que su amada hermana tenga un novio.

C Lola

¿Qué texto resume mejor el consejo de Lola: el 1, el 2 o el 3?

1 Mi hermano menor era celoso también y cuando estaba con mi novio no me dejaba besarlo ni sonreír. Pero al final mi hermano comprendió que le faltaba madurez y no me molestó más. En tu caso debes esperar a que lo mismo pase a tu hermano.

2 Mi hermano también era celoso y me prohibía comportarme con la misma libertad que él con su novia. Pero al final se dio cuenta de que su actitud era inmadura y no me molestó más. Tu problema va a resolverse si tu hermano conoce mejor a tu novio.

3 Los celos de mi hermano se manifestaban en su actitud inmadura hacia mí. Aunque yo era mayor que él, me prohibía sonreírle a nadie. Debes decirle que deje de molestarte; con el tiempo comprenderá que su comportamiento te pone triste.

D

Escribe una respuesta (100 palabras) al blog de Marisa, dándole tu consejo. No te olvides de comentar sobre:

● **tu experiencia de un caso similar (¡real o inventada!)**

● **el estado mental de Jorge**

● **los problemas que pueden surgir si Marisa no hace nada**

● **el rol de los padres de Marisa y Jorge.**

9 ¿Amor filial, comodidad, o "mamismo"? [Nivel superior]

"Mami, ¿qué comemos hoy?" es una pregunta que muchos jóvenes hacen en sus casas. Excepto que este joven, Álvaro Benítez, de Riobamba, Ecuador, tiene 46 años cumplidos y su "mami" tiene 72.

Las comadres* del barrio dicen que "es una madre que no ha cortado el cordón umbilical, ¡por eso el grandullón* nunca formó su familia propia!". Pero Paloma Benítez, la madre, se defiende: "es un muchacho adorable. Desde que mi marido murió en un accidente minero, mi hijo único se ha dedicado a cuidarme y a hacerme compañía. ¿Qué hay de malo en eso? ¡La gente es mala!"

No solo hablan los vecinos. Pascual Guaymallén, psicólogo experto en relaciones familiares, declara que es un caso claro de "mamismo", una aflicción común en países latinos: las nuevas generaciones no abandonan la casa de sus padres y son tratados como niños hasta una edad muy avanzada. "Esto es peor", dice el doctor, "porque no hay trabajo en las comunidades más pobres. Les resulta muy difícil independizarse económicamente, y cuando son mayores no pueden independizarse emocionalmente".

Pero Álvaro se siente feliz y realizado. "Yo elijo ser un buen hijo y vivir junto a mi madre", dice. "No me he casado ni tenido familia simplemente porque no he encontrado una mujer que me quiera como soy, así, cariñoso con mi mamá. Algún día aparecerá y formaremos un hogar los tres juntos". Álvaro no menciona que su sueldo de comerciante no alcanza para mantenerlos, y que viven con la jubilación de su padre.

¿Una familia "disfuncional" o simplemente un ejemplo de amor? No hay reglas para la felicidad del hogar.

¡Observa!

*comadre = forma coloquial de decir "vecina y amiga muy cercana".

*grandullón = muchacho muy crecido que hace cosas de niños.

A Aquí tienes un resumen de cada párrafo del texto. Indica a qué párrafo se refiere cada resumen. ¡Cuidado! Hay más resúmenes de los necesarios.

Párrafo

a Hay gente que los critica, pero la madre protege a su hijo. ☐

b Las mujeres envidian la relación de Álvaro y su madre. ☐

c La respuesta a este tema depende de quién y cómo lo mire. ☐

d Álvaro Benítez y su madre son mayores. ☐

e Álvaro cree que no hay nadie como su madre, y vive con ella aunque no gana lo suficiente para los dos. ☐

f Álvaro solo quiere una mujer que quiera a su madre. ☐

g Alguien que ha estudiado este fenómeno afirma que esta sobreprotección es mala. ☐

h Esta familia no tiene reglas para su felicidad. ☐

B Busca en el texto las palabras o expresiones que significan lo siguiente:

1 no ha madurado, ni se ha separado de los padres

2 que inspira cariño

3 personas que viven cerca de uno

4 enfermedad

5 cuidados como pequeños

6 madurar y separarse de los padres

7 afectivamente

8 satisfecho por haber cumplido con sus ambiciones

9 afectuoso, mimoso

10 casa o sitio familiar

C Debate con el resto de la clase las siguientes preguntas. Tienen que llegar a una conclusión en cada caso.

1 Álvaro Benítez, ¿es un buen hijo? ¿Por qué (no)?

2 Paloma Benítez, ¿es una buena madre? ¿Por qué (no)?

3 ¿Tienen razón las comadres y Pascual Guaymallén? ¿Por qué (no)?

4 Álvaro quiere formar una nueva familia con una esposa y con su madre. ¿Es una buena idea? ¿Por qué (no)?

5 ¿Hasta qué edad es bueno vivir con los padres? ¿Por qué?

D ¿Qué les dirías a Álvaro y a su madre?

Basándote en el texto, escribe una serie de consejos informales o formales (un mínimo de cinco). Utiliza el imperativo informal (tú) o el imperativo formal (usted).

Ejemplo: *(Tú) Busca una casa propia.*

(Usted) Busque una casa propia.

> **Gramática**
>
> **EL IMPERATIVO**
> Recuerda que:
>
> • hay dos formas del imperativo: **informal** y **formal**
>
> • hay diferentes formas del imperativo en el **singular** (tú/usted) y en el **plural** (vosotros/ustedes)
>
> • en ciertos países de Hispanoamérica se utiliza la forma *vos* en vez de *tú*.
>
> **Para repasar la formas del imperativo, ver 11.D en el Resumen gramatical.**

III: ¡Es que no me entienden!

10 Problemas del corazón

El chico que me tiene enamorada, que se llama Ignacio, es mi amigo de toda la vida. Mis amigas no me comprenden cuando les digo que estoy enamorada de él. Piensan que solo me gusta físicamente pero no es verdad. Yo siento un hormigueo tremendo en el estómago cuando pienso en Ignacio, no dejo de hacerlo día y noche, y no sé cómo explicar lo que siento por él; es inexplicable, es algo que nunca había sentido.

Una de mis mejores amigas, Isabel, se ha vuelto contra mí porque a ella le gusta el mismo chico y ella se encuentra todos los días con él. Se llevan súper bien e Ignacio sabe que él le gusta a ella, pero Isabel a mí me desprecia.

El día que Isabel me dijo que le gustaba Ignacio, yo le dije: "Mira, Isabel, no pasa nada, tú eres mi amiga y te quiero, y no voy a luchar por un chico con una amiga, no arriesgaré nuestra amistad", y ella me dijo: "Yo tampoco". Lo peor es que ella no ha hecho caso y no para de fastidiarme a mí y a mis amigas. Todos se ponen de su lado y yo me siento sola; tengo la sensación de que Isabel ha venido, me ha quitado todo y me ha dejado sin nada.

Bárbara

Adaptado de www.guiajuvenil.com

A Empareja las palabras siguientes con su definición:

1 estar enamorado/a de	5 luchar	a pelear	e no paro de
2 hormigueo	6 arriesgar	b molestar	f rechaza
3 no dejo de	7 fastidiar	c sentir un gran amor por	g poner en peligro
4 desprecia	8 quitar	d apartar	h ansiedad intensa del cuerpo

UNIDAD 1: La familia y los amigos

B **Lee el texto otra vez e indica cuáles de las declaraciones siguientes son correctas:**

1 Las amigas de Bárbara creen que:

a) Ignacio no está enamorado de Bárbara.

b) Bárbara no siente verdadero amor por Ignacio.

c) Ignacio y Bárbara no se comprenden.

2 Bárbara siente que:

a) su cuerpo está cubierto por hormigas.

b) a Ignacio le gusta solo por su cuerpo.

c) algo se agita dentro de su cuerpo.

3 Las dos amigas:

a) están enamoradas de Ignacio.

b) se encuentran todos los días con Ignacio.

c) se llevan súper bien.

4 Isabel dice que:

a) no quiere poner en peligro su amistad con Bárbara.

b) a Ignacio no le cae bien ella.

c) no le va a pasar nada malo a Bárbara.

5 Ahora Bárbara se siente sola porque:

a) no ve nunca a Ignacio.

b) Isabel sigue a sus amigas.

c) Isabel la ha apartado de su amor.

C **Haz dos listas de:**

G

1 todos los verbos en el texto que han cambiado la raíz de *e* a *ie* o de *o* a *ue*. ¡Cuidado! Algunos verbos se utilizan más de una vez.

2 los infinitivos de los mismos verbos.

Ejemplo: *tiene   tener*

D **Escribe una respuesta (100 palabras) en la que das consejo a Bárbara sobre cómo puede hacer una de estas cosas:**

a recuperar a Ignacio.

b mejorar la relación con sus amigas.

c aceptar que ha perdido a su novio.

11 Los buenos samaritanos existen

Enrique estaba en aprietos. Todos lo sabían, pero nadie se acercaba a él, quizás porque era muy pobre y no tenía familia. Quizás por esa misma razón estaba metido en las drogas.

Un día lo encontré sentado en un banco de la plaza, mirando al vacío. Le pregunté: "¿qué te pasa?" y no me respondió. Solo me pidió dinero para comer. Yo sabía que era para drogarse, así que lo llevé a una cantina y pedí un chuchito* y papas fritas.

Después de comer, se recuperó un poquito y me contó su historia. "Soy de Quetzaltenango. Me escapé de casa a los 14 años y vine a la capital para vivir mejor. Es que mi papá era muy violento y nos pegaba si no traíamos dinero a casa". Conmovida, le pregunté si ahora estaba mejor. La respuesta me dejó helada: "Bueno… con la droga me olvido de todo, pero está cara, ¿no? El problema es que ahora me trata mal la gente, y la policía nos persigue".

Lo miré profundamente mientras comía. Podría ser mi hermano. Así fue que actué, como si fuera mi hermano. Le pregunté al dueño de la cantina, don Diego, si necesitaba un ayudante, y me respondió: "Pues sí, siempre me hace falta alguien para limpiar todo". Así fue que Enrique empezó a trabajar en la cantina.

De ese día ya pasaron dos meses. No sé si sigue consumiendo drogas, pero creo que no; tiene color y está más gordito. Don Diego pasó a ser como un padre para él. Yo lo visito todos los viernes, ¡y siempre me regalan un chuchito!

¡Observa!

*chuchito (Guat.) = tipo de comida rellena, típica de Guatemala.

A Marca con una cruz (**X**) si las siguientes frases referidas al texto son verdaderas o falsas. Si son falsas, explica por qué con tus propias palabras.

	Verdadero	Falso
1 Enrique no tenía dinero ni alguien que lo cuidara.		
2 Cuando la autora lo encontró en la plaza, él estaba comiendo.		
3 Enrique no es de la capital, pero fue allá, buscando una vida sin violencia doméstica.		
4 Dice que la solución a sus problemas es la droga.		
5 La autora tiene un hermano que consume drogas, como Enrique.		
6 Don Diego, el dueño de la cantina, dio trabajo a Enrique.		
7 Hace tiempo que a Enrique se lo ve mejor.		
8 Don Diego quiere a Enrique como a su hijo, y le agradecen a la autora con comida.		

B Contesta las siguientes preguntas con frases tomadas del texto.

1 En el primer párrafo, ¿por qué dice la autora que Enrique "estaba en aprietos"?

2 En el segundo párrafo, ¿por qué la autora no le dio dinero a Enrique?

3 En el tercer párrafo, ¿qué llevó a Enrique a abandonar su casa?

4 En el tercer párrafo, ¿qué indica que Enrique seguía sufriendo?

5 En el cuarto párrafo, ¿qué conmovió a la autora?

6 En el quinto párrafo, ¿por qué cree la autora que Enrique ya no se droga?

C Enrique finalmente es feliz, y quiere compartir su historia con su madre, así que decide escribirle una carta. Escribe su carta (de 120 a 150 palabras) en primera persona, contándole en palabras simples lo que pasó, según lo que has leído. Debes incluir:

- cómo se sentía el día que se encontró con la autora
- qué hizo cuando la encontró en la plaza
- qué le explicó a ella
- qué hizo ella
- cómo vive ahora con don Diego
- por qué se siente feliz.

12 Ricardo, el joven ciego que ayuda a su familia voceando [Nivel superior]

Ricardo García Bautista es un joven ciego de 18 años. Recién este año ingresó a una escuela de educación regular para progresar, y es uno de los mejores alumnos. Pese a su dificultad, trabaja como voceador* en la plaza del Obelisco de la Paz para ayudar a su familia.

"Casi desde las 03.30 estoy en este sector y anuncio las rutas de los micros que van hacia la Ceja, en El Alto. Me quedo hasta las 19.00. En un día puedo alcanzar a cobrar hasta 15 bolivianos. Ese dinero se lo doy a mi mamá", contó Ricardo durante una de sus jornadas de trabajo.

Según Eva Bautista, su progenitora, Ricardo sufre ceguera desde bebé, debido a que tiene el nervio óptico atrofiado ya que unas "malas enfermeras" le lastimaron la cabeza cuando nació.

Aunque reconoce que libró duras batallas para que su hijo sea tomado en cuenta como una persona normal, siendo discapacitado, se siente orgullosa de la voluntad e interés que puso para salir adelante. "Mi hijo siempre se ha destacado. Por ejemplo viajó a la Asamblea Constituyente en Sucre para luchar por los derechos de los niños, niñas y adolescentes".

Hoy, en homenaje al Día del Discapacitado, izará la bandera del colegio Villa Alemania, que está en la zona del mismo nombre en El Alto, pues es el primer niño con discapacidad que ingresa a ese colegio.

¡Observa!

*voceador = (Bol., Méx., Ec., Nic.) = persona que anuncia, o "vocea", lo que vende en la calle.

Adaptado de http://www.laprensa.com.bo

A Busca en el texto las palabras que tienen el mismo sentido que las palabras o frases siguientes:

1 invidente	5 recoger dinero	9 considerado	13 ha sido notable
2 hace poco	6 madre	10 peleó mucho	14 como tributo a
3 a pesar de	7 sin desarrollo normal	11 minusválido	15 hará subir
4 autobús	8 dañaron	12 satisfecha (por alguien)	16 tela que se emplea como insignia

B Completa las siguientes oraciones con palabras tomadas del texto.

1 Ricardo ha progresado mucho como alumno, a pesar de su…

2 Tiene un trabajo como voceador para anunciar…

3 Cobra dinero que le entrega a…

4 Ricardo es ciego porque, durante su nacimiento, las enfermeras dañaron…

5 Su madre luchó para que Ricardo sea aceptado como…

6 Ricardo izó la bandera para celebrar…

C En tu opinión, ¿cuáles son los problemas de un(a) alumno/a discapacitado/a que estudia en una escuela normal? Explica cómo interactúan con los otros alumnos y los profesores.

A continuación, escoge un caso de un(a) alumno/a discapacitado/a real o imaginario/a (por ejemplo, con ceguera o sordera) y escribe una redacción (100 palabras) sobre él/ella, poniendo de relieve su relación con los otros alumnos.

IV: ¿Qué quieres ser cuando seas grande?

13 ¿Qué te gustaría ser cuando seas grande?

A Escucha el audio y ordena los nombres de los ocho empleos mencionados según los oigas.

1 pintor	4 diseñadora gráfica	7 bailarina
2 escritor	5 futbolista	8 cantante
3 doctora	6 cocinera	

B Escucha el audio otra vez. ¿Quién diría lo siguiente?

		Olivia	Juan	Rafa	Paco	Charo
1	Me encantan los colores, los dibujos y la pintura.					
2	Cuando era más joven no me conocía bien.					
3	Mi profesión preferida es la de autor.					
4	Trabajar en un restaurante es una posibilidad.					
5	Me apasiona la danza.					
6	No sé si me gustaría ser médica.					
7	No paro nunca de soñar con mi profesión, aun en la cama.					
8	Quiero tener un empleo sin estrés.					
9	Me importa jugar más que ganar.					
10	Me gustan los juegos de equipo.					

14 Qué quería ser cuando era joven

Luisa: Yo siempre quise ser doctora, desde que me compraron un set de "Doctor Matasanos", aún lo recuerdo… Después quise ser veterinaria, pero cuando me picó una avispa decidí serlo solo con animales de juguete. A medida que iba creciendo, mi mente se confundió totalmente. Pasaba días pensando entre medicina y psicología, letras e idiomas, ¡para terminar en ciencias estadísticas! Si pudiera hacer todas, con gusto…

Daniel: Me apasiona el mundo de la aviación. Yo quise ser piloto de aviones comerciales, y lo conseguí. Desde que piloteo un avión siempre quiero estar en el cielo. Ahora me siento muy, muy realizado, y alegre por haber conseguido mi sueño, un sueño que es mucho mejor y mayor de lo que me esperaba, y ¡también más divertido!

José Carlos: Solo he tenido una ambición en mi vida: ser carnicero. De niño, cuando iba con mi madre a la carnicería, me fascinaba la manera de cortar la carne que tenía el carnicero. Parecía un cirujano, todo vestido de blanco con los largos cuchillos afilados. Y él siempre hablaba conmigo como si supiera que yo compartía el placer de tajar la carne. Al final, trabajé con él como aprendiz durante un año antes de conseguir mi empleo actual.

Ana: Cuando era pequeña yo no quería ser ni maestra, ni azafata, ni esas cosas que querían hacer las niñas de mi generación. Yo quería ser bombero. Todo el mundo se reía de mí por ello. El tiempo fue pasando y yo creciendo… bueno, creciendo interiormente, porque en altura no crecí mucho. Ese fue el principal motivo por el que abandoné mi sueño: con mi estatura no llegaría nunca a ser bombero.

Adaptados de http://kurenai.obolog.com
http://losrestosdelnaufragio.espacioblog.com

A **Indica cuál de los cuatro chicos diría lo siguiente:**

1 Me encanta esta vida, en la que puedo cumplir mi ambición de viajar entre países.

2 En aquel empleo es importante que no te dé impresión ver sangre.

3 Abandoné mis sueños anteriores por un empleo en el que obtengo y analizo datos.

4 Quería salvar a personas cuyas casas estuvieran en llamas.

5 La manera de vestir en ese trabajo te da aspecto de médico.

6 Tuve que renunciar a mi sueño por mi físico.

7 Mi primer sueño fue provocado por un juguete de infancia.

8 Estar por encima de la tierra me da una alegría enorme.

B **Las cuatro personas del texto mencionan varias profesiones, las cuales en cierto sentido sirven la comunidad. Escoge cuatro profesiones de las mencionadas y escribe una frase para cada una en la que indiques su función con respecto a la comunidad. ¡Cuidado! No utilices frases sacadas del ejercicio A.**

Ejemplo: *Una doctora trabaja en un consultorio o un hospital para cuidar la salud de los enfermos.*

15 De mayor quiero ser francotirador [Nivel superior]

Llevo 1_____ una semana. Me han prohibido jugar a la consola porque dicen que los 2_____ con los que me divierto tienen la culpa de todo. Solo tengo 11 años, así que podrían tener en cuenta la inmadurez de mi edad, aunque me exprese como un adulto debido a que 3_____ superdotado.

No entienden nada. Yo he contestado con sinceridad a lo que se me 4_____ . Decir la verdad y no 5_____ es lo importante, según lo que me han enseñado los mismos que ahora me han castigado.

Amenazan con persistir en el castigo una semana más si no 6_____ mi respuesta. Puedo cambiarla, pero ¿cómo cambio mi pensamiento?

Yo de 7_____ quiero ser lo que dije cuando me preguntaron en el colegio: francotirador. Solo faltaba que un niño no pudiera ya ni 8_____ lo que quiere ser cuando sea mayor.

Pedro

Adaptado de http://www.20minutos.es

A **Rellena los espacios en blanco con una palabra del recuadro. ¡Cuidado! Sobran dos palabras.**

juegos	soñar	soy	mayor	cambio	continúo
castigado	preguntaba	mentir	hablar		

B Empareja el comienzo de cada frase con su terminación. ¡Cuidado! Sobra una terminación.

1 Los juegos con los cuales Pedro pasa la mayor parte del tiempo…

2 Se sabe que Pedro es un muchacho muy listo…

3 No entiende el castigo que ha recibido…

4 No ve cómo puede cambiar su respuesta si…

5 En el colegio le preguntaron…

6 Según Pedro, es una pena que…

a … ni siquiera pueda soñar con ser francotirador.

b … porque solo ha dicho la verdad.

c … porque utiliza una lengua avanzada para su edad.

d … sus ideas no han cambiado.

e … le han dado una ambición poco usual.

f … lo que quería ser de mayor.

g … reciba la aprobación de sus padres.

C ¿Te parece justo el castigo que ha recibido Pedro? ¿Tiene el muchacho razón en insistir que tiene derecho a esta ambición rara? Comenta este texto con tu compañero/a, teniendo en cuenta las ideas siguientes:

- la influencia de los (video)juegos
- la importancia de decir la verdad a sus padres/profesores
- el deseo de los padres de influir en sus ideas
- lo justo/injusto del castigo.

D Cuando hayan terminado la conversación, escribe una redacción (100 – 150 palabras) sobre el tema siguiente, con ejemplos como los del texto:

"Los padres no deben castigar nunca a sus niños por tener ideas con las que no están de acuerdo".

¡Veamos una película!

Aquí tienes el nombre y datos de una película en español que trata del tema de las relaciones.

Un novio para mi mujer (Argentina, 2008)
Género: comedia
Director: Juan Taratuto
Reparto: Adrián Suar, Valeria Bertucelli, Gabriel Goity.

Si es posible, mírala y debate los siguientes puntos con la clase:

- ¿Cómo es el carácter de "la Tana"?
- ¿Cómo es "el Tenso"?
- ¿Se llevan bien como pareja? ¿Por qué (no)?
- ¿Qué le aconsejan los amigos a "el Tenso"? ¿Por qué?
- ¿Qué tiene de especial "el Cuervo Flores"?
- ¿Funciona el plan? ¿Por qué (no)?
- ¿Cómo termina la historia? ¿Es un final feliz? ¿Por qué (no)?

¡Escuchemos una canción!

Aquí tienes el nombre de una canción que trata del tema de la amistad.

Amigos
Género: pop/balada
Álbum: Igual que ayer (1992)
Cantantes: Enanitos Verdes (Argentina)

Si es posible, escúchala y debate los siguientes puntos con la clase:

- ¿Por qué dice la canción que no importa el sol?
- ¿Por qué no le importa el dinero al cantante?
- ¿Qué dice que estarán en él?
- ¿Qué será "primero en saber" un amigo?
- ¿Qué es un amigo?
- ¿Tiene futuro la amistad?

¿Qué sabes de... el mundo hispano?

Antes de leer la información sobre el mundo hispano, completa este pequeño cuestionario para ver cuánto sabes de los países hispanohablantes.

1. ¿En cuántos continentes del mundo se habla español como lengua oficial?
   a) En 2: Europa y América.
   b) En 3: Europa, África y América.
   c) En 4: Europa, África, América y Asia.

2. ¿Cuántos países la tienen como oficial, es decir, conforman el "mundo hispano"?
   a) 20
   b) 21
   c) 27

3. ¿Cómo se llamaban las antiguas colonias españolas?
   a) principados
   b) reinos
   c) virreinatos

4. ¿Qué pasó con los aborígenes del mundo hispano?
   a) Sobrevivieron, y sus lenguas son oficiales.
   b) Desaparecieron junto con sus lenguas.
   c) Se mezclaron, y solo hablan español.

5. ¿Cómo se comunican los hispanohablantes?
   a) No muy bien, algunas formas son demasiado diferentes.
   b) Bien, todos siguen la norma de la Real Academia Española.
   c) Muy bien, tienen sus formas locales pero se entienden.

El idioma

El mundo hispano es como una gran familia. Tenemos una **Madre Patria**, España, que nos ha dado un idioma común, el **castellano** o **español**, la tercera lengua del mundo en número de hablantes (después del chino mandarín y el inglés), y la segunda más esparcida en el mundo (después del inglés).

Los países hispanos

Las naciones "hijas" de España, donde el español es la lengua **oficial** son veinte (veintiuna si incluimos a la Madre Patria), y es muy común hablar de **regiones** culturales y agrupar a los países especialmente cercanos.

Además, hay países como los Estados Unidos donde el español ya es la segunda lengua, y otros rincones del mundo donde se usa mucho el español para **el comercio**, como la región subsahariana de África, o donde hay una **conexión histórica** con España y el español, como en las islas Filipinas (llamadas así en honor al rey Felipe II de España).

Historia

España extendió sus dominios territoriales desde fines del siglo XV. En 1492, año de la **Reconquista de Granada** por los cristianos y la expulsión de los moros de España (que la dominaron durante más de 700 años),

Gente andina

Francisco Pizarro

Templo maya

Cristóbal Colón descubrió América en nombre de los Reyes Católicos de España: **Isabel de Castilla y Fernando de Aragón**. Entonces empezó la larga historia de la **Conquista de América**.

España
Cuba
Honduras
México
Guatemala
El Salvador
Nicaragua
Costa Rica
Ecuador
Colombia
Perú
Chile
Panamá
República Dominicana
Puerto Rico
Venezuela
Guinea Ecuatorial
Bolivia
Paraguay
Uruguay
Argentina

- ◎ **Europa**: España

- ◎ **África**: Guinea Ecuatorial, ciudades españolas de Ceuta y Melilla

- ◎ **América**: *Hispanoamérica* es comúnmente llamada simplemente *Latinoamérica*. Incluye:
  - **Norteamérica**: México
  - **Centroamérica**: Guatemala, El Salvador, Honduras, Nicaragua, Costa Rica y Panamá. Incluye **el Caribe**: Cuba, República Dominicana y Puerto Rico
  - **Sudamérica**: Colombia, Venezuela, Ecuador, Perú y Bolivia. Incluye el **Cono Sur**: Argentina, Chile, Paraguay y Uruguay.

Los **conquistadores** (los más famosos fueron **Hernán Cortés** y **Francisco Pizarro**) eran aventureros españoles muy ambiciosos, que buscaban oro y riqueza, y que así llevaron la lengua, religión y costumbres españolas al Nuevo Mundo. Así nacieron el **Virreinato de la Nueva España** (actualmente México, Guatemala, Cuba, gran parte de Centroamérica, Estados Unidos y las islas Filipinas), el **Virreinato de la Nueva Granada** (hoy Colombia, Panamá, Venezuela y Ecuador), el **Virreinato del Perú** (los actuales Perú, Chile y Bolivia) y el **Virreinato del Río de la Plata** (actualmente Argentina, Paraguay, Uruguay y Guinea Ecuatorial, en África).

Los españoles impusieron su cultura, muchas veces destruyendo las americanas, pero otras veces conservando muchos aspectos; los **monjes españoles**, por ejemplo, dieron forma escrita a muchas lenguas americanas, preservándolas.

En el siglo XVIII, los criollos (españoles nacidos en las Américas) empezaron un largo **proceso de independencia** de España, y así nacieron las naciones hispanas actuales. Muchos humanistas participaron en este proceso; los mayores líderes o "libertadores" fueron **Simón Bolívar** (de la actual Venezuela) y **José de San Martín** (de la que hoy es Argentina).

Las gentes y lenguas locales

La cultura hispánica es como un paraguas sobre una verdadera Torre de Babel, porque en el mundo hispano hay muchas gentes distintas, que hablan muchos otros idiomas. En España son oficiales **el catalán** (en Cataluña, Valencia y las islas Baleares), **el gallego** (en Galicia) y **el vasco** o **euskera** (en el País Vasco/Euskadi y Navarra). Hasta hay dialectos del castellano, como **el astur-leonés**, que son muy coloridos. En Hispanoamérica sobreviven y son oficiales en sus países muchas lenguas aborígenes, como **el náhuatl**, antigua lengua azteca (en México), **el maya** (en México, Guatemala y Centroamérica), **el quechua**, la lengua de los incas (en regiones andinas de Perú, Ecuador, Bolivia y Argentina), **el aymara** (en Bolivia), **el mapuche** (en la Patagonia chilena y argentina) y **el guaraní** (en Paraguay, Bolivia y el nordeste de Argentina). ¡Y estos son solo los idiomas americanos más conocidos!

Los hispanos entre sí

Todos los países, regiones, ciudades y pueblos hispanos tienen su **cultura local**, sus **fiestas**, sus **comidas** y su **forma de ser**. Pero lo más impresionante es que los casi 500 millones de hispanos se llevan muy bien entre sí, y se comunican fácilmente. En los **21 países** hay **academias de la lengua** (más una en los Estados Unidos) que registran cómo hablan sus gentes en español y que se comunican entre sí. Un argentino de Tierra del Fuego podrá hablar tranquilamente con un español de Aragón y un mexicano de Baja California. Los tres se entenderán bien, y seguramente tratarán de imitar el **acento** de los otros, porque sienten verdadero cariño por sus hermanos hispanos.

Baile tradicional de las Islas Canarias

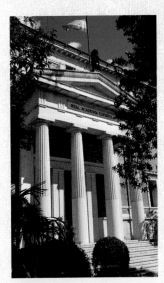

La Real Academia Española

Comida española

Para más información:
http://es.wikipedia.org/wiki/Hispano

V: Literatura
[Nivel superior]

16 Un gaucho da consejos a sus hijos

El Gaucho Martín Fierro (1872) es una de las obras más conocidas de la "literatura gauchesca", un género típico sudamericano que narra la vida de los gauchos, hombres que viven y conocen el campo (especialmente en Argentina, Uruguay, Chile y el sur de Brasil) a la perfección. Esta obra fue escrita por el político y escritor **José Hernández** (1834–1886). Se distingue porque además de narrar las aventuras del personaje que le da nombre, es muy filosófica (se considera que los gauchos tienen sabiduría). Es una historia compuesta en verso, con vocabulario gauchesco, y se puede cantar con la guitarra. Sus versos son muy citados en conversación por la gente en Argentina.

 A **Lee con atención la estrofa a la derecha y elige la frase a continuación que mejor la resume.**

1 Si los hermanos respetan la ley más importante, no tendrán peleas.

2 Cuando los hermanos se protegen el uno al otro, son fuertes ante los peligros.

3 Cuando los hermanos se acompañan, pueden conquistar otros sitios.

4 Si hay divisiones entre los hermanos, se quedan sin comida.

> "Los hermanos sean unidos,
> porque ésa es la ley primera;
> tengan unión verdadera
> en cualquier tiempo que sea,
> porque si entre ellos pelean
> los devoran los de ajuera*"
>
> *Extraído de* **El Gaucho Martín Fierro**,
> *José Hernández (Argentina)*

¡Observa!

*ajuera (Arg., arc. coloq.) = afuera

17 Recuerdos de una niñez española

Juan José Millás es un novelista español muy conocido, de origen humilde. Su familia se trasladó a Madrid en 1952 cuando tenía seis años. Ha escrito de la literatura que es "una batalla silenciosa en la que uno ha de ganar, o de perder". En este texto, sacado de su novela autobiográfica **El mundo** (2007), Millás cuenta un recuerdo de su niñez en Valencia.

Soy el cuarto de una familia de nueve. Me preceden una chica y dos chicos. Cada uno se lleva con el anterior quince o dieciséis meses. Nací en Valencia, donde pasé los seis primeros años de mi vida, antes del traslado a Madrid. De Valencia recuerdo el sol, la playa y algunas secuencias inconexas, como pedazos de película rescatadas de un rollo roto.

Me veo, por ejemplo, de la mano de mi madre. Estamos en el mercado donde ella adquiere algo que paga con las monedas que extrae de un monedero negro, con el cierre de clip. Pienso que en ese recipiente lleva el dinero que le han dado (¿el Gobierno? ¿Dios?) para toda la vida y se me ocurre que es una irresponsabilidad sacarlo a la calle. Si lo perdiera o se lo robaran, ¿qué sería de nosotros?

Extraído de **El mundo**, *Juan José Millás (España)*

 A **Busca en el texto las palabras que equivalen a las definiciones siguientes:**

1 van delante

2 previo

3 mudanza de casa

4 sucesiones de cosas

5 recuperadas

6 materia que rueda y forma un cilindro

7 bolsa en que se lleva dinero

8 pienso de repente

B Rellena los espacios en blanco en las frases siguientes con una palabra del recuadro. ¡Cuidado! Hay más palabras que espacios.

> visita   cine   capital   salir   inocente   correr   madrileños
> alguien   valencianos   hermanos   feliz   compras

1   Juan José Millás tiene ocho _____.

2   Con seis años se mudó de casa a la _____ de España.

3   Sus recuerdos _____ se presentan como si estuviera en el _____, mirando una película de su vida.

4   Recuerda que de niño iba de _____ con su mamá.

5   Como niño _____, cree que el dinero puede ser un regalo divino.

6   Teme que _____ pueda robar a su madre al _____ a la calle y los deje sin nada.

C Escribe (unas 100 palabras) sobre un incidente de cuando eras niño/a, como el de Millás en el mercado, contando cómo pensabas sobre lo que ocurrió.

18 La infancia de Malinche

Laura Esquivel es una autora mexicana nacida en la Ciudad de México en 1950, que logró reconocimiento mundial con su obra *Como agua para chocolate* (1989), una historia de amor escrita en forma de recetas, que fue llevada al cine. Es una escritora que tiene una percepción muy profunda de las relaciones humanas, las que combina con las historias en un estilo de "realismo mágico". En la novela *Malinche* (2006), de la cual proviene este texto, narra la vida completa de la aborigen Malinalli Tenépatl, llamada "La Malinche", personaje muy conocido de la historia, porque sirvió como intérprete a Hernán Cortés, conquistador español de México, de quien se enamoró y con quien se casó.

A Antes de leer el texto, completa las siguientes oraciones con las palabras que aparecen en el recuadro. Puedes utilizar el diccionario si lo deseas.

> arcilla   ciega
> juguetes   patio
> collar   aliada   barro
> se guarecieron
> manchó   muñecas
> bordado   pulsera

1   Esa nación fue la _____ de la otra durante la guerra, la ayudó.

2   Esa mujer es _____, no puede ver.

3   ¡No salgas al jardín, que está lloviendo y el agua y la tierra están formando _____!

4   Este jarrón es de México y está hecho de _____ cocida.

5   ¡Qué bonito este manto maya, _____ con hilos de muchos colores!

6   Mi madre va a una fiesta formal, así que lleva un _____ de perlas en el cuello y una _____ de oro en la muñeca.

7   Deja al perrito en el _____, que allí tiene espacio para jugar dentro de la casa.

8   Anoche llovió torrencialmente, y mi tío y mi papá _____ en el centro de compras.

9   Anoche comió una pizza con las manos y _____ su camiseta nueva.

10 Cuando era niño tenía muchos _____, cochecitos, patines, y mi hermana tenía _____ muy bonitas, con el pelo largo.

La abuela había sido su mejor compañera de juegos, su mejor aliada, su mejor amiga a pesar de que con los años se había ido quedando ciega poco a poco. …

Cuando Malinalli cumplió tres años, su abuela le regaló figuras de barro y juguetes de arcilla, un vestido que ella misma había bordado, casi a ciegas, un collar de turquesa y una pequeña pulsera de granos de maíz.

Malinalli se sintió muy amada. Acompañada de su abuela, salió al patio a jugar con todos sus regalos. Al poco rato una nube negra las cubrió y un fuerte trueno interrumpió la fiesta. …

Malinalli y su abuela se guarecieron de la lluvia dentro de la casa. Cuando la lluvia cesó, Malinalli pidió permiso para salir a jugar. … Jugó durante horas con el agua y el lodo. Manchó su vestido nuevo, sus rodillas y sus manos. Hizo muñecas de barro, pelotas de lodo y finalmente se cansó. Ya oscureciendo entró de nuevo en su casa y con una gran alegría le dijo a su abuela:

—De todos los juguetes que me han regalado, los que más me gustan son mis juguetes de agua.

—¿Por qué? – le preguntó la abuela.

—Porque cambian de forma.

—Sí, hija, son tus más bonitos juguetes, no sólo porque cambian de forma sino porque siempre vuelven, pues el agua es eterna.

La niña se sintió comprendida y le dio un beso a su abuela.

Extraído de **Malinche**, *Laura Esquivel (México)*

B **Elige la opción que mejor complete las siguientes frases, según el sentido del texto.**

1 La abuela de Malinalli:
   a) observaba con atención cuando jugaba.
   b) compartía los juegos con ella.
   c) no podía jugar con ella, pues era ciega.

2 En su cumpleaños, Malinalli recibió:
   a) juguetes y vestidos de materiales naturales.
   b) ropa de la ciudad.
   c) dibujos y juguetes raros.

3 La relación de la abuela con la niña era:
   a) buena, porque ella guiaba a su abuela.
   b) difícil, porque la ceguera era como una nube negra.
   c) muy buena, porque su abuela la quería mucho y la acompañaba.

4 Malinalli:
   a) se divirtió jugando con el barro.
   b) arruinó su vestido nuevo y sus muñecas con el lodo.
   c) tiró pelotas de barro a sus muñecas y se cansó.

5 La niña confesó a su abuela que:
   a) le gustaban más los juguetes que usaban agua.
   b) le encantaban los juguetes que hacía con el agua.
   c) le gustaba lavar sus juguetes con agua.

6 La abuela le explicó a la niña que los juguetes de agua:
   a) son de muchas formas y nunca faltan.
   b) a veces cambian de forma y desaparecen.
   c) son hermosos porque simbolizan la eternidad.

C **En el texto se narra la relación de Malinche con su abuela y cuáles eran sus juguetes preferidos. Conversa con tu compañero/a y cuéntale:**

- ¿Cuál(es) era(n) tu(s) juguete(s) preferido(s) cuando eras niño/a?
- ¿Por qué era(n) especial(es)?
- ¿Dónde jugabas con él/ellos?
- ¿Con quién(es) jugabas?

TAREA CREATIVA SOBRE LITERATURA DE SEGUNDO AÑO

Escribe unos párrafos (mínimo 100 palabras) sobre la importancia del tema *la familia y los amigos* en una de las obras literarias que has leído. Responde una o más de estas preguntas:

- ¿Hay alguna familia o grupo de amigos en la obra? ¿Te gustaría ser parte de ella/ él? ¿Por qué (no)?
- Se han peleado dos de los personajes de la obra. Quieres ser amigo/a de uno de los personajes de la obra. Escríbele un e-mail a uno de ellos para reconciliarlos.

VI: ¡A jugar!

Crucigrama

Aquí tienes un crucigrama referido a las relaciones con la familia y los amigos. Complétalo siguiendo las definiciones. La mayoría de las palabras se encuentran en esta unidad del libro.

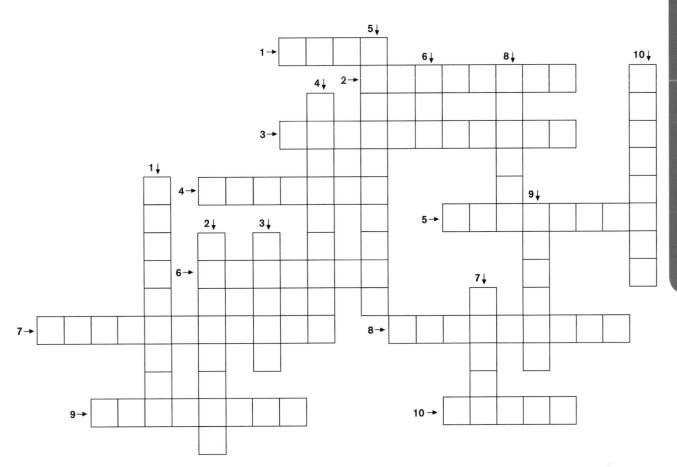

Horizontales:

1 Ser humano recién nacido.
2 Que tiene sentimientos o instintos de madre.
3 Abuelo de nuestro abuelo.
4 Hija de nuestro hermano o hermana.
5 Tener una conversación, normalmente apasionada o violenta.
6 Relación afectuosa hacia una persona no familiar.
7 Estado de esposos separados legalmente.
8 Esposa de nuestro padre que no es nuestra madre biológica.
9 Otros hijos de nuestros mismos padre y madre.
10 Mujer con la cual tenemos una relación amorosa.

Verticales:

1 Usar con otros.
2 Que pertenece a la familia.
3 Hombre cuya esposa ha muerto.
4 Personas que pertenecen a nuestra familia cercana y extendida, por ejemplo tíos y abuelos.
5 Mujer que espera tener un hijo.
6 Hermana o esposa del hermano de nuestro padre o madre.
7 Hijo de nuestros tío y tía.
8 Hijos de nuestros hijos.
9 Que sospecha que una persona amada quiere a otro/a.
10 Tener una relación… bien/mal.

UNIDAD 2 La lengua y la cultura

- I: Así hablamos, así somos
- II: Hablo más de un idioma
- III: En mi país se habla así…
- IV: ¡Gran problema! ¿Qué hablamos?
- V: Literatura [Nivel superior]
- VI: ¡A jugar!

aru
llengua
hizkuntza
lengua
tlajtoli
tu'un
idioma
diidxa'
runa simi
t'aan
ñe'ê

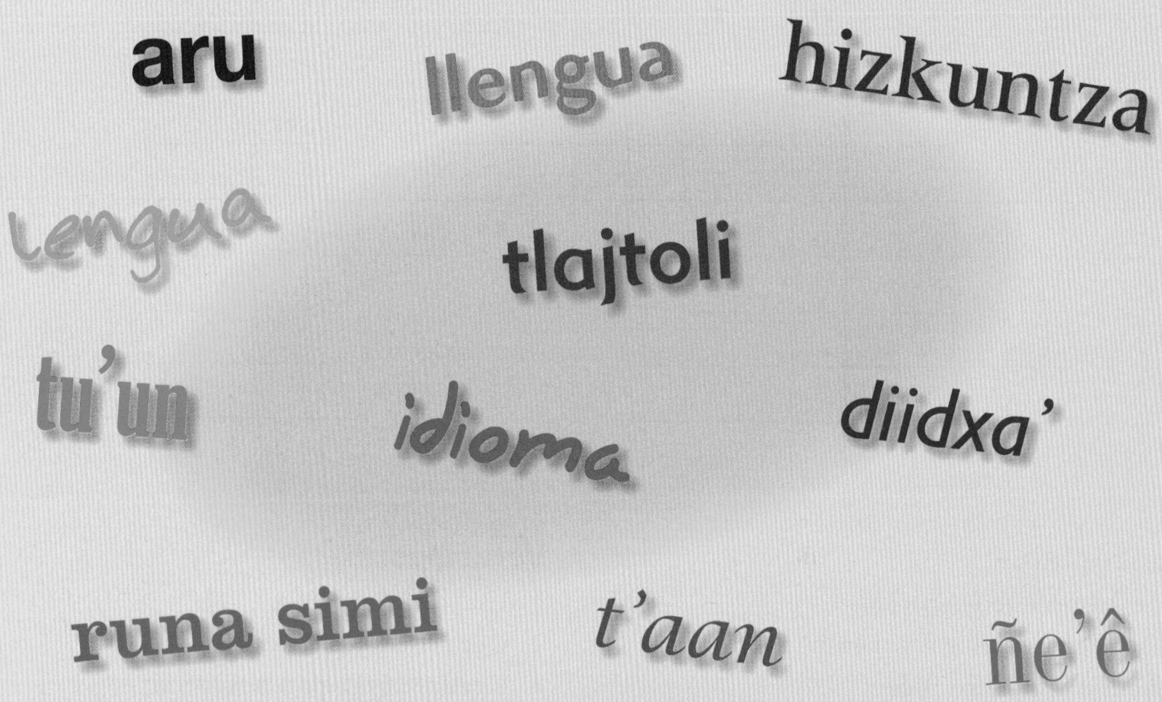

¡Piensa!

"Yo nunca me he quedado sin patria. Mi patria es el idioma".
María Zambrano (1904–1991), pensadora española.

- ¿Es verdad que la patria de una persona es su idioma? ¿Por qué (no)?
- Los humanos, ¿somos los únicos seres que nos comunicamos? ¿Cómo lo hacemos?
- ¿Qué beneficios trae ser bilingüe?
- "Solo puede aprenderse bien una lengua yendo al país donde se habla". ¿Estás de acuerdo?
- ¿Qué características locales (por ejemplo, acento y vocabulario) tiene la lengua que tú hablas?
- Los jóvenes de tu país, ¿hablan distinto de los adultos y de otros jóvenes?
- ¿Cómo podemos proteger las lenguas minoritarias y en vías de extinción?

I: Así hablamos, así somos

1 Comunicarse no solo es cosa de humanos

A Antes de escuchar el audio haz el ejercicio siguiente. Abajo hay una lista de características relacionadas con la comunicación entre los animales. Indica en la tabla cuáles corresponden al hombre, a la abeja, al chimpancé y al loro.

	hombre	abeja	chimpancé	loro
1 Se comunica bailando.				
2 Se comunica hablando.				
3 Utiliza sonidos para comunicarse.				
4 No habla, sino que utiliza un código.				
5 Baila para comunicar su intención.				
6 Puede utilizar palabras para engañar.				
7 Utiliza palabras, pero sin entenderlas.				

B Ahora escucha el audio y comprueba tus respuestas al ejercicio A.

Pista 5

C Escucha el audio otra vez y termina las frases siguientes utilizando las palabras que oyes. Escribe solo una palabra en cada espacio.

1 Lo que todos los animales tienen en común es saber _____.

2 Las abejas tienen una manera única para comunicarse, que ha sido descrita como un "lenguaje–danza" por los _____.

3 Los chimpancés no utilizan palabras, sino que gritan _____.

4 Los loros machos utilizan sus colores para captar el interés de las _____.

5 Una de las características destacadas de los hombres es que son capaces de inventar _____.

Animal	Sonido que hace, escrito en español
Ejemplo: *la abeja*	Ejemplo: *bzzz bzzz*
la rana/el sapo	
el gallo	
la pez	
el pato	
el gato	
la oveja	
el perro	
las aves/los pollitos	
la vaca	
el grillo	

D ¿Sabes cómo se representan los sonidos de los animales en español? Después de escuchar los sonidos del audio, intenta descubrir con tu compañero/a qué animales hacen los sonidos que oyen. ¿Cómo se escriben estos sonidos en español?

Pista 6

2 ¡No estoy "OK", estoy "bien"!

A Antes de leer el texto, observa la foto y responde las siguientes preguntas con tus opiniones:

- ¿Dónde te parece que está el sitio de la foto?
- ¿Qué se vende en ese sitio?
- ¿Qué idioma(s) se habla(n) allí?
- ¿Qué significan las palabras en su frente?

Soy profesor de español y realmente amo la lengua castellana, pero me pregunto si soy uno de los pocos que sienten gran respeto por ella.

Lo digo porque caminando por las calles de Buenos Aires saltan a la vista frases y palabras que reemplazan a las castellanas, y cada vez son más. Ayer me senté en un sitio que se llama *Piacere*. Es normal que tenga nombre italiano, después de todo, más de la mitad de los argentinos somos de ese origen. Lo curioso es que de subtítulo pusieron *Resto Gourmet*, y que a un lado se explica que se trata de un *Delicatessen*, lo que me confundió profundamente, ya que allí no había jamones ni quesos, sino que era una simple cafetería. "Bien, es que somos cosmopolitas. Paciencia.", me dije.

Luego quise comprar música, y en un *shopping mall* una chica me preguntó si quería un "*Di-Vi-Di**" o un "*Ci-Di**". Los dos estaban en *sale* según lo que decía el estante. Tuve que indicarle el que prefería, y me preguntó: "¿Ese que está al lado del *dispenser* (el bebedero), señor?". No me entendió cuando sonreí.

Volví a mi barrio (¡por ahora se llama así!) y fui a una casa de comidas para llevar, que milagrosamente se llamaba simplemente "La noble empanada". Pero como era larga la espera, el muchacho me dijo que "si quiere, tenemos *delivery* (pronunciado 'delíberi')". Esperé pacientemente.

A veces siento que se usan palabras extranjeras sin ton ni son. Me pregunto si en nuestro afán por ser modernos no estamos perdiendo nuestra imaginación para crear términos hispanos. No quiero pecar de conservador lingüístico; claro que debemos incorporar nuevos términos extranjeros, pero ¿y si nos olvidamos de lo linda que suena nuestra lengua hispana?

¡Observa!

*"*Di-Vi-Di*", "*Ci-Di*" = pronunciación de DVD y CD en muchos países hispanos.

Estrategias para leer

Cuando lees un texto:

- primero mira bien **el título** del texto, porque te dará un indicio del contenido/tema.
- intenta identificar el tema más importante.
- si no entiendes bien alguna palabra o frase, coméntala con tu compañero/a.

B En este texto hay muchas palabras que no son castellanas. Conéctalas con sus equivalentes en español. ¡Cuidado! Hay traducciones de más.

1 piacere (italiano)
2 resto (francés, coloquial)
3 gourmet (francés)
4 delicatessen (inglés, del alemán Delikatessen)
5 sale (inglés)
6 shopping mall (inglés estadounidense)
7 dispenser (inglés)
8 delivery (inglés)

a alimentos selectos
b restaurante
c disponible
d máquina expendedora
e placer
f entrega a domicilio
g rápido
h cocinero, gastrónomo
i rebaja
j centro comercial

C Decide si las siguientes frases referidas al texto son verdaderas o falsas. Marca con una cruz (*X*) la opción que te parezca correcta. Si es falsa, explica por qué con tus propias palabras.

	Verdadero	Falso
1 Para el autor, no es raro que en los cafés de Buenos Aires se usen palabras italianas.		
2 Le llamó la atención que lo que decía el subtítulo no describía bien el lugar.		
3 La chica del centro de compras sonrió porque no entendía las palabras que usaba el autor.		
4 Al autor le sorprende que en su barrio todos los comercios tengan nombres extranjeros.		
5 Cuando encontró un sitio con nombre en español, el personal usaba una palabra inglesa pronunciada con acento hispano.		
6 Lo que quiere el autor es reemplazar las palabras extranjeras, porque no tienen sentido en español.		

D Aquí tienes la continuación de la historia del texto. Utiliza los verbos entre paréntesis para completarla. Ponlos en la forma apropiada del pretérito indefinido, teniendo en cuenta que algunos de los verbos son irregulares.

Finalmente, después de esperar cerca de una hora, 1_____ (tomar) las empanadas y 2_____ (volver) al edificio. 3_____ (poner) la comida sobre la mesa y 4_____ (sentarse) para ver la televisión. 5_____ (ver) un programa muy divertido, que me 6_____ (gustar) mucho, sobre los bares y cafés de Buenos Aires. Lo simpático 7_____ (ser) que cuando 8_____ (aparecer) los presentadores, 9_____ (decir) "hay una nueva moda de poner nombres extranjeros a algunos cafés, como este, que se llama *Piacere*". Yo 10_____ (saltar) de mi silla, 11_____ (caerse) la empanada de mi boca, y 12_____ (gritar) "¡Exacto! ¡Bien dicho!" Por eso, anoche 13_____ (escribir) un artículo referido a este tema.

Gramática

EL PRETÉRITO INDEFINIDO

Recuerda que:

- el pretérito indefinido se usa para **narrar acciones** en el pasado y enfatizar que **se completaron**.
- este tiempo verbal es acompañado muchas veces de marcadores como **ayer**, **anoche**, **el mes/año pasado**.
- la primera y tercera persona del singular de los verbos regulares llevan acento escrito, por ejemplo: **esperé**, **preguntó**.
- hay varios verbos que cambian su raíz en este tiempo, por ejemplo: **quise**, **pusieron**, **dije**, o cambian su ortografía, por ejemplo: **indiqué**.

Para repasar la forma y uso del pretérito indefinido de verbos regulares e irregulares, ver 11.A.II en el Resumen gramatical.

E Ahora utiliza uno de los siguientes verbos a continuación para completar las frases. Ponlo en el *pretérito indefinido*, cuidando su forma. ¡Cuidado! Hay dos verbos de más.

> estar   ser   tener   saber   participar   decir   ir
> despertarse   hacer   leer   llorar   ver   conocer

1 La semana pasada, nosotros _____ una película española.

2 Durante el viaje, yo _____ a una chica muy simpática.

3 No quiero ir a ese café, _____ sentado allá ayer.

4 ¡Ustedes me _____ anoche que la fiesta era hoy!

5 Ella estaba tan triste que _____ toda la noche.

6 Las vacaciones pasadas, los niños _____ mucho ejercicio.

7 Mi madre _____ *El Quijote* en español cuando era joven.

8 Tú _____ muy astuto para arreglar el coche.

9 ¿Cómo estás, Miguel? ¿Adónde _____ el verano pasado?

10 Él _____ en una obra de teatro que _____ mucho éxito en el festival.

3 ¿Son importantes los acentos escritos?

 A Antes de leer el texto, observa la foto y responde las siguientes preguntas con tus opiniones:

- ¿De qué país del mundo hispano se trata?
- ¿Qué está haciendo la chica?
- ¿Qué notas en la forma de escribir esas palabras?

Cuando Pablo Zulaica Parra decidió subir a la web un video en que se lo veía colocando acentos en carteles públicos, no podía imaginar las repercusiones que iba a generar.

¿Cómo hacer para ser contratado como redactor? Esa es la pregunta que se hizo Zulaica Parra, y no se le ocurrió mejor manera que demostrar que sabía lo que hacía. Bajo el slogan "Te corrijo y te enseño para que no tengas que volver a pagarme", el joven de rastas se lanzó a la fama, poniendo acentos donde no los había en las calles de Condesa y la Juárez, del Distrito Federal, en México.

Uno tras otro, comenzaron a llegar los comentarios de gente que, desde distintas partes del mundo empezaron a sumarse a la cruzada contra la mala escritura. Aunque prefiere que no lo vean como un fundamentalista del acento, Zulaica Parra confesó que en un principio, lo ponían de muy mal humor esas faltas ortográficas. Sin embargo, todo cambió con el crecimiento del blog *acentosperdidos.blogspot.com*, que le permitió tomar todo el asunto como una aventura y un desafío.

Es por eso que decidió dejar en el blog una cartilla de acentos imprimibles con el mismo diseño y tamaño para que la gente se sume a este reclamo universal por las reglas claras en el lenguaje. Los usuarios no solo envían fotos de sus intervenciones que permiten que carteles públicos se vean bien escritos sino que, además, suprimen acentos mal puestos.

Adaptado de www.rosario3.com

Estrategias para leer

¿Para qué sirve la lectura de los textos?

- Para encontrar más **información** sobre el tema.
- Para adquirir **vocabulario**.
- Para acostumbrarte a la **estructura de las frases**.
- Para ver cómo funciona **la gramática**.
- Para tomar conciencia de aspectos de la **cultura hispánica**.

¡Aprovecha cada lectura!

 B Trabaja con un(a) compañero/a. Emparejen las siguientes palabras y frases con sus significados.

1	carteles	a	trenzas características de los rastafaris
2	redactor	b	evolución, desarrollo
3	rastas	c	anuncios o avisos públicos
4	se lanzó	d	protesta
5	faltas ortográficas	e	reto
6	crecimiento	f	quitan
7	desafío	g	errores de escritura
8	cartilla	h	se tiró
9	reclamo	i	cuaderno pequeño
10	suprimen	j	persona que se dedica a escribir noticias

C Completa las siguientes frases con una de las opciones, según lo que dice el texto:

1 Pablo Zulaica Parra:
  a) encontró errores en la web y creó un video.
  b) subió un video a la web que tuvo mucho éxito.
  c) se imaginó que su video en la web sería popular.

2 Lo que quería Pablo era:
  a) obtener un trabajo.
  b) demostrar que la gente no escribe bien.
  c) preguntar a la gente por qué no pone los acentos.

3 Este muchacho:
  a) pedía que le pagasen para corregir los carteles públicos.
  b) enseñaba a la gente en las calles de México D.F.
  c) mostraba lo que sabía hacer en sitios públicos.

4 Encontró que:
  a) la gente de muchos países lo corregía.
  b) mucha gente de distintos países quería seguirlo.
  c) en otros países hispanos ya hacían esto.

5 A Pablo:
  a) lo enfurecía la gente que escribía mal.
  b) le molestaba encontrar palabras mal escritas.
  c) le cambiaba el humor cuando corregían su ortografía.

6 En su blog se puede:
  a) imprimir acentos para usarlos en sitios públicos.
  b) colocar acentos a textos, como ejercicio.
  c) dar dinero para esta aventura y desafío.

7 La gente que se sumó:
  a) saca fotos de carteles públicos mal escritos.
  b) envía los errores a Pablo para que él vaya a corregirlos.
  c) documenta en el blog su intervención.

8 Esta cruzada:
  a) estimula corregir los acentos mal puestos.
  b) a veces provoca que se pongan mal los acentos.
  c) muestra dónde hay acentos mal escritos.

D ¿Realmente es necesario escribir los acentos en español? Compara las siguientes palabras tomadas del texto y da un ejemplo de cada una, usándolas con y sin acento. ¿Hay diferencias?

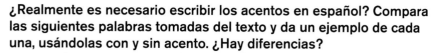
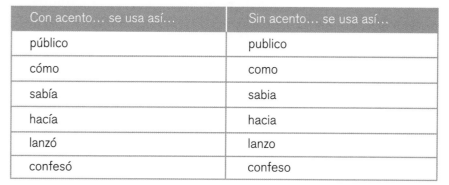

Con acento… se usa así…	Sin acento… se usa así…
público	publico
cómo	como
sabía	sabia
hacía	hacia
lanzó	lanzo
confesó	confeso

E Ahora lee las siguientes frases y coloca el acento donde corresponda. ¡Cuidado! Puede que algunas oraciones no necesiten acentos, o que necesiten más de uno.

1 Concepcion, ¿cuando vamos a ir a tu casa?
2 Es que tu no sabes como hacerlo.
3 Cuando como anchoas me siento mal.
4 ¡No entiendo por que estas asi!
5 Estas fotos son bellisimas.
6 Si el medico dijo que son para mi, no son para ti.
7 El hacia muchas cosas de joven, como tocar musica.
8 Ella si estudio para el examen de ingles, ¡sabia todas las respuestas!
9 Los ingleses fundaron una colonia aca.
10 No se donde estaran los chicos.

Gramática

LA ACENTUACIÓN ORTOGRÁFICA
Recuerda que:
- hay varios **tiempos verbales** que requieren el acento escrito en algunas personas.
- los sustantivos llevan acento escrito o no, según donde caiga su acento oral: **última**, **penúltima** o **antepenúltima sílaba**.
- se distingue el significado de algunas palabras, como **tú** y **tu**, solo por su acento.

Para repasar las reglas de acentuación ortográfica, ver 1 en el Resumen gramatical.

¿Qué sabes de... México?

Antes de leer la información sobre México, completa este pequeño cuestionario para ver cuánto sabes de este país.

1 ¿Cuántos habitantes hay en todo México?

a) 56 millones

b) 85 millones

c) 112 millones

2 ¿En qué siglo conquistaron México los españoles?

a) XV

b) XVI

c) XVIII

3 Cuando llegaron los españoles, ¿qué civilización indígena encontraron?

a) la maya

b) la inca

c) la azteca

4 ¿En qué año empezó la Revolución mexicana, con Pancho Villa y Emiliano Zapata?

a) 1910

b) 1918

c) 1920

5 ¿Cuántas lenguas oficiales hay en México?

a) cinco

b) sesenta y cinco

c) diecisiete

El país

La capital, la **Ciudad de México**, está situada donde estaba el centro de la antigua civilización azteca en el siglo XVI. En los muros del Palacio Nacional de la Ciudad de México, el gran pintor **Diego Rivera** pintó un ciclo de murales que muestran la historia del país desde los aztecas hasta el siglo XX.

No lejos de la Ciudad de México están ubicados el volcán **Popocatépetl** (5.442 metros) y **Teotihuacán** ("lugar de los dioses"), con sus templos y pirámides, una de las ciudades arqueológicas más importantes de Latinoamérica.

Yucatán, centro de la civilización antigua de los mayas, y la región indígena actual de Chiapas, está al sureste del país.

Historia

Antes de 1519

Antes de la llegada de los españoles en el siglo XVI, México estaba ocupado por varias civilizaciones indígenas. La más conocida de estas civilizaciones fue la **maya**, cuya civilización existió durante miles de años; sus descendientes viven aún en **Yucatán** y hablan su lengua. Su período clásico, durante el cual los mayas lograron avances importantes en la **ciencia** y la **astronomía**, se extendió del siglo IV al siglo X.

◎ México forma parte de **América del Norte**. Limita con Estados Unidos al norte y Guatemala y Belice al sur.

◎ Tiene mar por ambos lados: al este, el mar Caribe y el Océano Atlántico, y al oeste, el Océano Pacífico.

◎ Con sus **112 millones de habitantes**, México es el país con más hispanohablantes del mundo entero.

◎ El país está dividido en **31 estados**, más la capital, que es un Distrito Federal: **México D.F.**

El volcán Popocatépetl

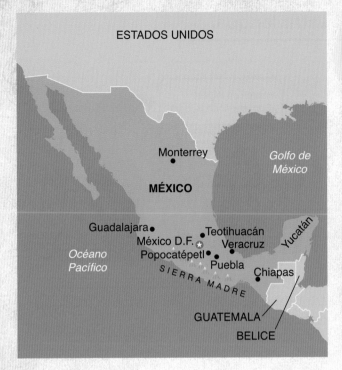

ESTADOS UNIDOS

Monterrey

Golfo de México

MÉXICO

Guadalajara

México D.F.
Teotihuacán
Veracruz

Popocatépetl

Océano Pacífico

Puebla

Chiapas

Yucatán

SIERRA MADRE

GUATEMALA

BELICE

La pirámide del Sol en Teotihuacán

La Conquista y el período colonial

Los **aztecas**, una civilización menos atractiva y más guerrera que los mayas, dominaron México por la fuerza militar hasta la llegada en 1519 de **Hernán Cortés**. Este conquistador español, hombre duro e inteligente, que los aztecas habían recibido como a un dios en un principio, los derrotó e hizo matar a su líder **Moctezuma**. Desde entonces los españoles se establecieron como los nuevos gobernantes del país. Después de la caída de **Tenochtitlán**, capital azteca, esta gran ciudad llegó a ser la capital de México; el territorio colonial se llamaba **Virreinato de la Nueva España**. El período colonial duró hasta **1821**, cuando los mexicanos obtuvieron su independencia y México se estableció como una **República Federal**.

El siglo XX

A comienzos del siglo XX, tuvo lugar la llamada **"Revolución mexicana"** (1910–20), una lucha sangrienta por el poder entre varias facciones. Esta fue la época de los famosos líderes campesinos como **Pancho Villa** y **Emiliano Zapata**. En 1929 se formó el primer partido político oficial, llamado Partido Nacional Revolucionario (actualmente **Partido Revolucionario Institucional, PRI**); este partido gobernó el país durante todo el siglo XX. Los años 90 fueron dominados por la lucha entre las autoridades mexicanas y los indios de **Chiapas**, que reclamaban un mejor trato.

El siglo XXI

En la economía, México forma parte de un bloque comercial con EE.UU. y Canadá, el **Tratado de Libre Comercio de Norte de América (TLCNA)**.

Socialmente, México está pasando por un período de guerra contra el narcotráfico: las fuerzas de seguridad intentan destruir los **carteles mexicanos** que están involucrados en el tráfico de drogas, y en ciertas regiones la vida se ha hecho muy peligrosa.

Las lenguas de México

México es el país **con más hispanohablantes** del mundo entero. El **castellano** se impuso sobre las lenguas aborígenes de México en el siglo XX, pero no las borró. Aunque lo hable un 97% de los 112 millones de mexicanos, el castellano no figura como la lengua oficial en su Constitución.

El **náhuatl**, con aproximadamente 1.700.000 hablantes, sigue siendo la lengua aborigen mexicana más hablada. Ya en los tiempos de la Conquista se empleaba como *lengua franca* en el **imperio azteca**. De esta lengua vienen cientos de palabras del español, como *aguacate*, *cacahuete*, y *tomate* o *"jitomate"*, como se conoce en México.

Al náhuatl le siguen en número el **maya**, con unos 892.000 hablantes, el **zapoteco**, con unos 510.000 y el **mixteco**, con casi 506.000. El Estado de México, que ahora se declara "pluricultural", reconoce **65 lenguas** como "nacionales", es decir oficiales, en sus regiones. Los lingüistas conocen más de **300 dialectos** diferentes, principalmente hablados en el sur. He aquí el problema: se considera que unas 144, como el **chontal** de Oaxaca, están en peligro de extinción, porque hay muy pocos hablantes.

Para más información:
http://www.visitmexico.com

4 ¡No han conseguido borrar nuestra lengua!

¡Viven en los Estados Unidos, donde el inglés es la lengua nacional! Entonces, ¡hablen en inglés! ¡Olviden esa tontería de hablar en una lengua que nadie entiende! ¿Son americanos, o no? ¿Quieren avanzar como los demás? Entonces, ¡hablen como todo el mundo! ¡No se queden atrás!

Así crecí en Los Ángeles, cursando mis estudios, siempre oyendo esas voces de maestros y maestras que diariamente me inculcaban el abandono de la lengua que se hablaba en el hogar de mi familia, inmigrantes de México. Muchos nos rebelamos ante ese movimiento que tenía como intención borrar toda una lengua y con ello toda una cultura.

Ahora el bilingüismo es lo que prevalece; una lengua influyendo a la otra… una mezcla de español e inglés…. En el sudoeste de los Estados Unidos especialmente, el inglés se encuentra enriquecido por vocablos y frases que le han llegado directamente del español. Esto se ve en nombres de ciudades, calles, apellidos, alimentos, ropa, deportes, y notablemente, en la literatura escrita y publicada por hispanos, nativos de los Estados Unidos. Y lo mismo se puede decir del español que ahora, en esas partes, ha tomado una nueva expresión, repleta de términos y ritmos que se derivan del inglés.

Me puse muy nervous *cuando la* teacher *me llamó* today *en la* school. *Especialmente porque* I didn't know *la respuesta.*

–¿Qué es esta revoltura de palabras? ¿Quién puede entender? Niños, ¡no mezclen sus palabras! Hablen un lenguaje u otro.

Oigo todavía la voz de mi madre o de mi padre que advertía no revolver el inglés con el español. Difícil tarea para niños de siete, ocho, u nueve años de edad, aún en los principios de su desarrollo lingüístico.

De esa resistencia nació nuestro diálogo, nuestra identidad, y más que todo, nuestra diferencia como escritoras y escritores hispanos en los Estados Unidos.

Adaptado de http://congresosdelalengua.es

A **Busca en el texto las palabras que corresponden a las definiciones siguientes:**

1 hacer desaparecer
2 idiotez
3 completando un estudio
4 cada día
5 infundían

6 casa de familia
7 triunfa sobre otro
8 mejorado
9 palabra
10 muy llena

11 mezcla confusa
12 aconsejaba
13 mezclar

B **Basándote en los párrafos 2 y 3, completa las frases siguientes con palabras o frases tomadas del texto.**

1 Aunque hablábamos el castellano en casa, los profesores no nos dejaban utilizar nuestra _____ en clase.
2 No podíamos aceptar la supresión de nuestra cultura y por eso _____.
3 El _____ de los estudiantes provoca que mezclen las dos lenguas.
4 En ciertas regiones de los EE.UU. algunas expresiones en inglés provienen _____.
5 Sus padres le decían que tenía que expresarse en _____ .
6 No era fácil que ella obedeciera a sus padres, porque su _____ empezó a esa edad.

C **G** En este texto se utiliza mucho el imperativo en plural con *ustedes*. Por ejemplo: *¡hablen como todo el mundo!*

a) Primero cambia las frases siguientes en imperativo, utilizando la forma *ustedes*.

b) Después haz el mismo ejercicio utilizando la forma *vosotros*.

1 ¡ _____ (Comer) el desayuno enseguida!

2 ¡ _____ (Mirar), chicos, no quiero problemas!

3 _____ (Escribir) con cuidado para que se pueda leer sin dificultad.

4 ¡ _____ (Salir) de allá, que es peligroso!

5 Por favor, hijos, ¡ _____ (darse) prisa!

D Imagina que eres hijo/a de unos inmigrantes en un país que, en tu opinión, quiere borrar tu lengua y tu cultura. ¿Mantendrás la cultura y lengua de tus padres o adoptarás la de tu nuevo país? Escribe una redacción (200 palabras como mínimo) explicando los problemas que tienes y cómo los resuelves. Ten en cuenta:

- la lengua que se habla en casa
- la influencia de tus amigos
- la influencia de los medios de comunicación.

II: Hablo más de un idioma

5 Los niños bilingües

A Escucha el audio. ¿Quién diría las frases en la tabla?

Pista 7

	Nick	Amélie	Javier	Olga
1 A veces mis hijas usan dos idiomas al mismo tiempo.				
2 Mis hijos han aprendido dos idiomas sin dificultad alguna.				
3 Mi esposo es de Latinoamérica.				
4 Mi hija le pide a mi mujer que utilice su lengua nativa.				
5 Nos preocupa el bajo nivel lingüístico de nuestro hijo.				
6 A mis hijos se les habla en tres idiomas distintos.				
7 No tendrán dificultad en aprender un nuevo idioma.				
8 El bilingüismo funciona con algunos niños pero con otros no.				

B ¿Te parece bien o mal que los niños, cuando tienen padres que hablan lenguas diferentes, aprendan estas lenguas desde pequeños? Comenta con tu compañero/a las ventajas y los inconvenientes de tener una infancia bilingüe. Toma en cuenta los puntos siguientes:

- el progreso en la escuela
- las posibles confusiones entre las dos lenguas
- las ventajas culturales
- los posibles inconvenientes culturales
- los posibles problemas de comunicación con los padres.

6 El bilingüismo en el mundo hispano

El náhuatl (México)

Jacinta: Vivo en el centro de México y mi idioma es el náhuatl. Es un idioma madre, porque no deriva de ningún otro idioma, como el inglés y el español, que esas lenguas tienen sus raíces en el sajón y el latín. Es precioso y a la vez complicado, pero no es imposible de aprender. Cuando lo oyes hablar te sorprendes de lo bello que es. Cuando hablamos recuperamos nuestra identidad, estamos orgullosos de ser indios. Tenemos de qué sentirnos orgullosos: somos dueños de un pasado esplendoroso, que quisieron que olvidáramos a fuerza de humillarnos, pero no lo han logrado, después de 500 años.

El quechua (Perú)

Rafael Huachani: Nací en uno de los cañones más profundos del mundo del valle del Colca, en el Perú. Mi pueblo se llama Achoma. Esta palabra en quechua, la lengua indígena, quiere decir "sin azúcar". Estudié turismo tres años en la Universidad Nacional de San Agustín, para luego perfeccionarme estudiando para chef. Me gusta cocinar y preparar para mis turistas visitantes los platos típicos de Perú y del valle del Colca. Mi fuerte es el trekking dentro del cañón y muchos lugares. Hablo castellano, inglés y quechua, mi idioma original. Me visto con la vestimenta típica del mi pueblo y todos los años bailo la danza típica del Colca que es el wititi; es la danza del amor.

El gallego (España)

Alana: En Galicia, que es donde yo vivo, hablamos gallego y castellano; da igual el idioma que uses, y depende de tu familia, y de tu zona. Yo soy gallega y hablo gallego. Mi lengua es un signo de mi identidad. En mi instituto* hablan gallego, ya que la mayoría de nuestras clases son en gallego. También hay gallegos que solo saben hablar castellano, en las ciudades generalmente. Allí, en los supermercados, miro los anuncios y todo está en castellano, incluso el ticket de compra. Y en Internet su página no está en gallego y ni tan siquiera posibilita leerla en nuestra lengua. Yo, como gallega, pienso que la gente debe modificar sus actitudes: necesitamos utilizar nuestro idioma en todos los lugares, incluidos los supermercados, pues es lo mínimo y no cuesta tanto. Es un derecho.

¡Observa!

*instituto (E.) = el colegio secundario

El catalán (España)

Juan: Soy de Madrid, y toda la vida he hablado el castellano. Ahora vivo en Barcelona. El bilingüismo es un problema, ¿no? Pues, fíjate, que yo lo veo como un enriquecimiento. He aprendido el catalán sin tener problemas. Tal vez sea porque sé hablar varios idiomas aparte del mío. Hay que tener una educación bilingüe para saber lo que eso significa. También te puedo contar el ejemplo de dos niñas acogidas aquí en Cataluña, provenientes de Haití, solo sabiendo hablar criollo*, y que en menos de un año ya hablaban catalán y castellano.

¡Observa!

*criollo = idioma que ha surgido entre los descendientes de padres europeos que viven en el Nuevo Mundo; su base es una lengua europea (español, inglés, francés, etc.) y contiene elementos de las lenguas indígenas.

Adaptados de http://yohablomilengua.blogspot.com
http://es.answers.yahoo.com
http://kausachun-trekk-peru.com
http://www.publico.es

A **Lee los cuatro textos y deduce lo que significan las siguientes palabras según su contexto. Busca en el diccionario aquellas que no entiendas.**

raíz	humillar	vestimenta
sajón	incluso	enriquecimiento
recuperar	posibilitar	tal vez sea porque
orgullosos	no cuesta tanto	acogidas
a fuerza de	perfeccionarse	provenientes

B ¿Quién diría lo siguiente?

1 Aprovecho mis raíces para mostrar lo rico de mi cultura a los visitantes.	
2 La gente exagera los problemas de ser bilingüe.	
3 En mi comunidad no hacemos lo suficiente para dar importancia a nuestra lengua.	
4 Cuando hablo la lengua indígena me acuerdo de la gloria de hace siglos.	
5 Tengo pruebas de que los extranjeros pueden aprender a hablar dos lenguas en poco tiempo.	
6 Hablo una de las lenguas nativas de América del Sur.	
7 Tengo compatriotas que no hablan su lengua nativa, sobre todo en los centros urbanos.	
8 Mi lengua no proviene de otra.	

C Completa la tabla con las palabras que la faltan:

Verbo	Sustantivo	Adjetivo
	centro	
		bello/a
humillarse		
		igual
posibilitar		
		profundo/a
perfeccionarse		
		original
	enriquecimiento	
		proveniente

D ¿Estás de acuerdo con Juan cuando dice: "El bilingüismo es un problema, ¿no? Pues, fíjate, que yo lo veo como un enriquecimiento."? Debatan el tema del bilingüismo con la clase. Consideren los puntos siguientes:

- cómo el bilingüismo enriquece al ciudadano
- por qué el bilingüismo puede ser un problema
- los problemas que pueden surgir cuando la lengua de la mayoría quiere imponerse sobre la minoría
- la importancia cultural de la lengua de una minoría
- ejemplos de comunidades bilingües en el mundo hispano.

E Imagina que eres una de las cuatro personas de los textos. Escribe un e-mail (200 palabras como mínimo) a tu amigo/a en el que cuentes cómo tu bilingüismo te ha sido útil para sacarte a ti, o a otra persona, de un apuro.

¡NO OLVIDES!

Cómo escribir correspondencia informal

Página 79 en la Unidad 3.

F Busca todos los ejemplos de adjetivos y pronombres posesivos en los cuatro textos y explica de quién(es) es/son el/los objeto(s).

G

G Completa las frases con el adjetivo posesivo que corresponda a la persona entre paréntesis.

G

1 (usted) ¿Ha perdido _____ llaves?

2 (yo) _____ perro se ha extraviado.

3 (ellos) Van a pasar _____ vacaciones en Menorca.

4 (nosotros) He invitado a cada una de _____ amigas.

5 (él) _____ lengua preferida es el catalán.

Gramática

LOS POSESIVOS: ADJETIVOS Y PRONOMBRES

Recuerda que:

• el adjetivo posesivo (*mi*, *tu*, *su*, etc.) y el pronombre posesivo (*mío/a*, *tuyo/a*, *suyo/a*, etc.) significan una relación de **posesión**, en general entre una persona y un objeto.

Para repasar las formas del posesivo, ver 8 en el Resumen gramatical.

H Completa las frases con los adjetivos posesivos más adecuados: *tu(s)*, *vuestro/a(s)* o *su(s)*.

G

1 Hija, ¡pon _____ zapatos en orden!

2 Por favor, venga mañana con _____ pasaporte, señora.

3 Hablad con _____ compañeros de lo que queréis hacer mañana.

4 Si ustedes no hablan castellano, no van a avanzar como _____ amigos.

5 Tienes tiempo, Juan. ¿Sabías que está atrasado _____ avión?

I Rellena los espacios en blanco con el pronombre posesivo que corresponda a la persona de la primera frase.

G

1 – ¿Dónde está el coche de María?

– Este es el _____.

2 – No encuentro mi chaqueta.

– ¿Es esta la _____?

3 – ¿Cuál es la casa de tus padres?

– La primera casa a la derecha es _____.

4 – ¡Me llevo unos cuantos videos!

– Estos son _____, no los toques.

5 – He perdido mis llaves.

– ¿Son estas las _____, señora?

7 ¿Cómo se llega a ser bilingüe?

Yo soy profesora en un centro bilingüe, y desde los tres años nuestros peques están expuestos a un segundo idioma (inglés) que aprenden como algo natural y sin problemas. Lo que hacen es asociar a la persona con el idioma: cuando "intentan" hablar conmigo lo hacen en inglés y cuando hablan con los profesores de castellano, lo hacen en castellano. Sí, es cierto que atraviesan una etapa de spanglish, pero es el proceso natural de adquisición de varias lenguas. Eso desaparece cuando ya han adquirido las bases del idioma. Aprenden como un juego, de forma natural y sin cuestionarse a todas horas cómo se dice en su lengua materna.

En cuanto a lo de ser bilingüe, no basta solo con asistir a un centro bilingüe, se necesitan muchas horas extras de exposición a la lengua fuera del ámbito escolar. Se debe utilizar con naturalidad y espontaneidad en casa y en la calle. Por eso, bilingüe como tal hay muy poca gente.

Otra cosa es que adquieras un nivel del idioma que te permita comunicarte y vivir, como ha sido mi caso, en un país que habla ese idioma. Los padres nativos son los que, con la ayuda de un centro bilingüe, educan

hijos bilingües, pero porque se utiliza la lengua fuera del ámbito escolar y los niños viajan, se relacionan y viven en ese idioma constantemente. Le ven la utilidad, no se ve como una lengua aprendida en el colegio.

El aprendizaje en varios idiomas no solo facilita el aprendizaje global del alumno, sino que además le facilita enormemente el aprendizaje de otros idiomas. Necesitamos cambiar la mentalidad, ampliar horizontes. Hasta los ingleses, que siempre han pensado que ellos no tenían que aprender otro idioma, se han dado cuenta de que no iban en la dirección adecuada.

Adaptado de http://comunidad.terra.es

A Busca en el texto las palabras o expresiones que significan lo siguiente:

1 una escuela en la que se enseña en dos idiomas
2 nuestros alumnos jóvenes
3 pasan por una fase
4 han llegado a tener
5 conocimientos fundamentales
6 respecto a
7 estar presente en
8 entorno de la escuela
9 beneficio
10 hace más fácil
11 adquisición de conocimientos
12 ensanchar las fronteras
13 han entendido
14 rumbo apropiado

 B Termina las frases siguientes con una de las frases en el recuadro, según el sentido del texto. ¡Cuidado! Hay cinco de más.

1 En esta escuela los niños aprenden el inglés…
2 La enseñanza del centro no basta…
3 Los hijos de padres extranjeros tienen la suerte de…
4 Si adquieres el idioma de esta manera…
5 Los ingleses antes solían creer…

---

a … estar inmersos en la segunda lengua.
b … es más difícil adquirir conocimientos globales.
c … de una manera informal.
d … es mucho más fácil aprender otra lengua.
e … para que aprendan las bases del segundo idioma.
f … que no era necesario aprender otros idiomas.
g … que aprender una lengua amplía tus horizontes.
h … para que lleguen a ser verdaderamente bilingües.
i … de una manera tradicional.
j … asistir a una escuela con muchos profesores de castellano.

 C Basándote en los dos últimos párrafos del texto completa el cuadro siguiente, indicando a quién o a qué se refieren las palabras de la segunda columna.

En las expresiones…	la palabra…	se refiere a…
Ejemplo: *Los padres nativos son los que…*	"los"	(los) padres
Le ven la utilidad, no se ve como una lengua aprendida en el colegio.	"le"	
… sino que además le facilita enormemente el aprendizaje de otros idiomas.	"le"	
Hasta los ingleses, que siempre han pensado que ellos no tenían que aprender otro idioma…	"ellos"	

 D Comenta este tema con tu compañero/a y toma notas:

 ¿Qué te parece mejor: aprender un segundo idioma de manera "natural", hablando mucho y sin traducir palabras, o de manera formal, utilizando una gramática y haciendo muchos ejercicios escritos?

 Cuando hayan terminado esta discusión, escribe un artículo para la revista de tu escuela (250 palabras como mínimo) dando tu opinión sobre "La mejor manera de adquirir una segunda lengua".

III: En mi país se habla así...

8 El chico nuevo habla gracioso

 A

Pista 8

Escucha con atención el diálogo entre dos estudiantes en un colegio de México. Uno de ellos es nuevo y habla diferente. Después contesta las siguientes preguntas de forma oral.

1 ¿Cuándo llegó el chico nuevo?

2 ¿De dónde es?

3 ¿Cómo dice él "tú te llamas"?

4 ¿Dónde se pronuncia de esa manera la "y" y la combinación "ll"?

5 ¿De dónde es su abuelo y cómo habla?

6 ¿Qué quiere hacer el chico después de la clase y con quién? ¿Por qué?

 ¡Observa!

vos = *tú* en varios países y regiones de Hispanoamérica.

B

G

Decide si las siguientes declaraciones referidas al *voseo* son verdaderas o falsas según el audio. Marca con una cruz (*X*) la opción que te parezca correcta. Si es falsa, explica por qué con tus propias palabras.

	Verdadero	Falso
1 Los argentinos dicen "vos".		
2 Algunos mexicanos y españoles dicen "vos".		
3 En Argentina se dice "vos quieres jugar".		
4 Cuando uno usa "vos", se refiere a varias personas.		

 C

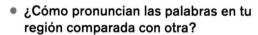

Habla con el resto de la clase. Responde las siguientes preguntas referidas a cómo usan la lengua en tu país/región.

- ¿Cómo pronuncian las palabras en tu región comparada con otra?

- ¿Hay un acento que te guste más en tu idioma? ¿Cuál y por qué (no)?

- ¿Hay un acento que te guste más en español? ¿Cuál y por qué (no)?

Estrategias para hablar

Es muy importante adquirir confianza para hablar. Por eso, cuando hablas con tu compañero/a o en grupo:

- siempre debes contribuir a la conversación; no te calles nunca.

- utiliza, de tu "reserva" de lengua, frases cortas como: *bien/vale* (E.)/*sale* (Méx), *de acuerdo, para nada, a mí no me importa*; estas frases indicarán tu acuerdo, tu oposición, tu comprensión, etc.

- el uso de estas frases también te dará tiempo para pensar en una respuesta más larga.

9 Vos hablás así, y yo así

Cuando era chico, antes de ir a la escuela, creía que hablaba mal el castellano. Para empezar, no lo pronuncio así, sino que digo "casteshano", y "yo me llamo… " suena como "sho me shamo… ". Veía la televisión y más crecía mi desconcierto: en los programas mexicanos o de otros países, los niños preguntaban "¿tú quieres jugar?", pero mis amiguitos de Buenos Aires y yo siempre decíamos "¿vos querés jugar?".

Nunca voy a olvidar a mi maestra de primer grado, la señorita Marina, que un día me calmó diciéndome: "no es que vos hablés mal, es que sos rioplatense, y así hablamos acá y en muchos otros lugares". Mi alivio entonces se transformó en curiosidad lingüística. Así descubrí que el famoso *vos* no solo se usa en lugar del *tú* en mi país, Argentina, sino también en todo Paraguay y Uruguay, que los chilenos y bolivianos lo usan a veces, junto con algunos colombianos, venezolanos ¡y hasta la mayoría de los centroamericanos!

Lo curioso es que *todos* los hispanos lo usaban en el pasado. Como en España, donde era un trato de cortesía, similar al vosotros: *¿vos queréis jugar, mi señor?* Lentamente lo reemplazaron por el *tú*, pero en las colonias más alejadas, como nuestro país austral, mantuvimos esta forma de los hidalgos*, solo le sacamos una letra al verbo.

Hoy estoy casado con una española, que adora mi *voseo*. Me dice que "suena tan elegante", y yo me siento orgulloso ("sho me siento orgushoso", digo) de mi lindo castellano rioplatense.

¡Observa!

*hidalgo = noble (proviene de la combinación de "hijo de algo", es decir, descendiente de alguien de renombre).

A **En esta lista de frases, solo hay cinco que son correctas con respecto al texto. Elígelas y márcalas con una cruz (X). Te damos una como ejemplo.**

Ejemplo: *El autor pronuncia "y" y "ll" como "sh".*	X
1 Él no podía entender a los niños de la televisión.	
2 Le llamaba la atención que él y sus amigos no decían "tú".	
3 Su maestra le decía que hablaba incorrectamente.	
4 El español rioplatense no es similar al de otros países.	
5 Se dice "vos" en muchos países de Hispanoamérica.	
6 En España, actualmente el "vos" se usa para situaciones formales.	
7 El "vos" viene de "vosotros".	
8 Esta forma sobrevivió y evolucionó en territorios distantes de España.	
9 Si uno dice "vos", significa que tiene nobles en su familia.	
10 El autor finalmente siente que le gusta su forma de hablar.	

B **La esposa del autor es española, y usa *tú*. ¿Cómo diría ella las siguientes frases que él dice con *vos*?**

1   Vos no hablás como yo.
2   Está claro que vos sabés mucho de tu país.
3   ¿Podés ayudarme?
4   Vos sos práctica, pero yo no.
5   Tomá el libro, ya lo terminé.
6   Si querés, podemos ir de vacaciones.

Gramática

EL VOSEO

Recuerda que:

- el pronombre personal singular **vos** se utiliza en lugar de *tú* en **muchos países y regiones hispanoamericanos**.
- la conjugación del verbo con **vos** es similar a la de **vosotros**, pero se refiere a una persona únicamente.
- el **único tiempo verbal** en el que difiere del *tú* es el **presente del indicativo**.
- también se utiliza **en el imperativo**.

Para ver las formas del voseo, ver 6 y 11 en el Resumen gramatical.

C **Pero el autor es argentino, y dice *vos* en lugar de *tú*. ¿Cómo diría él las siguientes frases?**

1 ¡Claro que tú hablas diferente!
2 Eres más paciente que yo.
3 ¿Quieres ver una película?
4 No me esperes, cariño.
5 Si empiezas pronto, terminas pronto.
6 Yo quiero ir contigo.

10 Jenny quiere hablar como los chicos

En una escuela internacional en Estados Unidos, se encuentran varios amigos. Escucha el audio con atención y completa los ejercicios a continuación.

A **¡Jenny sigue muy confundida con la lengua coloquial de los jóvenes hispanos! Une las palabras que aprendió de sus amigos con un contexto.**

Pista 9

1 Forma de decir ¡qué "cool"! en México: a *está copado*
2 Se utiliza en Centroamérica para decir que algo está muy bien: b *¡Tuanis!*
   c *mola*
3 Los jóvenes argentinos dicen que si algo es emocionante, …   d *¡qué chido!*
4 Para los jóvenes españoles, si algo está bien, …

B **Vuelve a escuchar la conversación y contesta las siguientes preguntas con las palabras que oyes.**

1 ¿De qué países, regiones o nacionalidades son los amigos hispanos de Jenny?
2 ¿Qué dos medios de comunicación ayudan a inventar palabras nuevas?
3 ¿Es posible hablar de igual manera con todos los hispanos? ¿Por qué (no)?
4 Las palabras "cuate" y "güey" son de México. ¿Cuál es antigua y cuál más moderna?
5 ¿Qué opina Jenny de todo este vocabulario informal?

C **Los jóvenes de tu ciudad, región o país, ¿usan palabras coloridas como las de los chicos hispanos? Escribe una lista (un mínimo de cinco) y da una definición en español de cada una. Después explica al/a la profesor(a) qué significan y cómo usarlas.**

 A   Antes de leer el texto, observa los dibujos y responde las siguientes preguntas con tus opiniones:

- ¿De qué país hispano se trata?
- ¿Qué diferencias notas entre las dos casas?
- ¿En qué lenguas están los carteles?
- ¿Dónde se hablan estas lenguas?

Paraguay es conocida por ser una nación bilingüe, un país donde se oyen el castellano y el guaraní, lengua americana rica en variedades y en hablantes (unos seis millones de sudamericanos). Ya decía el experto jesuita Bartomeu Meliá: "Dos lenguas, dos culturas han coexistido y han convivido, al parecer armoniosamente, modificándose y conformándose mutuamente… En este sentido, el Paraguay sería el triunfo del espíritu colonial, habiendo suprimido y superado el antagonismo de amo y esclavo, de dominante y dominado".

Pero según el novelista Augusto Roa Bastos, los paraguayos como él están lejos de esta situación idílica. Explica que ya en tiempos coloniales "para el infante mestizo, es decir para el niño nacido de padre europeo y madre indígena, la lengua materna era naturalmente el guaraní y el castellano o español la lengua impuesta y asumida como signo de autoridad… ". Mientras tanto, "en las reducciones misioneras el indio escuchaba las predicaciones y rezaba en guaraní. No le cambiaron su lengua. Le cambiaron sus rituales, su liturgia, su Dios, sus dioses, su sentido de la naturaleza, del mundo, del universo, que resplandecen aún hoy… ".

Los paraguayos empezaron así a usar estas lenguas en contextos sociales diferentes. En el gobierno y ambientes cultos el español, en la religión y en el día a día, en el hogar, el guaraní. También se separaron regionalmente, y Roa Bastos se lamenta de que este país en el corazón de Sudamérica hoy en día presente un "bilingüismo rural-urbano". Porque, aunque es verdad que también en Asunción, la capital, se habla guaraní, es cada día más clara la tendencia a hablar solo en español en las concentraciones urbanas. Esto contrasta con el campo, donde dominan los monolingües en guaraní.

Quizás debemos ser optimistas y decir que estas dos hermosas lenguas expresan el carácter complejo de ser americanos.

B Empareja las palabras siguientes con su definición correspondiente:

1	convivir	a	ideal, soñado
2	conformarse	b	divinidades
3	suprimir	c	vivir unos con otros
4	superar	d	quitar
5	amo	e	que habla una sola lengua
6	idílico	f	decir una plegaria u oración religiosa
7	rezar	g	dejar atrás (un problema)
8	dioses	h	dueño de un animal o una cosa
9	resplandecer	i	dar forma, ajustar uno a otro
10	monolingüe	j	brillar

C Contesta las siguientes preguntas con frases tomadas del texto.

1 ¿Qué es el guaraní?

2 Según Bartomeu Meliá, ¿cómo se han relacionado el español y el guaraní en Paraguay?

3 ¿Por qué dice él que Paraguay es un ejemplo de éxito colonial?

4 ¿Qué opina al respecto el escritor Augusto Roa Bastos?

5 ¿Qué lengua(s) hablaban los niños mestizos del Paraguay en el pasado? ¿Por qué?

6 ¿En qué lengua(s) practicaba la religión el indio de la región?

7 ¿Qué cambió para los indios del Paraguay en la época de las colonias?

8 Desde entonces, ¿en qué sectores diferentes de la sociedad paraguaya se usan estos dos idiomas?

9 ¿Qué no le gusta a Roa Bastos?

10 ¿En qué sitios se usan más el español y el guaraní actualmente?

D Debate con el resto de la clase las siguientes preguntas. Si es posible, tienen que llegar a una conclusión en cada caso.

- ¿Hay que conservar las lenguas originarias de países que fueron colonizados? ¿Por qué (no)?

- ¿Está bien relacionarse en idiomas distintos fuera de casa y dentro de ella? ¿Por qué (no)?

- ¿Qué opinas de hablar un idioma en la ciudad y otro en el campo?

- ¿Qué consecuencias trae a la sociedad usar dos idiomas en situaciones y sitios diferentes?

E Ahora escribe una redacción (150 a 200 palabras) en la que explicas tu respuesta a una de las preguntas en detalle.

IV: ¡Gran problema! ¿Qué hablamos?

12 ¿Por qué desaparece una lengua?

Imagina que un día se dejara de hablar tu lengua. ¿Qué crees que significaría para ti nunca más escuchar las canciones de tu niñez? Que no hubiera palabras para nombrar la fruta que más te gusta. Nadie para llamarte por tu nombre. Sin forma de decir que eres mexicano. Sin palabras propias para jugar. Sin un idioma que te pertenezca para escribir sobre tus recuerdos. Sin una lengua propia para decir a tus padres que los quieres, lo que sientes o lo que necesitas.

Esto es lo que pasa cuando una lengua desaparece. Una lengua deja de existir por muchas razones: por ejemplo, por la muerte de todos los hablantes de esa lengua o con motivo de una guerra. También desaparece cuando ocurre una enfermedad epidémica, como pasó con los habitantes indígenas de América Latina cuando llegaron los conquistadores españoles en el siglo XVI. Cuando una lengua es oral y no tiene un sistema de escritura tradicional, no puede sobrevivir ante la lengua más agresiva de unos invasores que tienen un sistema de escritura tradicional y una tradición literaria escrita.

Poco a poco esta lengua oral restringirá su uso a las conversaciones privadas familiares entre adultos, y como lengua en el trabajo en grupo. Los jóvenes dejarán de usarla y lentamente se perderá. Lamentablemente, esto ha pasado muchas veces en México.

Adaptado de http://sepiensa.org.mx/contenido.htm

  A Busca en el texto sinónimos para las siguientes palabras:

1 idioma
2 infancia
3 decir
4 agrada
5 manera
6 debido a
7 sucede
8 aborígenes
9 limitará
10 personas maduras

 B Ahora busca en el texto antónimos para las siguientes palabras:

1 olvidos
2 ajena
3 odias
4 aparece
5 vida
6 paz
7 escrito
8 pacífica
9 públicas
10 ganará

 C Termina las frases siguientes indicando lo que te podría pasar, según el texto, si tu lengua desapareciera.

1 No escucharía cantar…
2 Olvidaría el nombre de…
3 Nunca más me llamarían…
4 No me identificaría…
5 Me faltarían las palabras…
6 Yo no podría escribir…
7 Nunca más expresaría mi cariño…

 D Contesta las siguientes preguntas, con frases tomadas del texto.

1 Según el autor, ¿por qué muere un idioma?
2 Según el artículo, ¿por qué no sobrevivieron las lenguas indígenas en Latinoamérica en el siglo XVI?
3 ¿Cómo se sabe que una lengua va a desaparecer?

Cada año mueren algunas lenguas. ¿Esto te parece inevitable o es posible evitar su desaparición? Haz una presentación ante la clase para dar tu opinión sobre este tema. Luego debátanlo con la clase, teniendo en cuenta lo siguiente:

- los pocos hablantes de algunas lenguas minoritarias y dónde viven
- el origen de esas lenguas
- la influencia de los medios de comunicación
- la importancia de mantener las lenguas y culturas minoritarias
- las medidas que se pueden tomar para hacer que las lenguas sobrevivan.

 Decide si los sustantivos en las frases siguientes necesitan el artículo definido o indefinido y rellena los espacios. Recuerda que a + el = al y de + el = del. ¡Cuidado! En algunos casos no es necesario usar ningún artículo.

1 _____ español es 2 _____ idioma utilísimo cuando viajas por 3 _____ mundo. En 4 _____ Américas se habla en casi todos 5 _____ países de Latinoamérica, e incluso en Estados Unidos, donde millones de personas son bilingües en 6 _____ inglés y 7 _____ español. Uno de 8 _____ problemas que surgen como 9 _____ consecuencia de 10 _____ expansión internacional de 11 _____ español es que hay muchas variedades en 12 _____ uso de 13 _____ lengua, que cambian de 14 _____ país a otro: recientemente 15 _____ Real Academia Española publicó su *Nueva Gramática* para aclarar estos problemas. Aunque 16 _____ importancia de 17 _____ español está creciendo mucho en 18 _____ siglo XXI, 19 _____ idioma no llega a 20 _____ nivel de 21 _____ inglés, que domina 22 _____ internet y 23 _____ comercio mundial.

Gramática

LOS ARTÍCULOS

Recuerda que:

- hay dos tipos de artículo: **definido** (*el/la*, etc.) e **indefinido** (*un/una*, etc.).
- los artículos tienen una forma **masculina** y **femenina**, en **singular** y **plural**, y hay uno en **neutro** (*lo*) en **singular**.
- el artículo neutro *lo* se utiliza solo para conceptos abstractos (*lo* bueno/malo, etc.). No tiene forma plural.

El ejemplo siguiente muestra cuatro ejemplos del uso de los artículos:

*Cuando **una** lengua es oral y no tiene **un** sistema de escritura tradicional, no puede sobrevivir ante **la** lengua más agresiva de **unos** invasores…*

Para repasar los artículos y su uso ver 2 en el Resumen gramatical.

TEORÍA DEL CONOCIMIENTO

El texto sobre la desaparición de una lengua nos hace pensar en el vínculo entre *la lengua y la identidad* de una persona. Reflexiona sobre las siguientes preguntas:

- Cuando la gente de una cultura pierde su lengua, ¿también pierde su identidad?
- Utilizamos nuestra lengua para expresar nuestros pensamientos más íntimos. Si nuestra lengua dejara de existir, ¿podríamos expresar estos pensamientos en otra lengua? ¿Hasta qué punto depende el pensamiento de la lengua?
- La gente bilingüe, ¿tiene dos identidades? Si fuera así, ¿domina la cultura del país en que vive, o su otra lengua?
- La lengua se utiliza para nombrar cosas, como "la fruta que más nos gusta", en el texto. Si desaparece la palabra, ¿importa si utilizamos una palabra de otra lengua para nombrar la fruta?
- ¿Hay conceptos en otras lenguas que no existen en la tuya? Por ejemplo, ¿cómo se traducen a tu lengua la palabra "castizo" y el verbo "estar"?
- ¿Por qué piensas que los coches Chevrolet "Nova" y Ford "Fiera" fueron objeto de muchas bromas en países hispánicos?

13 ¿Qué debo hacer si un catalán no me habla en Cataluña por no saber su idioma?

A Escucha el diálogo radiofónico entre un radioyente, Alfonso, que va a trasladarse a Barcelona, en Cataluña (nordeste de España), y un presentador barcelonés sobre el problema de no saber hablar el catalán.

Pista 10

Decide si las siguientes frases referidas al audio son verdaderas o falsas. Marca con una cruz (*X*) la opción que te parezca correcta. Si es falsa, explica por qué con tus palabras.

	Verdadero	Falso
1 Alfonso llama desde Barcelona.		
2 Alfonso no quiere ofender a los catalanes.		
3 Alfonso es vasco.		
4 Quiere saber si se comunicará mejor con los catalanes hablando en español.		
5 El presentador piensa que todo saldrá mal para Alfonso.		
6 El programa suele estar en catalán.		
7 A los catalanes no les parece necesario que la gente extranjera deba aprender catalán.		
8 Según el presentador, es imprescindible que los catalanes usen su lengua para que sobreviva.		

B Imagina que eres Alfonso y que has llegado a Barcelona para trabajar allí. Cuenta lo que te pasó el primer día, cuando tuviste que comunicarte con los catalanes. Escribe una entrada en tu blog personal (200 palabras como mínimo). No te olvides de describir las reacciones de la gente y lo que piensas de estas.

¡Qué bien escribes!

Cómo escribir un blog

Un blog (o "weblog") es un sitio web en el que se coleccionan en orden cronológico textos de varios autores. El editor del blog es el que comienza el diálogo, a veces con un texto bastante largo. Los lectores del blog comentan el tema. Los "posts" del blog se publican cronológicamente; así, el primer comentario suele ser el más reciente. Los lectores pueden establecer un diálogo entre ellos al reaccionar a los comentarios y las respuestas. De esta manera se establece una comunidad de lectores.

- El estilo de los blogs normalmente es informal y directo, es decir que se usa "tú" o "vos" y el imperativo informal, etc.

- Cualquier temática es posible: cuestiones medioambientales, culturales, educativas, sociales o políticas, diarios personales, opiniones, tecnología, etc.

- Es común presentar el blog que inicia la discusión de manera atractiva, con un título que llame la atención y un logotipo. Los editores también suelen variar el colorido y la fuente.

- Los editores frecuentemente usan enlaces para dar más información sobre el tema y relacionarse con otros blogs.

14 Una madre preocupada por cómo habla su hijo

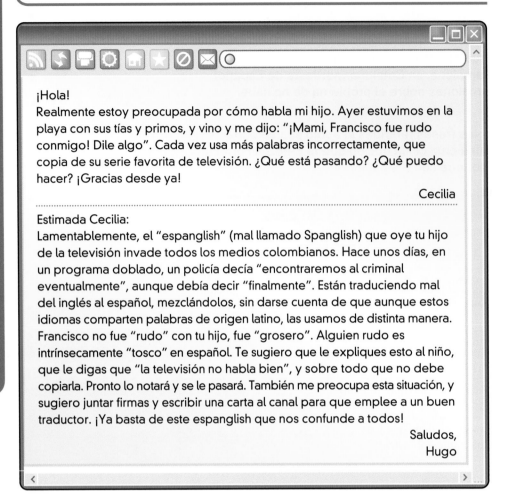

¡Hola!
Realmente estoy preocupada por cómo habla mi hijo. Ayer estuvimos en la playa con sus tías y primos, y vino y me dijo: "¡Mami, Francisco fue rudo conmigo! Dile algo". Cada vez usa más palabras incorrectamente, que copia de su serie favorita de televisión. ¿Qué está pasando? ¿Qué puedo hacer? ¡Gracias desde ya!

Cecilia

Estimada Cecilia:
Lamentablemente, el "espanglish" (mal llamado Spanglish) que oye tu hijo de la televisión invade todos los medios colombianos. Hace unos días, en un programa doblado, un policía decía "encontraremos al criminal eventualmente", aunque debía decir "finalmente". Están traduciendo mal del inglés al español, mezclándolos, sin darse cuenta de que aunque estos idiomas comparten palabras de origen latino, las usamos de distinta manera. Francisco no fue "rudo" con tu hijo, fue "grosero". Alguien rudo es intrínsecamente "tosco" en español. Te sugiero que le expliques esto al niño, que le digas que "la televisión no habla bien", y sobre todo que no debe copiarla. Pronto lo notará y se le pasará. También me preocupa esta situación, y sugiero juntar firmas y escribir una carta al canal para que emplee a un buen traductor. ¡Ya basta de este espanglish que nos confunde a todos!

Saludos,
Hugo

A **¿Qué frase resume mejor el problema de Cecilia: el 1, el 2 o el 3?**

1 A esta madre le llamó la atención que su hijo constantemente use expresiones incorrectas en español por culpa de su programa.

2 A esta madre le sorprendió que su hijo haya sido rudo con Francisco y no sabe qué hacer al respecto.

3 A esta madre le preocupa que su hijo oiga groserías de su programa preferido de televisión, que después repite.

¿Qué texto resume mejor el consejo de Hugo: el 4, el 5 o el 6?

4 Él explica que a veces se escuchan traducciones incorrectas en la televisión colombiana. Corrige lo que dijo el hijo de Cecilia y pide que ella se lo diga al niño. Dice que el niño no hablará bien en el futuro porque los programadores no traducen correctamente y los niños copian lo que oyen.

5 Él explica que normalmente se escucha mucho "espanglish" en la televisión. Comparte la indignación ante la rudeza de su hijo y pide que lo corrija. Dice que el niño hablará bien finalmente, pero le gustaría pedir a los programadores que no usen groserías en su programas.

6 Él explica que comúnmente se escuchan traducciones incorrectas del inglés en la televisión. Da los significados correctos de unos ejemplos y pide que lo comunique a su hijo. Dice que el niño hablará bien en el futuro, pero le gustaría pedir a los programadores que traduzcan correctamente.

B Como había mucho interés en el tema, Hugo, que redactó la respuesta a Cecilia, diseñó la siguiente prueba para ver si la gente realmente reconoce los "falsos amigos" del español y otras lenguas que usan palabras latinas. Decide si el significado correcto de cada frase es el a) o el b).

1 En el caso <u>eventual</u> de perder presión en la cabina del avión…

   a) En el futuro perderá presión la cabina del avión.

   b) Sería muy raro, aunque posible, que pierda presión la cabina del avión.

2 ¡Mira qué bonita es mi <u>carpeta</u> nueva!

   a) Me gusta mucho mi nuevo cuaderno con páginas removibles.

   b) Me gusta mucho mi alfombra nueva.

3 Los hombres de campo suelen ser <u>rudos</u>.

   a) Los campesinos normalmente son bruscos, fuertes.

   b) Los campesinos dicen malas palabras y se comportan mal.

4 <u>Actualmente</u> se traduce muy mal de otras lenguas.

   a) Realmente no se hace buena traducción.

   b) Hoy en día no se hace buena traducción.

5 Mis <u>parientes</u> viven en Colombia.

   a) Mi padre y madre viven en Colombia.

   b) Los miembros de mi familia extendida viven en Colombia.

6 Viajo <u>en</u> Francia todos los años.

   a) Visito sitios dentro de Francia todos los años.

   b) Estoy fuera de Francia, y voy allí todos los años.

7 ¡Mamá, mamá, Francisco <u>se lo quitó</u>!

   a) ¡Mamá, mamá, Francisco tomó algo que tenía otra persona!

   b) ¡Mamá, mamá, Francisco se fue!

8 ¡Es <u>tarde</u>, Lucía!

   a) Lucía se ha retrasado.

   b) No es temprano, Lucía.

9 No sirve, es muy <u>larga</u>.

   a) No es útil, es demasiado grande.

   b) No es útil, tiene demasiada longitud.

10 Estoy <u>contento</u> con eso.

   a) No es perfecto, pero no hay problema con eso.

   b) Me gusta eso.

C En el texto se habla de la confusión lingüística que resulta de la mala traducción. Piensa en los ejemplos mencionados, y si es posible en otros, en los que la comunicación haya sido impedida/dificultada por la mala traducción, por ejemplo, en los productos comerciales, las instrucciones, las señales, etc. ¿Qué problemas ha causado la mala traducción en estos ejemplos? Escribe una redacción (250 palabras como mínimo) sobre este tema.

¡Veamos una película!

Aquí tienes el nombre y datos de una película en español que trata del tema de la lengua y la cultura.

***La antena* (Argentina, 2007)**
Género: comedia dramática/ciencia ficción
Director: Esteban Sapir
Reparto: Alejandro Urdapilleta, Valeria Bertucelli, Julieta Cardinali.

Si es posible, mírala y debate los siguientes puntos con la clase:
• ¿Qué pasó con "la voz" de la ciudad?
• ¿Quién es responsable de esto?
• ¿Qué hacen los protagonistas en su día a día? Describe.
• ¿Quién(es) deciden cambiar la situación?
• ¿Tiene(n) éxito? Describe.
• ¿Crees que esta película habla del mundo actual? ¿Por qué (no)?

¡Escuchemos una canción!

Aquí tienes el nombre de una canción que trata del tema de la lengua y la cultura.

Hablemos el mismo idioma
Género: salsa cubana
Álbum: Mi tierra (1993)
Cantante: Gloria Estefan (Cuba)

Si es posible, escúchala y debate los siguientes puntos con la clase:
• Según la cantante, ¿somos muy diferentes? ¿Por qué (no)?
• ¿Qué son "colores de un arco iris" para ella?
• ¿Por qué es bueno hablar un mismo idioma?
• ¿Qué les conviene a los latinos?
• ¿Cuándo se convierten en fronteras las palabras?
• ¿Cuál es el mensaje general de la canción? ¿Estás de acuerdo?

V: Literatura [Nivel superior]

15 El poder de la palabra

Gabriel García Márquez, que nació en Aracataca, Colombia, en 1928, es quizás el escritor hispanoamericano mejor conocido de nuestros días. Ganador del Premio Nóbel en 1982, su obra maestra es **Cien años de soledad** (1967). Esta novela, llena de relatos fantásticos, cuenta la historia de un sitio llamada Macondo (que según muchos describe un pueblo típico de Hispanoamérica), presentando el mito de Latinoamérica como una mezcla de realismo y fantasía, el llamado "realismo mágico".

García Márquez comenzó con esta anécdota su discurso inaugural ante los delegados del Concurso Internacional de la Lengua, celebrado en Zacatecas, México, en 1997.

A mis 12 años de edad estuve a punto de ser atropellado por una bicicleta. Un señor cura que pasaba me salvó con un grito: "¡Cuidado!".

El ciclista cayó a tierra. El señor cura, sin detenerse, me dijo: "¿Ya vio lo que es el poder de la palabra?" Ese día lo supe. Ahora sabemos, además, que los mayas lo sabían desde los tiempos de Cristo y, con tanto rigor, que tenían un dios especial para las palabras.

Adaptado de http://congresosdelalengua.es

A **¿Qué frase resume mejor el texto de García Márquez?**

Aquel día me di cuenta de que:

1 los curas tienen el poder de salvar vidas mediante las palabras.

2 nuestro destino está sujeto al poder de la palabra.

3 las palabras son dioses.

4 la suerte es lo que tiene más poder en la vida.

16 Un intérprete cariñoso

En este texto de **Laura Esquivel** (ver su biografía en la página 29) observamos un conflicto de dos culturas y sus lenguas respectivas en México, y lo que hace un muchacho para salvar la distancia entre las dos.

Entre doña Jesusa y doña Itzel nunca hubo una buena relación hasta que Júbilo nació. El motivo era racial. Doña Itzel era ciento por ciento de origen maya y desaprobaba la mezcla de su raza con la sangre española de doña Jesusa. Por muchos años evitó visitar la casa de su hijo. …

Doña Jesusa se vio forzada a aprender maya para poder comunicarse con su suegra, pero encontró muy difícil practicar un idioma diferente al suyo al mismo tiempo que atendía a doce hijos, por lo que el diálogo entre ambas era poco y malo.

Fue hasta que Júbilo nació que la situación cambió. La abuela empezó a frecuentar nuevamente la casa de su hijo pues deseaba con toda el alma estar cerca de este niño, cosa que nunca le pasó con sus demás nietos, como que nunca le llamaron la atención. …

La abuela utilizaba el maya para comunicarse con su nieto, lo que provocó que desde muy temprana edad Júbilo se convirtiera en el primer nieto bilingüe que doña Iztel tenía. Y por lo mismo, desde los cinco años de edad, el niño se encargó de prestar sus servicios como intérprete oficial de la familia. ...

Era un trabajo dificultoso pero que Júbilo realizaba con mucho gusto, claro que no lo hacía literalmente. Al momento de traducir, siempre añadía una o dos palabras que suavizaban el trato entre ambas [la madre y la abuela]. Con el tiempo esta picardía logró que esas dos mujeres se llevaran cada día mejor, y hasta se llegaran a querer. La experiencia lo hizo descubrir el gran poder que las palabras tenían para acercar o alejar a las personas, y que lo importante no era el idioma que se utilizaba sino la intención que llevaba el comunicado.

Extraído de **Tan veloz como el deseo**, *Laura Esquivel (México)*

 A Busca en el texto las palabras que corresponden a las definiciones siguientes:

1 relativo a la civilización que habita Yucatán o a su lengua
2 juzgaba como malo
3 cuidaba a
4 las dos

5 espíritu
6 se volviera
7 se responsabilizó de
8 dar
9 difícil de hacer o superar

10 calmaban
11 comunicación
12 aproximar
13 distanciar

B Contesta las preguntas siguientes con frases tomadas del texto.

1 ¿Por qué no se llevaban bien doña Jesusa y doña Itzel hasta el nacimiento de Júbilo?
2 ¿Por qué doña Jesusa no podía comunicarse con su suegra?
3 ¿Cómo cambió la situación cuando nació Júbilo? ¿Por qué?
4 ¿Cuáles fueron las consecuencias del trato entre la abuela y su nieto?
5 ¿Cómo consiguió Júbilo que su madre y su abuela se llevaran mejor?
6 ¿Qué descubrió Júbilo como consecuencia de su trabajo de intérprete?

C En el texto, el intérprete aparece como una persona poderosa. ¿Te parece legítimo que Júbilo cambie el sentido de las palabras, o abusa de su papel de intérprete? Entrevístalo para saber lo que él piensa de su papel de intérprete. Tu compañero/a desempeña el papel de Júbilo, dando su punto de vista. Puedes empezar con estas preguntas:

- ¿Por qué no traduces literalmente lo que dicen doña Jesusa y doña Itzel?
- ¿Te da placer cambiar el sentido de lo que dicen? ¿Por qué (no)?

TAREA CREATIVA SOBRE LITERATURA DE SEGUNDO AÑO

Escribe unos párrafos (mínimo 200 palabras) sobre la importancia del tema *la lengua y la cultura* en una de las obras literarias que has leído. Responde estas preguntas:

- ¿Cómo hablan los personajes de la obra? ¿Usan palabras o idiomas locales? Describe.
- Elige un personaje de la obra. ¿Cómo habla? Escribe un diálogo con él/ella, acerca de lo que está viviendo.
- ¡Te has convertido en un personaje nuevo de la obra! Inventa un nombre y especialmente una forma de hablar que sean adecuados. Escribe la escena en la que conoces a los personajes principales.

VI: ¡A jugar!

La excepción

Trabaja con tu compañero/a y encuentra la palabra de cada línea que no pertenece al grupo. Tienes 10 minutos para completar esta actividad. Después intenten explicar por qué las excepciones no van con las otras palabras del grupo.

1	lengua	idioma	frase	dialecto
2	francófono	hispanohablante	hablador	angloparlante
3	comunicarse	tratarse	relacionarse	callarse
4	sinónimo	equivalente	antónimo	parecido
5	catalán	castellano	espanglish	alemán
6	ocultar	charlar	platicar	dialogar
7	ruso	catalán	portugués	italiano
8	vocablo	vocabulario	palabra	término
9	adjetivo	sustantivo	preposición	sintaxis
10	guaraní	náhuatl	quechua	vasco

UNIDAD **3** La educación y la vida social

- ◎ I: En la vida hay que estudiar y trabajar
- ◎ II: Aquí nos organizamos así
- ◎ III: Si de vida social se trata…
- ◎ IV: Gente al margen
- ◎ V: Literatura [Nivel superior]
- ◎ VI: ¡A jugar!

¡Piensa!

"¡El Liceo, el Liceo! Toda mi pobre vida en una jaula triste, ¡mi juventud perdida! Pero no importa, ¡vamos! pues mañana o pasado seré burgués lo mismo que cualquier abogado…"

Pablo Neruda (poeta chileno, Premio Nobel de Literatura 1971)

- Una escuela, ¿es realmente una jaula triste? ¿Por qué (no)?
- "La escuela nos prepara para vivir una vida cómoda o ser burgueses". ¿Estás de acuerdo?
- ¿Conoces a algún maestro o profesor realmente especial? ¿Por qué lo es?

- ¿Qué ambiciones tienes para después de terminar tus estudios?
- ¿Conoces el trabajo de algún voluntario/a de alguna ONG? ¿En qué consiste?
- ¿Qué evento social es famoso en tu pueblo/ciudad/país? ¿Cuál es su origen?
- ¿Existen marginados en la sociedad en que vives? ¿Quiénes son?
- ¿Cómo pueden evitarse la violencia y la discriminación en la sociedad?

I: En la vida hay que estudiar y trabajar

1 ¿Algún maestro o maestra te ha cambiado la vida?

"¡Claro que sí! Tenía una maestra de inglés, Sarah Anna, que nos tenía mucho cariño. Siempre nos escuchaba y planeaba clases considerando nuestros gustos, pero con enseñanzas. Ahora que soy gerente de una empresa, soy más considerada con mis empleados. Los escucho, como ella".
Cecilia, 31 años, Monterrey, México

"No creo que una persona pueda cambiarte, pero siempre recuerdo a mi profesor Miguelet, el de Física y Química. ¡Qué hombre recto y justo! Un verdadero ejemplo. Nunca lo olvidaré".
Diego, 23 años, Ciudad de Panamá, Panamá

"Ya lo creo que me han cambiado la vida... ¡para mal! Mis maestros de la escuela primaria eran tan autoritarios que he renunciado a la educación. Nos pegaban en las manos, y creo que sus ideas exageradas de orden y disciplina me han traumatizado para siempre. Desde entonces no he podido estudiar nada".
Aimée, 68 años, Bilbao, España

Nunca voy a olvidar a mi maestra de primer y segundo grado, Alicia de Torres. Ella le dijo a mi mamá "este chico es feliz con un lápiz y un papel, no necesita nada más". Así, la visitaba todas las tardes en su casa para escribir redacciones. Hoy soy escritor. Si no fuera por la señorita Alicia, ahora sería otra persona.
Sebastián, 40 años, La Rioja, Argentina

 A ¿Quién diría las siguientes frases? ¡Cuidado! Una frase puede ser de más de un maestro/profesor, y hay una que no se aplica a ninguno de ellos.

	Sarah Anna, maestra	Profesor Miguelet	Profesores de escuela primaria de Bilbao	Señorita Alicia de Torres
1 "¿Que no estudiaste? ¡Dame las manos, que te voy a mostrar lo que es bueno!"				
2 "Bueno, te he ayudado mucho, pero como no has estudiado, no has aprobado".				
3 "Y como les gusta tanto esa canción de los Beatles, la cantamos, pero tienen que completar la letra, ¿eh?"				
4 "Veo que estaba nerviosa. Usted trabajó mucho, se merece otra oportunidad".				
5 "¡Silencio, de pie, y nada de cruzar los brazos! ¡Orden!"				
6 "¿Ya terminaste ese cuento que querías escribir?"				
7 "Aquí te pagan tan poco que no dan ganas de enseñar".				
8 "Es más fácil enseñar a alguien si entiendes cuál es su vocación".				

B **G** En las anécdotas que has leído se habla del *efecto* que han tenido los profesores sobre los alumnos. Para expresar dichos efectos se utilizan los pronombres de objeto directo y de objeto indirecto. Identifícalos en cada caso, y explica a qué cosa o persona hacen referencia.

Por ejemplo:

Objeto directo: *¿Los verbos? Los repetía siempre.* – ***Se refiere a**: los verbos*

Objeto indirecto: *La profesora me explicaba muy bien los temas.* – ***Se refiere a**: yo/a mí*

C   **G** Los diálogos a continuación se refieren a cosas y personas. Completa los espacios utilizando los pronombres de objeto directo e indirecto.

1 –¿Has visto a la profesora de matemáticas hoy?

–No. No _____ he visto en toda la semana.

2 –Profe, ¿podemos ir al patio?

–Bueno, chicos, _____ doy un recreo corto, pero vuelvan pronto.

3 –¿Y qué sabes del profesor de Educación Física?

–Siempre seguimos en contacto, _____ visitamos en las vacaciones.

4 –¿Tienes mi lápiz? Lo necesito ahora.

–Pero si ya _____ _____ devolví. Está en tu bolso.

5 –¿Ya terminaste de leer mi libro?

–Perdona, déja_____ _____ una semana más, por favor.

6 –¿Y cómo reaccionó tu padre por tus malas notas?

–¡Cuando _____ vio casi se muere!, pero _____ expliqué que el maestro es muy estricto.

7 –¡No _____ puedo creer!

–¿Qué pasa?

–¡Que he borrado todos mis cálculos por error! ¿_____ _____ pasas, por favor?

8 –¡Uf! Otra vez este tema. ¡Nosotros _____ pedimos a la profesora cambiar!

–Es mala, no _____ escucha.

Gramática

LOS PRONOMBRES DE OBJETO DIRECTO E INDIRECTO

Recuerda que:

- Los pronombres de objeto directo e indirecto se utilizan para evitar repetir el/los objeto(s) o persona(s) que se menciona(n), y que se conocen.

- El **objeto directo** (OD) de una acción es la cosa (responde a *¿qué?*) o persona (responde a *¿a quién?*) a la que afecta directamente el verbo. Por ejemplo: *Siempre **nos** (OD) escuchaba.*

- El **objeto indirecto** (OI) es la cosa (responde a *¿para qué?*) o persona (responde a *¿a/para quién?*) para qué o quién se realiza la acción. Por ejemplo: ***me** (OI) han cambiado **la vida** (OD).*

Para repasar la forma y uso de los pronombres de objeto directo e indirecto, ver 6 en el Resumen gramatical.

D ¡Ahora es tu turno! Habla con tu compañero/a sobre tu experiencia y contesten las siguientes preguntas:

- ¿Qué maestro/a o profesor(a) ha tenido más impacto en tu vida?
- ¿Cómo te ha influido?

¡Qué bien hablas!

Reacciones positivas:	Reacciones negativas:
¡Por supuesto!	¡Para nada!
¡Claro que sí!	¡En absoluto!
¡Ya lo creo!	¡Todo lo contrario!
¡Es verdad/cierto!	¡En lo más mínimo!
Estoy (totalmente) de acuerdo, porque…	No estoy de acuerdo, porque…

Estrategias para hablar

Lo fundamental de la lengua es la comunicación. Para lograr comunicarte bien, debes practicar mucho con tu compañero/a o en grupo.

- Aprovecha todas las oportunidades para hablar castellano, en clase o fuera de clase.

- Utiliza estímulos visuales como fotos y dibujos, textos o audio, para practicar.

- Acostúmbrate a ayudar a tu compañero/a a hablar. ¡Van a sacar más provecho si esta ayuda es mutua!

2 "La educación me da vidilla"

Paloma Pavía, profesora de Lengua y Literatura, tiene 29 años y los últimos cinco los ha dedicado a la enseñanza. "La educación con los chavales me encanta, me da mucha vidilla", cuenta con una sonrisa radiante que le ilumina la cara. Aunque reconoce que a veces es duro, sobre todo con el tema de la disciplina.

A lo largo de estos cinco años Paloma ha trabajado en distintos centros y ha impartido clase a alumnos de muy distintas edades. Ha sido profesora de padres de familia, de veinteañeros en busca de una segunda oportunidad, ha enseñado a jubilados, y hasta a los futuros atletas del deporte español. Y recuerda que algunos de esos chicos eran "bastante competitivos, con mucho afán de superación, y eso les hacía muy buenos estudiantes".

Pero prefiere a los chavales de barrio, a aquellos que se lanzan pelotas de papel y escriben garabatos en las mesas. "Son mucho más sanos y muy normales, unos tienen interés en estudiar y otros menos, como ha ocurrido siempre", dice. No duda en señalar que sus alumnos son la clave de su vocación; en ellos "ves que estás haciendo algo bueno con la gente", sostiene.

Cada día, en cada clase que pisa, Paloma Pavía se esfuerza por empatizar con los buenos y con los malos estudiantes. Algo que la ha llevado a entender que "a veces los logros que te marcas con los chavales no son simplemente académicos, sino más bien sociales".

El ejemplo es el del clásico chico perdido o con una situación familiar complicada. "El objetivo con ese alumno no es que apruebe el curso. Lo que quieres es que se centre, o apartarle de los aspectos que le van a llevar por el mal camino".

Adaptado de **El Mundo** *10.03.2011*

A Trabaja con un(a) compañero/a. Emparejen las siguientes palabras y frases con sus significados.

1	"me da vidilla" (E.)	a	personas de entre 20 y 30 años
2	enseñanza	b	éxitos
3	chavales (E., coloq.)	c	retirados
4	centros (formal)	d	se comporte como debe
5	veinteañeros	e	transmisión de conocimientos
6	jubilados	f	me estimula
7	afán	g	tener éxito en un examen
8	superación	h	año escolar
9	garabatos	i	escuelas
10	empatizar con	j	seguir una mala influencia
11	logros	k	jóvenes
12	aprobar	l	dibujos poco precisos o irreverentes
13	curso	m	ganas
14	se centre	n	mejora de las cualidades
15	llevar por el mal camino	ñ	sentir empatía hacia

B Completa las siguientes frases con una de las opciones, según lo que dice el texto:

1 A Paloma Pavía:
- a) no le gusta la disciplina.
- b) la anima enseñar a los jóvenes.
- c) no le interesa dar clase a chicos retrasados.

2 Paloma cree que la competitividad entre los alumnos:
- a) ayuda a su progreso.
- b) es algo perjudicial.
- c) impide que saquen buenas notas.

3 Según ella, los alumnos de barrio:
- a) estudian mejor que los más privilegiados.
- b) nunca tienen ganas de estudiar.
- c) muestran actitudes muy variadas hacia el estudio.

4 Paloma reconoce que:
- a) el rendimiento escolar es lo que más importa en la enseñanza.
- b) los alumnos también se benefician socialmente con sus estudios.
- c) los resultados son mejores cuando discrimina entre los buenos y los malos.

5 En cuanto a los alumnos que tienen problemas cree que hace falta:
- a) darles una enseñanza rigurosamente académica.
- b) convencerlos de que no sigan sus estudios.
- c) desviarlos de un comportamiento vicioso.

C Escribe una carta formal (mínimo 150 palabras) al director/a la directora de tu colegio en la que expones tu opinión sobre lo que dijo un(a) profesor(a):

Aprobar el curso debe ser el objetivo principal de todos los alumnos, sin excepción.

No te olvides de incluir lo siguiente:

- **Si estás de acuerdo con lo que dice o no.**
- **Por qué aprobar es importante o no.**
- **Cuál es tu experiencia con los exámenes.**
- **Un pedido para que todo tu colegio adopte tu postura.**

¡NO OLVIDES!

Cómo escribir correspondencia formal

Página 134 en la Unidad 5.

D Lee el texto otra vez y haz una lista de todos los verbos que están en el pretérito perfecto. A continuación explica por qué se ha utilizado este tiempo.

Gramática

EL PRETÉRITO PERFECTO

Recuerda que:

- el pretérito perfecto se utiliza para vincular el pasado con el presente.
- se considera que el período en que se han realizado las acciones descritas aún no se ha terminado. Por ejemplo: *los últimos cinco años los* **ha dedicado** *a la enseñanza.*
- el pretérito perfecto se forma utilizando el verbo auxiliar **haber** y **el participio pasado** del verbo.
- ¡cuidado! Algunos participios pasados son irregulares (por ejemplo: *hacer* – **hecho**; *decir* – **dicho**).

Para repasar el pretérito perfecto, ver 11.A.VI en el Resumen gramatical.

Estrategias para leer

Cuando lees es importante:

- no perder el sentido general del texto.
- no buscar todas las palabras que no conoces; esto puede retrasar mucho la lectura. Guíate por el contexto.
- utilizar un diccionario monolingüe si tienes que buscar una palabra.
- comentar el vocabulario con tu compañero/a.

E Haz preguntas utilizando el pretérito perfecto, como en el ejemplo.

Ejemplo: alguna vez trabajar (Gonzalo) en Madrid.

¿Alguna vez ha trabajado Gonzalo en Madrid?

1 hablar con tu padre hoy (Rosa)
2 ir a Lima este año (sus primos)
3 ya hacer el viaje a Londres (ustedes)
4 todavía no comer en el nuevo restaurante (usted)
5 vivir en Uruguay toda la vida (usted)

6 no escribir Sebastián cinco meses (yo)
7 ver mis llaves esta tarde (vosotros)
8 todavía no abrir la ventana (él)
9 decir la verdad este año (ella)
10 ya ponerse el vestido nuevo (tú)

3 El extraño caso de "Pedro Pan"

Pedro Almonacid era un chico alegre y soñador, a veces muy soñador. Cuando le preguntaban: *Pedrito, ¿qué quieres ser cuando seas grande?*, todos imaginaban que diría *médico, biólogo, guía de turismo*, porque en su Cuba natal y en su familia era lo que todos hacían. Pero él los confundía con su respuesta: *"de grande, quiero ser chico"*. Un perfecto caso de *Pedro Pan*, diríamos.

Lo curioso es que lo cumplió. Sus padres le insistieron que estudiara biología, y lo hizo, pero fue inteligente, y la combinó con la pedagogía, así que se transformó en profesor de biología para niños de primaria.

Y ahí no terminó su sueño. Después de casarse con su primer amor, Analía, y de tener dos hijitas hermosas, fue un paso más allá: empezó a pedirles a ellas y a sus alumnos que le enseñaran a ser niño nuevamente, para recuperar su inocencia, su respeto hacia los animales y el mundo, su alegría ante las cosas pequeñas.

Su curso tuvo tanto éxito en la escuela que fue llevado a la televisión. El programa "Los chicos saben" se hizo famoso. Es una extensión del sistema educativo cubano, famoso porque su misión de alfabetizar llega a todos los rincones del país caribeño.

Y usted, ¿quiere ser grande o chico cuando sea grande?

A Lee el texto con atención y elige la opción que mejor complete las frases según lo que dice.

1 Pedrito era especial porque:
   a) no era muy realista.
   b) le gustaba mucho dormir.
   c) soñaba con ser muchas cosas.

2 En su familia:
   a) querían que se dedicara a las humanidades.
   b) creían que él quería ser como ellos.
   c) no querían que fuera guía de turismo.

3 Pedro:
   a) es cubano.
   b) se mudó a Cuba con su familia.
   c) quería vivir en zonas naturales de Cuba.

4 Dicen que él es un caso de *Pedro Pan* porque:
   a) quiere tener hijos.
   b) quiere tener muchos amigos chicos.
   c) no quiere crecer.

5 Pedro cumplió su sueño:
   a) porque combinó su profesión con la de sus padres.
   b) cuando empezó a ser maestro y a aprender de sus alumnos.
   c) porque ignoró el consejo de ser biólogo.

6 Pedro continuó con su sueño:
   a) al formar una familia, con su esposa e hijas.
   b) consultando a su primer amor y a las hijas de ella.
   c) gracias a Carolina, que lo inspiró.

7   Él pedía a sus alumnos:

a) mantener su inocencia y no maltratar a los animales.

b) recuperar la inocencia de sus hijas.

c) ayuda para ser inocente y alegre como los niños.

8   *"Los chicos saben"* es un programa de televisión:

a) que dirige Pedro.

b) basado en el curso de Pedro.

c) que Pedro hizo famoso en la escuela.

9   El sistema cubano es famoso porque:

a) enseña a leer y a escribir, no importa dónde esté uno en el país.

b) alfabetiza solo con programas de televisión.

c) se extiende a otros países caribeños, para alfabetizarlos.

B   **Busca en el texto las palabras o expresiones que signifiquen lo contrario de lo siguiente:**

1	aburrido	6	bruto
2	materialista	7	horribles
3	extranjera	8	malicia
4	grande	9	tristeza
5	abandonó	10	fracaso

C   **Conversa con tu compañero/a. ¿Qué puede enseñar un chico a una persona mayor? Considera lo siguiente:**

- lo que los niños hacen en la casa
- lo que hacen en la escuela
- su actitud hacia los problemas
- su manera de compartir conocimientos.

Ahora debatan con el resto de la clase y el/la profesor/a.

D   **Escribe un folleto de promoción (150 palabras como mínimo) referido al programa televisivo *"Los chicos saben"*, mencionado en el texto. Inventa los presentadores, el horario y los temas que trata. Por ejemplo:**

En "Los chicos saben" de hoy:
- ***LA NATURALEZA****: la estudiamos con inocencia*
  - *– qué recomiendan los chicos sobre…*
  - *– Sección* **"si eres chico… si eres grande…"**
- *con la conducción de…*
- *esta tarde a las… por el canal…*

Relaciona la redacción con Cuba. Para obtener más información sobre la situación de la educación en ese país, lee *¿Qué sabes de… Cuba?* en esta unidad.

¡NO OLVIDES!

Cómo se crea un folleto

Página 176 en la Unidad 6.

¿Qué sabes de... Cuba?

Antes de leer la información sobre Cuba, completa este pequeño cuestionario para ver cuánto sabes de este país.

① ¿En qué año llegó Cristóbal Colón a Cuba?

a) 1493

b) 1492

c) 1502

② En 1898, ¿qué país ayudó a los cubanos a luchar contra España?

a) México

b) la Unión Soviética

c) los Estados Unidos

③ ¿En qué año del siglo XX ocurrió la Revolución Cubana?

a) 1929

b) 1959

c) 1989

④ ¿Por qué hubo una crisis en Cuba en 1962?

a) La guerra entre la Unión Soviética y los Estados Unidos amenazó la isla.

b) Fidel Castro provocó un conflicto entre Cuba y la Unión Soviética.

c) Había misiles rusos en Cuba.

⑤ ¿Qué palabra caracteriza mejor el régimen de Fidel Castro?

a) socialista

b) derechista

c) republicano

El país

La capital de Cuba es (Villa de San Cristóbal de) **La Habana**, y la segunda ciudad es **Santiago de Cuba**. Ambas ciudades fueron fundadas por los conquistadores españoles a comienzos del siglo XVI. Hay espléndidos edificios religiosos de la era colonial, como el convento de San Francisco de La Habana.

Las **danzas cubanas**: *el chachachá*, *el mambo*, *la salsa*, son conocidas por el mundo entero. Los cubanos también se destacan en varios **deportes olímpicos**, como el tiro de jabalina, el boxeo, el atletismo y el béisbol. En las **artes**, sobre todo la pintura y el diseño, el cine y el teatro, florecen los cubanos. Su arte e historia, su carácter caribeño, así como su régimen de gobierno y mentalidad, atraen a millones de turistas a visitarla, aunque hay restricciones.

Historia

La Conquista

Cuba fue descubierta por Cristóbal Colón en **1492**, durante su primer viaje al Nuevo Mundo. A comienzos del siglo XVI, los conquistadores fundaron las ciudades de Santiago de Cuba y La Habana y la isla se convirtió en una base desde donde podían seguir conquistando México. La población indígena, formada principalmente por los **indios taínos**, se redujo rápidamente por el mal trato y las enfermedades

◎ Cuba es un país hispano en el **mar Caribe**; está al este de México y al sur de los Estados Unidos.

◎ El país está formado por una isla principal, llamada **Cuba**, la mayor isla de las Antillas, junto con la isla de la **Juventud** y muchas islas pequeñas y cayos.

◎ Cuba tiene unos 11 millones de habitantes.

traídas por los europeos y poco a poco fue remplazada por **esclavos africanos**. Estos fueron empleados en las industrias del **tabaco** y del **azúcar**, las principales actividades económicas de la isla en aquella época.

Cosecha de la caña de azúcar

El siglo XIX

Cuba fue una de las últimas colonias de España en conseguir su independencia. La esclavitud continuó practicándose en la isla durante todo el siglo, a pesar de las protestas de los que querían emancipar a los esclavos. Hacia finales del siglo hubo insurrecciones contra la corona española; en esa época, **José Martí**, gran poeta y patriota cubano, creó el Partido Revolucionario Cubano, para apoyar la independencia de los cubanos y la emancipación de los esclavos, que se logró el **7 de octubre de 1886**. En 1898, los insurgentes, respaldados por los Estados Unidos, declararon la guerra contra los españoles y después de una corta guerra, España perdió su soberanía sobre la isla. Sin embargo, Cuba fue ocupada por los Estados Unidos desde el año 1899 hasta el 1902, cuando finalmente se declaró república independiente, el 20 de mayo, y nuevamente fue ocupada de 1906 a 1909.

La Revolución Cubana

Fidel Castro llegó al poder en Cuba en **1959**, después de una insurgencia de dos años contra el régimen corrupto del entonces presidente Fulgencio Batista. Castro fue acompañado en el conflicto por su hermano **Raúl** y **Che Guevara**, revolucionario argentino. El nuevo presidente comenzó por reformar la **agricultura** y provocó la enemistad de los terratenientes estadounidenses al confiscar sus tierras. También tomó importantes medidas para mejorar la **educación** y la **salud pública**, con la intención de eliminar el analfabetismo y crear un sistema de salud de excelencia. Castro iba estableciendo un **régimen comunista**, cuyo objetivo era mejorar la suerte de la mayoría de los ciudadanos. Sin embargo, los cubanos tuvieron que pagar un precio: la oposición a las reformas de Castro no era tolerada y los disidentes tuvieron que huir de la isla.

El conflicto entre Cuba y los Estados Unidos duró todo el siglo XX. El **bloqueo comercial** de la isla impuesto por los Estados Unidos hizo que Cuba buscara la ayuda de la Unión Soviética. En 1962 tuvo lugar la famosa **Crisis de Octubre**, que casi provocó una guerra mundial: los estadounidenses descubrieron misiles soviéticos en la isla vecina. Más de un millón de disidentes huyeron de Cuba durante la segunda mitad del siglo XX, la mayoría de los cuales se establecieron en Florida y Nueva York. A finales del siglo, con la caída de la Unión Soviética, y como consecuencia la pérdida de su apoyo económico a Cuba, la isla pasó por un período económico difícil.

El siglo XXI

En este siglo, las relaciones de Cuba con el resto del mundo, sobre todo con otros países latinoamericanos, han comenzado a mejorar, y la isla ha establecido vínculos económicos y políticos con Venezuela y Bolivia. En 2006, Fidel Castro cedió la presidencia a su hermano **Raúl**, quien tomó el control. Raúl ha tomado medidas para **democratizar** la isla, por lo menos económicamente, y ha entablado el diálogo con el presidente Barack Obama de los Estados Unidos, lo que promete mejorar relaciones entre los dos países. Puede decirse que el cierre definitivo de la cárcel estadounidense en la **Bahía de Guantánamo** es un paso en esa dirección.

La educación en Cuba

Antes de la Revolución de 1959, muchos niños cubanos no iban a la escuela, sobre todo en las regiones rurales, y había mucho **analfabetismo** en Cuba. Con la Revolución, todo esto cambió de manera radical: los nuevos dirigentes del país buscaron erradicar el analfabetismo, llevar maestros a todos los rincones del país, desarrollar la enseñanza técnica y profesional y sobre todo poner la enseñanza, a todos los niveles, al alcance de todos los jóvenes. El objetivo principal de la **Campaña Nacional de Alfabetización** en Cuba fue el pleno desarrollo del ser humano.

Los niños comienzan su educación desde los **45 días**, en Los Círculos Infantiles, y pasan por **12 grados** hasta llegar a la universidad. Un triunfo especial es la educación eficaz de niños con discapacidad, como los ciegos, sordos y los que tienen retrasos mentales. Hoy en día, los cubanos gozan de un sistema de educación del que están muy orgullosos: no hay analfabetismo, la tasa de escolarización alcanza casi al **100%** del alumnado, las universidades reciben muchos extranjeros con motivo de la calidad de la enseñanza y la investigación. Según UNESCO, Cuba cuenta con el mayor número de docentes por habitantes (42,23) de todos los países, y el número de alumnos por aula en la enseñanza primaria (20) es también uno de los más bajos, y por lo tanto la enseñanza es más personalizada.

Para más información: http://www.cubatravel.cu

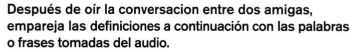

4 ¿Qué quieres tener cuando tengas un trabajo?

A

Pista 11

Después de oír la conversacion entre dos amigas, empareja las definiciones a continuación con las palabras o frases tomadas del audio.

1   persona que conduce a un grupo
2   capacidad para dar órdenes sin causar problemas
3   pánico
4   auxiliar
5   grupo de personas con ideas definidas sobre cómo gobernar
6   administración de una ciudad, región o país
7   poco realista
8   transportes que vuelan
9   tener una idea
10 sitio pequeño donde la gente se reúne
11 autorización
12 elegir a alguien como gobernante

a   don de mando
b   aviones
c   permiso
d   partido político
e   gobierno
f   líder
g   ocurrírsele algo a uno
h   miedo
i   soñadora
j   votar
k   salita
l   ayudar

¡Observa!

(El Palacio de) La Moneda = casa del Presidente y varios ministerios de Chile, en Santiago de Chile, su capital.

B

Todas las oraciones a continuación tienen uno o dos datos falsos con respecto al audio. Corrígelos con lo que oyes, sin cambiar la estructura de las frases.

1   A Juani le gustaría trabajar como profesora.
2   En sus clases de la universidad siempre organiza a otros.
3   Ella es una persona desorganizada, y tiene pocas ideas.
4   Quiere ayudar a la gente de su barrio, y después ser representante provincial.
5   Su amiga cree que es muy realista.
6   Una presidenta de Chile era ingeniera.
7   Juani seguramente comprará helicópteros y aviones.
8   Lo que más quiere es un sitio donde sus familiares siempre puedan vivir.

C

¡Ahora es tu turno! Escribe una entrada de un blog (mínimo 200 palabras) que responde las siguientes preguntas:

● **¿Eres soñador(a)?**
● **¿Qué te gustaría tener cuando tengas (o cambies de) trabajo?**
● **¿Qué te gustaría tener en tu trabajo?**
● **¿Serás útil para la sociedad?**

Una vez terminadas, tú y tus compañeros/as pasen las redacciones al/a la profesor(a). Él/Ella las lee y el resto de la clase debe decir qué persona lo escribió. ¿Quién tuvo la idea más original o útil?

¡NO OLVIDES!

Cómo escribir un blog

Página 53 en la Unidad 2.

II: Aquí nos organizamos así

5 Un voluntariado que ilumina vidas

A Escucha el audio y anota las palabras que corresponden a las siguientes definiciones:

Pista 12

1 persona que se ofrece para hacer un trabajo sin recibir retribución

2 edificio en que se han juntado muchos libros para su consulta

3 ayuda

4 usan en común

5 bienes que se transmiten a los hijos

6 piezas rellenas que se ponen sobre una cama para dormir sobre ellas

7 cilindro de cera con mecha que se enciende para dar luz

8 decir lo esencial de un asunto en términos breves

9 establecerse

Las ONG

ONG significa "organización no gubernamental". Una ONG tiene como fin ejercer actos humanitarios y sus integrantes son voluntarios. Las ONG tienen funciones muy variadas, pero esencialmente actúan para cubrir necesidades sociales, sobre todo en países subdesarrollados. Desarrollan proyectos en muchos campos, por ejemplo en el medio ambiente y la economía; muchas veces, las ONG son las primeras en dar ayuda cuando ocurren desastres naturales. Otras ayudan con la educación, con proyectos de alfabetización, educación básica, formación ocupacional y formación profesional.

B En la siguiente lista de frases, además del ejemplo hay cuatro que son correctas con respecto al audio. Elígelas y márcalas con una cruz (✗). Te damos una como ejemplo.

Ejemplo: *Elena cuenta su experiencia laboral en Latinoamérica.*	✗
1 Los voluntarios solo tenían que dar clase en español.	
2 A Elena no le gustaba tener tanta variedad de actividades.	
3 A veces las clases grandes la desanimaban.	
4 El padre quería dar su herencia al hijo que respondiera mejor al reto.	
5 Las ideas de dos de los hijos fracasaron.	
6 Tuvo éxito el que apagó la vela.	
7 Al terminar su experiencia, Elena se sentía como un árbol pequeño.	
8 En Bolivia, Elena siguió con su desarrollo personal.	

C Eres un(a) voluntario/a y trabajas en un país subdesarrollado para un proyecto relacionado con uno de los siguientes temas:

- el medio ambiente
- la educación
- un desastre natural.

Cuenta en tu diario lo que has logrado hasta ahora (200 palabras como mínimo). Explica lo que te ha dado más satisfacción y por qué. Si relacionas la redacción con Cuba, puedes obtener más información sobre la situación socioeconómica de ese país. Lee *¿Qué sabes de Cuba?* en esta unidad.

¡NO OLVIDES!

Cómo escribir un diario

Página 113 en la Unidad 4.

6 "Paraíso de postal" es rescatado por una ONG

A Antes de leer el texto, observa la foto y responde las siguientes preguntas con tus opiniones:

- **¿De qué país del mundo hispano crees que se trata?**
- **¿Te parece un lugar bonito?**
- **¿A qué crees que se dedican las personas que viven allí?**
- **¿Crees que se trata de un sitio rico o pobre? ¿Por qué?**

Imagínese en una hermosa playa.

Alrededor observa algunas casitas de bambú o de madera. En esas casitas viven varias decenas de hombres y mujeres que forman parte de la población de esta pequeña localidad, en la que usted se encuentra. Por la mañana, el ruido de las olas se mezcla con los gritos lejanos de los monos gritones. Hay niños jugando en las callejas de barro. El camión que trae la comida al pueblo, tras vaciar los pocos productos frescos que trajo el día anterior, no puede salir, porque quedó atascado en el "camino", la única vía que une el pueblo al resto del mundo.

Una mirada rápida: la playa, el Océano Pacífico… un sueño para muchos…

Pero, si mira los detalles de la escena, se dará cuenta de que los niños visten ropa sucia y caminan descalzos, que la escuelita está cerrada, ya que los profesores no quieren o no pueden llegar hasta el pueblo a causa de la distancia, de las fuertes lluvias…

Observará también que la mayoría de los niños no comen tres veces al día, que no tienen actividades pedagógicas durante el día y que los padres los utilizan para el trabajo o la mendicidad.

Esta es una escena típica de la alarmante situación educativa, social y sanitaria en Ecuador.

Frente a esta situación, mucha gente en todo el país ha decidido no seguir esperando a ver los resultados

de acciones gubernamentales (que deberían llevarse a cabo con el dinero de los impuestos pagados por todos los ciudadanos).

La fundación *Una Opción Más* quiere apoyar a estas personas mostrando su existencia. Se dedica a dar una nueva oportunidad a los niños cuyas vidas han comenzado con mal pie y a los adultos que se han visto en situaciones de dificultad extrema.

Adaptado de http://www.uneoptiondeplus.org

B Intenta comprender las palabras de la lista siguiente, sacadas del texto. Luego comprueba su sentido buscándolo en su diccionario.

> decenas   población   monos gritones   callejas   vaciar   atascado   descalzos
> mendicidad   gubernamentales   llevarse a cabo   impuestos   con mal pie

C Termina las frases siguientes con una de las frases en el recuadro en la página 71, según el sentido del texto. ¡Cuidado! Hay seis finales de más.

1 El lector tiene que imaginar un pequeño pueblo…
2 No es posible que el camión salga del pueblo…
3 Si uno se fija bien en esta escena, se da cuenta de que…
4 En vez de ir a la escuela…
5 El gobierno no cumple con su…
6 *Una Opción Más* es una organización dedicada a…

a ... la imagen de un pueblo de sueño es falsa.

b ... cobrar los impuestos para ayudar a los pobres.

c ... muchos niños tienen que mendigar.

d ... que está al borde del mar.

e ... porque la ruta al exterior está bloqueada.

f ... los niños tienen la ropa sucia y los zapatos gastados.

g ... ofrecer a los pobres la posibilidad de mejorar su vida.

h ... que está cerca de un lago inmenso.

i ... ofrecimiento de mejorar las vidas de los pobres.

j ... porque se ha averiado.

k ... obligación de ayudar a los pobres con el dinero de los impuestos.

l ... muchos niños siguen con sus estudios en casa.

 D Completa la tabla con las palabras que la faltan:

Verbo	Sustantivo	Adjetivo
		pequeño/a
		lejano/a
jugar		
vaciar		
		atascado/a
	sueño	
		sucio/a
	distancia	
	lluvia	
utilizar		
		educativo/a
		gubernamental
ver		
	dificultad	

 E Investiga en internet y comenta con tu compañero/a los siguientes puntos:

- ¿Dónde viven las personas pobres de países subdesarrollados?
- ¿Qué podemos hacer para ayudar a los pobres?
- ¿Quiénes deben luchar contra la pobreza: los gobiernos o las ONG? ¿Por qué?

  F Un(a) amigo/a tuyo/a ha vuelto de un país subdesarrollado donde ha trabajado como voluntario/a. Entrevístalo/la (250 palabras como mínimo) para una revista sobre el Tercer Mundo acerca de sus experiencias. No te olvides de preguntarle sobre:

- los detalles de su proyecto
- las dificultades experimentadas al realizar el proyecto
- su relación con la población de la región
- si, en su opinión, el proyecto salió bien o mal.

¡NO OLVIDES!

Cómo escribir una entrevista

Página 72 de esta unidad.

¡Qué bien escribes!

Cómo escribir una entrevista

Antes de entrevistar a alguien, ya sea de manera oral o escrita, tienes que preparar bien las preguntas que vas a hacerle. Piensa en:

- qué tipo de persona es (¿es deportista?, ¿cantante?, ¿político/a?, etc.)
- qué tema(s) vas a tratar (¿la natación?, ¿la salsa?, ¿la dictadura?, etc.)
- qué información quieres obtener de él/ella.

Es importante:

- hacer una breve introducción a la persona, antes de comenzar a escribir la entrevista.

- ajustar tu lenguaje a la cultura de la(s) persona(s) que está(n) hablando (por ejemplo, de dónde viene(n) y cómo se habla allí).
- decidir si vas a utilizar *tú* (o *vos*) o *usted*, o las dos formas.
- utilizar una variedad de preguntas (*¿Qué…?*, *¿Cómo…?*, *¿Por qué…?*, *¿Con quién…?*, etc.).
- hacer preguntas apropiadas según la personalidad del/de la entrevistado/a.
- hacer que las preguntas sigan una secuencia lógica.

 G **Utiliza las conjunciones en el recuadro para llenar los espacios en el e-mail. ¡Cuidado! Puedes utilizar cada conjunción *una* sola vez.**

| o | que | aunque |
| y | porque | |

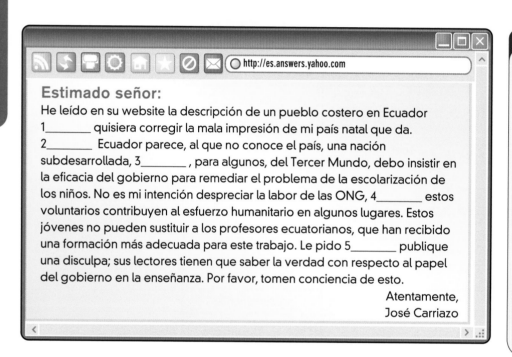

Estimado señor:

He leído en su website la descripción de un pueblo costero en Ecuador 1_____ quisiera corregir la mala impresión de mi país natal que da. 2_____ Ecuador parece, al que no conoce el país, una nación subdesarrollada, 3_____ , para algunos, del Tercer Mundo, debo insistir en la eficacia del gobierno para remediar el problema de la escolarización de los niños. No es mi intención despreciar la labor de las ONG, 4_____ estos voluntarios contribuyen al esfuerzo humanitario en algunos lugares. Estos jóvenes no pueden sustituir a los profesores ecuatorianos, que han recibido una formación más adecuada para este trabajo. Le pido 5_____ publique una disculpa; sus lectores tienen que saber la verdad con respecto al papel del gobierno en la enseñanza. Por favor, tomen conciencia de esto.

Atentamente,
José Carriazo

Gramática

LAS CONJUNCIONES

Recuerda que:

- las conjunciones son palabras que unen dos o más frases u oraciones, o dos partes de una misma frase.
- las conjunciones del español se dividen en dos grupos: las **coordinantes** (*y*, *pero*, etc.) y las **subordinantes** (*porque*, *aunque*, etc.)

Para repasar las conjunciones y sus usos, ver 15 en el Resumen gramatical.

TEORÍA DEL CONOCIMIENTO

El texto sobre el trabajo de las ONG en la educación de niños en países subdesarrollados plantea una cuestión política: ¿qué papel debe desempeñar el gobierno en estos países?

Preguntas

- La educación, ¿debe ser la responsabilidad de organizaciones caritativas y religiosas, o del gobierno del país?
- ¿Qué papel preciso debe tener el gobierno de un país al organizar y financiar la educación?

- Si los ciudadanos pagan sus impuestos, ¿no tienen derecho a una buena educación, financiada por el Estado?
- ¿Cuáles son las ventajas de tener un sistema de educación como el de Cuba, en el que el gobierno tiene el control total?
- En algunos países subdesarrollados, los hijos de los ricos van al colegio mientras los hijos de los pobres no reciben una educación formal. ¿Se puede justificar esta situación?

III: Si de vida social se trata...

7 ¡Todo para tu fiesta, Quinceañera!

El cumpleaños número 15 de una chica es muy importante en Hispanoamérica. La *quinceañera*, ya mujer, se presenta a la sociedad. Lee el siguiente folleto y completa los ejercicios a continuación.

A Antes de leer el texto, observa las fotos y responde las siguientes preguntas con tus opiniones:

- ¿Qué crees que promociona este folleto?
- ¿Qué hacen las personas?
- ¿Qué tiene el pastel/la torta? ¿Para qué sirve?
- ¿Qué comidas puedes observar?

> **¡Observa!**
> *un dije = joya o adorno pequeño que se lleva normalmente en el cuello.
> *todo lo más (coloq.) = todo lo mejor

Hojas
De Mariela y Horacio Bianchi
Lo que imagines para tu Fiesta!!

Seguimos el motivo que más te gusta y decoramos el salón a tu manera. ¡Será como entrar en tu mundo!

¡Nos importa mucho tu invitación! Diseñamos una tarjeta realmente especial, con tu foto y a tu estilo.

Te ayudamos a elegir ese vestido que te enloquece (el tradicional largo y blanco o uno diferente) para impresionar a tus cientos de invitados con tu entrada.

Nuestro DJ te ayuda a escoger tu primer vals, para bailar con tu familia y amigos, y tiene todo lo más* ¡para que a todos les fascine bailar toda la noche!

Nuestro cocinero, Horacio, y el servicio de lujo les servirán deliciosos platos en las mesas. Al amanecer, pueden ofrecerles un desayuno riquísimo.

A nuestra fotógrafa, Mariela, le encanta compilar un video con tus amigos y amigas, o con tu familia, para proyectarlo durante el postre.

¿Y la torta/el pastel? Una/o con varios pisos es más tradicional, le pondremos cintas para que todas las chicas tiren de ellas y saquen un dije*.

Y ¿qué te parecen 15 tortas/pasteles, cada una con una vela, para soplarlas durante el discurso o el brindis?

¿Te chifla algo internacional? Organizamos:
- un *carnaval carioca*, con sombreros coloridos, al estilo de Argentina y Uruguay,
- o la *hora loca*, con una banda en vivo, como en Colombia y Venezuela,
- o nuestro preferido: *la zapatilla*, tradición mexicana en la que tu papá cambia tu zapato bajo por uno de tacón alto, simbolizando tu paso a la madurez.

Filmamos toda la noche y sacamos fotos para que revivas tu fiesta cuando quieras, y cada persona se llevará un souvenir artesanal, hecho por nosotros.

¡Y te haremos un regalito de cumpleaños para que nos recuerdes!

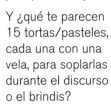

Te esperamos para organizar todo esto y más en:

HOJAS
*Perú esq. Agustín Álvarez
San Rafael, Mendoza
Argentina
Tel: +54 0260 4445777
E-mail: hojasmb@hotmail.com*

B **Indica lo que significan estas palabras o expresiones según el texto.**

1 a tu manera
   a) como tú quieras
   b) con tus modales

2 una tarjeta
   a) una carta
   b) una invitación escrita

3 tu entrada
   a) tu *ticket*
   b) tu llegada

4 escoger
   a) elegir
   b) ordenar

5 el amanecer
   a) la salida del sol
   b) la puesta del sol

6 el postre
   a) un plato salado antes de la comida
   b) un plato dulce al final de la comida

7 cintas
   a) tiras de papel o tela
   b) decoraciones de crema

8 de tacón alto
   a) zapatos elegantes
   b) zapatos prácticos

9 artesanal
   a) que imita el arte
   b) que está hecho de forma personal, no en una fábrica

10 un regalito
   a) un presente
   b) un descuento

C **¡Todas las quinceañeras quieren algo especial! Trabajas como telefonista de *HOJAS*. Lee el artículo y marca con una cruz (*X*) si la respuesta es *sí* o *no* a cada pregunta. En cada caso, justifica tu respuesta citando la información del folleto.**

Preguntas de quinceañeras	Sí,	No,	porque...
1 "A mí me enloquece Hollywood y las estrellas. ¿Podemos hacer mi fiesta como si fuera los premios Oscar, inclusive el vestido?"			
2 "Siempre ponen el mismo vals, y no me gusta la música tradicional. ¿Va a ser así?"			
3 "En la última fiesta que estuve, solo había un buffet, ¡y no había pastel! ¿Es así con ustedes?"			
4 "No quiero una invitación aburrida. ¿Me ayudan?"			
5 "¡No tengo fotos ni videos buenos para mostrar! ¿Tengo que llevar algunos?"			
6 "En las vacaciones estuve en la costa caribe de Colombia, y me encantó. ¿Tienen algo colombiano para mi fiesta?"			
7 "Soy de Uruguay, y quiero algo alegre para después del brindis. ¿Tienen algo así?"			
8 "Mi papá es viudo, y quiero que tenga un papel especial. ¿Hay alguna tradición para él?"			
9 "¿Tengo que contratar a alguien para que filme la fiesta?"			
10 "No me gustan los recuerdos comerciales. ¿Tienen que ser así?"			

Gramática

LOS VERBOS DE PRONOMBRE INDIRECTO (COMO "GUSTAR")

Recuerda que:

- hay verbos que hacen referencia al efecto que una acción tiene sobre una persona, y por lo tanto requieren el pronombre de objeto indirecto. Por ejemplo: **te gusta**.

- estos verbos se usan solo en la tercera persona, singular o plural. Por ejemplo: **nos** impor**ta** tu invitación; **me** interes**an** tus planes.

- cuando se quiere hacer énfasis en la(s) persona(s) a quién(es) afecta el verbo, se coloca precedida de la preposición "a". Por ejemplo: **A nuestra fotógrafa, Mariela,** le encanta compilar un video.

Para repasar los verbos de objeto indirecto, ver 11.G en el Resumen gramatical.

D **En este folleto hay muchos pronombres de objeto indirecto. Identifícalos, y explica a quién o quiénes se refieren en cada caso.**

G Ejemplo: ...te gusta y decoramos el salón a tu manera. – a ti

E **Escribe frases con los elementos a continuación. En cada frase hay un verbo que requiere el pronombre de objeto indirecto; por lo tanto es necesario ponerlo en la forma correcta y mencionar a quién(es) se refiere.**

G Ejemplo: yo / gustar / la fiesta.

A mí me gusta la fiesta. – yo

1 Yo / gustar / una invitación original.
2 Nosotros / encantar / la música rock.
3 Mis padres / no gustar / las decoraciones exageradas.
4 Mi abuela / molestar / la música muy fuerte.
5 Usted / interesar / seguir las tradiciones.
6 Los invitados / doler / los pies de tanto bailar.
7 El cocinero / encantar / los pasteles grandes.
8 Ellas / encantar / fiestas de quince años.
9 Yo / doler / la cabeza de tanto planear la fiesta.
10 Tú / gusta / bailar y charlar toda la noche.
11 ¿Vosotros / gustar / mi idea?
12 Yo / gustar / ustedes.

F **¿Existen las quinceañeras o algo similar en tu país? ¿Cómo se celebran los cumpleaños? Escribe una presentación con fotos (200 palabras como mínimo) teniendo en cuenta los siguientes aspectos:**

- **La edad que se considera importante.**
- **Cómo se invita a una persona.**
- **Cómo se visten los invitados.**
- **Qué música tocan y bailan en la fiesta.**
- **Qué se come y cuándo.**
- **Si hay un momento especial en la fiesta.**
- **Si entregan recuerdos o regalos.**
- **Incluye el origen y la historia de la fiesta y si alguna vez fuiste a una y te gustó (o no).**

8 Una invitación secreta

 A ¿Qué es un "botellón"? Escucha el audio en el que Jacobo invita a su amiga francesa a un "botellón" y elige el resumen que te parezca correcto según lo que dicen.

 ¡Observa!

¡qué más da! = ¡no importa!

Pista 13

1 Es algo típico de los países hispanos. Se trata de una reunión de jóvenes en parques y plazas para celebrar el día de San Jerónimo. Se bebe vino o "calimocho" en su nombre. Es una fiesta con mucha diversión, y está permitida y controlada por la policía.

2 Es una fiesta con jóvenes en espacios públicos que dura toda la noche y donde se bebe principalmente vino tinto. Se trata de un evento masivo, con invitaciones de boca en boca, y muchas veces no está permitido por la policía. Se celebra en España y Francia.

3 Se realiza en España. Es una reunión de jóvenes en espacios públicos y durante toda la noche, en la que se consumen bebidas alcohólicas o mezclas. Se trata de algo espontáneo, con invitaciones por mensajes SMS o teléfono, y a veces no está permitido por la policía.

4 Es algo típico español. Cientos de jóvenes se citan por mensajes y se reúnen temprano un sábado por la mañana hasta la mañana siguiente. Beben Coca-Cola o un vino llamado "calimocho". A la policía normalmente no le gustan los botellones.

B Stéphanie no quiere olvidarse de la invitación, así que toma nota. Completa sus notas con palabras del audio:

Día:
Lugar:
Evento:
Invitados:
Termina:
Bebida(s):
Dónde quedamos:
A qué hora quedamos:

C ¡Jacobo insiste! Escucha nuevamente el audio. ¿Qué tres preguntas usa para insistir a Stéphanie de que vaya al botellón?

Estrategias para escribir

Cuando escribes una redacción:

● asegúrate de que entiendes bien el tema del cual escribes. Si tienes dudas, pregunta a tu profesor/tus compañeros.

● expresa tus ideas con vocabulario y estructuras que conoces bien, para así evitar confusión.

● considera el punto de vista desde el que escribes, si estás a favor o en contra.

 D ¡Qué indignación! Eres un vecino del Parque San Jerónimo, y anoche hubo un "botellón". Escribe una carta de queja al periódico (120 a 150 palabras), para ver si el gobierno regional reacciona. Explica lo siguiente:

● La hora en que comenzó y terminó.

● Cuántos jóvenes había.

● Qué hicieron.

● Qué bebieron.

● Si estaban borrachos o no.

● Qué hizo la policía.

● Qué debería hacer el gobierno.

● Si está bien que los jóvenes se emborrachen.

¡NO OLVIDES!

Cómo escribir correspondencia formal

Página 134 en la Unidad 5.

9 Un evento social a puro grito

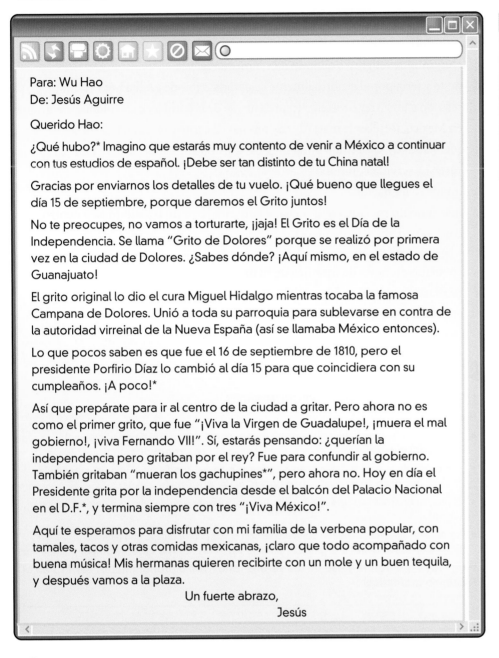

Para: Wu Hao
De: Jesús Aguirre

Querido Hao:

¿Qué hubo?* Imagino que estarás muy contento de venir a México a continuar con tus estudios de español. ¡Debe ser tan distinto de tu China natal!

Gracias por enviarnos los detalles de tu vuelo. ¡Qué bueno que llegues el día 15 de septiembre, porque daremos el Grito juntos!

No te preocupes, no vamos a torturarte, ¡jaja! El Grito es el Día de la Independencia. Se llama "Grito de Dolores" porque se realizó por primera vez en la ciudad de Dolores. ¿Sabes dónde? ¡Aquí mismo, en el estado de Guanajuato!

El grito original lo dio el cura Miguel Hidalgo mientras tocaba la famosa Campana de Dolores. Unió a toda su parroquia para sublevarse en contra de la autoridad virreinal de la Nueva España (así se llamaba México entonces).

Lo que pocos saben es que fue el 16 de septiembre de 1810, pero el presidente Porfirio Díaz lo cambió al día 15 para que coincidiera con su cumpleaños. ¡A poco!*

Así que prepárate para ir al centro de la ciudad a gritar. Pero ahora no es como el primer grito, que fue "¡Viva la Virgen de Guadalupe!, ¡muera el mal gobierno!, ¡viva Fernando VII!". Sí, estarás pensando: ¿querían la independencia pero gritaban por el rey? Fue para confundir al gobierno. También gritaban "mueran los gachupines*", pero ahora no. Hoy en día el Presidente grita por la independencia desde el balcón del Palacio Nacional en el D.F.*, y termina siempre con tres "¡Viva México!".

Aquí te esperamos para disfrutar con mi familia de la verbena popular, con tamales, tacos y otras comidas mexicanas, ¡claro que todo acompañado con buena música! Mis hermanas quieren recibirte con un mole y un buen tequila, y después vamos a la plaza.

Un fuerte abrazo,

Jesús

¡Observa!

*¿qué hubo? (o ¿quihubo?) (Méx. coloq.) = ¿qué tal?
*¡a poco! (Méx. coloq.) = expresión de sorpresa o incredulidad en México.
*gachupín (Méx., Gua., Hond. y Cub., despectivo) = español establecido en las Américas.
*el D.F. = el Distrito federal, capital de México.

A Aquí tienes resúmenes de cada párrafo del e-mail de Jesús para Hao. Indica a qué párrafo se refiere cada resumen. ¡Cuidado! Sobran dos resúmenes.

Párrafo

a   Los planes de Jesús y su familia.   ☐

b   Qué es el Grito y dónde se originó.   ☐

c   Qué dijo el rey de España al oír el primer Grito.   ☐

d   Cuándo llega Hao y por qué es especial.   ☐

e   Qué hizo Jesús durante el último Grito.   ☐

f   Por qué cambió de fecha.   ☐

g   El origen de Hao y por qué va a México.   ☐

h   Qué se gritaba antes y cómo se hace ahora.   ☐

i   El primer Grito y su finalidad.   ☐

B

Trabaja con un(a) compañero/a. Emparejen las siguientes palabras con sus significados.

1	natal	a	sentir satisfacción
2	realizar	b	sacerdote católico
3	(el) cura	c	conjunto de feligreses que van a una misma iglesia
4	campana	d	fiesta y feria popular normalmente celebrada antes de un día importante
5	parroquia	e	referido a un virrey o virreina (representante de la corona en las colonias americanas)
6	sublevar(se)	f	en México, tortillas de maíz (duras) rellenas de carne y otros ingredientes
7	virreinal	g	(del náhuatl) salsa tradicional mexicana y hondureña hecha con chiles, especias varias, y servida con pollo
8	disfrutar		
9	verbena	h	donde se ha nacido
10	tamales	i	instrumento metálico que suena al golpearse con un badajo (desde dentro) o con un martillo (desde fuera)
11	tacos		
12	mole	j	(del náhuatl) tipos de empanadas rellenas de masa y condimentos, normalmente envueltas en hojas de mazorca de maíz
		k	rebelarse contra el orden establecido
		l	efectuar

C

El e-mail de Jesús tiene cuatro verbos reflexivos o usados de forma reflexiva. ¿Puedes encontrarlos?

Gramática

LOS VERBOS REFLEXIVOS O PRONOMINALES

Recuerda que:

- los verbos reflexivos hacen referencia a que la acción del verbo recae sobre la(s) persona(s) que realiza(n) la acción. Por ejemplo: no **te preocupes**.
- la mayoría de verbos pueden usarse de forma reflexiva, mediante el uso de la partícula "se" y sus formas. Por ejemplo: **prepara** el mole; **prepárate**, Jesús.
- el pronombre reflexivo (**me**, **te**, **se**, etc.) se considera parte del verbo, y cambia según el sujeto.
- los verbos reflexivos no deben confundirse con la voz pasiva refleja, que también utiliza "se". Por ejemplo, **se celebró** el grito por primera vez = el grito **fue celebrado** por primera vez.

Para repasar la forma y uso de los verbos reflexivos o pronominales, ver 11.J en el Resumen gramatical.

D

Completa cada frase a continuación con los verbos reflexivos o pronominales entre paréntesis. ¡Cuidado! Debes colocarlos en la persona, tiempo y modo apropiados según el contexto, o si es necesario en el infinitivo, gerundio o imperativo, y no debes olvidar colocar el pronombre reflexivo en el lugar adecuado (antes o después del verbo).

1 Nosotros los mexicanos _____ (independizarse) de España en 1821.

2 Usted _____ (cansarse) mucho por salir anoche, ¿no?

3 ¡Mi madre _____ (obsesionarse) con cuidar todos los detalles de las fiestas cuando éramos chicos!

4 Nosotros no _____ (irse) muy temprano a la plaza mañana.

5 Tú no _____ (desesperarse), por favor; tenemos mucho tiempo todavía.

6 Mi hermana está _____ (cambiarse).

7 ¿Debes _____ (vestirse) de forma especial para ese evento?

8 Yo nunca pude _____ (acostumbrarse) a no celebrar fiestas.

9 ¡Chicos y chicas, _____ (prepararse) para la verbena!

10 Nosotros _____ (acordarse) siempre del Grito.

E ¿Existe un evento social como *El Grito* en tu país o región?

 Escribe un e-mail a Jesús Aguirre, comparando las actividades sociales de *El Grito* mexicano con un evento social popular en tu país o región.

¡Qué bien escribes!

Como escribir correspondencia informal

Las cartas informales tienen tu estilo personal. De todos modos, son comunes ciertas frases, como las siguientes. ¡Úsalas!

Encabezado	Introducción	Despedida
Querido/a… :	Te escribo para…	Un saludo cordial de
¡Hola…!	Gracias por tu carta/e-mail…	Un abrazo de
	¿Qué tal?…	Un beso de

IV: Gente al margen

10 ¿Cómo viven los gitanos?

Entrevista realizada en Granada a una mujer casada desde hace 20 años con un gitano.

 A Trabaja con un(a) compañero/a. Emparejen las siguientes palabras del audio y frases con sus significados.

Pista 14

1	ambulante	**a**	boda
2	ley	**b**	actuar
3	costumbre	**c**	tal vez
4	casamiento	**d**	señalar que se quiere hacer algún mal
5	(com)prometerse	**e**	intervenir
6	llevarse bien	**f**	itinerante
7	meterse con	**g**	contraer compromiso de casamiento
8	a lo mejor	**h**	norma de conducta aprobada
9	portarse	**i**	mantener una buena relación
10	amenazar	**j**	tradición

¡Observa!

payo = para los gitanos, persona que no pertenece a la raza gitana.

B Completa las siguientes frases con una de las opciones, según lo que dice el audio:

1 La mujer entrevistada trabaja:
  a) en una fábrica de ropa.
  b) en la calle.
  c) en una tienda.

2 Según la entrevistada, los novios tienen costumbre de:
  a) dar su palabra de casamiento unos meses antes de la boda.
  b) llevarse bien con los padres.
  c) casarse lo antes posible.

3 Los padres de la mujer:
  a) estaban opuestos al casamiento por razones raciales.
  b) aprobaron el casamiento sin quejarse.
  c) intentaron convencer a su hija para que no se casara con un gitano.

4 Según la mujer, muchos payos piensan que los gitanos son:
  a) delincuentes.
  b) trabajadores.
  c) perezosos.

5 Si un gitano se comporta mal con su familia, puede que:
  a) otros gitanos lo golpeen.
  b) su mujer lo abandone.
  c) los hijos se metan con él.

6 Transmitir las costumbres de una generación a otra es fácil, porque:
  a) los gitanos ven todo en casa desde la infancia.
  b) las niñas están muy unidas.
  c) la gente viene de fuera para transmitirlas.

C Comenta esta minoría con tu compañero/a, concentrándote en los temas siguientes:

- ¿Hay gitanos en tu país/región?
- ¿Alguna vez has visto a un gitano o tratado con él/ella?
- ¿En qué se diferencia la cultura gitana de la cultura de la mayoría?

NIVEL MEDIO

Tarea escrita de segundo año

Durante el segundo año del curso, como parte del examen, tienes que escribir una **tarea escrita** de entre 300 y 400 palabras.

- Esta tarea está basada en **tres textos** con un tema común.
- Tu profesor(a) seleccionará los tres textos.
- Los textos están vinculados a los **temas troncales** (los de las Unidades 1 a 7).
- Debes utilizar uno de los tipos de texto recomendados, por ejemplo: un artículo, un blog, una entrevista, etc.

Para prepararte:

- reflexiona sobre el sentido de los textos.
- compáralos y analiza sus conexiones.

Por ejemplo, en esta sección (Unidades 1, 2 y 3) tienes dos textos que describen distintos tipos de fiestas en países de Hispanoamérica:

- **Las Quinceañeras** se refiere a un cumpleaños de chicas muy especial.
- **El Grito mexicano** se refiere a un gran espectáculo público.

Ambos textos:

- tratan el mismo fenómeno social de "la fiesta", relacionado con el tema troncal de **las relaciones sociales**.
- las dos fiestas tienen ciertas características en común. Por ejemplo, se disfrutan en familia.

Leyendo los dos textos otra vez, ¿ves otras características? ¿Cuáles son? Trabaja con tu compañero/a para hacer una lista de las características que tienen en común.

11 El fútbol: deporte, política, violencia, ¿o los tres? [Nivel superior]

Primera parte

Se dice que practicar deporte promueve la estabilidad mental y reduce la agresividad; sin embargo, cuando mezclamos política y deporte todos estos efectos positivos suelen desaparecer y transformarse en violencia. En este contexto, muchos aficionados utilizan los eventos deportivos o los triunfos de sus equipos como un escaparate en donde exponer su rabia y su descontento.

A pesar de los esfuerzos que se han hecho desde organizaciones como la FIFA*, numerosos grupos utilizan los eventos deportivos para promover actitudes racistas, xenófobas o violentas. En numerosos estadios españoles y europeos es común ver esvásticas o banderas preconstitucionales (las del águila franquista), sin olvidarnos de los abucheos que reciben los "jugadores de color" en algunos de ellos.

En el fondo, estos pitidos no solo van dirigidos a los jugadores negros, sino que acompañados por la parafernalia simbólica se convierten en un rechazo hacia todo el colectivo "inmigrante" en general.

Adaptado de http://visionglobal.over-blog.com

¡Observa!

*la FIFA = Fédération Internationale de Football Association

Segunda parte

El futbolista camerunés Samuel Eto'o se mostró partidario de "actuar como colectivo" para atajar los brotes de racismo que aparecen en el fútbol español, al tiempo que dejó clara su actitud activa en la lucha contra esta lacra.

"No hay motivo ni justificación para menospreciar a nadie por el color de su piel. Mucha gente lo hace simplemente para fastidiar, pero se puede hacer daño de muchas formas".

En un partido contra el Zaragoza, Eto'o recibió unos gritos de mono de parte de la afición aragonesa, que provocaron que el camerunés celebrara su gol como si fuera este animal: "Ellos han pagado para ver a un mono y si recibo estos gritos haré el mono. Allí soy un actor", justifica ante los medios. "Esto hace mucho daño. Y si a veces me tratan como blanco porque piensan que gano mucho dinero, imagínate como tratarán al chico de color que vende en la calle".

Eto'o lanza un grito de ayuda a los periodistas: "Sois vosotros y los jugadores blancos, pero sobre todo vosotros, quienes tenéis el poder de la palabra, los que tenéis que escribir en contra de estas actitudes, porque solo así podremos luchar contra esto". Agradece la actitud de su compañero Deco, que le acompañó haciendo el mono.

Adaptado de http://www.as.com/futbol

A **Lee el texto y busca las palabras que corresponden a las definiciones siguientes:**

1 estimula
2 seguidores de un equipo, por ejemplo de fútbol
3 relativos al deporte
4 vitrina
5 enfado grande
6 pese a
7 personas que sienten odio hacia los extranjeros
8 instalaciones donde hay eventos deportivos
9 emblemas del nazismo
10 de antes de la constitución

11 silbidos
12 falta de aceptación
13 grupo de personas con intereses comunes
14 persona que defiende una idea o política
15 detener
16 comienzos de manifestación
17 vicio moral
18 tener a menos
19 molestar mucho
20 conjunto de aficionados

B ¿Cuál de los párrafos siguientes resume mejor la primera parte del texto: el 1, el 2 o el 3?

1   Por toda Europa, grupos de racistas asisten a partidos de fútbol para demostrar su odio hacia los futbolistas negros. Traen consigo símbolos racistas solo para mostrar su oposición a la presencia de estos "jugadores de color" en sus respectivas ligas. Manifiestan su desaprobación abucheándolos y agitando sus banderas.

2   La mezcla del deporte y la política puede conducir a la violencia, como se observa en los partidos de fútbol, que atraen a grupos de gente racista. En los estadios de toda Europa se ven emblemas del descontento de esta gente. Suelen dirigir pitidos a los futbolistas negros, y así muestran también su rechazo hacia los inmigrantes en su país.

3   La violencia basada en las ideas políticas de grupos de racistas es una lacra moderna. La gente xenófoba que asiste a partidos de fútbol manifiesta su rechazo de los inmigrantes blandiendo banderas y pitando. Lo malo es que las organizaciones que controlan el fútbol, como la FIFA, han hecho poco para remediar el problema.

C Completa las siguientes oraciones con frases tomadas de la segunda parte del texto.

1   Lo que quería Eto'o era detener _____.

2   Eto'o afirmó que no había motivo para despreciar a un futbolista _____.

3   Los aficionados del Zaragoza emitieron gritos de mono, lo que hizo que Eto'o imitara los monos cuando marcó _____.

4   Después, Eto'o dijo que cuando oía estos gritos consideraba que debía desempeñar un papel, como si fuera _____.

5   El futbolista cree que los aficionados lo tratan bien a veces solo porque cobra _____.

6   Eto'o opina que los periodistas pueden ayudarle a _____ el racismo.

7   Dio las gracias a uno de los jugadores de su equipo porque, como él, hizo el papel de _____.

D Comenta con tu compañero/a las ideas expresadas en las dos partes del texto. Después respondan:

● ¿Existe el racismo en su país?

● ¿Cómo se manifiesta?

¡Qué bien escribes!

Conectores

En la primera parte del texto el autor utiliza varios conectores para vincular sus ideas. Por ejemplo:

se dice que…
sin embargo…
a pesar de (que)…
sin olvidarnos de que…
no solo… sino (que)…

Estos conectores se utilizan mucho en textos discursivos, en los que la calidad del argumento es importante. Muchos conectores comienzan con una preposición (*en, por, para,* etc.). Suelen aparecer al comienzo de la oración, muchas veces seguidos de una coma. Hay varias categorías de conectores que se usan según lo que queremos resaltar. ¡Apréndelos y úsalos cuando escribes!

Para qué sirven	Conectores
de causa:	porque, ya que, dado que, a causa de (que), debido a (que), por eso, por ello
de consecuencia:	por lo tanto, como consecuencia, por eso, por consiguiente, así que, por esta razón, entonces (= por lo que)
de contraste:	pero, no obstante, en cambio, al contrario
para aclarar o añadir:	además, también, es decir, en otras palabras, mejor dicho, dicho de otro modo, asimismo
temporales:	en primer lugar, al principio, mientras (tanto), en este momento, al comienzo, entonces (= después)
para concluir:	en resumen, en conclusión, por último, para concluir, finalmente
otros:	de todos modos, en el fondo, en realidad, igualmente, por lo general, por lo visto, por supuesto, según parece, sin duda, sobre todo

  E Escribe un artículo (mínimo 200 palabras) para una revista española.
En tu opinión:

- ¿Por qué manifestaron algunos aficionados una actitud racista hacia Eto'o?
- ¿Te parece bien que el futbolista reaccionara de aquella manera? ¿Por qué (no)?

Utiliza por lo menos *seis* conectores.

¡Veamos una película!

Aquí tienes el nombre y datos de una película en español que trata del tema de la educación y la vida social.

***La lengua de las mariposas* (España, 1999)**
Género: drama (adaptación)
Director: José Luis Cuerda
Reparto: Manuel Lozano, Fernando Fernán Gómez y Uxia Blanco.

Si es posible, mírala y debate los siguientes puntos con la clase:

- ¿Cómo trata el maestro a los niños?
- ¿Qué les enseña?
- ¿Qué le gusta a Gorrión del maestro?
- ¿Qué opina la familia del niño?
- ¿Adónde pasan momentos Gorrión y el maestro?
- ¿Qué piensa el maestro de la política?
- ¿Qué pasa al final de la película? ¿Cómo reacciona Gorrión? ¿Por qué?
- ¿Te parece bien lo que hace el pueblo con el maestro?

¡Escuchemos una canción!

Aquí tienes el nombre de una canción que trata del tema de la vida social.

Gitana
Género: pop
Álbum: Loba (2009)
Cantante: Shakira (Colombia)

Si es posible, escúchala y debate los siguientes puntos con la clase:

- ¿Qué características tiene la vida de esta gitana?
- ¿Es sincera? ¿Cómo lo sabemos?
- ¿Qué pide que no hagamos con ella?
- ¿A qué nos invita?
- ¿A qué dice que le tememos?
- ¿Crees que tiene razón?

V: Literatura [Nivel superior]

12 Recuerdo infantil

Antonio Machado (1875–1939), uno de los poetas más renombrados del siglo XX, nació en el sur de España, pero sus poemas más conocidos se asocian con Soria, ciudad del norte. Allí escribió unos poemas hermosos para evocar el paisaje de Castilla y otros, muy conmovedores, para conmemorar la muerte de su joven esposa, Leonor. Este poema rememora el aula de su juventud y destaca el tema del tiempo fugitivo, que sigue pasando, monótono como la lluvia tras los cristales.

Una tarde parda y fría
de invierno. Los colegiales
estudian. Monotonía
de lluvia tras los cristales.

Es la clase. En un cartel
se representa a Caín
fugitivo, y muerto Abel,
junto a una mancha carmín.

Con un timbre sonoro y hueco
truena el maestro, un anciano
mal vestido, enjuto y seco,
que lleva un libro en la mano.

Y todo un coro infantil
va cantando la lección:
mil veces ciento, cien mil,
mil veces mil, un millón.

Una tarde parda y fría
de invierno. Los colegiales
estudian. Monotonía
de la lluvia en los cristales.

Extraído de **Soledades, galerías y otros poemas**
Antonio Machado (España)

 A Busca en el diccionario las palabras que no conozcas.

 B Después de leer el poema, comenta con tu compañero/a tus propias impresiones:

- ¿Cómo evoca Machado el ambiente del aula?
- ¿Qué objetos tienen connotaciones buenas y cuáles malas?
- Las primeras memorias de las aulas de tu infancia, ¿son similares o no?

13 Un maestro especial

Manuel Rivas es un escritor español nacido en A Coruña, Galicia, en 1957. Este autor conocido escribe sus libros en gallego, su lengua natal. Su narrativa es principalmente local, y sus personajes muestran la vida en Galicia en sus distintas épocas. Recibió el Premio de la Crítica española por su libro *Un millón de vacas* (1990) y el Premio de la Crítica en Galicia por su *Los comedores de patatas* (1992). Su exitoso libro *El lápiz del carpintero* (1998), fue llevado al cine en 2003.

Quizás su obra más conocida sea el cuento *La lengua de las mariposas*, que forma parte de la colección de relatos *¿Qué me quieres, amor?* (1996), y que también fue convertido en una película muy exitosa en 1999. Narra la historia de un niño gallego, Gorrión, y su relación con su maestro, don Gregorio, en la escuela y en la comunidad, justo antes de desatarse la Guerra Civil española (1936–1939). Sobresale por su gran entendimiento y descripción de los sentimientos del niño, y su pureza en un ambiente de creciente hostilidad.

"¡Ya verás cuando vayas a la escuela!"

Mi padre contaba como un tormento… la manera en que el maestro les arrancaba la jeada del habla para que no dijeran ajua* ni jato* ni jracias*. "Todas las mañanas teníamos que decir la frase 'Los pájaros de Guadalajara tienen la garganta llena de trigo'. ¡Muchos palos llevábamos por culpa de Juadalagara!" Si de verdad quería meterme miedo, lo consiguió. La noche de la víspera no dormí.

…

Así me llevó [mi madre], agarrado como quien lleva un serón en mi vuelta a la escuela. Y en esta ocasión, con corazón sereno, pude fijarme por vez primera en el maestro.

Tenía la cara de un sapo.

El sapo sonreía. Me pellizcó la mejilla con cariño. "¡Me gusta ese nombre, Gorrión!" Y aquel pellizco me hirió como un dulce de café. Pero lo más increíble fue cuando, en el medio de un silencio absoluto, me llevó de la mano cara a su mesa y me sentó en su silla. Y permaneció de pie, agarró un libro y dijo:

"Tenemos un nuevo compañero. Es una alegría para todos y vamos a recibirlo con un aplauso". Pensé que [como el día anterior] me iba a mear de nuevo por los pantalones, pero sólo noté una humedad en los ojos…

…

"El maestro dijo hoy que las mariposas también tienen lengua, una lengua finita y muy larga, que llevan enrollada como el resorte de un reloj. Nos la va a enseñar con un aparato que le tienen que mandar de Madrid. ¿A que parece mentira eso de que las mariposas tengan lengua?"

"Si él lo dice, es cierto. Hay muchas cosas que parecen mentira y son verdad. ¿Te gusta la escuela?"

"Mucho. Y no pega. El maestro no pega".

No, el maestro don Gregorio no pegaba. Por lo contrario, casi siempre sonreía con su cara de sapo.

*Extraído de **La lengua de las mariposas***
*Colección: **¿Que me quieres, amor?***
Manuel Rivas (España)

¡Observa!

*ajua, jato, jracias = pronunciación de las palabras castellanas "agua, gato, gracias" que tienen algunos hablantes de gallego. Esto se llama "jeada" y aunque es aceptada, no es estándar en español.

A **¿Quién diría las siguientes frases?**

	el padre	la madre	Gorrión	el maestro, don Gregorio
1 "Para mí, la escuela es una tortura".				
2 "Trata a tus compañeros como quieres que ellos te traten a ti".				
3 "Toma mi mano, no te pasará nada. Ya verás".				
4 "Hoy aprendimos que los pingüinos solo viven en el hemisferio sur".				
5 "A mí me pegaban si hablaba mal".				
6 "No os voy a pegar. Eso no soluciona nada".				
7 "Hay que creer lo que dice tu maestro".				
8 "¿A que no sabes lo que nos mostraron hoy?"				

B **El maestro del padre de Gorrión les daba una frase para pronunciar bien la "g" y la "j". Lee esa y otras para mejorar tu pronunciación:**

Los pájaros de Guadalajara tienen la garganta llena de trigo.

Erre con erre, carro;
erre con erre, carril:
rápido ruedan las ruedas del ferrocarril.

Mariana Magaña desenmarañará mañana la maraña que enmarañara Mariana Mañara.

María Chucena su choza techaba, y un techador que por allá pasaba, le dijo: Chucena, ¿tú techas tu choza, o techas la ajena?

El hipopótamo Hipo está con hipo. ¿Quién le quita el hipo al hipopótamo hipo?

Ahora juega con toda la clase y lean los siguientes trabalenguas del español. ¿Quién puede hacerlo más rápidamente?

Tres tigres trigueños comen tres platos de trigo en el trigal.

Pablito clavó un clavito, ¿qué clavito clavó Pablito?

El que compra pocas capas, pocas capas paga. Como yo compré pocas capas, pocas capas pago.

Había una caracatrepa con tres caracatrepitos. Cuando la caracatrepa trepaba, trepaban los tres caracatrepitos.

En la literatura es común encontrar *comparaciones o símiles, metáforas e imágenes (visuales, olfativas, auditivas)*, que dan a los textos otra dimensión, ya que estimulan la imaginación. Normalmente se forman así:

- La **comparación** o **símil**: elemento A + (verbo) ***como/ parece*** + elemento B
  Por ejemplo: *La maestra de música canta **como** un pájaro.*

- La **metáfora**: elemento A = elemento B
  Por ejemplo: *La maestra **es** un pájaro.*

- La **imagen**: verbo + objeto diferente al que se usa normalmente
  Por ejemplo: *La maestra acaricia el aire con su voz.*

  Lee el texto y encuentra las tres comparaciones o símiles, tres metáforas y dos imágenes que utiliza el autor.

 Escribe una redacción (150 a 200 palabras) que comience con una de las siguientes frases:

- **Recuerdo muy bien mi primer día de clase, porque…**
- **Mi primer(a) maestro/a era…**
- **El maestro dijo hoy que…**
- **El segundo día de clase, Gorrión…**

14 Un pintor muy antisocial

Ernesto Sabato (1911–2011) fue un escritor argentino. Hasta que decidió dedicarse de lleno a la literatura en el año 1945, Sabato sobresalió en la filosofía y la física. Este autor es admirado internacionalmente: nadie menos que Albert Camus, Graham Greene y Thomas Mann, entre otros, lo han elogiado, y recibió múltiples premios literarios.

Sabato escribió una autobiografía, ***Antes del fin*** (1999) y tres novelas, por las que es reconocido: ***El túnel*** (1948), ***Sobre héroes y tumbas*** (1961) y ***Abbaddón el exterminador*** (1974). ***El túnel***, llevado al cine en dos ocasiones y otra a la televisión, es considerado como su obra maestra. Es un tratado psicológico, de narrativa muy accesible, en el que el pintor Juan Pablo Castel empieza por contar que ha asesinado a la única mujer a quien podía amar, y además la razón de su crimen. Es un tratado pesimista y existencial, en el que el personaje central describe su creciente alienación y odio hacia la mujer y la sociedad en general.

… Yo nunca iba a salones de pintura. Puede parecer muy extraña esta actitud en un pintor, pero en realidad tiene explicación…

Realmente, en este caso hay más de una razón. Diré antes que nada, que detesto los grupos, las sectas, las cofradías, los gremios y, en general, esos conjuntos de bichos que se reúnen por razones de profesión, de gusto o de manía semejante. Esos conglomerados tienen una cantidad de atributos grotescos: la repetición del tipo, la jerga, la vanidad de creerse superiores al resto. …

¿Qué quiero decir con eso de "repetición del tipo"? Habrán observado qué desagradable es encontrarse con alguien que a cada instante guiña un ojo o tuerce la boca. Pero, ¿imaginan a todos esos individuos reunidos en un club? No hay necesidad de llegar a esos extremos, sin embargo: basta observar las familias numerosas, donde se repiten ciertos rasgos, ciertos gestos, ciertas entonaciones de voz. …

▶

Después está el asunto de la jerga, otra de las características que menos soporto. Basta examinar cualquiera de los ejemplos: el psicoanálisis, el comunismo, el fascismo, el periodismo. No tengo preferencias; todos me son repugnantes. Tomo el ejemplo que se me ocurre en este momento: el psicoanálisis. El doctor Prato tiene mucho talento y lo creía un verdadero amigo,… Un día, apenas llegué al consultorio, Prato me dijo que debía salir y me invitó a ir con él:

–¿A dónde? –le pregunté.

–A un cóctel de la Sociedad –respondió.

–¿De qué Sociedad? –pregunté con oculta ironía, pues me revienta* esa forma de emplear el artículo determinado que tienen todos ellos: *la* Sociedad, por la Sociedad Psicoanalítica; *el* Partido, por el Partido Comunista; *la* Séptima, por la Séptima Sinfonía de Beethoven. …

Sin embargo, de todos los conglomerados detesto particularmente el de los pintores. En parte, naturalmente, porque es el que más conozco y ya se sabe que uno puede detestar con mayor razón lo que se conoce a fondo. Pero tengo otra razón: LOS CRÍTICOS. Es una plaga que nunca pude entender. Si yo fuera un gran cirujano y un señor que jamás ha manejado un bisturí, ni es médico ni ha entablillado la pata de un gato, viniera a explicarme los errores de mi operación, ¿qué se pensaría? Lo mismo pasa con la pintura. Lo singular es que la gente no advierte que es lo mismo y aunque se ría de las pretensiones del crítico de cirugía, escucha con un increíble respeto a esos charlatanes.

Extraído de **El túnel**

Ernesto Sabato (Argentina)

¡Observa!

*me revienta (coloq.) = me molesta muchísimo

A Empareja las palabras siguientes con su definición correspondiente:

1	cofradía	a	(despectivo) animal pequeño
2	gremio	b	característica
3	bicho	c	abrir y cerrar un ojo rápidamente
4	jerga	d	tolerar
5	desagradable	e	poner entre tablas mientras se cura un miembro
6	guiñar	f	instrumento para cortar en una operación
7	rasgo	g	congregación de personas, especialmente religiosas
8	gesto	h	corporación formada por colegas para proteger sus derechos
9	soportar	i	que provoca una mala reacción
10	cirujano	j	expresión de la cara
11	bisturí	k	vocabulario que identifica a una profesión o grupo social
12	entablillar	l	médico que opera

B Todas las siguientes frases tienen errores. Sin modificar su estructura, corrígelas con la información del texto.

1 Juan Pablo Castel admira a los grupos de gente que comparten una religión.

2 A él le parece que ellos se creen feos y se sienten inferiores ante los demás.

3 Le agrada cuando alguien guiña un ojo de vez en cuando.

4 Según él, en los grupos se usa vocabulario común, que es lo que más le gusta.

5 El doctor Prato le resulta repugnante y lo invitó a un baile.

6 Juan Pablo sintió curiosidad y notó que los especialistas nunca usan el artículo indeterminado.

7 A él ocasionalmente le disgustan los pintores, porque los conoce poco.

8 Los críticos son experimentados y por eso saben de lo que hablan, pero la gente no los escucha.

C ¡Esta es tu oportunidad de escribir el inicio de la historia! (150 a 200 palabras). Inventa lo que llevó a Juan Pablo Castel a ser tan antisocial. Incluye lo siguiente:

- un episodio que cause su odio hacia los grupos, las sectas, las cofradías, los gremios
- un episodio en el que muestre su disgusto ante "la repetición del tipo"
- un episodio en el que exprese su repugnancia ante los críticos de arte.

Puedes comparar las historias con el resto de la clase, ¡y con la novela misma!

TAREA CREATIVA SOBRE LITERATURA DE SEGUNDO AÑO

Escribe un resumen (mínimo 200 palabras) sobre la importancia de los temas de *La educación y la vida social* en uno de los libros que has leído. Puedes responder una de estas preguntas:

- Los personajes, ¿educan o son educados? ¿Cómo?
- ¿Hay alguna actividad social o fiesta en la obra? ¿Qué pasaría si llegara alguien inesperado? Descríbelo desde el punto de vista de uno de los personajes.
- ¿Hay algún personaje marginado o que sufre? ¿Qué diría si escribiera un blog? Escribe en primera persona.
- ¿Cómo describe el autor a la sociedad en esa obra?

VI: ¡A jugar!

Bingo

Aquí tienes una lista de palabras y frases relacionadas con los temas tratados en esta unidad. Copia la tarjeta de bingo a continuación y escribe nueve palabras o frases de la lista en sus espacios.

maestra	pedagogía	escuela
ONG	quinceañera	voluntario
pandilla	disciplina	estudiante
botellón	saber	libro
invitación	enseñanza	académico
don de mando	disidente	gubernamental
sociedad	extorsión	

El/La profesor(a) va a leer las definiciones de las palabras o frases en un orden aleatorio. Si corresponden a las palabras en tus casilleros, debes marcarlas con una cruz (**X**).

Cuando hayas marcado todas las palabras o frases, debes gritar "bingo", y el juego se detiene. ¡Cuidado! Para poder ganar el juego, la persona que ha completado todos los casilleros debe leer sus palabras y definirlas correctamente o con un ejemplo.

PRÁCTICA PARA EL EXAMEN 1

Consejo 1

Este examen pone a prueba tus destrezas de **lectura**. Por lo tanto, el examinador no evalúa la lengua que escribes, *a menos que cometas errores que dificulten la comprensión*.

Hay dos tipos de preguntas:

- las que piden **una palabra** o **una frase**: tienes que escribir **la palabra** o **las palabras exactas del texto**. ¡No pierdas tiempo intentando utilizar tus propias palabras! Por ejemplo, debes:
  - buscar sinónimos de palabras
  - llenar espacios con las palabras que faltan
  - completar frases con una palabra o frase del texto
  - indicar si las frases son verdaderas o falsas, justificando tu respuesta.
- las que no piden palabras, sino **una letra** (A, B, C, etc.). Por ejemplo, debes:
  - relacionar los principios con los finales de unas frases, escogiendo entre varias posibilidades
  - indicar la opción correcta entre cuatro frases.

Texto A: La alegría de una nueva familia

1   Junior y José están felices. Sus amplias sonrisas muestran la satisfacción que sienten de formar una familia. Hace dos años dejaron el albergue infantil en el que vivían para ir a vivir con sus "nuevos" padres, una sólida pareja que les ha abierto las puertas de su hogar y su corazón.

2   Igual de felices se sienten Hans Staub, de 58 años, un suizo de piel blanca y ojos azules, que tiene dos hijos mayores en el extranjero, y su inseparable esposa, Gabriela Gonzales, una peruana amable y educada, con quien no dudó en vivir la oportunidad de educar y dar amor a sus "nuevos hijos" Junior y José, de 11 y 13 años, respectivamente.

3   "Somos felices porque estamos dando amor a quienes lo necesitan", resumen así su experiencia los esposos Staub-Gonzales, mientras Junior y José cuentan que van a sus clases de natación y de tenis junto con don Hans. Los sábados acompañan a su esposa a realizar las compras al supermercado, para que los domingos puedan estar libres para sus paseos a parques, playas o clubes. "Me gusta mi familia", aseguran ambos adolescentes abrazando muy fuerte a sus "padres".

4   Así como ellos, otros 23 niños albergados por el Inabif* han sido ubicados temporalmente en un hogar a través del programa "familias acogedoras", el cual busca restablecer el derecho de todo niño a crecer dentro de una familia.

5   En el Perú hay más de 17 mil niños y adolescentes en estado de abandono. Solo el 18% de ellos pueden tener la suerte de ser adoptados. El programa de Familias Acogedoras busca que los niños se desarrollen en el seno familiar y para ello las familias interesadas pasan por una evaluación y preparación a cargo de profesionales como asistentes sociales, psicólogos y abogados. Ellos determinarán si pueden participar en el programa. El director del Inabif, Hiler Maizel Silva, explicó que las familias acogedoras son una medida transitoria para el niño, en tanto se resuelva su situación legal (sea adoptado o regrese con sus padres, si los tiene). El tiempo de permanencia depende de la situación del niño.

*Inabif: Programa Integral Nacional para el Bienestar familiar (Perú)

La República, *Lima, 25.02.2011 (texto adaptado)*

Busca en los párrafos 1 y 2 del texto las expresiones que utiliza el autor para indicar que la pareja que recibió a Junior y José…

Ejemplo: *ha acogido a los niños a su casa con mucho amor…*
les ha abierto las puertas de su hogar y su corazón.

1   tiene los mismos sentimientos que los niños _____

_____ .

2   quiso aprovechar la ocasión que se les ofrecía para enseñar y amar a los
muchachos _____

_____ .

**Basándote en el párrafo 3, ¿qué palabras faltan en los espacios en blanco?
Escríbelas en los espacios correspondientes.**

"La experiencia de dar [-X-] a estos muchachos necesitados nos ha puesto muy contentos", [-3-] los nuevos padres en una frase. Los jóvenes explican que Hans los suele acompañar a practicar deportes. En cuanto a su [-4-], hace las compras con los muchachos los sábados; así la familia tiene tiempo para relajarse los [-5-], haciendo varias actividades. Los dos adolescentes muestran su cariño por sus padres abrazándolos con mucha fuerza.

Ejemplo: ………*[-X-]   amor*………

3 _____

4 _____

5 _____

**Las siguientes frases referidas a los párrafos 4 y 5 son verdaderas o falsas.
Indica con (✓) la opción correcta y escribe las palabras del texto que justifican
tu respuesta. Tanto (✓) como la cita son necesarios para obtener un punto.**

	VERDADERO	FALSO
Ejemplo: *Junior y José no son los únicos que se beneficien del programa Inabif.*	✓	☐

Justificación: ……… *otros 23 niños albergados por el
Inabif han sido ubicados temporalmente en un hogar*……….

	VERDADERO	FALSO
6 Para Inabif es justo que todos los niños tengan una vida familiar.	☐	☐

Justificación: _____

	VERDADERO	FALSO
7 Para participar en el programa, las familias solo necesitan demostrar cariño hacia los niños.	☐	☐

Justificación: _____

	VERDADERO	FALSO
8 La cuarta parte de estos niños tiene opción a la adopción.	☐	☐

Justificación: _____

	VERDADERO	FALSO
9 El director de Inabif decidirá si las familias pueden participar en el programa.	☐	☐

Justificación: _____

	VERDADERO	FALSO
10 Los niños no pueden quedarse con sus padres de manera permanente hasta que lo permita la ley.	☐	☐

Justificación: _____

Consejo 2

Cuando completes este tipo de actividad:
● lee un par de veces el párrafo completo, para tener una idea clara de lo que habla.
● después lee el texto y busca las palabras que necesitas.
● observa que coincidan el género y número de los sustantivos insertados con los verbos que se refieren a ellos.

Consejo 3

Preguntas del tipo "verdadero/falso"
● Si solo indicas que la frase es verdadera o falsa y no justificas tu selección, **no recibes ningún punto**, *aunque tu respuesta sea correcta.*
● Cuando justificas tu selección de "verdadero" o "falso" es muy importante que utilices **una cita exacta del texto.**
● Se permite añadir hasta dos palabras más, con tal de que no alteren el sentido de tu respuesta.

Indica la opción correcta (A, B, C o D) en la casilla de la derecha.

11 El objetivo del texto A es: ☐

A Comunicar la alegría de dos muchachos peruanos.

B Informar al público sobre el programa de una organización que ayuda a niños abandonados.

C Describir la vida diaria de una familia peruana que ha acogido a dos muchachos.

D Celebrar el hecho de que dos niños abandonados hayan encontrado un hogar permanente.

> **Consejo 4**
> Cuando completes este tipo de actividad:
> * lee primero todas las opciones y asegúrate de que entiendes bien lo que indican.
> * no elijas una opción guiándote por una "palabra o frase clave" (es decir, que aparece en el texto), sino por el significado de toda la frase.
> * observa con atención los adjetivos (por ejemplo "permanente") o adverbios (por ejemplo "permanentemente") que modifican los sustantivos y verbos; estos modifican el significado de las frases.

Texto B: Aprender el "español correcto"

1   La escena ocurrió el primer día de clase. Pasé lista y, tal como tenía previsto, me enfrenté con una imaginativa combinación de nombres ingleses y apellidos españoles. La mayoría decía "presente, maestro" haciendo vibrar la /r/ sin redondear los labios, como lo aprendieron de niños para pronunciar "Pérez", "Hernández" o cualquiera de esos apellidos que me hicieron sentir como si estuviera en Lima. Pero esa sensación duró poco. Era mi primer año como instructor de español en la Universidad de Rutgers (New Jersey), y me habían asignado una clase de "hablantes nativos".

2   Decidí conversar con ellos sobre cualquier tema con la excusa de escucharlos hablar. Casi todos se expresaban bastante bien, y con un cantito que mostraba sus orígenes puertorriqueños, cubanos, dominicanos e incluso peruanos. Más confundido de lo que ya estaba, les pregunté por qué se habían matriculado en esa clase. "Para aprender el español correcto", contestó un estudiante. "Eso lo sé", le dije, "¿pero, qué entiendes tú por 'español correcto'?". Su respuesta fue tajante: "el español de España".

3   El problema era que se percibían a sí mismos como hablantes de segunda categoría, y al español como una lengua que socialmente era mejor ocultar. Conforme pasaron los días, la clase se convirtió en un espacio donde esa lengua vergonzosa era la única en la que nos comunicábamos, y muy pronto se animaron a hablar acerca de su experiencia cultural. Se trataba de hijos de inmigrantes que decidieron abandonar sus países en busca del sueño americano. Y ese sueño, ya se sabe, solo se sueña en inglés. Comprobaron que no es necesario nacer en España para enseñar español, o para hablarlo bien.

4   Se trataba de recuperar una lengua que muchos de sus padres no querían para sus hijos. El solo hecho de que esos muchachos y muchachas asistieran a la universidad era una señal de que se habían adaptado a su nuevo país y que en el futuro gozarían de oportunidades negadas en su país de origen. Para el caso de los hijos de los inmigrantes hispanos, recuperar la lengua de sus abuelos era la única manera de preservar una identidad confusa.

5   Cuando les pedí a mis estudiantes que escribieran una composición acerca de su primer contacto con la lengua española, ninguno mencionó las canciones de Shakira ni las de Ricky Martin. Todos, sin excepción, escribieron acerca de su abuela (o abuelo) que los cuidaba cuando eran niños mientras sus padres se iban al trabajo. Fue gratificante comprobar que para muchos de ellos el salón de clase era como "estar en casa de los abuelos". Y que comprendieran que el lenguaje no es propiedad privada ni española, es de todos.

http://www.revistaenie.clarin.com (2011) (Texto adaptado)

Basándote en los párrafos 1 y 2, ¿qué tres características de los alumnos sugieren que su español era auténtico? [3 puntos]

12 a) _____

   b) _____

   c) _____

Basándote en los párrafos 1 y 2, relaciona cada principio de frase de la columna de la izquierda con el final adecuado del recuadro de la derecha. Escribe la letra en la casilla correspondiente.

Ejemplo: *El profesor de español comenzaba...* ☐F☐

13 Al empezar, él notó... ☐

14 El profesor no tenía experiencia... ☐

15 A él le sorprendió... ☐

A en Lima.
B con los "hablantes nativos" de esa universidad.
C que los apellidos eran comunes en Lima.
D que pronunciaban bien la /r/.
E que los alumnos quisieran aprender el español de España.
F *a dar clases a gente que habla español.*
G a enseñar el español correcto a su clase.
H que los alumnos hablaban el español de España.

Busca en el párrafo 3 las palabras o expresiones del texto equivalentes a las siguientes.

Ejemplo: ....*se veían – se percibían*.........

16 baja calidad _____

17 esconder _____

18 embarazosa _____

19 tomaron coraje _____

Completa las siguientes frases basándote en los párrafos 4 y 5 del texto.

Ejemplo: *Un símbolo de progreso para los hijos de inmigrantes es que ellos............ asistieran a la universidad.*

20 Los estudiantes no habrían podido tener una educación universitaria

_____

21 Hablar español definía a _____

_____

22 Los estudiantes hablaban de sus abuelos porque ellos simbolizaban _____

_____

23 Para el profesor, la experiencia en el aula _____

_____

UNIDAD **4**

Los medios de comunicación tradicionales y su impacto

- ◎ I: "Estamos en el aire, estimado oyente"
- ◎ II: Todo entra por los ojos
- ◎ III: La verdad a diario
- ◎ IV: Literatura [Nivel superior]
- ◎ V: ¡A jugar!

LA NACIÓN

EL PAÍS

¡HOLA!

EL NACIONAL

¡Piensa!

Pista 15

- ¿Es verdad que los diarios y los medios de comunicación inventan la mitad de lo que dicen?

- La radio, ¿sirve para escuchar música y nada más?

- La televisión, ¿sirve solo para el entretenimiento?

- ¿Deberíamos abolir la prensa "amarilla" o sensacionalista?

- Leer las noticias en la Red o en los periódicos, ¿cuál te parece preferible? ¿Por qué?

- Los periódicos, ¿protegen o atacan las libertades del ciudadano? Si es así, ¿cómo?

- El trabajo de los paparazzi, ¿sirve solo para alimentar la curiosidad de la gente, o ellos hacen daño a sus "víctimas"?

I: "Estamos en el aire, estimado oyente"

1 ¿Qué opinas de la radio actual?

Me gustaba más la radio como era antes. Mucha gente estaba trabajando y pensando para ver qué era lo que le agradaba más al público. Hoy en día, se reduce a un locutor con micrófono y consola que va pasando la música según los intereses. Si hablamos de información, bueno, la misma historia de siempre: los medios manejados por las grandes cadenas y las grandes cadenas manejadas por los políticos para manejar a su vez la opinión de la población.

Luisa

Tal vez la radio es la vía de escape del estrés diario de las personas, pero muchas de estas emisoras, ya sean informativas, de música, culturales, religiosas, se basan en un mismo objetivo: conseguir una audiencia fija de oyentes, para poder dar pausas comerciales. Si bien esto es su objetivo, no entiendo por qué las emisoras siempre están repitiendo las mismas 20 canciones, las cuales aburren a su oyente, y no reconocen la capacidad de escucha de otros artistas.

Kitty

Fernando

Carlos

La radio tiene un nicho establecido y continuará existiendo por mucho tiempo. De hecho, en lo personal escucho mucho la radio, "on-line" y "off-line". Hay programas que me gustan porque es lo que escuchaba de chavito*. La radio es lo que se hace entre canción y canción; en ese sentido no hay nada que me llame mucho la atención. En general, la radio es lo mismo que hace 10 años: entonces me gustaba mucho, era un apasionado.

Por desgracia, como ocurre en la mayoría de los sitios, las principales emisoras de radio pertenecen a las mismas empresas. Esto hace que puedan manipular mucho el mercado musical. La mayoría de los grupos musicales se hacen famosos por las emisoras; si estas deciden que esos grupos no van, no venden ningún disco. Yo, como muchos otros usuarios, he decidido "abrir un poco más mis horizontes" y dedicarme a buscar en *Youtube* y por internet grupos y cantantes que merezcan la pena, ¡¡y hay muchísimos!!

¡Observa!

*chavito/a (Méx., Nic., Hond., coloq.) = niño/a pequeño/a (diminutivo de "chavo/a")

Adaptado de (Luisa y Carlos:) http://www.vagos.es
(Kitty:) http://www.youtube.com
(Fernando:) http://www.formspring.me

A ¿Cuál de las dos opciones es sinónimo de las palabras siguientes?

1 locutor
 a) presentador
 b) hablador

2 cadenas
 a) programas
 b) canales

3 manejadas
 a) manipuladas
 b) mantenidas

4 vía
 a) modo
 b) vista

5 emisoras
 a) televisores
 b) transmisores

6 conseguir
 a) continuar
 b) lograr

7 de hecho
 a) en realidad
 b) a continuación

8 apasionado
 a) detractor
 b) entusiasta

9 por desgracia
 a) por suerte
 b) desafortunadamente

10 empresa
 a) impresora
 b) compañía

11 usuarios
 a) consumidores
 b) empleados

12 cantantes
 a) canciones
 b) vocalistas

B Lee el texto. ¿Quién diría lo siguiente?

	Luisa	Kitty	Fernando	Carlos
1 La radio me encantaba cuando era niño.				
2 En mi opinión, si buscas más variedad de música es preferible escucharla en la Red.				
3 En el pasado, las emisoras de radio tomaban su trabajo más en serio.				
4 Puede que escuchar la radio sea una manera de relajarse.				
5 Las emisoras se interesan sobre todo en hacer publicidad.				
6 En cuanto a informar, esas emisoras están bajo el control de las autoridades.				
7 No hay riesgo de que la radio deje de existir en un futuro próximo.				
8 Ciertas radios manejan la difusión para promover a sus artistas preferidos.				

C

G

Lee el texto otra vez y haz una lista de todos los ejemplos del gerundio.

D

G

Coloca los siguientes verbos en el gerundio y escríbelos en los espacios correspondientes. ¡Cuidado! Puedes utilizar cada verbo solo UNA vez y no los necesitarás todos.

enseñar	poder	ir
cambiar	andar	querer
pasar	oír	llorar
llamar	traer	pedir

1 Mamá, no te preocupes, lo estamos _____ genial con mis amigos.

2 ¿Sigues _____ esa emisora? ¡Eres un anticuado, papá!

3 Se gana la vida _____ español a extranjeros.

4 _____ de locutores, esta radio puede ser más seria.

5 Marisa lleva años _____ que pasen canciones por la radio.

6 Me contestó _____ que su perrito había muerto. ¡Pobre!

7 ¡ _____ ! ¡Que no tenemos todo el día!

8 _____ a este número, podrá dejar su mensaje para que sea transmitido por nuestra radio.

9 Nosotros seguimos _____ a nuestros hijos a esta plaza.

10 _____ ir a pie, no entiendo por qué vas en coche.

Gramática

EL GERUNDIO

Recuerda que:

- el gerundio se forma con los sufijos **-ando** (verbos terminados en **-ar**), o **-(i/y)endo** (verbos terminados en **-er** e **-ir**). Por ejemplo: *tir**ando**, cay**endo**, pid**iendo***.

- el gerundio expresa:
  - que una acción es **simultánea** con otra. Por ejemplo: *Los locutores aburren **tocando** la misma canción.*
  - una acción **condicional**. Por ejemplo: ***Cambiando** su programación, esta será una buena radio.*

- se usa en ciertas **frases verbales** como **estar** + gerundio, **ir** + gerundio, **seguir** + gerundio. Por ejemplo: *El locutor **está hablando**.*

Para repasar la forma y usos del gerundio, ver 11.M en el Resumen gramatical.

E

Comenta con tu compañero/a esta pregunta:

¿Para qué escuchar radio?

A continuación, reaccionen a lo siguiente:

"La radio es lo que se hace entre canción y canción".

¿Están de acuerdo?

F

Te han invitado a hablar en una conferencia sobre los medios de comunicación. Escribe un discurso (mínimo 200 palabras) en el que respondas a la siguiente pregunta:

La radio, ¿es cosa del pasado?

Utiliza por lo menos cuatro de las expresiones de la sección *¡Qué bien escribes! Interpretación general e interpretación personal.*

¡Qué bien escribes!

Como puedes ver en los textos, cuando escribimos en español, es importante no solo dar ideas personales, sino contrastarlas con datos e interpretaciones generales. Aquí tienes unas frases tomadas de los textos. ¡Úsalas!

Interpretación general:

Hoy en día, ...

Si hablamos de...

Tal vez...

Si bien... no...

En general...

Por desgracia, ...

Interpretación personal:

De hecho, en lo personal...

Yo, como muchos otros...

2 La radio, ¿el mejor medio de comunicación?

A Escucha un audio referido a la radio y la gente que trabaja en ella. Marca aquellas palabras que se mencionan.

Pista 16

exitosa	amiga	cara
en vías de extinción	atractiva	cautivante
masiva	accesible	estimulante
de largo alcance	subjetiva	pasiva
impersonal	objetiva	educativa
personal	barata	efectiva

¡Observa!

busetero (Col., coloq.) = conductor de autobús

B Decide si las siguientes frases referidas al audio son verdaderas o falsas. Marca con una cruz (*X*) la opción que te parezca correcta. Si es falsa, explica por qué con tus propias palabras.

	Verdadero	Falso
1 Andrés Hacha es un actor de televisión con un poco de experiencia en la radio.		
2 Él opina que la radio tiene éxito solo entre la clase trabajadora.		
3 La radio es el único medio de comunicación masiva que llega a cualquier punto de Colombia.		
4 Según Andrés Hacha, cuando uno escucha la radio no se siente tan solo, y puede interactuar.		
5 Para él, la radio será reemplazada por los "podcasts", que son más baratos.		
6 En un programa de radio, la voz es lo principal.		
7 Las estadísticas prueban que la voz de Andrés Hacha es la más atractiva.		
8 A Ruth Gallo le gusta mucho escuchar la voz de Andrés Hacha en la radio.		

C Ahora debate los siguientes temas con la clase:

- ¿Escuchan la radio a menudo? ¿Por qué (no)?
- ¿Qué tipos de programas radiales prefieren? ¿Por qué?
- ¿Hay algún locutor muy famoso/alguna locutora muy famosa en su país/región?
- Si es así, ¿por qué es conocido/a?

3 La radio es la voz de los chicos

"Con la radio aprendimos a escuchar, a expresarnos y a no quedarnos callados", asegura Jorge Galeano. Jorge tiene 12 años y es uno de los realizadores de *Radiochanguito**, el programa de los chicos de la Escuela Nº 6.379 Domingo Silva, en Rosario, Santa Fe, Argentina, una escuela rural donde asisten chicos de barrios pobres. Su programa se emite los viernes en Aire Libre Radio Comunitaria.

La idea de hacer radio surgió ante las dificultades expresivas. "El objetivo es que los chicos desarrollen la oralidad y eso se está logrando", dice Fernando Mut, maestro de grado y promotor de *Radiochanguito*. Y sigue: "Al principio aparecía mucho tartamudeo, mucha vergüenza, y la sensación de no saber qué decir, pero todo eso ha cambiado. El programa es una oportunidad para que los chicos hablen y puedan contar especialmente relatos cotidianos, lleven el grabador a los barrios y hablen con los vecinos, pregunten qué necesidades hay, y para que los papás puedan hablar de sus realidades".

La tarea comienza presentando las características de la radio: la fuerza de la palabra oral, el vínculo que se genera con la audiencia que a través de la voz, la música, los efectos, los silencios y los sonidos puede conocer e imaginar nuevas historias, suponer rostros, inventar imágenes.

"Grabamos poemas, decimos lo que nos pasa a nosotros, a los familiares, lo que le pasó a mi tío, que lo agarró una patota*; contamos cuentos, hicimos entrevistas cuando cayó el granizo y algunas casas se rompieron", puntualiza Ivana García, que tiene 10 años. "Hace dos semanas hicimos reportajes en el barrio, preguntamos qué hacía falta, porque hay que arreglar una parte que es toda de barro: cuando llueve no se puede pasar y por eso muchas veces no se puede venir a clases". Para Ivana, la radio sirve "para decir las cosas y que otros puedan hacer algo, para que alguien te ayude, por ejemplo, los gobiernos. Si uno no dice nada, nadie lo va a ayudar".

Adaptado de http://portal.educ.ar

¡Observa!

*changuito (Arg. y Bol., coloq.) = niño, muchacho (diminutivo de "chango").
*patota (Arg., Bol., Par., Per., Uru. y Ven.) = pandilla, grupo violento que ataca a personas.

A **Busca en el texto las palabras y expresiones que corresponden a las definiciones siguientes:**

1 silenciosos
2 personas que dirigen la ejecución de un programa
3 se transmite
4 rendimiento oral
5 expresión oral con entrecortamiento involuntario
6 timidez
7 narraciones breves
8 de todos los días
9 magnetófono
10 algo que conecta
11 registramos sonidos
12 tomó fuertemente
13 agua congelada en granos que caen del cielo
14 trabajo de periodista que informa sobre un suceso o una persona

99

B Termina las frases siguientes con una de las frases en el recuadro, según el sentido del texto. ¡Cuidado! Hay cinco de más.

1 Jorge piensa que la radio hace que…

2 El maestro afirma que ahora sus alumnos han comenzado…

3 Una de las características más importantes del trabajo que hacen los alumnos es…

4 Los chicos hacen reportajes sobre…

5 Ivana opina que la radio da una oportunidad de señalar al gobierno…

---

a … todo lo que ocurre alrededor de ellos.

b … pierda confianza cuando habla delante de sus compañeros.

c … a hacer sus reportajes sin sentir timidez.

d … buscar información por internet.

e … lo que puede hacer para ayudar al pueblo.

f … que no puede asisitir a la escuela cuando llueve.

g … él y sus compañeros tengan ganas de hablar.

h … vincularse con su audiencia mediante la voz.

i … los sucesos que ocurren en el extranjero.

j … a comunicarse con sus amigos en otros pueblos.

C Busca en el texto todos los casos de *para que* seguido del subjuntivo.

D Completa las frases siguientes usando el verbo entre paréntesis en el presente del subjuntivo.

1 Te mandaré el mensaje hoy por e-mail para que lo _____ (leer) enseguida.

2 Tengo una reunión con mi jefe de modo que me _____ (informar) del proyecto.

3 Abre la puerta para que _____ (entrar ella).

4 El niño no para de llorar. Pon la radio de manera que _____ (dormirse).

5 Voy a Barcelona con mi novio para que mi hermana lo _____ (conocer).

6 Mañana te llamaré para que me _____ (decir) si quieres ir al cine.

7 Pagan mucho dinero a fin de que sus hijos _____ (tener) una buena educación.

8 Llamaré un taxi para que nosotros _____ (llegar) a las doce como habíamos dicho.

E Escribe una redacción (250 palabras) sobre uno de los temas siguientes:

- ¿Para qué sirve una radio local?

- ¿Qué se puede aprender de hacer radio?

- ¿Es útil que el público participe de la radio?

Gramática

EL SUBJUNTIVO CON CONJUNCIONES DE FINALIDAD

Recuerda que:

- el subjuntivo se utiliza después de conjunciones que expresan una **finalidad**. Por ejemplo: *La radio sirve… **para que** alguien te **ayude**.*

- las conjunciones de este tipo más utilizadas son: ***para que**… **a fin de que**… **de forma que**… **de manera que**… **de modo que**…*

Para repasar la forma y usos del subjuntivo con conjunciones de intención, ver 11.B.V en el Resumen gramatical.

II: Todo entra por los ojos

4 "Érase una vez… una telenovela latinoamericana"

"Érase una vez* una chica muy pobre y bonita… y después de 350 emocionantes capítulos en horario central, se casó con el hombre de sus sueños, y fueron muy ricos y felices". Ese podría ser el resumen de la mayoría de las telenovelas latinoamericanas, famosas en el mundo entero. Este género televisivo goza de tal popularidad, que casi no hay país en el mundo que no haya visto una versión de "Yo soy Betty, la fea", telenovela colombiana por excelencia, del celebrado guionista Fernando Gaitán.

Ver culebrones lacrimógenos en sus comienzos, allá por los años 60, era cosa de amas de casa, de empleadas domésticas o de novias sentimentales. Pero a fines del siglo XX, las telenovelas cambiaron: dieron la bienvenida a protagonistas feas, a mujeres ambiciosas que triunfan en los negocios, como la otra exportación colombiana "Café con aroma de mujer", también de Gaitán. Hoy las hay para todos los gustos: romances emotivos en épocas coloniales (normalmente superproducciones con vestuarios y escenarios de lujo) y hasta historias de narcotráfico, como "El Cartel de los Sapos". Los que decían "soy macho, no son para mí", hoy las devoran con gusto.

Pero estas series van mucho más allá de entretener: con sus historias melodramáticas, exageradas, cumplen un rol educativo: usan palabras y acentos locales de Venezuela, Colombia, Argentina y México, instruyendo así a los televidentes extranjeros. Tal es su poder lingüístico que, según un director de la Real Academia Española, las telenovelas podían hacer más por el español que los académicos.

Y su universalidad llegó muy lejos. A la telenovela venezolana "Kassandra" la veían en todos los continentes y su penetración abarca 128 países. Se cuenta que en países musulmanes, como Costa de Marfil, se llegó a adelantar la hora de la oración para poder ver una telenovela, y que durante los conflictos bélicos en Sarajevo, ¡tenían una tregua temporaria para ver la telenovela Kassandra!

"Érase una vez una telenovela latinoamericana… que entretenía a todos y apaciguaba el mundo".

A **Busca en el texto sinónimos para las siguientes palabras:**

1 apasionantes
2 contrajo matrimonio
3 categoría
4 más que ningún otro
5 llorosos
6 engullen
7 placer
8 papel
9 enseñando
10 relata

¡Observa!

*"Érase una vez…" = forma tradicional de comenzar un cuento o fábula.

B **Ahora busca en el texto antónimos para las siguientes palabras:**

1 fea
2 infelices
3 desconocidos
4 fracasan
5 tampoco
6 pobreza
7 hembra
8 universal
9 nativo
10 atrasar

C Lee el texto referido a las telenovelas latinoamericanas. Después conecta las siguientes frases que describen su forma, evolución e impacto con cada párrafo del texto. ¡Cuidado! Sobra una.

Párrafo

a La telenovela de mayor difusión era una de Venezuela. La veían durante una guerra, y en un país africano cambiaron un horario importante por ella. ☐

b Las telenovelas empezaron a hacerse populares solo entre las mujeres. A fines del siglo pasado, cambiaron sus protagonistas, y actualmente se pueden ver grandes producciones que atraen incluso a los hombres. ☐

c Algunos piensan que las telenovelas están unificando la lengua castellana. ☐

d Las telenovelas muestran el español de distintos países hispanoamericanos, y pueden realizar más por la lengua que los expertos. ☐

e La telenovela latinoamericana es un instrumento de entretenimiento y de paz. ☐

f Las telenovelas tradicionales duran mucho tiempo, hablan de una muchacha que triunfa, y son mundialmente conocidas. ☐

D Encuentra todos los ejemplos del pretérito imperfecto que aparecen en el texto. Escribe el verbo en infinitivo en cada caso.

E Aquí tienes la sinopsis de la famosa telenovela *Kassandra* (¡excepto el final!). Utiliza los verbos del recuadro para completarla, poniendo los verbos en la persona correcta del pretérito imperfecto.

> lanzar   tener (x 2)   querer   saber   ser (x 3)   poder   actuar   respetar
> sospechar   mirar   odiar   creer   mentir   tocar

Andreína 1_____ la hija de un hacendado de Caracas. Un día llegó un circo a su ciudad, y quedó fascinada con su magia. Pero al año siguiente, cuando el circo volvió, Andreína ya no 2_____ verlo, porque había muerto al dar a luz a una niña.

La madrastra de Andreína, Herminia, que 3_____ dos hijos gemelos, Luis David e Ignacio, 4_____ ser la heredera de toda la riqueza de Andreína. Entonces cambió a la hijita, Kassandra, por una niña gitana que había nacido muerta, y entregó a Kassandra a los gitanos que 5_____ en el circo.

Pasó el tiempo, Kassandra 6_____ una hermosa joven comprometida con Randú, que 7_____ cuchillos en el circo, a quien todos los gitanos 8_____ por ser el jefe. Volvió el circo, y en la primera función, mientras Kassandra 9_____ su pandereta, sintió gran atracción por un joven, Luis David, que la 10_____ como hipnotizado por su belleza.

Se enamoraron perdidamente, pero Luis David se fue del pueblo. Entonces su gemelo, Ignacio, que 11_____ que Kassandra 12_____ la verdadera hija de Andreína, se casó con ella para tener su dinero.

Gramática

EL PRETÉRITO IMPERFECTO

Recuerda que:

- el pretérito imperfecto se usa para **describir acciones habituales** o **estados** en el pasado.

- este tiempo verbal es acompañado muchas veces de marcadores como **cuando**, **antes** o **mientras**.

- los verbos regulares que terminan en **-ar** forman el imperfecto con **-aba**, etc.; los verbos regulares que terminan en **-er** e **-ir** forman el imperfecto con **-ía**, etc.

- hay solo tres verbos irregulares en este tiempo: *ser*–**era**..., *ver*–**veía**..., *ir*–**iba**...

Para repasar la forma y uso del pretérito imperfecto de verbos regulares e irregulares, ver 11.A.III en el Resumen gramatical.

Pero la noche de bodas, Ignacio fue asesinado misteriosamente. ¿Quiénes lo 13_____?

Luis David volvió al pueblo para vengar a su hermano. Todos, inclusive Kassandra, 14_____ que él era Ignacio, porque él 15_____ para descubrir al asesino. ¡Él 16_____ que Kassandra había matado a su hermano! ¿¿17 _____ razón?? ¡¡No se pierda los capítulos de esta apasionante telenovela venezolana!!

F ¡Es hora de la telenovela! Elige una de las telenovelas latinoamericanas mencionadas en el texto (u otra de tu elección) y mira por lo menos un capítulo de ella en Internet para hacer una presentación delante de la clase. Luego la clase debe debatir las siguientes preguntas:

- ¿Les cae bien el/la protagonista. ¿Por qué (no)?
- La historia, ¿es universal?
- ¿Es más atractiva para las chicas o para los chicos, o ambos? ¿Por qué?
- ¿Les gustaría ver todos los capítulos de esa telenovela? ¿Por qué (no)?

Para saber más sobre la telenovela en Venezuela, lee la sección *¿Qué sabes de Venezuela?* en esta unidad.

5 "El sábado empiezo mis clases de mandarín"

Pista 17

Almudena Ariza, la nueva corresponsal para Asia-Pacífico, lleva más de dos décadas en TVE (Televisión Española) y hace tiempo que descubrió que está más a gusto en la calle que en el plató. Lleva dos semanas en Pekín, está a punto de iniciar el aprendizaje del idioma y ya tiene una bicicleta.

Adaptado de http://www.noticiasdegipuzkoa.com

A

V Trabaja con un(a) compañero/a. Deduzcan o busquen en un diccionario el significado de las siguientes palabras y frases tomadas del audio:

1 debutar	6 momento clave	11 equipos
2 plató (E.)	7 atentado	12 ligero
3 dar paso a	8 las Torres Gemelas	13 rodar
4 envidiar	9 entradilla (E.)	14 arrepentirse
5 corresponsal	10 parar	15 añorar

¡Observa!

Telediario = programa diario de noticias de la Televisión Española.

El 11 de septiembre (11-S) = el 11 de septiembre de 2001, día de atentado terrorista en Nueva York, Estados Unidos.

Informe Semanal = programa semanal de noticias de la Televisión Española.

B En la siguiente lista de frases, además del ejemplo, solo hay cinco que son correctas con respecto al audio. Elígelas y márcalas con una cruz (*X*). Te damos una como ejemplo.

Ejemplo: *Almudena Ariza es corresponsal en China.*	X
1 Almudena lleva veintiún años trabajando en el Telediario.	
2 Ahora prefiere trabajar fuera del plató.	
3 Estaba en China cuando derrumbaron las Torres Gemelas.	
4 Fue a Estados Unidos cuando ocurrió el atentado del 11-S.	
5 Su nuevo empleo la llena de tristeza.	
6 Le encanta trabajar en China.	
7 Dice que aprender el mandarín será fácil.	
8 Lo malo es que el equipo de trabajo moderno pesa mucho.	
9 La informática ha simplificado el proceso de hacer reportajes.	
10 Finalmente, no se arrepiente de su decisión de dejar la radio.	

C ¿Te gustaría trabajar como periodista o reportero/a de televisión? ¿Cómo sería tu trabajo? ¿Cuáles serían sus ventajas e inconvenientes? Escribe un artículo para la revista de tu escuela (250 palabras como mínimo) concentrándote en los aspectos siguientes:

- escribir reportajes e informes
- presentar noticias
- trabajar en equipo
- viajar
- hacer entrevistas.

Estrategias para escribir

Cuando tengas que hacer una tarea escrita:

- recuerda que muchas tareas te dan la oportunidad de **dar tu opinión** sobre el tema.
- no te olvides de que tu opinión tiene que **justificarse** con argumentos racionales; si te gusta algo es importante **decir por qué**.

6 ¿Está todo permitido en nombre de la publicidad?

A Antes de leer el texto, observa la pintura y responde las siguientes preguntas con tus opiniones:

- **Describe la pintura y comenta la presencia del mono.**
- **En tu opinión, ¿donde están?**
- **Esta mujer, ¿te parece hermosa/bonita o fea? ¿Por qué?**

Aquí tienes una descripción de una publicidad de la televisión:

El *autorretrato* con mono de la famosa pintora mexicana Frida Kahlo fue usado como modelo en una publicidad de cosméticos en Centroamérica.

Mientras el anuncio declara *"¡No seas Frida! Si quieres estar más 'mona'*, usa la máscara facial IB"*, muestra a varias modelos pálidas y con unicejo*, vestidas muy mal. A su lado se ven monitos muy graciosos, vestidos a la última moda y con caras limpias y expresivas.

El anuncio provocó muchas críticas entre pintores, artistas y admiradores de Kahlo. Pidieron al canal que retirara el *spot* del aire, porque ofende la imagen de una persona talentosa y sufrida como lo fue Frida Kahlo, tildándola de fea.

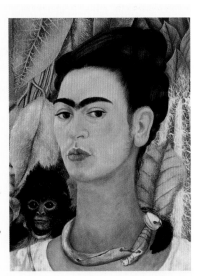

¡Observa!

*(estar) mono/a (coloq.) = bonito, lindo/a, gracioso/a.
*unicejo = cejas que se juntan formando una.

104

B **Todas las siguientes oraciones tienen errores. Sin modificar su estructura, corrígelas con la información del texto.**

1. Esta es una publicidad mexicana de pinturas que tuvo éxito.
2. Dice que si la gente no quiere ser "mona", debe quitarse la máscara.
3. Las modelos de la publicidad son lindas, y tienen las pestañas como Frida.
4. Hay gorilas que visten muy mal, y que tienen las caras pintadas, en el *spot*.
5. El mensaje es que si una usa la máscara teatral, será seria como los monitos.
6. Los detractores de Kahlo pensaron que la elogiaba, y solicitaron repetirla.
7. Frida Kahlo tuvo una vida fácil, y era mediocre.

C **¡Esta publicidad dividió la opinión de muchos! ¿Cómo reaccionarían ustedes? Trabajen en grupos. Agrúpense en dos grandes grupos:**

A FAVOR		EN CONTRA

Busquen argumentos para responder la siguiente pregunta:

¿Está todo permitido en nombre de la publicidad?

D **Trabajen en parejas. ¡Ahora es su turno de inventar una publicidad de televisión! Escriban su propuesta (mínimo 200 palabras). ¡Cuidado, la publicidad no debe durar más de cinco minutos! Consideren:**

- el producto que quieren vender
- la edad de la audiencia y sus gustos
- el registro y vocabulario: formal o informal
- las imágenes que van a usar.

¡Qué bien escribes!

Cómo escribir una publicidad

La publicidad de televisión tiene por objetivo vender un producto al público. Por eso, es sumamente importante recordar que al diseñar una publicidad esta debe *convencer* a los televidentes del valor del producto para que lo compren. Cuando escribes este tipo de texto, ten en cuenta lo siguiente:

- El lenguaje del texto: debe ser directo y eficaz; a veces es necesario repetir el mensaje.
- Las imágenes: tienen que atraer al televidente.
- La interacción entre imagen y palabra.
- Poner de relieve lo barato, lo eficaz, lo útil, etc. del producto.
- Insistir en los beneficios del producto.
- Terminar el anuncio con una imagen o una frase memorable.

7 ¿Qué nos deja *El Chavo del 8*?   [Nivel superior]

Introducción:

El Chavo del 8 es una serie cómica mexicana de la década del 70 que habla de las aventuras de un niño o "chavo" muy pobre que vive en el "número 8" de un vecindario, un barril. Ha tenido un éxito enorme en toda Latinoamérica, y es repetida hasta el día de hoy. Sus personajes (*el chavo, Quico, la Chilindrina* y muchos otros) y sus frases y filosofía son parte de la cultura popular de los hispanoamericanos de muchas generaciones.

Aquí tienes la respuesta de un "blogger" a la pregunta del título.

El Chavo del 8 ha sido criticado por muchos como fuente de mal ejemplo, como hoy es el caso de *Los Simpsons* o *South Park*. No creo que ninguno de nosotros sea hoy una peor persona por ser aficionados a esos programas. Es una ilusión responsabilizar a la televisión de nuestra educación o cultura.

Es cierto que vemos violencia en el programa: cachetadas de doña Florinda a un, muchas veces inocente, don Ramón; coscorrones de don Ramón, muchas veces por desquite, a un inocente chavito. Niños egoístas, presumidos, respondones con sus mayores, y adultos sin trabajo, que buscan salir adelante trabajando poco. Pero hay que ver más allá.

Cometen un grave error quienes no se dan cuenta de que es la TV la que muchas veces hace de espejo, el espejo de un mundo que nos da vergüenza admitir. Que no aparezca ninguna familia completa en *El Chavo* no quiere decir que se fomente la desintegración familiar, sino que refleja la situación en que muchos hogares vivían en los años 70, algo que lamentablemente se conserva hasta hoy.

En *El Chavo* todas son personas normales, muchas veces con rasgos caricaturescos, pero que actúan como personas en la vida real. A veces se equivocan y parecen injustos y mezquinos, y a veces son capaces de demostrarnos actos de solidaridad y compasión inigualables. ¿Y no es así el ser humano? Hemos visto a un don Ramón que no tiene problema en culparse de comer unos churros para salvar al chavito, a una doña Florinda que invita a los niños al cine, o a sus vecinos a una cena de Navidad.

Tampoco es justo decir que "es un programa educativo que nos cuestiona la realidad". El objetivo del programa es divertir. Divertir en medio del dolor y del sufrimiento de tantas personas de nuestra América Latina hoy en día, y hacerlo con un humor sano y agradable, que ha sobrevivido por más de 40 años. Pero sí creo que vale la pena cuestionarnos: ¿cuántos chavos hemos visto y qué hacemos por ellos?, ¿cuántas veces hemos sido un Quico envidioso o una doña Florinda injusta? o ¿cuántas veces hemos perdonado y vivido en la alegría como nuestros amigos de la vecindad?

Adaptado de http://www.chavodel8.com

Estrategias para leer

Antes de leer un texto es importante intentar **predecir** el contenido.

- Utiliza los conocimientos que ya tienes del tema.
- Reflexiona sobre el sentido del título, porque este puede darte unas pistas para entender el texto.
- Mira el dibujo o la foto que acompañe el texto, si existe.

Si haces esto vas a comenzar tu lectura con más posibilidades de comprender bien el texto.

A

Trabaja con un(a) compañero/a. Emparejen las siguientes palabras y frases tomadas del texto con sus significados:

1 cachetadas
2 coscorrones
3 por desquite
4 chavo
5 presumidos
6 respondones
7 espejo
8 vergüenza
9 se fomente
10 hogares
11 rasgos
12 mezquinos
13 inigualables
14 churros
15 vale la pena
16 vecindad

a que cuidan demasiado su aspecto porque se creen muy bonitos
b golpes dados en la cabeza con los nudillos de la mano cerrada
c se promocione
d características
e pudor o turbación del ánimo por un deshonor
f en Hispanoamérica, golpes con la mano abierta en la mejilla
g por venganza de una ofensa
h grupo de casas cercanas y la comunidad que forman
i merita el trabajo o esfuerzo que se hace
j sin nobleza o poco generosos
k que tienen el vicio de replicar irrespetuosamente
l forma coloquial de decir "niño" en México, Nicaragua y Honduras
m objeto o superficie que refleja una imagen
n casas; simbólicamente, las familias que viven en ellas
ñ fritura de masa tradicional de los países hispanos
o que no puede equipararse

B

En la siguiente lista de frases, además del ejemplo, solo hay cinco que son correctas con respecto al texto. Elígelas y márcalas con una cruz (X). Te damos una como ejemplo.

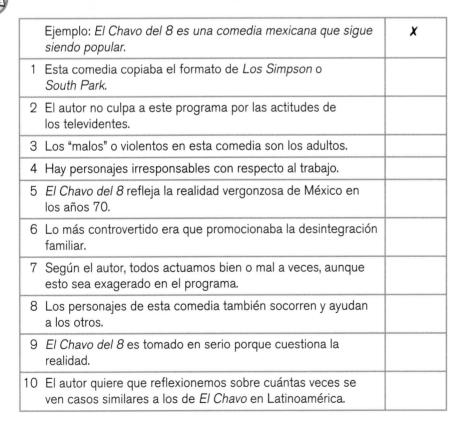

Ejemplo: *El Chavo del 8 es una comedia mexicana que sigue siendo popular.*	**X**
1 Esta comedia copiaba el formato de *Los Simpson* o *South Park*.	
2 El autor no culpa a este programa por las actitudes de los televidentes.	
3 Los "malos" o violentos en esta comedia son los adultos.	
4 Hay personajes irresponsables con respecto al trabajo.	
5 *El Chavo del 8* refleja la realidad vergonzosa de México en los años 70.	
6 Lo más controvertido era que promocionaba la desintegración familiar.	
7 Según el autor, todos actuamos bien o mal a veces, aunque esto sea exagerado en el programa.	
8 Los personajes de esta comedia también socorren y ayudan a los otros.	
9 *El Chavo del 8* es tomado en serio porque cuestiona la realidad.	
10 El autor quiere que reflexionemos sobre cuántas veces se ven casos similares a los de *El Chavo* en Latinoamérica.	

C Basándote en el tercer párrafo del texto, completa el cuadro siguiente, indicando a quién o a qué se refieren las palabras de la segunda columna.

En las expresiones…	la palabra…	se refiere a…
Cometen un grave error quienes no se dan cuenta de que es la TV <u>la que</u> muchas veces hace de espejo…	"la que"	
Que no aparezca ninguna familia completa en *El Chavo* no quiere decir que <u>se</u> fomente la desintegración familiar…	"se"	
… <u>algo</u> que lamentablemente se conserva hasta hoy.	"algo"	

D   Aquí tienes unas frases tomadas del texto. Escribe una redacción (250 palabras como mínimo) en la que expreses tu reacción a una de la frases. ¿Estás de acuerdo? ¿Por qué (no)?

- "Es una ilusión responsabilizar a la televisión de nuestra educación o cultura".

- "Es la TV la que muchas veces hace de espejo, el espejo de un mundo que nos da vergüenza admitir".

- "(Título a tu elección) es un programa educativo que nos cuestiona la realidad".

E   Si puedes, mira un capítulo de un programa popular de España o Hispanoamérica (como *El Chavo del 8*) y escribe una reseña sobre él (mínimo 200 palabras).

¡Qué bien escribes!

Cómo escribir una reseña

Las reseñas son textos que se publican normalmente en diarios, periódicos o revistas, y que resumen una obra de arte o científica, una exposición, una película o un libro. Normalmente son escritas por expertos en el tema, que juzgan su valor para el público.

Cuando escribas una reseña, ten en cuenta lo siguiente:

- Empieza por mencionar el título, autor/director, origen y fecha de publicación o estreno (Por ejemplo: *La vida de Lazarillo de Tormes – Anónimo – Alcalá de Henares, 1554*).

- Utiliza la primera persona plural (*nosotros*), así incluyes al lector.

- Sé breve y directo; se trata de dar al lector una visión general de la obra.

- Primero resume el argumento y las características sobresalientes de la obra (por ejemplo: *habla de la nostalgia, sus personajes son mujeres*).

- Después aclara lo que te pareció especial e interprétalo (por ejemplo: *Cuando se habla del pasado, se ve todo en blanco y negro, con lo que se acentúa la tristeza*).

- En tu crítica, da los puntos positivos y negativos, y justifica siempre tus razones de forma respetuosa (por ejemplo: *quizás el director se haya concentrado tanto en el pasado de las mujeres españolas que ha perdido su universalidad*).

III: La verdad a diario

8 La prensa amarilla*, un dilema

¿Es necesario regular la prensa sensacionalista? ¿Qué peligro corre la gente que la lee? Mucha gente opina que la prensa amarilla no hace daño a nadie, y si intentamos controlarla se volverá peor.

¡Observa!

*prensa amarilla = prensa sensacionalista (el nombre viene de los EE.UU.).

Respuestas al tema

¡HOLA!

A mucha gente que compra prensa amarilla no le interesa leer; solo mira los titulares y las fotos, mejor si se tratan de desastres o de los casamientos de los futbolistas. Y los periodistas que escriben los artículos son inclusive peores: les importa más la imagen de sí mismos que la verdad. Se jactan de sus programas mediocres de televisión y de la gente famosa que conocen. ¡Qué vergüenza!

Kelo, Corrientes, Argentina

Los que escriben en la prensa amarilla fingen ser periodistas verdaderos pero no lo son. Esa prensa puede pertenecer a cualquier medio de comunicación: radio, televisión, internet, etc.; lo que la diferencia de la verdadera prensa es la búsqueda de la sensación. El periodismo auténtico es responsable e imparcial. Las normas que rigen este oficio lo apartan del sensacionalismo y le dan un peso y un comportamiento ético que se respetan.

Ramón, La Paz, Bolivia

¡QUÉ ME DICES!

El verdadero móvil de los dueños de la prensa amarilla es el dinero. No les interesan en absoluto los daños que hacen a las personas cuya vida privada descubren. Los paparazzi persiguen a sus víctimas hasta que las atrapan, sin importar los costos (miren lo que pasó con Lady Di); lo que les importa son las imágenes que sacan, porque estas venden el periódico. Si no regulamos esta amenaza, las cosas irán de mal en peor. Y no hagamos caso del disfraz que ponen: los "derechos" de los periodistas a la libertad de expresión son falsos; lo que hacen ellos es violar nuestro derecho a la privacidad.

Milagros, Heredia, Costa Rica

Sería absurdo que el gobierno interviniera para parar la prensa amarilla. Es imposible prohibir estas publicaciones. Los que leen esa prensa son unos imbéciles que no tienen otro interés en la vida que consumir las noticias sensacionalistas y no son capaces de salir de su estado de su estupidez; así que es mejor no hacer nada y dejarlos con su adicción.

Ana, Montevideo, Uruguay

Me importa que la prensa siga siendo libre. Casi nadie puede decir que no le interese el sensacionalismo. Tenemos el derecho a observar las fotos que se publican de los desastres o no, según nuestro gusto. ¿Qué peligro hay si las miramos? Estoy segura de una cosa: si el gobierno interviniera se acabaría la libertad de prensa.

GENTE **COSAS**

Clara, Guadalajara, México

A Busca en los textos las palabras que corresponden a las definiciones siguientes:

1 catástrofe
2 no pueden
3 se metiera
4 corresponder a
5 reglas

6 moral
7 presumen
8 indecencia
9 motivo
10 vida íntima

B Completa la tabla con las palabras que la faltan:

Verbo	Sustantivo	Adjetivo
		posible
		capaz
	peligro	
	libertad	
diferenciar		
		responsable
	peso	
interesar		
	daño	
		falso/a

C Lee el texto otra vez. ¿Quién diría lo siguiente? ¡Cuidado! Es posible que lo diga más de una persona.

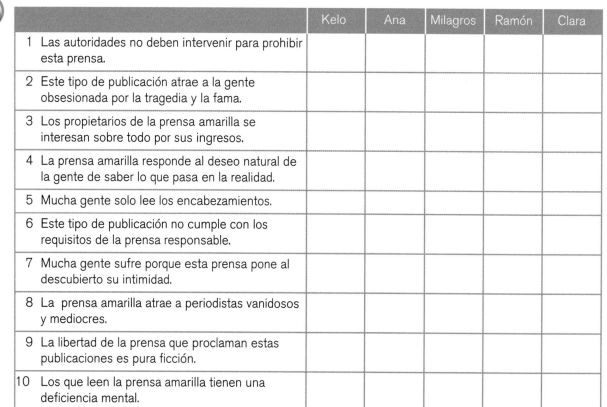

	Kelo	Ana	Milagros	Ramón	Clara
1 Las autoridades no deben intervenir para prohibir esta prensa.					
2 Este tipo de publicación atrae a la gente obsesionada por la tragedia y la fama.					
3 Los propietarios de la prensa amarilla se interesan sobre todo por sus ingresos.					
4 La prensa amarilla responde al deseo natural de la gente de saber lo que pasa en la realidad.					
5 Mucha gente solo lee los encabezamientos.					
6 Este tipo de publicación no cumple con los requisitos de la prensa responsable.					
7 Mucha gente sufre porque esta prensa pone al descubierto su intimidad.					
8 La prensa amarilla atrae a periodistas vanidosos y mediocres.					
9 La libertad de la prensa que proclaman estas publicaciones es pura ficción.					
10 Los que leen la prensa amarilla tienen una deficiencia mental.					

D Trabajen en dos grandes grupos. Debatan el siguiente tema:

- El primer grupo defiende el derecho a la libertad de la prensa.
- El segundo quiere prohibir el sensacionalismo.

TEORÍA DEL CONOCIMIENTO

El periodismo y la ética

1 Los periodistas "serios" suelen proclamar que su profesión tiene un papel ético. Ellos se consideran los guardianes de las libertades, los derechos y los intereses de los ciudadanos. Por ejemplo:

- Exponen los crímenes de los delincuentes.
- Revelan los abusos, incluyendo los de los hombres que maltratan a sus mujeres.
- Ponen de manifiesto las mentiras de los políticos, publicando documentos confidenciales.
- Investigan los problemas sociales, como la drogadicción, para que podamos proteger a los jóvenes de involucrarse en ellos.

Preguntas

¿Cuál es la intención verdadera de un(a) periodista que haga una investigación de este tipo?
¿Es su comportamiento altruista o egoísta?
¿Le interesa la verdad por encima de cualquier otra cosa?
¿Tiene una tendencia política que lo/la influya?
¿Le atrae la fama o el dinero?
¿Sigue las órdenes de un gobierno que controla los medios?

2 También hay periodistas que hablan de las vidas de los famosos, de la "farándula", en publicaciones sensacionalistas, revelando los escándalos, el divorcio de tal o cual estrella de cine, etc. para informar a un público impresionable. Por otra parte, algunas revistas de la llamada "prensa del corazón" presentan la vida de los famosos de manera positiva y limpia.

Preguntas

El comportamiento de los periodistas que trabajan para este tipo de prensa, como los paparazzi, ¿es menos ético que el de otros periodistas, de los periódicos y revistas más "serios"?

¿Son los periodistas de la prensa del corazón más responsables que los que escriben de la vida escandalosa de los famosos y exponen sus pretensiones?

9 La foto rescatada en un zapato

A Antes de leer el texto, observa la foto en la página 112 y responde las siguientes preguntas con tus opiniones:

- En tu opinión, ¿dónde se sacó esta foto?
- ¿Qué está haciendo el hombre del centro? Descríbelo en detalle.
- ¿Qué tienen en las manos los hombres? ¿Por qué?
- ¿Cómo ha reaccionado la gente a la presencia de los hombres armados?

▶

Hace 30 años, España sufría un golpe de estado fallido, comandado por el teniente Antonio Tejero, quien con pistola en mano irrumpió en el Congreso de los Diputados*, para secuestrar a todos los que ahí se encontraban.

Ese día se vivieron varias horas de tensión. El diario *El País* relata paso a paso lo que sucedió aquella larga noche, cuando el miedo y Tejero se apoderaron de todos los presentes, desde los diputados hasta la prensa. Todos se paralizaron ante lo sucedido, a excepción de un adolescente de 14 años, quien tomó la única arma que tenía en sus manos, su cámara fotográfica, para no olvidar ese momento, y "disparó" a Tejero.

Manuel Pérez Barriopedro era ese niño de 14 años, quien empezaba su carrera como aprendiz de fotografía y quien ganaría el premio a la "Fotografía del Año", por parte de la Fundación World Press Photo, ese mismo año. Lo que lo hizo ganador fue su audacia por capturar un momento histórico, aunque en ese instante no supiera qué era lo que estaba retratando.

Pérez Barriopedro cuenta que esa tarde para él estaba siendo muy aburrida y monótona, cuando de repente escuchó ruidos extraños que provenían de la puerta del Congreso. Así que decidió apuntar con su cámara a la puerta y captó la entrada de las fuerzas armadas comandadas por Tejero, así como el momento en que el ex teniente subía al estrado y gritaba: "¡Quieto todo el mundo!".

"Nunca pensé que estaba haciendo historia. Había muchos nervios. Uno pierde la conciencia de dónde está.

Empiezas a hacer fotos, a hacer tu trabajo. Son momentos de tensión en los que no hay tiempo para pensar, solo para hacer la foto", afirmó Pérez Barriopedro.

Pero antes de ser capturado, el fotógrafo tuvo la audacia de sacar el rollo de la cámara para guardarlo en su puño durante más de una hora hasta que tuvo la posibilidad de ocultarlo en uno de sus zapatos. En cuanto le había sido devuelta su libertad, Manuel Pérez se dirigió a la agencia a la que pertenecía para ingresar al famoso cuarto oscuro y revelar lo que su cámara Nikon F2 había capturado.

Once fotos fueron reveladas y es que ninguno de los otros fotoperiodistas que se encontraban esa noche en el Congreso pudo salvar una buena foto.

Adaptado de http://www.contexto.com.ar

¡Observa!

*Congreso de los Diputados = la asamblea legislativa de España.

B **Empareja las palabras siguientes con su definición correspondiente:**

1	golpe de estado	a	pasó
2	fallido	b	¡no se muevan!
3	irrumpió en	c	se hicieron dueños de
4	secuestrar	d	sacó una foto de
5	sucedió	e	sitio alto de honor
6	se apoderaron de	f	fotografiando
7	diputados	g	mano cerrada
8	lo sucedido	h	fracasado
9	disparó a	i	película fotográfica enrollada
10	aprendiz	j	restituida
11	retratando	k	personas elegidas como representantes en el Parlamento
12	estrado	l	tomar por fuerza para pedir dinero por rescate
13	¡quieto todo el mundo!	m	usurpación ilegal del poder de una nación
14	rollo	n	persona que aprende un oficio
15	puño	ñ	lo ocurrido
16	devuelta	o	entró violentamente

C   **Contesta las preguntas siguientes con tus propias palabras y de forma oral:**

1 ¿Por qué invadió Tejero el Congreso de los Diputados?

2 ¿Por qué era una excepción entre la gente presente Manuel Pérez Barriopedro?

3 ¿Cómo ganó Manuel el premio a la "Fotografía del Año"?

4 ¿Qué rompió el aburrimiento que sentía Manuel?

5 Cuenta (en tercera persona) la experiencia de Manuel, utilizando tiempos del pasado.

6 ¿Qué hizo Manuel para asegurarse de que nadie encontrara el rollo?

7 ¿Qué hizo en la agencia después de ser liberado?

Gramática

EL CONTRASTE ENTRE LOS PRETÉRITOS IMPERFECTO E INDEFINIDO

Recuerda que:

- el **pretérito imperfecto** se usa para **describir un estado** o **situación** en el pasado. Por ejemplo: *el periodista estaba muy aburrido.*

- el **pretérito imperfecto** también denota una **acción en progreso** o **habitual** en el pasado. Por ejemplo: *él sacaba fotos.*

- el **pretérito indefinido** denota una **acción completa** o **una serie completa de acciones** que puede interrumpir la acción en progreso o el estado. Por ejemplo: *de repente entró Tejero.*

- estos dos tiempos pasados a veces se encuentran contrastados en una misma oración.

Para repasar el uso y las formas del pretérito imperfecto y del pretérito indefinido ver 11.A.II y 11.A.III en el Resumen gramatical.

D **Busca en el texto todas las frases que contengan al menos un pretérito imperfecto en contraste con al menos uno indefinido.**

E **Rellena los espacios en blanco en las frases siguientes con el tiempo pasado adecuado (*pretérito imperfecto* o *indefinido*) de los verbos entre paréntesis.**

1 Mi padre _____ (llegar) mientras _____ (leer yo) el periódico.

2 El sábado _____ (ver yo) una película en la que _____ (actuar) Penélope Cruz.

3 Cuando _____ (ser nosotros) niños, _____ (ir nosotros) a Cartagena dos veces por año.

4 _____ (Llamar ellos) la semana pasada pero Amelia no _____ (estar).

5 El año pasado _____ (aprender yo) japonés con una amiga que _____ (estudiar) su último año para ser profesora.

6 _____ (mirar nosotros) una película de Almodóvar cuando de repente se _____ (apagar) el televisor.

7 Lo _____ (conocer él) en Caracas mientras _____ (trabajar) en una empresa de petróleo.

8 El cirujano, que _____ (ser) cubano, _____ (hacer) la operación en Mérida.

¡Qué bien escribes!

Cómo escribir un diario

Un diario es un documento íntimo en el que escribes para ti mismo/a lo que pasa en tu vida diariamente. Cuando escribes en un diario, es común:

- incluir al principio la fecha, y si quieres, el día
- narrar los sucesos diarios
- reflexionar sobre estos sucesos.

El diario es una forma muy abierta. Si quieres, tu diario puede:

- tener dibujos y fotos (sobre todo si escribes en un sitio web u *online*)
- hablar de tus sentimientos
- mencionar tus planes para el futuro
- comparar el pasado con el presente.

F **Eres fotógrafo/a y trabajas en un periódico venezolano. Para el contexto de tu diario, lee la sección *¿Qué sabes de Venezuela?* en esta unidad. Escribe en tu diario una experiencia en la que tuviste la suerte de sacar una foto impresionante de un evento. La foto se publicó en todos los periódicos nacionales y te dio cierta fama. Describe la foto y lo que te pasó durante los tres días después de sacarla.**

10 Evo Morales contra la prensa racista

El Presidente boliviano Evo Morales, de visita en Quito el martes, tildó de racistas a varios medios de comunicación de su país por no apoyar una ley. "Puedo ver a algunos medios de comunicación que son racistas", dijo el mandatario tras reunirse con su homólogo Rafael Correa durante una visita a la capital ecuatoriana.

Un grupo de 13 periodistas están en huelga de hambre en la ciudad de Santa Cruz (en el este de Bolivia) en rechazo a dos artículos de la ley antirracista. Esta es promovida por el Gobierno, pero es cuestionada por los medios, que aseguran atenta contra la libertad de expresión.

Morales señaló que cierta prensa lo ha calificado de "colla* maldito", término utilizado para denominar a los descendientes del pueblo indígena aimara, al que pertenece el gobernante.

Los dueños y sindicatos de periodistas bolivianos rechazan los artículos de la ley que prevén el cierre de medios de comunicación si difunden manifestaciones racistas, y el enjuiciamiento de reporteros que divulguen noticias discriminatorias.

Los sectores de la prensa buscan recolectar más de 300.000 firmas a nivel nacional para pedir al Congreso un referendo, por el cual los votantes definan si se anulan los artículos criticados.

Adaptado de http://www. prensaescrita.com

A Trabaja con un(a) compañero/a. Emparejen las siguientes palabras y frases tomadas del texto con sus significados:

1	tildó de	a	que tiene el mismo título
2	mandatario	b	cancelan
3	homólogo	c	está en contra de
4	promovida	d	detestable
5	atenta contra	e	acusó de
6	maldito	f	debate legal de un asunto frente a un juez
7	denominar	g	dan a conocer al público
8	prevén	h	llamar
9	difunden	i	gobernante
10	enjuiciamiento	j	apoyada
11	divulguen	k	publiquen
12	anulan	l	pronostican

B Busca en el texto antónimos para las siguientes palabras:

1	incomunicación	5	prisión
2	separarse (de)	6	extranjero
3	oeste	7	apertura
4	aceptación	8	renuncian

C Contesta las preguntas siguientes con frases tomadas del texto.

1 ¿A quién(es) acusó el presidente de Bolivia? ¿De qué?

2 ¿Dónde y cuándo hizo esa declaración?

3 ¿Cómo han reaccionado los periodistas ante la ley del Gobierno?

4 ¿Contra qué protestan los periodistas? ¿Qué dicen que hace?

5 ¿Qué ofendió al presidente?

6 ¿A quién(es) se rotula con esas palabras? ¿Se relaciona(n) con Morales?

7 Según la ley, ¿qué puede pasar con los medios racistas?

8 ¿Y qué enfrentarán los periodistas que pasen noticias racistas?

9 ¿Qué busca lograr la prensa?

10 ¿Qué quieren decidir con esto, si lo logran?

D

G

Rotula las siguientes frases tomadas del texto con el término de la lista que mejor describa la función de sus preposiciones:

posición – causa – objetivo – relación– origen – tiempo – posesión – régimen preposicional del verbo

1 varios medios de comunicación <u>de</u> su país

2 <u>por</u> no apoyar una ley

3 dijo el mandatario <u>tras</u> reunirse

4 <u>con</u> su homólogo Rafael Correa

5 <u>en</u> huelga de hambre en la ciudad de Santa Cruz

6 dos artículos <u>de</u> la ley antirracista

7 atenta <u>contra</u> la libertad

8 lo ha calificado <u>de</u> "colla maldito"

9 término utilizado <u>para</u> denominar

10 <u>al</u> que pertenece el gobernante

11 <u>para</u> pedir al Congreso un referendo

12 <u>por</u> el cual los votantes definan

E

G

Aquí tienes la lista completa de preposiciones de una sola palabra del español. Completa las siguientes frases con una de ellas, teniendo en cuenta su uso:

a – ante – bajo – cabe – con – contra – de – desde – durante – en – entre – hacia – hasta – mediante – para – por – según – sin – sobre – tras

1 Bolivia está _____ Sudamérica, _____ Chile, Argentina, Perú y Brasil.

2 ¡Hay un camino _____ los incas _____ esta carretera!

3 Los medios insultaron _____ los aborígenes.

4 Ellos se disculparon _____ las declaraciones racistas.

5 Los periodistas no descansarán _____ lograr su objetivo.

6 La manifestación se mueve _____ el Palacio de Gobierno.

7 Esta campaña es _____ defender nuestra libertad _____ expresión.

8 _____ la prensa, el gobierno lucha _____ los disidentes.

9 ¡Ellos quieren silenciarnos _____ una ley!

10 Así nos han tratado _____ la Conquista.

Gramática

LAS PREPOSICIONES

Recuerda que:

- las preposiciones son palabras funcionales que se usan, por ejemplo, para determinar la **posición** de un objeto o idea *(en, bajo, sobre, entre)*, su **origen** o **posesión** *(de)*, su **relación** *(con, contra, sin)*, su **momento** *(tras)*, su **causa** *(por)*, o su **objetivo** *(para)*.

- muchos verbos se usan con una preposición. Esto se llama **régimen preposicional** y debe ser aprendido. Por ejemplo: *Morales tildó de racistas a los medios.*

Para repasar una lista completa de las preposiciones y su uso, ver 14 en el Resumen gramatical.

F

Ahora escribe una redacción (250 palabras) en la que respondas a las siguientes preguntas:

- **La prensa, ¿debe expresar todas las opiniones de la gente, inclusive las racistas o xenófobas? ¿Por qué (no)?**

- **¿Qué consecuencia(s) tiene mencionar comentarios racistas o xenófobos en los medios de comunicación?**

SECCIÓN 2: La comunicación y los medios

"Si aquí hubiese una foto, usted vería a un padre llorando por un hijo que ya no tiene. Si aquí hubiese otra imagen, usted vería a dirigentes políticos exigiendo en el CICPC [la policía] cifras de lo que se puede publicar". Dos cuadros en blanco, con la palabra "censurado" escrita en el centro y estas frases al pie, ilustran hoy la portada del diario *El Nacional* de Caracas, en protesta contra la prohibición impuesta por un tribunal de publicar cualquier tipo de contenido que pueda interpretarse como violento.

El martes, un tribunal de menores de Venezuela notificó a *El Nacional* que tenía prohibido reproducir "imágenes, informaciones y publicidad de cualquier tipo, con contenido de sangre, armas, mensajes de terror, agresión física, imágenes que utilicen contenidos de guerra y mensajes sobre muertes y decesos que puedan alterar el bienestar psicológico de niños, niñas y adolescentes".

La censura fue anunciada después de que la Fiscalía General abriera una investigación contra el diario por publicar, en su portada del 13 de agosto, una fotografía captada en el interior de una morgue de Caracas en diciembre de 2009. La imagen ilustraba un reportaje sobre la inseguridad en el país, señalando que más de 5.000 venezolanos fueron asesinados en 2010.

La medida contra *El Nacional* estará vigente mientras dure el juicio en su contra y se aplicará a todos los diarios del país, en lo que se refiere a la publicación de imágenes. Además, el diario deberá pagar una multa de 39.000 bolívares*. Si no cumple, el diario tendrá una multa equivalente al 2% de sus ganancias netas.

Adaptado de http://www.elpais.com

¡Observa!

*bolívar = moneda de Venezuela, nombrada en honor a "Libertador de América", Simón Bolívar, nacido en Caracas.

A Busca en el texto las palabras o frases definidas a continuación:

1 líderes políticos
2 pidiendo de forma imperiosa
3 cantidades en números
4 debajo de algo (por ej., una foto)
5 primera página de un periódico
6 muertes
7 vida cómoda
8 oficina que representa el ministerio público en los tribunales
9 artículo periodístico

10 falta de seguridad
11 que se aplica en este momento
12 proceso en el que se decide si alguien es culpable o inocente
13 se pondrá en uso
14 cantidad de dinero a pagarse por quebrantar la ley
15 beneficios, especialmente dinero, obtenidos en una venta

B   Decide si las siguientes frases referidas al texto son verdaderas o falsas. Marca con una cruz (X) la opción que te parezca correcta. Si es falsa, explica por qué con tus propias palabras.

	Verdadero	Falso
1 La primera página de *El Nacional* fue censurada por sus temas.		
2 Aunque los artículos no muestran imágenes, las describen.		
3 Este diario venezolano ha sido cerrado por publicar artículos de contenido violento.		
4 Según la ley, hay que proteger a los niños y jóvenes de ver violencia.		
5 *El Nacional* participó en eventos que causaron muertes en 2009.		
6 Lo que quería hacer el diario era cuestionar la falta de seguridad en el país.		
7 Según ese medio, el gobierno venezolano asesina a miles de ciudadanos.		
8 Solo este periódico tiene que observar esta regulación debido al juicio.		
9 Aquellos que publiquen imágenes violentas, tendrán que pagar una multa.		
10 Cada diario debe contribuir un 2% de sus ganancias netas.		

C   Debate los siguientes temas con el resto de la clase:

- ¿Por qué se rotula de "sensacionalistas" a cierta prensa?
- ¿Qué es más importante, impactar al lector o mostrar la realidad?
- ¿Qué consideran que no debería mostrarse en un diario? ¿Por qué?
- Los diarios de su región/país, ¿son realistas o sensacionalistas?

Finalmente, escribe un blog (de 250 a 400 palabras) respondiendo a estas ideas. No olvides mencionar ejemplos ilustrativos de la idea que escojas (por ejemplo: *no hay que mostrar violencia, por ejemplo imágenes de muerte en la guerra*). Para comprender mejor el contexto en Venezuela, lee la sección *¿Qué sabes de Venezuela?* en esta unidad.

> **¡NO OLVIDES!**
>
> Cómo escribir un blog
>
> **Página 53 en la Unidad 2.**

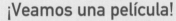

¡Veamos una película!

Aquí tienes el nombre y datos de una película en español que trata del tema de la prensa.

La flor de mi secreto (España, 1995)
Género: drama
Director: Pedro Almodóvar
Reparto: Marisa Paredes, Juan Echanove, Imanol Arias y Rossy de Palma

Si es posible, mírala y debate los siguientes puntos con la clase:

- ¿Quién es Leo? ¿Qué tipo de literatura escribe?
- ¿Cómo es la relación de Leo con su marido?
- ¿Qué problema tiene con sus editores?
- ¿Le gusta a Leo su nuevo trabajo como crítica de un periódico?
- ¿Quién es Ángel? ¿Cómo la ayuda?
- ¿Crees que Leo tuvo éxito en la vida? ¿Por qué (no)?

¡Escuchemos una canción!

Aquí tienes el nombre de una canción que trata del tema de la televisión y la fama.

Talento de televisión
Género: salsa "nuyorican"
Álbum: Tras la tormenta (1995)
Cantantes: Willie Colón y Rubén Blades (Estados Unidos y Panamá)

Si es posible, escúchala y debate los siguientes puntos con la clase:

- ¿Tiene talento la persona de la canción?
- ¿Cómo consiguió ser popular?
- ¿Qué opinan los actores y las actrices?
- ¿Cobra mucho dinero?
- ¿Crees que hay personas así en la televisión de hoy?

¿Qué sabes de... Venezuela?

Antes de leer la información sobre Venezuela, completa este pequeño cuestionario para ver cuánto sabes de este país.

1 ¿Qué gran río recorre este país de oeste a este?

a) el Amazonas   c) el Orinoco

b) el Paraná

2 ¿A qué virreinato perteneció Venezuela durante la época colonial?

a) Virreinato de Nueva Granada

b) Virreinato de Nueva España

c) Virreinato del Río de la Plata

3 ¿Qué gran libertador americano nació en su capital, Caracas?

a) Bernardo O'Higgins   c) Simón Bolívar

b) José de San Martín

4 ¿Cuándo obtuvo Venezuela su independencia de España?

a) 1797   c) 1813

b) 1821

5 ¿Venezuela ocupa el noveno puesto mundial por sus reservas de qué recurso natural?

a) gas   c) petróleo

b) carbón

El país

◎ Venezuela limita al norte con el mar Caribe, al este con el Océano Atlántico y Guayana, al sur con Brasil y Colombia, y al oeste con Colombia.

◎ El país está dividido en **23 estados federales**, distribuidos en la **parte continental** sudamericana y en más de 311 **islas**, **islotes** y **cayos**. Su capital, **Caracas**, es un distrito federal.

◎ Cuenta con una población aproximada de **50 millones de venezolanos**, formada por mestizos (un 70%), blancos, negros y aborígenes americanos.

◎ Tiene uno de los paisajes naturales más ricos de Sudamérica, con un **clima ecuatorial** en el sur y **tropical** en el centro y norte. La **Cordillera de los Andes** se encuentra al oeste del país y el gran **río Orinoco** lo recorre de oeste a este. Su **Salto del Ángel** es la cascada más alta del mundo y el río forma un enorme delta en su desembocadura en el Atlántico.

Historia

El período precolombino

Venezuela ha albergado distintas civilizaciones precolombinas. Allí se encontraron los **restos más antiguos** manufacturados por el hombre en Sudamérica. Se distingue por dos tradiciones culturales: la **Caribe** en las Antillas y el norte del país, **y la Amazónica** en las cuencas del Orinoco y del Amazonas. Sus aborígenes fueron aislados primero por los **arahuacos** y después por los indios **caribes**, que llegaron desde las islas Antillas.

Palafitos tradicionales del Caribe venezolano

La Conquista y el período colonial

En **1498**, al desembarcar Cristóbal Colón en Venezuela, la llamó "**Tierra de Gracia**", sinónimo aún usado, ya que le pareció llegar al paraíso. En otra expedición, el conquistador **Alonso de Ojeda** vio los *palafitos*, es decir las casas construidas sobre pilotes, de los caribes, en el Golfo de Maracaibo, y por esta razón **Américo Vespucio**, que lo acompañaba, llamó al territorio "Venezziola" o "**pequeña Venecia**". Aunque la empezó Carlos V con los Welsers, banqueros alemanes, la verdadera colonización de Venezuela comenzó en **1548**, cuando, tras fundarse varias ciudades, **Diego de Losada y Quiroga** funda en el poblado de los indios **caracas**, la ciudad de **Santiago de León de Caracas**.

Durante la época colonial, Venezuela perteneció al **Virreinato de Nueva Granada**, del cual se separó en 1742, para formar la **Gran Capitanía de las Provincias de Venezuela**, anexando las provincias de Cumaná, Guayana, Maracaibo y las islas Margarita y Trinidad.

La independencia

Venezuela es conocida por ser uno de los **focos independentistas** más importantes de Sudamérica. Sin embargo, la primera campaña libertadora, en 1797, y la segunda, en 1806, fracasaron por poco apoyo de la población y por un contraataque eficiente de los españoles. Aún así, se proclamó la independencia absoluta, la que se obtuvo después de una larga y cruenta guerra.

La **República Bolivariana de Venezuela**, nombre actual del país, toma el adjetivo "bolivariana" del Libertador de América, **Simón Bolívar**, nacido en su capital, Caracas. Este prócer (es decir, héroe) entró triunfante en Caracas en 1813. En 1819, el **congreso de Angostura** proclamó la constitución de **la Gran Colombia**, en la que quedaban **unidas Venezuela y Nueva Granada** (hoy Colombia, Panamá y Ecuador). El **24 de junio de 1821**, Venezuela logra su independencia absoluta de España, pero el sueño de los "Estados Unidos de Sudamérica" de Bolívar no se concretó, al separarse Venezuela de la Gran Colombia en **1829** y al dividirse los países sucesivamente.

Simón Bolívar

Los siglos XX y XXI

Durante la mayor parte del siglo XX, el gobierno de Venezuela estuvo marcado por **gobiernos energéticos**, **golpes militares**, el desarrollo extenso y la caída de su **economía**.

Desde 1908 hasta 1935, Juan Vicente Gómez fue presidente y gobernó el país con gran dureza en varios intervalos. En 1948, el país sufrió un golpe militar, y volvió la democracia electoral en 1958.

Venezuela es el noveno país con más **petróleo** del mundo, el octavo en reservas de **gas natural** y el décimo en **hierro**, y también es rica en **bauxita, diamantes, oro** y las **perlas** de la isla Margarita. La economía del país sufrió una gran crisis en 1983 debido a la caída de los precios petrolíferos. Su deuda externa con el FMI (Fondo Monetario Internacional) provocó medidas de gran austeridad, y estas y la corrupción llevaron al descontento del pueblo.

En 1998, **Hugo Chávez** ocupó la presidencia, implementó un plan de privatizaciones para mejorar la economía, y convocó un referéndum para modificar la Constitución y atribuirse mayores poderes. Sus muchos **decretos** que controlan la propiedad privada y la economía de mercado provocaron gran oposición. Esto precipitó un golpe de estado en 2002, a cargo de Pedro Carmona, que lo derrocó, pero al perder Carmona el apoyo del Ejército, Chávez volvió al poder.

Venezuela y los medios de comunicación

Venezuela tiene reputación entre los hispanoamericanos de ser "**el país de las telenovelas**", ya que este género televisivo tuvo gran difusión en este país y hacia los países vecinos desde sus principios. Sus producciones, como *Kassandra*, han sido las más populares en el mundo entero.

La **prensa venezolana** ya influía en los tiempos de la campaña de independencia de Simón Bolívar, y tiene una voz muy fuerte.

En su esfuerzo por desarrollar una "**revolución bolivariana**" y proteger al pueblo venezolano, el presidente Hugo Chávez ha controlado los medios de comunicación. Esto ha provocado gran **controversia en el país**. Entre estas pueden mencionarse: una ley que fija hasta cuatro años de cárcel para periodistas, dueños de empresas y comunicación y artistas que atenten contra "la paz social, la seguridad y la independencia de la nación, la seguridad de las instituciones del Estado y la moral pública de los venezolanos". Entre los años 2009 y 2010, el Gobierno cerró 34 emisoras de radio y seis canales de televisión, y Chávez declaró que "Internet no puede ser libre".

Para más información:
http://www.venezuelatuya.com

IV: Literatura [Nivel superior]

12 El diario a diario

Julio Cortázar (1914–1984) fue uno de los escritores argentinos (nacionalizado francés) más celebrados en el mundo entero, ya que es considerado uno de los principales exponentes de la literatura fantástica hispanoamericana. Sus obras incluyen cuentos, novelas y poemas, y basta con ver los títulos juguetones de varias de sus obras para notar su maestría literaria: ***Pameos y meopas*** (1971), una colección de poemas, y el ensayo ***La vuelta al día en ochenta mundos*** (1968). Su gran novela ***Rayuela*** (1963) rompe con las convenciones temporales de la narrativa, y puede ser leída de forma lineal, o justamente como un juego de rayuela, saltando de un capítulo a otro, indicados por el autor.

En ***Historias de cronopios y de famas*** (1962), Cortázar entretiene al lector con observaciones de la vida cotidiana, protagonizadas por "cronopios" (dibujos mal hechos) y por "famas", que forman el universo.

Un señor toma el tranvía después de comprar el diario y ponérselo bajo el brazo. Media hora más tarde desciende con el mismo diario bajo el mismo brazo.

Pero ya no es el mismo diario, ahora es un montón de hojas impresas que el señor abandona en un banco de plaza.

Apenas queda solo en el banco, el montón de hojas impresas se convierte otra vez en diario, hasta que un muchacho lo ve, lo lee y lo deja convertido en un montón de hojas impresas.

Apenas queda solo en el banco, el montón de hojas impresas se convierte otra vez en un diario, hasta que una anciana lo encuentra, lo lee y lo deja convertido en un montón de hojas impresas. Luego se lo lleva a su casa y en el camino lo usa para empaquetar medio kilo de acelgas, que es para lo que sirven los diarios después de estas excitantes metamorfosis.

Cuento completo, extraído de **Historias de cronopios y de famas**, *Julio Cortázar (Argentina)*

A Lee el cuento con atención. ¿Qué quiere decir Cortázar con la metamorfosis del diario? Elige la interpretación que creas correcta y justifica tu respuesta.

1 Los diarios no sirven para nada, son simplemente hojas impresas.

2 Los diarios realmente no informan, solo sirven para empaquetar verduras.

3 Las noticias de los diarios existen solo para el que las lee.

4 En realidad, las noticias de los diarios son inventadas.

5 Los diarios viajan de persona a persona, y tienen una mala influencia sobre ellas.

B Trabaja con un(a) compañero/a. Inventen lo que pasó con otro diario. ¿Quién tiene la historia más original de todas? Mencionen:

- dónde empezó el día
- quién(es) lo tomó/tomaron
- qué cambio(s) sufrió
- cómo terminó el día.

C Escribe una redacción (250 palabras como mínimo) sobre el rol de los diarios en la sociedad en la que vives. ¿Cambian de acuerdo con las personas que los leen? ¿Sirven para algo?

Para saber más sobre **Juan José Millás,** lee la página 28 en la Unidad 1. El siguiente texto es la primera mitad de un cuento muy corto que aparece en su libro de cuentos ***Los objetos nos llaman*** (2008).

En la esquina de López de Hoyos con Príncipe de Vergara había una pareja discutiendo. Ella lloraba y cuanto más lloraba ella, más agresivo se ponía él. Me acerqué con disimulo deteniéndome frente al escaparate de una tienda de muebles. Entonces la mujer dijo:

—Pues si quieres, lo metemos en mi maletero.

No comprendí a qué se refería, pero la voz me sonó familiar y me di cuenta de que se trataba de la chica del telediario. Era un poco más delgada que en la pantalla y su voz tenía un registro agudo que en la televisión tampoco se advertía, pero no hay que olvidar que estaba excitada por el asunto del maletero. Entonces, él advirtió mi presencia y continuaron andando un poco más contenidos los dos.

Al día siguiente, cuando empezaron las noticias, me fijé en la chica y advertí que había llorado. Un espectador menos atento, o que no hubiera asistido a la pelea del día anterior, no se habría dado cuenta, porque el maquillaje era perfecto. Lo más probable era que se hubiera puesto colirio también, para iluminar un poco la pupila. Pero se percibía en el fondo de los ojos un poco de cansancio. Me dio lástima, la verdad.

Durante los siguientes días, la observé con atención y comprendí que las cosas entre la chica y el hombre no iban mejor. Tenía mala cara, pese al maquillaje, y no llevaba el pelo tan arreglado como era habitual. Se lo dije a mi mujer.

—Esta chica está muy desmejorada.

Mi mujer levantó la cabeza de la revista y dijo que ella no le había notado nada.

—¿Cómo no le has notado nada? Si salta a la vista. ¿No ves que acaba de llorar?

—Qué va a haber llorado. Además, ahora hay colirios y enjuagues que disimulan los disgustos. Puedes llorar todo lo que quieres sin que nadie se entere.

Como vi que se había propuesto llevarme la contraria, la dejé volver a su revista y continué observando a la chica. Si yo fuese su padre, pensé, hablaría con el hombre ese que le daba tantos disgustos. Y le exigiría que utilizara su propio maletero. No es raro que estas mujeres que salen en la tele acaben liadas con individuos malos, que se aprovechan de su fama para medrar. Por otra parte, hay gente que lleva los maleteros llenos de cadáveres. Recé para que la pobre no estuviera implicada en un crimen.

En esto, me dio la impresión de que entre noticia y noticia la chica hacía un gesto como para pedir socorro.

—Esa chica está pidiendo socorro— dije en voz alta.

—Tú no estás bien de la cabeza— comentó mi mujer.

Extraído de **Los objetos nos llaman**

Juan José Millás (España)

A

Busca en el texto las palabras y expresiones que corresponden a las definiciones siguientes:

1 peleándose
2 lugar en un vehículo para llevar las maletas
3 noté
4 la parte de un televisor en que se ven las imágenes
5 observé
6 medicamento para aliviar las enfermedades de los ojos
7 señales de fatiga
8 realmente
9 tenía una expresión molesta
10 deteriorada físicamente

11 es obvio
12 por supuesto que no ha llorado
13 líquidos que se utilizan para limpiar la boca
14 ocultar las molestias
15 contradecirme
16 ese hombre
17 aparecen en la televisión
18 prosperar
19 mientras pasaba esto
20 como si pidiese

B

Termina las frases siguientes con una de las frases en el recuadro, según el sentido del texto. ¡Cuidado! Hay cinco de más.

1 El narrador se acercaba a las dos personas…
2 El comportamiento de la pareja cambió…
3 Al día siguiente, el narrador, fijándose en la cara de la chica en la tele, …
4 El narrador quería señalar a su mujer el cambio físico en la chica…
5 El narrador estaba convencido de que…

---

a … pero su mujer se opuso a esta teoría.
b … cuando la chica se mostraba más excitada por el asunto.
c … el hombre era malo y la chica necesitaba ayuda.
d … pero su mujer dijo que quizás iba a llorar pero ya no se notaba.
e … cuando el hombre se dio cuenta de que alguien los estaba mirando.

f … vio que había puesto colirio en los ojos.
g … porque quería saber lo que iban a meter en el maletero.
h … porque le interesaba saber por qué se estaban peleando.
i … la chica estaba involucrada en un crimen.
j … comprendió que ella no se sentía bien.

C

Termina esta historia utilizando de 200 a 250 palabras. La continuación debe concordar con lo que ya sabes de los hechos y los personajes de la historia.

TAREA CREATIVA SOBRE LITERATURA DE SEGUNDO AÑO

Escribe una redacción (mínimo 200 palabras) sobre la importancia del tema *los medios de comunicación tradicionales y su impacto* en uno de los libros que has leído. Puedes responder una de estas preguntas:

● ¿Qué medios de comunicación se observan en la obra (por ejemplo, la radio o la televisión)?
● Los medios de comunicación, ¿influyen sobre la acción? Explica.
● ¿Qué dirían dos personajes de la obra en una entrevista televisiva? Escribe las preguntas del/de la entrevistador(a) y las respuestas de los personajes.

V ¡A jugar!

Titulares

Reglas del juego

Trabajen en grupos de tres o cuatro alumnos. Cada grupo escoge uno de los titulares abajo y, trabajando de equipo, intenta construir la historia original. Tienen 30 minutos para producir su versión de la historia.

Cuando los grupos hayan terminado, un miembro de cada grupo lee su historia en voz alta. Luego el resto de la clase lee el artículo de la historia original y lo compara con su versión.

¡El grupo que muestre más invención, originalidad y/o humor según el voto de la clase, puede recibir un premio!

Capturan a los lobos que escaparon de su jaula en el Zoológico de Barcelona

Un vagabundo detenido por forzar la puerta de un banco para dormir en sus sillones

Un colombiano recorre Sudamérica en silla de ruedas

Extrañas luces en el cielo: un avión tuvo que realizar un aterrizaje de emergencia

UNIDAD **5**

El Siglo XXI: la revolución de las comunicaciones

◎ I: La telefonía del siglo XXI

◎ II: Nuestro Nuevo Mundo: internet

◎ III: Redes sociales y blogs: ¿nuestra nueva voz?

◎ IV: Literatura [Nivel superior]

◎ V: ¡A jugar!

¡Piensa!

"... En un anuncio reciente que vi en los Estados Unidos, se leía: 'Los niños requieren buena alimentación, buena educación y... ancho de banda'. ¿No es increíble?"

Javier Jiménez Espriú, ingeniero y autor mexicano

- ¿Es verdad que la comunicación rápida, con buen ancho de banda, es indispensable para los niños? ¿Por qué (no)?

- ¿Cuáles son las ventajas y los inconvenientes de tener un móvil/celular?

- ¿Te sientes ansioso cuando te ves sin tu celular/ móvil? ¿Por qué (no)?

- Internet, ¿puede cambiar la vida de una comunidad remota?

- ¿Nos podemos fiar de la información que encontramos en internet?

- "La computadora/El ordenador ha cambiado la vida de familia". ¿Estás de acuerdo?

- Si quieres saber más de una noticia, ¿buscas la información en internet o en la prensa tradicional? ¿Por qué?

- Las redes sociales, ¿mejoran o empeoran las relaciones entre las personas?

I: La telefonía del siglo XXI

1 El teléfono va a la escuela

A Trabaja con un(a) compañero/a y descubran el sentido de las palabras y expresiones de la lista. Busquen las que no conozcan en el diccionario.

1	se origina	a	entrada
2	inseguridad	b	grupos cuyos miembros interactúan en sitios web
3	protegido	c	registrar imágenes o sonidos
4	atropelle	d	móvil (E.)
5	expone	e	retenían
6	celular (HA.)	f	no permite
7	suene	g	pone al descubierto
8	prohíbe	h	falta de seguridad
9	grabar	i	proviene de
10	travesuras	j	actos para conseguir un fin determinado
11	acceso	k	haga ruido
12	redes sociales	l	amparado
13	campaña	m	pase por encima precipitadamente
14	confiscaban	n	diabluras

Renzo Jiménez

Fabiola

B Todas las siguientes frases tienen errores. Sin modificar su estructura, corrígelas con la información del audio.

Pista 18

1 Renzo Jiménez piensa que si los hijos llevan un móvil estarán mejor protegidos.

2 Según Renzo, los padres creen que un móvil puede hacer que sus hijos se caigan de su bicicleta mientras juegan.

3 En el colegio de Fabiola, la pérdida de un celular puede causar problemas entre el alumno y la escuela.

4 Fabiola cree que se debe permitir el uso de los celulares en la escuela.

5 Según Mariluz, los alumnos suelen divertirse grabando música, que luego ponen en *Facebook*.

6 Edgar piensa que los 13.000 estudiantes argentinos fueron a clase porque tenían acceso a redes sociales.

7 Según Edgar, una compañía podría enseñar a los estudiantes a abusar del celular.

8 Ailén recuerda que los juegos eléctricos de su juventud estaban prohibidos porque si alguien se los robaba habría problemas.

Mariluz

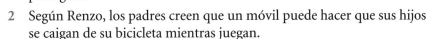
Edgar

C Comenta con tu compañero/a el uso de los móviles en los espacios públicos.

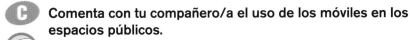

- ¿Les parece importante que todo el mundo tenga un celular? ¿Por qué (no)?
- ¿Cuáles son las ventajas de tener un celular?
- ¿Tienen experiencia del abuso de los celulares?

- ¿Cómo reaccionarían si los celulares estuvieran prohibidos en todos los sitios cerrados (por ejemplo, trenes, bares, colegios)?

Ailén

2 Rescate gracias a un celular

Lo que se dice constantemente es que "un celular puede ayudar a un padre a saber donde está su hijo", pero pocos piensan que el camino inverso puede ser tan importante como eso o más aún. Así lo demuestra la precipitada historia de Justina Laurenzana, de 66 años, residente en un barrio a las afueras de Asunción del Paraguay.

Cansado después de un día laboral duro en su oficina del centro, Antonio Laurenzana, el menor de sus doce hijos, salió del baño para notar que sonaba su celular. Era su madre. Lo atendió y se cortó la comunicación. La llamó pero ella colgó. Ocurrió lo mismo otra vez, a los tres minutos, y nuevamente le colgó el teléfono.

Al no tener contacto, Antonio llamó a emergencias. Sabía que su madre estaba en apuros. El teléfono sonó una tercera vez, y esta vez no se cortó, solo se oyó el golpe de alguien en el suelo. Mientras Antonio salía de su casa, celular en mano, oía que los paramédicos habían llegado y que estaban socorriendo a su madre.

La necesidad es la mejor maestra, ¡y la telefonía la mejor asistente! Lo que había pasado era que Justina se sentía mal, con un hormigueo en el brazo y un fuerte dolor en el pecho. Con la mano libre, solo presionó una tecla de discado rápido y llamó a su hijo, pero el dolor era más fuerte que su voz. Estaba teniendo un ataque cardíaco.

El rescate duró menos de diez minutos, y Justina sobrevivió sin secuelas. El teléfono celular probó una vez más que no sirve solo para hablar. Sirve para salvar vidas.

¡Hola! ¡¿Hola?!

911, ¿Cuál es la emergencia?

clic

A **Lee el texto que cuenta la historia de un rescate. Después ordena los resúmenes de los diferentes párrafos. ¡Cuidado! Hay un resumen que no va.**

Párrafo

a La madre había sufrido un ataque al corazón; como no podía hablar, usó el discado rápido y cortó para comunicárselo a su hijo. ☐

b Los teléfonos celulares sirven no solo para localizar a los hijos, sino a los padres, como en esta anécdota de Paraguay. ☐

c Antonio Laurenzana vivía lejos de la casa de su madre y por eso la comunicación se cortaba. ☐

d Justina Laurenzana fue socorrida en poco tiempo gracias al teléfono celular. ☐

e El hijo adivinó que su madre necesitaba ayuda y actuó rápido. Pudo comprobar que su madre recibía la ayuda que había pedido. ☐

f Una madre llamó a su hijo menor, que acababa de trabajar, dos veces, pero no habló con él. ☐

B **Lee el texto otra vez y haz una lista de todas las comparaciones. Clasifícalas en:**

- comparaciones de características
- comparación de cantidades

Gramática

LOS COMPARATIVOS

Recuerda que:

- las **comparaciones positivas y negativas** se hacen con las estructuras: **más/menos** + adjetivo + **que**… Por ejemplo: *el celular es **más** útil **que** el teléfono fijo.*

- las **comparaciones de igualdad** se hacen con la estructura: **tan** + adjetivo + **como**… Por ejemplo: *el teléfono es **tan** claro **como** hablar en persona.* También se pueden hacer con **igual que**… Por ejemplo: *Ella habla **igual que** él.*

- existen **adjetivos comparativos**: *mejor que…, peor que…, mayor que… , menor que… , superior a… , inferior a…* Por ejemplo: *Este teléfono es **mejor que** este otro.*

- hay **adverbios** que comparan **cantidades**: *más/menos de…, tanto como… , poco… , suficiente… , bastante… , demasiado…* Por ejemplo: *Puedes hablar **menos de** diez minutos.*

Para repasar la forma y uso de los comparativos, ver 5 y 12 en el Resumen gramatical.

C Ahora completa las siguientes frases con adjetivos o adverbios para comparar o medir. Coloca una palabra por espacio.

G

1 Normalmente, hablar por teléfono celular es _____ caro _____ hablar por teléfono fijo.

2 ¡Se cortó la comunicación de nuevo! Este servicio es _____ fiable _____ el de mi novio.

3 El país con _____ número _____ hispanohablantes es México.

4 ¿Por qué compites con tu hermano? Sabes que eres _____ inteligente _____ él, no hay diferencia.

5 No aprobó el examen. Sacó _____ _____ los 40 puntos necesarios.

6 ¿Tu crees que tenemos _____ gasolina para llegar a la montaña?

7 No hay caso con ir al cine ahora. Es _____ tarde.

8 Este celular es _____ _____ el tuyo, la misma marca y el mismo modelo.

9 Mike habla el español _____ _____ muchos españoles, sin tantos errores.

10 ¡Ni más, ni menos! Mi papá gana _____ _____ el tuyo.

D Trabaja en un grupo. Inventen una historia en la que alguien sobrevivió o algo especial ocurrió gracias a un teléfono celular/móvil. Deben escribir una entrevista por la radio que incluya el diálogo que tuvo lugar por teléfono. Tengan en cuenta los siguientes detalles:

- quién(es) era(n) la(s) persona(s) y dónde vivía(n)
- para qué usaba(n) el teléfono celular/móvil
- qué sucedió un día
- qué dijo el uno al otro
- cómo el teléfono cambió la situación.

Si es posible, ambienta la acción en la Comunidad Autónoma de Madrid. Para obtener más información sobre ella, lee *¿Qué sabes de la Comunidad Autónoma de Madrid?* en esta unidad.

> **¡NO OLVIDES!**
>
> Cómo escribir una entrevista
>
> **Página 72 en la Unidad 3.**

3 Una joven madrileña, esclava del móvil

> **Estrategias para leer**
>
> Es muy importante que tomes la costumbre de leer cada texto por lo menos dos veces:
>
> - la primera vez para entender el **sentido general** del texto.
> - la segunda vez para entenderlo **en detalle**.

Cada día era igual. Cristina no tenía ganas de comer el almuerzo. Una mano en la cuchara y la otra en el móvil, con el pulgar en contracción. "Vamos, hija, come", le repetía su madre. Ella estaba más atenta a los mensajes que a las lentejas. Terminada la comida a trompicones, Cristina se encerraba en su cuarto, su escondite para más mensajes, descarga de música y charlas sobre ligues de clase.

Cristina tiene 12 años, aparenta más y es muy popular en su instituto*. Lleva tacones y acentúa una personalidad que aún no tiene. Hace unos meses, podía pasarse toda la tarde marcando números de teléfono y contestando llamadas. Salía de la habitación, solo tenía reproches. Hasta que la madre, desbordada, pidió ayuda a una psicóloga. Carmen García, profesional del gabinete Doble C, situado en un barrio al sur de Madrid, recibió a la niña.

▶

– ¿Cuánto dinero te gastas con el móvil?

– Unos 80 euros al mes.

– ¿Eres consciente? Es mucho, ¿no?

– Tampoco es tanto. El dinero sale de mis padres, pero yo hago cosas a cambio.

– ¿Crees que estás enganchada?

– Yo hablo. Lo que hace todo el mundo.

Sí, pero además dormía todas las noches con el móvil encendido bajo la almohada. Para enviar mensajes. No descansaba bien. Entre Carmen y sus padres le retiraron el aparato un tiempo. "Malvados. ¿Cómo me voy a comunicar?", fue lo primero que le salió por la boca. Se acostumbró. Luego se lo devolvieron, pero hablaron con la compañía telefónica para que solo pudiera recibir llamadas. Después se limitó el gasto a 5,5 euros mensuales.

Cada vez existen más Cristinas en el mundo. Los padres intentan que a sus hijos no les falte nada y miran a otro lado, pero el problema continúa. Al menos uno de cada tres jóvenes con móvil en el mundo confiesa sentirse intranquilo o ansioso cuando se ve sin él, según un estudio reciente. Con 4000 millones de aparatos que hacen girar en el planeta, la sociedad del consumo avanza.

Adaptado de http://argijokin.blogcindario.com

¡Observa!

*instituto = escuela estatal de enseñanza media en España.

A **Busca en el texto las palabras que corresponden a las definiciones siguientes:**

1 dedo primero y más grueso de la mano y del pie
2 tipo de semillas que sirven como alimento
3 a tropiezos
4 lugar donde esconderse
5 bajada de internet
6 en España, relaciones amorosas temporales (coloq.)
7 parece
8 partes de los zapatos que corresponden al talón
9 hace resaltar

10 componiendo un número de teléfono
11 que ya no sabe qué hacer
12 habitación para practicar ciertas artes o ciencias
13 adicta (coloq.)
14 conectado
15 malos
16 restituyeron
17 por mes
18 dar vueltas

Gramática

LOS NÚMEROS CARDINALES

Recuerda que:

- los números cardinales **cuantifican** objetos o acciones.
- **desde el 16 hasta el 29** (con excepción de "veinte") incorporan "y" pero se escriben en **una sola palabra**.
- **desde el 31 hasta el 99** (con excepción de "treinta", "cuarenta", etc.) incorporan "y" pero se escriben en **tres palabras**.
- **desde el 101 hasta el 199** se dice "cien<u>to</u>".
- **desde el 200 hasta el 999**, los números son **masculinos** o **femeninos**, según lo que cuantifican.

Para repasar la forma y uso de los números cardinales, ver 16 en el Resumen gramatical.

B Elige la oración que mejor conteste a cada pregunta según lo que dice el texto.

1 ¿Por qué no le interesaba comer el almuerzo a Cristina?

  a) Porque su madre la alentaba a comer demasiado.

  b) Porque estaba obsesionada con el móvil.

  c) Porque no le gustaban las lentejas.

2 ¿Qué adjetivo corresponde mejor a la personalidad de Cristina?

  a) Tímida.

  b) Extrovertida.

  c) Huraña.

3 ¿Por qué la madre de Cristina se puso en contacto con Carmen García?

  a) Porque la madre no podía aguantar más el comportamiento de su hija.

  b) Porque la madre necesitaba un tratamiento psicológico.

  c) Porque Cristina le pidió ayuda.

4 Según Cristina, ¿cómo devuelve el dinero que le dan sus padres para usar en el móvil?

  a) Se lo reembolsa al final del mes.

  b) No lo devuelve, sino que lo recompensa de otra manera.

  c) Se niega a devolverlo.

5 ¿Cómo intentaron sus padres y la psicóloga cambiar el comportamiento de Cristina?

  a) Le retiraron el móvil para siempre.

  b) Le permitieron gastar unos euros por semana en llamadas.

  c) Le quitaron el móvil temporalmente.

6 ¿Qué proporción mundial de jóvenes no se siente segura sin su móvil, aproximadamente?

  a) La mitad.

  b) Los dos tercios.

  c) Una tercera parte.

C Busca todos los números cardinales del texto. Los que están escritos con números, escríbelos en letras, y viceversa.

D Trabaja con un(a) compañero/a. ¡Habla por teléfono! Aquí tienes tablas sobre el uso de los teléfonos celulares/móviles.

Cada uno de ustedes debe obtener del otro la información que le falta. Como están "hablando por teléfono", deben pasarse los números pero sin ver a la persona (por ejemplo, sentados espalda contra espalda). ¡Tienen solo cinco minutos, antes de que se corte la conversación! ¡Suerte!

Estudiante A

País	Prefijo telefónico	Población total (habitantes)	Porcentaje de población con teléfono celular/móvil (por ciento) Nota: más de 100% = más de 1 teléfono por persona
México	+ 52		
España		47.021.031 (año 2010)	111,0 %
Colombia		45.925.397 (año 2011)	
Argentina	+ 54		125,6 %
Chile	+ 56		122,9 %

Estudiante B

País	Prefijo telefónico	Población total (habitantes)	Porcentaje de población con teléfono celular/móvil (por ciento) Nota: más de 100% = más de 1 teléfono por persona
México		112.322.757 (año 2010)	79,8 %
España	+ 34		
Colombia	+ 57		88,7 %
Argentina		40.091.359 (año 2010)	
Chile		17.248.450 (año 2011)	

E **Tienes que vivir un mes sin tu teléfono móvil/celular. Escribe en tu diario personal sobre el tema. Escribe por lo menos dos entradas (150 palabras cada una), una al principio de la experiencia y otra al final.**

> ¡NO OLVIDES!
>
> Cómo escribir un diario
>
> **Página 113 en la Unidad 4.**

- **¿Por qué te encuentras en esa situación?**
- **¿Cómo te pondrás en contacto con tus amigos?**
- **¿Cómo reaccionas?**
- **¿Tendrás problemas con tus padres?**

II: Nuestro Nuevo Mundo: internet

4 El español en internet

El español es la cuarta lengua más utilizada en la Red si tenemos en cuenta el número de usuarios conectados. De los mil millones de usuarios que tienen internet en todo el mundo, el 9% se comunica en español. Los tres idiomas que están por delante del nuestro son primero el inglés, segundo el chino y tercero el japonés. De nuevo, si tenemos en cuenta que el chino como el japonés son lenguas que, en general, solo hablan sus nativos, el español se sitúa como la segunda lengua de comunicación en internet tras el inglés.

La demanda de documentos en español también es la cuarta en importancia. Sin embargo, el español ocupa una posición inferior si se tiene en cuenta el número de documentos publicados en internet. Es decir, se produce poco material en español. Por otro lado, tampoco el acceso de los usuarios a muchos de los contenidos en español se realiza a través de portales españoles o hispanoamericanos,

sino a través de páginas fabricadas en el ámbito anglosajón.

Todo esto ha provocado una situación dramática, y es que el mundo anglosajón amenaza con apoderarse de los íconos culturales españoles e hispanoamericanos para su explotación en internet.

Los angloparlantes están controlando así las puertas de entrada a la cultura en otras lenguas y, en especial, a la cultura en español. Por ello resulta indispensable iniciar una campaña mundial que amplíe tanto las posibilidades de acceder a contenidos en español como a contenidos españoles e hispanoamericanos, realizados por usuarios e instituciones de habla hispana. Solo así se podrá combatir la visión del mundo que está construyendo en internet el mundo anglosajón sobre las culturas que nos rodean.

Adaptado de http://congresosdelalengua.es

A **Empareja las palabras siguientes con su definición correspondiente:**

1	usuarios	7	amenaza	a	idioma	g	sitios web en donde se
2	demanda	8	apoderarse de	b	producido		encuentra información
3	portales	9	íconos	c	demuestra peligro	h	de habla inglesa
4	fabricadas	10	amplíe	d	hacerse dueño de	i	construidas
5	anglosajón	11	habla	e	están alrededor	j	personas que utilizan algo
6	provocado	12	rodean	f	símbolos	k	aumente
						l	pedido

B ¿Qué párrafo resume mejor el texto: el 1, el 2 o el 3?

1 El español, con el 9%, está detrás del inglés, el japonés y el chino en el porcentaje de usuarios de internet. Las dos lenguas orientales tienen más usuarios que el español, pero solo se hablan en sus países respectivos. El inglés es la primera lengua de comunicación en la Red, pero el acceso de los usuarios anglosajones a muchos de los contenidos en inglés se realiza a través de portales españoles o hispanoamericanos. Hace falta una campaña realizada por usuarios de habla española; esta es la única manera de remediar esta situación.

2 Hay menos usuarios de internet hispanos que chinos y japoneses, pero el uso de sus dos lenguas no se extiende fuera del Oriente. Así, el español es el segundo idioma, detrás del inglés, en cuanto a usuarios globales. Lo malo es que el mundo anglosajón se ha hecho dueño de todas las páginas de internet; no hay portal que no tenga su origen en un documento en inglés. Es esencial que se inicie una campaña para que los contenidos de la cultura hispana se ofrezcan a los usuarios; así evitaremos el control total del mundo anglosajón.

3 Aunque el chino y el japonés tienen más usuarios de la Red que el español, aquellas lenguas tienen una extensión global inferior. El español se queda muy por detrás del inglés con respecto a documentos producidos en internet, y estos documentos suelen provenir de fuentes angloparlantes. Ante esta amenaza, el castellano corre peligro de perder sus íconos símbolos culturales españoles e hispanoamericanos. Hace falta una campaña global para enfrentarse a este fenómeno y los usuarios hispanohablantes son los que deben realizarla. No hay otra manera de luchar contra el dominio anglosajón.

C Según el artículo, el inglés domina la comunicación digital. ¿Puede el español mejorar su presencia en internet? ¿Cómo? Comenta este tema con tu compañero/a. Tomen en cuenta los puntos siguientes:

● Cuántas entradas hay en español y en inglés en un sitio multilingüe como Wikipedia.

● Quiénes deberían crear sitios web en español y por qué.

● Qué tipos de temas deben representarse.

D Busca los ejemplos de números ordinales en el texto y escríbelos en forma de números. ¡Cuidado! Usa "o" si son masculinos y "a" si son femeninos.

Gramática

LOS NÚMEROS ORDINALES

Recuerda que:
● hay dos tipos de números, los **cardinales** y los **ordinales**.
● los **ordinales** son los números que indican **orden** o **sucesión**, por ejemplo: *primero*, *segundo*, etc.
● los ordinales funcionan como **adjetivos**, con forma masculina o femenina, y singular o plural.

Para repasar los números ordinales, ver 16 en el Resumen gramatical.

E Completa las siguientes oraciones con números ordinales:

1 El español es la _____ lengua más hablada del mundo, después del chino y el inglés.

2 Llegamos aquí hace cuatro años. El año que viene será nuestro _____ aniversario.

3 Son mis _____ vacaciones en Sudamérica; no he estado aquí antes.

4 Nuestro edificio tiene siete pisos. Vivimos en el piso más alto, es decir el _____.

5 Estas son las _____ Fiestas de la Virgen; ya se han hecho otras ocho.

6 He ido a Portugal tres veces. Este verano me voy allí por _____ vez.

7 Comencé con sopa de pescado y de _____ plato pedí pollo asado.

8 Eran seis equipos en la competencia. Nuestros representantes salieron últimos, los _____.

9 Han pasado nueve años desde su muerte. El año próximo se cumplirá el _____ aniversario.

10 Estudié Empresariales durante cuatro años, los dos_____ en la Universidad de Granada, luego el _____ en París y para el _____ volví a Granada para completar la licenciatura.

Las variedades del español: la informática

Como ya sabes, hay diferencias entre el español de España y el de Hispanoamérica en ciertas palabras básicas, y a veces también en su género. Estas diferencias se mantienen en general, aunque a veces los hispanohablantes usan distintos géneros de estas palabras nuevas.

Hispanoamérica	España
el/la internet	Internet
la computadora	el ordenador
el mouse	el ratón
prender	encender
la netbook	el netbook
la notebook	el notebook
la PC	el PC
la portátil/la laptop	el portátil

5 Internet para todo el mundo

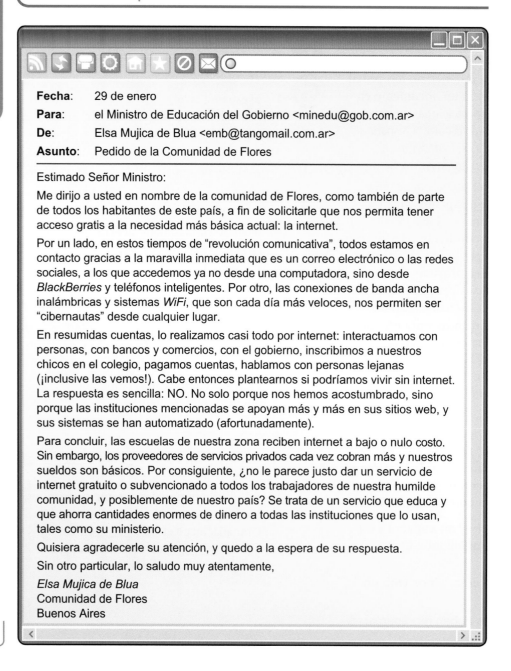

Fecha: 29 de enero

Para: el Ministro de Educación del Gobierno <minedu@gob.com.ar>

De: Elsa Mujica de Blua <emb@tangomail.com.ar>

Asunto: Pedido de la Comunidad de Flores

Estimado Señor Ministro:

Me dirijo a usted en nombre de la comunidad de Flores, como también de parte de todos los habitantes de este país, a fin de solicitarle que nos permita tener acceso gratis a la necesidad más básica actual: la internet.

Por un lado, en estos tiempos de "revolución comunicativa", todos estamos en contacto gracias a la maravilla inmediata que es un correo electrónico o las redes sociales, a los que accedemos ya no desde una computadora, sino desde *BlackBerries* y teléfonos inteligentes. Por otro, las conexiones de banda ancha inalámbricas y sistemas *WiFi*, que son cada día más veloces, nos permiten ser "cibernautas" desde cualquier lugar.

En resumidas cuentas, lo realizamos casi todo por internet: interactuamos con personas, con bancos y comercios, con el gobierno, inscribimos a nuestros chicos en el colegio, pagamos cuentas, hablamos con personas lejanas (¡inclusive las vemos!). Cabe entonces plantearnos si podríamos vivir sin internet. La respuesta es sencilla: NO. No solo porque nos hemos acostumbrado, sino porque las instituciones mencionadas se apoyan más y más en sus sitios web, y sus sistemas se han automatizado (afortunadamente).

Para concluir, las escuelas de nuestra zona reciben internet a bajo o nulo costo. Sin embargo, los proveedores de servicios privados cada vez cobran más y nuestros sueldos son básicos. Por consiguiente, ¿no le parece justo dar un servicio de internet gratuito o subvencionado a todos los trabajadores de nuestra humilde comunidad, y posiblemente de nuestro país? Se trata de un servicio que educa y que ahorra cantidades enormes de dinero a todas las instituciones que lo usan, tales como su ministerio.

Quisiera agradecerle su atención, y quedo a la espera de su respuesta.

Sin otro particular, lo saludo muy atentamente,

Elsa Mujica de Blua
Comunidad de Flores
Buenos Aires

A

En la siguiente lista de frases, además del ejemplo, solo hay cinco que son correctas con respecto al texto. Elígelas y márcalas con una cruz (*X*). Te damos una como ejemplo.

Ejemplo: *El correo electrónico está dirigido a un ministro.*	*X*
1 La persona que escribe no puede pagar por internet.	
2 Los *BlackBerries* y teléfonos inteligentes tienen mejor conexión a internet.	
3 Según la Sra. Mujica, no es necesario estar en casa para conectarse a internet.	
4 En su ciudad se pueden utilizar sitios web para comprar cosas como para completar trámites oficiales.	
5 Según ella, hoy es imposible vivir sin internet.	
6 Le parece mal que haya servicios a los que solo pueden accederse por internet.	
7 Los estudiantes pueden navegar por sitios web a bajo costo en sus colegios.	
8 Ella vive en una comunidad más rica que otras.	
9 Ella pide un servicio más rápido para todos en su comunidad.	
10 Según la Sra. Mujica, si no existiera internet, el ministerio y muchos otros gastarían mucho más dinero.	

B

Aquí tienes un dibujo de una computadora. Utiliza las palabras y frases del recuadro (varias aparecen en el texto) para rotular cada una de sus partes. ¡Cuidado! Hay dos de más.

cibernauta	correo electrónico o e-mail
unidad de disco duro/rígido	proveedor de servicios
conexión inalámbrica o WiFi	pantalla
unidad de DVD/CD	monitor
ratón o *mouse*	sitio web
internet (de banda ancha)	teclado
teclas	

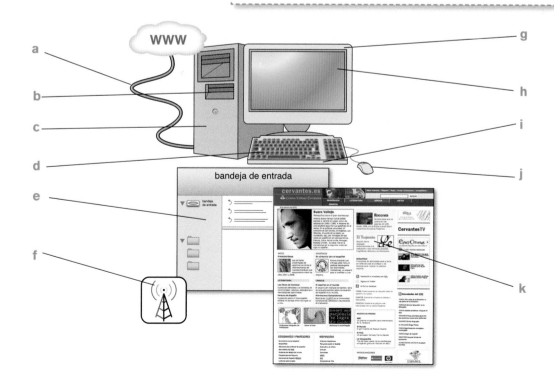

C **V** **G** Aquí tienes la respuesta que el secretario del ministro ha escrito a la Sra. Mujica de Blua. Complétala con las expresiones apropiadas de la sección *¡Qué bien escribes!*

Fecha: 10 de febrero

Para: Elsa Mujica de Blua <emb@tangomail.com.ar>

De: el Ministro de Educación del Gobierno <minedu@gob.com.ar>

Asunto: Re: Pedido de la Comunidad de Flores

_____ Mujica de Blua:

_____ para agradecerle su e-mail del pasado 29 de enero. Mi nombre es Armando Addina y le escribo _____ nuestro Ministro de Educación. Le escribimos _____ aclarar que no será posible acceder a su pedido de internet gratis.

_____, comprendemos que utilizar la Red sea cada vez más indispensable para la gente. _____ , comprendemos que los vecinos de su comunidad no ganan lo suficiente. Sin embargo, queremos aclarar que _____ las escuelas públicas cuentan con un servicio gratuito de internet, _____ que también lo tienen la biblioteca comunitaria y la Casa del Ciudadano. En estos lugares todos los ciudadanos son bienvenidos y pueden usar internet sin tener que pagar, ya que _____ un servicio a la comunidad.

_____, lamentamos comunicarle que no será posible extender un servicio gratuito a las casas de la comunidad.

_____ en nombre del Ministerio por su interés en mejorar los servicios. Tenga la seguridad de que haremos todo lo posible para ayudarlos, como siempre.

_____,

Armando Addina

¡Qué bien escribes!

Cómo escribir correspondencia formal

Para escribir una carta o correo electrónico formal como el que has leído, normalmente se usan expresiones comunes. Las reglas cambian de país en país, pero aquí tienes las más comunes:

Encabezado
Estimado/a Señor/a:
Muy Señor/Señora Mío/a:

Introducción
Me dirijo a usted…
de parte de…
a fin de + infinitivo
a fin de que + subjuntivo

Cuerpo de la correspondencia
Por un lado, … Por otro, …
En primer lugar…
En segundo (lugar)…
No solo… sino…
Se trata de…
Cabe entonces + infinitivo

Conclusión
En resumidas cuentas, …
Para concluir, …
Por consiguiente, …

Despedida
Quisiera agradecerle…
Quedo a la espera de su respuesta.
Sin otro particular, …
Lo(Le)/La saludo muy atentamente,
Atentamente,

A Antes de leer el texto, decide cuál de las dos opciones es sinónimo de las palabras que vas a encontrar en el texto.

1 paja
   a) hierba
   b) ladrillos

2 cuadro
   a) rectángulo
   b) escena

3 indígenas
   a) extranjeros
   b) aborígenes

4 pobladores
   a) habitantes
   b) poblaciones

5 herramienta
   a) instrumento
   b) vínculo

6 reforzar
   a) obligar
   b) fortalecer

7 esparcidos
   a) dispersos
   b) perdidos

8 se mantenga
   a) se conserve
   b) se encuentre

9 compartir
   a) usar en común
   b) aprovechar

10 ancianos
   a) antigüedades
   b) viejos

En una choza de paja abierta, en el punto donde se encuentran los Andes peruanos y la jungla amazónica, un cuadro nada común anuncia una revolución: en una rústica mesa, una computadora muestra en su pantalla páginas web.

Marankiari Bajo, una aldea poblada por indígenas asháninka, está conectada a la internet mediante radio de alta potencia.

La minúscula comunidad, situada a más de 500 metros sobre el nivel del mar y a 400 km de Lima, se encuentra en un lugar remoto, pero sin embargo está en contacto con el mundo. Quizás lo que es más importante para los pobladores de la aldea es que la computadora está conectada también con otras comunidades asháninka cercanas. Hasta hace poco no tenían ni tan siquiera teléfonos.

Los asháninka han adoptado la internet como una herramienta para reforzar y perpetuar su propia cultura, crear un sentimiento más amplio de destino comunitario entre los 400 pobladores asháninka esparcidos por toda América del Sur y contar su propia historia a todo el mundo.

Los aldeanos exploran cómo utilizar la internet para garantizar que su propia cultura se mantenga viva y obtener ventajas económicas para sí mismos. A través de este proyecto, los miembros de la comunidad también esperan ejercer más control sobre la educación cultural de sus hijos. Mino-Eusebio Castro, jefe del proyecto piloto, señala: "Después de cinco siglos de lucha, esta es la primera oportunidad que tienen los asháninka de controlar la forma de su comunidad. Podemos usar este proyecto de comunicación para diseñar y estructurar nuestro propio programa de estudios con objeto de crear una escuela asháninka, donde podamos compartir nuestras experiencias con otras comunidades. Queremos que esta escuela sea compatible con el sistema de educación peruano".

La internet les resulta útil. Ahora saben si los precios del mercado son buenos incluso antes de que salgan de sus aldeas para vender sus productos en Lima, habiéndose mejorado su situación económica como resultado de ello.

En el proceso de adoptar internet, los asháninka están pasando de una cultura de tradición oral a otra de tradición escrita. Los padres esperan que sus hijos sean capaces de aprender nuevas cosas que los asháninka no han sabido antes. Sin embargo, la comunidad todavía cree que los ancianos tienen algo que enseñar a la juventud.

Adaptado de http://www.idrc.ca/es

B Termina cada una de las frases siguientes con una de las frases en el recuadro, según el sentido del texto.

1 La tribu de los asháninka vive en un lugar…

2 A pesar de vivir en un lugar remoto, los indígenas…

3 La internet ofrece a los asháninka…

4 Los aldeanos se aprovechan de la internet no solo para conservar su cultura…

5 Están construyendo una escuela con su propio programa de estudios…

---

a … sino también para formar pilotos.

b … la oportunidad de hacer que otros pueblos tomen conciencia de su existencia.

c … aunque quieren que se ajuste al sistema nacional.

d … pueden contactarse sobre todo con otros indígenas asháninka en lugares alejados.

e … situado a 500 metros del mar.

f … sino también para mejorar su situación económica.

g … en el que la selva encuentra las montañas.

h … que no tendrá nada que ver con el sistema peruano.

i … pueden contactarse con otras comunidades con facilidad.

j … la posibilidad de hacer un cambio fundamental de la relación entre los jóvenes y los ancianos.

C Comenta con tu compañero/a las ventajas e inconvenientes del cambio en la cultura de los indígenas. Los temas siguientes te ayudarán:

- **La internet, ¿trae desventajas a quienes la usan?**

- **¿Es mejor que los indígenas se queden en su estado originario, sin ser influidos por la cultura dominante del país?**

- **¿Cuáles son las consecuencias del hecho de que "los asháninka están pasando de una cultura de tradición oral a otra de tradición escrita"?**

D Rellena los espacios en las frases siguientes con el verbo entre paréntesis en el presente del subjuntivo.

1 Quiero que _____ (mandar tú) este e-mail lo antes posible.

2 Los ancianos esperan que internet no _____ (cambiar) la relación entre ellos y los jóvenes.

3 No quieren que su sistema de educación _____ (ser) independiente del sistema peruano.

4 Mis padres desean que _____ (ir yo) a la universidad para estudiar informática.

5 Si regresas a casa, prefiero que _____ (volver tú) conmigo.

6 El profesor quiere que _____ (decir nosotros) la verdad.

7 Puedes utilizar mi computadora, aunque no puedo garantizar que _____ (funcionar).

8 Mi hermano espera que nuestros padres _____ (salir) esta noche para que _____ (poder nosotros) utilizar su ordenador.

Gramática

EL SUBJUNTIVO CON VERBOS DE ESPERANZA, DESEO E INTENCIONES PARA EL FUTURO

Recuerda que:

- el subjuntivo se usa especialmente en **oraciones subordinadas** que comienzan con **que**.

- cuando la acción del verbo principal expresa **deseo, esperanza o intenciones para el futuro** se usa el subjuntivo en la oración subordinada.

Por ejemplo:

Queremos que esta escuela **sea** compatible con el sistema de educación peruano.

Los padres **esperan que** sus hijos **sean** capaces de aprender nuevas cosas…

Los aldeanos exploran cómo utilizar internet para **garantizar que** su propia cultura **se mantenga** viva…

Para repasar las formas y usos del subjuntivo, ver 11.B en el Resumen gramatical.

UNIDAD 5: El Siglo XXI: la revolución de las comunicaciones

Con ustedes, Txema Ferrando, 35 años, curioso, fotógrafo, aficionado al ordenador ("es mi vida"), residente en Madrid. Un día, Txema se aburría en la cola del banco. Se fijó en un tipo con un uniforme "extraño". "Tenía impresas las siglas U.M.E., así que saqué el móvil, me conecté a la red, entré en la Wikipedia y me enteré de que es la Unidad Militar de Emergencias, que se dedica a grandes catástrofes, incendios y cosas así". Txema es un fan declarado de Wikipedia. "Me encanta. Es la enciclopedia que yo soñaba tener de pequeño: se actualiza al instante, crece cada día, tiene vínculos a otras webs...".

La Wikipedia (del hawaiano "wiki": rápido, y el griego "pedia": educación) es una poderosísima herramienta con una comunidad global de más de 150.000 voluntarios – más de 20 empleados fijos – que han escrito 11 millones de artículos en 265 idiomas (a un ritmo de 400 nuevos en español al día). En España, más de seis millones de personas la leen mensualmente. Pero, ¿qué hay de su fiabilidad? ¿Es correcto elevarla a la categoría de enciclopedia?

Simboliza la democratización del conocimiento, un fin muy romántico que encabeza una lista de pros: es gratis, rápida, se puede corregir en el acto, tiene capacidad infinita y es una útil herramienta educativa.

¿Y qué hay de los contras? Los resumió en julio de 2006 el escritor Sam Vaknin: 1. Es opaca: no se conoce a los autores de los artículos; 2. Es anárquica; 3. La autoridad va en función de la cantidad (sin importar la calidad); 4. Los expertos reconocidos son rechazados y atacados en ella. ¿Quiénes son los eruditos?; 5. No es una enciclopedia aunque se presente como tal; 6. Es una fuente de difamación y violaciones del *copyright*.

Se calcula que los wikipedistas tardan una media de cinco minutos en corregir cada error. Un insulto o un error evidente se detecta con facilidad. Pero otros fallos, los menos obvios, permanecen. El escritor y filósofo Fernando Savater comprobó que en las conferencias a menudo se le presentaba como un escritor exiliado en Francia. "Pregunté: '¿Pero de dónde ha sacado eso?' 'Está en la Wikipedia', me contestó [alguien] muy serio'".

Según Félix Bahón, profesor de Periodismo en la Red en la Universidad Carlos III: "Las ideas que mueven la Wikipedia ponen patas arriba la concepción del conocimiento que hemos heredado del pasado. Ahora todos pueden contribuir al conocimiento. Un cambio tan profundo en la transmisión del saber necesita ajustes. En cuanto a su fiabilidad, hay varios niveles. Como estudiante nunca debes fiarte. Como periodista, menos. Pero para un usuario normal es el gran invento del siglo XX".

*Adaptado de **El País**, 10 de junio de 2009*

A Empareja las palabras siguientes con su definición correspondiente, según el sentido del texto:

1	ordenador	a	en un lugar establecido
2	cola	b	fuegos grandes que destruyen
3	tipo	c	forma coloquial de decir "invierten"
4	siglas	d	errores
5	la Red	e	promedio de una cantidad
6	incendios	f	en España, computadora
7	se actualiza	g	objeto que sirve para arreglar o accionar cosas
8	vínculos	h	se pone al día
9	herramienta	i	no aceptados
10	fijos	j	enlaces o conexiones
11	fiabilidad	k	recibido de una generación anterior
12	anárquica	l	confianza en que algo sea cierto o que suceda
13	rechazados	m	forma coloquial de decir "hombre"
14	difamación	n	que no tiene orden
15	media	ñ	daño a la buena fama de una persona o institución
16	fallos	o	internet
17	ponen patas arriba	p	línea de personas que esperan
18	heredado	q	las letras iniciales de un nombre propio

B Decide si las siguientes frases referidas al texto son verdaderas o falsas. Marca con una cruz (X) la opción que te parezca correcta. Si es falsa, explica por qué con tus proprias palabras.

	Verdadero	Falso
1 Txema Ferrando descubrió la Wikipedia un día que estaba aburrido en el banco.		
2 Txema es un apasionado de la informática y considera que la Wikipedia es muy útil.		
3 La Wikipedia es un sitio hawaiano que solo tiene personal voluntario y gratuito.		
4 La Wikipedia en español publica cientos de artículos por día, que son leídos por millones.		
5 Esta enciclopedia interactiva no cuesta nada y no tiene límites de capacidad.		
6 Se la critica porque es desordenada y anónima.		
7 También puede decirse que favorece a autores eruditos y protege los derechos de otros.		
8 Fernando Savater dice que todos saben que está exiliado gracias a la Wikipedia.		
9 Para Félix Bahón, gracias a la Wikipedia, no solo unos pocos pueden transmitir el conocimiento, sino todos.		
10 Para este académico, los que investigan no deben considerar cierto lo que dice la Wikipedia.		

¡Realiza un proyecto! Durante una semana debes anotar los siguientes detalles del uso que tú y tu familia dan a la Wikipedia. Copia la siguiente tabla en un cuaderno, y lleva un control.

Proyecto: uso de la Wikipedia							
Datos	lunes	martes	miércoles	jueves	viernes	sábado	domingo
Artículos leídos/usados							
Razones de consulta							
Idioma(s) de artículos							
Cantidad de usuarios (entre tú y tu familia)							
Posibles errores encontrados							

Una vez que completes la tabla, escribe una redacción (250 a 300 palabras) con ejemplos tomados de ella. Debes demostrar si realmente la Wikipedia es útil para ti y tu familia y por qué (no).

Ejemplo: *Mi padre utilizó la Wikipedia... veces esta semana, y visitó los sitios... para buscar información de... porque... Los artículos estaban en... No encontró errores. Mi madre... En conclusión...*

III: Redes sociales y blogs: ¿nuestra nueva voz?

8 Latinoamérica se engancha a las redes sociales

 Vas a escuchar un audio de un programa de radio donde se hace un análisis de las redes sociales y su uso en Latinoamérica. Una vez que lo hayas escuchado, decide cuál de las dos opciones es sinónimo de las palabras y frases siguientes.

Pista 19

1 la Red
  a) internet
  b) sitio web

2 estadísticas
  a) resultados
  b) nacionalistas

3 aumento
  a) crecimiento
  b) estancamiento

4 internautas
  a) creadores de sitios web
  b) visitantes de sitios web

5 semejantes
  a) que hacen lo opuesto
  b) que hacen lo mismo

6 redes sociales
  a) chats
  b) sitios de contacto

7 penetración
  a) aceptación
  b) rechazo

8 en promedio
  a) como punto intermedio
  b) como punto máximo

9 perfil
  a) nariz de una persona
  b) datos de una persona

10 alojar
  a) contener
  b) editar

11 medir
  a) calificar
  b) cuantificar

12 usuarios
  a) vendedores
  b) clientes

139

B Ahora escucha con atención el análisis y completa la siguiente ficha con los datos y cifras que oyes.

Redes soci@les @n@lisis de uso	
1 Usuarios de internet en el mundo y año:	
2 Aumento mundial:	
3 Sitio de América Latina en cuanto a crecimiento:	
4 Promedio de usuarios latinoamericanos que usan redes sociales:	
5 Países incluidos:	
6 Frecuencia de visita de la mayoría:	
7 Lugar de *Facebook* entre sitios populares:	
8 Actividades que atraen al uso de redes sociales:	
9 Penetración mundial de redes sociales que incorporan imágenes:	
10 Penetración latinoamericana de redes sociales que incorporan imágenes:	
11 País con más penetración de redes sociales en Latinoamérica y porcentaje:	

C Escribe una lista de consejos (mínimo 200 palabras) en la que intentas convencer a una persona mayor de usar las redes sociales. Explícale:

- **qué son las redes sociales**
- **por qué son populares**
- **instrucciones paso a paso para usar una (por ejemplo *Facebook*, *Twitter*, *Tuenti*).**

¡Qué bien escribes!

Cómo escribir una lista de consejos o instrucciones

- Escoge un título informativo, utilizando una fuente más grande que la del resto del documento.

- Comienza con una introducción breve que explique de qué se tratan los consejos.

- Separa tus consejos en varios segmentos o ítems.

- Comienza cada consejo con una viñeta, una letra o un número.

- Utiliza un estilo directo y claro.

- Sé breve, no más de un párrafo por subtítulo.

- Si se trata de instrucciones, asegúrate de que sigan un orden lógico.

- Si das instrucciones, utiliza verbos en infinitivo o imperativo formal.

- Si conoces opiniones contrastantes, escríbelas y explica por qué tienes razón.

9 Un reencuentro gracias a Facebook

Mauricio, de Córdoba, Argentina, no conocía a su madre biológica. Entonces creó un grupo en Facebook: "Busco a mi mamá". La suerte quiso que se publicara en un diario nacional, y el sitio se saturó; hasta recibió mails de apoyo de Suiza e Inglaterra.

Así fue que lo contactó una señora que lo había cuidado en la clínica, donde había nacido prematuro, y donde su mamá lo había abandonado con apenas siete días de vida. Mauricio se preparó para el reencuentro después de 23 años.

Sonó el teléfono, y cuando Mauricio escuchó la voz al otro lado, su mundo se paralizó: "Hola. ¿Quién habla?", preguntó el joven. Hubo un silencio infinito en la línea y de repente, una mujer de unos 50 años de edad, le contestó: "Hijo mío; soy yo, tu mamá. No me odies. … Te recordé siempre".

Pasaron 24 horas hasta que, ayer al mediodía, Mauricio pudo ver a su mamá por primera vez. Fue en una plaza de un barrio al norte de Córdoba. Él fue con su primo y ella con su hermana. Quedaron cara a cara unos segundos, y fue Mauricio quien rompió el silencio: "Puedo verme en tus ojos". Entre lágrimas, su madre le dio ese abrazo que él había esperado durante años. Ella le contó que no había tenido otros hijos, que su padre fue "un accidente" en su vida y que había reconstruido su vida con otra pareja.

Después del emotivo encuentro, la vuelta hacia su casa adoptiva fue a pura lágrima. Mauricio lloraba en el coche. De repente, su celular alumbró el interior del auto. Presuroso, atendió el teléfono y del otro lado de la línea estaba nuevamente su mamá.

Su vida cambió. Tanto como su grupo en Facebook, al que, feliz, rebautizará: "Ya la encontré".

Adaptado de http://edant.clarin.com

A **¿Qué expresiones del texto equivalen a las siguientes?**

1 la fortuna buscó que

2 a la semana de nacer

3 todo quedó inmóvil

4 estuvieron mirándose el uno al otro

5 llorando mucho

6 dará un nuevo nombre

B **A continuación te damos subtítulos para cada párrafo de esta historia emotiva. Indica a qué párrafo se refiere cada subtítulo. ¡Cuidado! Hay más de los necesarios.**

Párrafo

a El primer encuentro y las reacciones ☐

b Por qué Mauricio eligió *Facebook* ☐

c Su nacimiento y el tiempo transcurrido ☐

d Lo que hará Mauricio en *Facebook* ☐

e La primera conversación con su madre ☐

f Lo que decían sus contactos de internet ☐

g Cómo se contactaron después del encuentro ☐

h Cómo Mauricio utilizó *Facebook* y las reacciones ☐

C **Busca en el texto antónimos para las siguientes palabras:**

1 crítica

2 desatendido

3 muerto

4 respondió

5 ruido

6 olvidé

7 última

8 reparó

9 risas

10 ida

11 oscureció

12 triste

D **Busca todos los ejemplos del pretérito pluscuamperfecto en el texto. Responde en cada caso: ¿antes de qué acción había sucedido?**

Ejemplo: *había creado un perfil de Facebook – antes de empezar la búsqueda.*

Gramática

EL PRETÉRITO PLUSCUAMPERFECTO

Recuerda que:

- el pretérito (o pasado) pluscuamperfecto se usa para establecer lo que **había pasado** antes de un punto de referencia en el pasado. Por ejemplo: *Mauricio **había perdido** a su mamá, y por eso **empezó** a buscarla en Facebook.*

- este tiempo se forma con el verbo auxiliar **haber** en el **pretérito imperfecto** y el **participio pasado** del verbo.

- algunos participios pasados son irregulares (por ejemplo: *hacer – **hecho**; decir – **dicho***).

Para repasar la forma y uso del pretérito pluscuamperfecto, ver 11.A.VII en el Resumen gramatical.

Ahora combina las siguientes oraciones usando el pretérito pluscuamperfecto. Te indicamos qué pasó primero y después, y te damos el principio de cada oración.

Ejemplo:
1º Empezó la película.
2º Nosotros entramos al cine.
Cuando nosotros entramos al cine, la película ya había empezado.

1   1º Los ladrones escaparon.
    2º Él llamó a la policía.

Cuando él...

2   1º Mi madre puso los anteojos en un lugar de la casa.
    2º Mi madre no sabía en qué lugar.

Mi madre no...

3   1º No vi a una amiga en 15 años.
    2º Me encontré con esa amiga.

Me encontré con...

4   1º El autor no emigró.
    2º El famoso autor explicó esto.

El famoso autor...

5   1º El chico contactó a la chica en la red social.
    2º El chico conoció en persona a la chica.

El chico conoció en persona...

6   1º La profesora cometió un error.
    2º La profesora corrigió el error.

La profesora corrigió...

7   1º Encontré un MP3 en el baño.
    2º Entregué el MP3 en recepción.

Entregué en recepción...

8   1º El alumno no estudió.
    2º El alumno se disculpó diciendo esto.

El alumno se disculpó...

9   1º Alguien cambió el perfil de Belén en Facebook.
    2º Belén descubrió esto.

Belén descubrió que...

10 1º Milagros hizo nuevos amiguitos.
    2º Milagros estaba feliz por esto.

Milagros estaba feliz porque...

Escribe una entrada a tu blog personal (mínimo 200 palabras) sobre una de las siguientes situaciones:

¡Mi red social me hizo bien!
Igual que el caso de Mauricio, tu red social te cambió la vida para bien. Incluye:

- **Qué decidiste hacer en la red social.**
- **Quiénes se sumaron.**
- **Qué es especial de lo que pudiste lograr.**
- **Si recomendarías a todos usar la red social para eso y por qué (no).**

¡Mi red social me hizo mal!
Al contrario del caso de Mauricio, tu red social te cambió la vida para mal. Incluye:

- **Qué decidiste hacer en la red social.**
- **Quiénes se sumaron/opusieron.**
- **Qué acción negativa sucedió.**
- **Si dejarías de usar la red social por eso y por qué (no).**

¡NO OLVIDES!

Cómo escribir un blog

Página 53 en la Unidad 2.

Hoy un coche bomba ha estallado frente al edificio central, muy cerca de la Facultad de Comunicación, de la Universidad de Navarra. Una bomba en una facultad es un acto muy cobarde, solo al alcance de asesinos sin suficiente valor para escoger una víctima y enfrentarse cara a cara a ella. El lamentable resultado ha sido 28 heridos leves; solo ha habido una víctima mortal: el periodismo tradicional.

Ningún diario, radio, ni televisión me ha contado la noticia. Yo, personalmente, me he enterado por un correo que un profesor de la propia universidad ha mandado a buena parte de sus contactos. Llegaba en ese momento a casa, y en televisión nadie decía nada. Los diarios digitales apenas dedicaban un par de líneas en un informe urgente. Y Twitter sin embargo estaba que ardía*.

Twitter no es un medio periodístico. Porque es mucho más que eso. Y porque solo a veces se hace periodismo a través de Twitter. Esta mañana hemos compartido informaciones, impresiones, ánimos y saludos. Informábamos a otros al tiempo que nos informábamos nosotros mismos.

Y es que ha querido el destino que este atentado haya coincidido en el tiempo con el congreso del Nuevo Periodismo de Cáceres, en el que se muestra el profundo distanciamiento que hay entre la gente —incluyo a cada vez más estudiantes de periodismo— y los medios tradicionales.

Hace seis años, cuando se produjo otro atentado en esa misma universidad, tal vez los estudiantes sí quisieran publicar en los medios tradicionales. Hoy se han ido a las redes sociales: a Twitter, a Facebook o a Tuenti.

Y mientras, en el congreso de Cáceres, responsables de elpais.com, el mundo.es o elconfidencial.com* acusaban a los estudiantes de no haber respondido a sus demandas de fotos, vídeos o textos. ¡Y parece ser que lo decían entre la sorpresa y la indignación! Pues, me temo entonces que no, que no eran ellos los más indicados para hablar de "hacia dónde va el periodismo en internet".

Adaptado de http://www.egaleradas.com

¡Observa!

*estar que arde (coloq.) = estar extremadamente activo un medio de comunicación.
*elpaís.com, elmundo.es o elconfidencial.com = periódicos españoles en sus versiones electrónicas.

A Completa las siguientes frases con una de las opciones, según lo que dice el texto:

1 Según el escritor, al que plantó la bomba le faltaba:

   a) coraje.

   b) orgullo.

   c) cobardía.

2 El escritor sugiere que, como consecuencia del atentado, el periodismo tradicional:

   a) divulgó la noticia.

   b) murió.

   c) lamentó no haber visto a las víctimas.

3 Un profesor de la Universidad de Navarra fue el que:

   a) mandó la noticia a la televisión.

   b) se puso en contacto con el escritor por e-mail.

   c) llegó a la casa del escritor.

4 La función de *Twitter* es:

   a) publicar noticias de prensa.

   b) no hacer caso de las noticias.

   c) ser un foro para la interacción de participantes.

5 Según el escritor, el congreso del Nuevo Periodismo:

   a) no responde a las necesidades actuales del periodismo.

   b) está al tanto de los nuevos medios de comunicación.

   c) personifica el acercamiento entre los estudiantes de periodismo y los medios tradicionales.

6 A los responsables de los periódicos digitales les sorprendió que:

   a) no fueran ellos los más apropiados para hablar del futuro del periodismo en internet.

   b) los estudiantes les enviaran todo lo que pidieron.

   c) los estudiantes no respondieran a sus demandas.

B

Completa la tabla con las palabras que la faltan:

Verbo	Sustantivo	Adjetivo
estallar		
	alcance	
		lamentable
		urgente
arder		
	ánimo	
		profundo/a
	distanciamiento	
		social
	sorpresa	

Gramática

LA NEGACIÓN

Recuerda que:

- ciertos **adverbios** son negativos, por ejemplo **no**, **nunca**, **ningún**, **nada**, **nadie**.

- cuando se ponen **antes del verbo** consisten en **una** palabra. Por ejemplo: *Twitter* **no** es un medio periodístico. **Nunca** viene. **Ningún** diario, radio, **ni** televisión me ha contado la noticia.

- los **mismos** adverbios pueden consistir en **dos** palabras: "no" se pone delante del verbo, y el otro adverbio después: **No** viene **nunca**. **No** me ha contado la noticia **ningún** diario, radio, **ni** televisión.

- si hay dos ideas negativas, una puede ponerse antes del verbo, otra después: *En televisión* **nadie** decía **nada**.

Para repasar las formas de negación, ver 13 en el Resumen gramatical.

C

Debate con la clase los siguientes temas:

- ¿Qué futuro tienen las redes sociales como fuente de información?
- ¿Pueden desplazar los medios tradicionales?

D

Escribe las frases siguientes de otra manera, utilizando una negación de *dos palabras*.

Ejemplo: *Nada ocurre. No ocurre nada.*

1 Nunca he visto aquella película.
2 Tampoco quiero mandarle el mensaje.
3 Nadie sabe nada de lo que ocurrió.
4 Ni él ni ella quieren participar.
5 ¡Nada hay por hacer, don Gregorio!
6 Ninguna va a culparme.

E

Transforma las frases siguientes en sus equivalentes negativas:

Ejemplo: *Carlos piensa siempre en su novia.*

Carlos no piensa nunca en su novia. Carlos nunca piensa en su novia.

1 Oigo algo.
2 Algún amigo la acompañará.
3 Yo también voy a marcharme mañana.
4 En esta plaza siempre hay flores.

F

Imagina que vives en Madrid. Describe como una red social (por ejemplo *Facebook*, *Twitter*, *Tuenti*) te sirvió para descubrir algo importante (250 palabras). Para obtener más información sobre el lugar, lee *¿Qué sabes de la Comunidad Autónoma de Madrid?* en esta unidad.

TEORÍA DEL CONOCIMIENTO

El periodismo digital y las redes sociales

Internet ha cambiado el periodismo para siempre. Hoy en día, la prensa tradicional está perdiendo terreno en su labor de publicar noticias, y muchos periódicos están luchando por sobrevivir. La mayoría de los diarios han establecido versiones digitales y colaboran con otras organizaciones digitales para aprovecharse de los nuevos métodos de obtener y divulgar información. De ahí que surgen grandes problemas éticos relacionados con la libertad de prensa y la privacidad de los individuos.

1 En 2010, algunos periódicos colaboraron con una organización mediática internacional, *Wikileaks*, cuya página web publicó documentos y vídeos altamente confidenciales. Esto fue posible debido al trabajo en conjunto de miles de ciberactivistas que creían en la libertad absoluta de los medios de comunicación, y que internet debe ser un medio democratizador.

Preguntas

* *¿Es obligación de la prensa obtener y publicar papeles secretos del gobierno, o debe la prensa proteger a los gobiernos de sus errores?*
* *En tu opinión, ¿es legítimo publicar documentos secretos que, según algunos gobiernos, pueden exponer a un país y volverlo vulnerable?*

2 Los miembros de las redes sociales divulgan mucha información confidencial. Muchas veces, esta información atenta contra la privacidad de los individuos.

Preguntas

* *¿Deben las redes sociales, como Twitter, estar sujetas, como los periódicos tradicionales, a la ley que castiga la difamación de personas o instituciones?*
* *¿Es peligroso permitir a extraños el acceso a tu(s) perfil(es) en línea, incluyendo vídeos y fotografías, en redes sociales como Facebook? ¿Debe la sociedad controlar tal información?*

11 Cuidado con su otro yo

En las redes sociales es común ver difundida una imagen suya en la que aparece en circunstancias no muy correctas. En lo que respecta a internet y a la propia imagen, hay una cuestión fundamental: en el ciberespacio, todo lo que hacemos deja huella. Permanece ahí.

Consejos básicos:

☑ Revise su identidad. Métase en diferentes buscadores y mire qué se dice de usted. Si no sale nada, empiece a crear su identidad, será más fácil y eficaz.

☑ Analice sus perfiles digitales. Enseñe lo que esté acorde con usted. Esa foto comprometida no aporta mucho o nada. Elimine todo lo que se pueda malinterpretar, y si algo no se puede eliminar, trabaje para enterrarlo.

☑ Seleccione bien sus amigos y su nivel de privacidad. Es usted quien determina quién puede ver su información y cómo. Utilícelo de forma inteligente.

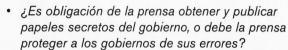

Gramática

EL IMPERATIVO DE *TÚ* (O *VOS*) Y *USTED*

Recuerda que:

* para las relaciones **informales en singular** se utiliza *tú* (o *vos*), y para las relaciones más **formales *usted***.

* es muy importante que te acostumbres al uso y a la forma de estos dos tratamientos.

Para repasar el uso y las formas del imperativo, ver 11.D en el Resumen gramatical.

 A En el texto de arriba, cambia todas las formas de *usted* a *tú*. ¡Cuidado! Además de los imperativos hay que cambiar otras formas del verbo, adjetivos y pronombres posesivos. El título será: *Cuidado con tu otro yo.*

Tarea escrita de segundo año

Cuando se acerca tu segundo año, tienes que pensar en serio en cómo vas a preparar tu tarea escrita. Recuerda que tienes que escribir una tarea de 300–400 palabras sobre tres textos elegidos por tu profesor(a) y conectados por el mismo tema troncal.

Para esta tarea tienes que:

- escoger un **título** que esté relacionado con los tres textos;
- explicar las **conexiones** entre los tres textos;
- ilustrar tu argumento con **evidencia** sacada de los textos.

En esta Sección (Unidades 4 y 5) hay muchas ejemplos de temas interesantes relacionados con el tema troncal de *la comunicación y los medios*, que tienen muchos vínculos entre sí, y en los que puedes reflexionar. Puedes investigar algún aspecto de la revolución de las comunicaciones, por ejemplo:

"El impacto de las redes sociales en la comunicación".

12 El locutorio* acabará con Facebook [Nivel superior]

 A Antes de leer el artículo, observa la foto y responde las siguientes pregunta con tus opiniones:

- ¿Qué dicen los carteles sobre la puerta de este sitio?
- ¿Qué crees que se hace en este sitio?
- ¿Crees que es un sitio popular? ¿Por qué (no)?

Se me ha caído la conexión a internet. He sacado la batería, he vuelto a colocarla como mandan los manuales de informática avanzada y he presionado el botón de encendido. No ha habido manera. Son las cuatro de la tarde de un domingo de julio y el aire está bochornoso, apenas respirable. ¡Y estoy sin internet! ¡Pánico! ¿Qué hago? Felizmente me viene a la cabeza que hace unos años tuve una cuenta en un locutorio.

El locutorio es la casa de los nuevos parias, los que no poseen internet en casa, que viene a ser el equivalente de los que en el pasado no poseían agua corriente y tenían que ir con cubos a la fuente de la plaza. Los locutorios del barrio son modestos. El más concurrido tiene 12 puestos. Inmigrantes, parados*, ociosos sin derecho al ocio y estudiantes forman su clientela. Y ahora yo. Intento recordar mi contraseña. "¿Ramón?" No, demasiado evidente… Por suerte, …el tío que atiende el local en un segundo me ha activado la cuenta.

Además del mío, solo hay tres puestos ocupados. Estos desarrapados digitales poseen un concepto de la tecnología mucho más utilitario que el nuestro. Se divierten con videojuegos, envían correos, tramitan papeles, se comunican con sus familias. A casi ninguno se le ocurrirá unirse a ese club de Facebook, cuyo único sentido es, precisamente, pertenecer a Facebook, someterse a sus reglas estúpidas de vetos, muros, grupos estrafalarios, invitaciones a amistades planetarias o cuestionarios ridículos con tufo publicitario.

¿Qué utilidad le puede encontrar alguien a ser amigo de 356 perfiles, con foto trucada y datos personales notoriamente falsos? Facebook es un inmenso panel en el que sus socios se empeñan en colgar una imagen estereotipada, de gente guay, todo felicísimos de haberse conocido, habitando en un universo *cool* de fiestorros ("Keta te invita a su fiesta afrocanibal. No se admiten dentaduras postizas") y conciertazos ("Me parten los Sharp Axes") cuando no te molestan con sus originales estados de ánimo ("Amanece. Lo peor ha pasado ya").

Facebook diluye las relaciones sociales. En lugar de acercar, aleja. El locutorio es un ambiente hostil para Facebook. Está impregnado de utilidad, de autenticidad.

*Adaptado de **El País**, MADRID, 26 de julio de 2010*

¡Observa!

*locutorio = comercio donde hay cabinas para conectarse a internet o hacer llamadas telefónicas.
*parado (E.) = desempleado

B **Empareja las palabras y frases siguientes con frases en el texto:**

1 se ha desconectado
2 no era posible
3 muy caluroso y molesto
4 se me ocurre
5 personas excluidas por ser consideradas inferiores
6 palabra secreta
7 de mal aspecto (plural)
8 excéntricos

9 olor desagradable
10 modificada
11 en España, "estupendo" (coloq.)
12 fiestas grandes y locas
13 que reemplazan las originales
14 me fascinan (coloq.)
15 imbuido de

C **Contesta las siguientes preguntas con tus propias palabras.**

1 ¿Por qué tuvo que ir al locutorio Ramón Muñoz?
2 ¿Por qué describe el locutorio como "la casa de los nuevos parias"?
3 ¿Cómo consigue finalmente entrar en su cuenta?
4 Según Ramón Muñoz, ¿qué diferencia hay entre la gente que utiliza el locutorio y la que se une a Facebook?

D **¡Es evidente que a Ramón Muñoz no le gusta *Facebook*! En tu opinión:**

- **¿Cómo expresa su disgusto?**
- **¿Busca la aprobación del lector para su punto de vista?**
- **¿Qué frases utiliza para expresar su actitud?**
- **¿Cómo resume su actitud hacia Facebook?**

Escribe una redacción que conteste estas preguntas (150 palabras como mínimo).

E **Comenta con tu compañero/a las ventajas y los inconvenientes de ser miembro de una red social como *Facebook*. Menciona:**

- **La calidad de la comunicación.**
- **Las imágenes cultivadas por la gente que se comunican por una red social.**
- **Las reglas de las redes sociales: ¿son tontas/idiotizan a la gente?**
- **La privacidad de los datos personales.**

Finalmente, comenten la afirmación de Ramón Muñoz: "*Facebook* diluye las relaciones sociales. En lugar de acercar, aleja… ". ¿Tiene razón?

¡Veamos una película!

Aquí tienes el nombre y datos de una película en español que trata del tema de la comunicación.

***Mujeres al borde de un ataque de nervios*
(España, 1988)**
Género: comedia
Director: Pedro Almodóvar
Reparto: Carmen Maura, Rossy de Palma y Antonio Banderas.

Si es posible, mírala y debate los siguientes puntos con la clase:

- ¿A qué se dedica la protagonista?
- ¿A quién busca y por qué?
- ¿Puede comunicarse con él?
- Menciona por lo menos dos incidentes que le ocurren.
- ¿Logran solucionarse los problemas? ¿Cómo?
- ¿Crees que si hubieran tenido teléfonos celulares la historia hubiera sido igual?

¡Escuchemos una canción!

Aquí tienes el nombre de una canción que trata del tema de internet.

Atrapados en la Red
Género: pop
Álbum: Nubes y claros (1999)
Cantantes: Tam Tam Go (España)

Si es posible, escúchala y debate los siguientes puntos con la clase:

- ¿A quién ha conocido el cantante?
- ¿Dónde se produjo el encuentro?
- ¿Con qué compara el símbolo @ (arroba)?
- ¿Qué le pide que haga?
- ¿Dónde le hará sitio?
- ¿Te gustaría tener un romance de ese tipo?

¿Qué sabes de... la Comunidad Autónoma de Madrid?

Antes de leer la información sobre la Comunidad de Madrid, completa este pequeño cuestionario para ver cuánto sabes de la región.

1 ¿En qué siglo se nombró a Madrid como la capital de España?

a) XV

b) XVI

c) XIX

2 ¿Cómo se llamaba el pintor más famoso de la Corte de los Habsburgo?

a) Diego de Velázquez

b) Lope de Vega

c) Francisco de Goya

3 ¿Qué posición tomó la mayoría de la gente en Madrid con respecto al general Franco en la guerra civil?

a) a favor

b) en contra

c) neutral

4 ¿Cuándo tuvo lugar la *Movida* madrileña?

a) en los años 70

b) en los años 80

c) en los años 90

5 ¿Qué grupo terrorista fue responsable del atentado del 11 de marzo de 2004?

a) ETA

b) GRAPO

c) Al-Qaeda

La comunidad

◉ La Comunidad Autónoma de Madrid es una de las 17 comunidades que forman el Estado político español. Es una comunidad muy reciente, que se constituyó en 1983.

◉ Tiene una población de más de **6 millones**.

◉ La ciudad de Madrid, **capital** de España, es el núcleo de la comunidad. Con sus más de **3 millones** de habitantes, es la tercera ciudad más poblada de la Unión Europea.

◉ Madrid es el principal centro financiero y empresarial de España: las tres cuartas partes de las empresas españolas más importantes tienen su sede allí.

◉ El patrimonio cultural madrileño es muy rico: **el Palacio Real**, **la Plaza Mayor** y los museos del **Prado**, de la **Reina Sofía** y de **Thyssen-Bornemisza**, atraen a turistas de todo el mundo.

◉ En el deporte, el **Real Madrid,** que tiene su sede en el estadio Santiago Bernabéu, es uno de los equipos de fútbol más prestigiosos de toda Europa.

Historia

Antes del siglo XVI

Se dice que el nombre "Madrid" es de origen romano y significa "arroyo matriz" o "principal", pero cambió a "Majrit" con la llegada de los moros. En la época en la que España estaba dominada por los moros, había un asentamiento donde está la ciudad actual. Madrid fue tomado de los moros por **el rey Alfonso VI** en **1085**, y de aquella época en adelante las Cortes de los reyes se han reunido allí. A los reyes les gustaba cazar en la región, y se cree que por eso Madrid se identifica con un oso; la conocida estatua del oso (que pone sus garras sobre el tronco de un madroño) en **la Puerta del Sol**, una plaza central de la ciudad, recuerda el pasado medieval de la ciudad.

Los siglos XVI a XIX

En **1561**, el Rey Felipe II estableció Madrid, en el centro mismo del país, como la capital de España, de donde el rey podía dirigir los asuntos del imperio mundial español. La población de la ciudad creció rápidamente a consecuencia de las necesidades de la corte del rey, y Madrid se convirtió en un centro artístico brillante durante el llamado "**Siglo de oro**". Atrajo a escritores como **Miguel de Cervantes**, autor de la mayor novela española de todos los tiempos, *Don Quijote de la Mancha* (1605 y 1615), los poetas **Francisco de Quevedo** y **Luis de Góngora**, los dramaturgos **Lope de Vega** y **Pedro Calderón de la Barca**, y el pintor **Diego de Velázquez**. En el siglo XVIII, los monarcas hicieron construir nuevos parques, paseos y fuentes y algunos bellos edificios neoclásicos, entre ellos **el Palacio Real** (1755). Durante la época industrial del siguiente siglo, la ciudad creció mucho y Madrid se convirtió en el centro del nuevo sistema nacional de ferrocarriles. El gran novelista realista, **Benito Pérez Galdós**, nos permite comprender cómo era la sociedad de aquella época con su recreación del ambiente de Madrid durante la segunda mitad del siglo XIX.

Los siglos XX y XXI

Entre 1936 y 1939, España sufrió una guerra civil sangrienta en la que Madrid, sede del gobierno legítimo del país, resistió el asalto de las tropas rebeldes del bando nacional. Durante la dictadura del *caudillo*, **el general Francisco Franco** (1939–1975), que triunfó en la guerra civil, no paró la expansión de Madrid; tuvo lugar mucho desarrollo urbanístico, con la creación de nuevos municipios alrededor de la capital. Después de la muerte de Franco, Madrid fue donde ocurrieron los sucesos más importantes de la llamada *Transición* hacia la democracia: hubo mucha agitación social, con huelgas de obreros y manifestaciones callejeras. El 23 de febrero de 1981, un teniente de la Guardia Civil, **Antonio Tejero**, asaltó el Congreso de los Diputados (el edificio del parlamento español en el centro de Madrid), con 200 hombres armados, pero esta intentona de golpe de estado fracasó después de 18 horas de asedio. Los años 80 fueron el escenario de la llamada *Movida* madrileña, movimiento de mucha "marcha", en la que aumentó el interés de los ciudadanos en realizar cambios políticos, culturales, y económicos; quizás la figura más conocida de este movimiento es el cineasta **Pedro Almodóvar**, cuyas películas reflejan el ambiente de aquella época.

Pedro Almodóvar y Alaska

En 1983 fue aprobado el **Estatuto de Autonomía** de la Comunidad de Madrid. Desde este momento histórico, los madrileños eligen a su presidente comunitario y tienen su propia Asamblea, que se reúne en la sede parlamentaria en Vallecas. La población de la capital siguió aumentando, sobre todo con motivo de la inmigración. El suceso de más envergadura del comienzo del nuevo siglo fue el atentado terrorista de Al-Qaeda del 11 de marzo de 2004, en el que murieron trágicamente 192 personas, la mayoría de ellas pasajeros en los trenes de cercanías.

Madrid y los medios de comunicación

Desde el siglo XIX, Madrid ha sido el centro neurálgico de todos los medios de comunicación en España: las carreteras, los trenes, los periódicos, y más recientemente, la electrónica. Tienen su sede allí los diarios de más circulación, *El País*, *El Mundo* y *ABC*; la estructura "radial" de carreteras y trenes españoles hace de Madrid el centro de los sistemas de transporte del país, así que las comunicaciones de otras comunidades tienen que pasar por la capital; la gigante empresa **Telefónica** domina la comunicación electrónica. **El Palacio de Cibeles**, antes "de Comunicaciones" de Madrid, situado en la Plaza de Cibeles, es un edificio emblemático de la ciudad.

El Palacio de la Cibeles

Telefónica fue fundada en 1924 y, después de un largo período como compañía estatal, fue privatizada entre 1995 y 1999. Aunque perdió entonces el monopolio en su sector, continúa siendo líder en España y es la empresa más grande del país en valor bursátil. En años recientes, se ha expandido enormemente con su adquisición de empresas de telefonía en otras regiones del mundo, en especial Latinoamérica (es líder en Argentina, Perú y Chile). El **Grupo Telefónica** ocupa la cuarta posición en el sector de telecomunicaciones a nivel mundial, con más de 250 millones de clientes. Actualmente, Telefónica España, con sus 11 mil empleados, está situada en el barrio de Las Tablas, Madrid.

Para más información: http://www.madrid.org

IV: Literatura   [Nivel superior]

13 El cartero de Neruda

Antonio Skármeta es un escritor **chileno** de origen croata, nacido en 1940 en Antofagasta. Luego de estudiar filosofía en su país, se especializó en la Universidad de Columbia, Estados Unidos, donde se dedicó de lleno al arte, estudiando **teatro** y escribiendo **cuentos**. Su regreso a Chile como profesor y escritor se vio interrumpido por el golpe de estado (en 1973), por lo que emigró a Argentina y después a Alemania, donde se dedicó a la **cinematografía**.

Autor y catedrático de gran fama, Skármeta ha sido condecorado con las principales distinciones de Alemania (medalla Goethe), Italia (Comendador de las Artes y las Letras), Croacia (Orde Marco Marulic) y Francia (Caballero de las Artes y las Letras). Entre sus novelas figuran *Soñé que la nieve ardía* (1973) y *Ardiente paciencia* (1986). Esta última cuenta la historia de un cartero de familia de pescadores de la costa que debe atender al famoso poeta chileno Pablo Neruda. Se establece una tierna relación entre los dos personajes, que se mantiene tras el exilio de Neruda. La novela fue adaptada y llevada al cine en italiano bajo el nombre *Il postino* (**El cartero de Neruda**) (1994). Esta coproducción ganó aclamación mundial, un Oscar y cuatro nominaciones.

En junio de 1969 dos motivos tan afortunados como triviales condujeron a Mario Jiménez a cambiar de oficio. Primero, su desafecto por las faenas de la pesca… unido a su consecuente simpatía por los resfríos, reales o fingidos…

[En la oficina de correos]

–Vengo por el aviso –declamó al funcionario, con una sonrisa que emulaba la de Burt Lancaster.

–¿Tiene bicicleta? –preguntó aburrido el funcionario.

Su corazón y sus labios dijeron al unísono.

–Sí.

–Bueno –dijo el oficinista, limpiándose los lentes–, se trata de un puesto de cartero para isla Negra.

–Qué casualidad –dijo Mario–. Yo vivo al lado, en la caleta.

–Eso está muy bien. Pero lo que está mal es que hay un solo cliente.

–¿Uno nada más?

–Sí, pues. En la caleta todos son analfabetos. No pueden leer ni las cuentas.

–¿Y quién es el cliente?

–Pablo Neruda.

Mario Jiménez tragó lo que le pareció un litro de saliva.

–Pero eso es formidable.

–¿Formidable? Recibe kilos de correspondencia diariamente. Pedalear con la bolsa sobre tu lomo es igual que cargar un elefante sobre los hombros. El cartero que lo atendía se jubiló jorobado como un camello.

▶

A

En este primer extracto de la novela se muestra muy bien cómo son los personajes. ¿A quién se refiere cada una de estas descripciones?

1 tiene transporte propio
2 está aburrido
3 no esperaba tener un cliente famoso
4 le escriben muchas cartas
5 habla con parsimonia
6 advierte que es un trabajo duro
7 es famoso
8 busca un cambio
9 no sabe leer ni escribir
10 mentía sobre su salud
11 tiene una sonrisa parecida a la de alguien famoso
12 vive en la costa
13 recibe correspondencia todos los días

Mario Jiménez	El funcionario de correos	Pablo Neruda	La gente de isla Negra

B

Trabaja con un(a) compañero/a. Uno/a de ustedes quiere cambiar de vida y se presenta a una entrevista de trabajo. Sigan los siguientes roles:

Empleador(a)

Escribe en un papel el/los trabajo(s) que ofreces. Prepárate para dar detalles y hacer preguntas (un máximo de 10) sobre las habilidades del/de la candidato/a. Piensa en cómo pedir detalles de su vida y educación que sean apropiados para obtener el puesto.
Si es posible, comenta los posibles inconvenientes que tendrá, por ejemplo, quién(es) será(n) los clientes.

Candidato/a

Recibe el papel con el/los trabajo(s) que ofrece el/la empleador(a).
Prepárate para tener una entrevista oral con él/ella, y responder sus preguntas (un máximo de 10).
Piensa en cómo dar detalles de tu vida y educación que sean apropiados para obtener el puesto.

[Pablo Neruda se muda a Francia.]

… Rosa estuvo escarbando en la abundante paja que rellenaba el paquete, hasta que terminó alzando con la ternura de una partera una japonesísima grabadora Sony de micrófono incorporado.

… pulsó la tecla indicada, y ahí estaba otra vez la pequeña caja con el poeta adentro. Un Neruda sonoro y portable. El joven extendió la mirada hacia el mar, y tuvo el sentimiento de que el paisaje se completaba, que durante meses había cargado una carencia, que ahora podía respirar hondo, que esa dedicatoria, "a mi entrañable amigo y compañero Mario Jiménez", había sido sincera.

…

Quería mandarte algo más aparte de las palabras. Así que metí mi voz en esta jaula que canta. Una jaula que es un pájaro. Te la regalo. Pero también quiero pedirte algo, Mario, que sólo tú puedes cumplir. Todos mis otros amigos o no sabrían qué hacer, o pensarían que soy un viejo chocho y ridículo. Quiero que vayas con esta grabadora paseando por isla Negra, y me grabes todos los sonidos y ruidos que vayas encontrando. Necesito desesperadamente aunque sea el fantasma de mi casa. Mi salud no anda bien. Me falta el mar. Me faltan los pájaros. Mándame los sonidos de mi casa. Entra hasta el jardín y deja sonar las campanas. Primero graba ese repicar delgado de las campanas pequeñas cuando las mueve el viento; y luego tira de la soga de la campana mayor, cinco, seis veces.

¡Campana, mi campana! No hay nada que suene tanto como la palabra campana, si la colgamos de un campanario junto al mar. Y ándate hasta las rocas, y grábame la reventazón de las olas. Y si oyes gaviotas, grábalas. Y si oyes el silencio de las estrellas siderales, grábalo. París es hermoso, pero es un traje que me queda demasiado grande. Además, aquí es invierno, y el viento revuelve la nieve como un molino la harina. La nieve sube y sube, me trepa por la piel. Me hace un triste rey con su túnica blanca. Ya llega a mi boca, ya me tapa los labios, ya no me salen las palabras.

*Extraído de **Ardiente paciencia** Antonio Skármeta (Chile)*

151

C El autor de la novela captura la forma poética que tenía Pablo Neruda de ver la vida, y por eso usa muchas metáforas e imágenes.

Conversa con tu compañero/a. Escriban con sus palabras a qué se refieren las siguientes frases tomadas del segundo extracto:

1 … terminó alzando con la ternura de una partera…

2 … la pequeña caja con el poeta adentro.

3 El joven extendió la mirada hacia el mar…

4 … durante meses había cargado una carencia…

5 … metí mi voz en esta jaula que canta.

6 Una jaula que es un pájaro.

7 Necesito desesperadamente aunque sea el fantasma de mi casa.

8 Me falta el mar. Me faltan los pájaros.

9 No hay nada que suene tanto como la palabra campana, si la colgamos de un campanario junto al mar.

10 París… es un traje que me queda demasiado grande.

11 La nieve sube y sube, me trepa por la piel.

12 Me hace un triste rey con su túnica blanca.

D La grabación ayuda a Neruda a recordar su tierra. Esto transcurrió en otra época, antes de nuestra era digital. Es tu turno. Una persona que aprecias está muy lejos y siente nostalgia. Escríbele un e-mail (mínimo 200 palabras). Considera lo siguiente:

● ¿Cómo le recuerdas su pueblo/región/país?

● ¿Qué describes/grabas para él/ella?

E Si es posible, mira la película de esta historia: *Il Postino* (1994) y haz un resumen de ella.

> **¡NO OLVIDES!**
>
> Cómo escribir correspondencia informal
>
> **Página 79 en la Unidad 3.**

14 Cualquier tiempo pasado

Quim Monzó, nacido en **Barcelona** en 1952, es uno de los autores catalanes más populares de hoy en día. Escribe en **lengua catalana** pero la mayor parte de su obra ha sido traducida al castellano. Ha trabajado como **periodista** en distintas partes del mundo, y es columnista en el periódico *La Vanguardia*. Ha ganado varios premios literarios, entre ellos el Premio Nacional de literatura catalana (2000). Quim Monzó es conocido sobre todo por sus **recopilaciones de cuentos**. A veces utiliza como estructura un cuento de hadas, deformándola con intención irónica. En varias entrevistas, Monzó describe la composición de sus obras como **un proceso de improvisación**, sin un plan previo: "Empiezo a escribir un cuento sin saber adónde voy y me dejo llevar. Por eso el cincuenta por ciento de los cuentos que escribo van a la papelera, porque quizás tienen inicios brillantes pero no funcionan, no van a ninguna parte: no son cuentos. En todo caso son narraciones. No puedes empezar un cuento sabiendo cómo acabará ni qué pasará, porque entonces ya no lo escribes". *(Citado en http://www.lletra.com)*

Marta ha añorado siempre su infancia, aquella infancia en que, pese a tener televisión, a la hora de cenar, el padre, la madre y los nueve hermanos se sentaban alrededor de la mesa y a nadie se le ocurría pedir que encendiesen la tele. Porque, a la hora de cenar, unos y otros se explicaban lo que habían hecho durante el día.

—Hoy, en clase hemos estudiado los primates –decía Marta.

—Ah –se interesaba el padre.

—¿Quieres más lechuga? –preguntaba la madre.

Cuando Marta tuvo un hijo, los primates ya no se estudiaban: se trabajaban. Se trabajaban* los primates, el cuarzo, las estalactitas y el mundo vegetal.

—Hoy hemos trabajado el acebo –le decía su hijo.

Marta habría querido que su hijo naciera en aquel mismo ambiente de sana alegría fraternal. Pero, para empezar, Marta había tenido sólo un hijo, y, con sólo un hijo, no puede haber demasiada vida fraternal, ni sana ni no. Además, <u>el televisor ya había dejado de ser un proscrito</u> y cada vez <u>ganaba más terreno</u>.

Durante un tiempo intentó combatirlo, pero pronto <u>tiró la toalla</u> y, en la mesa, toda la familia –ella, su marido y el niño– <u>cedían la cabecera</u> al televisor.

Entonces Marta lo criticaba.

—<u>No es bueno que la televisión presida nuestras vidas</u>. No nos comunicamos. ¿Tan pocas cosas tenemos que decirnos?

El marido pensaba de otra manera.

—Pero es que ahora dan las noticias.

Siempre era lo mismo: en cuanto se sentaban alrededor de la mesa, el marido encendía el televisor. Y el niño enseguida aprendió <u>la lección paterna</u> y –si bien al principio también argumentaba: "Es para ver las noticias"– muy pronto ya no necesitó <u>escudarse en la coartada informativa</u> y, en vez de las noticias, empezaron a ser las carreras de Fórmula 1, unos dibujos animados <u>pretendidamente corrosivos</u> o programas con famosos que se insultaban sentados en círculo. La *comunicación* familiar había empezado el descenso por una pendiente de la que no habría de volver nunca más. Tan pronto como acababan de comer, los tres saltaban al tresillo* y allí <u>se incomunicaban</u> a base der ver concursos, coreografías y chistes fáciles. Ella habría preferido un partido de dominó, que facilita una mínima conversación, un suave intercambio de ideas, pero había aceptado hace tiempo que era una batalla perdida y que no podía <u>ir contra el curso de tiempo</u>.

Sin embargo, ahora, desde hace unos cuantos meses –un año, quizás dos, o más, Marta ha empezado a <u>echar de menos</u> incluso esos tiempos, cuando ella, su marido y el niño pasaban la noche ante el televisor. Porque– nunca lo habría imaginado– ahora se comunican incluso menos. Desde que entró el primer ordenador en casa todo ha cambiado. Primero sólo hubo un ordenador, pero ahora ya hay dos. Uno lo utiliza su marido. El otro su hijo. Ella no quiere ordenador. El correo electrónico lo recibe en el trabajo y lo envía desde allí mismo y, si está en casa y necesita enviar algo urgente, pues entra en el ordenador del marido o en el del hijo. Pero ahora ocurre que, enseguida que se acaba la cena, el hijo recoge los platos y los lleva a la cocina, el marido llena el lavavajillas y lo <u>pone en marcha</u>, y a continuación los dos se encierran, uno en el despacho y el otro en su habitación, con los ordenadores respectivos, y ella se queda sola en el sofá, ante el televisor, añorando los tiempos en que al menos esa pantalla hacía que estuvieran un rato juntos.

Extraído de **Mil cretinos**, *Quim Monzó (España)*

¡Observa!

*se trabajaban = el autor se refiere a las actividades que se hacían referidas a las asignaturas; antes se decía "estudiaban".
*tresillo = conjunto de un sofá y dos butacas que hacen juego.

A **Empareja las frases <u>subrayadas</u> en el texto con las expresiones siguientes.**

1 defenderse con la excusa de las noticias
2 extrañar
3 activa
4 la televisión no debe mandar en casa
5 parar los cambios del tiempo
6 abandonó el combate
7 se aislaban
8 lo que le enseñaba el padre
9 habían permitido que se vea la televisión
10 dejaban el mejor sitio
11 aparentemente dañinos
12 se adelantaba

B Completa las frases siguientes usando palabras o frases del texto.

1 Cuando era niña, Marta y su familia solían charlar alrededor de la mesa sin que nadie _____ el televisor.

2 Desde que se había casado, faltaba aquella _____ que ella sentía de pequeña.

3 Marta se quejaba de la influencia de la televisión, pero su marido le decía que quería ver _____ .

4 En cuanto terminaban la comida, Marta, su marido y su hijo se sentaban en _____.

5 Después de unos meses, todo cambió con la llegada _____.

6 A Marta no le interesaba el ordenador porque mandaba _____ en el trabajo.

7 Una vez terminada la cena, el marido y el hijo van a sus habitaciones y la dejan en el sofá viendo otra _____.

C Comenta con tu compañero/a las preguntas siguientes:

● ¿Es verdad que el ordenador/la computadora ha cambiado las costumbres de la gente, sobre todo dentro de la familia?

● ¿Te parece típica la familia de Marta?

D Entrevista a Marta, su esposo y su hijo (mínimo 200 palabras) y pregúntales sobre sus experiencias, sus emociones y sus puntos de vista sobre cómo se comunican entre ellos y con los otros.

Ambienta la acción en la Comunidad Autónoma de Madrid. Para obtener más información sobre ella, lee *¿Qué sabes de la Comunidad Autónoma de Madrid?* en esta unidad.

¡NO OLVIDES!

Cómo escribir una entrevista

Página 72 en la Unidad 3.

TAREA CREATIVA SOBRE LITERATURA DE SEGUNDO AÑO

Escribe una redacción (mínimo 200 palabras) sobre la importancia del tema *el Siglo XXI, la revolución de las comunicaciones* en uno de los libros que has leído. Puedes responder una de estas preguntas:

● En la época en que se sitúa la historia, ¿existían las comunicaciones modernas (por ejemplo, el e-mail)? ¿Cómo se comunicaba la gente?

● Le regalas un celular/móvil a un(a) de los personajes. ¿Qué pasará?

● ¿Qué escribirían los personajes si tuvieran un perfil en *Facebook*, *Twitter* o *Tuenti*? ¿Qué fotos mostrarían?

● Dos de los personajes usan una red social. ¿De qué hablarían? Escribe su diálogo.

V: ¡A jugar!

Remates

Trabaja en grupos de tres o cuatro alumnos. Cada grupo escoge uno de los "remates" (es decir, finales de historias) abajo y, trabajando de equipo, intenta construir una historia que termine en él. Tienen 45 minutos para producir su versión de la historia.

Cuando los grupos hayan terminado, un miembro de cada grupo lee su historia en voz alta. Luego el resto de la clase lee el artículo de la historia original y lo comparan con su versión.

¡El grupo que muestre más invención, originalidad y/o humor según el voto de la clase, puede recibir un premio!

... Así, Marcela siguió llamando al número de Manuela, y la policía la encontró en tiempo récord. Prueba indiscutible de que ¡no hay mejor protección que la de mamá, y la del celular!

... un sitio oficial les habría demostrado que ese es el único país de África donde el español es la primera lengua. Con un simple clic se habrían ahorrado un papelón realmente internacional. Peor aún, al llegar al hotel se encontraron con un cartel que repetía "Welcome to our country, Mr Pombe!"

... Ellos empezaron a rotular las fotos de Gabriel con comentarios fuera de lugar: "mira qué bonita estás, niña", o "¿todavía enamorado de los libros, cuatro ojos?" Fue así que tuvo que denunciarlos y bloquearlos. Por suerte, mantuvo la amistad con otra gente por e-mail.

... y allí estaban: ¡numerosos tweets ... a una @carolinapáez –¡desde hacía dos años! El contenido era evidente: era su amante. María Luisa decidió así enfrentarlo, y él no pudo negar nada de lo ocurrido. Entonces la pobre esposa decidió pedirle el divorcio, ¡y lo hizo a través de Twitter!

PRÁCTICA PARA EL EXAMEN 2

Texto A: Ver *reality shows*, ¡una realidad muy variada!

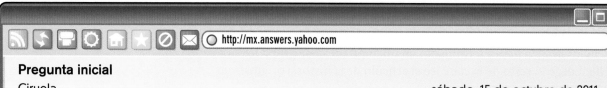

Pregunta inicial

Ciruela   sábado, 15 de octubre de 2011

¡Hola!

Quería preguntarles si les gusta ver o han visto algún *reality show*. ¿Por qué serán tan populares entre la gente de hoy? ¡Gracias desde ya por sus respuestas!

Publicado por Ciruela, 17:31

Tres respuestas:

Respuesta 1

Ciel&Mar dijo...

16 de octubre de 2011, 13:00

¡Hola, Ciruela!

No me gustan. Prefiero la ficción. Veo los *Bailando por un sueño*. Acá son programas donde reúnen a famosos, que bailan con una pareja desconocida que compite por alcanzar un "sueño". Se eligen los participantes por medio de *casting*. Un soñador ayudó a un familiar con dinero para una operación. Fue muy emotivo.

Y bueno, los veo porque me gusta la competencia de baile, no porque se generen conflictos personales ante las cámaras. Lo que pasa es que en Argentina hay muchos famositos que se creen que viven en un gran *reality* y todas sus cuestiones emocionales las resuelven ante una pantalla y frente a miles de espectadores. Esos espectáculos son patéticos, creo, y me dan asco.

¡Chau!

Respuesta 2

Diego dijo...

17 de octubre de 2011, 9:47

¿Qué hubo*, gente?

Los *reality shows* son muy atractivos para el público porque en ellos suelen suceder cosas inesperadas, ya que no se cuenta con un guión establecido que permita saber qué sucederá, y por tanto todo es espontáneo. Pero para mí tienen poco de "realidad", ya que están llevados al extremo, como cuando tienen que competir por conquistar al público. En conjunto, un *reality show* tiene elementos que atrapan a las personas, la gente se apasiona y muchas veces toma partido por este o aquel participante.

En mi caso, sí me gustan los *reality shows*, pero no todos los veo. El que más me ha gustado fue *Operación Triunfo México*, que, como sabrán, pretende formar cantantes de música comercial, que van eliminando con audiciones. Lamentablemente, solo hubo una edición, pero ahí sí que había talento y los chicos cantaban muy bien.

Saludos.

*¿Qué hubo? (Méx. coloq.) = ¿Qué tal?

Respuesta 3

Marcos dijo...

17 de octubre de 2011, 22:00

¡A ver... qué tienen de "reales" los "reality": nada de nada!

En un principio era interesante el experimento de ver cómo se comportaban los pobrecitos que estaban encerrados en la casa del *Gran Hermano*. Sí, era hasta divertido, aunque debo decir que despertaba toda una adicción de ser voyeurista. Aquí en España fue una verdadera fiebre, ¡si hasta se casaron participantes de la casa!

Pero ahora se ha vuelto todo un verdadero circo, con participantes en *reality shows* en los que sabemos que todo está preparado: que va a ganar la competencia tal o cual modelo, o, peor aún, *Operación Triunfo*, donde unos pobres chicos que sueñan con ser cantantes deben soportar críticas totalmente destructivas ¡de jueces que ni siquiera son buenos cantantes! Ver eso es simplemente morboso.

Basándote en la *pregunta inicial,* indica la opción correcta (A, B, C o D) en la casilla de la derecha.

1   El objetivo del texto A es: ☐

   A   Saber los nombres de los reality shows más populares.
   B   Establecer si los reality shows serán populares en un futuro.
   C   Conocer las opiniones sobre la popularidad de los reality shows.
   D   Agradecer por haber hecho popular a un reality show.

Completa las siguientes frases basándote en la *Respuesta 1.*

Ejemplo: *En reality shows como Bailando por un sueño, los famosos ayudan a los participantes a…………alcanzar un "sueño".*

2   En una oportunidad, ver la realización de un sueño resultó…

3   Lo importante de este espectáculo es bailar, pero a veces llama la atención que entre los participantes…

4   Aunque a algunos les gusten estos conflictos entre famosos, no los soporto, porque a mí…

Las siguientes frases referidas a la *Respuesta 2* son verdaderas o falsas. Indica con (✓) la opción correcta y escribe las palabras del texto que justifican tu respuesta. Tanto (✓) como la cita son necesarios para obtener un punto.

	VERDADERO	FALSO
Ejemplo: *Al público le gusta que lo que pasa en los reality shows esté previsto.*	☐	✓

Justificación: *en ellos suelen suceder cosas inesperadas.*

	VERDADERO	FALSO
5 Los que producen estos programas siguen un libreto.	☐	☐

Justificación: _____

	VERDADERO	FALSO
6 Para Diego, tener que atraer a los que miran no es algo tomado de la vida real.	☐	☐

Justificación: _____

	VERDADERO	FALSO
7 Según él, el público se involucra con los participantes y suele apoyarlos en sus luchas.	☐	☐

Justificación: _____

	VERDADERO	FALSO
8 En el reality show *Operación Triunfo México*, el público elige quién se queda y quién se va.	☐	☐

Justificación: _____

	VERDADERO	FALSO
9 Los participantes de ese reality show eran muy buenos artistas.	☐	☐

Justificación: _____

Basándote en la *Respuesta 3,* relaciona cada principio de frase de la columna de la izquierda con el final adecuado del recuadro de la derecha. Escribe la letra en la casilla correspondiente.

Ejemplo: *Según Marcos, en* Gran Hermano *había…* ☐C

10 El reality de *Gran Hermano* divertía…   ☐

11 El problema es que ahora los reality shows…   ☐

12 Le indigna *Operación Triunfo* porque…   ☐

   A   pero la gente sentía placer de ver a escondidas.
   B   pero las personas eran adictas a su dolor.
   C   *una atracción al ver a las personas que no podían salir.*
   D   los participantes son eliminados por artistas mediocres.
   E   no hay cantantes.
   F   parejas que querían casarse antes de entrar.
   G   solo muestran a modelos.
   H   no son espontáneos.

Texto B: "El papel de la prensa siempre tiene que ser de denuncia y de crítica"

La periodista Rosa María Calaf es un fenómeno mediático. Tras tres décadas y media de profesión, la corresponsal más veterana de TVE*, dejó recientemente su puesto.

1 **Pregunta**: Has ejercido una profesión mayoritariamente de hombres. ¿Has tenido más problemas por ser mujer?

Respuesta: Las mujeres tenemos más problemas en cualquier profesión. Siempre tenemos que estar demostrando que somos capaces de hacer aquello que estamos haciendo, al contrario de lo que les ocurre a los hombres. En ese sentido, estamos obligadas a hacer un esfuerzo mayor. También debo decir que existen ámbitos en los que ser mujer te facilita la labor, por ejemplo cuando hay que investigar sobre las mujeres en países musulmanes, donde mis colegas hombres no tienen acceso.

2 **P:** De todos los lugares en los que has ejercido tu labor, ¿de cuál guardas recuerdos más gratos?

R: Sin lugar a dudas de Argentina e Italia. Son países en los que me he sentido muy cómoda. También es verdad que resultan lugares de cultura más próxima.

3 **P:** ¿Cuál debería ser el papel de la prensa cuando se informa desde sitios en los que los derechos humanos no son respetados?

R: Creo que el papel de la prensa siempre tiene que ser de denuncia y de crítica. Lo que ocurre es que donde no se respetan los derechos humanos no es fácil hacer esto.

4 **P:** Tenemos más canales de información que nunca, pero ¿implica esto que estamos mejor informados?

R: No. Cuando más acceso tenemos a todo lo que sucede, es cuando menos informados estamos. Ahora tenemos más medios que nunca, pero con el mismo mensaje.

5 **P:** Es cierto que las nuevas tecnologías nos han facilitado mucho la comunicación, sobre todo en la inmediatez, pero ¿hay también aspectos negativos?

R: Las nuevas tecnologías poseen muchos aspectos positivos, pero en la parte negativa está la prisa… Tanta instantaneidad va en contra de la reflexión, del análisis. Eso no quiere decir que haya que dar la espalda a la tecnología, sería absurdo, pero hay que saber utilizarla, y sobre todo, no ser esclavos de la tecnología. Es la tecnología la que debe estar al servicio de la información y no al contrario.

6 **P:** Has sido corresponsal en lugares y momentos arriesgados. ¿Se acostumbra uno al peligro?

R: Algo sí, pero no estamos todo el tiempo en peligro. Lo más importante es no poner en peligro a la gente que te acompaña, y no me refiero solo a tu equipo sino a la gente que te acompaña, traductores, guías, etc.

7 **P:** ¿Cuál debería ser el papel de un enviado especial a una zona de conflicto?

R: Deberíamos ser los ojos y los oídos del señor que está sentado en su casa sin posibilidad de ver eso que tú estás viendo, y tratar de transmitirlo lo más fielmente que podamos.

*TVE = Televisión Española

http://redi.um.es (Entrevista con la periodista Rosa Mª Calaf 14.07.2009)

Basándote en la introducción y el intercambio 1, indica la opción correcta (A, B, C o D) en la casilla de la derecha.

13 Rosa María Calaf cree que: ☐

A   Los hombres son más capaces de hacer periodismo que las mujeres.

B   Las periodistas tienen que hacer más esfuerzos que sus colegas hombres en los países islámicos.

C   La mujer tiene más problemas en el periodismo que en otras profesiones.

D   Las mujeres pueden entrar en ciertas regiones con más facilidad que los hombres.

Basándote en los intercambios 2 y 3, completa el cuadro siguiente, indicando a quién o a qué se refieren las palabras de la segunda columna.

En las expresiones…	la palabra…	se refiere a…
Ejemplo: *De todos los lugares en los que has ejercido tu labor…*	*"los"*	*lugares*
14 ¿de cuál guardas recuerdos más gratos?	"cuál"	
15 Son países en los que me he sentido muy cómoda.	"los"	
16 Lo que ocurre es que donde no se respetan los derechos humanos no es fácil hacer esto.	"se"	

Consejo 5

Vínculos sintácticos

Para este tipo de pregunta:

● hay que saber analizar la estructura de una frase.

● tendrás que buscar la(s) palabra(s) a que se refieren otra palabra, expresión o pronombre. Por ejemplo: en la expresión *Hice la compra por teléfono, pidiendo que me la hicieran llegar el sábado por la mañana*, ¿a qué se refiere el pronombre "la"? Respuesta: *la compra*.

● cuando lees, observa sobre todo a qué se refieren los pronombres *(se, le, le, las, les, etc)*.

Basándote en los intercambios 4 y 5, ¿qué palabras faltan en los espacios en blanco? Escríbelas en los espacios correspondientes.

Rosa María Calaf no cree que estemos mejor [-X-] actualmente. Le parece irónico que aunque tenemos más [-17-] a la información, el mensaje que recibimos es igual. Otra desventaja de la nueva tecnología es que todos tenemos [-18-], lo que no nos permite tiempo para la [-19-]. Aunque le parece importante que no ignoremos las nuevas tecnologías, opina que si llegamos a ser [-20-] de esta, estamos perdidos. En el periodismo, la información debe mandar, y no la tecnología.

Ejemplo: ....[-X-] *informados*.........

17 _____   18 _____

19 _____   20 _____

Consejo 6

Resumen con espacios en blanco

Para este tipo de pregunta tienes que identificar las palabras que faltan en un **resumen** de parte del texto.

Cuando completes este tipo de actividad:

● debes leer el texto otra vez con mucho cuidado antes de llenar los espacios.

● las palabras que buscas están en el texto.

● las palabras siguen el orden cronológico del texto.

Busca en los intercambios 6 y 7 las palabras o expresiones del texto equivalentes a las siguientes.

Ejemplo: ....peligrosos ....*arriesgados*

21 habitúa   _____

22 intérpretes   _____

23 corresponsal   _____

24 con exactitud _____

Consejo 7

Sinónimos

Cuando completes este tipo de actividad:

● tendrás que identificar sinónimos que están en el texto.

● es esencial **aprender vocabulario** para que sepas no solo palabras, sino también sus sinónimos.

● el sinónimo que buscas tiene que tener la forma gramatical correcta **(masculino o femenino, singular o plural)**, por ejemplo: *valen/merecen; pena/lástima; engañado/burlado*.

UNIDAD **6**

El medio ambiente

◉ I: La naturaleza todo lo puede

◉ II: Nosotros y el mundo, una relación tempestuosa

◉ III: Queremos un futuro más ecológico

◉ IV: Literatura [Nivel superior]

◉ V: ¡A jugar!

¡Piensa!

Test: ¿Qué tan verde eres?

1 ¿Cómo se llama la energía producida por el viento?
a) Solar.
b) Eólica.
c) Hidráulica.

2 ¿Qué es el "efecto invernadero"?
a) El calentamiento de la tierra por el bloqueo de los gases.
b) El invierno más frío debido a los gases emitidos.
c) La consecuencia de los inviernos más largos del planeta.

3 ¿Qué tipos de accidentes climáticos han crecido en número en el mundo hispano?
a) Huracanes.
b) Tsunamis.
c) Tormentas eléctricas.

4 ¿Con el exceso de qué estamos provocando el cambio climático los humanos?
a) Dióxido de carbono.
b) Guerra.
c) Petróleo.

5 ¿Cómo se puede disminuir el calentamiento global?
a) Si se reducen los gases de escape de los vehículos.
b) Si se promueve la agricultura transgénica.
c) Si se permite la deforestación en más países.

6 ¿Qué es el ecoturismo?
a) El turismo en los parques nacionales.
b) El turismo que educa sobre la ecología.
c) El turismo económico.

7 ¿Qué país hispanoamericano es famoso por su biodiversidad protegida?
a) Cuba.
b) Guatemala.
c) Costa Rica.

8 ¿Cuál de estos animales está en peligro de extinción en España?
a) El zorro.
b) El lince ibérico.
c) La ardilla roja.

9 ¿Cuál de estos elementos químicos es altamente tóxico para el ser humano?
a) El cadmio.
b) El yodo.
c) El hierro.

10 ¿Qué nuevo combustible se utiliza para transportes "verdes"?
a) El gas natural.
b) El biodiésel.
c) El alcohol etílico.

Ahora mira las respuestas correctas, que están al pie de esta página, y calcula ¡qué tan verde eres!

Resultados:

• 0 a 3 respuestas correctas ➡ No tienes mucha noción de la ecología y de cómo ser "verde". Aprende con esta unidad.

• 4 a 7 respuestas correctas ➡ Tienes algunas ideas conectadas con la ecología, pero no son precisas. Observa los detalles de esta unidad.

• 8 a 10 respuestas correctas ➡ Eres una persona "verde". Perfecciona tus conocimientos del medio ambiente en esta unidad.

Respuestas: 1b, 2a, 3a, 4a, 5a, 6b, 7c, 8b, 9a, 10b.

I: La naturaleza todo lo puede

1 ¿Qué hacer en caso de huracán?

A **Antes de leer el texto, decide y marca con una cruz (X) si harías lo siguiente en caso de que un huracán azotara el lugar donde vives.**

	Sí	No
1 Lo importante es que salgas de tu casa.		
2 Si estás en casa y todo está quieto, sal inmediatamente.		
3 Debes acumular comida y agua para un mínimo de un mes.		
4 Tienes que poner cinta en las ventanas, y si es posible quitar los árboles que estén al lado de tu casa.		
5 No pierdas tiempo y espacio con documentos, solo empaca comida, agua y ropa. El auxilio tiene lo necesario.		
6 Cuando dan la orden de evacuación, debes seguir las rutas marcadas, y saber adónde vas de antemano.		
7 Si estás en un refugio y ya estás fuera de peligro, sal de él lentamente y con cuidado, por las dudas.		
8 Si llegas a tu casa y tus vecinos te necesitan, primero asegúrate de que tu familia esté fuera de riesgo.		
9 Es mejor que no camines por el agua cuando salgas.		
10 Los refugios contra huracanes no sirven. No gastes dinero en construir uno.		

Ahora lee el texto, en el que los expertos explican qué hay que hacer en caso de huracán. ¿Has acertado con tus predicciones?

¡Llega el huracán! Decálogo del sobreviviente

En Costa Rica sabemos mucho sobre huracanes. Si bien no pueden evitarse, aquí tiene unos consejos para protegerse durante estos fenómenos naturales cada vez más frecuentes en Centroamérica y el Caribe:

- No hay que salir de la casa, aún cuando todo parece calmo. Puede encontrarse en el ojo de la tormenta, donde todo está quieto por un tiempo.

- Debe almacenar comida, agua y primeros auxilios suficientes para una semana. No olvide que debido a la tormenta pueden quedar cortados los servicios básicos y que el rescate puede tomar más tiempo en llegar.

- Tiene que sellar las ventanas y las puertas de cristal con cinta adhesiva en forma de X.

- Es importante que usted corte los árboles y plantas altas que puedan caer sobre su casa.

- No olvide llevar todos sus documentos importantes en una mochila, dejando libres sus manos.

- Cuando hay que evacuar la vivienda, normalmente tendrá uno o dos días para hacerlo. Si tiene automóvil, compruebe que tiene suficiente gasolina para manejar hasta el refugio. Es esencial que siga las rutas indicadas.

- Hay que abandonar el refugio solamente cuando sea autorizado, y teniendo mucho cuidado.

- Al volver a su hogar, debe inspeccionarlo por dentro, y quitar todos los restos peligrosos, como cristales. Tiene que asegurar a su familia antes de ayudar a sus vecinos.

- Debe tener especial cuidado al salir de su casa, ya que puede haber cables eléctricos en charcos de agua, o árboles caídos o a punto de caer. Evite pasar cerca de ellos.

- ¡No deje que el próximo huracán lo sorprenda! Si puede, intente construir un refugio con la ayuda de un experto.

B Lee el texto otra vez y haz una lista de los ejemplos de lo siguiente:

- *deber*
- *tener que*
- *hay que*

- *ser* + adjetivo + presente del subjuntivo
- el imperativo.

C Aquí tienes otra lista de consejos, esta vez para tener en cuenta durante una tormenta eléctrica. Complétala con *deber...*, *tener que...*, con *hay que...* o con *el presente del subjuntivo* para consejos. Coloca solamente una palabra en cada espacio.

¿Qué hacer en caso de una tormenta eléctrica?

- Si usted está al aire libre, 1_____ buscar una casa, un edificio o un automóvil. Este último lo protege mediante el principio de la "jaula de Faraday" (el rayo pasa por el metal de la estructura a la tierra, y no toca a la persona dentro).
- Usted 2_____ que evitar ser el punto más alto de los alrededores. Si está solo en una colina, 3_____ que bajar lo antes posible.
- Si está en un área arbolada, 4_____ que buscar un grupo denso de árboles pequeños, no uno solo y alto.
- Es indispensable que no 5_____ cerca de objetos altos, como antenas o postes de teléfonos. Estos atraen los rayos.
- Si está en un bote y ve relámpagos, 6_____ salir del agua inmediatamente.
- En general, 7_____ que evitar usar los teléfonos, excepto en caso de emergencias.
- Es mejor que usted no 8_____ un baño o una ducha durante la tormenta eléctrica.
- Es importante que no 9_____ objetos metálicos con la piel y que se mantenga lejos de ellos (por ejemplo, equipos agrícolas y vías del tren).
- Antes de que caiga un rayo, es posible que su cabello se pare. Si esto sucede, 10_____ ponerse de rodillas y hacer una bola con su cuerpo, con la menor superficie de contacto con el suelo, si es posible la suela de goma de sus zapatos. No 11_____ acostarse en el suelo, el piso húmedo puede conducir la electricidad.

D ¡Ahora es tu turno! Escoge un sitio (si es posible en el mundo hispano), donde haya desastres naturales (por ejemplo terremotos), y escribe una lista de 10 obligaciones y consejos en forma de póster para los turistas de la zona. No olvides utilizar las estructuras aprendidas.

Gramática

LOS VERBOS MODALES Y *SER* + ADJETIVO + QUE + SUBJUNTIVO

Recuerda que:

- *deber* expresa una **obligación fuerte**. Por ejemplo: *Debes* cumplir con las reglas del refugio.

- *tener que* expresa una **obligación menos fuerte**. Por ejemplo: *Tienes que* ayudar primero a los tuyos.

- *hay que* expresa una **obligación impersonal**. Por ejemplo: *Hay que* sellar las ventanas.

- es muy común dar **consejos** y enfatizar sus características con la estructura *ser* + adjetivo + presente del subjuntivo. Por ejemplo: *Es indispensable que usted lleve* los documentos.

- los **consejos directos** se expresan normalmente con el imperativo (formal o informal). Por ejemplo: *(Usted) Tenga* cuidado al salir de su casa.

Para repasar la forma y uso de *deber, tener que, hay que* y *ser* + adjetivo + *que* + presente del subjuntivo, ver 11.B.V y 11.N en el Resumen gramatical.

¡NO OLVIDES!

Cómo escribir una lista consejos o instrucciones

Página 140 en la Unidad 5.

E Ahora trabaja con un(a) compañero/a. Preparen una entrevista en la que una persona que ha sobrevivido un huracán cuenta sus experiencias a un(a) periodista en la televisión. Mencionen:

- cuándo sucedió el huracán
- dónde estaba la persona
- si siguió los consejos de la lista
- qué fue lo más grave de la experiencia
- qué aconsejan hacer al resto de la población.

Ahora escribe la conversación (200 palabras).

¡NO OLVIDES!

Cómo escribir una entrevista

Página 72 en la Unidad 3.

2 Murcia, tierra de terremotos

A Mira la foto con tu compañero/a.

- ¿Dónde crees que está este sitio?
- ¿Qué ha pasado?
- ¿Cuáles crees que han sido las consecuencias?

Pista 20

Escucha un reportage en el que se dan detalles de lo que sucedió en una región de España, y compara lo que oyes con tus predicciones.

Estrategias para leer

Para asegurarte de que entiendes bien el texto:

- una vez que hayas leído el texto completo, haz un pequeño resumen de cada párrafo en otras palabras.
- habla con tu compañero/a si no entiendes algún aspecto del texto.
- al final, reflexiona sobre tus resúmenes de los párrafos para verificar que las ideas se conectan lógicamente.

B Empareja las palabras que has oído con su definición correspondiente:

1	decenas	a	casas
2	sísmico	b	sitio para protegerse del clima o un desastre
3	fallecidos	c	vasijas grandes
4	refugio	d	relativo a un movimiento de la tierra
5	viviendas	e	fracturas en la tierra producidas por los movimientos geológicos
6	derrumbes		
7	jarrones	f	conjuntos de diez unidades
8	cornisa	g	muertos
9	grietas	h	torre donde se colocan las campanas
10	campanario	i	caídas
11	fallas	j	parte ornamental superior de un edificio
		k	roturas que surgen en una superficie

C En la siguiente lista de frases solo hay cuatro, además del ejemplo, que son correctas con respecto al audio. Elígelas y márcalas con una cruz (*X*). Te damos una como ejemplo.

Ejemplo: *El segundo terremoto registró 4,5 en la escala de Richter.*	*X*
1 El segundo terremoto fue más débil que el primero.	
2 Los vecinos que no pudieron volver a sus casas fueron alojados por el Ayuntamiento.	
3 En la casa de Juani Avellaneda todos los muebles se rompieron.	
4 Juana Ruiz tuvo la suerte de estar fuera de casa cuando ocurrieron los terremotos.	
5 En la avenida Juan Carlos I, los vecinos no podían comunicarse por teléfono.	
6 Afortunadamente, el antiguo castillo de Lorca no sufrió perjuicios.	
7 Siempre hay riesgo de que ocurran terremotos en Murcia.	
8 Se sintió el terremoto en la capital de España.	

D Comenta con tu compañero/a lo siguiente:

- ¿Qué harían si ocurriera un terremoto en su pueblo/ciudad/región?
- Mencionen las tres cosas más importantes que considerarían.
- ¿Resistirían los edificios? ¿Por qué (no)?

E Escribe una carta informal a un(a) amigo/a describiendo lo que te pasó cuando ocurrió un terremoto (o cualquier otro desastre natural) en tu pueblo/ciudad/región. (Si vives en una región que no esté afectada por terremotos, escoge cualquier otro desastre natural.)

> **¡NO OLVIDES!**
>
> Cómo escribir correspondencia informal
>
> **Página 79 en la Unidad 3.**

3 ¿Cómo afectará el cambio climático a Costa Rica?

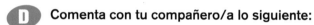

> **¡Observa!**
>
> *ticas (coloq.) = de Costa Rica

a Costas ticas* en peligro

El cambio climático afectaría directamente a Costa Rica, pues un aumento del nivel del mar invadiría tierra firme en el 90% de sus costas. Un nuevo estudio indica que los casi 1.300 kilómetros de costas con que cuenta nuestro país se verían afectadas con el aumento del nivel de los océanos.

"En Puntarenas, un aumento de 30 centímetros en el nivel del mar se traduciría en inundaciones que afectarían el 60% de las áreas residenciales de este suburbio. El aumento en el nivel del mar se traduciría en daños para toda la costa. En el peor de los casos, se proyecta que el nivel del mar se eleve un metro hacia del año 2100, lo cual inundaría el 90% del sector residencial", destaca el documento.

El aumento del nivel del océano provocaría, entre otras cosas, la ampliación de las áreas inundables en todo el territorio nacional.

Las inundaciones y sequías podrían aumentar, por ejemplo, la competencia por recursos alimentarios y mejores lugares para habitar. A partir de ahí, habrá escenarios en los cuales aumentarían las migraciones a lo interno de los países y entre distintas naciones, lo cual puede generar "tensión social en las áreas de llegada" y "exposición a las actividades del crimen organizado a gran escala", entre otras consecuencias.

Adaptado de http://www.nacion.com

A Busca en el texto las palabras que corresponden a las definiciones siguientes:

1 zonas en las que vive la gente
2 terrenos que pueden ser cubiertos de agua
3 productos que forman la base de alimentación de los seres humanos
4 ocupar una casa o un lugar
5 movimientos de población

B Decide si las siguientes frases referidas al texto son verdaderas o falsas. Marca con una cruz (✗) la opción que te parezca correcta. Escribe las palabras del texto que justifican tu respuesta en cada caso.

	Verdadero	Falso
1 Costa Rica corre el peligro de perder un 10% de la orilla del mar.		
2 Es cierto que el mar inundará un 90% de la zona residencial del país en 2100.		
3 Una consecuencia de la elevación del mar será el desarrollo de las zonas inundables.		
4 Un efecto del cambio climático será una lucha por tierra y alimentos.		
5 En el futuro, mucha gente va a decidir que no vale la pena trasladarse.		

b El café costarricense sube y sube

San José, 25 de junio. Los productores de café de Costa Rica, además de ceder terrenos al crecimiento urbano, enfrentan amenazas por el cambio climático, pero el incremento de temperaturas también llega a regiones altas donde crecen los granos más cotizados. Emisiones de gases de efecto invernadero podrían provocar que la temperatura de la superficie de la tierra aumente entre 1 y 6 grados centígrados en los siguientes 100 años, de acuerdo con Naciones Unidas, forzando a los productores de todos los cultivos a adaptarse a las nuevas condiciones climatológicas, informaron periódicos centroamericanos.

En Costa Rica, el incremento de la temperatura podría ayudar a transformar tierras montañosas que fueron alguna vez demasiado frescas para delicados árboles en áreas para cultivar café de primera calidad.

El grano duro del café arábigo, que es buscado por tostadores especializados, solo se encuentra en tierras altas, con lo que el cambio podría significar más oportunidades para los productores costarricenses.

"Ahora podemos sembrar a los 2.000 metros. No sembrábamos en esta zona antes," dijo Daniel Ureña, un agrónomo de la cooperativa de productores de café de Dota (Coopedota), que vende su café de altura a compradores como la cadena de tiendas *Starbucks*.

Adaptado de http://www.elpais.co.cr

C Busca en el texto las palabras que corresponden a las definiciones siguientes:

1 aumento
2 expulsiones de algo hacia fuera
3 del clima
4 plantar semillas
5 experto en cultivos de la tierra

D Termina las frases siguientes con una de las frases en el recuadro, según el sentido del texto. ¡Cuidado! Hay cuatro de más.

1 Los productores de café están perdiendo terrenos…
2 Con motivo del calentamiento global, los productores costarricenses…
3 En el futuro, es posible que…
4 A los productores, el cambio climático les da una nueva oportunidad…

a … se cultiven los mejores granos en los terrenos de montaña.
b … porque no pueden cultivar el café en las regiones altas.
c … porque las ciudades siguen creciendo.
d … de vender su café en el mercado internacional.
e … busquen a tostadores especializados en tierras altas.
f … tendrán que extender sus cultivos a las regiones bajas.
g … se verán obligados a habituarse al cambio climático.
h … de sembrar sus árboles otra vez en áreas altas.

E Lee los dos textos sobre Costa Rica otra vez y anota todos los ejemplos del uso del condicional. ¿Por qué piensas que el condicional se utiliza tanto en el primer texto?

  F Ahora da consejos utilizando el condicional, como en el ejemplo:

Ejemplo: **No sé si ir a la manifestación o no.**
Yo, en tu lugar, iría a la manifestación.

1 No sé si llevar mis zapatos negros o los blancos.
2 No sé si hacer el viaje mañana o pasado mañana.
3 No sé si poner la tele o salir.
4 No sé si reciclar estas pilas o tirarlas.
5 No sé si visitar esa zona protegida o no.
6 No sé si hacer una donación a esta ONG costarricense o no.
7 No sé si decir a Raúl que su regalo me gustó o no.
8 No sé si comer fuera o en casa esta noche.

 G Los dos textos sobre Costa Rica tratan de las consecuencias del cambio climático para el país. Escribe tres párrafos para resumir los textos (250 palabras):

- En el primer párrafo escribe las consecuencias negativas.
- En el segundo párrafo escribe las positivas.
- Sugiere qué medidas podría tomar el gobierno de Costa Rica para:

 a) mitigar las consecuencias malas b) estimular las posibles ventajas comerciales.

Utiliza la forma condicional por lo menos *10* veces.

Gramática

EL CONDICIONAL

Recuerda que:

- el condicional expresa una acción que solo puede realizarse si una condición se cumple. Por ejemplo: la frase *El cambio climático **afectaría** directamente a Costa Rica…* implica la condición "si se cumplieran los efectos del cambio climático".

- el condicional también se utiliza, de manera formal, para pedir favores. Por ejemplo:¿**Podría** traerme otro café?

Para repasar las formas y usos del condicional, ver 11.A.V en el Resumen gramatical.

TEORÍA DEL CONOCIMIENTO

La ciencia y el cambio climático

En nuestra sociedad, el científico es una figura muy respetada porque revela verdades acerca de nuestro mundo. Solemos creer estas verdades porque los científicos muestran pruebas **convincentes**. Ellos emplean un método basado en la **observación** y los **experimentos**, el llamado *método científico*, para llegar a sus resultados. En el caso del problema global del cambio climático, la mayoría de los científicos se ha puesto de acuerdo en que el mundo va a sufrir terribles desastres naturales si no actuamos rápidamente para reducir considerablemente los CFC (clorofluorocarbonos) y otros gases, como el CO_2, en la atmósfera.

Sin embargo, una minoría de científicos hablan del "fraude" del calentamiento global. Piensan que se ha exagerado la evidencia y que los que nos advierten que la tierra se calienta demasiado rápidamente y por culpa de la actividad humana omiten evidencia importante (por ejemplo, que el sol tiene diferentes ciclos de mayor o menor actividad), lo que ha distorsionado sus resultados. Los opositores dicen que falta una base científica a la teoría del calentamiento global y acusan a los partidarios:

a) de no escuchar a los que critican la teoría del calentamiento, y b) de manipular los datos para apoyar su argumento, porque así reciben dinero para sus investigaciones más fácilmente.

Es importante, claro está, que los científicos, como expertos responsables, nos digan la verdad, y que podamos confiar en ellos.

Pero:
- ¿Debemos creer todo lo que nos dicen los científicos?
- ¿Cómo se puede saber si una teoría científica es errónea?
- ¿Existe la verdad científica?

Tarea

Busca información que contradiga la teoría del calentamiento global, por ejemplo la que la tacha de fraude, en la Red, (ver http://blog.nuestroclima.com/calentamiento-global/el-gran-fraude-del-calentamiento-global/). Coméntala con tu compañero/a y decide si el punto de vista de los oponentes a esta teoría puede justificarse. Escribe una redacción (mínimo 150 palabras) para explicar tu punto de vista.

4 Latinoamérica sufre (y sufrirá) más el cambio climático

El número de latinoamericanos afectados por desastres naturales aumentó ocho veces en los últimos treinta años, lo que muestra la creciente vulnerabilidad de la región frente al cambio climático, concluye un informe divulgado por dos agencias de Naciones Unidas, la CEPAL* y el PNUMA*.

"El número de personas afectadas por las temperaturas extremas, incendios forestales, sequías, tormentas e inundaciones pasó de 5 millones en la década del 70 a más de 40 millones en la última década", señala esa publicación.

Asimismo, el número de tormentas ocurridas entre los años 2000 y 2009 se multiplicó por 12 con relación a las que se presentaron entre 1970 y 1979. En este mismo período, además, las inundaciones se cuadruplicaron.

El investigador de la CEPAL y coautor del documento, Luis Miguel Galindo, detalló que los eventos climáticos extremos muestran una correlación entre las emisiones de gases de efecto invernadero, los aumentos de temperatura, el incremento de la intensidad de los huracanes y el alza en el nivel del mar. Por ejemplo, en Mesoamérica y en el Caribe se registraron 36 huracanes entre 2000 y 2009, frente a 15 y 9 huracanes ocurridos en la década del noventa y del ochenta, respectivamente.

"Los patrones de cambio climático proyectados para finales de este siglo en la región indican que en Centroamérica y el Caribe habrá un aumento de la intensidad de los huracanes, así como una reducción de la precipitación y con ello un aumento de las rachas de sequías", advierten los expertos.

"En México se esperan aumentos de temperatura, más ondas de calor, menos días con heladas y mayores rachas de sequías", pronostican. En Colombia, Ecuador, Perú, Bolivia, Chile y Argentina continuará el derretimiento de los glaciares, mientras que en los países con costas en el Pacífico y el Atlántico se observará un aumento en las precipitaciones.

Además, habrá efectos negativos sobre la pesca en el litoral pacífico del Perú y Chile.

"La disminución en la precipitación traerá consigo efectos adversos sobre el rendimiento agrícola en diversas regiones y países del continente", afirma el análisis, que alerta sobre "la alta vulnerabilidad de Centroamérica y el Caribe frente al aumento de los eventos extremos...".

Adaptado de http://noticias.terra.com/noticias

¡Observa!

*CEPAL = Comisión Económica para América Latina y el Caribe.
*PNUMA = Programa de las Naciones Unidas para el Medio Ambiente.

Este artículo, lamentablemente, habla de muchos desastres ecológicos. A continuación tienes la definición de varios desastres. Encuentra la palabra o frase que corresponde a cada uno en el texto.

1 calentamiento del planeta por el bloqueo de gases, que no permiten el escape del calor
2 fuegos grandes que queman bosques
3 subida de la altura normal de una masa de agua salada
4 períodos sin lluvia
5 conversión en líquido de hielos (milenarios) que se mueven

6 tempestades
7 vientos muy fuertes y destructivos
8 cobertura de terrenos por el agua
9 congelación de líquidos sobre un terreno, causada por el tiempo frío
10 períodos de temperaturas más altas de las normales

B Aquí tienes una ficha de estudio para resumir los datos del cambio climático y su impacto. Complétala con los datos del texto.

C Trabaja en un grupo. Tomando frases del texto, prepárense para dar consejos a los habitantes de las distintas regiones mencionadas.

Usen *deber*, *tener que*, *hay que*, etc.

Por ejemplo:
En México se esperan aumentos de temperatura. *Ustedes no deben malgastar el agua.*

¡NO OLVIDES!

Cómo escribir una lista de consejos o instrucciones

Página 140 en la Unidad 5.

ESTUDIO DE IMPACTO CLIMÁTICO

Autor(es) del informe:

LATINOAMÉRICA EN GENERAL

Proporción de aumento de desastres:

Proporción de aumento de personas afectadas:

Proporción de aumento de tormentas:

Período de mayor número de tormentas:

Proporción de aumento de inundaciones:

Factores relacionados con los eventos climáticos:

Efectos generales:

MESOAMÉRICA
(sur de México y norte de Centroamérica)
Y EL CARIBE

Cantidad de huracanes:
- de 1980 a 1989: _____
- de 1990 a 1999: _____
- de 2000 a 2009: _____

Pronóstico:

MÉXICO

Pronóstico:

ZONA ANDINA
(Colombia, Ecuador, Perú, Bolivia, Chile y Argentina)

Pronóstico:

COSTAS ATLÁNTICA Y PACÍFICA

Pronóstico:

¡Veamos una película!

Aquí tienes el nombre y datos de una película en español que trata del tema de los animales y el medio ambiente.

Bombón: el perro (Argentina, 2004)
Género: drama/documental
Director: Carlos Sorín
Reparto: Juan Villegas, Walter Donado y Rosa Valsecchi.

Si es posible, mírala y debate los siguientes puntos con la clase:

- ¿Cómo es el sitio donde viven los protagonistas?
- ¿Sabes dónde están en el mundo hispano? ¿Cómo?
- ¿Por qué se queda el perro con el protagonista?
- ¿Qué decide hacer con él?
- ¿Lo trata bien? ¿Por qué (no)?
- Comenta una de las aventuras del perro y Juan.
- ¿Crees que los personajes se relacionan bien con los animales y el medio ambiente?

¡Escuchemos una canción!

Aquí tienes el nombre de una canción que trata del tema del medio ambiente.

Ojalá que llueva café
Género: merengue/pop
Álbum: Ojalá que llueva café (1991)
Cantante: Juan Luis Guerra (República Dominicana)

Si es posible, escúchala y debate los siguientes puntos con la clase:

- ¿Qué quiere que llueva el cantante? Menciona por lo menos tres cosas.
- ¿Dónde quiere que llueva?
- ¿Qué hace la gente?
- ¿Por qué quiere que pasen estas cosas?
- ¿Crees que la gente del campo es rica o pobre? ¿Por qué?

II: Nosotros y el mundo, una relación tempestuosa

5 Represes en la Patagonia chilena = desastres ambientales

A

Trabaja con un(a) compañero/a. Emparejen las siguientes palabras y frases con sus significados:

1	represas	a	del medio ambiente
2	hectáreas	b	de un río
3	ambiental	c	trabajos
4	ambientalistas	d	construcciones que contienen el agua de ríos y producen energía hidroeléctrica
5	obras	e	unidades de superficie equivalentes a 1.000 m²
6	Patagonia	f	equilibrar la acción de otro
7	fluvial	g	cambiará su camino para no hacer algo
8	subestimados	h	que llevan mucha agua
9	aves	i	salvajes
10	caudalosos	j	de importancia pero poco considerados
11	evitará	k	región más austral del continente americano
12	silvestres	l	personas que defienden el medio ambiente
13	bosque	m	conjunto de árboles
14	contrarrestar	n	pájaros

La aprobación para construir cinco represas que inundarán casi 6.000 hectáreas en la Patagonia chilena generará un desastre ambiental irreversible en uno de los últimos territorios vírgenes del planeta, advirtieron este martes ambientalistas. El proyecto, llamado *Hidroaysén*, fue aprobado el lunes por un Comité de Evaluación Ambiental, en medio de protestas en varias ciudades de Chile.

Ecologistas preparan una dura batalla legal para oponerse a las obras. La Patagonia chilena "se vería arruinada irreversiblemente para ser usada por unos 40 o 60 años y luego abandonada, dejándola como un desastre ambiental", dijo el director de *Greenpeace Chile*, Matías Asún.

El proyecto consiste en la construcción de cinco represas en los ríos Pascua y Baker. "El proyecto va a impactar el curso fluvial de los ríos, ya que implica la inundación de diversas hectáreas. Los estudios de flora y fauna realizados para este proyecto están subestimados a nivel microscópico y de mamíferos, como huemules (ciervo chileno) y aves nativas que están bajo protección ambiental", explicó Asún.

Los ríos Pascua y Baker son los más caudalosos de Chile. Sus aguas cristalinas y turquesas vienen de glaciares milenarios. Además, van a construir una larga línea de más de 2.000 km de cables eléctricos y torres de alta tensión que atravesarán nueve regiones del país. El director de Hidroaysén, Daniel Fernández, explicó que tendrá una parte submarina que evitará pasar por parques nacionales y lugares de paisajes valiosos aunque otra sí lo hará "por áreas silvestres protegidas y zonas de bosque nativo".

La construcción de las represas necesitará más de 5.000 trabajadores, que en los más de 10 años de obras doblarán la población en la región de Aysén, a unos 1.800 km al sur de Santiago, cuya belleza natural atrae cada año a miles de turistas. "Será casi imposible contrarrestar el impacto al turismo de la zona, sumado a que en la localidad más cercana que es Cochrane, se verá doblada en su población (4.000 habitantes) por los trabajadores que requerirá la obra", explicó el presidente del Partido Ecologista, Alejandro San Martín.

Los defensores del proyecto dicen que es vital para estimular el crecimiento económico chileno. "Se necesita energía barata y hoy Chile está pagando el doble del costo de la energía en comparación al promedio de América Latina", justificó el ministro secretario general de la Presidencia, Cristián Larroulet.

Adaptado de http://noticias.latam.msn.com

B

Trabaja con un(a) compañero/a. Lean las siguientes preguntas referidas al texto y contéstenlas de forma oral.

1 ¿Qué es *Hidroaysén* y dónde va a estar?

2 ¿Por qué se oponen los ambientalistas de *Greenpeace*?

3 ¿Qué son el Pascua y el Baker? ¿En qué sentido se verán afectados?

4 El transporte de la energía, ¿tendrá consecuencia(s) en el medio ambiente?

5 ¿Qué impacto tendrá en la población de Cochrane? ¿En qué afecta esto la zona?

6 ¿Cuál es la principal razón para defender este proyecto?

C

Lee el texto otra vez y haz una lista de todos los verbos que están en el tiempo futuro y de *ir* + *a* + infinitivo.

D

Completa las siguientes oraciones con uno de los verbos del recuadro. Colócalos en la persona apropiada del tiempo futuro. ¡Cuidado! Sobran dos verbos.

> pasar   desaparecer   salir   llegar   resistir   subir   bajar
> hacer   volverse

1 El efecto invernadero _____ que suban más las temperaturas.

2 ¿Qué crees que _____ con los enormes glaciares de la Patagonia?

3 Los inviernos _____ más fríos y los veranos más calurosos.

4 La experta dice que la inundación _____ a un nivel muy alto.

5 ¡Nosotros _____ la construcción de las represas con nuestra política verde!

6 Como el nivel del mar _____, las playas de mi ciudad _____ .

E

Aquí tienes un diálogo entre dos amigas. Una de ellas habla de sus planes. Completa los espacios en el diálogo con uno de los verbos del recuadro en la forma más apropiada de *ir* + *a* + infinitivo. ¡Cuidado! Sobran dos verbos.

> poder   hacer   escalar   comprar   viajar   ir   cambiar   gastar   visitar

– ¿Adónde 1_____ estas vacaciones, Guadalupe?

– A la Patagonia. Mi familia y yo 2_____ por varios lugares de Chile y Argentina.

– ¿ Y qué 3_____ ustedes?

– Mis hermanas y yo 4_____ un poco en los Andes, lógicamente. Mi papá 5_____ los parques nacionales. ¡Le encanta la naturaleza!

– ¿¡Pero no sabes que pronostican la erupción del volcán Puyehue!? ¡Hay alerta roja!

– ¡Ay, no! ¡Qué pena! Entonces nosotros no 6_____ ir. Mañana mismo yo 7_____ los pasajes de avión. ¡Gracias por el dato, Cris!

F

Debate con la clase la siguiente pregunta relacionada con el texto: *¿Se puede justificar la destrucción de la naturaleza para producir más energía?*

Tengan en cuenta:

- las ventajas y desventajas económicas de tales proyectos
- el impacto al medio ambiente
- el impacto al turismo.

G

Trabaja con un(a) compañero/a. Investiguen el siguiente tema y cada uno escriba una propuesta para el gobierno con los resultados (250 a 400 palabras).

Proyecto de energía alternativa en Chile

Consideren:

- el desierto de Atacama, en el norte, y sus características.
- el potencial de energía solar (térmica o fotovoltaica).
- si vale la pena o no explotar esta energía.

Gramática

EL FUTURO

Recuerda que:

- el futuro se puede expresar con *ir* + *a* + **infinitivo**, especialmente si es **una intención**. Por ejemplo: *El mes próximo* **voy a visitar** *Centroamérica.*

- existe un **tiempo futuro** que se usa de igual manera (especialmente en contextos **formales** o **impersonales**). Por ejemplo: **Habrá** *varias heladas pero no* **caerá** *nieve en esta región de los Andes.*

- a veces, el **presente** se usa con intención de futuro. Por ejemplo: *Este fin de semana* **tenemos** *mucho trabajo.*

Para repasar la forma y uso del futuro, ver 11.A.IV en el Resumen gramatical.

6 Nuestros animales en peligro de extinción, ¡reaccionemos, españoles!

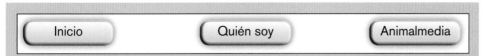

(Inicio)   (Quién soy)   (Animalmedia)

Blog *de Juan Carlos Calvo*

Pena me da que, cuando hablamos de especies en peligro de extinción en España, solo sepamos nombrar el lince ibérico* o a lo sumo el oso pardo*.

Pues no, amigos, estamos equivocados, eso no es así ni mucho menos. En España hay bastantes animales que están en peligro de extinción, y debemos hacer todo lo posible para sembrar las semillas de su futuro, mediante leyes, programas de recuperación y otras medidas.

¿Por qué debemos afrontar todas estas medidas? Simplemente porque nos corresponde; así como nosotros hemos alterado su hábitat, destruyéndolo, contaminándolo, haciendo de él campos de cultivo, zonas recreativas y, como estas cien mil cosas más, nos debemos responsabilizar de lo que verdaderamente somos culpables. Tal responsabilidad incluye considerar que cerca del 40% de los vertebrados de España están en peligro de extinción y el 7% están a punto de extinguirse.

Y… todo esto lo debemos hacer para salvar animales como estos:

El quebrantahuesos: un tipo de buitre y, como tal, un ave bastante grande. Recibe su nombre por la costumbre de elevar los huesos, para dejarlos caer con el fin de poder comerse la médula interior. Ha desaparecido de varias áreas de nuestro país, por causas tan dispares como el uso de cebos envenenados o la colisión contra cables eléctricos.

El lobo ibérico: es una subespecie de lobo, endémica de la península ibérica y que se ha encontrado en peligro de extinción, sobre todo, por la persecución que ha sufrido por el hombre, que lo ha atacado desde todos los puntos, hasta que consiguió erradicarlo de muchos sitios de España.

El fartet y el samarugo: son peces de tamaño pequeño, endémicos (solo se encuentran en la zona costera mediterránea de la península ibérica). Se encuentran en una situación crítica y, claro, han sido muy afectados por las intervenciones humanas: la introducción de especies exóticas, la contaminación del agua, la destrucción del hábitat, etc.

Adaptado de http://www.portalforestal.com

¡Observa!

*lince ibérico *(lynx pardinus)*: el felino más amenazado del planeta, que solo sobrevive en libertad en un par de localidades de la península: Doñana y Sierra Morena oriental. Tan solo quedan alrededor de 220 ejemplares.

*oso pardo *(ursus arctos)*: el más grande de los mamíferos terrestres españoles. Se encuentra acantonado en dos núcleos, los Pirineos (una decena de individuos) y en la cordillera cantábrica (130 ejemplares).

A

Después de leer el texto, busca sinónimos de las siguientes palabras:

1 llamar	5 desaparecer	9 emponzoñados
2 a lo más	6 pájaro	10 eliminar
3 hacer frente a	7 hábito	11 polución
4 hacer más responsable	8 objetivo	12 ruina

B

Ahora busca antónimos para las siguientes palabras en el texto:

1 seguridad	5 condenar	9 similares
2 acertados	6 levantarse	10 comunes
3 pasado	7 exterior	
4 inocentes	8 surgido	

C Contesta las siguientes preguntas con frases tomadas del texto.

1 ¿Qué le da pena a Juan Carlos Calvo?
2 Según Juan Carlos Calvo, ¿cómo podemos mejorar la suerte de los animales en peligro de extinción en España?
3 Con respecto a estos animales, ¿de qué somos culpables?
4 ¿Por qué el quebrantahuesos deja caer los huesos de sus víctimas?
5 ¿Por qué se ven amenazados los peces fartet y samarugo?

D Basándote en el tercer párrafo del texto, completa el cuadro siguiente, indicando a quién o a qué se refieren las palabras de la segunda columna.

En las expresiones…	la palabra…	se refiere a…
nosotros hemos alterado su hábitat, destruyéndolo,	lo	
… haciendo de él campos de cultivo…	él	
… el 7% están a punto de extinguirse.	el 7%	

E Escribe un blog para iniciar una discusión sobre la supervivencia de una especie en peligro de extinción (por ejemplo, el lince ibérico, una especie de águila, el oso pardo, etc.). Propón medidas para salvar esta especie.

Intenta imitar el estilo informal de Juan Carlos Calvo y ¡no te olvides de presentarte como autor(a) del blog!

¡NO OLVIDES!

Cómo escribir un blog

Página 53 en la Unidad 2.

7 Vivir en La Oroya, la ciudad más contaminada de América

A Antes de leer el texto, observa la foto y responde las siguientes preguntas con tus opiniones:

- ¿Qué región/parte del mundo se observa?
- ¿Qué están haciendo las dos mujeres?
- ¿Cuál crees que es su nivel económico y social? ¿Por qué?
- ¿Crees que viven en un sitio donde el medio ambiente es saludable? ¿Por qué (no)?

Está ubicada a 175 kilómetros de Lima, en Perú. Una organización ambientalista la colocó entre las diez ciudades con mayor contaminación del mundo y su gente respira el aire más insalubre del continente.

Los enormes réditos económicos que el Estado peruano está logrando por sus riquezas mineras le están costando un alto precio a la ciudad de La Oroya, a 3.750 metros sobre el nivel del mar. Días atrás, volvió a ser clasificada como la más contaminada de América y como una de las peores del mundo por su aire.

Encajonada en un valle andino, sin vegetación y castigada por el frío, La Oroya es sede de la principal fundición metalúrgica del país. La ciudad tiene unos 33 mil habitantes y en el lugar no llama la atención la basura o el barro: es uno de los municipios más limpios y ordenados de la zona andina. Allí la contaminación es casi invisible: está en el aire, donde flotan micropartículas de plomo, sulfuro, arsénico, cadmio y otros componentes altamente tóxicos. Todo asciende al cielo desde la enorme e incansable chimenea de la fundición.

En las mañanas, sobre todo en invierno, el aire se espesa. Se produce una neblina y, a los pocos minutos, llegan la picazón en la garganta y el ardor en los ojos. Según cifras de la organización estatal DIGESA, solo el dióxido de azufre superaba –en una medición de este mes– los 27.000 microgramos por metro cúbico. Mundialmente, a partir de los 2.500 se considera una situación de emergencia.

La empresa estadounidense Doe Run, que opera la enorme fundición, produce cobre, zinc y plomo. Y es la mayor proveedora de empleos –directos e indirectos– de la ciudad. Sus directivos no niegan la gravedad del problema. Pero dicen que la llamada "contaminación histórica" es anterior a su llegada al lugar, en 2003. Y afirman que están haciendo "esfuerzos" para mejorar el ambiente en la zona.

Adaptado de http://edant.clarin.com

Gramática

LOS SUPERLATIVOS

Recuerda que:

- las **expresiones superlativas** se hacen con las estructuras: *el/la/los/las/lo más/menos* + adjetivo. Por ejemplo: *Es la más contaminada* de todo el continente.

- existen **adjetivos superlativos**, como por ejemplo *el/la/los/las/lo mejor, peor, mayor, menor* + sustantivo.
Por ejemplo: *Tiene la mayor* contaminación.

- las estructuras superlativas llevan la preposición *de*.
Por ejemplo: *Es la peor de* América.

Para repasar la forma y uso de los superlativos, ver 5 en el Resumen gramatical.

B Indica a qué párrafo se refiere cada resumen. ¡Cuidado! Hay dos resúmenes de más.

		Párrafo
a	El aspecto físico de la ciudad y qué elementos contaminan su aire.	☐
b	Cómo viven los habitantes de La Oroya y dónde trabajan.	☐
c	El sitio geográfico de La Oroya y su clasificación según los expertos.	☐
d	Por qué el gobierno peruano explota La Oroya, su altura y si es bueno vivir allí.	☐
e	Qué opinan los que producen la contaminación actual.	☐
f	Las acciones que ha tomado el gobierno para mejorar la situación.	☐
g	Cómo se nota la contaminación del aire, y cuán grave es.	☐

C Lee el texto otra vez y haz una lista de todas las expresiones superlativas.

D Ahora conecta estas frases en una oración con las siguientes expresiones:

¿más o menos?

1 Arsénico / químicos / tóxicos / planeta
2 Argentina / país hispano / grande / mundo
3 Solar / energía / contaminante / todas

¿mejor o peor?

1 Costa del Perú / lugar / vida saludable
2 ¡Qué horror! / película / todos / tiempos
3 ¿Cuál / manera / evitar / contaminación?

¿mayor o menor?

1 México D.F. / tenía / contaminación / país
2 ¡Qué maravilla! / Ustedes / tener / índice / desocupación / mundo
3 Ventaja / trabajar / allá / sueldo alto

E Debate las preguntas con el resto de la clase:

- ¿Quién tiene la culpa por la contaminación de La Oroya?
- ¿Es posible frenar el proceso? ¿Cómo?
- ¿Quiénes deben actuar para mejorar la situación?

Una vez que tengan conclusiones, escriban una carta formal de queja a la compañía o al gobierno, expresando sus opiniones y lo que deben hacer en el futuro.

¡NO OLVIDES!

Cómo escribir correspondencia formal

Página 134 en la Unidad 5.

8 Las campeonas de la contaminación frenan al coche [Nivel superior]

A Antes de leer el texto, observa las fotos y responde las siguientes preguntas con tus opiniones:

- ¿Qué foto se tomó antes y cuál después?
- ¿De qué ciudad hispana se trata?
- ¿Qué ha pasado?

Grandes capitales del mundo llevan años tomando medidas contundentes contra la contaminación. Megaurbes como la ciudad de México o Teherán empezaron a vetar coches en los noventa. Pekín, convertida hoy en una jungla de automóviles, acaba de limitar las nuevas matrículas y circular por casi todo el Gran Londres exige pagar una tasa.

A principio de la década de los noventa, el fin del mundo ensayó su puesta en escena en las calles de la ciudad de México. Los pájaros caían muertos de los árboles y la visibilidad apenas llegaba a los 20 metros. Una densa niebla, formada por el humo y las partículas en suspensión, lo envolvía todo. En 1992, solo hubo ocho días aptos para respirar.

La ciudad de México y su área metropolitana –20 millones de habitantes– cuenta con un parque móvil de 4,5 millones de vehículos, a los que cada año se suman 250.000. Ante ese panorama, el Gobierno del D.F.* somete cada año a controles de verificación la inmensa mayoría de los vehículos. Según su potencial contaminante, reciben una pegatina.

- La del doble cero se entrega a los coches nuevos, eléctricos o híbridos y faculta a circular todos los días y a pasar revisión cada dos años.

- El cero es para los que pueden circular todos los días, pero revisarse cada seis meses.

- El número dos es para los que se quedan sin circular un día a la semana y un sábado al mes.

Hoy ya son 289 días del año aptos para respirar bien en México D.F. Gracias –por una vez– al consenso político y a la colaboración ciudadana, el fin del mundo no es cuestión de ahorita mismo.

Adaptado de **El País**, *23 de enero de 2011*

¡Observa!

*el D.F. = el Distrito Federal, forma coloquial de referirse a la Ciudad de México, o México D.F.

B Trabaja con un(a) compañero/a. Lean el texto y expliquen el sentido de las siguientes palabras y expresiones en el contexto:

1 medidas contundentes
2 megaurbe
3 vetar
4 ensayó

5 puesta en escena
6 partículas en suspensión
7 parque móvil
8 se suman

9 una pegatina
10 coches híbridos
11 aptos para respirar bien
12 gracias al consenso político

¿Qué párrafo resume mejor el texto: el 1, el 2 o el 3?

1   En los años noventa, las grandes capitales del mundo comenzaron a prohibir coches en sus calles para combatir los efectos de la contaminación. Tan grave era la contaminación en la Ciudad de México durante ocho días en 1992 que casi nadie podía respirar. El número creciente de vehículos empeoraba esta situación. Por lo tanto, los dirigentes de la ciudad sometieron los coches a un control riguroso: todos, sin excepción, recibieron una pegatina que indicaba cuándo deberían pasar revisión o en qué días se les permitía circular.

2   La contaminación es uno de los mayores problemas ambientales que tienen las grandes capitales del mundo. En los años noventa, la Ciudad de México estaba envuelta en una niebla espesa, por lo que los habitantes apenas podían respirar casi todos los días. Para remediar esta situación, el Gobierno de la ciudad decidió someter la mayoría de los coches a un control de verificación. Según su potencial contaminante, los coches pueden circular todos los días, pero algunos pasan revisión dos veces al año, otros cada dos años; para una tercera categoría hay días en los que está prohibido circular.

3   En la última década del siglo XX, se hizo necesario limitar el uso de coches en las grandes capitales del mundo, como una medida contra la contaminación. En México D.F., la niebla causada por la contaminación envolvía todo; había pocos días durante el año entero en los que la gente podía respirar. Ante este problema, los gobernantes de la ciudad tomaron medidas drásticas para controlar los coches. Tres categorías tienen que llevar una pegatina: solo los coches nuevos pueden circular todos los días.

D **Escoge un problema medioambiental actual que afecte a tu ciudad/ pueblo (por ejemplo: la recogida de basura, la contaminación acústica, los desechos de las fábricas, etc.) y escribe un artículo para la revista de tu escuela en el que propongas medidas para solucionarlo (250 a 400 palabras). Explica por qué estas medidas podrían dar resultado.**

III: Queremos un futuro más ecológico

9 ¿Sabes de qué madera están hechos los objetos que te rodean?

Las imágenes y el texto siguientes son parte de un folleto de la organización ecológica *Greenpeace*, que organiza una campaña en contra de varias prácticas ilegales realizadas por la industria maderera a nivel mundial. *Greenpeace* busca sobre todo que la gente tome conciencia de estos abusos y adopta un estilo que intenta convencerla de lo malos que son.

● ¿Qué métodos utiliza el autor del folleto para convencerte de que es importante pensar en los usos y abusos de la madera?

● En tu opinión, ¿tiene éxito?

MIRA A TU ALREDEDOR

1 Las puertas de casa, los bancos del parque, el lápiz con el que escribes, algunos utensilios de cocina… ¿Sabes de qué **MADERA** están hechos?

2 ¿Qué tienen que ver con los bosques las patatas fritas, el queso para untar o una crema hidratante?

3 Echa un vistazo a la impresora, a la fotocopiadora o al cuaderno en el que escribes… **¿Qué tipo de papel utilizas?**

4 Alguna vez te has parado a pensar… **¿De qué se alimentan los animales que comes?**

Ahora busca el sitio web: http://www.greenpeace.org/ espana/es/reports/folletos para ver en qué consiste el resto del folleto. Alternativamente, busca el sitio web de otra organización ecológica, como *WWF* o *Amigos de la tierra* para ver cómo dan publicidad a sus campañas.

¡Qué bien escribes!

Cómo se crea un folleto

La finalidad de un folleto es dar información sobre eventos, campañas, nuevos productos, etc. Tiene que interesar a la gente en su contenido, y a veces hacerles entrar en acción para apoyar una causa.

- Es esencial que el folleto atraiga la atención del que lo lea, y que la información que da sea **clara** y, sobre todo, **breve**.

- Por lo general, un folleto está hecho de **una hoja plegada**, así hay tres espacios en el dorso y tres en el anverso.

- Es normal incluir **fotos o dibujos**, y es útil inventar un **eslogan** para que la gente recuerde mejor el folleto.

- El estilo de un folleto suele ser **informal**, y utiliza "tú" o "vos".

- Es común usar **preguntas retóricas**, como si se hablara con el lector, y darle órdenes con el **imperativo informal**.

A Crea un folleto (mínimo 200 palabras) sobre un tema ecológico que te interese, aprovechando, si quieres, los sitios de organizaciones de medio ambiente. No te olvides de incluir:

- un título
- un texto con argumentos convincentes
- fotos o dibujos
- estadísticas, si son necesarias
- ¡un eslogan memorable!

10 ¿Cómo mejorar la calidad del medioambiente en tu ciudad?

A Antes de leer el artículo responde *Sí* o *No* a estas ideas para conservar el medio ambiente. Después lee el texto para ver si estás de acuerdo con lo que dicen estas personas.

	Sí	No
1 Los árboles pertenecen al campo, así que es mejor no plantarlos en la ciudad.		
2 En la ciudad moderna, el coche es imprescindible.		
3 Hay que aprovechar la buena voluntad de la juventud para limpiar nuestras ciudades.		
4 Es necesario utilizar los medios de comunicación para hacer que los jóvenes tomen conciencia de la destrucción de nuestro medio ambiente.		

Pregunta: Si pudiera, ¿qué haría usted para mejorar el medio ambiente en la ciudad en la que vive?

> Escribir una respuesta a esta pregunta

Visitaría todas las escuelas de mi ciudad para decirles a los escolares que pusieran la basura en el bote en vez de dejarla en la clase o en el patio donde juegan. Parece que nadie les aconseja cómo mantener limpia la ciudad. Si pudiéramos aprovechar la buena voluntad de los niños y concientizarlos* para el futuro, los beneficios para la ciudad serían enormes.

Claudio, México, D.F.

Los árboles embellecen las ciudades. Hay que hacer una campaña para plantar más árboles en los espacios verdes, en las calles y en los jardines mismos de los ciudadanos. Cuando la gente vea todo ese verde alrededor suyo tendrá una mayor conciencia de los placeres que pueden traer los árboles; también tomarán más en serio la responsabilidad que tienen para mantenerlos.

Arturo, Ciudad del Este, Paraguay

Mi proposición es concienciar* a los jóvenes de la situación actual del medio ambiente, para que aprendan a reciclar correctamente. Mediante vídeos y documentales se les dará a conocer el estado actual del planeta y la incidencia de la mano del hombre en él, así como las acciones necesarias para mejorar la situación.

Kelly, Madrid, España

Si pudiera, prohibiría los carros en mi barrio para mejorar el medio ambiente, como lo han hecho en las calles de un distrito de Freiburg, una gran ciudad alemana, que están completamente libres de autos. Sé que sería difícil convencer a la gente de que deje su carro, pero los habitantes de aquella ciudad dicen que son mucho más felices así.

Mariana, Colombia

¡Observa!

*concienciar (E.)/concientizar (HA) = hacer tomar conciencia a alguien.

Adaptados de los blogs http://www.juventudymilenio.org y http://elblogverde.com

B **Completa la tabla con las palabras que faltan:**

Verbo	Sustantivo	Adjetivo
		limpio/a
	beneficio	
embellecer		
	verdura	
concienciar (E.); concientizar (HA)		
		actual
		necesario/a
mejorar		
prohibir		
		grande

C **¿Quién diría lo siguiente?**

	Claudio	Arturo	Kelly	Mariana
1 Los niños deben ayudarnos a limpiar donde haya suciedad.				
2 Les mostraría a los chicos imágenes de problemas medioambientales.				
3 No permitiría que los coches entrasen en las zonas urbanas.				
4 Plantaría árboles por todas partes.				
5 Debemos imitar un experimento exitoso realizado en otro país.				
6 Convencería a los ciudadanos de la importancia de contribuir a la manutención del medio ambiente.				
7 Debemos darnos cuenta de la responsabilidad del ser humano por la degeneración del medio ambiente.				
8 Explicaría a los alumnos que es importante mantener limpio nuestro entorno.				

D **Rellena los espacios con la forma correcta del verbo (el imperfecto del subjuntivo o el condicional).**

1 Si yo _____ (ser) tú, no me haría miembro de los *Verdes*.

2 ¡Qué pena que no vamos! Si fuéramos a la costa, _____ (poder, nosotros) ayudar a limpiar la playa.

3 Ella podría aprobar el examen si _____ (trabajar), pero es una vaga.

4 ¿Qué _____ (hacer) si los descubrieran sus padres?

5 ¿Qué dirías tú si alguien te _____ (pedir) tu opinión sobre la energía nuclear?

E **Completa las frases con tus propias ideas.**

1 Si fuera rico/a, …

2 Yo iría a verte si…

3 Si no me doliera la muela, …

4 Mis padres comprarían un nuevo coche si…

5 Podrías venir a vernos si…

6 Si tuviera tiempo, …

7 Si viviéramos en Barcelona, …

8 Me gustaría ir a la fiesta si…

9 Si comieras pizza todas las noches…

10 Iría a ver a mis amigos en México si…

F **Has sido responsable de una campaña para prohibir el uso del coche en tu barrio por razones medioambientales. Una encuesta de la población del barrio ha indicado que un 45% de la gente está a favor de este cambio, un 55% en contra, pero solo un 30% ha votado. Entrevista al alcalde de tu ciudad para intentar convencerlo/la de que implemente la prohibición. Tu compañero/a va a desempeñar el papel del alcalde. Tengan en cuenta:**

- **las ventajas medioambientales de la prohibición**
- **los inconvenientes comerciales**
- **los resultados de la encuesta**
- **el éxito de esta medida en otros barrios, como el de Freiburg.**

Utiliza la construcción con el imperfecto del subjuntivo y el condicional al menos 3 veces.

Ejemplo: *Si usted aprobara este proyecto, tendríamos una ciudad más limpia.*

Gramática

ORACIONES CONDICIONALES: *SI* + IMPERFECTO DEL SUBJUNTIVO, CONDICIONAL

Recuerda que:

- las estructuras condicionales se dividen en dos partes, de orden intercambiable:
  - **la condición**: siempre comienza con *si…* Por ejemplo: *Si **pudiera**…*
  - **la consecuencia**: una oración con sujeto, verbo y objeto. Por ejemplo: … *prohibiría los carros en mi barrio.*
- se usa **si + imperfecto del subjuntivo, condicional** para hablar de:
  - **imposibilidad**. Por ejemplo: *Si yo **fuera** tú, **trabajaría** menos.*
  - **poca probabilidad**. Por ejemplo: *Si **ganara** la lotería, **viajaría** por todo el mundo.*

Para repasar las formas y usos del imperfecto del subjuntivo, ver 11.B.III en el Resumen gramatical.

11 ¿Es bueno el ecoturismo?

¡PURA VIDA!* Ecoturismo en Costa Rica

El ecoturismo es la visita de áreas naturales con el expreso propósito de conservar el medio ambiente y mejorar el bienestar de las comunidades locales, normalmente pequeñas y pobres. Se suele combinar con el "agroturismo", por ejemplo las plantaciones de café o banana.

Costa Rica, con sus mínimos 51.100 km², es el país "más grande" en ecoturismo. Tenemos costas en el océano Pacífico y el mar Caribe, con llanuras y montañas, y sobre todo una enorme riqueza biológica: 12.000 especies de plantas, 300.000 especies de insectos, 15.000 especies de peces continentales y 800 de peces marinos, 848 especies de aves, 218 de reptiles y 143 especies anfibias. Aquí se encuentran las faunas y floras de Norteamérica y Sudamérica, lo que nos convierte en un vergel*. El INBIO (Instituto Nacional de Biodiversidad) ha declarado que en el país hay un 5% de toda la diversidad mundial.

Muchos combinan el ecoturismo con el turismo de playa o de luna de miel. Hay centenares de hoteles llamados "cabinas", a veces rústicos y pequeños, de bajo costo, y los hay también de lujo. Todos tienen que tener una "certificación para el turismo sustentable". Aquí se educa al ecoturista sobre la naturaleza.

Además, el ecoturismo aviva el interés en la cultura local y en el folklore, así que los aborígenes, por ejemplo, pueden dar a conocer sus culturas milenarias.

Para más información de cómo convertirse en un ecoturista, visite nuestro sitio: www.puravidaecoturismo.com.cr

¡Observa!

*¡Pura vida! = saludo tradicional de los costarricenses y otros centroamericanos, que hace referencia a su riqueza natural y alegría de vivir.

*vergel = jardín con gran variedad de flores y árboles frutales (figurativo de gran riqueza natural).

Pista 21

En la página anterior tienes un folleto que explica qué es el *ecoturismo* y cómo se desarrolla en Costa Rica. Léelo, y después escucha el audio, en el que una persona lo debate con un especialista.

A

Este texto trata de las ventajas del ecoturismo. Decide si las siguientes frases referidas al texto/audio son verdaderas o falsas. Marca con una cruz (X) la opción que te parezca correcta. Escribe las palabras del texto que justifican tu respuesta en cada caso.

¡Observa!

potrero (HA) = un terreno con pastos para alimentar y criar el ganado.

		Verdadero	Falso
1	El ecoturismo busca enseñar a proteger la naturaleza y ayudar a los lugareños.		
2	Muchos también visitan cultivos naturales de Costa Rica.		
3	Costa Rica es un país muy grande, y por lo tanto tiene cientos de especies de vegetales y miles de animales.		
4	Es tan rica en biodiversidad porque tienen toda la flora y fauna de Centroamérica.		
5	En Costa Rica se encuentra un 5% de todos los animales y plantas del mundo.		
6	Muchos van a Costa Rica porque quieren probar su exquisita miel.		
7	Los ecoturistas solo tienen permitido estar en "cabinas" básicas.		
8	Los hoteles que ofrecen ecoturismo deben estar certificados.		
9	Desafortunadamente, el ecoturismo destruye la cultura local.		
10	Los indios muestran a los visitantes sus costumbres.		

B

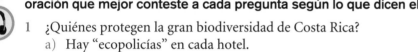

Escucha nuevamente el diálogo entre Virginia y el Dr. Molina, y elige la oración que mejor conteste a cada pregunta según lo que dicen ellos.

1 ¿Quiénes protegen la gran biodiversidad de Costa Rica?
   a) Hay "ecopolicías" en cada hotel.
   b) Nadie, porque los turistas son muy educados.
   c) Una gran red de parques nacionales y de áreas de conservación.

2 Construir hoteles y "cabinas", ¿destruye la naturaleza?
   a) Mucho, porque deforestan decenas de miles de hectáreas.
   b) No tanto, porque evitan la deforestación masiva de la zona.
   c) Para nada, porque allí tienen potreros, con animales de la zona.

3 ¿Qué pasa con las áreas deforestadas de Costa Rica?
   a) Se reforestan naturalmente, por su gran fertilidad.
   b) Son muchas menos que antes, y se están recuperando.
   c) No se reforestan, porque se usan para cultivos.

4 El ecoturismo, ¿favorece a los aborígenes?
   a) Sí, porque reciben mucho dinero de los ecoturistas.
   b) No, porque no reciben nada de dinero del ecoturismo.
   c) No siempre reciben ayuda económica de los que organizan el ecoturismo.

5 ¿Puede el ser humano alterar esos ecosistemas con su presencia?
   a) Depende. Si alimentan a los animales, esto es muy grave.
   b) Claro que sí, porque comen los productos locales, y alteran la naturaleza.
   c) Claro que no, porque los animales los atacan si lo hacen.

6 ¿Qué es muy importante recordar, según el Dr. Molina?
   a) Que no hay que sobrecargar los hoteles.
   b) Que hay que abrir los hoteles solo cuando llegan a su capacidad máxima.
   c) Que solo hay que ir a hoteles donde haya expertos.

C

Escribe un folleto (mínimo 200 palabras) sobre otro sitio. Describe:

- su biodiversidad
- sitios para quedarse
- si es posible desarrollar el ecoturismo allí y por qué (no).

¡NO OLVIDES!

Cómo crear un folleto

Página 176 en la Unidad 6.

¿Qué sabes de... Costa Rica?

Antes de leer la información sobre Costa Rica, completa este pequeño cuestionario para ver cuánto sabes de ese país.

1 ¿Cuántos kilómetros cuadrados tiene Costa Rica?

a) 5.110 km² (un poco menos que Trinidad y Tobago)

b) 51.100 km² (un poco más que Suiza)

c) 511.000 km² (un poco más que España)

2 ¿Cómo se llama a los habitantes de ese país?

a) costarriqueros

b) costarricanos

c) costarricenses

3 ¿A qué territorio colonial perteneció Costa Rica?

a) Al imperio mexicano.

b) A la Gran Colombia.

c) A las Provincias Unidas de Centroamérica.

4 ¿En qué año declaró su independencia total como país?

a) 1821

b) 1822

c) 1838

5 ¿Por qué es especial la constitución de Costa Rica?

a) Porque no hay un presidente o primer ministro.

b) Porque no hay fuerzas armadas.

c) Porque no permite la inmigración.

El país

◎ Costa Rica limita al norte con Nicaragua, al este con el mar de las Antillas, al oeste con el Océano Pacífico, y al sureste con Panamá.

◎ Es uno de los países hispanos más pequeños, cuya extensión es de **51.100 km²**. Está dividido en **siete provincias**, y su capital es **San José**.

◎ Su geografía es accidentada: una **alta meseta central** rodeada de montañas, una gran cordillera central (los llamados **Andes centroamericanos**), dividida en tres cordilleras principales: la de **Guanacaste** (con los volcanes Miravalle y Tenorio), la Central (con los volcanes Irazú y Turrialba), y la **Talamanca** (con el cerro Chiripó Grande, punto más alto del país, de 3.820 metros de altura). Tiene ríos que desembocan en el mar de las Antillas y en el Pacífico. Su clima es **tropical húmedo**.

◎ Cuenta con una población aproximada de 3.800.000 habitantes, cuyo gentilicio es "**costarricenses**", aunque son comúnmente llamados "**ticos/as**".

◎ Aunque tenía grandes grupos de aborígenes, como los mosquitos o misquitos (negros zambos mezclados con indios), solo sobrevivieron algunas etnias aisladas, como los gautusos, los talamancas y los bruncas.

Historia

La Conquista y el período colonial

Costa Rica fue el **primer territorio** de Centroamérica (y del continente americano) descubierto por los españoles, que encontraron a varias tribus, como los chorotegas y brucas. **Cristóbal Colón** recorrió su costa atlántica en su cuarto viaje (1502). Después de varias expediciones de otros conquistadores, Diego Gutiérrez cambió el nombre del territorio de "Veragua" a "Cartago" o "Costa Rica". Juan Vázquez dominó a los indios quepos y cotos y fundó **Cartago**; fue nombrado como adelantado de Costa Rica por Felipe II, pero su barco desapareció en una tormenta. Las inclemencias del tiempo, las rebeliones de los aborígenes y la escasez de alimentos eliminaron a gran parte de sus etnias y de españoles, y así Costa Rica se convirtió en un confín del territorio de la **audiencia de Guatemala**.

Imagen panorámica de San José

Aún así, a mediados del siglo XVII se empezó a cultivar **cacao** en la costa atlántica (muy codiciado por piratas ingleses como Mansfield y Morgan, quienes atacaron el país en 1666).

La independencia

Cuando Guatemala proclama su independencia el 13 de octubre de 1821, se formó una **junta de Cartago**. En 1822, los imperialistas apoyaron la incorporación de América Central, con ella Costa Rica, al imperio mexicano, pero los republicanos lucharon por su incorporación a la Gran Colombia de Bolívar. Vencieron los republicanos, y Costa Rica pasó a la federación de **las Provincias Unidas de Centroamérica**. Una guerra civil (causada por medidas contra la Iglesia: la supresión del diezmo –la obligación de dar un 10% del dinero a la Iglesia– y las fiestas) culminó con la ruptura de la federación, y Costa Rica declaró su independencia total en **1838**.

Los siglos XIX y XX

La sociedad y la economía costarricenses se vieron transformadas por la introducción en el siglo XIX del cultivo del **café**, muy favorecido por su clima. La familia estadounidense Keith creó en 1899 la United Fruit Company, conocida en Costa Rica como *Mamita Yunai,* y su fomento del cultivo del **plátano** también fue decisivo para el país.

El Partido Comunista se convirtió en la Vanguardia Popular, y después de suprimir una dictadura (1917 a 1919), presentó una serie de mejoras sociales como la implantación de la **seguridad social** en 1943. Sin embargo, después de unas controvertidas elecciones en 1948, se desató otra guerra civil. Afortunadamente, duró poco, y como resultado se elaboró una nueva constitución que entre otras medidas **prohibía el ejército permanente** (Costa Rica es famosa por no tener **fuerzas armadas** y ser un país protegido por la ONU).

En 1987, el presidente Arias llamó a un alto el fuego en los países centroamericanos que sufrían luchas armadas, y propuso un **plan de paz** para toda Centroamérica.

Costa Rica y el medio ambiente

Costa Rica es un país conocido mundialmente por su **gran biodiversidad** y por la conservación de sus medios naturales. En su pequeño territorio, posee decenas de miles de plantas y peces; entre sus cientos de especies animales se encuentra el exótico pájaro *quetzal*, símbolo de culturas ancestrales centroamericanas, y una variedad de tortugas marinas, que desovan en sus playas, ofreciendo un espectáculo al visitante.

Esta gran biodiversidad ha llevado a su gobierno a crear una red de **17 Parques Nacionales** (increíble, si se considera la extensión pequeña del país) y otras categorías de áreas protegidas, que hoy se llaman "áreas de conservación". Esto se desarrolló antes de la "ola ecoturística" del siglo XXI, en la que cientos de miles de turistas van al país a practicar el "ecoturismo", que ilustra la biodiversidad y enseña a conservarla.

Quetzal

Para más información: http://www.visitacostarica.com

IV: Literatura [Nivel superior]

12 Setenta balcones y ninguna flor

Baldomero Fernández Moreno, hijo de castellanos, nació en Buenos Aires, Argentina, en 1886. A los seis años se muda con sus padres a España, donde vive una infancia placentera, pero vuelve a Argentina y continúa su carrera de Medicina, graduándose en 1912. Combinó su tarea de doctor con la de escritor, pero terminó por reemplazar la primera por la poesía y por cátedras de Literatura e Historia.

Este escritor post modernista publicó múltiples antologías, muchas de ellas inspiradas en miembros de su familia: se inspiró en su esposa (Dalmira, su musa inspiradora) al escribir **Por el amor y por ella** (1918), en la muerte de su hijo Ariel en **Penumbra** (1951), y en su nieta para **Libro de Marcela** (1951).

Un literato de gran sensibilidad por lo universal pero también lo nacional y en especial lo rural, Fernández Moreno exploró sus sentimientos hacia su aldea en España y lo que le inspiraba su ciudad, Buenos Aires, como en el poema a continuación. Falleció en Buenos Aires en 1950.

Setenta balcones y ninguna flor

Setenta balcones hay en esta casa,
setenta balcones y ninguna flor.
¿A sus habitantes, Señor, qué les pasa?
¿Odian el perfume, odian el color?

La piedra desnuda de tristeza agobia,
¡Dan una tristeza los negros balcones!
¿No hay en esta casa una niña novia?
¿No hay algún poeta bobo de ilusiones?

¿Ninguno desea ver tras los cristales
una diminuta copia de jardín?
¿En la piedra blanca trepar los rosales,
en los hierros negros abrirse un jazmín?

Si no aman las plantas no amarán el ave,
no sabrán de música, de rimas, de amor.
Nunca se oirá un beso, jamás se oirá una clave…

¡Setenta balcones y ninguna flor!

Baldomero Fernández Moreno
(Argentina, 1886–1950)

Av. Pueyrredón 510, Buenos Aires. Edificio que inspiró el poema (y tango) "Setenta balcones y ninguna flor".

A En la siguiente lista de frases, además del ejemplo, solo hay cinco que son correctas con respecto a la poesía. Elígelas y márcalas con una cruz (**X**). Te damos una como ejemplo.

Ejemplo: *La poesía habla de un edificio.*	**x**
1 Al autor lo deprime que en todo un edificio no se vea naturaleza viva.	
2 La gente que vive allí está enferma.	
3 Se respira un perfume de odio frente al edificio.	
4 Los balcones tienen piedra y son negros.	
5 El autor piensa que nadie en el edificio siente amor, por lo que no hay verde.	
6 Él cree que hay jardines internos en el edificio, que esconden los sentimientos del edificio.	
7 Piensa que los rosales y jazmines se fueron de allí.	
8 Para él, amar las plantas lleva a amar la naturaleza y todo lo bueno de vida.	
9 Advierte que si no tienen plantas, no habrá música ni amor allí.	
10 No le gusta ver a la gente besarse ni oír música.	

B El autor del poema nos ayuda a sentir con él. Para esto usa técnicas muy claras. Busca ejemplos de las siguientes, y explica para qué sirven en cada caso:

- **las preguntas → duda o perplejidad**
- **las exclamaciones → reacciones fuertes**
- **sustantivos, adjetivos y verbos de connotación positiva → imágenes agradables**
- **sustantivos, adjetivos y verbos de connotación negativa → imágenes desagradables**

C **¿Te gustó la poesía? ¡Ahora intenta escribir una tú mismo/a! Describe en palabras sencillas un sitio donde haya muchas flores y naturaleza, y lo que te inspira. Si es posible, busca la rima, pero no te preocupes si tus versos son "libres" (es decir, no tienen rima).**

13 La naturaleza, el indio y el blanco

Luis Sepúlveda, nacido en Ovalle, Chile, en 1949, es uno de los autores latinoamericanos más leídos y traducidos de Europa. Después de ser apresado por la dictadura, tuvo que emigrar, y se estableció en Hamburgo, Alemania. Su narrativa es amplia, y sobresale por cultivar el relato ecologista, los cuentos infantiles, la novela de intriga o "thriller", la policíaca, como *Diario de un killer sentimental* (1998), la novela negra y hasta crónicas de viajes, como su *Patagonia Express* (1995).

Su novela más famosa es *Un viejo que leía novelas de amor* (1992), traducida a catorce idiomas y premiada internacionalmente, y llevada al cine en 1999 bajo el nombre **Tierra de Fuego**. Sepúlveda nos lleva al corazón de la Amazonía ecuatoriana. En la novela, Antonio José Bolívar Proaño, un colono blanco, narra cómo es su vida en medio de la naturaleza increíblemente variada, con los aborígenes shuar o jíbaros y unos pocos blancos, que deben adaptarse a su medio pero combaten con él con característica tozudez. En este extracto, Sepúlveda narra la llegada de Antonio José Bolívar Proaño y otros a El Idilio.

183

Llegar hasta el puerto fluvial de El Dorado les llevó dos semanas. Hicieron algunos tramos en bus, otros en camión, otros simplemente caminando, cruzando ciudades de costumbres extrañas, como Zamora o Loja, donde los indígenas saragurus insisten en vestir de negro, perpetuando el luto por la muerte de Atahualpa*.

Luego de otra semana de viaje, esta vez en canoa, con los miembros agarrotados por la falta de movimiento, arribaron a un recodo del río. La única construcción era una enorme choza de calaminas que hacía de oficina, bodega de semillas y herramientas, y vivienda de los recién llegados colonos. Eso era El Idilio.

… Les asignaron dos hectáreas de selva, un par de machetes, unas palas, unos costales de semillas devoradas por el gorgojo y la promesa de un apoyo técnico que no llegaría jamás.

La pareja se dio a la tarea de construir precariamente una choza, y enseguida se lanzaron a desbrozar el monte. Trabajando desde el alba hasta el atardecer arrancaban un árbol, unas lianas, unas plantas, y al amanecer del día siguiente las veían crecer de nuevo, con vigor vengativo.

Al llegar la primera estación de las lluvias, se les terminaron las provisiones y no sabían qué hacer. Algunos colonos tenían armas, viejas escopetas, pero los animales del monte eran rápidos y astutos. Los mismos peces del río parecían burlarse saltando frente a ellos sin dejarse atrapar.

Aislados por las lluvias, por esos vendavales que no conocían, se consumían en la desesperación de saberse condenados a esperar un milagro, contemplando la incesante crecida del río y su paso arrastrando troncos y animales hinchados.

Empezaron a morir los primeros colonos. Unos, por comer frutas desconocidas; otros, atacados por fiebres rápidas y fulminantes; otros desaparecían en la alargada panza de una boa quebrantahuesos…

Se sentían perdidos, en una estéril lucha con la lluvia que en cada arremetida amenazaba con llevarles la choza, con los mosquitos que en cada pausa del aguacero atacaban con ferocidad imparable… con los animales hambrientos que merodeaban en el monte poblándolo de sonidos estremecedores que no dejaban conciliar el sueño, hasta que la salvación les vino con el aparecimiento de unos hombres semidesnudos, de rostros pintados con pulpa de achiote y adornos multicolores en las cabezas y en los brazos.

Eran los shuar, que, compadecidos, se acercaban a echarles una mano.

De ellos aprendieron a cazar, a pescar, a levantar chozas estables y resistentes a los vendavales, a reconocer los frutos comestibles y los venenosos, y, sobre todo, de ellos aprendieron el arte de convivir con la selva.

Pasada la estación de lluvias, los shuar les ayudaron a desbrozar laderas del monte, advirtiéndoles que todo eso era en vano.

Pese a las palabras de los indígenas, sembraron las primeras semillas, y no les llevó demasiado tiempo descubrir que la tierra era débil. Las constantes lluvias la lavaban de tal forma que las plantas no recibían el sustento necesario y morían sin florecer, de debilidad, o devoradas por los insectos.

… [Antonio José Bolívar Proaño] Estaba obligado a quedarse, a permanecer acompañado apenas por recuerdos. Quería vengarse de aquella región maldita, de ese infierno verde… Soñaba con un gran fuego convirtiendo la amazonía entera en una pira.

Y en su impotencia descubrió que no conocía tan bien la selva como para poder odiarla.

Extraído de **Un viejo que leía novelas de amor** *Luis Sepúlveda (Chile)*

¡Observa!

*Atahualpa = último emperador de los incas, apresado y matado por Francisco Pizarro durante la Conquista de América, aunque ofreció grandes riquezas por su vida.

A **Decide cuál de las dos opciones es sinónimo de las palabras según lo que dice el texto.**

1 luto
   a) signo exterior de pena
   b) protesta

2 agarrotados
   a) flexibles
   b) tiesos

3 choza
   a) casa lujosa
   b) cabaña rústica

4 calamina
   a) cinc fundido en una placa
   b) cristal

5 palas
   a) instrumentos para excavar
   b) instrumentos para matar

6 desbrozar
   a) quitar la vegetación
   b) cultivar la vegetación

7 monte
   a) tierra desierta
   b) tierra cubierta de naturaleza

8 lianas
   a) plantas que cuelgan
   b) leonas

9 vendavales
   a) tormentas con mucho viento
   b) sequías

10 hinchados
   a) dilatados
   b) disminuidos

11 arremetida
   a) descanso
   b) ataque

12 merodeaban
   a) caminaban cerca, buscando asustar
   b) corrían rápidamente, buscando escapar

13 achiote
   a) animal amazónico
   b) fruto tropical

14 laderas
   a) lados de una montaña
   b) valles entre montañas

B **¿Qué adjetivos o frases describen a quién? Colócalos en la columna adecuada.**

trabajadores	vengativos	mortal	vengativa
dependientes	nostálgicos	voraz	sabios
ignorantes	impotentes	ruidosa	vigorosa
testarudos	débiles	en mala forma física	independientes
astuta	coloridos	respetuosos de su pasado	
tradicionales	burlona		
compasivos			

los colonos	Antonio José Bolívar Proaño y su mujer	la fauna amazónica	la flora amazónica	los indios

C **Ha pasado un año de la llegada de Antonio José Bolívar Proaño a El Idilio. Escribe unas páginas de su diario (mínimo tres días o entradas), en la que compara su vida al llegar con cómo es su vida ahora.**

Si quieres, una vez que hayas terminado de escribir tu redacción, compárala con lo que dice la novela, o bien la película de la historia.

¡NO OLVIDES!

Cómo escribir un diario

Página 113 en la Unidad 4.

14 Es que somos muy pobres

Juan Rulfo nació en Jalisco, México, en 1918. Como niño vivió en una comunidad violenta: quedó huérfano a los diez años después del asesinato de su padre en 1923 y la muerte de su madre en 1927; como resultado, fue mandado por su familia a un internado en Guadalajara. Estas experiencias tempranas influyeron en su obra, en la que la **muerte** y la **desolación** son temas importantes. Rulfo es el escritor mexicano más leído y estudiado del siglo XX, aunque solo escribió tres obras literarias: la colección de 15 cuentos *El llano en llamas* (1953), la novela *Pedro Páramo* (1955) y la novela corta *El gallo de oro* (1963). Destaca su representación literaria de la vida de los **campesinos**, descrita en una prosa sucinta y elegante. Dedicó gran parte de sus últimos años a la antropología de su país y a la fotografía. Falleció en 1986.

"Es que somos muy pobres" es el título de uno de los cuentos en *El llano en llamas*, contado por un niño de una familia rural pobre. En este cuento se nota cómo los campesinos están sujetos al rigor de su entorno, que tiene el poder de transformar sus vidas.

¡Observa!

*coraje (HA) = rabia (en este contexto).
*tejaván (Méx.) = cobertura para proteger a las personas de la lluvia.
*el día de su santo = festividad del santo cuyo nombre lleva una persona.

Aquí todo va de mal en peor. La semana pasada se murió mi tía Jacinta, y el sábado, cuando ya la habíamos enterrado y comenzaba a bajársenos la tristeza, comenzó a llover como nunca. A mi papá eso le dio coraje*, porque toda la cosecha de cebada estaba asoleándose en el solar. Y el aguacero llegó de repente, en grandes olas de agua, sin darnos tiempo ni siquiera a esconder aunque fuera un manojo; lo único que pudimos hacer, todos los de mi casa, fue estarnos arrimados debajo del tejaván*, viendo cómo el agua fría que caía del cielo quemaba aquella cebada amarilla tan recién cortada.

Y apenas ayer, cuando mi hermana Tacha acababa de cumplir doce años, supimos que la vaca que mi papá le regaló para el día de su santo* se la había llevado el río.

El río comenzó a crecer hace tres noches, a eso de la madrugada. Yo estaba muy dormido y, sin embargo, el estruendo que traía el río al arrastrarse me hizo despertar en seguida y pegar el brinco de la cama con mi cobija en la mano, como si hubiera creído que se estaba derrumbando el techo de mi casa. Pero después me volví a dormir, porque reconocí el sonido del río y porque ese sonido se fue haciendo igual hasta traerme otra vez el sueño.

Cuando me levanté, la mañana estaba llena de nublazones y parecía que había seguido lloviendo sin parar. Se notaba en que el ruido del río era más fuerte y se oía más cerca. Se olía, como se huele una quemazón, el olor a podrido del agua revuelta.

A la hora en que me fui a asomar, el río ya había perdido sus orillas. Iba subiendo poco a poco por la calle real, y estaba metiéndose a toda prisa en la casa de esa mujer que le dicen *la Tambora*. El chapaleo del agua se oía al entrar por el corral y al salir en grandes chorros por la puerta. *La Tambora* iba y venía caminando por lo que era ya un pedazo de río, echando a la calle sus gallinas para que se fueran a esconder a algún lugar donde no les llegara la corriente.

Y por el otro lado, por donde está el recodo, el río se debía de haber llevado, quién sabe desde cuándo, el tamarindo que estaba en el solar de mi tía Jacinta, porque ahora ya no se ve ningún tamarindo. Era el único que había en el pueblo, y por eso nomás la gente se da cuenta de que la creciente esta que vemos es la más grande de todas las que ha bajado el río en muchos años.

Mi hermana y yo volvimos a ir por la tarde a mirar aquel amontonadero de agua que cada vez se hace más espesa y oscura y que pasa ya muy por encima de donde debe estar el puente. Allí nos estuvimos horas y horas sin cansarnos viendo la cosa aquella. Después nos subimos por la barranca, porque queríamos oír bien lo que decía la gente, pues abajo, junto al río, hay un gran ruidazal y sólo se ven las bocas de muchos que se abren y se cierran y como que quieren decir algo; pero no se oye nada. Por eso nos subimos por la barranca, donde también hay gente mirando el río y contando los perjuicios que ha hecho.

Extraído de **"Es que somos muy pobres"**, *en* **El llano en llamas** *Juan Rulfo (México)*

A Busca las palabras y frases en el texto que corresponden a las expresiones siguientes:

1 la intensidad de nuestra pena empezaba a disminuir

2 expuesta al sol

3 terreno

4 un puñado

5 hacía arder en el fuego

6 mientras friccionaba el suelo

7 saltar

8 manta (HA)

9 nubes de tormenta (coloq.)

10 algo que se quema (coloq.)

11 aroma putrefacto

12 el chapoteo (Méx.)

13 "solamente", "nada más" (HA)

14 masa, gran cantidad (coloq.)

15 gran ruido (coloq.)

16 daños

B Trabaja en parejas. Lee el texto y contesta las preguntas siguientes con tu compañero/a:

1 ¿Por qué dice el muchacho "Aquí todo va de mal en peor"?

2 ¿Qué hizo su familia mientras llovía?

3 ¿Qué le pasó a la cosecha de cebada?

4 ¿Qué le pasó a la vaca de Tacha?

5 ¿Por qué el muchacho se levantó súbitamente tres días antes?

6 Y ¿por qué se durmió otra vez?

7 ¿Por qué la Tambora echó sus gallinas a la calle?

8 ¿Por qué creía la gente que la creciente era la más grande de todas las que habían visto desde hacía muchos años?

9 ¿Qué hicieron el muchacho y Tacha por la tarde?

10 ¿Qué hacía la gente en la barranca?

C Escribe un párrafo (150 palabras) describiendo un desastre natural desde el punto de vista de alguien que lo ha experimentado directamente, como el muchacho en el cuento de Juan Rulfo. Podría ser un terremoto, un huracán, una inundación u otra catástrofe. Inventa un personaje que cuente la historia. Ten cuidado de utilizar el lenguaje apropiado.

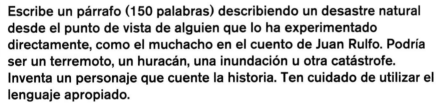

TAREA CREATIVA SOBRE LITERATURA DE SEGUNDO AÑO

Escribe una redacción (mínimo 200 palabras) sobre la importancia del tema *el medio ambiente* en uno de los libros que has leído. Puedes responder una o más de estas preguntas:

- ¿Cómo es descrito el medio ambiente en la obra? ¿Influye sobre los personajes?
- ¿Hay características del medio ambiente que muestran dónde transcurre la acción (por ejemplo, en qué mes es el verano, o la estación húmeda o seca)?
- ¿Cómo reaccionarían los personajes si sucediera un terremoto o huracán?
- ¿Cómo describirías el sitio donde transcurre la acción en un folleto?

187

V: ¡A jugar!

Seis grados de separación

Para este juego es necesario (foto)copiar las secuencias de seis casillas. La primera y la sexta casilla contienen dos palabras que están relacionadas por un tema, por ejemplo: *la contaminación* ➡ ... ➡ *los pulmones*. Tienes que llenar las cuatro casillas vacías con una secuencia de palabras que se relacionen lógicamente entre sí.

Puedes trabajar con un(a) compañero/a o en grupo para vincular las seis palabras en una secuencia, de la primera a la sexta, por ejemplo:

la contaminación ➡ *la atmósfera* ➡ *la respiración* ➡ *la enfermedad* ➡ *el asma* ➡ *los pulmones*

La pareja (o el grupo) tiene que justificar las palabras que elija y su posición en la secuencia. Gana el que termine primero y justifique sus palabras de manera convincente. ¡Tienes cinco minutos para terminar cada secuencia!

la energía	➡	➡	➡	➡	➡ el mar
reciclar	➡	➡	➡	➡	➡ el vertedero
el bosque	➡	➡	➡	➡	➡ los bomberos
la central nuclear	➡	➡	➡	➡	➡ la manifestación
la costa	➡	➡	➡	➡	➡ la contaminación
el petróleo	➡	➡	➡	➡	➡ el viento
el grifo/la canilla	➡	➡	➡	➡	➡ el basurero
el terremoto	➡	➡	➡	➡	➡ la regeneración
la selva	➡	➡	➡	➡	➡ la papelera
el oso polar	➡	➡	➡	➡	➡ el alimento

UNIDAD **7**

La economía y los derechos humanos

- ◎ I: ¡Claro que tienen derechos!
- ◎ II: "Poderoso caballero, don Dinero"
- ◎ III: Se discrimina, se tolera y se esconde
- ◎ IV: Literatura [Nivel superior]
- ◎ V: ¡A jugar!

¡Piensa!

"Todos los seres humanos nacen libres e iguales en dignidad y derechos y, dotados como están de razón y conciencia, deben comportarse fraternalmente los unos con los otros".

Artículo 1 de la Declaración Universal de los Derechos Humanos

- ¿Por qué es tan importante la libertad desde el nacimiento?

- ¿Qué problemas enfrentan los inmigrantes normalmente? ¿Por qué?

- ¿Qué es la xenofobia? ¿En qué sitios existe?

- Los inmigrantes y las minorías, ¿deben mantener sus culturas? ¿Por qué (no)?

- ¿Hay mucha pobreza en el mundo hispano? ¿Por qué (no)?

- ¿Existen mercados internacionales de países hispanos?

- ¿Crees que los hispanos son machistas? ¿Por qué (no)?

- ¿Qué minorías hay en el mundo que necesitan obtener la igualdad en la sociedad?

I: ¡Claro que tienen derechos!

1 Entrevista a Josué, inmigrante ecuatoriano

Hace muy pocos días, Josué consiguió la doble nacionalidad ecuatoriana – española. Ya es español a todos los efectos y, por tanto, puede disfrutar de los mismos derechos tanto a nivel nacional como internacional. Josué nació en Guayaquil, Ecuador, en 1987. Allí vivió con sus padres hasta que, cuando él tenía 13 años, se fueron a España por cuestiones económicas. Actualmente, trabaja como camarero en un bar.

A **Antes de escuchar el audio, decide cuál de las dos opciones es sinónimo de las palabras que vas a escuchar.**

1 xenofobia
   a) hostilidad hacia los extranjeros
   b) odio de las fobias

2 acoger
   a) rechazar
   b) admitir

3 tramitar
   a) hacer los procedimientos necesarios
   b) pagar el dinero necesario

4 papeles
   a) periódicos
   b) documentos con que se permite estadía o trabajo

5 contratar
   a) emplear
   b) despedir

6 vigilante
   a) guardia
   b) guerrillero

7 capacitación
   a) formación
   b) examen

B **Elige la oración que mejor conteste cada pregunta según lo que oyes en el audio.**

Pista 22

1 ¿Cómo se adaptó Josué a vivir en España?
   a) Con dificultad.
   b) Sin mayores problemas.
   c) Rápidamente.

2 Sus padres, ¿tienen empleo actualmente?
   a) Su madre está empleada, pero su padre está desempleado.
   b) Sí, cada uno tiene empleo.
   c) No, están desempleados.

3 ¿Cuándo consiguieron sus padres los documentos que les permitían trabajar en España?
   a) Cuando llegaron de Ecuador, antes de comenzar a trabajar.
   b) Cuando estaban trabajando en sus primeros empleos.
   c) Después de terminar su primer trabajo.

4 ¿Por qué no le gustaba a Josué el trabajo en el cine?
   a) Porque le faltaban el equipo y la formación.
   b) Porque le faltaban papeles.
   c) Porque le faltaba la capacidad.

5 ¿Piensa Josué que su familia vive mejor en España que en Ecuador?
   a) Piensa que sí, porque gana más dinero.
   b) Cree que no.
   c) No está seguro.

C **Comenta con tu compañero/a los problemas principales que tienen los inmigrantes para ajustarse a la vida y las costumbres de otro país. No se olviden de mencionar:**

- la vivienda
- el trabajo
- las relaciones con los ciudadanos del país
- las relaciones con otros inmigrantes.

D Imagina que eres un(a) inmigrante latinoamericano/a que ha llegado a España sin papeles. Escribe el diario de tu primera semana, concentrándote en las dificultades que has tenido para buscar una casa y para obtener un empleo (250 palabras).

> **¡NO OLVIDES!**
>
> Cómo escribir un diario
>
> **Página 113 en la Unidad 4.**

2 ¿Existe la xenofobia entre los latinoamericanos?

A continuación, tienes la pregunta de un *blogger* y la respuesta de otro. Léelas y completa los ejercicios.

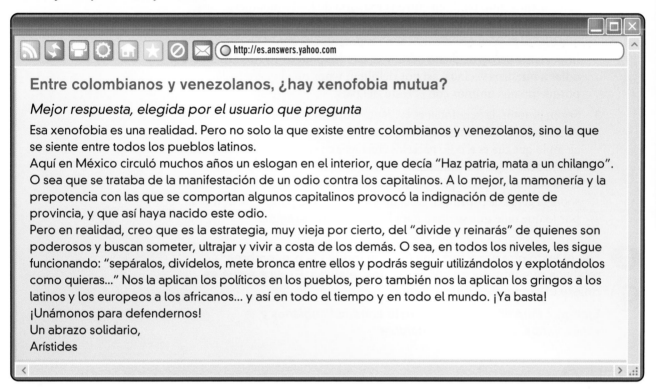

O http://es.answers.yahoo.com

Entre colombianos y venezolanos, ¿hay xenofobia mutua?

Mejor respuesta, elegida por el usuario que pregunta

Esa xenofobia es una realidad. Pero no solo la que existe entre colombianos y venezolanos, sino la que se siente entre todos los pueblos latinos.

Aquí en México circuló muchos años un eslogan en el interior, que decía "Haz patria, mata a un chilango". O sea que se trataba de la manifestación de un odio contra los capitalinos. A lo mejor, la mamonería y la prepotencia con las que se comportan algunos capitalinos provocó la indignación de gente de provincia, y que así haya nacido este odio.

Pero en realidad, creo que es la estrategia, muy vieja por cierto, del "divide y reinarás" de quienes son poderosos y buscan someter, ultrajar y vivir a costa de los demás. O sea, en todos los niveles, les sigue funcionando: "sepáralos, divídelos, mete bronca entre ellos y podrás seguir utilizándolos y explotándolos como quieras..." Nos la aplican los políticos en los pueblos, pero también nos la aplican los gringos a los latinos y los europeos a los africanos... y así en todo el tiempo y en todo el mundo. ¡Ya basta! ¡Unámonos para defendernos!

Un abrazo solidario,

Arístides

A Decide cuál de las dos opciones es sinónimo de las siguientes palabras y frases del texto:

1 xenofobia
   a) odio de los extranjeros
   b) racismo

2 hacer patria
   a) inventar una bandera
   b) luchar por el país o comunidad

3 chilango (Méx.)
   a) de la Ciudad de México, capital
   b) del interior de México

4 mamonería (Méx.)
   a) alcoholismo (de "mamar", beber)
   b) inmadurez (de "mamón", que mama)

5 prepotencia
   a) abuso y alarde del que tiene poder
   b) humildad del que no tiene poder

6 someter
   a) humillar
   b) aceptar

7 ultrajar
   a) gritar fuertemente
   b) insultar gravemente

8 a costa de
   a) en la orilla de
   b) a expensas de

9 mete bronca (coloq.)
   a) da razones para odiar
   b) da razones para unirse

10 gringos
   a) morenos extranjeros, especialmente de Europa
   b) rubios o sajones, especialmente de EE.UU.

191

B ¿Qué párrafo resume mejor el texto: el 1, el 2 o el 3?

1   Para el autor hay tanta discriminación entre los colombianos y venezolanos como entre el resto de los latinos. Como viene de México, menciona que allá odian a los chilangos, porque son arrogantes y tratan mal a la gente del interior. Sin embargo, en su opinión, la verdadera razón de los odios entre la gente vienen de que así pueden reinar sobre los demás, que es un impulso normal de todos los pueblos. Así lo muestran distintas naciones, pero él quiere que esto termine.

2   El autor reconoce que existe odio no solo entre los colombianos y los venezolanos, sino también entre la mayoría de los latinoamericanos. En su país, que es México, existe odio hacia los capitalinos, y él opina que esto se basa en que algunos son prepotentes. Según él hay otra razón importante detrás de dicho odio, y es que los poderosos nos enseñan a odiar a nuestros vecinos, así nos debilitan y nos pueden controlar, porque no nos unimos con el resto del país.

3   Según el autor, la xenofobia es evidente entre los colombianos y los venezolanos, pero también entre el resto de los latinoamericanos. Un ejemplo que cita es el odio hacia los chilangos en su país, y dice que quizás esto se deba a que son inmaduros. Para él, sin embargo, este odio es una consecuencia del poder político que tienen los capitalinos o los poderosos sobre la gente de provincia. Ellos dividen a la gente pobre y la dominan, por lo que pide que se unan para luchar contra la capital.

C Lee el texto otra vez y haz una lista de todos los pronombres relativos que introducen subordinadas relativas. Explica a qué se refiere el pronombre en cada caso.

Ejemplo: *Pero no solo la que existe entre colombianos y venezolanos… la que = la xenofobia*

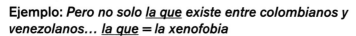

Gramática

LAS ORACIONES RELATIVAS

Recuerda que:

- los pronombres relativos se utilizan para **conectar** una o más frases, e introducen las **subordinadas relativas**, es decir, frases que **dependen** de la oración principal. Por ejemplo: *Hay un dicho. + El dicho dice "divide y reinarás" = Hay un dicho **que** dice "divide y reinarás".*

- los pronombres relativos principales son **que** (personas o cosas) y **quien(es)** (solo personas, principalmente escrito y formal); también hay un adjetivo relativo: **cuyo/a(s)** (posesión). Por ejemplo: *Es gente **que** viene de la capital y **cuyo** acento es similar.*

- las combinaciones **el/la/los/las que/cual(es)** también funcionan como pronombres relativos; normalmente van después de preposiciones pero también pueden funcionar como pronombres de sujeto o de objeto. Por ejemplo: *La razón **por la cual** estamos divididos es **la que** explicó el autor.*

- **lo que** se usa solo para ideas. Por ejemplo: *No entiendo **lo que** buscan.*

Para repasar la forma y uso de los pronombres relativos y las subordinadas relativas, ver 9 en el Resumen gramatical.

D Combina las siguientes oraciones para formar una sola con una subordinada relativa. Te damos el principio de cada oración.

1 Los chilangos son personas. Los chilangos vienen de México D.F.
   Los chilangos…

2 Hay discriminación hacia gente. Los que vienen de otro sitio son esa gente.
   Hay discriminación…

3 Estas son las ideas. ¡Debemos luchar por estas ideas!
   ¡Estas son las ideas…

4 Hay muchos estudiantes. Esos estudiantes odian la gramática.
   Hay muchos estudiantes…

5 Estos servicios pueden ser usados solo por algunas personas. Esas personas pagan.
   Estos servicios pueden ser usados…

6 Las ideas del líder hablan de paz. El líder ha triunfado.
   El líder…

7 Papá, este es Martín. Te he hablado de Martín.
   Papá, Martín es el chico…

8 Usted me pide algo, señora. Lo siento, pero es imposible.
   Lo siento señora, pero…

9 Esa es la bicicleta. ¿No querías tú esa bicicleta, hijo?
   ¿No es esa…

10 Ella quiere hacer el curso. El profesor del curso es famoso.
   El profesor…

E Ahora completa esta respuesta al blog con *uno* de los pronombres relativos. Considera si es necesario o no colocar el artículo en cada caso.

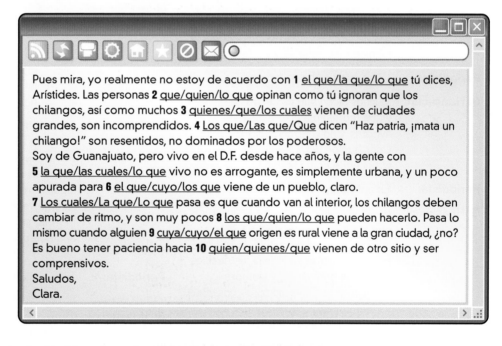

Pues mira, yo realmente no estoy de acuerdo con **1** el que/la que/lo que tú dices, Arístides. Las personas **2** que/quien/lo que opinan como tú ignoran que los chilangos, así como muchos **3** quienes/que/los cuales vienen de ciudades grandes, son incomprendidos. **4** Los que/Las que/Que dicen "Haz patria, ¡mata un chilango!" son resentidos, no dominados por los poderosos.
Soy de Guanajuato, pero vivo en el D.F. desde hace años, y la gente con **5** la que/las cuales/lo que vivo no es arrogante, es simplemente urbana, y un poco apurada para **6** el que/cuyo/los que viene de un pueblo, claro.
7 Los cuales/La que/Lo que pasa es que cuando van al interior, los chilangos deben cambiar de ritmo, y son muy pocos **8** los que/quien/lo que pueden hacerlo. Pasa lo mismo cuando alguien **9** cuya/cuyo/el que origen es rural viene a la gran ciudad, ¿no? Es bueno tener paciencia hacia **10** quien/quienes/que vienen de otro sitio y ser comprensivos.
Saludos,
Clara.

F Ahora debate las siguientes ideas tomadas del texto con el resto de la clase:

- Las naciones cercanas son similares. ¿Están de acuerdo? ¿Por qué (no)?
- ¿Por qué la gente desprecia a los que son diferentes?
- La gente de las capitales/ciudades grandes, ¿es diferente a la del resto del país? ¿Por qué (no)?

Puedes basarte en la situación actual en los Estados Unidos. Para conocer más sobre ese país, lee *¿Qué sabes de los hispanos de los Estados Unidos?* en esta unidad.

3 Bolivia: ¿una bandera, una nación, o muchas?

A Antes de leer el texto, decide si las siguientes afirmaciones se aplican a Bolivia en la actualidad. Marca con una cruz (✗) la opción que te parezca correcta.

	Sí	No
1 Bolivia tiene una mayoría de habitantes aborígenes y mestizos.		
2 Los aborígenes de Bolivia son quechuas y aymaras.		
3 La mayoría de los presidentes de ese país no han sido aborígenes.		
4 En Bolivia, la única religión es la católica.		
5 Todos en Bolivia hablan dos idiomas.		

Ahora lee con atención la entrevista a un historiador boliviano, en la que explica los cambios de actitud en Bolivia. ¿Fueron correctas tus predicciones?

Periodista: Hoy en día, Bolivia está en medio de luchas internas bastante fuertes. Para analizar el tema, entrevistamos al historiador Gustavo Huasacuni. Para empezar, su apellido ¿de qué origen es?

G. Huasacuni: Aymara. Soy aymara, y boliviano, claro.

Periodista: Y esa bandera con cuadritos multicolores en forma de ajedrez que nos ha regalado es la bandera de su pueblo, ¿no?

G. Huasacuni: Es la wiphala, y es la bandera de Bolivia también, aparte de la conocida tricolor: roja, amarilla y verde.

Periodista: ¿Y se usan siempre las dos?

G. Huasacuni: Muchos dicen que es del oeste del país, y que representa solo a los quechuas y aymaras, y no la reconocen. Pero nuestra Constitución del 7 de febrero de 2009 la defiende como la bandera de todos.

Periodista: Es muy rara, ¿de dónde viene?

G. Huasacuni: Es un símbolo que aparece en los *keros*, que son vasijas de cerámica precolombinas de la cultura tiwanacota. Es un símbolo sagrado para los pueblos indígenas originarios, y siempre lo usamos en nuestras siembras, cosechas, y ceremonias, porque representa nuestros valores y principios. Los cuadrados de varios colores de forma regular simbolizan el equilibrio que debe existir en nuestras sociedades multiculturales en toda Sudamérica.

Periodista: Interesante, ¿y hay otros cambios?

G. Huasacuni: Bueno, para empezar, desde que tenemos la nueva Constitución, Bolivia es un estado laico. Somos un país con muchas creencias, con pluralidad de

Bandera de Bolivia (izquierda) y Wiphala (derecha)

cultos, y sin embargo hasta 2009 la religión del estado era la católica, ¿no?

Periodista: ¡Increíble! ¿Y hay representación de los aborígenes en el gobierno?

G. Huasacuni: En nuestro país, donde el 60% es indígena y el 30% mestizo, contamos por primera vez con un presidente aborigen, Evo Morales. Él siempre lleva algún símbolo indígena en la ropa. Además, usa palabras como "hermanos" o "compañeros", y no las aristocráticas españolas "señor ministro", "honorable" o "excelencia".

Periodista: Todo un cambio de actitud. ¿Y qué hay de sus lenguas aborígenes?

G. Huasacuni: ¡Bueno! Finalmente el gobierno va a obligar a los empleados a aprender las lenguas originarias y, poco a poco, la atención en las oficinas públicas tendrá que ser al menos bilingüe.

Periodista: Nadie puede negar que eso es un progreso.

G. Huasacuni: Lo lamentable es que hay muchos que continúan negando los derechos y la igualdad de los aborígenes.

B Encuentra las palabras que corresponden a las siguientes definiciones en el texto (solamente una palabra por definición).

1 juego de mesa para dos personas, con figuras como un rey, una reina y peones

2 de tres colores

3 recipientes para líquidos o alimentos

4 que vienen de antes de la colonización europea de América

5 plantaciones de semillas en la tierra

6 recogidas de los frutos de una plantación

7 que no sigue una religión

8 ideas, especialmente religiosas, en las que se cree

9 de raza indígena y blanca mezcladas

10 calidad de tener los mismos derechos

 C En la siguiente lista de frases, además del ejemplo, solo hay cinco que son correctas con respecto al texto. Elígelas y márcalas con una cruz (*X*). Te damos una como ejemplo.

Ejemplo: *El historiador Gustavo Huasacuni es aymara de Bolivia.*	*X*
1 Los aborígenes de Bolivia están enemistados entre sí.	
2 Cada nación aborigen de Bolivia tiene una bandera diferente.	
3 La *wiphala* no solo identifica a los aborígenes, sino que es oficial en toda Bolivia.	
4 Esta bandera es de antes de las colonias y todavía es muy usada.	
5 Los españoles prohibieron el uso de la *wiphala*.	
6 No todos en Bolivia se identifican con la *wiphala*.	
7 Evo Morales es un líder que se opone a los aborígenes.	
8 Hoy en día no es necesario ser católico para trabajar en el estado boliviano.	
9 Los políticos continúan usando palabras de nobles españoles.	
10 El gobierno va a imponer que se usen las lenguas aborígenes de manera oficial.	

 D Ahora debate los siguientes temas relacionados con el texto con el resto de la clase:

● ¿Hay que integrar o separar a las personas indígenas de un país?

● ¿Crees que los aborígenes nunca serán aceptados por los blancos? ¿Por qué (no)?

E Tomando el texto como ejemplo, describe el sitio donde vives. Investiga en internet y responde a estas preguntas en tu redacción (de 200 a 300 palabras).

● ¿Cómo es la bandera de tu país o región?

● ¿Qué simboliza la bandera del sitio donde vives?

● ¿Existen aborígenes o antiguos habitantes donde vives?

● ¿Están representados todos en el gobierno?

● ¿Existe una religión oficial en tu país o región? ¿Crees que es bueno tener una religión oficial?

● ¿Hay una constitución? Si existe, ¿defiende a las minorías?

UNIDAD 7: La economía y los derechos humanos

4 Miedo y desolación en Arizona

A Antes de leer el texto, mira la foto y contesta las siguientes preguntas:

- ¿De qué lugar se trata?
- ¿Qué hace el coche? ¿Por qué?
- ¿Qué hay a la derecha?
- ¿Cuál imaginas que es el problema?

A los gritos de "¡Arpaio, escucha, seguimos en la lucha!", decenas de manifestantes se lanzaron ayer a las calles de Phoenix y bloquearon temporalmente el acceso a la cárcel y a las oficinas del sheriff local, símbolo más patente de la persecución de los inmigrantes sin papeles en Arizona.

Joe Arpaio no se dejó intimidar por las protestas. Al menos 30 manifestantes acabaron entre rejas mientras el propio sheriff los desafiaba ante las cámaras. "Quien quiera impedir que encerremos a los ilegales, acabará también preso. No vamos a permitir que nadie venga al condado de Maricopa a hacer alardes y alterar el orden público".

La gobernadora de Arizona, Jan Brewer, defendió la ley SB1070, que obliga a los inmigrantes a portar en todo momento sus "papeles" y autoriza a la policía local a detener a los indocumentados ante la sospecha razonable de su situación legal en el Estado.

"La lucha sigue, ésta es nuestra tierra y de aquí no nos vamos a mover, así nos lleven otros 500 años", proclamaba Ángel Coronado, de la asociación Democracia Ahora. "Estoy harto de que me paren y me intimiden por el color de mi piel", confesaba Ángel, nacido hace 35 años en Bisbee (Arizona). "Somos mucho más de aquí que toda esta gente que ahora quiere echarnos. A los hispanos nos han elegido como chivos expiatorios de la crisis económica. Se ha instalado acá un racismo que se está haciendo insoportable".

Edgar y Ana Vela, naturales de El Salvador, tuvieron que cerrar hace 10 días la panadería aledaña y despidieron a seis empleados "con todo el dolor del alma". "Nos tienen cercados, y así no hay manera de hacer negocio", apunta Edgar. "Aunque no lo veas, la plaza está rodeada por coches patrulla y grúas. Están esperando a que pase un carro sin la placa en condiciones o sin seguro para poder detener al conductor", añade.

"Nosotros ya tuvimos nuestro sueño americano", confiesa su mujer: "Nos conocimos en una fábrica de costura. Nos hicimos novios, tuvimos dos hijas que se graduaron en el *college*. Nos dejamos el pellejo en este país y no es justo lo que está pasando. Los domingos seguimos haciendo *bailecito*, pero no sabemos cuánto va a durar".

Se calcula que más de 400.000 indocumentados vivían en Arizona antes de que se extendiera la epidemia del miedo. Muchos hispanos legales se están sumando al éxodo por la falta de trabajo en un estado que hasta 1847 fue territorio mexicano y en el que el 30% de sus 6,5 millones de habitantes (todavía) habla español.

Adaptado de **El Mundo**, *26 y 30.07.10*

B Contesta las siguientes preguntas con frases tomadas del texto.

1 ¿Qué frase de los manifestantes indica su resistencia a las acciones del sheriff en el primer párrafo?

2 ¿Qué expresión del segundo párrafo significa "en la cárcel"?

3 ¿Qué dice Ángel Coronado para indicar que los hispanos tienen más derecho a estar en Arizona que los que los persiguen?

4 ¿Qué palabra del quinto párrafo significa "cercano, al lado del lugar"?

5 ¿A qué palabra se refiere "el que" en el último párrafo?

C Encuentra en el texto las palabras o frases que corresponden a las siguientes definiciones:

1 provocar miedo
2 persona a la que se culpa de algo que hicieron otros
3 que nació en un lugar
4 matrícula de un vehículo
5 sin papeles legales

D Decide si las siguientes frases referidas al texto son verdaderas o falsas. Marca con una cruz (X) la opción que te parezca correcta. Escribe las palabras del texto que justifican tu respuesta en cada caso.

	Verdadero	Falso
1 El sheriff tuvo miedo por las quejas de los hispanos.		
2 La gobernadora de Arizona no estaba de acuerdo con las acciones del sheriff.		
3 Según Ángel Coronado, las autoridades echan la culpa de los problemas financieros a los hispanos.		
4 En el siglo XIX, casi un tercio de la población de Arizona hablaba castellano.		

E Completa la tabla con las palabras que la faltan.

Verbo	Sustantivo	Adjetivo
	lucha	
		local
	persecución	
		público/a
		razonable
confesar		
		económico/a
	dolor	
esperar		
	seguro	
	miedo	
hablar		

F Comenta con tu compañero/a los problemas que suelen tener los inmigrantes cuando hay poco empleo en la región donde viven.

● ¿Cómo puede afectar esta situación a:
  • las actitudes de la población dominante?
  • los derechos de los inmigrantes?
● ¿Qué pueden hacer los inmigrantes para mejorar sus derechos?

Puedes basarte en la situación actual en los Estados Unidos. Para conocer más sobre ese país y su situación, lee *¿Qué sabes de los hispanos de los Estados Unidos?* en esta unidad.

¿Qué sabes de... los hispanos de los Estados Unidos?

Antes de leer la información sobre los hispanos de los Estados Unidos, completa este pequeño cuestionario para ver cuánto sabes de ese país.

① ¿Qué estatus tiene el estado hispano de Puerto Rico?

a) es uno de los Estados Unidos

b) es parte de Florida

c) es territorio no incorporado

② ¿Cuántos son aproximadamente los *Hispanics* de Estados Unidos?

a) 30 millones

b) 40 millones

c) 50 millones

③ ¿En qué siglo llegaron los españoles a lo que es hoy Estados Unidos?

a) XV

b) XVI

c) XVIII

④ ¿De qué lado estaban las colonias españolas durante la Guerra de la Independencia?

a) del lado estadounidense

b) eran neutrales

c) del lado británico

⑤ ¿Cuál de estos artistas estadounidenses es de origen hispano?

a) Charlie Sheen

b) Lady GaGa

c) Jennifer Aniston

El país

◉ Los Estados Unidos de América, abreviados como EE.UU., son un grupo de 50 estados, que limitan al norte con Canadá, al este con el Océano Atlántico, al oeste con el Pacífico, y al sur con México.

◉ La isla de **Puerto Rico** es un Estado Libre Asociado a los Estados Unidos, es decir un territorio no incorporado, y con autogobierno. Sus lenguas oficiales son el español y el inglés.

◉ Aunque la lengua principal de los EE. UU. es el inglés, la gran presencia del español llevó a la fundación en Nueva York de una *Academia Norteamericana de la Lengua Española* en 1973.

◉ La población de *Hispanics* estadounidenses superaba los 50 millones en el año 2010 (es decir, es mayor que la población de algunos países hispanos como España o Argentina). Son la minoría con más presencia en el país, y su tasa de natalidad duplica la anglosajona.

◉ Los *Hispanics* o **Latinos**, como les gusta llamarse, provienen desde hace ya más de dos generaciones de países latinoamericanos.

◉ Los estados con mayor presencia de *Hispanics* son los siguientes:

- **Texas (Tejas)**, **Nueva México**, **Arizona** y **California**: mexicanos, salvadoreños y otros centroamericanos. Los mexicanos de primera generación tejana se llaman **chicanos** y tienen una cultura híbrida estadounidense y mexicana.
- **Florida**: venezolanos, cubanos, puertorriqueños, colombianos y otros sudamericanos.
- **Illinois**: Chicago reúne un número grande de mexicanos y puertorriqueños.
- **Nueva York y el nordeste**: puertorriqueños ("nuyoricans" si han nacido en Nueva York), cubanos, colombianos y otros sudamericanos.

Historia

La Conquista y el período colonial

En el siglo XVI, mucho antes de la llegada de los colonos ingleses, los españoles ya dominaban gran parte de los territorios que hoy ocupa ese país. **Juan Ponce de León** desembarcó por primera vez en los Estados Unidos continentales y fundó **La Florida** en 1513.

Fueron también conquistadores españoles quienes en las décadas siguientes llegaron al Gran Cañón del Colorado, a las Grandes Planicies, las montañas Apalaches y navegaron por el río Misisipi. Los españoles lograron aventurarse en lo que hoy forman más de 40 estados del país.

El primer asentamiento de los Estados Unidos fue, de hecho, español: **San Agustín**, Florida, fundado en 1565. Le sucedieron muchos más, como **Santa Fe**, **San Antonio**, **San Diego**; en 1781 el gobernador español Felipe de Neve fundó *El Pueblo de Nuestra Señora la Reina de los Ángeles de Porciúncula*, hoy la famosa **Los Ángeles**, segunda ciudad de los Estados Unidos.

La independencia y la anexión

España estaba del lado de los Estados Unidos, en contra de Gran Bretaña, durante la Guerra de Independencia en 1783, y aproximadamente la mitad del territorio actual de ese país entonces estaba bajo dominio español. Sin embargo, tras campañas, tratados, y la **Guerra México-Americana**, fueron lentamente anexados a la nueva nación anglosajona los estados de **California**, **Tejas** y **Florida**, entre otros territorios.

Los hispanos fueron los primeros ciudadanos de estos nuevos territorios estadounidenses, y su presencia en ellos sigue siendo mayoritaria.

Los siglos XX y XXI

La presencia hispana en los Estados Unidos es tan importante que se designó una semana en septiembre, después extendida a un mes: el *Hispanic Heritage Month* (*Mes del Patrimonio Hispánico*).

Hay sitios como Miami o San Diego donde los *Hispanics* constituyen una parte tan importante de la población que hablar castellano es muy normal en todo sitio. Existen muchas cadenas de televisión estadounidenses en español, como *Azteca América* y *CNN en Español*, y diarios en español como *La Opinión* (California) y *El Nuevo Herald* (Florida).

Los hispanos también han mantenido costumbres en los Estados Unidos. Ya es posible no solo comer tacos mexicanos en Nueva México, sino también ceviche sudamericano (típico de Perú) en Nueva York. También han surgido mezclas de la cultura local y la de los *Hispanics*. Sobresale la **gastronomía Tex-Mex**, con sus populares nachos y chile con carne. Esto se extiende a la lengua: se escuchan frases del famoso *Spanglish* o *espanglish*, que combina el inglés y el español.

Los estilos musicales han dado origen a ritmos tan característicos como la **salsa nuyorican**, y ritmos hispanos como el merengue, chachachá y la ranchera se escuchan a diario en la radio y en locales.

Entre los artistas hispanos más destacados de origen hispano se encuentran Charlie Sheen (cuyo nombre es

Carlos Irwin Estévez) hijo del famoso Martin Sheen (Ramón Antonio Gerard Estévez, hijo de un gallego y una irlandesa), Jennifer López (neoyorquina de origen puertorriqueño) y Christina Aguilera (neoyorquina de padre ecuatoriano), entre tantos otros. Entre los artistas hispanos que

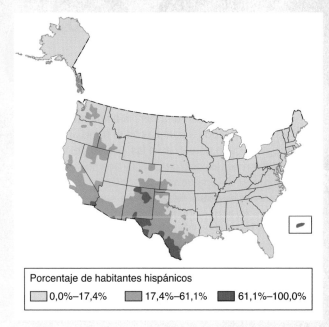

Porcentaje de habitantes hispánicos

| 0,0%–17,4% | 17,4%–61,1% | 61,1%–100,0% |

viven en los Estados Unidos y contribuyen a su cultura están: Ricky Martin (puertorriqueño), Gloria Estefan (cubana), Andy García (cubano), Shakira (colombiana), Salma Hayek (mexicana) y Antonio Banderas (español).

La economía y los derechos de los hispanos en los Estados Unidos

Una de las principales razones de la inmigración hispana en los Estados Unidos es su economía fuerte. Una gran parte de los *Hispanics* va en busca del Sueño Americano, que les promete un bienestar económico y progreso. Muchos han logrado ser muy ricos, como es el caso de **Cameron Díaz** (californiana de origen hispano-cubano), descrita por *Forbes* como la hispana más rica de 2010.

Los Estados Unidos reúnen a un gran grupo de **intelectuales hispanos**, como el Premio Nobel de Física Luis Walter Álvarez y su hijo Walter Álvarez, quienes propusieron por primera vez que un impacto de un asteroide en la Península de Yucatán exterminó los dinosaurios.

Aún así, los derechos de los *Hispanics* no están a la par de los del resto de los estadounidenses: el español, aunque mayoritario, no es oficial en muchos estados, que mantienen su política de *English only*; los inmigrantes hispanos aún son tratados como ciudadanos "de segunda clase" en muchos sitios, notablemente cerca de la frontera, donde se explota a los *wetbacks* ("espaldas mojadas", porque así salen al cruzar ilegalmente el Río Grande, que separa a los Estados Unidos de México). Existen diversas campañas para la lucha por los Derechos Civiles de los Latinos.

Para más información:
http://es.wikipedia.org/wiki/Latino_(Estados_Unidos)

II: "Poderoso caballero, don Dinero"

5 ¡Qué pobres somos!

Una vez, un padre de una familia acaudalada llevó a su hijo a un viaje por el campo con el firme propósito de que viera cuán pobres eran las gentes del campo.

Estuvieron por espacio de un día y una noche completa en una granja de una familia campesina muy humilde.

Al concluir el viaje y de regreso a casa el padre le pregunta a su hijo: – "¿Qué te pareció el viaje?".

– "¡Fue fantástico, Papá!" –dijo el hijo.

– "¿Viste qué tan pobre puede ser la gente?" –preguntó el padre.

– "¡Oh, sí!" –dijo el hijo.

– "Y… ¿qué aprendiste?" –preguntó el padre.

El hijo contestó: "Vi que nosotros tenemos un perro en casa, ellos tienen cuatro".

"Nosotros tenemos una piscina con agua estancada que cubre la mitad del jardín… y ellos tienen un río sin fin, de agua cristalina, donde hay pececitos y otras bellezas".

"Que nosotros importamos lámparas del Oriente para alumbrar nuestro jardín… mientras que ellos se alumbran con la luna y las estrellas".

"Que nuestro patio llega hasta la pared de la casa del vecino, ellos tienen todo el horizonte de patio".

"Tenemos un pequeño pedazo de tierra para vivir y ellos tienen campos que van más allá de nuestra vista".

"Que nosotros compramos nuestra comida; ellos siembran y cosechan la de ellos".

"Nosotros cocinamos en estufa eléctrica; ellos, todo lo que comen tiene ese glorioso sabor del fogón de leña".

"Para protegernos, nosotros vivimos rodeados por un muro, con alarmas. Ellos viven con sus puertas abiertas, protegidos por la amistad de sus vecinos".

"Nosotros vivimos conectados al celular, a la computadora, al televisor… Ellos, en cambio, están 'conectados' a la vida, al cielo, al sol, al agua, al verde del valle, a los animales, a sus siembras, a su familia".

"Especialmente, Papá, vi que ellos tienen tiempo para conversar y convivir en familia. Tú y Mamá tienen que trabajar todo el tiempo y casi nunca los veo y rara es la vez que conversan conmigo".

El padre se quedó mudo… y su hijo agregó: "¡Gracias, papá, por enseñarme lo pobres que somos!"

Adaptado de http://paulocoelhoblog.com

A **En la siguiente lista de frases, además del ejemplo, solo hay cuatro que son correctas con respecto al texto. Elígelas y márcalas con una cruz (X). Te damos una como ejemplo.**

Ejemplo: *El padre quería que su hijo viera lo pobres que eran los campesinos.*	X
1 Pasaron dos días con la familia pobre.	
2 El hijo creía que los campesinos eran pobres.	
3 Las lámparas de los campesinos dan más luz.	
4 La comida de los campesinos proviene de la tierra que cultivan ellos.	
5 Los campesinos usan el fuego para cocinar.	
6 Los campesinos necesitan a los vecinos para sentirse seguros.	
7 El hijo no se siente comunicado con sus padres.	
8 Al final, el hijo agradece a su padre por mostrarle la verdadera pobreza.	

B Comenta con tu compañero/a las siguientes preguntas. Justifiquen sus argumentos.

- El hijo, ¿ha aprendido verdaderamente lo que significa la pobreza?
- ¿A qué "pobreza" se refiere el chico?
- ¿Es verdad que la gente del campo vive mejor? ¿Por qué (no)?
- ¿Les parecen realistas las conclusiones que saca el chico? ¿Por qué (no)?

C Escribe un cuento (250 a 400 palabras) en el que un muchacho pobre visita la casa de un muchacho de familia acaudalada; cuando vuelve, tiene una conversación con su padre sobre lo que ha visto, contrastándolo con su vida de pobre. Al final, escribe una moraleja que resuma su opinión de la vida de la familia rica.

¡Qué bien escribes!

La puntuación en español

La puntuación del español puede diferir de la lengua que hablas. Cuando escribas, ten en cuenta las siguientes reglas para puntuar correctamente en castellano.

- **Mayúsculas:** se usan solamente al principio de una oración o para nombres propios, de personas o instituciones.
- **Punto (.):** indica una pausa prolongada normalmente y es seguido por un espacio. Se usa:
  - al final de una oración, para separar ideas
  - después de abreviaturas (por ejemplo: *Sr., Dr., S.A.,* etc.).
- **Coma (,):** indica una pausa corta y se usa:
  - al enumerar objetos o ideas (por ejemplo: *la lectura, el análisis, la crítica y la redacción*)
  - después de frases adverbiales de tiempo, modo o lugar (por ejemplo: *una vez, un padre...*)
  - en estructuras coordinadas (por ejemplo: *no solo es interesante, sino también divertido*)
  - después de enlaces como *es decir, en primer lugar, sin embargo,* etc.
  - para intercalar incisos o aclaraciones conectados con la frase principal (por ejemplo: *Esperanza, una muchacha muy bonita, entró en ese momento*).
- **Punto y coma (;):** indica una pausa mayor que la de la coma y menor que la del punto. Se usa:
  - en enumeración de frases que ya contienen coma y/o que son largas.
- **Dos puntos (:):** llama la atención sobre lo que sigue, relacionado con el texto precendente. Se usan:
  - pegados a la palabra que los precede
  - detrás de locuciones que introducen ejemplos, como *por ejemplo, a saber*
  - para introducir una cita textual.
- **Puntos suspensivos (...):** indican una interrupción o el final vago de una oración. Van pegados a la última palabra de la frase y seguidos por un espacio.
- **Raya (–):** se usa:
  - en diálogos, para indicar cambio de interlocutor
  - para intercalar aclaraciones que no están muy conectados con la frase principal (por ejemplo: *entramos al salón –un sitio bastante antiguo – y nos encontramos con el escritor*).
- **Comillas (« », "", '):** indican palabras o frases que se dicen o citas textuales o verbales. Primero se usan las dobles (« » o "") y si hay expresiones dentro de ellas, se usan las simples (').
- **Signos de interrogación y de exclamación (¿? ¡!):** deben utilizarse al principio y al final de una pregunta o una exclamación, respectivamente. Los signos de cierre reemplazan al punto final de una oración.

6 ¿Por qué somos pobres?

http://www.elpais.com.co

Por una sencilla razón: porque no tenemos los recursos suficientes para cubrir nuestras necesidades mínimas. En Colombia, se estima que el 25% de la población se encuentra debajo de la línea de pobreza; esto es alrededor de 11 millones de personas pobres. Y es una cifra que lamentablemente sigue creciendo día tras día. Esto no es nuevo. Pero, ¿por qué somos pobres? Esta es mi explicación.

Los pobres, bajo este sistema económico y social, nacen pobres y se quedan pobres. No existe lo que los economistas llaman *movilidad social*, o la posibilidad de ascender a otra capa social. Y esto sucede por la siguiente dinámica: una muchacha de 14 años, en promedio, tiene un bebé. La madre no ha tenido una muy buena alimentación durante su embarazo, al igual que le han faltado los controles a su gestación.

Este niño nace con altas probabilidades de estar bajo de peso, por lo anteriormente indicado. Los primeros cinco años son los años más importantes del ser humano. Se termina de formar su cerebro y se forma su carácter. Todo lo que nosotros somos como adultos, es lo que fuimos esos cinco primeros años de vida.

Bajo estas condiciones, el niño entra al sistema educativo a la edad de cinco o seis años. Claramente entra con problemas de nutrición. Llega a una escuela, que por culpa de la corrupción no tiene baños, ni techos, ni profesores. Como el sistema educativo público es de tan baja calidad académica, el joven, si no ha desertado del sistema, logra graduarse sin mayores competencias en ciencias básicas (matemáticas, física, química y biología); en pocas palabras, no sabe absolutamente nada.

Como no ha tenido una formación para el trabajo, y no tiene experiencia laboral, su único camino es el ejército o la calle, o pasa a engrosar una de aquellas bandas o pandillas juveniles. Hasta allí llega. Si se va al ejército y regresa tiene una mejor oportunidad: realizar algún oficio básico, como vigilante, aseador, conductor, etc., con un salario mínimo, si tiene la fortuna de encontrar un trabajo.

Mientras nosotros como sociedad en conjunto no entendamos esto, y no sea prioridad para nosotros formar capital humano para mejorar la sociedad, las empresas seguirán teniendo dificultad para vender sus productos, los salarios seguirán siendo bajos, la criminalidad seguirá aumentando y la brecha entre pobres y ricos, en vez de cerrarse, aumentará.

A **Busca sinónimos para las siguientes palabras y frases en el texto:**

1 requisitos	5 ligero	9 grupo de gente
2 aumentando	6 alimentación	10 chofer (HA.)/chófer (E.)
3 ocurre	7 por falta de	11 sueldo
4 media	8 engordar	12 preferencia

B **Ahora busca en el texto antónimos para las siguientes palabras:**

1 compleja	5 descender	9 facilidad
2 riqueza	6 posteriormente	10 altos
3 mueren	7 honradez	11 disminuyendo
4 inmovilidad	8 secundario	12 abrirse

C Termina las frases siguientes con una de las frases en el recuadro, según el sentido del texto. ¡Cuidado! Hay cinco de más.

1 En Colombia, los pobres…

2 La falta de movilidad social en Colombia hace que…

3 Los primeros años de la vida de un niño…

4 El sistema educativo no sirve al niño pobre…

5 Los chicos que se alistan en el ejército…

---

a … que sale ignorante de la escuela.

b … reciben recursos suficientes para sus necesidades.

c … forman una cuarta parte de la población del país.

d … que consigue una buena base en las ciencias.

e … los pobres no puedan ascender a un estrato más alto.

f … pueden conseguir un empleo básico cuando dejan de ser soldados.

g … los pobres puedan subir a una clase más alta.

h … condicionan todo lo que son como adultos.

i … tienen la suerte de conseguir un buen trabajo.

j … no son fundamentales para su desarrollo físico.

D Encuentra en el texto todos los ejemplos de demostrativos (adjetivos y pronombres).

G

E Completa las oraciones con uno de los demostrativos en el recuadro. ¡Cuidado! Sobran dos.

G

esa	estas	esta	aquellas	eso
	este	aquel	ese	

1 Aquí tienes _____ entradas. Son para la reunión de mañana.

2 _____ montañas están tan lejos pero, ¡parecen tan cercanas!

3 Tenemos que evitar gastos extravagantes durante _____ crisis económica.

4 _____ chico que ves al otro lado de la calle es el novio de mi hermana.

5 _____ que ves en la foto aquí es mi abuelito.

6 ¡No me gustó nada _____ que dijiste!

Gramática

LOS ADJETIVOS Y PRONOMBRES DEMOSTRATIVOS

Recuerda que:

- los adjetivos y pronombres demostrativos sirven para **señalar** cosas en el **tiempo** y en el **espacio**.
- hay tres tipos de demostrativos:
  - *este, esta, estos, estas*, para algo **cercano** al hablante. Por ejemplo: *Esta es mi explicación.*
  - *ese, esa, esos, esas*, para algo a una **distancia no muy lejana** del hablante. Por ejemplo: *Ese cuadro es una maravilla.*
  - *aquel, aquella, aquellos, aquellas*, para algo **muy alejado** del hablante. Por ejemplo: … a engrosar una de *aquellas* bandas o pandillas juveniles.
- las formas neutras del demostrativo, *eso, esto* y *aquello*, siempre son pronombres y se refieren a **ideas** o **conceptos** abstractos. Por ejemplo: *Esto no es nuevo.*

Para repasar la forma y el uso de los demostrativos ver 7 en el Resumen gramatical.

F Comenta con tu compañero/a el desarrollo de los niños en los países pobres:

- ¿Qué efectos tienen la falta de buenos empleos, la mala educación, la nutrición, etc.?

- ¿Quiénes son los responsables de la pobreza? ¿Por qué?

G La siguiente respuesta al blog "¿Por qué somos pobres?" insiste en dos aspectos de los que no habla el blog. Busca información sobre estos temas en sitios web sobre Colombia y escribe sobre uno de ellos (200 palabras como mínimo).

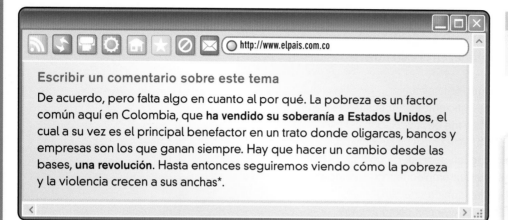

Escribir un comentario sobre este tema

De acuerdo, pero falta algo en cuanto al por qué. La pobreza es un factor común aquí en Colombia, que **ha vendido su soberanía a Estados Unidos**, el cual a su vez es el principal benefactor en un trato donde oligarcas, bancos y empresas son los que ganan siempre. Hay que hacer un cambio desde las bases, **una revolución**. Hasta entonces seguiremos viendo cómo la pobreza y la violencia crecen a sus anchas*.

http://www.elpais.com.co

¡Observa!

*a sus anchas (coloq.) = sin restricciones y con tranquilidad.

¡NO OLVIDES!

Cómo escribir un blog

Página 53 en la Unidad 2.

7 Ecuador: Chicos de la Calle

A Antes de leer el texto, observa la foto y responde las siguientes preguntas con tus opiniones:

- ¿Qué hacen los chicos?
- ¿Crees que son felices? ¿Por qué (no)?
- ¿Crees que alguien los ayuda?

¿Qué haría usted si viera a su hijo o hermano en la calle?

■ **Situación:** en las calles de Guayaquil viven miles de niños y jóvenes. La pobreza de sus familias los empujó a la calle. Muchos fueron objeto de abusos por padres alcohólicos, y abandonados por sus madres que buscaban trabajo durante todo el día. De la calle a la delincuencia juvenil, al consumo de drogas, a la prostitución, el camino es muy corto.

■ **Objetivos del proyecto:** los niños de la calle son rehabilitados física y psíquicamente. Si es posible, volverán a sus familias. En caso que no se pueda, pueden vivir en hogares de jóvenes, terminar su educación y aprender un oficio.

■ **Actividades durante este año:** 142 niños de la calle realizaron una formación técnica. Recibieron alimentación, atención médica, y ayuda de profesionales en tratamiento anti-droga. Si no hubieran tenido esta ayuda, muchos habrían muerto. Los psicólogos apoyaron también a fortalecer su estabilidad emocional, construir confianza hacia otras personas y asumir responsabilidades en conjunto.

Los integrantes del equipo ejecutor se esforzaron por establecer contacto con los padres. Después de cuidadosas pruebas, 57 niños retornaron a sus familias.

Los trabajadores sociales del proyecto van a visitarlos regularmente para cerciorarse de que sean bien acogidos.

■ **Grupo-objetivo:** 423 niños de la calle, de edades entre nueve y 18 años en Guayaquil.

■ **Responsable del proyecto:** Salesianos.

Adaptado de http://es.kindernothilfe.org

B

G

Ahora practica el uso de las estructuras condicionales. ¡Cuidado! *Si* puede no ir al principio.

a) Estructura 1: *si + presente del indicativo,... futuro/presente del indicativo/imperativo*

1 Tú / calentar agua / 100º / presión normal / hervir.
2 Tú / practicar / gramática/ hablar / español / correctamente.
3 Tú / decir "no" / alguien / ofrecer / drogas.

b) Estructura 2: *si + imperfecto del subjuntivo, condicional*

1 Héctor / poder / no vivir / calle.
2 ¿Qué / hacer / usted / descubrir / una niña / ser / prostituta?
3 Yo / tener / oportunidad / ayudar / chicos.

c) Estructura 3: *si + pluscuamperfecto del subjuntivo, condicional perfecto*

1 Sus padres / educar (él) / bien / no ser / criminal.
2 Yo / nacer / país hispano / hablar / español / como nativo.
3 Él / ser / muy feliz / casarse / persona / correcta.

d) Ahora elige el tiempo y modo más adecuado para completar las siguientes oraciones con estructuras condicionales:

1 Nosotros _____ (ir) a la playa si no _____ (llover) mañana.
2 Si yo _____ (tener) un trabajo digno al terminar el colegio, no _____ (comenzar) a traficar. Pero ahora trafico.
3 Mi tío _____ (ser) un hombre rico si _____ (invertir) en ese negocio. ¡Pero malgastó todo su dinero!

Gramática

LAS ESTRUCTURAS CONDICIONALES

Recuerda que:

- las estructuras condicionales se dividen en 2 partes, de orden intercambiable:
  - **la condición:** siempre comienza con *si...* Por ejemplo: *si viera a un familiar en la calle...*
  - **la consecuencia:** una oración con sujeto, verbo y objeto. Por ejemplo: *... lo ayudaría a volver a casa.*
- estas estructuras podrían clasificarse en tres tipos, de acuerdo a lo que expresan:
  - **Estructura 1:** *si + presente del indicativo,... futuro/ presente del indicativo/ imperativo* expresa condiciones **probables y posibles** y consecuencias **futuras** o **lógicas**
    Por ejemplo: *Si los **abandonan**, **terminarán** en la delincuencia o la prostitución.*
    *Si **vives** en la calle, **estás** expuesto a muchos peligros.*
    *Si ves a los chicos de la calle, **ayúdalos**.*
  - **Estructura 2:** *si + imperfecto del subjuntivo,... condicional*
    expresa condiciones **imposibles** o **poco probables**
    Por ejemplo: *Si **tuviera** un hijo, no lo **abandonaría** en la calle.*
  - **Estructura 3:** *si + pluscuamperfecto del subjuntivo,... condicional perfecto* expresa condiciones y consecuencias **imposibles** porque están **en el pasado** y son solo hipotéticas.
    Por ejemplo: *Si **hubieran tenido** padres sanos, no **habrían terminado** en la calle.*

Para repasar la forma y uso de las estructuras condicionales, ver 11.C en el Resumen Gramatical.

C

Diseña un folleto para un proyecto de una ONG como "Ecuador: Chicos de la Calle", pero enfocándote en otro país hispanoamericano. Puedes utilizar vocabulario de este folleto, pero no debes copiarlo palabra por palabra.

¡NO OLVIDES!

Cómo crear un folleto

Página 176 en la Unidad 6.

---

8 Un mercado muy grande

A

Pista 23

Antes de escuchar el audio, observa la foto y responde las siguientes preguntas con tus ideas:

- ¿Qué crees que significa la palabra MERCOSUR?
- ¿Qué actividades crees que se realizan en él?

Ahora escucha el audio, en el que el Dr. Benedetti aclara estos temas al Dr. Gregson. ¿Has acertado en tus predicciones?

Sede del MERCOSUR. Ex Parque Hotel, Montevideo, Uruguay

B Vuelve a escuchar el audio y completa la siguiente ficha con la información que oyes.

>
> MERCOSUR
>
> Ciudad y país de sede: _____
> Nombre de edificio: _____
> Significado de sigla MERCOSUR: _____
> Función similar a: _____
>
> Fecha de fundación: _____
> Lugar de fundación: _____
>
> Estados parte (que lo componen): _____
> Estados asociados: _____
>
> Objetivo oficial: _____
> ¿Se importa libremente entre sus estados? (Sí/No): _____
> ¿Se exporta libremente entre sus estados? (Sí/No): _____
> Condición de importación y exportación: _____
> Características de sus economías:
> Producto más importante: _____
> Tratados de libre comercio (países): _____

 C ¿Te interesa conocer más sobre los mercados comunes del mundo hispano? Trabaja en un grupo. Preparen un proyecto en el que describan las características, funciones, ventajas (y si existen, los problemas) de uno de los siguientes mercados. Les damos los sitios oficiales como referencia:

- *Área de Libre Comercio de las Américas (ALCA)*: http://www.ftaa-alca.org/alca_s.asp
- *Comunidad Andina (CAN)*: http://www.comunidadandina.org/
- *Unión Europea (UE)*: http://europa.eu/index_es.htm
- *Mercado Común Centroamericano (MCCA)*: http://www.sice.oas.org/trade/camers.asp

III: Se discrimina, se tolera y se esconde

9 ¿Por qué hay tanto machismo en el mundo?

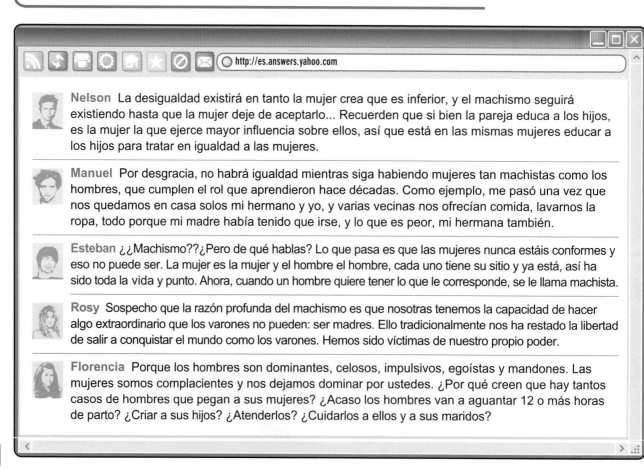

http://es.answers.yahoo.com

Nelson La desigualdad existirá en tanto la mujer crea que es inferior, y el machismo seguirá existiendo hasta que la mujer deje de aceptarlo... Recuerden que si bien la pareja educa a los hijos, es la mujer la que ejerce mayor influencia sobre ellos, así que está en las mismas mujeres educar a los hijos para tratar en igualdad a las mujeres.

Manuel Por desgracia, no habrá igualdad mientras siga habiendo mujeres tan machistas como los hombres, que cumplen el rol que aprendieron hace décadas. Como ejemplo, me pasó una vez que nos quedamos en casa solos mi hermano y yo, y varias vecinas nos ofrecían comida, lavarnos la ropa, todo porque mi madre había tenido que irse, y lo que es peor, mi hermana también.

Esteban ¿¿Machismo??¿Pero de qué hablas? Lo que pasa es que las mujeres nunca estáis conformes y eso no puede ser. La mujer es la mujer y el hombre el hombre, cada uno tiene su sitio y ya está, así ha sido toda la vida y punto. Ahora, cuando un hombre quiere tener lo que le corresponde, se le llama machista.

Rosy Sospecho que la razón profunda del machismo es que nosotras tenemos la capacidad de hacer algo extraordinario que los varones no pueden: ser madres. Ello tradicionalmente nos ha restado la libertad de salir a conquistar el mundo como los varones. Hemos sido víctimas de nuestro propio poder.

Florencia Porque los hombres son dominantes, celosos, impulsivos, egoístas y mandones. Las mujeres somos complacientes y nos dejamos dominar por ustedes. ¿Por qué creen que hay tantos casos de hombres que pegan a sus mujeres? ¿Acaso los hombres van a aguantar 12 o más horas de parto? ¿Criar a sus hijos? ¿Atenderlos? ¿Cuidarlos a ellos y a sus maridos?

A **¿Quién diría lo siguiente?**

	Nelson	Manuel	Esteban	Rosy	Florencia
1 El hombre ejerce menos influencia que la mujer en la educación de un niño.					
2 Cuando las mujeres están ausentes de casa, siempre hay alguien que ayuda a los hombres.					
3 Los hombres son unos tiranos.					
4 El parto nos ha impedido imitar las hazañas de los hombres.					
5 El machismo desaparecerá cuando la mujer ya no crea que ella es inferior.					
6 El machismo solo existe en la mente de las mujeres.					
7 Si las mujeres no abandonan su papel tradicional, no conseguirán la igualdad.					
8 Seguirá el maltrato de las mujeres mientras ellas lo dejen ocurrir.					
9 Las mujeres podemos dar a luz a los niños, y como en esto somos superiores, los hombres quieren dominarnos.					
10 La relación entre la mujer y el hombre no ha cambiado desde el comienzo del mundo.					

  Debate el siguiente tema con la clase: *¿Existe el machismo en la sociedad?* Ten en cuenta lo siguiente:

- Qué es el machismo.
- Los aspectos/Las circunstancias de la vida en que se puede experimentar.
- Si has observado algo machista.
- La conclusión del debate, en la que se confirma o se rechaza la existencia del machismo en la sociedad.

C Tienes un puesto como funcionario/a público/a en un país hispano. Escribe un discurso (250 a 400 palabras) sobre una situación actual en la que puedas ver actitudes que la gente califica de "machistas" (esto puede ser en casa, en la escuela, en el trabajo, etc.). Explica lo que piensas de ellas y propón remedios, si te parecen necesarios.

¡Qué bien hablas!

Cómo expresar suposiciones

Hay muchas maneras de expresar hipótesis o deducciones cuando debatimos algo en español. Las más comunes son las siguientes. Intenta usarlas cuando no estés seguro/a de algo.

No lo sé. Será que...
¿No te/les parece que...?
Yo diría que...
Si fuera así, + condicional
Es probable que + presente del subjuntivo
¡Quién sabe! Debe ser...

UNIDAD 7: La economía y los derechos humanos

Tarea escrita de segundo año

Recuerda que para tu tarea escrita de 300 a 400 palabras:

- vas a elegir **el título** con tu profesor(a).
- tienes que escoger **un tipo de texto** de entre los recomendados.

Además tienes que hacer un resumen de 100 palabras. No te olvides de:

- explicar **por qué** has escogido el tema y el tipo de texto.
- indicar **tu(s) objetivo(s)**.
- **demostrar** cómo has logrado el/los objetivo(s).

Esta Sección (Unidades 6 y 7) ofrece muchas perspectivas interesantes sobre el tema troncal de las ***cuestiones globales***. Si, por ejemplo, tus tres textos están relacionados con los derechos de las minorías, tu objetivo podría ser una evaluación del éxito que ha tenido una minoría en conseguir sus derechos o de los esfuerzos de la mayoría para negarle los derechos, etc.

Por ejemplo:

- Tienes tres textos relacionados con los **derechos de las minorías**.
- Tus **objetivos** son descubrir si han conseguido derechos (por ejemplo, de trabajo o de salario), o si les han negado derechos.
- Puedes **demostrar** tus conclusiones con datos estadísticos oficiales o noticias importantes de la prensa.

En cuanto al tipo de texto, podrías escribir la tarea en forma de una carta formal a las autoridades, de un blog o de una entrevista con un indígena, etc.

TEORÍA DEL CONOCIMIENTO

¿Somos todos iguales?

Para Thomas Jefferson, presidente de los EE.UU. a comienzos del siglo XIX, era evidente que "todos los hombres son creados iguales", que tenemos todos "ciertos derechos inalienables", entre ellos "la vida, la libertad y la búsqueda de la felicidad".

Si es así, ¿por qué hay tanta desigualdad en el mundo? ¿Y tanta infelicidad?

Pregunta: *¿Por qué falta la libertad de expresión en algunos países?*

Muchas veces es la igualdad la que falta, como lo afirma el escritor británico George Orwell en su alegoría de la sociedad humana y del poder, ***Rebelión en la granja***. Los cerdos tiranos que han tomado el poder en la granja proclaman: "Todos los animales son iguales, pero algunos animales son más iguales que otros". Así, de la creencia de creerse superiores surge la injusticia.

La igualdad de oportunidades. No se puede negar que hay diferencias entre los hombres; estas diferencias pueden ser genéticas, de género, de raza, de familia, de riqueza, etc., y hay que aceptarlas. Pero muchos dicen que solo habrá justicia en la sociedad si somos libres de tener las mismas posibilidades, es decir, tener igualdad de oportunidades en todos los campos de la vida.

Pregunta: *¿Cómo nos podemos asegurar de que todos tengamos las mismas oportunidades?*

La libertad de expresión. Otro problema relacionado con los derechos y la igualdad es la libertad de expresión. Si alguien dice en público que el gobierno debe encerrar a todos los creyentes de una religión, ¿qué se debe hacer?: ¿encarcelar a esta persona?, ¿dejarla seguir hablando de esta manera?, ¿expulsarla del país? ¿O debemos apoyar el principio según el cual todos tenemos el derecho a decir lo que queremos?

Pregunta: *¿Hasta qué punto debemos tolerar la libertad de expresión si amenaza nuestros valores?*

10 ¡Quítate el sombrero cuando entres, indio! [Nivel superior]

A Antes de leer el texto, observa la foto y responde las siguientes preguntas con tus opiniones:

- ¿De qué origen crees que es este hombre?
- ¿Cómo está vestido?
- ¿Crees que es parte de una minoría? Si es así, ¿cuál?

Los indígenas enfrentan la discriminación por su origen, su color, sus tradiciones, su forma de vestir y por su lengua. No solo son discriminados por ser diferentes, lo son porque no representan nuestras ambiciones. La imagen socialmente aceptada del progreso, del éxito y de la superación no se parece en nada a los migrantes indígenas que llegan todos los días a las ciudades.

Le han dicho "¡Quítate el sombrero cuando entres, indio!", y "¡Pata rajada!", "¡pinche indio!", son por lo menos dos de los motes escuchados por Pedro Hernández Flores a lo largo de su vida. Él es originario del municipio de Atlapexco, Hidalgo. Dice: "Esos son los menores agravios que conozco".

Pedro también es indígena nahua. A sus 55 años, es presidente del Comité de Derechos Humanos de las Huastecas y Sierra Oriental. El hombre estuvo preso en el ex penal de la Fortaleza de San Carlos, en Perote, Veracruz.

En la Fortaleza careció de todas las garantías que debería tener por ser mexicano: en el inicio de su juicio no tuvo acceso, ni traductor, ni defensa. Expresarse en su lengua se convirtió en un limitante y motivo de desprecio, incluso por parte de los mismos reos con los que tenía que convivir.

Los cargos por homicidio en su contra no fueron sustentados, y después de dos años de encierro injustificado (de 1996 a 1998), fue liberado sin recibir ninguna indemnización. Dentro del penal veracruzano, ser indígena fue motivo de maltrato físico y verbal.

"Afuera no es tan diferente. Cuando llegamos a las dependencias de gobierno y nos ven con nuestros huaraches o sombrero, nos hacen ir hasta atrás, de plano no nos atienden. En los centros de salud pasa lo mismo. Mientras, en las fuentes de empleo no hay seguridad social y se cometen muchos abusos relacionados con la jornada laboral, el salario y la agresión verbal".

Según Daniel Luna, integrante del Movimiento de Resistencia Popular del Sureste, "en Chiapas, como en todo México, hay un racismo profundo de la sociedad mestiza* y del régimen. El grupo de personas oriundas de la principal ciudad chiapaneca (San Cristóbal), los llamados 'coletos', manifiestan el desprecio por los indígenas en todo momento; los tachan de ignorantes, creen que el indígena no debe tener acceso al manejo de vehículos, y mucho menos a pisar la acera por donde pisan ellos".

La culpa no es del indio… sino de los que nos sentimos mejores.

Adaptado de http://losmonosabios.org y http://pocamadrenews.wordpress.com

¡Observa!

*mestizo/a = descendiente de padres de etnia diferente.

B Después de leer el texto, empareja las siguientes palabras y frases con sus significados.

1 superación	10 reos	a sandalias tradicionales	j procedentes de
2 pinche (Méx., despectivo)	11 encierro	b tienen en cuenta	k convictos
3 mote	12 dependencias	c nativo	l ofensa
4 originario	13 huaraches (Méx.)	d prisión	m le faltaron
5 agravio	14 de plano	e oficinas (públicas)	n prisionero
6 preso	15 atienden	f acusan de	ñ sobrenombre
7 careció de	16 oriundas de	g sin dudar	o avance
8 juicio	17 tachan de	h maldito	p aun
9 incluso	18 pisar	i poner el pie en	q proceso

C Todas las siguientes frases tienen errores. Sin modificar su estructura, corrígelas con la información del texto.

1 Según el texto, la imagen social del indio se corresponde bien con la de las personas que tienen ambiciones.

2 Los motes que dice Pedro Hernández Flores son los menores que conoce.

3 En su proceso, Pedro tuvo todo lo necesario para protegerse de la injusticia.

4 Los otros presos lo apreciaban cuando hablaba su lengua.

5 Cuando entró a la cárcel, fue indemnizado por la injusticia que había sufrido.

6 "Lo bueno es que nos tratan igual que a otro ciudadano mexicano", afirma Pedro.

7 Los grupos que maltratan a los indígenas en Chiapas provienen de fuera de la ciudad.

8 Los "coletos" califican de inteligentes a los indígenas, y quieren que vayan por donde van ellos.

D Trabaja con un(a) compañero/a. Comenten lo siguiente:
En las sociedades con minorías raciales o étnicas:

- ¿por qué hay discriminación?
- ¿qué molesta a los que discriminan?
- ¿qué remedios pueden encontrarse?

E Imagina que eres un(a) indígena que busca empleo como camarero en una sociedad urbana en la que los indígenas forman una minoría discriminada. Escribe una entrevista (250 palabras como mínimo) con un empleado de una agencia de trabajo.

¡NO OLVIDES!

Cómo escribir una entrevista

Página 72 en la Unidad 3.

¡Veamos una película!

Aquí tienes el nombre y datos sobre una película en español que trata de la economía y los derechos de la mujer.

***Como agua para chocolate* (1992)**
Género: drama (adaptación)
Director: Alfonso Aráu
Reparto: Regina Torné, Lumi Cavazos, Marco Leonardo, Mario Iván Martínez, Ada Carrasco.

Si es posible, mírala y debate los siguientes puntos con la clase:
- ¿Qué tradiciones mexicanas de la época se observan?
- ¿Qué diferencias notas entre las hijas de Mamá Elena y las criadas Nacha y Chencha?
- ¿Cómo son las hermanas? ¿Todas consiguen la felicidad? ¿Por qué (no)?
- El amor entre Pedro y Tita, ¿puede ser expresado? ¿Cómo?
- ¿Quién triunfa al final? ¿Por qué?

¡Escuchemos una canción!

Aquí tienes el nombre de una canción que trata del tema de los derechos humanos.

Desapariciones
Género: balada rock
Álbum: MTV Unplugged (1999)
Cantantes: Maná (México)

Si es posible, escúchala y debate los siguientes puntos con la clase:
- ¿A quién busca la primera señora?
- ¿Cómo iba vestido?
- ¿A quién busca la segunda persona?
- ¿De dónde salió?
- ¿Cómo es Agustín? ¿Qué le pasó?
- ¿Qué quieren saber de los desaparecidos?
- ¿Qué le pasó a Clara Quiñones?
- ¿Qué escuchó el cantante anoche?
- ¿Qué deberían hacer los gobiernos para que esto no suceda nunca más?

IV: Literatura [Nivel superior]

11 Las mujeres de aquella época

Para conocer más sobre la autora mexicana **Laura Esquivel**, lee su biografía en la página 29 (Unidad 1).

En su novela más famosa, *Como agua para chocolate* (1989), escrita en forma de recetas que se entrelazan con una historia de amor, Esquivel lleva el **realismo mágico** a la cocina. Su protagonista, Tita, una muchacha muy sensible que creció en la cocina de un México rural, está enamorada de Pedro, pero como no les permiten casarse, ella expresa todos sus sentimientos hacia él y los demás con su comida. Su madre es una mujer de valores muy antiguos, como lo muestra el siguiente extracto.

… Una de esas tardes, antes de que Mamá Elena dijera que ya se podían levantar de la mesa, Tita, que entonces contaba con quince años, le anunció con voz temblorosa que Pedro Muzquiz quería venir a hablar con ella…

–¿Y de qué me tiene que venir a hablar ese señor?

Dijo Mamá Elena luego de un silencio interminable que encogió el alma de Tita.

Con voz apenas perceptible respondió:

–Yo no sé.

Mamá Elena le lanzó una mirada que para Tita encerraba los años de represión que habían flotado sobre la familia y dijo:

–Pues más vale que le informes que si es para pedir tu mano, no lo haga. Perdería su tiempo y me haría perder el mío. Sabes muy bien que por ser la más chica de las mujeres a ti te corresponde cuidarme hasta el día de mi muerte.

… pero el caso es que ellos se presentaron en la casa. Mamá Elena los recibió en la sala, se comportó muy amable y les explicó la razón por la que Tita no se podía casar.

–Claro, que si lo que les interesa es que Pedro se case, pongo a su consideración a mi hija Rosaura, sólo dos años mayor que Tita, pero está plenamente disponible y preparada para el matrimonio…

Extraído de **Como agua para chocolate**
Laura Esquivel (México)

A Debate con la clase las siguientes preguntas, referidas al texto:

● ¿Está bien lo que hace Mamá Elena? ¿Por qué (no)?

● ¿Los padres deben controlar a los hijos en sus relaciones?

● ¿Qué creen que pasó después?

B Eres un(a) buen(a) amigo/a de Tita. Escribe un diálogo (entre 200 y 300 palabras) con ella, en el que la consuelas y le dices qué harías en su lugar. (Usa por lo menos cuatro ejemplos de estructuras condicionales, por ejemplo: *Si fuera tú…*). Ten en cuenta que ella vive en el campo, en México y en el siglo XIX.

12 La nostalgia peleadora de Túpac Amaru

Eduardo Galeano es un escritor uruguayo (nacido en Montevideo en 1940) de fama mundial, conocido como uno de los mayores exponentes de la literatura latinoamericana. En sus muy variadas obras, que fueron traducidas a muchos idiomas, Galeano mezcla la **ficción** con el **documental**, la **historia** con la **política**, la **filosofía** y el **periodismo**. Su gran pasión por defender los **derechos humanos** y por difundir la historia y el sufrimiento de Lationamérica a manos de las grandes potencias se vio plasmada en su obra maestra *Las venas abiertas de América Latina* (1971). Este clásico moderno fue prohibido por los gobiernos derechistas de varios países, y Galeano tuvo que emigrar a Argentina primero y después a España, donde escribió otro repaso de la historia de Latinoamérica, *Memoria del fuego* (1986). El autor continúa defendiendo los derechos de las minorías (por ejemplo, apoyando la soberanía de Puerto Rico), y sus obras y opiniones son admiradas por grandes personalidades.

A continuación, tienes un extracto de *Las venas abiertas de América Latina*. Esta sección está referida a los aborígenes y sus derechos durante la época de la Conquista española.

Cuando los españoles irrumpieron en América, estaba en su apogeo el imperio teocrático de los incas, que extendía su poder sobre lo que hoy llamamos Perú, Bolivia y Ecuador, abarcaba parte de Colombia y de Chile y llegaba hasta el norte argentino y la selva brasileña; la confederación de los aztecas había conquistado un alto nivel de eficacia en el valle de México, y en Yucatán y Centroamérica la civilización espléndida de los mayas persistía en los pueblos herederos, organizados para el trabajo y la guerra.

Estas sociedades han dejado numerosos testimonios de su grandeza, a pesar de todo el largo tiempo de la devastación: monumentos religiosos que nada envidian a las pirámides egipcias; eficaces creaciones técnicas para pelear contra las sequías; objetos de arte que delatan un invicto talento. …

La conquista rompió las bases de aquellas civilizaciones. Peores consecuencias que la sangre y el fuego de la guerra tuvo la implantación de una economía minera. Las minas exigían grandes desplazamientos de población y desarticulaban las unidades agrícolas comunitarias; no sólo extinguían vidas innumerables a través del trabajo forzado, sino que además, indirectamente, abatían el sistema colectivo de cultivo.

… [Pero] la esperanza del renacimiento de la dignidad perdida alumbraría numerosas sublevaciones indígenas. En 1781, Túpac Amaru puso sitio al Cuzco.

Este cacique mestizo, directo descendiente de los emperadores incas, encabezó el movimiento mesiánico y revolucionario de mayor envergadura. La gran rebelión estalló en la provincia de Tinta. Montado en su caballo blanco, Túpac Amaru entró en la plaza de Tungasuca y al son de tambores y pututus* anunció que había condenado a la horca al corregidor real Antonio Juan de Arriaga, y dispuso la prohibición de la mita* de Potosí. … Pocos días después, Túpac Amaru expidió un nuevo bando por el que decretaba la libertad de los esclavos. Abolió todos los impuestos y el "repartimiento" de mano de obra indígena en todas sus formas. Los indígenas se sumaban, por millares y millares, a las fuerzas del "padre de todos los pobres y de todos los miserables y desvalidos". … Se sucedieron victorias y derrotas; por fin, traicionado y capturado por uno de sus jefes, Túpac Amaru fue entregado, cargado de cadenas, a los realistas*. …

Túpac fue sometido a suplicio, junto con su esposa, sus hijos y sus principales partidarios, en la plaza del Wacaypata, en el Cuzco. Le cortaron la lengua. Ataron sus brazos y sus piernas a cuatro caballos, para descuartizarlo, pero el cuerpo no se partió. Lo decapitaron al pie de la horca. Enviaron la cabeza a Tinta. Uno de sus brazos fue a Tungasuca y el otro a Carabaya. Mandaron una pierna a Santa Rosa y la otra a Livitaca. Le quemaron el torso y arrojaron las cenizas al río Watanay. Se recomendó que fuera extinguida toda su descendencia, hasta el cuarto grado.

Extraído de **Las venas abiertas de América Latina**
Eduardo Galeano (Uruguay)

¡Observa!

*pututu (Bol. y Per.) = instrumento aborigen hecho de un cuerno o un caracol, usado para emitir un sonido y llamar a la gente.
*mita = reclutamiento forzoso para trabajos públicos en tiempos coloniales.
*realista = en este contexto, persona que apoya o defiende a la familia real y su poder.

Grabado de la época

A Busca las palabras y frases en el texto que corresponden a las siguientes definiciones:

1 entraron ruidosamente
2 momento de mayor esplendor
3 referido al gobierno directo de Dios o un dios
4 sucesores
5 muestran (figurativo)
6 intacto
7 establecimiento
8 quitaban fuerzas a (formal)
9 daría a luz (figurativo)

10 rebeliones
11 tamaño (formal)
12 siguiendo el sonido de
13 distribuyó
14 canceló legalmente
15 tortura
16 cortaron la cabeza
17 instrumento para colgar y matar a alguien

B Contesta las siguientes preguntas con información del texto:

1 ¿Cómo se llamaban y dónde se encontraban las civilizaciones que encontraron los españoles al llegar a América? ¿Eran primitivas o avanzadas? ¿Cómo se sabe esto?
2 ¿Qué gran cambio terminó con estas civilizaciones? ¿Por qué?
3 ¿Dónde y cuándo se sublevó Túpac Amaru? ¿Por qué fue vencido?
4 ¿Cómo terminó la rebelión de Túpac Amaru?

C Juego de roles: Juicio por los derechos de los aborígenes.

Trabaja con la clase. Imagina que aunque el corregidor español recomendó aniquilar a toda la descendencia de Túpac Amaru, ¡sobrevivió un hijo, que ha tenido descendencia hasta estos días! Este heredero imaginario participa en un juicio por los derechos humanos de sus antepasados.

Trabajen en dos grupos grandes:

- *Los herederos de Túpac Amaru:*
  Basándose en el texto, den razones de por qué merecen ser recompensados (inclusive económicamente) por lo que hicieron los españoles. Indiquen:
  - qué estuvo mal
  - cómo afectó las actitudes actuales hacia los indígenas
  - qué se debería hacer (por ejemplo, restituir el control al descendiente de Túpac Amaru).

- *Los progresistas:*
  Basándose en el texto, den razones de por qué no se puede volver atrás en el tiempo y "corregir" las acciones de los españoles durante la Conquista. Indiquen:
  - qué ventajas trajeron los europeos a Sudamérica
  - cómo cambiaron y enriquecieron su cultura
  - los derechos y valores que trajeron consigo
  - qué se debería hacer con el descendiente de Túpac Amaru, teniendo en cuenta los derechos humanos actuales.

D ¡Tienes la oportunidad de viajar en el tiempo y de corregir los grandes errores de la historia! Viaja al año 1781 y ayuda a Túpac Amaru a recuperar los territorios de los incas. Vuelves al presente. Imagina y describe cuál sería la situación actual de la región. Ten en cuenta cómo afectaría este cambio:

- el idioma y la cultura local
- el patrimonio europeo
- la estructura social y política

- los derechos de los aborígenes
- los derechos de los inmigrantes europeos.

Utiliza el texto como base y escribe una redacción (300 a 400 palabras).

13 La muerte de un campesino pobre

Ramón J. Sender, novelista español, nació en Huesca (Aragón) en 1901. Desde joven sintió profundamente la injusticia sufrida por los desfavorecidos y quiso enfrentarse a su realidad. En los años 20 comenzó a escribir como periodista de **política izquierdista** y luego publicó varias novelas, entre ellas *Imán* (1930). La **guerra civil española** (1936–39) cambió su vida: luchó por la izquierda republicana, y cuando los republicanos perdieron la guerra, se exilió en México. Vivió el resto de su vida en EE.UU., como profesor de literatura española; murió en San Diego en 1982. Las novelas que más destacan de su obra son las de la serie *Crónica del alba*, escritas entre 1942 y 1966.

Su novela más conocida, *Réquiem por un campesino español* (1953), muestra la vida de un pueblo aragonés en los años antes de la guerra civil. Esta novela sigue la relación entre Paco, un joven que lucha por los derechos de los campesinos, y el cura del pueblo, Mosén Millán. En el extracto, el joven Paco acompaña al cura a una cueva donde está muriendo un anciano. El joven campesino hace preguntas incómodas que el cura, que solo puede justificar la pobreza de su punto de vista religioso, encuentra difíciles.

¡Observa!

*monaguillo = niño que ayuda al sacerdote
*extremaunción = óleo sagrado dado por el sacerdote a una persona que está en peligro inminente de muerte.
*estola = banda de tela sagrada que llevan los sacerdotes colgada del cuello.
*cirio = vela larga de cera

Un día, Mosén Millán pidió al monaguillo* que le acompañara a llevar la extremaunción* a un enfermo grave. Fueron a las afueras del pueblo, donde ya no había casas, y la gente vivía en unas cuevas abiertas en la roca. … Entraron bajando la cabeza y pisando con cuidado. Había dentro dos cuartos con el suelo de losas de piedra mal ajustadas. Estaba ya oscureciendo, y en el cuarto primero no había luz. En el segundo se veía sólo una lamparilla de aceite. Una anciana, vestida de harapos, los recibió con un cabo de vela encendido. …

En un rincón había un camastro de tablas, y en él estaba el enfermo. El cura no dijo nada, la mujer tampoco. Sólo se oía un ronquido regular, bronco y persistente, que salía del pecho del enfermo. Paco abrió la bolsa, y el sacerdote, después de ponerse la estola*, fue sacando trocitos de estopa y una pequeña vasija con aceite, y comenzó a rezar en latín. …

Descubrió el sacerdote los pies del enfermo. Eran grandes, secos, resquebrajados. Pies de labrador. Después fue a la cabecera. … Mosén Millán hizo las unciones en los ojos, en la nariz, en los pies. El enfermo no se daba cuenta. Cuando terminó el sacerdote, dijo a la mujer:

–Dios lo acoja en su seno.

La anciana callaba. Le temblaba a veces la barba, y en aquel temblor se percibía el hueso de la mandíbula debajo de la piel. Paco seguía mirando alrededor. No había luz, ni agua, ni fuego.

Mosén Millán tenía prisa por salir, pero lo disimulaba porque aquella prisa le parecía poco cristiana. Cuando salieron, la mujer los acompañó hasta la puerta con el cirio* encendido. … Era ya de noche, y en lo alto se veían las estrellas. Paco preguntó:

–¿Esa gente es pobre, Mosén Millán?

–Sí, hijo.

–¿Muy pobre?

–Mucho.

–¿La más pobre del pueblo?

–Quién sabe, pero hay cosas peores que la pobreza. Son desgraciados por otras razones.

El monaguillo veía que el sacerdote contestaba con desgana.

–¿Por qué? – preguntó.

–Tienen un hijo que podría ayudarles, pero he oído decir que está en la cárcel.

–¿Ha matado a alguno?

–Yo no sé, pero no me extrañaría.

Paco no podía estar callado. Caminaba a oscuras por terreno desigual.

Recordando al enfermo el monaguillo dijo:

–Se está muriendo porque no puede respirar. Y ahora nos vamos, y se queda allí solo.

Caminaban. Mosén Millán parecía muy fatigado. Paco añadió:

–Bueno, con su mujer. Menos mal.

Hasta las primeras casas había un buen trecho. Mosén Millán dijo al chico que su compasión era virtuosa y que tenía buen corazón. El chico preguntó aún si no iba nadie a verlos porque eran pobres o porque tenían un hijo en la cárcel y Mosén Millán, queriendo cortar el diálogo, aseguró que de un momento a otro el agonizante moriría y subiría al cielo donde sería feliz. El chico miró las estrellas.

–Su hijo no debe ser muy malo, padre Millán.

–¿Por qué?

–Si fuera malo, sus padres tendrían dinero. Robaría. El cura no quiso responder.

Extraído de **Réquiem por un campesino español**
Ramón J. Sender (España)

A Lee el texto y luego empareja las palabras siguientes con su definición correspondiente:

1 losas
8 rezar
a fracturados
i prendas de vestir rotas

2 oscureciendo
9 descubrió
b que está muriendo
j piedras llanas y delgadas

3 harapos
10 resquebrajados
c cama pobre
k anocheciendo

4 camastro
11 cabecera
d pedazos de tela dura
l parte de la cama en que se pone la cabeza

5 ronquido
12 mandíbula
e recipiente para líquidos

6 trocitos de estopa
13 desgana
f decir oraciones
m huesos de la boca

7 vasija
14 agonizante
g destapó
n sonido de mala respiración al dormir

h falta de entusiasmo

 B Contesta las preguntas siguientes con tus propias palabras:

1 ¿Por qué tuvo Paco que ir a ver al enfermo?
2 ¿Por qué entraron bajando la cabeza?
3 ¿Por qué se movía la sombra en el muro?
4 ¿Qué le parecía "poco cristiana" a Mosén Millán?
5 Según el sacerdote, ¿qué cosas hay peores que la pobreza?
6 Cuando se va con el sacerdote, ¿por qué le preocupa a Paco el recuerdo del enfermo?
7 ¿Cómo intenta callar a Paco el sacerdote?
8 ¿Por qué dice Paco que el hijo de los ancianos no era malo?

 C Comenta con tu compañero/a la conversación entre el cura y el niño, explicando sus actitudes contrastantes ante la muerte del anciano pobre. En su opinión, ¿quién tiene razón?

 D Después de esta experiencia el niño vuelve a su casa y cuenta la historia a sus padres. Escribe un diálogo con ellos como si fueras tú el niño (250 palabras como mínimo).

TAREA CREATIVA SOBRE LITERATURA DE SEGUNDO AÑO

Escribe un resumen (mínimo 200 palabras) sobre la importancia del tema *la economía y los derechos humanos* en uno de los libros que has leído. Puedes responder una o más de estas preguntas:

- El dinero y la economía, ¿determinan las acciones de los personajes?
- Uno de los personajes no goza de todos sus derechos (por ejemplo, a la libertad). Elige cuál de ellos es y escribe un blog desde su punto de vista.
- ¿Existe discriminación en la obra? Si es así, ¿hacia quién(es) y por qué?
- La economía y los derechos humanos en la obra, ¿muestran una realidad local española o hispanoamericana? ¿Cómo?

V: ¡A jugar!

TA-TE-TÍ

El objetivo de este juego es formar TA-TE-TÍ, o TRES EN RAYA en el tablero.

Instrucciones:

- Dividan la clase en dos grandes grupos.
- Designen un(a) "moderador(a)" que tenga muy buen español, o lo es el/la profesor(a).
- Para saber quién empieza, el/la moderador(a) puede preguntar: *¿Cuál es la capital de* (país hispano)?
- El grupo que tiene turno elige un número en el tablero (por ejemplo: 0: los derechos de los niños).
- El/La moderador(a) elige una persona de las tarjetas y una estructura (por ejemplo: nosotros Condicional 2: *si + imperfecto del subjuntivo… condicional*).
- Los dos grupos piensan en una frase referida a lo que dice el casillero con esa persona y estructura (por ejemplo: *Si nosotros tuviéramos niños, defenderíamos sus derechos*).

- El grupo de turno tiene UNA SOLA oportunidad de decir una frase apropiada. Si la dice correctamente, puede poner su cruz o círculo en el casillero.
- Si el grupo comete un error mínimo en la estructura (por ejemplo: *si nosotros tengamos niños…*), el otro grupo tiene la oportunidad de contestar correctamente y poner su cruz o círculo en el casillero.
- Gana el grupo que completa un TA-TE-TÍ o TRES EN RAYA. Si hay un empate, gana el grupo que tiene más cruces o círculos en el tablero.

1 los machistas en España	2 los inmigrantes discriminados	3 los aborígenes
4 la aceptación de minorías	5 las remesas	6 la pobreza en Hispanoamérica
7 MERCOSUR	8 la discriminación sexual	9 el derecho a la vivienda

yo tú / vos él / ella / usted	nosotros / as vosotros / as ellos / ellas / ustedes

Condicional 1:
si + presente indicativo,…
futuro/presente del indicativo/
imperativo

Condicional 2:
si + imperfecto del subjuntivo,…
condicional

Condicional 3:
si + pluscuamperfecto del subjuntivo,…
condicional perfecto

PRÁCTICA PARA EL EXAMEN 3

Texto A: La crisis económica según un inmigrante

1   En busca de aventuras y desde Paraguay, Pedro Galeano llegó hace ocho años
a España con su primo. "Queríamos probar suerte y teníamos contratos, pero de
un tiempo para acá esto ya no es lo que era", admite.

En su país, estudió el ciclo de auxiliar administrativo y trabajó como pintor
5   de casas, ayudante de electricista y albañil. En Compostela, enlazó diferentes
empleos: camarero en la zona vieja, ayudante de tapicería… A través de sus
clientes, entró en una empresa de escayolas* para formarse como instalador de
pladur (planchas de celulosa) durante un año.

Pero ahora ya lleva ocho meses desempleado. Tiene 25 años y un hijo de cuatro,
10   "sobrevivo con el subsidio del gobierno y gracias a que mi mujer trabaja". De
vez en cuando, hace algún extra para casas de conocidos "y así voy ahorrando".
También cubre los días libres en una distribuidora de prensa.

"El Gobierno dice que esto irá a flote pero yo creo que tenemos para cinco
años de crisis… he asistido a la decadencia de la economía y todo se complicará
15   más con la retirada de las ayudas", se lamenta.

Pedro también reflexiona sobre la situación de la mujer inmigrante: "Antes
era más fácil para ellas conseguir un trabajo como dependientas, empleadas del
hogar, en cocina… pero ahora los empleadores se aprovechan tanto de la
ingenuidad de los extranjeros como de la necesidad de los nacionales". Cuenta
20   que "las empleadas del hogar cobraban hace cuatro años 800 euros, y ahora a las
recién llegadas les ofrecen 500". También entre los que hacen obras por las casas
"hay competencia de precios".

Pedro concluye: "La gente se convierte en sobreviviente, impera la ley de la
jungla y sobrevive el más pillo*".

25   Su corazón se encoge cuando ve edificios a medio terminar. Algunos albañiles
se han reconvertido a duras penas en camareros. Pedro quiere seguir formándose
y se ha apuntado "en un curso de electricidad". Allí comparte pupitre y
preocupación "con parados* mayores de 40 años".

*escayola = estuco (preparado de yeso usado en la construcción y decoración de casas).
*pillo (coloq.) = pícaro, astuto
*parados (E.) = desempleados

http://www.elcorreogallego.es (texto adaptado)

Basándote en las líneas 1 a 9, contesta las siguientes preguntas.

1   ¿Por qué fue Pedro Galeano a España? _____

2   ¿Qué ventaja(s) tenía entonces? _____

3   ¿Qué hacía con sus otros empleos? _____

4   ¿Cuál es su estatus laboral actual y desde cuándo? _____

Contesta la siguiente pregunta.

5   En las líneas 10 a 12, Pedro aclara cómo se gana la vida. ¿Cómo sobrevive?

(3 puntos)

Ejemplo: *con el subsidio del gobierno.*

a) _____

b) _____

c) _____

De las frases A a G, escoge las tres que son verdaderas de acuerdo con las líneas 13 a 22. Escribe la letra correspondiente en las casillas. (3 puntos)

6   Pedro opina que:

Ejemplo:

A   *El Gobierno es demasiado optimista con respecto a la recuperación económica.*

[A]

B   Recibirán más apoyo económico.

☐

C   Los inmigrantes tendrán que retirarse del país.

☐

D   Las mujeres de otros países tenían más posibilidades laborales en el pasado.

☐

E   Los empleadores toman ventaja de la situación difícil.

F   Ahora las empleadas solo llegan a ganar 500 euros.

G   Los que trabajan en casas buscan atraer clientes cobrando poco.

Busca en las líneas 23 a 28, las palabras o expresiones del texto equivalentes a las siguientes.

Ejemplo: ....*perdura*......... *sobrevive*.........

7   se vuelve pequeño (por el dolor)

_____

8   con gran dificultad

_____

9   estudiando

_____

10   mesa de escuela

_____

Consejo 8

Expresiones alternativas

Para este tipo de pregunta tienes que buscar expresiones equivalentes en el texto.

● Debes leer el texto otra vez con mucho cuidado antes de llenar los espacios.

● Las expresiones que buscas siguen el orden cronológico del texto.

● Para esta pregunta hay que encontrar otro modo de expresar la misma idea. Por ejemplo, si la expresión de la pregunta es "después de pasear un rato" tienes que encontrar la expresión del texto "tras caminar unos minutos".

Texto B: Apúntate a las vacaciones sostenibles: 5 consejos

1 Apostar por unas vacaciones solidarias

El veraneo "clásico" es una manera de pasar el verano, descansando y disfrutando, pero también podemos aprovechar este largo período para ayudar a otras personas. ¡¡Esta es una alternativa para unas vacaciones que te fascinarán!!

Para tener unas vacaciones solidarias, contacta con alguna de las ONG* y asociaciones que trabajan con el país al que te interese viajar y preséntales tu ayuda en la realización de actividades:

• Campos de trabajo (agrícola, humanitarios)
• Viajes con ONG
• Campamentos

2 Realizar actividades que permitan disfrutar de la naturaleza

Cuando llega el verano, podemos desconectarnos de la rutina de la ciudad para hacer actividades al aire libre (montaña, playa…) que permitan estar en contacto con la naturaleza sin dañarla. Estar en contacto con el ecosistema natural, propio de la naturaleza humana, es bueno para la salud a la vez que se realizan actividades lúdicas. Estos tipos de actividades pueden ser:

• Paseos (zonas rurales, parques…)
• Piragüismo en ríos o alta mar
• Escalada
• Rutas (cuevas…)
• Montañismo (senderismo…)
• Ciclismo

3 El transporte

Actualmente, el transporte es la mayor fuente de emisión de gases de efecto invernadero a la atmósfera. En distancias de menos de 1.000 km, el uso preferente sería: el autobús y el tren, después el coche y, finalmente, el avión. El tren de noche es una opción interesante para trayectos relativamente largos, que podrán ahorrarte una noche de hotel.

4 Consumir de forma responsable

En vacaciones tenemos tendencia a consumir más productos que durante el resto del año, así que debemos cuidar lo que consumimos para respetar el entorno local. Consumir alimentos locales, de temporada, evitar los productos tóxicos y evitar el consumo de especies amenazadas son los consejos básicos. Algunas de las especies amenazadas en nuestras costas son la anchoa, el bonito, el bacalao… que debemos consumir con moderación.

5 Respetar el entorno de nuestro lugar de vacaciones

Los recursos como el agua y la energía son bienes escasos, y esto es especialmente cierto en muchos destinos turísticos donde, sobre todo en verano, la falta de agua es verdaderamente problemática. Por eso tenemos que tener un cuidado especial en estas zonas para no despilfarrar un agua muy escasa.

Para ayudar:

• Deshazte de los residuos de una manera responsable, nunca dejando basura a tu paso y reciclando todo lo que sea posible.
• Si paseas por el campo, no dejes más que tu propia huella: nada de *graffiti*, ni te lleves recuerdos de zonas naturales o lugares históricos.
• Nunca molestes a los animales o plantas en su hábitat natural. Observa a los animales de lejos, ya que acercándote demasiado puedes perturbar seriamente su existencia.

Es una iniciativa de JÓVENESVERDES.ORG

*ONG = Organización No Gubernamental   *http://www.jovenesverdes.org (Texto adaptado)*

11 Basándote en el subtítulo 1, indica la opción correcta (A, B, C o D) en la casilla de la derecha.

Este consejo recomienda que: ☐

A Los que quieren ir al extranjero disfruten de actividades deportivas.

B Aprovechemos las vacaciones para descansar.

C Ayudemos a otros mediante organizaciones humanitarias.

D Pasemos el verano dando ayuda humanitaria a los ciudadanos de nuestro país.

Busca en los subtítulos 2 y 3 las palabras o expresiones del texto equivalentes a las siguientes.

Ejemplo: ....*dejen*.........*permitan*.........

12 relativas al juego _____

13 canoa kayak _____

14 hoy en día _____

15 itinerarios _____

Basándote en el subtítulo 4 del texto, escoge las frases correctas para completar las oraciones.

Ejemplo: *Está demostrado que cuando no trabajamos, comemos una cantidad superior de… **productos**.*

16 Según el artículo, es recomendable que tomemos _____

17 Hay que cuidar no envenenarse con
_____

18 Sobre todo, es importante que no toquemos las _____

19 Al consumir animales protegidos debemos mostrar _____

Consejo 9

Completar frases con frases del texto

Cuando completes este tipo de actividad:

● considera que las frases son interpretaciones de lo que dice el texto, que necesitan un objeto o sujeto encontrado en él.

● lee el texto atentamente y encuentra la palabra o frase que completa mejor la frase.

● lee la oración con la palabra o frase al final un par de veces, para ver que tenga sentido.

● si no encuentras la palabra o frase, no fuerces una que no vaya; completa otro ejercicio y vuelve a hacer este con ojos "frescos". Así no vas a perder puntos.

Basándote en el subtítulo 5, relaciona cada principio de frase de la columna de la izquierda con el final adecuado de la columna de la derecha. Escribe la letra en la casilla correspondiente.

Ejemplo: *No debes gastar el agua en muchas regiones…* 🄳

20 Para mostrar que respetas el medio ambiente… ☐

21 Cuando caminas por zonas naturales recuerda… ☐

22 No te acerques demasiado a los animales… ☐

A que son lugares históricos.

B que no debes agarrar nada.

C acostúmbrate a reciclar la basura.

D *porque es escasa, sobre todo durante el verano.*

E porque te van a morder.

F porque puedes hacerles daño.

G deja los residuos en el suelo.

Consejo 10

Cómo relacionar el principio con el final de una frase

En este tipo de pregunta es esencial que las dos partes de la frase **concuerden semántica y gramaticalmente.**

Cuando completes este tipo de actividad:

● ten en cuenta el significado. Siempre tendrás más de una frase que podrá corresponder, pero solo una es correcta según lo que dice el texto.

● no hagas deducciones personales, básate estrictamente en lo que dice el texto.

● observa bien la estructura de las frases. Por ejemplo, si el principio de la frase es: *Sus amigos no creen que…* y para el final tienes que escoger entre:

A … él ***vaya*** a acompañarlos al concierto.

B … él ***va*** a acompañarlos al concierto.

debes escoger A, porque después de "no creer que" se usa el subjuntivo.

UNIDAD 8

La salud

- ◉ I: Somos lo que comemos
- ◉ II: Mente sana en cuerpo sano
- ◉ III: Cada enfermedad tiene su cura
- ◉ IV: Literatura [Nivel superior]
- ◉ V: ¡A jugar!

¡Piensa!

"El principio de la salud está en conocer la enfermedad y en querer tomar el enfermo las medicinas que el médico le ordena".

Miguel de Cervantes **Segunda parte del Ingenioso caballero don Quijote de la Mancha** *Capítulo LX (1615)*

- ¿Por qué habla Cervantes de "querer tomar las medicinas"?

- ¿Por qué es importante una dieta saludable?

- ¿Qué problemas surgen como consecuencia de la obesidad? ¿Cómo se pueden remediar?

- ¿Es beneficioso dormir la siesta como es la tradición en los países hispanos? ¿Por qué (no)?

- ¿Por qué alguna gente recurre a la cirugía estética? ¿Te parece sensato lo que hace?

- ¿Qué tipos de medicina alternativa hay? ¿Son necesarios, o podemos tratar las enfermedades adecuadamente con la medicina convencional?

- ¿Cómo pueden ayudar los países ricos a los que están en vías de desarrollo en cuanto a la salud?

- ¿Vas al gimnasio para hacer ejercicio físico? ¿Por qué (no)?

- ¿Por qué se vuelven adictos a la droga algunos jóvenes? ¿Cómo podemos ayudarlos?

I: Somos lo que comemos

1 ¡Dale, vení a tomar unos mates!

A Antes de leer el folleto sobre el mate, trabaja con un(a) compañero/a. Predigan cuál de las respuestas a estas preguntas es la correcta.

1 ¿Qué es el "mate"?
   a) Una comida típica argentina.
   b) Un té típico del Cono Sur (Argentina, Paraguay, Uruguay y Chile).
   c) Un medicamento naturista australiano.

2 ¿Cómo se toma normalmente?
   a) Como un té normal o en un recipiente, llamado también "mate".
   b) Se ponen las hojas en la boca y se mascan.
   c) Se frota por la piel.

3 ¿Qué es una "bombilla" y cómo se usa?
   a) Es el fuego que calienta el mate, se pone debajo de la olla.
   b) Es un cañito metálico con un filtro, que se usa para absorber el agua del mate.
   c) Es una especie de venda que se aplica sobre la piel.

4 ¿Cuántas personas participan en la "ceremonia" de tomar el mate?
   a) Solo una, porque es un medicamento.
   b) Dos, una que lo prepara y otra que lo recibe.
   c) Muchas, porque es una bebida social.

5 ¿Qué beneficios tiene el mate para la salud?
   a) Estimula la actividad mental y es bueno para el corazón.
   b) Ayuda a dormir bien.
   c) Quita el apetito.

Ahora lean el folleto explicativo. ¿Tenían razón?

¡Dale, vení a tomar unos mates!

Si vos visitás nuestros países del Cono Sur, es muy probable que alguien te ofrezca un mate.

¿Qué es el mate?
Es un té amargo de **yerba mate**, las hojas y palos del arbusto sudamericano *ilex paraguariensis*. Se toma como un té normal, con o sin leche y azúcar. Pero la forma más tradicional es tomarlo en un **mate**, un recipiente (normalmente está hecho de calabaza) con **bombilla** (un cañito metálico –los hay de plata o de alpaca– con un filtro).

¿Cómo se prepara?
Es toda una ceremonia:

1 Se coloca la yerba en el mate. ¡Cuidado! Se llenan solo las ¾ partes.

2 Se pone la mano en la "boca" del mate y se agita, para que el polvillo suba. Este debe ser tirado, porque es de gusto fuerte y puede tapar la bombilla.

3 Se humedece la yerba con agua tibia, y la bombilla es colocada, o "plantada", de forma inclinada, con el filtro en el fondo del mate.

4 Se calienta agua y se conserva en un recipiente, normalmente un termo. ¡Cuidado! Es importante que el agua no sea hervida, porque el agua hervida quita el sabor a la yerba rápidamente ¡y quema la boca!

¿Es bueno para la salud?

¡Muy bueno! Ya era usado por los indios guaraníes para limpiar la sangre, retardar la vejez y controlar el apetito. Lo que se nota inmediatamente es que es estimulante del sistema nervioso y despierta. Es porque tiene **mateína**, un tipo de cafeína que estimula la actividad mental, aumenta la energía y promueve la concentración. ¡Por eso el mate es la bebida preferida de los estudiantes! Además, el mate es bueno para el corazón, y contiene vitaminas A, C, E, B1 y B2, así como ácido nicotínico, pantoténico, magnesio, calcio, hierro, sodio y potasio.

Y lo mejor de todo: ¡no tiene efectos secundarios ni es tóxico!

Entonces, ¿tomás un mate conmigo?

5 Se sirve o "se ceba" el agua en el mate. Un buen "cebador" no moja toda la yerba, así queda más para después.

6 El mate es tomado por una persona. Es buena educación tomar toda el agua, y no aceptar un mate si usted está enfermo. Una vez terminado, se devuelve el mate al cebador.

7 El mate es cebado nuevamente por el cebador. Se sirve en ronda o por turnos; es una bebida muy social.

8 Para dejar de tomar mate, se dice simplemente "gracias".

Para los expertos:
- Para cambiar el gusto, pruebe poner unas pocas cáscaras de naranja o limón sobre la yerba.
- Si hace mucho calor, pruebe tomar el "tereré", la versión fría del mate, muy típica del Paraguay.

Gramática

LA VOZ PASIVA CON "SER" Y CON "SE"

Recuerda que:

- para expresar una acción pasiva en español, se utiliza la estructura **sujeto + ser + participio (opcional: + por + agente)**. Por ejemplo: *El mate **es tomado por una persona***.

- el auxiliar **ser** va en el mismo tiempo del verbo activo, y el participio concuerda en género y número con el sujeto de la pasiva. Por ejemplo:

  Voz activa: *Los guaraníes **descubrieron** las virtudes del mate.*

  Voz pasiva: *Las virtudes del mate **fueron** descubiert**as** por los guaraníes.*

- a veces se utiliza el "*estar* pasivo", sin el agente, cuando se considera que es el resultado de un proceso. Por ejemplo: *El mate **está hecho** de calabaza.*

- el **se** es usado en español para dar énfasis a la acción, y no admite el agente. Con *se* pueden formarse:

  La **voz pasiva refleja**: con verbo en tercera persona singular o plural).

  Por ejemplo: ***Se toma** mucho mate. **Se usan** las hojas.*

  Las **oraciones impersonales**: sin sujeto conocido, y solo con verbo en tercera persona singular.

  Por ejemplo: ***Se es** más sano con este té.*

Para repasar la forma y uso de la voz pasiva y el *se* impersonal, ver 11.I en el Resumen gramatical.

B Ahora completa estas oraciones con una de las opciones dadas.

1 El mate es un té naturalmente <u>amargo/dulce/ácido</u> que se toma normalmente en un recipiente de <u>calabaza/cerámica/metal</u>.

2 Primero debe <u>agitarse/filtrarse/mojarse</u> la yerba en el mate, para quitarle el polvillo.

3 Es muy importante que el agua <u>hierva un poco/hierva mucho/no hierva</u>, porque esto <u>quita/da/cambia</u> el sabor al té.

4 Se "ceba" un mate y se pasa <u>a todos/por turnos/a la derecha</u>, se toma y se vuelve a <u>servir/hervir/vaciar</u>.

5 Cuando una persona no quiere más mate, debe decir <u>"gracias"/"no"/"basta"</u>.

6 En <u>Argentina/Paraguay/Uruguay</u>, el mate se toma <u>congelado/frío/hervido</u>, y esto se llama "tereré".

7 Esta infusión tradicional <u>estimula/calma/cura</u> el sistema nervioso, y <u>hace bien/hace mal/no hace nada</u> a la concentración.

8 Entre sus virtudes figuran varias <u>vitaminas/especias/plantas</u> y minerales, y no puede causar <u>insolación/intoxicación/estimulación</u>.

C Identifica en el texto todos los ejemplos de la voz pasiva con el verbo *ser* y con el *se* (pasiva refleja o *se* impersonal").

D Convierte las siguientes oraciones en voz activa a la voz pasiva con *ser*.

1   La gente de campo usa las plantas medicinales.
2   Los yerbateros de Paraguay, Argentina y Uruguay producen el mate.
3   Los colonos construyeron esa casa.
4   Los autores escribieron el libro.
5   Los aborígenes controlaban el hambre con este té.
6   Su novio invitará a Manuela a la fiesta.
7   Los indios de esta región habían descubierto una cura mágica.
8   Pablo no pudo encontrar el documento.

E Completa las siguientes frases usando el *se* (pasiva refleja o *se* impersonal).

1   Dolor de cabeza / curar / bebiendo / agua.
2   Aquí / hablar / solo / español.
3   Considerar / buena educación / aceptar / regalo.
4   Expresar / hospitalidad / con / comida.
5   Puertas / abrir / ocho / mañana.

6   Tereré / tomar / frío.
7   Siglos / escribir / números romanos.
8   Esta planta / encontrar / mi / región.
9   Primero / pelar / papas.
10 Jamón / cortar / lonchas.

F Trabaja en un grupo. Preparen un folleto (250 a 400 palabras) en el que describan una costumbre (puede ser una bebida, una comida, o una actividad) tradicional de su país o región, que sea buena para la salud. Deben explicar cómo se realiza (por ejemplo, cómo se bebe) paso a paso, con un mínimo de seis frases en la voz pasiva y con el *se* (pasiva refleja o el *se* impersonal). No olviden explicar por qué es saludable.

> **¡NO OLVIDES!**
>
> Cómo se crea un folleto
>
> **Página 176 en la Unidad 6.**

2 "Quiero saber cómo adelgazar"

A Antes de escuchar el audio, decide si las siguientes afirmaciones se aplican o no para los que quieren adelgazar.

		Sí	No
1	Tienes que comer más pan.		
2	El jugo de frutas te beneficia.		
3	Son buenas las cajas de leche *light*.		
4	No se recomienda el té verde.		
5	¡Come más plátanos!		

Ahora escucha un podcast en el que una joven da consejos a un muchacho que quiere saber qué comer para adelgazar. ¿Tenías razón?

B Ahora elige la oración que mejor conteste a cada pregunta, según lo que dice el audio.

Pista 24

1 ¿Qué le pidió Carla que no le diera su madre?

a) Pan.

b) Alimentos fritos.

c) Ensalada.

2 ¿Qué recomienda Carla que tome el muchacho para la cena?

a) Cualquier cosa.

b) Nada.

c) Jugo de frutas.

3 Según Carla, ¿qué debes beber si tienes sed?

a) Vino tinto.

b) Un resfresco de naranja.

c) Leche *Light*.

4 Si has comido mucha grasa, ¿qué debes comprar?

a) Una caja de leche.

b) Una caja de té verde.

c) Una caja de cerveza.

5 ¿Por qué no son buenas las ensaladas?

a) Porque solo son para los traidores.

b) Porque no sacian el hambre por mucho tiempo.

c) Porque pasas hambre durante muchas horas.

6 ¿Qué puedes hacer el fin de semana?

a) Dejar la dieta por completo.

b) Comer algunos alimentos que engorden.

c) Comer sano.

C   Prepara un podcast sobre una dieta para adelgazar (200 palabras). Incluye consejos para un estudiante que tenga problemas de peso. Justifica tus preferencias. Utiliza un estilo informal. Una vez que hayas escrito tus consejos, léelos para toda la clase.

> **¡NO OLVIDES!**
>
> Cómo escribir una lista de consejos o instrucciones
>
> **Página 140 en la Unidad 5.**

D Investiga la *dieta mediterránea* en internet y escribe un blog (250 palabras como mínimo) en el que describas cómo es esta dieta. No te olvides de describir el orden de consumo de los alimentos que incluye la "pirámide", y de explicar qué ventajas tienen para la salud.

> **¡NO OLVIDES!**
>
> Cómo escribir un blog
>
> **Página 53 en la Unidad 2.**

3 El pasado "es agua bajo el puente"

A Antes de leer el texto, observa la foto y responde las siguientes preguntas con tus opiniones:

- ¿De dónde crees que son estas mujeres?
- ¿Cómo están vestidas? Descríbelas en detalle.
- ¿Crees que el sitio donde viven es próspero o no? ¿Por qué?

Jamás en la plaza de Ayo Ayo, Bolivia, había sonado el himno nacional de España. Y nunca se había aclamado a un ministro del Gobierno de España en el mismo lugar donde está el monumento que recuerda el "holocausto" provocado por los españoles en el Nuevo Mundo. El milagro ocurrió ayer en el altiplano boliviano, donde el titular de Asuntos Exteriores y Cooperación, Trinidad Jiménez, inauguró un sistema de potabilización que cambiará el agua insalubre por otra saludable en los lugares de dos *centenares de* familias muy pobres.

La Ministra fue recibida con miles de pétalos de rosa, confetti, música y orquestas; además de ser festejada con naranjada, cerveza, papas con salsa picante y cordero. Además, fue aclamada delante del monumento a Tupac Katari, líder indígena símbolo de la resistencia ante los españoles. El líder aymara fue descuartizado en el siglo XVI por los conquistadores españoles durante la toma del entonces llamado Gran Perú, dirigida por Francisco Pizarro.

El proyecto de potabilización ha costado 72.100 euros, una cantidad ridícula desde la perspectiva europea, pero enorme para Bolivia. Y el mismo llevará el agua potable a 960 personas de varios núcleos rurales que hasta ahora bebían agua insalubre de pozos subterráneos.

Más de 2,5 millones de bolivianos no tienen agua potable y este es el principal problema del desarrollo del país, por las consecuencias sanitarias y de calidad de vida que implica.

Walter Orozco es un agricultor de 65 años y recuerda que sus antepasados llevan viviendo en el altiplano boliviano más de 20 siglos, a casi 4.000 metros de altitud. Ayer fue el día más feliz de su vida. "Han tenido que pasar 20 siglos para tener ahora la primera oportunidad de beber agua potable. Hasta ahora subsistíamos con el agua de los pozos, que es mala para los niños".

Los pequeños son los que más sufren la falta de agua potable. La presencia de bacterias en el agua subterránea afecta especialmente a los bebés y a los menores de cuatro años, que no están inmunizados como sus padres.

Adaptado de **El Mundo** *10.11.2010*

B **Busca en el texto las palabras que corresponden a las definiciones siguientes:**

1 proceso para transformar el agua de manantiales naturales en agua potable

2 perjudicial para la salud

3 buena para la salud

4 bebida hecha con zumo de naranja

5 en Hispanoamérica y Canarias, "patatas"

6 que pica al comerse

7 que se puede beber sin peligro

8 excavaciones en la tierra donde se encuentra agua

9 de la sanidad

10 hechos inmunes

C **En la siguiente lista de frases, además del ejemplo, solo hay 4 que son correctas con respecto al texto. Elígelas y márcalas con una cruz (X). Te damos una como ejemplo.**

Ejemplo: *Trinidad Jiménez visita Bolivia para inaugurar un sistema de potabilización.*	**X**
1 La visita de la Ministra a la plaza es un hecho sin precedentes.	
2 Según el artículo, el nuevo sistema de potabilización es un milagro.	
3 Los bolivianos trataron a la Ministra como si fuera un símbolo de la opresión española.	
4 En el pasado Bolivia formaba parte del Gran Perú.	
5 El coste del proyecto es enorme, tanto para los bolivianos como para los europeos.	
6 El nuevo proyecto implica que la calidad de vida de muchos bolivianos empeorará.	
7 Según Walter Orozco, la gente del altiplano bebe agua insalubre desde hace más de 2.000 años.	
8 Los niños sufren más porque no tienen inmunización contra el agua de los pozos.	
9 Muchos padres se suelen enfermar por beber el agua subterránea.	

Gramática

LOS TIEMPOS PASADOS EN CONTEXTO

Recuerda que:

- los tiempos pasados del indicativo hacen énfasis en distintos aspectos:

  - el **pretérito perfecto** conecta una acción que ha ocurrido en un período que va desde el pasado hasta el presente. Suele ir acompañado de *ya* o *todavía*. Por ejemplo: ***He vivido*** *aquí desde niño.*

  - el **pretérito indefinido** se usa para narrar acciones en el pasado y enfatizar que se completaron. A veces va acompañado de marcadores como *ayer, anoche, el mes/año pasado.* Por ejemplo: *Ese año **llegaron** los conquistadores a esa región sudamericana.*

  - el **pretérito imperfecto** se usa para describir acciones habituales o estados en el pasado. A veces es acompañado de marcadores como *cuando, antes, mientras.* Por ejemplo: *Los habitantes de Ayo Ayo **bebían** agua de los pozos, que no **era** saludable.*

  - el **pretérito pluscuamperfecto** se usa para establecer lo que había pasado antes de un punto de referencia en el pasado. A veces va acompañado de *ya* o *todavía.* Por ejemplo: *Hasta ayer, en esa región no **habían celebrado** la presencia española.*

Para repasar la forma y uso de los tiempos pasados, ver 11.A.II, III, VI, y VII en el Resumen gramatical.

 D Lee el texto otra vez y haz una lista de todos los verbos que están en tiempos pasados.

 E Aquí tienes una historia famosa de la búsqueda de la *Fuente de la Eterna Juventud* de los Conquistadores españoles. Complétala con *una* de las opciones dadas.

Cuenta la historia que los conquistadores españoles 1 había buscado/buscaban/han buscado en sus viajes la *fuente de la juventud*, aunque nunca la 2 encontraron/encontraba/habías encontrado. Una historia cuenta que los indios americanos arahuacos de las islas de Cuba, La Española y Puerto Rico les 3 han hablado/hablaran/hablaban con frecuencia de una isla rica y muy próspera llamada Bimini, que 4 estaba/estuvo/ha estado en el norte, cerca de las Bahamas (que los españoles 5 habían bautizado/ha bautizado/bautizaban así por la "baja mar").

Aunque la historia es apócrifa, es decir fabulosa, dice que hacía mucho tiempo, Sequene, un cacique arahuaco, no 6 pude/ha podido/había podido resistir la tentación y su fuente de la restauración de la juventud. Entonces, 7 reunía/reunió/ha reunido a sus aventureros y 8 navegaron/navegaban/han navegado al norte, para no volver jamás. Cuando llegaron los españoles, los súbditos de Sequene les 9 contaron/han contado/habían contado que su jefe ya 10 ha encontrado/encontraron/había encontrado la fuente de la juventud y que 11 vivió/vivía/ha vivido eternamente en Bimini.

Dicen que el conquistador Ponce de León 12 oyó/oía/ha oído esta historia una vez, y entonces 13 navegaba/ha navegado/navegó hacia el norte y así 14 descubrió/descubría/habéis descubierto la Florida, mientras 15 buscó/ha buscado/buscaba Bimini y su fuente. Un historiador dice que 16 hubo/había/ha habido un río perdido llamado "Jordán" y que Ponce de León siempre lo 17 buscaba/ha buscado/han buscado.

En su *Historia general de los hechos de los Castellanos en las islas y tierra firme del Mar Océano,* el historiador cuenta que los indios 18 visitaban/han visitado/visitaron la fuente a menudo y que un viejo siempre 19 volvía/volvió/ha vuelto tan restaurado que 20 pudo/podía/ha podido reanudar "todos los ejercicios del hombre… tomar una nueva esposa y engendrar más hijos".

F Investiga la malnutrición en un país hispanoamericano y escribe una carta formal para el gobierno (250 a 400 palabras) sobre las medidas que está tomando el gobierno del país, una ONG o la comunidad internacional para mejorar la situación. Menciona:

- qué organización está tomando medidas para remediarla
- qué medidas está tomando
- si, en tu opinión, el proyecto va a tener éxito o no, y por qué.

> **¡NO OLVIDES!**
>
> Cómo escribir correspondencia formal
>
> **Página 134 en la Unidad 5.**

II: Mente sana en cuerpo sano

4 Una gimnasta con 220 problemas

A Antes de leer el texto, mira el dibujo y contesta las siguientes preguntas:

- ¿Qué está haciendo la gimnasta?
- ¿Para qué sirve?
- ¿Cuántas veces es recomendable hacerlo?
- ¿Vale la pena hacerlo?

PREGUNTA

Gimnasta

Tengo ya muchos años de practicar ejercicio físico y me gusta mucho salir a correr, hacer aerobic, salto a la cuerda, y también hago abdominales. Antes hacía solo 60 sentadillas, pero ahora no sé si estoy exagerando, porque hago 220 diarias. La verdad, me siento cansada después de hacerlas. ¿Vds creen que debo bajar o debo seguir así? ¿Qué me aconsejan?

RESPUESTAS

Amatista

Dicen que es bueno descansar los músculos, y sí, creo que 220 diarias son muchas. Si tienes tanta energía para hacerlas, está bien, pero aliméntate bien para que puedas seguir, y que un día no pase que ya no quieres hacerlas. Todo lo que es brincar, correr y subir escaleras, con el tiempo daña las rodillas. Ten moderación; ahora no lo notas, pero ya cuando pasas los 60 sí se llegan a dañar.

Deportista

La verdad, exageras mucho en tu ejercicio, ya que todos los días trabajas los mismos músculos. Lo recomendable sería que trabajaras diferentes partes del cuerpo cada día, ya que si todos los días trabajas la misma, no verás ningún resultado. Así no generas ácido láctico, el cual ayuda a lubricar tus músculos. Si quieres unas rutinas, contáctame.

Adaptado de http://es.answers.yahoo.com

B **Empareja los dibujos con las definiciones correctas.**

1	dorsales	4	flexiones de brazos
2	estiramientos	5	abdominales
3	rotaciones de cintura	6	saltar a la cuerda/comba

a

b

c

d
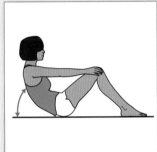

e
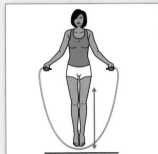

f

  C **Termina las frases siguientes con una de las frases en el recuadro, según el sentido del texto. ¡Cuidado! Hay cinco de más.**

1 A Gimnasta le gusta…

2 Gimnasta quiere saber si…

3 Amatista le advierte a Gimnasta que es posible que…

4 Amatista le dice también que…

5 Deportista le aconseja…

---

a … un día no tenga ganas de hacer sentadillas.

b … sobre todo hacer ejercicios abdominales.

c … otro tipo de ejercicio, como subir escaleras, dañe las rodillas más que hacer sentadillas.

d … puede hacer daño a las rodillas.

e … que siga haciendo sentadillas para generar más ácido láctico.

f … está haciendo demasiadas sentadillas.

g … las 220 diarias ayudan a descansar los músculos.

h … hacer una variedad de ejercicios físicos.

i … que deje de concentrarse en ejercicios similares.

j … es aconsejable que suba el número de sentadillas diarias.

Gramática

EL GÉNERO DE LOS SUSTANTIVOS

Recuerda que:

- los sustantivos que terminan en **-ción/-sión** y en **-dad/-tad/-tud** son femeninos: Por ejemplo, *la moderación, la verdad*.

- muchos sustantivos que terminan en **-(a/i)sta** pueden ser masculino o femenino. Por ejemplo, *el/la gimnasta, el/la deportista*.

- ciertos sustantivos femeninos que comienzan con **a** o **ha**, toman el artículo masculino cuando el acento cae sobre la sílaba inicial. Por ejemplo: **el** *agua sana*, **el** *alma*, **el** *hambre*, **un** *águila*.

- algunos sustantivos comunes, que son de origen griego, son masculinos aunque terminan en **-a** (por ejemplo, los de sufijo *-ema*). Por ejemplo, **el** *problema*, **el** *sistema*, **el** *drama*, **el** *planeta*.

Para repasar el género de los sustantivos y ver más reglas, ver 3 en el Resumen gramatical.

D **¿Qué género tienen los nombres sustantivos siguientes?**

cura	lugar	ejercitación	programa	estupefaciente	clima
salud	gripe	cantidad	leche	dosis	hambre	aceite
síntoma	cáncer	enfermedad	fiebre	enfisema	intoxicación
sangre	presión	régimen	sabor	té	longevidad	lesión
drogadicción	sed	estrés	ataque	corazón	colesterol

E **Escribe una respuesta (100 palabras) al siguiente blog:**

¿Qué ejercicios físicos puedo hacer para bajar de peso?
¡Hola a todos!
Cuento con una pista para correr y un gimnasio. Sé que para fortalecer los músculos lo mejor es el gimnasio, pero para bajar de peso es bueno correr también. ¿Qué ejercicios se pueden hacer en el gimnasio para bajar de peso? Cualquier sugerencia es bienvenida. Gracias ☺
Amaia

Adaptado de http://espanol.answers.yahoo.com

5 Diez excusas para no hacer ejercicio

Cuando leo los comentarios que dejan los lectores del blog, encuentro en muchos casos las típicas excusas para no hacer ejercicio(s), y es que en realidad la actividad física tiene mala fama. Veamos cuáles son las diez excusas más comunes para no hacer ejercicio(s) y cómo superarlas.

1 "No tengo tiempo"
La reina de las excusas: no hace falta que te pases horas en el gimnasio para ser más activo. Con tandas de diez minutos tres veces por día basta para romper con el sedentarismo.

2 "No me gusta hacer ejercicio"
Moverse no implica necesariamente correr una maratón o pasarse días en el gimnasio levantando pesas. El ejercicio puede ser divertido: practica un deporte, baila, o convierte la actividad en un encuentro de amigos, cada semana.

3 "Llego muy cansado"
Piensa en otra excusa: ¡moverse mejora el sueño y estimula la vitalidad! Sí, aunque no lo creas, hacer ejercicio te hará sentir menos cansado.

4 "La actividad física no es para las personas mayores"
Falso. La actividad es beneficiosa para todos. Cualquier persona puede mejorar su estado físico. Incluso personas de 90 años practican actividad física y obtienen sus beneficios.

5 "Me duele la espalda, o la rodilla, o lo que sea"
Si este es tu caso, la cuestión no debería ser si practicar ejercicios o no, sino qué actividades puedes realizar. La bicicleta, por ejemplo, requiere menos esfuerzo en las articulaciones y músculos que trotar.

6 "Hacer ejercicio me da mucha hambre y no quiero engordar"
Aunque en algunas personas la actividad física despierta el apetito, si comes con inteligencia, el saldo será beneficioso.

7 "No tengo ropa/zapatillas/equipo"
No necesitas ropa que sea el último grito de la moda ni el calzado más caro del mercado. Basta que sean cómodos y livianos.

8 "Soy muy obeso y me da vergüenza moverme"
Hacer ejercicio te ayudará a mejorar tu salud y bienestar. Si te cuesta hacer actividad física frente a otros, y no quieres que se burlen de ti, comienza a hacerlo en casa hasta ganar confianza.

9 "Cuando tenga un día libre, haré más actividad para compensar"
Muchas veces ese día libre no llega nunca, o cuando llega lo queremos aprovechar de otra manera. Pero más allá de eso, es importante que hagas actividad física en forma regular durante la semana.

10 "Tengo un problema de salud"
Si tienes un problema de salud, es importante que consultes con tu médico. Dependiendo del problema, hay muchas opciones para hacer ejercicio.

Adaptado de http://www.puntofape.com

A

En la siguiente lista de frases, además del ejemplo, solo hay cinco que son correctas con respecto al texto. Elígelas y márcalas con una cruz (**X**). Te damos una como ejemplo.

Ejemplo: *Hacer ejercicio media hora por día es suficiente para mantener la forma.*	**X**
1 Si no tienes ganas de ir al gimnasio, siempre es posible disfrutar haciendo ejercicio en pareja o en grupo.	
2 Si quieres sentirte menos cansado, ¡haz menos ejercicio!	
3 Incluso los ancianos sacan provecho del ejercicio físico.	
4 Vale la pena montar/andar en bicicleta, aunque tienes que esforzarte más que para correr.	
5 Si te da hambre al hacer ejercicio, vas a engordar.	
6 Hace falta usar un equipo cómodo y no el que está en boga.	
7 Si encuentras humillante hacer ejercicio delante de otros, hazlo sin compañía al principio.	
8 En los días de fiesta es mejor no postergar las actividades físicas.	
9 Es importante no posponer los ejercicios para no perder ritmo.	
10 Si tienes algún problema físico, el mejor remedio es el descanso total.	

B

Busca en el texto el resto de los ejemplos del subjuntivo y explica su uso.

C

Escoge la forma correcta del verbo entre las dos opciones.

1 ¡Sigo engripada! Estoy buscando un remedio que cura/cure la gripe.

2 No hay duda de que los planes de reforma del servicio de sanidad van/vayan a fracasar.

3 Es mejor que me acompañas/acompañes al hospital.

4 Es necesario que hacemos/hagamos más investigación antes de tener una cura para la malaria.

5 No hay nadie que ha traído/haya traído ropa cómoda para hacer los ejercicios.

6 Cuando ves/veas sus músculos, vas a tenerle mucha envidia.

7 Te digo que los ejercicios de gimnasio hechos en casa son/sean menos útiles que el yoga.

8 Si vienes/vengas a Bolivia, verás los progresos enormes que hemos hecho para mejorar la salud.

9 Aunque no crees/creas en la acupuntura, hace bien.

10 En cuanto sabes/sepas en qué clínica está Jaime, llámame.

D

Comenta el tema de mantener la forma con tu compañero/a, comparando sus hábitos con los tuyos. Preparen una serie de preguntas sobre la forma y luego entrevisten a otros compañeros de clase sobre qué hábitos tienen. Pueden preguntar, por ejemplo:

- ¿Vas al gimnasio? ¿Por qué (no)?
- ¿Cuántas veces haces ejercicio a la semana?
- ¿Haces gimnasia cada día? ¿Por qué (no)?

Gramática

LOS USOS DEL SUBJUNTIVO

Recuerda que el subjuntivo se usa normalmente:

- después de una expresión de **necesidad**. Por ejemplo: … *no* **hace falta** *que te* **pases** *horas en el gimnasio.*

- después de **aunque** cuando hay duda. Por ejemplo: *Sí,* **aunque** *no lo* **creas**…

- después de un "antecedente indefinido". Por ejemplo: *No necesitas ropa que* **sea** *el último grito de la moda.*

- después de una conjunción temporal con idea del futuro. Por ejemplo: **Cuando tenga** *un día libre…*

- después de juicios de valor. Por ejemplo: … *es importante que hagas actividad física.*

Para repasar la forma y los usos del subjuntivo ver 11.B en el Resumen gramatical.

E Estás en mala forma y para mejorar tu estado físico decides planear un programa de cuatro semanas de ejercicios. Después de comentar tus ideas con tu compañero/a, haz una presentación del programa delante de la clase. Luego escribe el diario (250 a 400 palabras) de cada semana (cuatro anotaciones), anotando los progresos que has tenido durante ese período. En la última anotación evalúa el éxito (¡o el fracaso!) del programa.

> **¡NO OLVIDES!**
>
> Cómo escribir un diario
>
> **Página 113 en la Unidad 4.**

F Escribe *por lo menos cinco* consejos sobre un aspecto de la salud o la forma, siguiendo el estilo del texto. Por ejemplo, los consejos pueden dirigirse a alguien que no comprenda cómo mantener la forma o que esté perjudicándose la salud. Utiliza el subjuntivo *por lo menos cinco veces.*

> **¡NO OLVIDES!**
>
> Cómo escribir una lista de consejos o instrucciones
>
> **Página 140 en la Unidad 5.**

6 La siesta, el yoga hispano

A Antes de escuchar el audio, contesta las siguientes preguntas con tus opiniones:

- ¿Dónde crees que se tomó esta foto?
- ¿Qué hora del día te parece que es?
- ¿Qué ha hecho el hombre?
- ¿Qué está haciendo ahora? ¿Por qué?

B Antes de escuchar el audio, elige una respuesta a las siguientes preguntas sobre la siesta. Compáralas con el resto de la clase y con el audio.

Pista 25

1 Los hispanos, ¿todos duermen la siesta?
   a) Sí, definitivamente.
   b) Solo algunos.
   c) No, en absoluto.

2 ¿Qué piensan los médicos con respecto a dormir la siesta?
   a) Que es una vieja costumbre, y que no es sana.
   b) Que es una buena costumbre, natural con lo que pide el cuerpo.
   c) Que causa depresión y desequilibrio.

3 ¿De dónde viene la palabra "siesta"?
   a) De una costumbre romana de descansar a la sexta hora.
   b) De una costumbre española de dormir para "sí estar".
   c) De un hábito mediterráneo de guardar un "sexto" de la energía.

4 ¿Qué efecto tiene la siesta?
   a) Concentra la actividad del cerebro.
   b) Relaja, pero el cerebro pierde concentración.
   c) Aparte de relajar, ayuda a la concentración.

5 ¿Cuánto tiempo debe durar la siesta ideal?
   a) Entre 10 y 20 minutos.
   b) Entre 10 minutos y 1 hora.
   c) Entre 1 y 2 horas.

6 ¿Cuál de estos personajes famosos dormía la siesta?
   a) John F. Kennedy.
   b) Mahatma Gandhi.
   c) Winston Churchill.

Ahora escucha el audio y comprueba o corrige tus respuestas. ¿Tenías razón?

C Ahora que conocen las características y ventajas de la siesta, debate con un(a) compañero/a las siguientes preguntas. Tienen que llegar a una conclusión en cada caso.

- En el país/la región donde viven ustedes, ¿se duerme la siesta?
- ¿Creen que sería bueno para ustedes observar esta costumbre? ¿Por qué (no)?
- ¿Por qué creen que está desapareciendo esta costumbre en muchas regiones hispanas?

  D Ahora investiga el tema de la siesta. Busca información científica y cultural (experimentos y/o enciclopedias). Prepara una presentación oral que describa las virtudes y, si existen, los vicios de dormir la siesta.

En tu presentación debes escribir una lista con un mínimo de cinco consejos para dormir bien.

> **¡NO OLVIDES!**
>
> Cómo escribir una lista de consejos o instrucciones
>
> **Página 140 en la Unidad 5.**

III: Cada enfermedad tiene su cura

7 "La lucha contra la pobreza pasa por mejorar la salud"

Entrevista a Pedro Alonso, epidemiólogo

Pregunta: ¿Cuál es el rasgo principal de tu carácter?

Respuesta: Si hay algo que ha caracterizado mi trabajo, es que soy muy perseverante. Siendo muy joven me surgió una idea romántica de la medicina ligada al servicio que se presta a los demás, y como un mecanismo de salir al exterior y hacer algo por los más pobres del mundo.

P: ¿A qué dedicas más tiempo en tu vida profesional?

R: En los últimos 25 años se ha construido en Barcelona uno de los centros más importantes de salud global que hay en el mundo, en sucesivas etapas. En estos momentos el Clínic es el único hospital de España que tiene un servicio asistencial dedicado a la medicina tropical y salud internacional.

P: La malaria mata a 800.000 niños al año, ¿podremos erradicarla algún día?

R: "Malaria" había sido hasta hace poco una palabra "maldita", desde que a finales de los años 50 apareció la primera campaña de erradicación. Fracasó rotundamente y no se consiguió desterrar la enfermedad. Esto provocó una enorme desesperanza y, a su vez, un rebrote de la malaria en el mundo. Esta es una lección muy importante. Pero hay que ser ambiciosos. Si hemos sido capaces de enviar un hombre a la luna, podemos también acabar con esta enfermedad.

P: Hace más de 10 años que estáis desarrollando una vacuna. ¿Cuándo se podrá empezar a utilizar?

R: Si las cosas marchan como esperamos, es razonable pensar que dentro de dos o tres años se empiece a utilizar la vacuna. Tendrá alrededor de un 40 por ciento de eficacia. No será la definitiva, pero hay que seguir investigando para poder mejorarla y llegar al 90 por ciento de eficacia al final del proceso.

P: **¿Qué relación hay entre la pobreza y la malaria? ¿Una es causa de la otra?**
R: Hay un grupo de enfermedades que en muchos casos impiden el desarrollo de la sociedad. La malaria es la madre de todas estas enfermedades. Cuando se muere uno de cada cuatro hijos, cuando hay unas tasas altísimas de mortalidad en mujeres embarazadas… la sociedad no puede generar riqueza. La lucha contra la pobreza pasa por mejorar la salud.

P: **¿Cuál sería tu felicidad completa como médico e investigador?**
R: El mejor momento que he vivido fue la primera demostración del impacto que tenían las mosquiteras* impregnadas de insecticida en el contagio, y por lo tanto en la mortalidad, y ahora se ha convertido en la herramienta principal de trabajo. El día que empiezas a analizar los datos y ves que, efectivamente, existe un impacto brutal, es un momento increíble, una alegría enorme. Este estado de felicidad dura exactamente 10 segundos, porque justo después se te plantean nuevas preguntas y nuevos retos.

Adaptado de **La Vanguardia** *31.07.2010*

¡Observa!

*mosquitera = tela que se coloca en las puertas o ventanas para impedir que entren los mosquitos.

A

Trabaja con un(a) compañero/a. Emparejen las siguientes palabras y frases del texto con sus significados.

1	rasgo	10	desesperanza	a	índices
2	ligada	11	rebrote	b	desaliento
3	presta	12	acabar con	c	echar para siempre
4	etapas	13	vacuna	d	no llegó al buen fin
5	asistencial	14	tasas	e	característica
6	erradicar	15	impregnadas	f	instrumento
7	fracasó	16	herramienta	g	te proponen
8	rotundamente	17	se te plantean	h	ofrece
9	desterrar	18	retos	i	renacimiento

j	de ayuda
k	eliminar de raíz
l	desafíos
m	destrozar
n	períodos
ñ	sustancia que inmuniza contra una enfermedad
o	unida
p	empapadas
q	totalmente

B

Contesta las siguientes preguntas con frases tomadas del texto.

1 ¿Qué imagen de la medicina tenía Pedro Alonso cuando era joven?
2 ¿Cuál fue la consecuencia del fracaso de la primera campaña contra la malaria?
3 ¿Por qué habla Pedro Alonso del aterrizaje en la luna?
4 ¿Por qué dice que la próxima vacuna no será la definitiva?
5 Según Pedro Alonso, ¿qué impacto económico tiene la malaria?
6 ¿Qué provocó la alegría enorme de la que habla Pedro Alonso?

C **G** Rellena los espacios en las frases siguientes con las preposiciones que hagan falta. ¡Cuidado! A veces debes convertir *a + el* en *al* y *de + el* en *del*.

1 ¿Por qué no comienzas _____ hacer tu investigación?

2 El doctor sueña _____ erradicar la malaria dentro de 20 años.

3 No me acuerdo _____ el nombre de la enfermera.

4 Nos acercamos _____ la clínica en autobús.

5 Dejó _____ llover cuando llegamos.

6 Por favor, ayúdame _____ abrir esta lata.

7 Cada vez que oigo hablar del SIDA pienso _____ Juan, quien fue una de las primeras víctimas.

8 ¡No te olvides _____ cerrar con llave!

9 No me atrevo_____ hablar con ella.

10 El tratamiento consiste _____ tomar esta pastillas y hacer mucho reposo.

D Busca en internet la biografía de una persona (si es posible hispana) famosa que haya innovado en la ciencia médica y escribe una entrevista con él/ella (250 palabras).

> **¡NO OLVIDES!**
>
> Cómo escribir una entrevista
>
> **Página 72 en la Unidad 3.**

> **Gramática**
>
> **EL RÉGIMEN PREPOSICIONAL DE LOS VERBOS**
>
> Recuerda que:
>
> - ciertos verbos normalmente van acompañados por una preposición, es decir siguen un "régimen preposicional". Por ejemplo: *convertirse* **en**, *soñar* **con**.
>
> - muchos de estos verbos necesitan la preposición para tener un sentido completo. Por ejemplo: *... ahora* **se ha convertido en** *la herramienta principal de trabajo.*
>
> **Para repasar el régimen preposicional de los verbos ver 14 en el Resumen gramatical.**

8 El último gramo

A Antes de leer el texto, observa la foto y contesta las siguientes preguntas con tus opiniones:

- **¿Por qué tiene que abrir los ojos la chica?**

- **¿Cuál es la intención de esta foto?**

- **¿Qué crees que significa "las drogas pasan factura"?**

- **¿Te convence el mensaje de la foto? ¿Por qué (no)?**

Jesús es uno de los habitantes del Centro Terapeútico Los Álamos, en una finca cercana a Chinchón (Madrid). Quería dejar la droga de una vez. Tiene 22 años y es consumidor de cocaína desde los 17. No es muy alto, pero físicamente está fuerte. Varios pacientes lo están gracias al fomento de deportes y el gimnasio.

Hablamos dentro de una pequeña sala: "El problema de la cocaína es que

PLAN NACIONAL SOBRE DROGAS

las drogas pasan factura

www.sindrogas.es   902 16 15 15

Fuente: Delegación del Gobierno para el Plan Nacional sobre Drogas. Campaña: "Abre los ojos. Las drogas pasan factura". España, 2003.

está muy buena. Si no nos gustara, no estaríamos aquí", simplifica. Hace dos meses y medio sufrió un *craving*, un impulso irremediable de consumo, muy difícil de controlar. Agachó la cabeza y "se esnifó" varias rayas. Sus últimos gramos hasta hoy: "La droga es un mundo de mentiras. Crees que puedes salir a la calle con normalidad. No es así. Sabes que haces mal las cosas. Intentas remediarlo. Pero no puedes".

▶

Jesús tiene parte de su batalla ganada. "El que no reconoce el problema tiene dos problemas", afirma. Nos cuenta su historia. Quiere que su experiencia sirva. Le gustaría hablar en colegios. Cuenta que llegó a ganar 1.700 euros en una empresa. Destinaba casi todo el sueldo para irse de fiesta. Gastaba hasta 500 euros de una sola vez, en una noche. A ese ritmo, para el día 10 o 15 del mes pedía anticipos a su jefe. Otras veces pedía fiado. Los camellos* acababan buscándole.

Entramos en la Facultad de Psicología de la UNED*, en Madrid, donde trabaja Emilio Ambrosio, catedrático experto en adicciones. Lleva años experimentando con ratas. A la rata, explica Ambrosio, la cocaína le provoca cambios cerebrales de por vida, igual que a los humanos: "Los cocainómanos tienen daños en la corteza prefrontal, lo que provoca daños en su toma de decisiones. Nunca se podrá recuperar el 100%. Por eso un adicto podrá aspirar, como mucho, a ser exconsumidor, y una sola raya o una gota de alcohol pueden alterar su capacidad de elegir adecuadamente". A diferencia de los tratamientos contra la heroína, las terapias contra la coca se basan en un duro entrenamiento psicológico. Se trata de preparar al cocainómano mentalmente para que no vuelva a probar esta gotita de alcohol o esta micra de coca que le llevarán, con seguridad, a volver a caer en el vicio.

Jesús se emociona cuando recuerda su primer día en la calle. Salió unas horas de la finca. Fue con sus padres a un restaurante: "Cuando vino mi padre y me dio un abrazo, fue increíble… hacía muchos años que no veía eso. El hecho de comer con ellos y hablar… se me hacía raro".

Además del apoyo familiar, es indispensable cambiar de vida, dejar atrás a los viejos amigos consumidores, cambiar de número de teléfono… Si la persona consigue incorporarse al mercado laboral, mejor.

*Adaptado de **El País Semanal** 25.07.2010*

¡Observa!

*camello (E., coloq.) = vendedor de drogas
*UNED = Universidad Nacional de Educación a Distancia

B **Busca en el texto las palabras que corresponden a las definiciones siguientes:**

1 propiedad en el campo
2 promoción
3 sin remedio
4 bajó el cuerpo
5 dosis de una droga en polvo
6 cantidades de dinero que se adelantan
7 profesor(a) importante de universidad
8 del cerebro
9 a lo largo de toda la vida
10 parte del cerebro situada en el lóbulo frontal
11 recobrar
12 adiestramiento
13 micrometro
14 integrarse

C **Contesta las siguientes preguntas con palabras o frases tomadas del texto.**

1 En el segundo párrafo, ¿qué frases de Jesús indican que asiste al centro porque todavía se siente tentado por la droga?
2 ¿Qué frase del segundo párrafo significa "aspiró cocaína por la nariz"?
3 ¿Con qué frase indica Emilio Ambrosio que la cocaína daña el cerebro sin remedio?
4 ¿Qué palabra del cuarto párrafo significa "un adicto a la cocaína"?
5 ¿A quién se refiere la palabra "su" en la frase "alterar su capacidad de elegir adecuadamente", en el cuarto párrafo?
6 ¿Qué frase de Jesús en el quinto párrafo sugiere que la reunión con sus padres había sido una experiencia poco común para él?
7 En el último párrafo, ¿cómo se expresa la idea de que es deseable que el adicto tenga un empleo?

D
G

Los siguientes consejos están sacados de un manual de primeros auxilios. Llena los espacios con la forma correcta de *ser* o *estar* en los tiempos verbales adecuados.

Práctica de la respiración boca a boca

Usted debe 1_____ arrodillado junto a la víctima.

a) Coloque una mano en la nuca, la otra en la frente; procure elevar la que 2_____ en la nuca y empujar con la de la frente.

b) Sin sacar la mano de la nuca, baje la que 3_____ en la frente hacia la nariz y con dos dedos procure apretarla. Inspire todo el aire que pueda, aplique su boca a la de la víctima y sople con fuerza.

c) Retire su boca y compruebe si sale el aire que usted insufló por la boca del accidentado. Si no sale 4_____ que no entró por no 5_____ bien colocada la cabeza. Extiéndala más aún, echando más hacia atrás la frente y compruebe que entre el aire, viendo cómo se eleva el pecho del accidentado cuando usted insufla aire. Si aun así no puede comprobarse que entra aire en su tórax, seguramente 6_____ debido a que la garganta 7_____ obstruida por la lengua. Para colocarla en buena posición debe hacerse lo siguiente: con la mano que 8_____ en la nuca empuje hacia arriba el maxilar inferior haciendo presión en sus ángulos, hasta que compruebe que los dientes inferiores 9_____ por delante de los superiores. En esta posición 10_____ seguro que la base de la lengua no obstruye la garganta y que el aire insuflado puede penetrar en los pulmones, elevando su pecho, lo que siempre 11_____ fácil de comprobar.

Adaptado de http://www.ugr.es

E

Comenta con tu compañero/a los siguientes temas:

- los problemas causados por el consumo de drogas (duras y/o blandas)
- cómo se puede ayudar a alguien que consume drogas
- qué remedios existen para mejorar los problemas de los (jóvenes) drogadictos.

Después de sacar conclusiones, escribe un folleto explicativo (200 a 400 palabras).

F

Un(a) amigo/a tuyo/a que consume drogas se ha puesto en contacto contigo por e-mail para que lo/la ayudes a dejarlas. Consume hachís de manera regular, a veces consume *crack* en las discotecas, falta a clases y siempre carece de dinero. Escríbele un e-mail para aconsejarle.

Gramática

SER Y ESTAR

Recuerda que:

- el verbo **ser** responde a la pregunta ¿*Qué es algo*? o ¿*Quién es alguien*? Es decir, tiene que ver con **la naturaleza** de una cosa o una persona.

- el verbo **estar** responde a la pregunta ¿*Dónde está algo o alguien*? o ¿*En qué estado está algo o alguien*? Es decir, tiene que ver con **la situación**, **la condición** o **estado** de una cosa o una persona. Ejemplos: *Tiene 22 años y* **es** *consumidor de cocaína desde los 17. No* **es** *muy alto, pero físicamente* **está** *fuerte.* …"*El problema de la cocaína* **es** *que* **está** *muy buena. Si no nos gustara, no* **estaríamos** *aquí.*

Para repasar los usos de *ser* y *estar* ver 11.H en el Resumen gramatical.

¡NO OLVIDES!

Cómo se crea un folleto

Página 176 en la Unidad 6.

¡NO OLVIDES!

Cómo escribir correspondencia informal

Página 79 en la Unidad 3.

TEORÍA DEL CONOCIMIENTO

¿Tenemos derecho a fumar en público?

Este artículo apareció en un diario popular madrileño:

Ahora, el Gobierno prohíbe fumar en restaurantes, trenes, aviones, sitios públicos… y seguramente después vendrá no dejar fumar en la calle, en los parques, en el bosque, en el coche propio… Lo próximo puede ser prohibir la bebida en sitios públicos, en la calle… prohibir vestir provocativamente, expresarse libremente… Éste es el camino de las mayorías que aplastan a las minorías.

¿Por qué no el derecho a fumar en sitios al aire libre y sí el derecho a contaminar con el coche? Si la gente quiere fumar, que lo haga en vagones, aviones, restaurantes y taxis para fumadores… La democracia era la libertad de expresión de las minorías, no la dictadura de la mayoría.

Adaptado de http://www.20minutos.es

Pregunta: *¿Estás de acuerdo con estos argumentos?*

¿Qué sabes del... Perú?

Antes de leer la información sobre el Perú, completa este pequeño cuestionario para ver cuánto sabes de ese país.

1 ¿Cuántas regiones geográficas tiene el Perú?

a) dos: la Costa y los Andes

b) tres: la Costa, la Sierra y la Selva

c) cuatro: las Islas, la Costa, la Sierra, y la Amazonia

2 ¿Qué origen étnico predomina en Perú?

a) blancos   c) aborígenes

b) mestizos

3 ¿Cuándo se desarrolló el imperio inca?

a) del 4000 al 2000 a.C.

b) del 900 al 1200 d.C.

c) del 1300 al 1500 d.C.

4 ¿Qué famoso conquistador sometió a los incas de Perú?

a) Pedro de Valdivia   c) Hernán Cortés

b) Francisco Pizarro

5 ¿Qué es el "Sendero Luminoso"?

a) una secta aborigen   c) un partido político

b) un grupo terrorista

El país

◎ Perú, o el Perú, limita al norte con Ecuador y Colombia, al este con Brasil y Bolivia, al sur con Chile y al oeste con el Océano Pacífico.

◎ Es un país con tres zonas bien definidas: la **Costa** (al oeste), la **Sierra** (en el centro) y la **Selva** o **Amazonia** (al este).

◎ La **cordillera de los Andes** recorre el país de norte a sur, formando dos grandes líneas, la occidental y la oriental. Entre estas corren ríos que pasan a formar el **Amazonas**.

◎ En el sur del país se encuentra el **lago Titicaca**, compartido con Bolivia, que es el más alto del mundo (3.812 m).

◎ El clima es muy variado: seco en toda la costa, desértico al norte y al sur, y cálido y húmedo en la Amazonia. En la cordillera se encuentra la **puna**, de clima de montaña frío y seco.

◎ Cuenta con unos **32.000.000** de peruanos, principalmente en su capital (un tercio del total del país) y en los restantes **24 departamentos**.

◎ Los peruanos son de origen **indígena** (un 47,1%), **mestizo** (32%) y **blanco** (12%). El idioma oficial es el **español**, pero el **quechua** y el **aymara** son co-oficiales.

◎ Su moneda es el **sol**, y es un país muy rico en recursos naturales (es el 6º productor mundial de cobre y el 4º de plata). Exporta materias primas mineras, agrícolas, forestales y el producto de la pesca (es el 1º país del mundo en barcos de pesca). Es gran productor de caña de azúcar, cacao y café, así como de animales andinos, como los famosos **cuy** (conejillo de indias), **llamas** y **alpacas**.

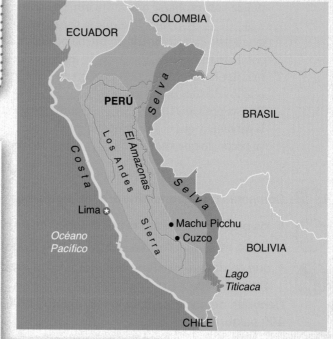

Indígena y su llama

Historia

El período precolombino

Ya por los años 4000 a 2000 a.C. se empezaron a cultivar alimentos, y surgió la primera cultura del **período formativo**, la cultura **chavín** (1200 a.C. a 200 a.C.). Tras su decadencia se inicia el **período clásico**, cuando destacan las culturas **mochica** (años 100 a 800) en la costa norte; la **nazca** o **nasca** (son famosas sus líneas, vistas de gran altura) en la costa sur y la **tiahuanaco** (200 a 800) en la Sierra. Les siguió el imperio **Huari** (900 a 1200) y tras su decadencia hubo una fragmentación cultural: en la costa norte surgió el reino **chimú** (1300 a fines de 1400) y en la sierra fueron los **incas** quienes dominaron a muchas otras etnias desde 1300.

El avanzado **Tahuantinsuyu** o imperio inca abarcaba los actuales Perú, Ecuador, parte de Bolivia, Chile y el noroeste de Argentina. Se decía que "todos los caminos conducen al Qusqu" (qusqu = "ombligo del mundo" en quechua), es decir a la capital imperial, hoy **Cusco** o **Cuzco**; había dos grandes caminos, de un máximo de 4 m de ancho y de piedra: el *Cápaq Ñan* o camino real, de 5.200 km y Camino de la Costa (o de los Llanos) de unos 4.000 km.

Las murallas de la ciudad de Cusco fueron construidas "a hueso", es decir con piedras talladas para encajar perfectamente. El sitio inca más admirado (declarado Patrimonio de la Humanidad por UNESCO) es sin duda la ciudadela **Machu Picchu** (montaña vieja), junto a **Huayna Picchu** (montaña joven), sitio de descanso y adoración del inca **Pachacútec** (primer emperador) y sus sucesores. Fue descubierta en 1911 por un investigador estadounidense, Hiram Bingham.

La Conquista y el período colonial

El conquistador **Francisco Pizarro** hizo prisionero al **inca Atahualpa** y sometió al incanato (el gobierno inca). En 1535 fundó la **Ciudad de los Reyes**, la actual **Lima**, que pasó a ser la nueva capital de la nación. El **virreinato de Lima** llegó a tener jurisdicción sobre casi todos los territorios de los españoles de América del Sur. Perú se convirtió en el centro de la cultura española en las colonias al fundarse, en 1551, la **Universidad Nacional Mayor de San Marcos**, la más antigua de América.

La independencia y el siglo XIX

José de San Martín desembarcó en Pisco, y entró en Lima en 1821. Proclamó la independencia de Perú en la Plaza de Armas. Con **Simón Bolívar** tuvieron una famosa entrevista en Guayaquil, en la que decidieron el futuro de Sudamérica. Los españoles fueron derrotados definitivamente a finales de **1824**.

Sin embargo, Perú independiente atravesó muchas guerras civiles, revoluciones y golpes de Estado durante el siglo XIX.

Palacio del Gobierno del Perú

Los siglos XX y XXI

La caótica situación económica provocó numerosos disturbios a fines de los años 80, especialmente del grupo **Sendero Luminoso**. Este grupo terrorista comunista aterrorizó el altiplano y se relacionó con los productores de coca del alto Huallaga.

En 1992, **Alberto Fujimori** (peruano de descendencia japonesa) suspendió las garantías constitucionales y nombró un nuevo gobierno, con una nueva Constitución. En 1995 estalló un conflicto fronterizo con Ecuador por el alto Amazonas. El fenómeno guerrillero continuó. Fujimori, acusado de fraude, renunció a la presidencia.

Durante los primeros años del siglo XXI, Perú empezó a gozar de estabilidad, con gobiernos democráticos, un desarrollo notable y una economía en crecimiento, aunque ha habido rebrotes de "senderismo" y rebeliones aborígenes.

La salud y el curanderismo en el Perú

Las diversas culturas milenarias del Perú sobresalieron en varias ciencias, entre las que figura prominentemente la medicina. Los médicos precolombinos curaban con plantas y animales locales, con técnicas que son utilizadas hasta nuestros días.

Se reconocen dos tipos importantes de *curanderos* en Perú: los **de la Sierra**, que realizan rituales con plantas, sahúman (echan humo) a los enfermos o les imponen las manos o pequeños animales domésticos, como el *cuy*; y los curanderos **de la Costa**, que utilizan vegetales de la zona y también ostras o peces. Ambos curanderos tratan de "leer" la enfermedad en el cuerpo del afligido, y la curan con oraciones y bebidas medicinales (con propiedades curativas comprobadas científicamente).

Para más información: http://www.visitperu.com

IV: Literatura [Nivel superior]

9 Refranes y dichos sobre la salud

La cultura hispana es muy rica en diferentes géneros de literatura. Uno de los más antiguos, cultivado en los tiempos de las Tres Españas, cuando convivían tres civilizaciones, la cristiana, la judía y la mora, es el de contar refranes populares (esto era muy común especialmente entre los judíos). Dicha filosofía se escribía en "refraneros", que sobreviven hasta nuestros días, así como hay dichos y frases que quedan en la conciencia de los pueblos hispanos y que la gente repite constantemente.

A veces son citas tomadas de obras famosas, como **Don Quijote de la Mancha**, por ejemplo: *"Con la Iglesia hemos dado, Sancho"*, que significa que no hay que involucrar las autoridades en lo personal, o que algo se ha bloqueado por culpa de la autoridad.

A continuación tienes unos refranes y dichos populares del mundo hispano que están referidos a la salud, que son populares y por lo tanto anónimos, como un sinnúmero de otros.

"Lo primero es la salud".
Dicho hispano

1

"Agua, poca, y jamón hasta la boca". Refrán español

2

"Bebe el agua a chorros y el vino a sorbos". Dicho mexicano

3

"Buen alimento, mejor pensamiento".
Dicho mexicano

4

"El que de cuando en cuando ayuna, su salud asegura".
Refrán español

5

"Lo importante es la salud, el dinero va y viene". Proverbio hispano

6

(Primer estornudo): ¡Salud!
(Segundo estornudo): ¡Dinero!
(Tercer estornudo): ¡Amor!
Tradición hispanoamericana

7

A Aquí tienes frases con lo que significan los refranes y dichos. Conéctalos con los correspondientes. ¡Cuidado! Sobran dos.

Refrán o dicho

a El que come sano, puede concentrarse y trabajar mejor. ☐

b El cuerpo necesita mucha agua, pero mucho vino le hace mal. ☐

c Hay que beber poco con la comida. ☐

d Te deseo primero que tengas salud, después que seas rico, y finalmente que sientas amor. ☐

e Es importante "limpiar" el cuerpo con ayunos esporádicos. ☐

f Si estás enfermo, debes descansar. ☐

g No hay nada más importante que la salud. ☐

h Hay que comer muchas frutas para estar saludable. ☐

i No te preocupes si no tienes dinero, lo importante es que estés saludable. ☐

B Debate el siguiente tema con la clase:

¿Hay muchos dichos o refranes en su cultura (u otra que conozcan) que hablen de la salud? ¿Están basados en la realidad?

Ahora escribe un párrafo (100 palabras) para explicar si has comprobado que estos dichos se cumplen o no en la vida real.

10 La leyenda de la yerba mate

La literatura hispana, y en especial la latinoamericana, sobresale por la tradición de contar **leyendas**. Estas vienen de tiempos anteriores a la Conquista de América por los españoles, y hacen referencias a deidades y personajes que participan en historias, normalmente fantasiosas, que explican el origen o la naturaleza de las plantas, los animales y la geografía local.

Las **culturas aborígenes** del continente americano son especialmente ricas en estas leyendas, y no es poco común tener variantes de las mismas. La civilización guaraní, que vivía y vive en Paraguay, parte de Bolivia, Argentina y Brasil, sobresale por su rico idioma y por su literatura. La **tradición oral** no se ha perdido, y muchas veces estas leyendas fantásticas se cuentan tanto en guaraní como en español, y pasan de generación en generación. A veces se recopilan en libros.

La historia transcrita a continuación es una leyenda popular que habla del origen de la yerba mate, muy conocida en Argentina, Paraguay y Uruguay.

De noche Yasí, la diosa luna, alumbra desde el cielo misionero* las copas de los árboles y platea el agua de las cataratas. Eso es todo lo que conocía de la selva: los enormes torrentes y el colchón verde e ininterrumpido del follaje, que casi no deja pasar la luz. Muy de trecho en trecho, podía colarse en algún claro para espiar las orquídeas dormidas o el trabajo silencioso de las arañas. Pero Yasí es curiosa y quiso ver por sí misma las maravillas de las que le hablaron el sol y las nubes: el tornasol de los picaflores, el encaje de los helechos y los picos brillantes de los tucanes.

Así, un día bajó a la tierra acompañada de Araí, la diosa nube, y juntas, convertidas en muchachas, se pusieron a recorrer la selva. Era el mediodía y, el rumor de la selva las envolvió; por eso era imposible que escucharan los pasos sigilosos de un yaguareté que se acercaba, agazapado, listo para sorprenderlas, dispuesto a atacar. Pero en ese mismo instante, una flecha disparada por Avá, un viejo cazador guaraní, que venía siguiendo al tigre fue a clavarse en el costado del animal. La bestia rugió furiosa y se volvió hacia el tirador, que se acercaba. Enfurecida, saltó sobre él, abriendo su boca y sangrando por la herida pero, ante las muchachas paralizadas, una nueva flecha le atravesó el pecho.

En medio de la agonía del yaguareté, Avá creyó haber advertido a dos mujeres que escapaban, pero cuando finalmente el animal se quedó quieto, no vio más que los árboles y más allá la oscuridad de la espesura.

Esa noche, acostado en su hamaca, el viejo tuvo un sueño extraordinario. Volvía a ver al yaguareté agazapado, volvía a verse a sí mismo tensando el arco, volvía a ver el pequeño claro y en él a dos mujeres de piel blanquísima y larguísima cabellera. Ellas parecían estar esperándolo, y cuando estuvo a su lado Yasí lo llamó por su nombre y le dijo:

–Yo soy Yasí, y ella es mi amiga Araí. Queremos darte las gracias por salvar nuestras vidas. Fuiste muy valiente, por eso voy a entregarte un premio y un secreto. Mañana, cuando despiertes, vas a encontrar ante tu puerta una planta nueva, llamada Ka'a (o caá). Con sus hojas, tostadas y molidas, se prepara una infusión que acerca los corazones y ahuyenta la soledad. Es mi regalo para vos, tus hijos y los hijos de tus hijos…

Al día siguiente, al salir de la gran casa común que alberga a las familias guaraníes, lo primero que vieron el viejo y los demás miembros de su tribu fue una planta nueva de hojas brillantes y ovaladas que se erguía aquí y allá. El cazador siguió las instrucciones de Yasí: no se olvidó de tostar las hojas y, una vez molidas, las colocó dentro de una calabacita hueca. Buscó una caña fina, vertió agua y probó la nueva bebida. El recipiente fue pasando de mano en mano: había nacido el mate.

Adaptado de http://www.folkloredelnorte.com.ar y de Mombe' Ugua'U: Colección de mitos, fábulas y leyendas paraguayas

¡Observa!

*misionero = de la provincia de Misiones, en Argentina (llamada así por las importantes misiones jesuíticas de esa región sudamericana).

A Empareja las palabras y frases tomadas del texto con su definición correspondiente:

1	diosa	a	plantas de follaje espeso que viven debajo de árboles subtropicales
2	cataratas	b	grandes cascadas de agua
3	colchón	c	arma de punta que se tira con un arco
4	follaje	d	extensiones duras de la boca de los pájaros
5	de trecho en trecho	e	follaje de gran volumen
6	tornasol	f	a veces
7	picaflores	g	reflejo de distintos colores
8	helechos	h	cóncava
9	picos	i	estaba de forma vertical
10	sigilosos	j	en Hispanoamérica, colibríes, pájaros pequeños que mueven sus alas muy rápidamente

11	yaguareté (Cono Sur)	k	deidad femenina
12	agazapado	l	especie de saco grande y relleno sobre el que se duerme
13	flecha	m	que se mueven en silencio
14	costado	n	té
15	rugió	ñ	emitió un sonido animal fuerte, bramó
16	advertido	o	agachado o escondido para poder atacar
17	espesura	p	conjunto de las hojas de árboles y plantas
18	infusión	q	especie de tigre sudamericano, también
19	se erguía		llamado "jaguar"
20	hueca	r	observado
		s	lado del cuerpo

 B Contesta las siguientes preguntas con información del texto, y si es posible con tus propias palabras.

1 ¿Quién es Yasí? ¿Por qué bajó a la tierra y con quién?

2 ¿Qué hora era? ¿Qué podía oírse?

3 ¿Quién las protegió de repente? ¿Cómo lo hizo?

4 ¿Vio el héroe a las deidades?

5 ¿Por qué fue especial esa noche para Avá?

6 ¿Qué regalo le dieron a Avá? ¿Qué debe hacerse con él y para qué sirve?

7 ¿Qué encontró Avá al despertarse?

8 ¿Qué hizo entonces Avá?

C Ahora busca más leyendas que expliquen el origen de las plantas y animales de las Américas (en una enciclopedia o en internet). Prepara una presentación oral en la que cuentes a tus compañeros la historia con todos los detalles posibles y en forma de cuento oral.

TAREA CREATIVA SOBRE LITERATURA DE SEGUNDO AÑO

Escribe una redacción (mínimo 200 palabras) sobre la importancia del tema *la salud* en uno de los libros que has leído. Puedes responder una o más de estas preguntas:

● ¿Cómo es la dieta de los personajes de la obra? ¿Es buena?

● ¿Qué consejos le darías a uno de los personajes con respecto a su estado físico?

● Uno/a de los personajes de la obra está muy enfermo/a, ¿qué le diría a uno/a de los otros personajes?

¡Veamos una película!

Aquí tienes el nombre y datos de una película en español que trata del tema de la salud.

***El orfanato* (España, 2007)**
Género: suspenso/terror
Director: Juan Antonio Bayona
Reparto: Belén Rueda, Fernando Cayo, Roger Príncep y Geraldine Chaplin.

Si es posible, mírala y debate los siguientes puntos con la clase:
● ¿De qué enfermedad sufre Simón?
● ¿Dónde vive con su familia?
● ¿Qué quiere hacer su madre, Laura? ¿Por qué?
● ¿Quiénes acompañan a Simón?
● ¿Qué hacen?
● ¿Qué despierta la curiosidad de Laura? ¿Qué hace?
● ¿Quiénes mueren? ¿Quiénes reviven?
● ¿Tiene un final feliz? ¿Por qué (no)?

¡Escuchemos una canción!

Aquí tienes el nombre de una canción que trata del tema de la vida y la salud.

Gracias a la vida
Género: tradicional/balada
Álbum: 30 Años (1994)
Cantante: Mercedes Sosa (Argentina)

Si es posible, escúchala y debate los siguientes puntos con la clase:
● ¿Con qué compara sus ojos la cantante?
● ¿Qué puede hacer con ellos?
● ¿Con qué compara su oído?
● ¿Qué hace con él?
● ¿Qué hace con el sonido y el abecedario?
● ¿Qué problema tiene con sus pies? ¿Por qué?
● ¿Qué hacen su corazón y su cerebro?
● ¿Crees que la cantante está feliz? ¿Por qué (no)?

V: ¡A jugar!

La excepción

Trabaja con tu compañero/a y encuentren la palabra de cada línea que no pertenece al grupo. Tienen 10 minutos para completar esta actividad. Después intenten explicar por qué las excepciones no van con las otras palabras del grupo.

1	malaria	rubeola	plaga	varicela
2	hígado	corazón	riñón	dedo
3	heroína	marihuana	éxtasis	hachís
4	pectorales	abdominales	dorsales	músculos
5	alimentación	almuerzo	nutrición	dieta
6	agua potable	agua de colonia	agua corriente	agua mineral
7	pelo	piel	oreja	vejiga
8	cianuro	monóxido de carbono	jarabe	arsénico
9	hospital	consultorio	cirugía	clínica
10	yoga	pilates	acupuntura	taichi

UNIDAD **9**

Las costumbres, creencias y tradiciones

◎ I: Son tradiciones muy nuestras

◎ II: ¡En algo hay que creer!

◎ III: Hablemos de historia y de arte

◎ IV: Literatura [Nivel superior]

◎ V: ¡A jugar!

¡Piensa!

"Un pobre mexicano, ¿cómo podría vivir sin esas dos o tres fiestas anuales que lo compensan de su estrechez y de su miseria? Las fiestas son nuestro único lujo… "

Octavio Paz, Premio Nobel 1990

- ¿Estás de acuerdo que "las fiestas son el lujo de los pobres?" ¿Por qué (no)?

- ¿Son importantes las fiestas populares? ¿Por qué (no)?

- ¿Qué tradiciones existen en tu pueblo? ¿Te gustan?

- ¿Cómo refleja el arte las costumbres de un país?

- Los artistas, ¿expresan la realidad social?

- ¿Eres una persona religiosa? ¿Por qué (no)?

- ¿Hay un momento histórico que defina la identidad de tu país o región?

I: Son tradiciones muy nuestras

1 Banderillas negras en Cataluña

En julio de 2010, el *Parlament* catalán decidió a favor de la prohibición de la corrida en las plazas de Cataluña, y con este voto rompió una tradición de cientos de años. Esta decisión provocó un debate en toda España sobre los pros y los contras de la Fiesta nacional. Muchos consideraron que el voto de los diputados catalanes fue político –es decir, un desafío al Gobierno de Madrid– y no tenía que ver con los derechos de los animales. Aquí exponemos algunas opiniones sobre este tema tan polémico.

Un póster antitaurino

 A Antes de leer el texto, observa la foto y responde las siguientes preguntas con tus opiniones:

- ¿De qué tradición se queja el póster?
- ¿Te parece eficaz? ¿Por qué (no)?
- ¿Tienen razón los que protestan contra esta tradición?

Es la gente joven la que ha creado un proceso natural de concienciación cultural en contra del sufrimiento animal, a causa de películas de Walt Disney como "Bambi".
Pere Navarro (político)

El siglo XXI debería ser incompatible con la tortura pública de los animales. Todas las tradiciones, por más catalanas que sean, tienen que adaptarse a su época.
Josep-Lluís Carod-Rovera (Vicepresidente del Parlament catalán)

Cuando un hombre se enfrenta al toro y pone en peligro su vida, tiene un poco más de mérito que cuando un hombre coge una escopeta y mata a un animal.
Alberto Núñes Feijóo (político)

Esta decisión es un menosprecio a la cultura y al arte. Una Fiesta que no es nueva, que desde hace siglos son nuestras tradiciones y cultura. Y además, todos los intelectuales del mundo se han inspirado siempre en el toreo.
Curro Romero (torero)

Lamento la decisión tomada. Es una limitación a la libertad individual y empresarial, y no es coherente respecto a la relación del hombre con los animales en otros ámbitos, y que supone la pérdida de una tradición histórica en Cataluña.
Pedro Balañá (el propietario del Monumental [Plaza de toros] de Barcelona)

Yo no prohíbo nada. Cualquier prohibición va en contra de la libertad de elección. El que quiera ir a los toros, que vaya.
José Manuel Caballero Bonald (poeta)

Aquí se ha hecho en verdad* por el independentismo. A la vez estoy confundido y dividido: me parece un arte pero hay que reconocer que es un arte cruel.
Ramón Masats (fotógrafo)

¡Observa!

*hacerse en verdad (por) (E., coloq.) = actuar a favor de algo

Adaptado de **El Mundo** *29.07.10.*

 B Indica las palabras o expresiones que se utilizan para decir:

- arriesga (Alberto Núñes Feijóo)
- al mismo tiempo (Ramón Masats)
- opuesto a (Josep-Lluís Carod-Rovera)

- contextos (Pedro Balañá)
- lidia (Curro Romero)

C ¿Quién lo dice? ¡Cuidado! Puede haber opiniones que no se conecten con las personas de los textos. Hay más frases de las necesarias.

	Pere Navarro	Josep-Lluís Carod-Rovera	Alberto Núñes Feijóo	Curro Romero	Pedro Balañá	José Manuel Caballero Bonald	Ramón Masats
1 Estoy completamente opuesto a esta prohibición.							
2 La nueva época pide cambios de costumbre.							
3 No me gusta que el público vaya a esta fiesta tradicional solo para ver sangre derramada.							
4 El cine es el que más ha influido en el cambio de las actitudes culturales.							
5 Me parece que los que no respetan esta tradición española son antipatrióticos.							
6 Las empresas y los individuos tienen derecho a celebrar esta fiesta histórica.							
7 La caza es menos digna que la corrida.							
8 No debemos despreciar una fiesta de tanta antigüedad.							
9 Veo los dos puntos de vista y no puedo decidirme.							

D ¿A qué o quién(es) se refieren estas palabras?

1 *la* en "la que ha creado un proceso natural de concienciación cultural".

2 *sean* en "por más catalanas que sean".

3 *mata* en "mata a un animal".

4 *nuestras* en "nuestras tradiciones y cultura".

5 *es* en "no es coherente".

6 *es* en "es un arte cruel".

E Rellena el espacio en las frases siguientes en el tiempo y el modo más apropiados del verbo entre paréntesis.

1 Sigo buscando un coche que _____ (tener) un buen sistema de navegación por satélite.

2 Juan es el único hombre que _____ (poder) resolver el problema con tu ordenador.

3 No lleva nunca su abrigo por mucho frío que _____ (hacer).

4 Por más encantadora que _____ (ser) su sonrisa, no me engaña.

5 Me da igual. Que _____ (ir) ellos a los toros si quieren.

Gramática

USOS DEL SUBJUNTIVO

Recuerda que el subjuntivo se usa normalmente:

• después de un "antecedente indefinido".
  Por ejemplo: *El que **quiera** ir a los toros, que vaya.*

• en la construcción ***por mucho/más que*** + subjuntivo. Por ejemplo: *Todas las tradiciones, por más catalanas que **sean**...*

• para expresar una orden en tercera persona.
  Por ejemplo: *El que quiera ir a los toros, que **vaya**.*

Para repasar la forma y los usos del subjuntivo ver 11.B en el Resumen gramatical.

6 Quería que mi novio _____ (ir) conmigo a la corrida.

7 Supongo que _____ (conocer tú) el lugar donde celebran la fiesta.

8 No esperábamos que el Parlament catalán _____ (tomar) una decisión tan radical.

9 Le pedí que _____ (decir) adiós a mi amigo de mi parte.

10 En cuanto lo _____ (ver), pregúntale si quiere tomar una copa.

F Un amigo te ha invitado a asistir a una corrida de toros en un pueblo castellano. El espectáculo no te ha gustado nada. Escribe una carta formal (200 a 300 palabras) al alcalde del pueblo. Muestra tu disgusto con lo que viste, fijándote en algunos detalles. Finalmente, pregúntale cómo puede justificar celebrar un espectáculo de este tipo.

¡NO OLVIDES!

Cómo escribir correspondencia formal

Página 134 en la Unidad 5.

2 El traje de flamenca y su historia

El traje de flamenca es quizás el más simbólico de Andalucía y de España. Todo empezó en la Feria de Abril, que se celebra ese mes en Sevilla. En los primeros años de Feria, acudían las mujeres de los tratantes de ganado, en su mayoría gitanas o sencillas campesinas andaluzas, vestidas con sus humildes trajes de faena rematados en dos o tres volantes. Eran trajes alegres, de chispeantes colores que realzaban el cuerpo de la mujer. Pero, ¿ha sido siempre igual?

A Antes de oír el audio, completa los siguientes ejercicios:

1 Rotula el dibujo con las palabras siguientes:

falda   codo   volante   tobillo   zapatos   escote
cadera   manga   muñeca   rodilla   cuello

Partes del cuerpo: *Partes de la ropa:*

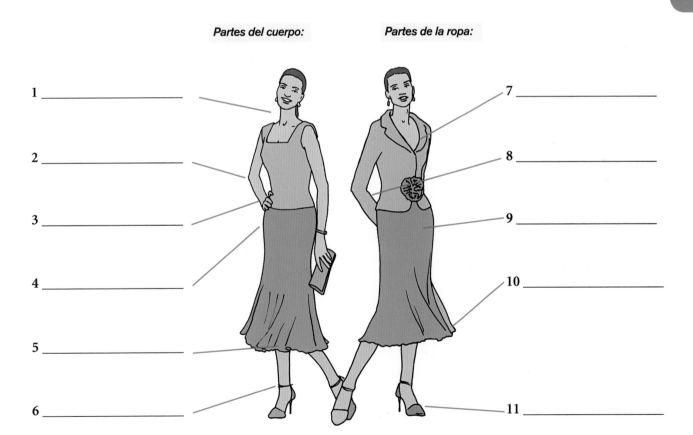

1 _____

2 _____

3 _____

4 _____

5 _____

6 _____

7 _____

8 _____

9 _____

10 _____

11 _____

2 Aquí tienes unos mantones de manila. Observa sus diseños y comenta:

- **¿De qué colores son?**
- **¿De qué forma son?**

- **¿Cuáles son sus diseños? Puedes elegir entre** *liso, estampado, de rayas* o *de lunares.*

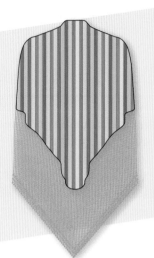
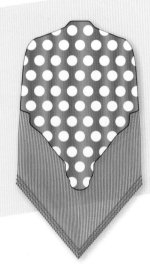

B

Describe el traje de flamenca (no el del hombre) que ves en la foto. Ten en cuenta los siguientes detalles:

- **su largo**
- **el diseño**
- **los colores**
- **cómo va el pelo**

- **cómo es el escote**
- **complementos en el cuerpo o la cabeza.**

Pista 26

Ahora escucha el audio, en el que una experta habla de la historia del traje de flamenca y contesta las siguientes preguntas.

1 ¿Coincide con tu descripción?

2 ¿Qué diferencias importantes hay entre el traje de hoy y el de los años 40, 50, 60, 70, 80 y 90? Menciona por lo menos una diferencia de cada época.

3 En el centro de la foto puedes ver un "traje de corto", el traje flamenco del hombre, que no se describe en el audio. ¿Puedes describirlo en detalle?

C

Ahora investiga (con gente entendida, en internet o con una enciclopedia) y diseña un folleto referido al traje de tu región o de otra región del mundo hispano.

Debes incluir la siguiente información:

- **cuál es el origen del traje regional o nacional**
- **sus partes, forma(s), color(es), diseño(s)**
- **si se utiliza en nuestros días y para qué.**

¡NO OLVIDES!

Cómo se crea un folleto

Página 176 en la Unidad 6.

3 Las fiestas de la sátira y la crítica popular: Las Fallas de Valencia

Las Fallas son las fiestas más populares de la Comunidad Valenciana. Se celebran durante la semana previa a la fiesta de San José (entre el 15 y el 19 de marzo) en un ambiente jovial y festivo.

Consisten en la construcción de unos monumentos fabricados con madera, cartón y yeso principalmente, que representan una sátira social. La madrugada del 19 de marzo son quemados, a excepción de la figura que guste más al público y que es indultada por votación popular, ya sea por su belleza artística o por el mensaje satírico que representa.

Esto se originó a mediados del siglo XVIII, cuando los vecinos de Valencia colocaban pequeños tablados en algunas vías urbanas de la ciudad durante la madrugada del día 18 de marzo. Sobre ellos exponían a la vergüenza pública muñecos llamados *ninots* que representaban algún suceso, conducta o personaje censurable. Durante el día, los jóvenes recogían material combustible para formar pequeñas piras* con los trastos viejos de los que se querían deshacer las familias, y que recibían el nombre de *fallas*. Al anochecer de la víspera de San José eran quemadas junto a los *ninots*. Esta culminación de las Fallas se llama la *cremà*.

En 2011, cerca de 385 fallas reflejaban con ironía y sarcasmo algunos de los acontecimientos más populares de los últimos meses. Uno era el pájaro bobo (José Luis Rodríguez Zapatero, el entonces presidente del Gobierno español), el pájaro loco (Barack Obama, presidente de EE. UU. aquel año), el pájaro de mal agüero (Mariano Rajoy, el entonces líder de la oposición en España).

La dimensión internacional crece cada año. Varios presidentes latinoamericanos también aparecían representados en una de las fallas. Así, el monumento "La

fruta prohibida" muestra las maquinaciones de *Baracknieves y los Siete Subamericanitos* como los presidentes venezolano y boliviano, Hugo Chávez y Evo Morales, respectivamente. El "ninot" de Calderón, el entonces mandatario de México, llevaba al hombro una bandera, junto a una escopeta y una pistola, en referencia a la lucha que mantiene el país contra la violencia y el narcotráfico.

La crisis económica, la corrupción política, la lucha por el poder y la ley que prohibió en España fumar en bares y restaurantes son algunas de las cuestiones que convirtieron a las figuras de José Luis Rodríguez Zapatero y Mariano Rajoy en las más satirizadas de esas Fallas.

Adaptado de: http://aula2.el-mundo.es
http://www.lavoz.com.ar

¡Observa!

*piras = hogueras

A **Encuentra las palabras o frases en el texto que corresponden a las siguientes definiciones:**

1 alegre
2 material hecho con pasta de papel endurecida
3 material de calcio que se endurece rápidamente
4 perdonada
5 hacia la mitad
6 suelos formados de tablas
7 deshonra
8 figuras de forma humana
9 digno de reprobación

10 muebles de casa, especialmente los inútiles
11 librarse de
12 llegar la noche
13 día anterior
14 tonto
15 que anuncia mala suerte
16 rifle
17 transformaron en

B Completa las siguientes frases con una de las opciones, según lo que dice el texto:

1 Las figuras que fabrican los valencianos tienen la intención principal de:
   a) celebrar la belleza.
   b) criticar a cierta gente.
   c) mostrar su devoción a San José.

2 Uno de los monumentos se salva del fuego porque:
   a) le agrada más que los otros al pueblo.
   b) no representa la sátira sino la belleza.
   c) los valencianos no quieren quemarlo porque es feo.

3 La intención original de los *ninots* era:
   a) desaprobar la conducta de los jóvenes.
   b) condenar a algo o alguien del cual la gente no tenía buena opinión.
   c) exponer a los vecinos a la vergüenza pública.

4 Las hogueras consistían en:
   a) material combustible que recogían las familias.
   b) viejos muebles que ya no eran útiles.
   c) leña que los jóvenes recogían de los vecinos.

5 Los blancos de la sátira del año 2011 fueron:
   a) unos pájaros desequilibrados.
   b) únicamente los presidentes de gobierno.
   c) los dirigentes políticos de varios países.

6 El tema del monumento "Fruta prohibida":
   a) representaba a los presidentes de varios países americanos como unos enanos.
   b) simbolizaba la tensión entre EE.UU. y los países latinoamericanos.
   c) retrataba al presidente de México como un narcotraficante.

7 La ley antitabaco en España:
   a) estimuló la sátira referida a los políticos españoles.
   b) prohibió fumar en la propia casa.
   c) alentó la lucha entre el presidente y el líder de la oposición.

Gramática

EL RÉGIMEN PREPOSICIONAL DE LOS VERBOS

Recuerda que:

- ciertos verbos normalmente van acompañados por una preposición, es decir siguen un "régimen preposicional". Por ejemplo: *consistir **en**, trasladar **a**, convertirse **en***.

- muchos de estos verbos necesitan la preposición para tener un sentido completo. Por ejemplo: ***Consisten en** la construcción de unos monumentos fabricados con madera…*

Para repasar el régimen preposicional de los verbos, ver 14 en el Resumen gramatical.

C Rellena los espacios en las frases siguientes con las preposiciones que hagan falta.

1 Empezaron _____ quemar los *ninots* al anochecer.

2 Trata _____ hacer el crucigrama sin utilizar el diccionario.

3 ¿Me ayudas _____ llevar mis maletas?

4 Mis padres tardaron mucho _____ llegar.

5 ¿Puedes encargarte _____ cuidar a los niños mientras voy de compras?

6 Desde mi niñez he soñado _____ ir a ver las Fallas.

7 No alcancé _____ ver bien lo que pasó porque había mucha gente alta delante.

8 ¡Luchemos _____ liberarnos de la opresión!

9 ¿Te atreverías _____ correr en las calles de Pamplona delante de los toros?

10 ¿Has terminado _____ prepararte para tu examen?

D Comenta con tu compañero/a la sátira de los famosos (estrellas de cine, cantantes, políticos, etc.) en tu país.

- ¿Qué medio(s) de comunicación se utiliza(n) para satirizar a la gente: la televisión, las revistas?

- ¿Hay fiestas satíricas, como las Fallas de Valencia? ¿Crees que los modelos caricaturescos como los *ninots* son efectivos como sátira?

E Investiga las Fallas en internet, para informarte más ampliamente de lo que pasa. Luego escribe un diario (unas 300 palabras) que describa tu visita a las Fallas y lo que pasó entre el 15 y el 19 de marzo. No te olvides de mencionar:

- lo que hiciste cada día
- los *ninots* que viste
- el ambiente
- cómo fue la *cremà*
- tu opinión de lo que viste.

¡NO OLVIDES!

Cómo escribir un diario

Página 113 en la Unidad 4.

II: ¡En algo hay que creer!

4 ¿En qué creen los hispanos?

A Antes de oír el audio, observa las siguientes fotos y responde las siguientes preguntas referidas a ellas:

- ¿Qué religiones profesan las personas de las fotos?
- En tu impresión, ¿creen en lo mismo?

- ¿Por qué crees que se visten así?
- ¿A qué se refieren las palabras y los símbolos que los rodean?

B Trabaja con un(a) compañero/a. En el audio se mencionan las siguientes palabras y frases relacionadas con las creencias. ¿Pueden definirlas con sus propias palabras? Esta vez no utilicen el diccionario. Si no tienen una definición, tienen que pedirla a otros compañeros.

1 religión	6 cultos	11 ¡Aleluya!	16 comulgamos
2 católico	7 diablo	12 "tirar las cartas"	17 procesiones
3 iglesia	8 rezar	13 judíos	18 Virgencita
4 Dios	9 templo	14 cristianos	
5 sectas	10 pastores	15 musulmanes	

C ¿Quién lo dice? Marca el casillero con una cruz (X). Cada frase se refiere solo a una persona.

Pista 27

	Marcos	Mirta	Josefina	Padre Luz	Pedro	Yaseña
1 Solo hay una religión que tiene razón.						
2 Puedo ayudarte a eliminar la mala suerte.						
3 Somos cristianos y lo expresamos con actos públicos.						
4 Dios existe, ¡claro que existe!						
5 ¿Por qué la gente es tan intolerante, si sus religiones respetan a los demás?						
6 Abandoné mi religión.						
7 En mi parte del mundo hay fe.						
8 Me deslumbran el poder de Dios y los que predican.						
9 Acércate a nosotros para que tu vida mejore.						
10 Solo la gente débil se deja manejar por la religión.						

¿Qué sabes de... Andalucía?

Antes de leer la información sobre Andalucía, completa este pequeño cuestionario para ver cuánto sabes de esa Comunidad Autónoma.

1 ¿Cuál es la capital de Andalucía?
a) Sevilla
b) Córdoba
c) Granada

2 ¿De qué cultura proviene el nombre "Andalucía"?
a) de la judía
b) de la celta
c) de la vándala y la mora

3 ¿En qué año terminó la Reconquista de Andalucía y dónde?
a) en 711, con la toma de Gibraltar
b) en 1492, con la toma de Granada
c) en 1010, con la destrucción de Medina Azahara

4 ¿Qué gran evento tuvo lugar en 1992 en Sevilla?
a) la Exposición Universal
b) los Juegos Olímpicos
c) la Final del Mundial de Fútbol

5 ¿Cómo se llama a las mujeres que bailan el flamenco?
a) flamenqueras   c) bailaoras
b) tocadoras

La Giralda de Sevilla

La Comunidad

◎ Andalucía es una de las 17 comunidades que forman el Estado político español. El Parlamento andaluz gobierna desde 1982.

◎ Tiene una población de más de **ocho millones**.

◎ Limita al norte con Castilla-La Mancha y Extremadura, al este con Murcia, al sur con el mar Mediterráneo, el estrecho de Gibraltar y el Océano Atlántico.

◎ Su capital es la ciudad de **Sevilla** y sus ciudades más importantes son Almería, Cádiz, Córdoba, Granada, Huelva, Jaén y Málaga.

◎ En su norte se encuentra la **Sierra Morena**, y en el sur y el este la **cordillera Bética**, mientras que el importante **río Guadalquivir** la recorre de este a oeste.

◎ Su clima es **cálido** en los valles, con temperaturas que llegan a los 45° en verano. Se dice que por esto se mantiene la costumbre de la **siesta**. Las cumbres son muy frías y secas.

◎ Aparte de su importante industria turística, produce aceite de oliva, vinos, cereales, caña de azúcar, dátiles, algodón, tabaco y naranjos.

◎ Su patrimonio histórico y cultural es uno de los más ricos del mundo: destacan el **arte flamenco** (*cante jondo* y baile) e importantes edificios históricos como la **Giralda** (minarete moro de la Catedral) y la **Torre de Oro** en Sevilla; la **Mezquita** de Córdoba; la **Alcazaba** (fuerte moro) en Almería; sobresalen la **Alhambra** (ciudad, alcázar y palacio andalusí), el **Generalife** (villa rural con jardines) y el **Albaicín** (barrio moro) en Granada.

Historia

Antes del siglo VIII

Esta región europea era habitada en tiempos remotos por los **íberos**, y fue colonizada en el siglo XI a.C. por los **fenicios** (quienes llamaban a esta región *Isepannim* o "tierra o costa de los conejos", nombre que se transformó en España). Posteriormente llegaron los **cartagineses** y los **romanos**, que la incorporaron a *Hispania* como la provincia **Bética**.

Al-Ándalus y las Tres Españas

El nombre *Andalucía* proviene de *Vandalucía*, que significa "tierra de los vándalos", que los moros transformaron en **al-Ándalus**, el califato moro que comprendía la mayor parte de la Península Ibérica y que era más fuerte en el sur. La invasión árabe se produjo en el año 711. Los musulmanes tuvieron en al-Ándalus, con capital en Córdoba, la base de sus dominios españoles. El **Califato Omeya de Córdoba** era cuna de cultura y riqueza, con cientos de bibliotecas, palacios, zocos (mercadillos árabes) y fuentes. Los moros eran grandes astrónomos y matemáticos. Entre sus más famosos gobernantes se encontraba el califa **Abd ar-Rahman ibn Muhammad**, o **Abderramán III**, quien vivió 70 años, de los cuales reinó 50. La imponente Alhambra (o "fortaleza roja", posiblemente en referencia a su fundador pelirrojo *Abu al-Ahmar*) data del siglo XIV y se encuentra en Granada.

Se conoce como la época de las **Tres Españas** a aquella en la que convivieron tres importantes culturas y religiones occidentales: la judía, la cristiana y la musulmana. Testimonio palpable de esta época puede observarse en el barrio sevillano de **Santa Cruz**, que contiene la judería (zona judía), mezquitas y cármenes (patios internos) moros e iglesias católicas.

La decadencia de al-Ándalus y la Reconquista

El siglo X estuvo marcado por la decadencia de al-Ándalus, dando paso a la **Reconquista** de los cristianos del norte, que concluyó en el año **1492** con la toma de **Granada** por los Reyes Católicos, **Isabel de Castilla** y **Fernando de Aragón**. Este año coincide con el **Descubrimiento de América** y con la publicación de la primera gramática de la lengua castellana, escrita por un andaluz: **Antonio de Nebrija**. Los cristianos expulsaron entonces a los judíos y musulmanes de la península, aunque sobrevivieron grandes ejemplos de su cultura y su lengua (el castellano tiene un extenso vocabulario de origen árabe).

Desde el siglo XV, Andalucía pasa a ser el centro de gravedad de la Corona. Sevilla era el puerto regional, nacional, colonial y mundial. Su riqueza, con oro, plata y esmeraldas provenientes de la América española, era proverbial. Sin embargo, con el proceso de independencia de las colonias, su posición social y económica decayó sin remedio desde el siglo XVIII.

Los siglos XX y XXI

Andalucía pasó así a ser una tierra de campesinos en situación precaria. Las tradiciones locales, como las de los gitanos, fueron descritas por uno de los hijos más célebres de Andalucía: **Federico García Lorca** (1898–1936). La Guerra Civil y la posguerra fueron especialmente duras. Otro gran andaluz, **Pablo Picasso**, muestra el horror de un bombardeo en su famoso cuadro *Guernica*. En el año **1992** Sevilla acogió la **Exposición Universal** o **Expo '92**.

Ya en el siglo XXI, Andalucía demuestra excelencia en la industria turística, con múltiples Paradores Nacionales (hoteles del estado en edificios históricos, alcázares, monasterios, etc.). En las últimas décadas también se han instalado allí diversos parques tecnológicos, como el de Málaga, y se explota su gran capacidad de energía solar.

Federico García Lorca

Andalucía y sus creencias y tradiciones

Las creencias y tradiciones andaluzas son casi innumerables y de gran fama. Los andaluces son famosos por su carácter divertido y sociable, que combinan con una religiosidad muy fuerte. Son famosas la fiesta de la **Virgen de El Rocío** y la **Semana Santa de Ronda** y de Sevilla. Entre sus celebraciones no religiosas están la **Feria de Abril**, en Sevilla, que nació como un mercado para la compraventa de caballos. En ella se bailan sevillanas y pueden observarse los típicos trajes regionales.

El **flamenco** y sus distintas expresiones son una de las tradiciones artísticas más simbólicas de Andalucía. Se dice que el *cante (jondo)*, tradicionalmente acompañado de guitarras y *palmas*, tiene una fuerte influencia de ritmos y cadencias del árabe, tanto como los movimientos apasionados de las *bailaoras*. Es tradición verlos en un *tablao* (escenario de tablas).

Andalucía es la autonomía donde se encuentra más arraigado el **toreo**. La plaza de toros de Sevilla atrae a toreros y a visitantes del mundo entero.

Para más información:
http://www.culturandalucia.com

5 Qué es la Pachamama y cómo adorarla

Antes de leer el texto, observa la foto y responde las siguientes preguntas con tus opiniones:

- ¿Cómo es el sitio donde se encuentran estas personas?
- ¿Cómo están vestidos?
- ¿Qué crees que están haciendo? ¿Para qué?

¿Qué es la Pachamama?

Pachamama es una palabra de origen quechua que une dos vocablos: *pacha*, que significa "universo, mundo, tierra" y *mama*, que significa "madre". Esta deidad religiosa de origen precolombino, que ha sido y sigue siendo reverenciada especialmente en los pueblos de los Andes centrales, representa a la Madre Tierra. Es relacionada con la tierra, la fertilidad, la madre, lo femenino y lo que produce o engendra. Según las leyendas de tradición oral, la Pachamama creó el Sol, la Luna y las estaciones, llamadas *pachamitas*. Junto con Pachacamac forman una pareja sagrada.

Ese 1º de agosto se reavivarán los rituales a la Pachamama

Las moradas de "la Pacha"

Cada pueblo elige un lugar en especial para honrar a la Pachamama, como si se tratase de un templo. Muchos eligen ríos y vertientes. En Jujuy, extremo norte de Argentina, creen que su morada está en el Cerro Blanco o Nevado de Cachi, y se cuenta que en la cumbre hay un lago que rodea una isla. Esta isla es habitada por un toro de astas doradas que al bramar emite por la boca nubes de tormenta. Hay quienes construyen "apachetas", pequeñas capillas o montículos de tierra para que el caminante lleve allí sus ofrendas. Lo cierto es que la Pachamama está en todas partes.

El sincretismo religioso

Con la llegada de la conquista y colonización católica, el culto a la Pachamama se fusionó con el de la Virgen María. Un ejemplo lo constituyen las fiestas anuales de celebración de la Virgen María en Salta y Jujuy, Argentina: una procesión con la imagen de la Virgen que es guiada por un sacerdote; se suele regar con aguardiente y enterrar ofrendas de comida alrededor de la imagen, de acuerdo al ritual pagano-indígena de la Pachamama.

Ritos a la Madre Tierra

Ofrenda protectora

El 1º de agosto hay que enterrar cerca de la casa una olla de barro que contenga una generosa porción de la comida cocida que se haya preparado para la familia. Una vez enterrada la olla, se riega con caña o aguardiente sobre el lugar. Todos los miembros de la familia se deben atar en los tobillos, las muñecas y el cuello hilos trenzados de lana de llama de color blanco y negro, para evitar que la Pachamama se enoje y les quite los favores.

Rito para tener salud

Es tradición llenar, cada 1º de agosto, una botella de caña con unas ramas de ruda macho. Luego se agita la botella, se toma una cucharadita del brebaje, se tira un poco sobre la tierra y se guarda la botella en un lugar seco y oscuro, para que si alguien de la familia se enferma durante el año, pueda sanarse tomando un trago de esta caña.

Adaptado de **Revista Predicciones**, *Argentina*

¿Qué es la Pachamama? – Las moradas de "la Pacha" – El sincretismo religioso

B

Encuentra las palabras o frases en la primera parte del texto que corresponden a las siguientes definiciones (solamente una palabra por definición).

1 lengua sudamericana de origen incaico
2 ser divino
3 concibe vida
4 casas
5 expresar respeto
6 nacimientos de arroyos o ríos
7 extremo superior de una montaña
8 cuernos

9 emitir un sonido fuerte el toro y otros animales
10 pequeños montones de tierra o arena
11 donaciones a un ser supremo
12 conjunto de creencias diferentes
13 religioso que oficia
14 bebida alcohólica fuerte

C

Todas las siguientes frases tienen errores. Sin modificar su estructura, corrígelas con la información de la primera parte del texto.

1 La Pachamama es una diosa del Caribe que representa el mar.
2 La Pachamama es estéril, ha creado el invierno y su pareja es el Sol.
3 Se dice que la Pachamama vive en valles y desiertos o en el Nevado de Cachi, una montaña del sur de Argentina, donde vive un minotauro.
4 "Apacheta" es el nombre de grandes templos construidos para ahuyentar a la Pachamama.
5 En Jujuy, el ritual se contradice con una procesión judía, profesada por un rabino.

Ritos a la Madre Tierra

D

Decide cuál de las dos opciones es sinónimo de las palabras en la segunda parte del texto.

1 olla
   a) recipiente para cocinar
   b) recipiente para guardar algo

2 caña
   a) bebida alcohólica
   b) comida dulce

3 hilos trenzados
   a) cordones circulares
   b) cordones entrelazados

4 ruda macho
   a) planta masculina
   b) planta de hombres

5 brebaje
   a) bebida
   b) cigarro

6 trago
   a) sorbo
   b) bocado

E

Contesta las siguientes preguntas referidas al texto.

1 ¿Qué hay que hacer con la comida y la bebida el 1º de agosto para ser protegido por la Pachamama?
2 ¿Qué es posible que pase si la familia no se ata los hilos de llama al hacer la ofrenda protectora?
3 ¿Qué hay que hacer con la ruda macho y la caña el 1º de agosto? ¿Para qué?

Gramática

LA VOZ PASIVA CON "SER" Y CON "SE"

Recuerda que:

- para expresar una acción pasiva en español, se utiliza la estructura **sujeto + ser + participio (opcional: + por + agente)**. Por ejemplo: *La Pachamama **es venerada por los pueblos andinos**.*

- el auxiliar **ser** va en el mismo tiempo del verbo activo, y el participio concuerda en género y número con el sujeto de la pasiva. Por ejemplo: **Voz activa:** *Los aborígenes **empezaron** a realizar el ritual.* **Voz pasiva:** *El ritual **fue empezado** por los aborígenes.*

- a veces se utiliza el **estar** pasivo, sin el agente, cuando se considera que es el resultado de un proceso. Por ejemplo: *El brebaje **está hecho** de caña con ruda.*

- el **se** es usado en español para dar énfasis a la acción, y no admite el agente. Con **se** pueden formarse:
  - la **voz pasiva refleja:** con verbo en tercera persona singular o plural. Por ejemplo: ***Se tira** sobre la tierra.* ***Se construyen** "apachetas".*
  - las **oraciones impersonales:** sin sujeto conocido, y solo con verbo en tercera persona singular. Por ejemplo: ***Se venera** a la Pachamama.*

Para repasar la forma y uso de la voz pasiva y el se reflejo o impersonal, ver 11.I en el Resumen gramatical.

F Identifica en el texto todos los ejemplos de la voz pasiva con el verbo *ser* y con el *se* (en pasiva refleja o en oraciones impersonales).

G

G Completa las siguientes oraciones con el verbo dado en un tiempo adecuado (o el infinitivo) y en la forma pasiva con *ser*. ¡Recuerda que debe coincidir en género (masculino o femenino) y número (singular o plural) con el sujeto pasivo!

G

Ejemplo: La Pachamama _____ (venerar) en los Andes.
La Pachamama es venerada en los Andes.

1 Los alimentos _____ (entregar) a la Madre Tierra por los festejantes.

2 Estas máscaras _____ (hacer) por los indios de la zona el año pasado.

3 Esta celebración _____ (incorporar) el mes pasado en las fiestas católicas.

4 Este libro está en quechua, pero va a _____ (traducir) al castellano.

5 En unos instantes, la olla _____ (poner) en la tierra para alimentar a la Pachamama.

6 En el pasado, los judíos _____ (perseguir) debido a su religión.

7 Muchos rituales aborígenes _____ (suprimir) por los europeos.

8 Cuando llegaron los fieles ya era demasiado tarde, su templo _____ (destruir) por el fuego.

9 Esta iglesia _____ (construir) en la época colonial por los diaguitas.

10 La oración ya _____ (decir) por el sacerdote. Podemos irnos.

H Aquí tienes la descripción de otra tradición muy importante, esta vez de México. Complétala con uno de los verbos en el recuadro en la forma correcta del *se* de pasiva refleja. ¡Cuidado! Sobra un verbo.

G

> comprar   celebrar
> poner   mantener
> morir   visitar   ver
> llevar   preparar
> encender   combinar
> comer

El Día de los Muertos

El Día de los Muertos es una de las fiestas más vistosas de México. 1_____ el 1º y el 2 de noviembre y es una celebración en la que 2_____ las creencias precolombinas (de las etnias mexica, maya, purépecha y totonaca) y el catolicismo traído por los españoles. Así, para los mexicanos y otros centroamericanos, la muerte 3_____ como una ocasión alegre de paso a una mejor vida.

Como preparación para este gran día, 4_____ flores muy vistosas, especialmente Cempaxóchitl (que guían las almas de los muertos), y 5_____ calaveras de azúcar, que 6_____ en pequeños altares, muy vistosos. 7_____ muchas velas. Es un espectáculo muy bonito.

En el Día de los Muertos 8_____ la tumba de los muertos de una familia, y 9_____ la comida preferida del muerto; normalmente 10_____ al lado de la tumba, especialmente el *Pan de muerto*, que es un panecillo dulce, y muchos cantan las canciones preferidas de los difuntos. De esta manera 11_____ vivo el recuerdo de los seres queridos.

I Debate con tu compañero/a las siguientes preguntas. ¿Están de acuerdo en cada caso? ¿Por qué (no)?

- ¿Crees que los rituales de la Pachamama o del Día de los Muertos son supersticiones? ¿Por qué (no)?
- ¿Qué piensas de la integración de estas fiestas aborígenes en otras religiones como el catolicismo?
- ¿Hay rituales como los de la Pachamama o el Día de los Muertos en tu región o país? Si es así, descríbelo(s).
- ¿Realizas algún ritual personal, por ejemplo para tener suerte en los exámenes? Si es así, explícalo.

J Acabas de volver de unas vacaciones inolvidables en un país hispanoamericano. Lo más destacado de tus vacaciones fue una fiesta tradicional. Escribe un e-mail a tu mejor amigo/a describiendo la fiesta y explicando por qué te impresionó tanto (250 a 400 palabras).

> **¡NO OLVIDES!**
> Cómo escribir correspondencia informal
> **Página 79 en la Unidad 3.**

6 El apocalipsis maya, ¿sucede o no?

A Antes de leer el texto, observa la foto y responde las siguientes preguntas con tus opiniones:

- ¿De qué está hecho el objeto de la foto?
- ¿Para qué crees que sirve?
- ¿De qué origen crees que es? ¿Por qué?
- ¿Puedes identificar algún símbolo? ¿Qué crees que significa?

Una estela maya

Un grupo de antropólogos mexicanos iniciará una investigación en México y Guatemala para medir efectos entre indígenas maya de la interpretación apocalíptica que Occidente hizo de su calendario, a partir del film estadounidense *2012*.

"En la forma de pensar de los mayas, se trata solo de un momento cíclico que tiene fin. Los mayas nunca conceptualizaron esto como una fecha catastrófica", explica José Huchim, un arqueólogo del INAH* y miembro de la comunidad maya.

"Lo que en realidad pronosticaron los mayas acerca de esta fecha es que iba a descender una deidad asociada con la guerra, pero no existe de ninguna manera un final del conteo del tiempo", explica Guillermo Bernal, investigador del Centro de Estudios Mayas de la UNAM*.

Los expertos rechazan interpretaciones como la del libro *El testamento maya* de Steve Alten, que ha vendido 10 millones de ejemplares y dio origen al film estadounidense. Alten concluye que los mayas anunciaron que el mundo acabará el 21 de diciembre de 2012.

Investigadores se trasladarán al estado mexicano de Yucatán (sureste, donde se concentran unos 1,5 millones de mayas) y a Guatemala (de un 40% de población originaria maya) donde contactarán con los chamanes de las comunidades mayas para evaluar si la película ha afectado sus previsiones.

La principal preocupación de los investigadores es que esas interpretaciones sirvan para apoyar la penetración de sectas religiosas entre los indígenas. "Ha habido ejemplos en la historia reciente de sectas que utilizan este tipo de interpretaciones apocalípticas para incitar a suicidios colectivos", recuerda Bernal.

En 2012, según una estela (piedra grabada) encontrada en Cobá (zona arqueológica de Quintana Roo, este), concluye la actual era del calendario maya que se inició 3.144 años antes de nuestra era. El llamado *calendario de la cuenta larga* fue creado por los mayas para registrar fechas específicas de su pasado y futuro que quedaron grabadas en estelas. Ese calendario está dividido en 13 bactunes, ciclos de tiempo de 144.000 días, y el 21 de diciembre de 2012 concluye el último. "Pero eso no significa que se termine el mundo", explica Bernal. "Luego inicia el bactún 14, la cuenta del tiempo continúa. Por ejemplo, en Palenque (zona arqueológica de Chiapas, sureste) existe una estela que registra una fecha que se va a un futuro más lejano: el año 4772 de nuestro calendario, en el que se menciona el aniversario de un gobernante de esa ciudad maya", refiere Bernal.

Adaptado de http://verde.latam.msn.com

¡Observa!

*INAH = Instituto Nacional de Antropología e Historia de México
*UNAM = Universidad Nacional Autónoma de México

B Decide si las siguientes frases referidas al texto son verdaderas o falsas. Marca con una cruz (X) la opción que te parezca correcta. Si es falsa, explica por qué con tus propias palabras.

	Verdadero	Falso
1 Científicos investigarán si la película *2012* tuvo éxito entre los mayas de México y Guatemala.		
2 Según el aborigen y arqueólogo José Huchim, hay catástrofes cíclicas en la cultura maya.		
3 Guillermo Bernal explica que el error de interpretación viene de que los mayas pronosticaron la aparición de un dios guerrero en ese año.		
4 El libro *El testamento maya* es el único que interpreta bien el calendario y la fecha de su fin, según los entendidos.		
5 Los científicos visitarán las regiones con mayor población maya para medir los efectos del film.		
6 En el pasado, interpretaciones erróneas han tenido efectos catastróficos en la comunidad maya.		
7 Una "estela" o calendario maya sí termina en 2012 después de tres milenios y un siglo y medio, aproximadamente.		
8 El calendario de la cuenta larga está dividido en períodos de 3.144 años cada uno.		
9 Según Bernal, no habrá un Apocalipsis el 21 de diciembre de 2012.		
10 En Palenque hay un calendario que habla del aniversario de un gobernante maya en el año 4772 de nuestra era.		

C Lee el texto otra vez y haz una lista de todos los verbos que están en tiempos pasados.

Gramática

LOS TIEMPOS PASADOS EN CONTEXTO

Recuerda que los tiempos pasados del indicativo hacen énfasis en distintos aspectos:

- el **pretérito perfecto** conecta una acción que ha ocurrido en un período que va desde el pasado hasta el presente. Suele ir acompañado de **ya** o **todavía**. Por ejemplo: *Los mayas **han vivido** aquí siempre.*

- el **pretérito indefinido** se usa para narrar acciones en el pasado y enfatizar que se completaron. A veces va acompañado de marcadores como **ayer**, **anoche**, **el mes/año pasado**. Por ejemplo: *Un autor estadounidense **publicó** un libro que confunde.*

- el **pretérito imperfecto** se usa para describir acciones habituales o estados en el pasado. A veces es acompañado de marcadores como **cuando**, **antes**, **mientras**. Por ejemplo: *Los mayas **tenían** un gran imperio cuando **dominaban** la región.*

- el **pretérito pluscuamperfecto** se usa para establecer lo que había pasado antes de un punto de referencia en el pasado. A veces va acompañado de **ya** o **todavía**. Por ejemplo: *Cuando llegaron los españoles, los mayas ya **habían logrado** grandes avances.*

Para repasar la forma y uso de los tiempos pasados, ver 11.A.II, III, VI y VII en el Resumen gramatical.

D Aquí tienes unas frases referidas a la historia de los imperios precolombinos. Coloca los verbos entre paréntesis en los tiempos pasados más apropiados según el contexto de cada una.

La gran cultura maya 1_____ (sobrevivir) hasta nuestros días. Cuando Hernán Cortés 2_____ (llegar) a la Península de Yucatán en el año 1520, 3_____ (encontrar) un gran imperio, con grandes ciudades y pirámides que 4_____ (estar) en muchos sitios sagrados, como Uxmal y Chichen Itzá. El problema con la Conquista es que los españoles 5_____ (pensar) que los mayas 6_____ (ser) salvajes, porque a menudo 7_____ (practicar) sacrificios humanos para adorar a sus dioses. Pero los conquistadores no 8_____ (darse cuenta) de que los mayas también 9_____ (ser) grandes científicos, que antes de la Conquista 10_____ (diseñar) calendarios muy avanzados, ¡y que inclusive 11_____ (descubrir) la cifra 0 mucho antes que ellos! Por suerte, la lengua y cultura maya 12_____ (sobrevivir) hasta nuestros días. Hay mucho que aprender de las civilizaciones precolombinas.

E Las culturas precolombinas tenían toda una filosofía de vida y una visión del mundo y del universo. Investiga en internet o una enciclopedia y escribe un artículo (300 a 400 palabras) sobre una cultura (por ejemplo, la maya) en el que detalles:

- su concepción del mundo y de la humanidad
- su simbología (por ejemplo, la forma de sus templos, dibujos en sus vestimentas, etc.)
- sus avances espirituales y científicos
- si sobrevive (si es así, dónde y cómo; si ha desaparecido, cuándo y por qué).

7 Carta de Claudia, de El Rocío

¡Hola, Beatriz!

¿Cómo estás? ¡Yo, feliz! Es que el fin de semana pasado cumplí mi sueño de ir a Andalucía para ver la fiesta de la Virgen del Rocío. En un principio Alonso decía que no, que de ninguna manera, que las cosas de la religión no le gustaban en absoluto. Bueno, finalmente lo convencí de que merecía la pena, aunque más no fuera para ver a los andaluces festejando.

Y no nos arrepentimos. Mi madre tenía razón; ¡es una maravilla! El Rocío prácticamente no para más que unas pocas horas para descansar. Desde temprano por la mañana, junto con un buen desayuno, se está cantando y bailando. Se organizan fiestas y en muchas casas entran grupos de flamenco a cantar mientras el resto baila al compás. ¡Hasta hemos visto a muchos famosos que se animan a hacer el camino o que han pasado algún día a "echar un cantecito", como dicen por allí! Y yo me puse el traje de flamenca, aunque no pude convencer a Alonso de ponerse el traje de corto, porque así van todos. ¡Tengo unas fotos fenomenales!

No sé si puedes imaginar las casas de El Rocío. Son espaciosas y en muchas de ellas duermen unas 20 personas. En la casa donde estábamos había un mogollón* de "invitados inesperados", como nosotros, claro. Y allí todo el mundo es bienvenido, todo el mundo come, bebe y disfruta de la fiesta que se organiza en cada momento. ¡Qué ambiente, Bea!

Unas horas antes de la noche del domingo, muchas chicas y chicos se quitaron los trajes tradicionales y se pusieron todos en vaqueros y camisa, así estaban preparados para una noche de juerga.

Las horas de baile, de rumbas, tanguillos y sevillanas dieron paso a la noche más larga… "la Virgen nos espera", decían. ¡Alonso no entendía nada, ja! En la madrugada del lunes, se inició la procesión de la Virgen. Toda la aldea se echó a la calle, las campanas no dejaban de sonar e iban todos vitoreando a la Virgen entre pétalos de rosas y flores. ¡Alonso me dijo que le impresionó mucho! Otra maravilla, ¿no?

Ahora te dejo, Bea, para continuar con nuestro viaje por los pueblos andaluces. ¡Qué contenta estoy! ¡Tendré un mogollón de cosas para contarte cuando vuelva!

Besos,

Claudia

Adaptado de http://es.smeet.com

¡Observa!

*mogollón (E., coloq.) = gran cantidad

A Decide si las siguientes frases referidas al texto son verdaderas o falsas. Marca con una cruz (X) la opción que te parezca correcta. Justifica tus respuestas con frases del texto.

	Verdadero	Falso
1 Alonso tiene fe absoluta en la religión católica.		
2 Lo que convenció a Alonso de ir fue la posibilidad de ver a la gente de fiesta.		
3 La gente no suspende la fiesta ni para descansar.		
4 Claudia y Alonso se vistieron con el traje tradicional para disfrutar de la fiesta.		
5 Los dos se alojaron en una casa del pueblo.		
6 Los jóvenes se ponen vestidos menos formales para divertirse después de la procesión de la Virgen.		
7 Alonso dijo que la procesión de la Virgen era otra maravilla.		
8 Alonso y Claudia piensan seguir su recorrido por Andalucía.		

B Ahora completa la respuesta de Beatriz con una de las opciones dadas: *ser* o *estar*.

SER Y ESTAR

Recuerda que:

- el verbo **ser** responde a la pregunta *¿Qué es algo?* o *¿Quién es alguien?* Es decir, tiene que ver con **la naturaleza** de una cosa o una persona. Por ejemplo: *¡Es una maravilla!*

- el verbo **estar** responde a la pregunta *¿Dónde está algo o alguien?* o *¿En qué estado está algo o alguien?* Es decir, tiene que ver con **la situación** o **la condición** o **estado** de una cosa o una persona. Por ejemplo: *… En la casa donde estábamos… ¡Qué contenta estoy!*

Para repasar los usos de *ser* y *estar* ver 11.H en el Resumen gramatical.

Querida Claudia:

Hoy llegué a casa de mis vacaciones, ¡y aquí **1** *era/estaba tu carta! Qué bonito saber que te gustó El Rocío. Ya veo que los andaluces* **2** *son/están muy tradicionales. Ahora te cuento mi historia: ¿a que no adivinas dónde* **3** *fui/estuve durante octubre? ¡¡En Sudamérica!! Sí, y* **4** *fue/estuvo algo especial.*

Pepe y yo también **5** *fuimos/estuvimos en una fiesta para el 12 de octubre en Bolivia. Lo curioso* **6** *es/está que en España ese* **7** *es/está el Día de la Hispanidad. Ellos lo llaman Día de la Raza, en honor a las muchas razas que* **8** *eran/estaban en su gran continente y que* **9** *fueron/estuvieron atacadas o masacradas. Yo pienso que* **10** *eran/estaban otros tiempos, y que inclusive España* **11** *había sido/había estado en la misma situación cuando la invadieron los romanos, los visigodos, o los árabes, ¿no?*

12 *Era/Fue un día bonito, con bastante sol pero frío. En la plaza* **13** *eran/estaban muchas personas vestidas con sus trajes tradicionales y había comida y bebida. Para nosotros todo esto* **14** *fue/era algo nuevo y especial. Aunque* **15** *somos/estamos españoles,* **16** *fuimos/estuvimos bienvenidos.*

Perdona, **17** *soy/estoy con mucha prisa, pero te escribo muy pronto, ¿sí? Espero que* **18** *sean/estén muy bien.*

Muchos cariños,

Beatriz

C   Diseña con tu compañero/a una publicidad para una fiesta pueblerina para atraer a visitantes. La fiesta debe recordar algún acontecimiento pasado, ya sea histórico o religioso. No se olviden de incluir detalles sobre:

- el origen de la fiesta
- la importancia para el pueblo de recordarla
- lo que se celebra

- la manera de festejar en el pueblo
- el alojamiento.

¡NO OLVIDES!

Cómo escribir una publicidad

Página 105 en la Unidad 4.

D Escribe una carta informal (300 palabras) de Alonso a un amigo suyo describiendo sus distintas impresiones de El Rocío. Para conocer más sobre Andalucía, lee la sección cultural *¿Qué sabes de… Andalucía?* en esta unidad.

¡NO OLVIDES!

Cómo escribir correspondencia informal

Página 79 en la Unidad 3.

TEORÍA DEL CONOCIMIENTO

¿Es posible que ocurran los milagros?

Cuando ocurre algo que parece increíble, solemos decir: "¡Es un milagro!" El uso de esta frase no implica que se hayan trastocado las leyes de la naturaleza; más bien, la frase muestra nuestra emoción ante algo inesperado. Pero hay milagros que sí parecen romper las leyes de la naturaleza y que, según parece, no se explican en términos racionales.

- En 1850, los ciudadanos de la ciudad de México creían que tres días de celebraciones en honor a la Virgen de Guadalupe los salvaron del cólera.

- En 1858, la Virgen se apareció 18 veces a una chica llamada Bernadette en Lourdes, en el sur de Francia.

Desde entonces, más de 7.000 personas han afirmado que el agua milagrosa de Lourdes las ha curado de sus enfermedades.

Estas creencias son muy poderosas para millones de personas y forman una parte profunda de la cultura del país en el que ocurrió el milagro. Algunos dicen que creer en milagros no es algo racional, y que tienen que ver más bien con la superstición; otros afirman que la fe pertenece al alma de las personas y que la razón no es capaz de entenderla.

Preguntas:

¿Piensas que los que creen en milagros son unos ilusos? ¿Por qué (no)?

Los milagros, ¿se pueden explicar en términos racionales? Si no, ¿cómo los explicas?

III: Hablemos de historia y de arte

8 Goya: la evolución de un pintor excepcional

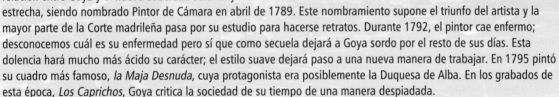

Francisco de Goya y Lucientes nace en un pequeño pueblo de la provincia de Zaragoza llamado Fuendetodos el 30 de marzo de 1746. La familia pronto se traslada a Zaragoza. En la capital aragonesa, Goya acudió a una escuela de dibujo donde conoció a los hermanos Bayeu, muy importantes para su carrera profesional.

Goya deseaba aprender en la Corte; este deseo motiva el traslado durante 1763 a Madrid. Allí se instalará en el taller de Franciso Bayeu. Los primeros encargos que recibe en la Corte son gracias a esta relación. Su destino sería la Real Fábrica de Tapices de Santa Bárbara, para la que Goya deberá realizar cartones, es decir, bocetos que después se transformarán en tapices. Allí realizará sus cartones más preciados, como *Merienda a orillas del Manzanares* y *La vendimia*.

Carlos IV sucede al trono en diciembre de 1788; la relación entre Goya y el nuevo soberano será muy estrecha, siendo nombrado Pintor de Cámara en abril de 1789. Este nombramiento supone el triunfo del artista y la mayor parte de la Corte madrileña pasa por su estudio para hacerse retratos. Durante 1792, el pintor cae enfermo; desconocemos cuál es su enfermedad pero sí que como secuela dejará a Goya sordo por el resto de sus días. Esta dolencia hará mucho más ácido su carácter; el estilo suave dejará paso a una nueva manera de trabajar. En 1795 pintó su cuadro más famoso, *la Maja Desnuda*, cuya protagonista era posiblemente la Duquesa de Alba. En los grabados de esta época, *Los Caprichos*, Goya critica la sociedad de su tiempo de una manera despiadada.

El contacto con los reyes va en aumento hasta llegar a pintar La Familia de Carlos IV, en la que Goya ha sabido captar a la familia real tal y como era, sin adulaciones ni embellecimientos. El estallido de la Guerra de la Independencia* ocurrió en mayo de 1808. Al finalizar la contienda, pinta sus famosos cuadros sobre *El dos y El tres de Mayo de 1808 en Madrid*.

No se caen bien mutuamente Goya y el monarca Fernando VII, y el pintor fue sustituido en la Corte. Goya inicia un período de aislamiento y amargura con sucesivas enfermedades, en el que realizará su obra suprema: las *Pinturas Negras*, en las que recoge sus miedos, sus fantasmas y su locura. En 1824 se traslada a Burdeos, en Francia, donde fallece en la noche del 15 al 16 de abril de 1828, a la edad de 82 años.

Adaptado de http://www.artehistoria.jcyl.es

 A

 V

Encuentra las palabras o frases en el texto que corresponden a las siguientes definiciones:

1 establecimiento donde se aprende el arte y la técnica de dibujar

2 estudio de un artista

3 esbozo que sirve de base para la obra definitiva

4 paño grande, normalmente tejido, que se usa como decoración

5 pintor nombrado para realizar encargos artísticos en la corte real

6 obra pictórica en un marco

7 estampa

8 alabanza excesiva

9 adorno

10 sentimiento de pena

¡Observa!

*La Guerra de la Independencia = una guerra entre España y Francia (1808–1814), el resultado de la cual fue la restauración al trono de España de Fernando VII luego de derrocar a José Bonaparte, hermano de Napoleón.

¡Qué bien escribes!

En el texto sobre Goya se usa mucho el **presente histórico**, es decir, los eventos ocurridos en el pasado se cuentan en el presente. Si un escritor quiere hacer más gráficos los sucesos pasados que narra, comúnmente emplea este uso estilístico. Así, es como si uno estuviera viviendo el momento histórico.

B Todas las siguientes frases tienen errores. Sin modificar su estructura, corrígelas con la información del texto.

1 La familia se trasladó a Bayeu, la capital de Aragón.

2 Goya no quería seguir estudiando en la Corte, por lo que decidió trasladarse a Madrid.

3 Los primeros encargos que realizó en Madrid, gracias a Santa Bárbara, se convirtieron en pinturas.

4 Carlos IV y el pintor se entendían mal, por lo que perdió el oficio de Pintor de Cámara.

5 Después de 1789, muchos cortesanos buscaban los servicios de Goya para pintar escenas rurales.

6 La enfermedad de Goya hizo que su carácter fuera más suave.

7 Se cree que la protagonista de *La Maja Vestida* fue una mujer de baja categoría social.

8 En *Los Caprichos*, el pintor manifiesta su compasión hacia la sociedad.

9 *El Tres de Mayo* fue pintado a comienzos de la guerra de la Independencia.

10 Las *Pinturas Negras* resultaron de un tiempo de optimismo y alegría al final de su vida.

C ¿De qué género son los siguientes sustantivos?

taller arte carácter fantasma noche
día águila nación claridad tapiz color
tinte expresión luz serie sociedad
personaje atrocidad horror crueldad
soledad mural tema verdad profeta
imagen costumbre composición alcance
viaje originalidad niñez enfoque
libertad belleza pasión

Gramática

EL GÉNERO DE LOS SUSTANTIVOS

Recuerda que:

- los sustantivos que terminan en **-ción/-sión** y en **-dad/-tad/-tud** son femeninos. Por ejemplo: *la relación, la televisión, la enfermedad, la libertad, la quietud.*

- los sustantivos de origen griego que terminan en **-a** son de **género masculino**. Por ejemplo: *el fantasma, el problema, el sistema, el planeta.*

- **el/la monarca** termina en **-a** y puede ser **masculino o femenino**, así como muchos sustantivos que terminan en **-ista**. Por ejemplo: *el/la artista, el/la protagonista, el/la deportista.*

Para repasar el género de los sustantivos ver 3 en el Resumen gramatical.

D Prepara una presentación interactiva sobre Goya u otro pintor hispánico, con ilustraciones de sus cuadros, mostrando los lazos entre el/la artista y el período histórico en el que vivió.

¡Qué bien hablas!

Las presentaciones orales en español pueden variar con respecto a las que se hacen en tu país. Aquí tienes unos consejos de lo que debes y no debes hacer. ¡Tenlos en cuenta!

SÍ se hace

- Se agradece a los presentes por su asistencia. Por ejemplo: *¡Buenos días!* **Quisiera agradecerles** *su asistencia.*
- Se da un orden de los temas a tratar. Por ejemplo: **En primer lugar**, *veremos...* **En segundo lugar...** **Y para concluir...**
- Se utiliza siempre el registro formal: **usted** o **ustedes**.
- Se usan estructuras impersonales o pasivas, por ejemplo: *se ha comprobado que...*
- Se usa la primera persona del plural, para ser incluyentes. Por ejemplo: *Si* **observamos** *lo siguiente...*
- Se suelen usar sinónimos cultos de las palabras. Por ejemplo: *Cuando* **nos encontramos** *en ese lugar... (= cuando estuvimos allí).*
- Se hace contacto visual con la audiencia en todo momento.

NO se hace

- No se habla en primera persona singular, excepto cuando sea estrictamente necesario (una opinión o respuesta(s) a pregunta(s)).
- No se lee sin mirar a la audiencia; esto constituye una falta de respeto.
- No se hacen bromas, a menos que se conozca bien al público.
- No se hace callar al público.

E Escribe un blog sobre un(a) artista hispánico/a (pintor(a), escultor(a), etc). No te olvides de mencionar:

- **por qué te interesa el/la artista**
- **la época en la que vivía**
- **al menos una obra famosa suya (puede ser una persona, un paisaje, un objeto, una batalla, etc.)**
- **su estilo**
- **tu opinión de su obra.**

¡NO OLVIDES!

Cómo escribir un blog

Página 53 en la Unidad 2.

A **Antes de leer el texto, observa el póster y responde las siguientes preguntas con tus opiniones:**

- **¿Sabes quién es el hombre del cartel?**
- **¿Por qué crees que lleva esa frase?**
- **El cartel, ¿te parece eficaz? ¿Por qué (no)?**

Félix Beltrán estaba estudiando diseño gráfico en Nueva York cuando estalló la Revolución Cubana, en 1959. En 1962 volvió a su país para ayudar a difundir el mensaje de la revolución. Pronto, Beltrán se convirtió en uno de los principales defensores del diseño de carteles de su país, y viajó por todo el mundo para comunicar la importancia de este medio peculiarmente cubano y sus mensajes de cambio social y político.

¿Cuándo empezaron los diseñadores y artistas a participar en la revolución?

La iniciativa revolucionaria no surgió de los artistas, sino del Estado. El Estado lo controlaba todo, así que la única manera de hacer diseño gráfico era a través de este.

¿Se les proporcionaba a los diseñadores guías de estilo o el mensaje e imágenes que deberían emplearse en los carteles?

No había un manual escrito, pero existían ciertas restricciones. El Estado prefería que los diseñadores emplearan frases de los discursos de los líderes del gobierno, sobre todo de Fidel Castro. Recuerdo que una vez hice una ilustración del Che Guevara con un color amarillo fluorescente y un intermediario me dijo que era demasiado carnavalesco y que no reflejaba su valor simbólico.

¿Afectaba la falta de libertad de expresión la calidad del trabajo que se realizaba?

Sí, aunque opino que otras causas también la afectaban. El tiempo también era un factor. Algunas veces los carteles se encargaban y se completaban en el mismo día. Las ideas se tenían que crear inmediatamente, no había tiempo para desarrollarlas como se debía.

¿Cree usted que es así como Cuba se promocionaba en el mundo?

Sí, mediante documentales y carteles. El cartel podía circular en países donde no estaba permitido hablar sobre las ideas de la revolución. Se trataba de carteles con mensajes muy complejos o con frases del Che o de Castro que eran a veces poéticas. También era una manera para Cuba de denunciar las contradicciones del capitalismo, especialmente en los Estados Unidos. Es importante tener en cuenta que en la década de los 60 y 70 había muchos problemas en los Estados Unidos, por ejemplo racismo, asesinatos y abuso de poder político.

Adaptado de http://www.joancosta.com

B Busca en el texto sinónimos para las siguientes palabras:

1 explotó
2 propagar
3 pósteres
4 sistema

5 daba
6 libro de instrucciones
7 dirigentes

8 se pedían
9 películas informativas
10 acusar

C Ahora busca en el texto antónimos para las siguientes palabras:

1 acusadores
2 insignificancia
3 fijeza
4 libertades

5 olvido
6 detenerse
7 prohibido
8 sencillos

9 tampoco
10 no considera

D Contesta las preguntas siguientes con frases tomadas del texto.

1 ¿Por qué dejó sus estudios en Nueva York Félix Beltrán?
2 ¿Por qué los artistas no pudieron controlar el medio de difundir el mensaje de la Revolución?
3 ¿Por qué tuvo que cambiar su cartel del Che Guevara Félix Beltrán?
4 ¿Cómo afectaba el tiempo a la calidad del trabajo?
5 Explica cómo los carteles podían tener influencia en otros países, según Félix Beltrán.

E Investiga la obra de un(a) pintor(a), fotógrafo/a o escultor(a) hispánico/a. Escribe una entrevista con él/ella en la que habla de sus métodos y de su actividad o compromiso social.

> **¡NO OLVIDES!**
>
> Cómo escribir una entrevista
>
> **Página 72 en la Unidad 3.**

¡Veamos una película!

Aquí tienes el nombre y datos de una película en español que trata de la vida de un pintor español muy famoso.

***Goya en Burdeos* (España, 1999)**
Género: drama biográfico
Director: Carlos Saura
Reparto: Francisco Rabal, José Coronado y Dafne Fernández.

Si es posible, mírala y debate los siguientes puntos con la clase:

- ¿Qué tipo de cuadros pinta Goya?
- ¿De qué sufre en esta etapa de su vida?
- ¿Con quién vive?
- ¿Qué recuerda el pintor?
- ¿Qué pasa con los cuadros y la vida real?
- ¿Qué opinas del carácter de este célebre pintor? ¿Te gusta su obra? ¿Por qué (no)?

¡Escuchemos una canción!

Aquí tienes el nombre de una canción que trata del tema de las costumbres y tradiciones.

La Perla
Género: reggaeton/salsa
Álbum: Los de atrás vienen conmigo (2008)
Cantantes: Calle 13 con Rubén Blades y la Chilinga (Puerto Rico, Panamá y Argentina)

Si es posible, escúchala y debate los siguientes puntos con la clase:

- ¿A quién dedica la canción René (Residente Calle 13)?
- ¿Cómo era él cuando era niño? ¿Cómo creció?
- ¿Cómo describe Rubén el lugar donde creció?
- Menciona por lo menos dos características y costumbres del pueblo de René.
- ¿Por qué lucha René?
- ¿Dónde está Rubén? ¿Qué puede ver desde allá?
- ¿Qué respetan donde viven ellos?
- ¿Crees que las costumbres y valores de esa gente son buenos? ¿Por qué (no)?

IV: Literatura [Nivel superior]

10 "Somos un pueblo ritual"

Octavio Paz fue uno de los poetas y ensayistas hispanos más grandes del siglo XX. Nació en la Ciudad de México en 1914, de un padre mexicano y una madre española. Su padre luchó con las fuerzas de Emiliano Zapata durante la Revolución mexicana. En los años 30 comenzó a publicar poemas y artículos, y en la misma década y en los 40 viajó mucho por Europa, donde se puso en contacto con los escritores más importantes europeos. Quizás su obra de ensayista más famosa sea *El laberinto de la soledad* (1950) en la que analiza, como antropólogo, las raíces de la sociedad mexicana. De los muchos premios literarios que recibió, en mayor fue el Premio Nobel, en 1990.

En el extracto siguiente de *El laberinto de la soledad*, Paz habla de la profunda importancia de la fiesta para el alma mexicana.

El solitario mexicano ama las fiestas y las reuniones públicas. Todo es ocasión para reunirse. Cualquier pretexto es bueno para interrumpir la marcha del tiempo y celebrar con festejos y ceremonias hombres y acontecimientos. Somos un pueblo ritual. Y esta tendencia beneficia a nuestra imaginación tanto como a nuestra sensibilidad, siempre afinadas y despiertas. El arte de la fiesta, envilecido en casi todas partes, se conserva intacto entre nosotros. En pocos lugares del mundo se puede vivir un espectáculo parecido al de las grandes fiestas religiosas de México, con sus colores violentos, agrios y puros y sus danzas, ceremonias, fuegos de artificio, trajes insólitos y la inagotable cascada de sorpresas de los frutos, dulces y objetos que se venden esos días en plazas y mercados.

Nuestro calendario está poblado de fiestas. Ciertos días, lo mismo en los lugarejos más apartados que en las grandes ciudades, el país entero reza, grita, come, se emborracha y mata en honor de la Virgen de Guadalupe o del general Zaragoza. Cada año, el 15 de septiembre a las once de la noche, en todas las plazas de México celebramos la fiesta del Grito; y una multitud enardecida efectivamente grita por espacio de una hora, quizá para callar mejor el resto del año. Durante los días que preceden y suceden al 12 de diciembre, el tiempo suspende su carrera, hace un alto y en lugar de empujarnos hacia un mañana siempre inalcanzable y mentiroso nos ofrece un presente redondo y perfecto, de danza y juerga, de comunión y comilona con lo más antiguo y secreto de México. El tiempo deja de ser sucesión y vuelve a ser lo que fue, y es, originariamente: un presente en donde pasado y futuro al fin se reconcilian.

Extraído de **El laberinto de la soledad**
Octavio Paz (México)

A Trabaja con un(a) compañero/a. Emparejen las siguientes palabras y frases del texto con sus significados.

1	reunirse	9	lugarejos	a	ora	i	sucesos
2	festejos	10	reza	b	trayecto	j	ásperos
3	acontecimientos	11	enardecida	c	inaccesible	k	inextinguible
4	afinadas	12	carrera	d	lleno	l	agudas
5	envilecido	13	inalcanzable	e	banquete	m	exaltada
6	agrios	14	mentiroso	f	desacreditado	n	juntarse
7	inagotable	15	comilona	g	engañoso	ñ	pueblitos
8	poblado			h	celebraciones		

B ¿Qué párrafo resume mejor el texto: el 1, el 2 o el 3?

1 Los hombres y los eventos se celebran en México como en pocos países. El sentido del rito y la imaginación del mexicano se juntan para producir fiestas en donde todos disfrutan del color, la danza, las hogueras y los trajes extraños. Ciertos días se celebran con un gozo especial: destaca el día del Grito, cuando el pueblo grita durante todo el día, y el 12 de diciembre, que da un pretexto a todos los mexicanos para danzar, comer y fraternizar, siguiendo las tradiciones más antiguas de la cultura mexicana.

2   Pocos pueblos celebran a cualquier hombre famoso o suceso como el mexicano. Los ritos despiertan su imaginación y crean fiestas religiosas llenas de colores, bailes, ceremonias, fuegos de artificio y vestidos raros, alimentos y objetos de todo tipo. Hay fiestas durante todo el año. Ciertos días son especiales, como el 15 de septiembre, cuando la muchedumbre grita durante una hora entera. La vida se para el 12 de diciembre para que los mexicanos puedan comer, bailar y divertirse en una fiesta ligada a las tradiciones más profundas del país.

3   El pueblo mexicano no necesita de ningún pretexto para festejar. Los mexicanos se juntan de buena gana para celebrar a cualquier hombre o evento. Su rica imaginación crea espectáculos religiosos en los que hay todo tipo de atracción y donde se venden una variedad de objetos en los pueblos. Los mexicanos suelen celebrar las fiestas especiales en conjunto: se reúnen todos para la fiesta del Grito y el 12 de diciembre, cuando rezan por sus antepasados y hablan todos de sus esperanzas para el futuro.

 Investiga el fenómeno de la fiesta en México. Luego escribe una redacción sobre la historia de una fiesta de tu elección, poniendo de relieve lo distintivo de la fiesta escogida y la importancia de la tradición.

11 La adoración de los Reyes Magos – 1822

Manuel Mujica Láinez (1910–1984) fue un escritor, biógrafo, crítico y periodista argentino de orígenes nobles. Después de una educación parisina, se dedicó a ser redactor en Buenos Aires, con descansos para escribir en su casona colonial de la provincia de Córdoba. Entre sus novelas históricas eruditas se ubica **Bomarzo** (1962), que describe la vida de un noble italiano del Renacimiento, narrada por un muerto. Esta obra maestra fue convertida en una ópera premiada y reconocida, con libreto del mismo autor.

Son célebres sus colecciones de cuentos. Su segundo libro fue **Misteriosa Buenos Aires** (1950), ambientado en la capital de la Argentina. En ella narra la historia de esta metrópolis desde su fundación hasta el siglo XIX. Estos cuentos históricos mezclan la historia con la fantasía, con un estilo que podría denominarse de *realismo mágico*, siendo predecesor de este movimiento. **La adoración de los Reyes Magos, 1822** está inspirado en un tapiz que se conserva hasta nuestros días.

 Antes de leer el texto, observa el siguiente tapiz y responde las siguientes preguntas con tus opiniones:

- **¿Qué escena de la tradición cristiana representa?**
- **¿Quién es el centro de atención?**
- **¿Qué están haciendo las distintas personas? ¿Por qué?**

Conferencia Episcopal Argentina, Buenos Aires

 Antes de leer el texto, busca las siguientes palabras en un diccionario o deduce su significado con ejemplos de tu profesor(a):

sordomudo	plumero	nave (de iglesia)	yacer (formal)	penumbra	titubear	bruñir
facistol	barandal	afanarse (formal)	monaguillo	rezongo	ráfaga	relampaguear
casulla	bóveda	erguirse (formal)	cuchicheo	balaústre	paje caudatario	
ataviado (formal)	séquito	acurrucarse	aguja	telar		

Hace buen rato que el pequeño sordomudo anda con sus trapos y su plumero entre las maderas del órgano. A sus pies, la nave de la iglesia de San Juan Bautista yace en penumbra. La luz del alba – el alba del día de los Reyes – titubea en las ventanas y luego, lentamente, amorosamente, comienza a bruñir el oro de los altares.

Cristóbal lustra las vetas del gran facistol y alinea con trabajo los libros de coro, casi tan voluminosos como él. Detrás está el tapiz, pero Cristóbal prefiere no mirarlo hoy.

De tantas cosas bellas y curiosas como exhibe el templo, ninguna le atrae y seduce como el tapiz de la Adoración de los Reyes…

El sordomudo, que es apenas un adolescente, se inclina en el barandal. Allá abajo, en el altar mayor, afánanse los monaguillos encendiendo las velas. Hay mucho viento en la calle. Es el viento quemante del verano… Cristóbal no puede oír el rezongo de las ráfagas a lo largo de la nave, pero siente su tibieza en la cara y en las manos, como el aliento de un animal. …

Ya empezó la primera misa. El capellán abre los brazos y relampaguea la casulla hecha con el traje de una Virreina. Asciende hacia las bóvedas la fragancia del incienso.

Cristóbal entrecierra los ojos. Ora sin despegar los labios. Pero a poco se yergue, porque él, que nada oye, acaba de oír un rumor a sus espaldas. Sí, un rumor, un rumor levísimo…

Son unas voces, unos cuchicheos, desatados a sus espaldas. Cristóbal ni oye ni habla desde que la enfermedad le dejó así, aislado, cinco años ha. …

Se ha aferrado a los balaústres; el plumero en la diestra. A infinita distancia, el oficiante refiere la sorpresa de Herodes ante la llegada de los magos que guiaba la estrella divina. …

Una presión física más fuerte que su resistencia obliga al muchacho a girar sobre los talones y a enfrentarse con el gran tapiz.

Entonces en el paño se alza el Rey Mago que besaba los pies del Salvador y se hace a un lado… Le suceden en la adoración los otros Príncipes, el del bello manto rojo que sostiene un paje caudatario, y el Rey negro ataviado de azul. … Poco a poco el séquito se distribuye detrás de la Virgen María, allí donde la mula, el buey y el perro se acurrucan…

… otras figuras avanzan por la izquierda… se ve que son hombres del pueblo, sencillos, y que visten a usanza remota. Alguno trae una aguja en la mano; otro un pequeño telar… Caen de rodillas y brindan su trabajo de artesanos al Niño Jesús. Y luego se ubican entre la comitiva de los magos…

Extraído de **Misteriosa Buenos Aires**
Manuel Mujica Láinez (Argentina)

C Contesta las siguientes preguntas, en lo posible con tus propias palabras y de forma oral. Comprueba tus respuestas con tu profesor(a).

1 ¿Quién es Cristóbal, cómo es y a qué se dedica?

2 ¿En qué día transcurre la historia?

3 ¿Cuál es el objeto preferido de Cristóbal?

4 ¿Qué estación del año es? ¿Cómo lo nota Cristóbal?

5 ¿Por qué Cristóbal entrecierra los ojos y ora sin despegar los labios?

6 ¿Qué oye en ese momento?

7 ¿Por qué es esto fantástico?

8 ¿Qué hace entonces Cristóbal?

9 ¿Qué es extraño de las figuras que ve?

10 ¿Quiénes más llegan? ¿Qué hacen?

D Este texto es muy rico en descripciones. Identifica los ejemplos que más te impacten de las siguientes imágenes que el autor utiliza para hacernos sentir "como en la historia".

- imágenes visuales
- imágenes táctiles
- imágenes auditivas
- imágenes olfativas.

E ¿Qué pasó después? Inventa un final para esta historia fantástica. Escribe por lo menos tres párrafos (300 a 400 palabras) en la que comentes qué hizo Cristóbal después. Si quieres, compara tu final con el final del cuento original.

TAREA CREATIVA SOBRE LITERATURA DE SEGUNDO AÑO

Escribe una redacción (mínimo 200 palabras) sobre la importancia del tema *la tradición* o *las costumbres* o *las creencias* en uno de los libros que has escogido para tu tarea creativa sobre literatura.

- Este tema, ¿influye en el desarrollo de los personajes de la obra?
- ¿Qué técnicas emplea el autor para poner de relieve este tema?
- El contexto del tema, ¿es español o hispanoamericano, o los dos? ¿Qué rasgos son españoles o hispanoamericanos?

V: ¡A jugar!

Crucigrama

Aquí tienes un crucigrama referido a las costumbres, creencias y tradiciones.
Complétalo siguiendo las definiciones. La mayoría de las palabras se encuentran en esta unidad del libro.

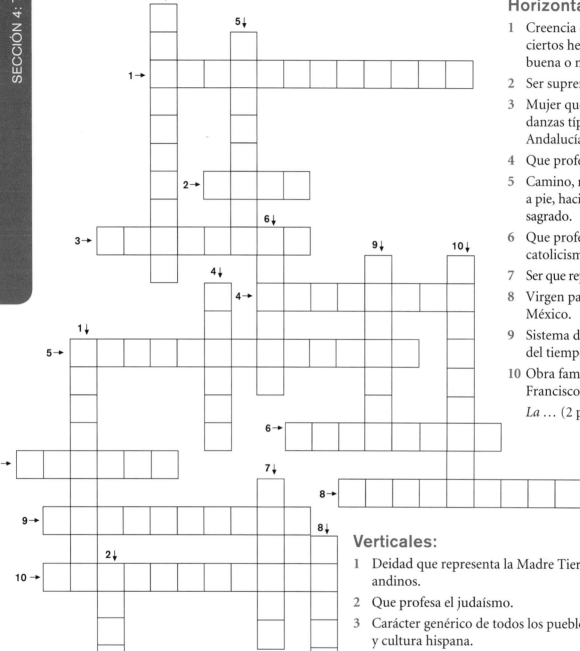

Horizontales:

1 Creencia en que ciertos hechos traen buena o mala suerte.

2 Ser supremo.

3 Mujer que baila las danzas típicas de Andalucía.

4 Que profesa el islam.

5 Camino, normalmente a pie, hacia un sitio sagrado.

6 Que profesa el catolicismo.

7 Ser que representa el mal.

8 Virgen patrona de México.

9 Sistema de medición del tiempo en períodos.

10 Obra famosa del pintor Francisco de Goya:

La ... (2 palabras).

Verticales:

1 Deidad que representa la Madre Tierra para pueblos andinos.

2 Que profesa el judaísmo.

3 Carácter genérico de todos los pueblos de habla y cultura hispana.

4 Hombre que practica la tauromaquia.

5 Conjunto de creencias acerca de la divinidad.

6 Peregrinación de origen medieval hacia Santiago de Compostela, España: ... *de Santiago*.

7 Acto de adoración de un ser.

8 Fiesta popular de Valencia, con imágenes satíricas.

9 Fiesta religiosa de Andalucía, *Virgen de* ... (2 palabras).

10 Comunidad Autónoma de España, famosa por su patrimonio cultural moro.

UNIDAD 10 El ocio

◎ I: Viajar, el placer más grande

◎ II: Jugamos, entrenamos, nos divertimos

◎ III: ¿Y qué tal si vamos a…?

◎ IV: Literatura [Nivel superior]

◎ V: ¡A jugar!

¡Piensa!

"Teniendo en cuenta la brevedad de la vida y la cantidad de cosas agradables que puede ofrecer el ocio a la gente imaginativa, no es probable que dilapide mi precioso tiempo".

Carlos Boyero (nacido en 1953), periodista español.

● ¿Eres una persona imaginativa, que no malgasta su precioso tiempo?

● ¿Cuál es la mejor manera de viajar en un país extranjero?

● ¿Vale la pena pasar un "año sabático" en otro país antes de ir a la universidad?

● El espíritu de competencia en el deporte, ¿es bueno o malo?

● "Los juegos enseñan mejor que los profesores". ¿Estás de acuerdo?

● Los artistas y los deportistas famosos, ¿deben ayudar a los desfavorecidos?

● ¿Vas al bar o a un café en tu tiempo libre? ¿Es parte de tu cultura?

● ¿Te gusta ir al cine? ¿Has visto alguna película en español?

I: Viajar, el placer más grande

1 Hablamos con mochileros expertos

Hoy podrás conocer la historia de dos viajeros que soñaron con un gran viaje y lo cumplieron. Con un poco de imaginación y mucha voluntad y esfuerzo, Manolo y Nelson alcanzaron las metas que se propusieron.

¿Qué viajes han hecho?

Manolo: *Mucho Argentina, mucho Chile, casi todo Perú, mucho de Bolivia, pizca de Brasil, coqueteo paraguayo y toda la costa uruguaya.*

Nelson: *Hemos hecho la ruta Sudamérica Austral como nuestra primera experiencia de viajes independientes por el mundo. Conocer Sudamérica es fascinante, pero también más difícil y extenso que dar una vuelta por Europa.*

¿Cuál disfrutaron más?

Nelson: *Me es muy difícil saber cuál más. De hecho, todos los viajes están de algún modo pensados para disfrutar al máximo. Claro está que siempre puedes tener contratiempos, como robos, pérdidas, averías de equipos, retrasos de buses, y enfermedades. Por ejemplo, nos robaron dos veces cuando estábamos en Bolivia. Creo que lo mejor estuvo en la Patagonia argentina y chilena, así como en los Andes peruanos.*

Manolo: *El conjunto, los contrastes y similitudes. Nuestro recorrido por Sudamérica Austral fue un todo. Las personas hacen los países, hay que disfrutarlas, conocerlas y llevarse lo mejor. Si tengo que hablar de lugares, prefiero recomendar las*

bellezas poco conocidas. El Chaltén en Patagonia argentina y Choquequirao en Cusco, Perú.

¿Tuvieron problemas para cruzar las fronteras?

Manolo: *Muy pocos. Al inicio siempre hay desconfianza en los controles, por el hecho de tener el pasaporte vacío. Una vez sellado, tu documento es como una hoja de vida y las puertas se abren con mucha más facilidad.*

Nelson: *En general ninguno, ya que cruzamos muchas fronteras. Sin embargo, entrando a Chile se notó un evidente recelo por permitirnos cruzar. Nos dijeron que no nos iban a permitir pasar (¿mintiendo para esperar que confesáramos algo?) y alegando que nuestros motivos para cruzar podrían ser falsos. Pero otros viajeros les explicaron que éramos auténticos mochileros y al final nos dejaron tranquilos.*

¿Algún consejo para los que quieren viajar de mochileros y no se animan?

Manolo: *Salgan a andar. El temor existe cuando no se conoce, la realidad es mucho más amigable de lo que uno a veces piensa. Nuestras fronteras son muchas veces mentales.*

Nelson: *Tener un poco de valentía para hacer un viaje independiente puede darles la flexibilidad que necesitan para conocer lo que quieran. El mundo es como un gran menú a la carta. Esencial es buscar información, mapas, y alimentarse un poco de las experiencias de otros viajeros.*

Adaptado de http://www.viajeros.com

A Trabaja con un(a) compañero/a. Emparejen las siguientes palabras y frases del texto con sus significados.

1	mochilero	7	retrasos	a	demoras	g	daños
2	metas	8	recorrido	b	camino	h	flirteo
3	coqueteo	9	sellado	c	sucesos inoportunos	i	viajero con una mochila
4	ruta	10	hoja de vida	d	marcado	j	desconfianza
5	contratiempos	11	cruzar	e	itinerario	k	objetivos
6	averías	12	recelo	f	atravesar	l	currículum vitae

B En la siguiente lista de frases, además del ejemplo, solo hay cinco que son correctas con respecto al texto. Elígelas y márcalas con una cruz (*X*). Te damos una como ejemplo.

Ejemplo: *Manolo y Nelson consiguieron sus objetivos como viajeros.*	*X*
1 Manolo pasó poco tiempo en Paraguay.	
2 Los dos viajeros comenzaron por explorar el norte de Sudamérica.	
3 Para Nelson es normal que un mochilero planee el viaje para beneficiarse al máximo.	
4 A Nelson le gustó la experiencia de viajar por terreno montañoso.	
5 Manolo recomienda lugares en tres países.	
6 Manolo solía tener problemas en cruzar las fronteras aun con el pasaporte sellado.	
7 En la frontera chilena, primero se les prohibió entrar en el país.	
8 Los guardias los dejaron entrar en Chile cuando vieron que sus documentos eran auténticos.	
9 Manolo aconseja a los lectores que se olviden de sus miedos y se pongan en camino.	
10 Nelson afirma que la valentía es más importante que la búsqueda de información cuando se viaja.	

C Completa los espacios en este blog con *ser* o *estar* en el tiempo adecuado.

¡De mochileros por Perú!

¿1_____ seguro viajar por Perú? Yo 2_____ 15 días, desorganizado como 3_____ y no he tenido ni un problema; al revés, todo el mundo 4_____ superamable y te ayuda. Pero tampoco me he metido en Lima.

¿Comer? Yo comí muy bien, sobre todo cuando 5_____ en la costa; hay pescado fresquísimo y marisco a precios de risa; por el interior todo 6_____ a base de alpaca, res o cerdo, pero se come muy bien y muy barato.

¿Copas? Aquí sí que 7_____ expertísimos, cada día un *pisco sour*. Lo preparan de mil maneras, lo toman a todas horas y puedes pedirlo un poco más flojo; si no 8_____ acostumbrado, ¡se te va a la cabeza en un segundo!

¿Alojamiento? No siempre vas a encontrar el hotel de la categoría que quieres; hay lugares donde me he tenido que alojar en pensiones que me han costado 35 soles (unos 10€) por noche para dos personas con desayuno, y 9_____ bien, limpios… Aunque quieras el mejor hotel, a veces no hay, pero bueno, para eso vosotros 10_____ mochileros.

D Piensa en un viaje que has hecho en tu país o en el extranjero, con la familia, con amigos o solo/a. Tienes la costumbre de anotar las impresiones de tus experiencias en tu diario. Escribe cuatro días (250 a 400 palabras) en los que cuentes las experiencias más interesantes y tus reflexiones sobre ellas.

Gramática

SER Y ESTAR

Recuerda que:

- el verbo **ser** responde a la pregunta *¿Qué es algo?* o *¿Quién es alguien?* Es decir, tiene que ver con **la naturaleza** de una cosa o una persona. Por ejemplo: *Nuestras fronteras* **son** *muchas veces mentales.*

- el verbo **estar** responde a la pregunta *¿Dónde está algo o alguien?* o *¿En qué estado está algo o alguien?* Es decir, tiene que ver con **la situación** o **la condición** o **estado** de una cosa o una persona. Por ejemplo: *… nos robaron dos veces cuando* **estábamos** *en Bolivia.*

Para repasar los usos de *ser* y *estar*, ver 11.H en el Resumen gramatical.

¡NO OLVIDES!

Cómo escribir un diario

Página 113 en la Unidad 4.

¿Qué sabes de... Colombia?

Antes de leer la información sobre Colombia, completa este pequeño cuestionario para ver cuánto sabes de ese país.

1 ¿De cuál de estos productos es segundo líder mundial Colombia?

a) flores

b) pesca

c) petróleo

2 ¿Qué leyenda precolombina es de origen colombiano?

a) La Ciudad de los Césares

b) La Fuente de la Eterna Juventud

c) El Dorado

3 ¿Cómo se llamaba en tiempos coloniales este territorio?

a) Virreinato de la Nueva España

b) Virreinato de Nueva Granada

c) Virreinato del Perú

4 ¿Qué son las FARC?

a) familias de gran poder en Colombia

b) grupos guerrilleros colombianos

c) fuerzas policiales antidrogas

5 ¿Cuál de estos ritmos viene de las costas del Caribe colombiano?

a) la salsa

b) la rumba

c) la cumbia

El país

- ◉ Colombia limita al norte con Panamá y el mar Caribe, al este con Venezuela, al sur con Ecuador, Perú y Brasil, y al oeste con el océano Pacífico. Es el único país sudamericano con **fachada a dos océanos**.

- ◉ El país está dividido en **32 departamentos** y el distrito especial de **Bogotá**.

- ◉ Su geografía es variada: en el sector occidental dominan las montañas, especialmente **los Andes**, que se dividen en las cadenas Occidental, Central y Oriental; en el sector oriental están **los Llanos**, en la cuenca del Orinoco, y **la Amazonia**, en la del Amazonas.

- ◉ Es un país muy rico en **naturaleza**: su vegetación pasa de la selva ecuatorial al bosque claro y la sabana, convirtiéndose en vegetación de montaña en los Andes. Posee más del 40% del carbón de América Latina, y explota y exporta su petróleo, oro y esmeraldas, las más grandes y famosas del mundo. Además, Colombia es líder mundial en el mercado del café, bananos, azúcar, textiles, y flores (2º después de Holanda).

- ◉ La población de Colombia es de aproximadamente **40 millones**, que se concentran en las principales ciudades del país: su capital, Bogotá, y Cali, Medellín, Barranquilla, Cartagena, Bucaramanga y Manizales.

- ◉ Los colombianos son principalmente mestizos (un 57%) y blancos (26%), pero también hay población indígena (9,1%) y negra (7,9%).

Mapa: Mar Caribe · Cartagena · Barranquilla · PANAMÁ · VENEZUELA · Bucaramanga · Laguna de Guatavita · Manizales · Cordillera de los Andes · Bogotá · Océano Pacífico · Cali · COLOMBIA · ECUADOR · PERÚ · BRASIL

Café de Colombia

Historia

El período precolombino

En el territorio confluyeron varias culturas precolombinas de Mesoamérica, de los Andes, de las Antillas y de la Amazonia. La más antigua es la cultura megalítica de San Agustín. La cultura *tairona*, de la Sierra Nevada de Santa Marta (norte) fue invadida por los *caribes*, quienes también desplazaron a los *arahuacas*. En el altiplano reinaban los *chibchas* o *muiscas*, grandes agricultores y orfebres, famosos por haber dado origen al mito de **El Dorado**; este sitio nunca encontrado estaba supuestamente en la Laguna de Guatavita, donde el cacique se bañaba en oro (reflejando al dios sol) y se tiraba al agua, junto con objetos de oro, para así fecundizar la tierra.

La Conquista y el período colonial

Ya en 1499 llegó a la entonces llamada Tierra Firme Alonso de Ojeda, enviado por Fernando el Católico. La primera ciudad fundada fue Santa María la Antigua del Darién (1510), a la que le siguieron Santa Marta (1525), base y principal puerto de la "ruta del oro" española; le siguieron Cartagena (1533), Popayán y Cali (1536). En 1538, Gonzalo Jiménez de Quesada fundó **Santa Fe de Bogotá**, y desde entonces el territorio empezó a llamarse **Nuevo Reino de Granada**. En 1549 pasó a depender del Virreinato de Lima, pero al llegar las reformas borbónicas a España, se constituyó el **Virreinato de Nueva Granada** (1718).

Cartagena de Indias

La independencia y el siglo XIX

Desde fines del siglo XVIII se produjeron movimientos independentistas en Colombia. En 1810, el virrey fue depuesto y en 1811 se formó la **República de Cundinamarca**, con capital en Bogotá; en 1813 se creó la **Federación de las Provincias Unidas**, con sede en Tunja. Sin embargo, las divisiones internas permitieron a los realistas retomar el control.

Simón Bolívar comenzó la liberación de Nueva Granada en **1818**; cruzó los Andes y entró triunfante en Bogotá en **1819**. En diciembre de ese año se constituyó en Angostura la república de **la Gran Colombia**, con tres departamentos: Colombia, Ecuador y Venezuela, con el gobierno en Bogotá.

Pero el proyecto de Bolívar no era aceptado por todos, y el "Libertador de América" no pudo evitar la secesión de Venezuela en 1829 y de Ecuador en 1830. En 1861, el país, con una constitución federalista, pasa a denominarse Estados Unidos de Colombia, hasta que en 1886 se declara la **República de Colombia**, su nombre actual. En 1903, apoyada por los Estados Unidos, se declara independiente Panamá (Bogotá no permitía desarrollar su famoso Canal).

Los siglos XX y XXI

Colombia enfrentó épocas turbulentas en el siglo XX. En 1899 estalló la **guerra de los mil días** entre los liberales y conservadores. La economía colombiana comenzó a resurgir con la producción del café, especialmente tras la Primera Guerra Mundial. El asesinato del líder liberal Jorge Eliécer Gaitán en 1948 provocó la revuelta popular llamada el **bogotazo**, cuya represión estimuló el surgimiento del movimiento guerrillero colombiano. Los militares gobernaron el país desde 1953 a 1957, y después pasó a manos de los **liberales** y **conservadores**, que se alternaban. La actividad guerrillera continuó, con grupos como las **Fuerzas Armadas Revolucionarias de Colombia (FARC)** y M-19, y en 1986 el gobierno tuvo que enfrentar el crecimiento del poder de los productores de cocaína. A principios del nuevo siglo hubo sucesivos intentos de pacificación, apoyados por los Estados Unidos, pero las FARC secuestraron a un senador, con lo que se decidió el cese definitivo de los diálogos de paz.

El ocio en Colombia

A pesar de sus problemas, Colombia tiene la reputación de ser un país "divertido". Los colombianos son gente alegre que realiza muchas actividades de tiempo libre: la capital de la **salsa** es Cali, y entre los diversos ritmos del país sobresalen la **cumbia** (combinada con ritmos africanos) y el **vallenato**, de Valledupar, ambos caribeños. Colombia cuenta con artistas que son verdaderas estrellas mundiales: **Shakira** continúa combinando ritmos caribeños y andinos con el pop, así como lo hace el guitarrista y cantautor **Juanes**, y **Carlos Vives** ha llevado al vallenato/pop a los escenarios mundiales.

En su tiempo libre, los colombianos organizan **fiestas** y **bailes** muy espontáneos hasta altas horas de la mañana. También disfrutan de los **deportes de riesgo** o de aventura. Para los de gustos menos peligrosos, hay una gran variedad de **telenovelas** ("Yo soy Betty, la fea" es un ejemplo de producción original colombiana). La belleza de la mujer colombiana se celebra en muchos **reinados** en todo el país, tales como los de la Fiesta del Café, en Calarcá, departamento de Quindío.

Para más información:
http://www.colombia.com/turismo

2 Un viajecito en Chiva, el más colombiano de los transportes

Un autobús multicolor se aproxima a gran velocidad por la vía principal del municipio de Andes, en el sur de Antioquia, Colombia; el agite en la plaza no da tregua, hoy domingo es el día en que campesinos bajan a vender sus productos y hacer mercado.

El vehículo de transporte, *chiva* o *bus escalera* como se lo conoce tradicionalmente, se detiene en el parqueadero* de la plaza y de ella empieza a bajar un batallón de personas con paquetes, costales y racimos de plátano. Inmediatamente los auxiliares se lanzan a lavarla, limpian el interior y hacen una breve revisión mecánica; una de las llantas delanteras presenta una leve falla la cual es corregida a martillazo limpio. "¡¡¡Cascajeroooo*… !!!" grita enérgicamente el ayudante indicando que el carro ya está listo; un hombre maduro llega cargando un bulto de remesas, se lo entrega al ayudante quien se dispone a subirlo al techo donde lo recibe otra persona que lo acomoda junto a un par de colchones que habían subido previamente.

La capacidad del vehículo está copada, pero eso no es excusa para que deje de subir más gente, el techo también se usa para viajar y nadie se quiere quedar, por eso la comodidad no es lo que importa, aunque deba compartir puesto con una gallina.

La chiva parte de la estación; atrás quedan los vendedores de paletas*, empanadas y chorizos que hacen su agosto con los pasajeros; el recorrido se inicia por una carretera perfectamente pavimentada que paulatinamente se va transformando en una trocha polvorienta que atraviesa cafetales y sembrados de plátano.

El conductor acciona la bocina que retumba entre las montañas avisando que la línea ya viene de vuelta con un encargo o una visita inesperada.

Viajar en chiva es una experiencia única, la ausencia total de ventanas y puertas permiten contemplar el paisaje en toda su magnitud y el aroma de la tierra, que parece inagotable, entra directamente y hace olvidar la contaminación de la ciudad.

Es como la plaza central del campo, todos los que se suben se conocen o son familiares; se dan noticias, se cuentan chismes y hasta hacen negocios. No falta el que no tiene con qué pagar y entrega como prenda de garantía su reloj o un racimo de plátano; lo que es seguro es que la chiva no deja a nadie.

Adaptado de http://www.destinosyplanes.com

¡Observa!

*parqueadero (Col. y Bol.) = lugar para dejar los vehículos o "parquear".
*cascajero (Col., coloq.) = hombre que arregla cascajos, o sea metales o máquinas rotas.
*paleta (CA y Col.) = helado con palito, que asemeja una paleta para jugar deportes.

A   Encuentra las palabras o frases en el texto que corresponden a las siguientes definiciones:

1 no deja descansar
2 sacos grandes y fuertes de tela rústica
3 círculos metálicos donde se ponen los neumáticos
4 con golpes fuertes de martillo
5 en muchos países de Hispanoamérica, automóvil
6 cuerpo de dimensiones poco definidas
7 envíos de objetos desde otro lugar
8 sacos rectangulares que se usan para dormir
9 totalmente llena
10 comercian con éxito
11 camino estrecho donde se levanta polvo
12 pequeña trompeta que llevan los automóviles
13 pedido
14 historias verdaderas o falsas de otros
15 objeto que se entrega para prometer pago

B

Decide si las siguientes frases referidas al texto son verdaderas o falsas. Marca con una cruz (X) la opción que te parezca correcta. Si es falsa, explica por qué con tus propias palabras.

		Verdadero	Falso
1	La chiva mencionada viaja lentamente por los Andes, donde no hay poblados.		
2	Hoy hay mucha gente porque es el momento tradicional para comerciar.		
3	Esta chiva transporta personas y mercaderías.		
4	Con mucho alboroto, muchachos y mecánicos dejan a la chiva en condiciones para continuar.		
5	Si una chiva lleva mercaderías, se ponen debajo de los asientos, como colchones.		
6	Aunque la gente vaya incómoda, todo el que quiere subir a una chiva puede hacerlo.		
7	Hay vendedores de comida en la chiva, que viaja por carreteras muy buenas.		
8	Cuando el conductor toca la bocina es porque anuncia que va a cruzar una montaña.		
9	Es un viaje con vistas y olores naturales.		
10	Hay un ambiente muy familiar en la chiva, y mucha confianza.		

LA ÚLTIMA MODA
RUMBA EN CHIVA DE NOCHE

¡VAMOS A LA CHIVA! Relájate, disfruta y conoce gente, mientras la chiva rumbera se mueve por toda la ciudad de Cartagena. Edades: 18 a los 100.

CÓMO SE AGARRA UNA CHIVA

La chiva te recogerá en tu hotel. La hora de recogida es 8:30 p.m*. si estás esperando en el hotel donde te hospedas o a las 8:00 p.m. si estás en la estación.

La rumba empieza cuando el conductor hace su última recogida. Es bar abierto con gaseosa para mezclar, ¡¡así que disfruta!! En la vieja ciudad, tu chiva parará por una hora o más en la zona histórica las Bóvedas. Aquí podrás estirarte, bailar al ritmo de la "Papayera" o disfrutar el entretenimiento local. Usualmente hay al menos tres buses de chiva haciendo la misma parada; entonces hay mucha gente para conocer, con comidas fritas de toda clase, como empanadas de carne, de pollo, etc.

Cuando el "director" toca la trompeta, es para volverte a montar en la chiva para tu última parada: "Las escolleras", un Disco club donde serás bienvenido con admisión y un cocktail gratis. ¡Rumbea y baila hasta que salga el sol!

** PRECIOS: $18.000 (pesos) por persona (sobre US$ 9.00).
** HORAS: desde las 8:00 p.m. hasta 12:00 a.m.
** ASIENTOS: 48 personas, una hilera es para la banda de música.

Adaptado de http://www.cartagenainfo.com

Nuestras chivas han estado operando por 15 años, y también pueden ser arrendadas para fiestas privadas.

¡Observa!

*8:30 p.m. (del inglés) = las 20:30; el formato inglés *a.m./p.m.*, que no es estándar en español, es usado en contextos informales y por gente joven en algunas regiones hispanas.

Estudiante A: promotor(a) "chivero/a"

Trabajas en Cartagena, Colombia. Aquí tienes un folleto que explica lo que debes promocionar: la rumba en chiva de noche. Léela con cuidado y prepárate. Después debes hablar con cuantos "turistas" sea posible y convencerlos de ir contigo en la chiva esta noche. ¡Recibirás una comisión por cada persona que diga que sí! ¡Suerte!

C ¡Prepárate para una visita a Colombia! La clase debe dividirse: unos pocos "promotores" y los "turistas". Cada uno debe ver su tarjeta de rol, que no puede mostrar al resto. Tienen un máximo de cinco minutos para hablar. ¡Buen viaje!

Estudiante B: turista en Cartagena

¡Lo has logrado! Estás de visita en la hermosa ciudad de Cartagena de Indias, en el Caribe colombiano.

Tienes la tarde y la noche libres, pero no sabes qué hacer. Habla con un(a) "promotor(a)" para ver qué puedes hacer. Elige uno de los siguientes roles para ti mismo/a:

- Estás encantado/a con la música colombiana, especialmente con el vallenato caribeño. Quieres aprender a bailar con tu novio/a, pero ya no te queda mucho dinero, solo US$ 17 (diecisiete dólares) para los dos.
- No te gusta demasiado bailar, ¡pero sí que te gusta la fiesta! Te gustaría tomar unas copas y conocer una de las famosas fiestas colombianas. Tu vuelo de regreso es mañana a las 5 de la mañana. Puedes gastar un máximo de US$ 30 (treinta dólares).
- Estás con un grupo de cinco amigos/as, ¡preparados para pasarlo muy bien! El problema es que dos de ellos/as quieren ver sitios históricos, y los restantes quieren solo ir a fiestas. Pueden gastar un máximo de US$ 65 (sesenta y cinco dólares) para todo el grupo.
- Estás de viaje con tu mamá, que tiene 50 años pero tiene un espíritu muy joven. Es tu primera noche en Cartagena, y no sabes si debes salir a comer con ella a un restaurante típico o ir solo/a a alguna discoteca. Pueden gastar unos US$ 50 (cincuenta dólares).

D ¿G? Conecta los siguientes verbos con las preposiciones que los acompañan normalmente. Después comprueba con el texto si tus respuestas son correctas.

Verbos	Preposiciones
empezar	en
lanzarse	a
entregar	de
disponerse	a
compartir	con
partir	a
transformarse	a

E ¿G? Aquí tienes un resumen de la historia de la *chiva* colombiana. Los verbos del texto tienen un régimen preposicional. Complétalos con una de las preposiciones dadas.

La historia de la Chiva se remonta a/de/en la década de 1930, cuando se importaban por/a/de Europa autobuses para el departamento de Antioquia. El problema era que estos carros contaban en/con/de una carrocería muy pesada, que rompía los caminos, entonces decidieron intercambiarlos para/por/a cajas de madera, pintadas con colores vivos y diseños geométricos. Antes, las chivas iban en/a/de todos los rincones de Colombia, pero hoy su círculo se restringe a/por/desde zonas rurales y paseos turísticos.

Gramática

EL RÉGIMEN PREPOSICIONAL DE LOS VERBOS

Recuerda que:

- ciertos verbos normalmente van acompañados por una preposición, es decir siguen un "régimen preposicional". Por ejemplo: *trasladar **a**, convertirse **en***.
- muchos de estos verbos necesitan la preposición para tener un sentido completo. Por ejemplo: ***Van a*** todos los rincones de Colombia.

Para repasar el régimen preposicional de los verbos, ver 14 en el Resumen gramatical.

F Eres diseñador(a) gráfico/a y trabajas para el Ministerio de Turismo de una ciudad antigua hispánica que tiene muchos monumentos de interés, dentro y fuera de la ciudad. El municipio ha creado un nuevo servicio de transporte en autobús para que los turistas que visitan la ciudad puedan ir de una atracción a otra con facilidad. Tienes que crear un folleto que promocione este servicio. La ciudad puede ser real o inventada.

No te olvides de mencionar:

- las atracciones de la ciudad y sus alrededores
- las ventajas de visitarlas en autobús
- la acogida de la gente
- otros servicios, como hoteles y restaurantes
- el horario del autobús y otra información útil.

¡NO OLVIDES!

Cómo se crea un folleto

Página 176 en la Unidad 6.

3 ¡Ay, no! ¿Y ahora qué hacemos?

Estás en el aeropuerto de Barajas, Madrid, que está lleno de gente que va de vacaciones. Hay gente muy impaciente en espera para un vuelo a Sudamérica.

A Escucha el audio con atención y completa el ejercicio. ¿Qué diálogo muestra que han entendido el anuncio correctamente: el 1, el 2, el 3 o el 4?

Pista 28

1 –¡Dios mío! ¿Y ahora qué hacemos?
–Esperá, escuchá… parece que tenemos que agarrar las valijas*.
–¡Ay, qué lío!
–¡Shhh! Después hay que pagar e ir a un hotel, donde nos van a decir a qué hora sale el vuelo alternativo.
–Hay que gastar más por esto, ¡es inaudito!

2 –¡Ya me parecía! Esta espera no terminaba más…
–¿Cómo dices, hija?
–Nada, Mamá. Mira, que hay cenizas en la pista, así que suspenden el vuelo hasta nuevo aviso.
–¿Y ahora, qué hacemos? ¿Volvemos a casa? Por lo menos vivimos aquí…
–Tranquila, parece que nos llevan a un hotel, ¡aprovechemos!

3 –¡Bue... qué le vamos a hacer! No llores, querida.
–Es que hace medio día que salimos de Copenhague... ¡y ahora hay que volver!
–No, mi amor. Dicen que los que estamos en tránsito iremos a un hotel… y allí se nos avisará cuándo seguimos viaje para Buenos Aires.
–¡Ah! Sniff…
–Bueno, dale, vamos a buscar las maletas y a hacer la fila.

4 –¡Esto es el colmo! ¡¡Eeeeh!! ¡Ustedes no tienen cara!
–¿Qué pasa, señora?
– … que nos dejan varados acá, en Madrid, porque hubo una erupción no sé dónde…
–¿¿En serio??
–Sí, dicen que tenemos que hacer una cola en la ventanilla de un hotel, a ver si tienen sitio para todos. ¡Más vale que nos paguen la estadía!

¡Observa!

*valijas (Arg. y Uru.) = maletas (del italiano *valigia*)

B "¡Ay, no! ¡Ha habido un problema con el vuelo!" Trabajen en parejas. Uno de ustedes es el/la "viajero/a", y el/la otro/a es el/la "residente" que lo/la espera en destino. Lean la tarjeta correspondiente y hablen por teléfono. ¡Cuidado! Es una comunicación muy cara, y tienen un máximo de tres minutos para intercambiar la información.

> **Estudiante A: el/la viajero/a**
>
> Tienes un vuelo de Montevideo a México D.F. con escala en Santiago de Chile.
> Estos son tus problemas:
> - tormenta de nieve en capital chilena
> - vuelo no sale de Montevideo hasta nuevo aviso
> - avisar que no trabajo mañana
> - dar comida a perritos
> - hablar con Rubén, suspender instalación aire acondicionado.

> **Estudiante B: el/la residente**
>
> Vives en México D.F. Tu novio/a está en Montevideo por cuestiones de trabajo y llama por teléfono.
> Tienes que averiguar:
> * desde dónde llama exactamente
> * el problema
> * cuándo llega
> * qué hacer
> * a quién(es) contactar y por qué.

C **¡Esto es inaudito! Vuelve a escuchar el audio con atención y escribe una carta de queja (250 a 300 palabras) a la compañía Vuelos Europa por lo que pasó con la cancelación del vuelo y la atención recibida. Explica:**

* **lo que pasó (por ejemplo, los pusieron en un hotel)**
* **cuál fue tu problema (por ejemplo, no daban comida)**
* **por qué la solución que dieron no fue la más apropiada.**

> **¡NO OLVIDES!**
>
> Cómo escribir correspondencia formal
>
> **Página 134 en la Unidad 5.**

4 ¿Saldría de esta el viajero?

A **Antes de leer el texto, mira la foto y contesta las siguientes preguntas:**

* **En tu opinión, ¿dónde se sacó la foto, exactamente?**
* **¿Cómo lo sabes?**
* **¿Qué está haciendo el soldado?**
* **Y el otro hombre, ¿qué hace?**

¡Ilegal en Colombia! No me había dado cuenta de que me sellaron solo treinta días de permiso como turista y ya llevaba más de un mes en territorio colombiano. Otra vez, mi innato despiste me jugó una mala pasada.

Salí de Cali después de un fin de semana de fiesta nocturna y visitas por los alrededores. Disfruté, sobre todo, el domingo por la mañana, pues fui con dos amigos al río Pance. Pese a la intensa y continua lluvia, el clima era agradable. Apuntaba Ricardo (Ricardo nos daría más tarde un susto grande, pues la fuerte corriente lo arrastró entre las piedras unos cincuenta metros río abajo) que esto se le llama "colombianaza", donde la gente prepara sancocho con gallina* y bebe chicha de maíz*. Me fui despidiendo de Colombia en silencio.

En la frontera hice un intento tan cómico como inútil de cruzar. Obviamente me paró la policía ecuatoriana y me mandó de vuelta a sellar la salida de Colombia. Intenté pasarme de listo, pero pasarse de listo es incluso peor que pasarse de tonto. Tuve que pagar una multa de cien dólares… y pasé todo el día en la comisaría, en el banco y papeleos… Preferí, antes de agobiarme, tomármelo con humor y aprender la lección…

Dejé Colombia sin recuerdos melancólicos. Perder el día entero y faltar a una cita con otro contacto en Quito, Ecuador, no fue nada agradable, por no hablar del dinero… Pero no puedo negar que Colombia forma ya parte de los mejores recuerdos de mi cada vez más apasionada vida. Al fin y al cabo, la culpa fue mía, y en

Ipiales, aunque estrictos, los agentes del DAS* fueron correctos conmigo en todo momento.

La primera impresión en Ecuador pasa por los malos modos de la policía de fronteras. Fui el único al que bajaron del autobús en cada uno de los cuatro controles de carretera. Llegué a Quito después de medianoche. La terminal de autobuses es un lugar peligroso y feo; alquilé una habitación cercana por cuatro dólares. Al día siguiente me vería con mi contacto en la ciudad. Calculé más de 10.000 kilómetros recorridos desde Nueva York. Me tumbé en la cama aún vestido. Abrí *El Origen de las especies* de Darwin: Capítulo III, La lucha por la existencia… Y el sueño, después de dos días de forcejeo, me derrotó.

Adaptado de http://rutas.excite.es

> **¡Observa!**
>
> *sancocho con gallina = caldo de gallina, acompañado de aguacate, que pertenece a la cocina criolla colombiana y otros países caribeños.
> *chicha de maíz = bebida de maíz típica de Colombia y otros países sudamericanos, que se sirve fría.
> *DAS = Departamento administrativo de seguridad de Colombia.

B Encuentra las palabras o frases en el texto que corresponden a las siguientes definiciones:

 V

1 descuido
2 me engañó
3 sobresalto
4 querer ser más inteligente que otro
5 trámites
6 causarme mucha molestia
7 me molestó mucho
8 aunque la verdad es que...
9 me acosté
10 gran esfuerzo

 C ¿Qué párrafo resume mejor el texto: el 1, el 2 o el 3?

1 Se me olvidó que solo tenía permiso para quedarme un mes en Colombia, y como estaba allí desde hacía más de este período, mi residencia era ilegal. No salí en seguida; primero pasé el fin de semana con amigos, bebiendo y comiendo en silencio. En la frontera con Ecuador la policía me multó, lo que me puso de mal humor. Abandoné Colombia sin ganas de volver. Tengo que confesar que la responsabilidad fue mía; no puedo culpar a las autoridades colombianas. También en Ecuador la policía de fronteras quiso meterse en mis asuntos. Al final, llegué a Quito y me alojé en un sitio barato; me dormí pronto.

2 Me di cuenta de que había sobrepasado el límite de mi permiso de turista en Colombia. Antes de dejar el país, quise irme de juerga con los amigos. Así es que pasamos el fin de semana en Cali, disfrutando de la comida y la bebida locales. No pude escaparme del país sin una multa por estar allí ilegalmente. También tuve dificultades con la policía ecuatoriana, pero al final llegué a Quito de madrugada y busqué un alojamiento barato. A pesar del cansancio, antes de dormirme intenté leer mi libro sobre la lucha por la existencia.

3 El permiso para quedarme se había agotado, así que estuve en Colombia ilegalmente. Antes de irme del país pasé un fin de semana de juerga con mis amigos, disfrutando de la comida y la bebida de la región. Cuando intenté pasar por la frontera, la policía me detuvo y tuve que pagar una multa; pasé el día con muchos trámites. Finalmente, pude cruzar la frontera con Ecuador, pero incluso allí hubo problemas con la policía. En Quito encontré un alojamiento barato cerca de la terminal de autobuses. Antes de dormir, tenía la intención de leer pero pronto el sueño me venció.

 D Lee el texto otra vez y haz una lista de todos los verbos que están en tiempos pasados.

 G

Gramática

LOS TIEMPOS PASADOS EN CONTEXTO

Recuerda que los tiempos pasados del indicativo hacen énfasis en distintos aspectos:

- el **pretérito perfecto** conecta una acción que ha ocurrido en un período que va desde el pasado hasta el presente. Suele ir acompañado de *ya* o *todavía*. Por ejemplo: *Ya **ha pasado** lo peor del viaje.*

- el **pretérito indefinido** se usa para narrar acciones en el pasado y enfatizar que se completaron. A veces va acompañado de marcadores como *ayer*, *anoche*, *el mes/año pasado*. Por ejemplo: ***Llegué** a Quito después de medianoche.*

- el **pretérito imperfecto** se usa para describir acciones habituales o estados en el pasado. A veces es acompañado de marcadores como *cuando*, *antes*, *mientras*. Por ejemplo: *Pese a la intensa y continua lluvia, el clima **era** agradable.*

- el **pretérito pluscuamperfecto** se usa para establecer lo que había pasado antes de un punto de referencia en el pasado. A veces va acompañado de *ya* o *todavía*. Por ejemplo: *Intenté cruzar la frontera sin mostrar mis documentos pero tuve que volver porque un policía ya me **había visto**.*

Para repasar la forma y uso de los tiempos pasados, ver 11.A.II, III, VI y VII en el Resumen gramatical.

E

G

Rellena los espacios con el tiempo pasado y la forma más adecuada de los verbos entre paréntesis.

Este blog 1 _____ (ser) escrito el pasado 9 de abril por un estudiante cubano que se queja del tratamiento de los estudiantes en los trenes nacionales.

El jefe de un tren 2 _____ (decidir) cerrarlo para los estudiantes de la universidad, y lo 3 _____ (lograr) hasta que nosotros, obligados por la carencia de transporte, 4 _____ (subir) al tren una noche. Lejos de la estación, el jefe 5 _____ (notar) nuestra presencia, y nos 6 _____ (ordenar) bajar. Policías y funcionarios nos 7 _____ (empujar), coche a coche, hasta concentrarnos en un rincón. Y allí, bajo gritos y amenazas de multas y de calabozos, nos 8 _____ (exigir) abandonar el tren en la primera parada, Placetas.

9 _____ (Decidir) que eso 10 _____ (ser) discriminación y abuso, y no 11 _____ (haber) derecho; en fin, 12 _____ (optar) por quedarnos inmóviles y mudos. No 13 _____ (querer) bajar en Placetas. Una muchacha les 14 _____ (explicar) a los policías las razones de la desobediencia. Los policías 15 _____ (fumar), nerviosos, sin mirarnos a los ojos. Alguno 16 _____ (titubear): "*¿Y si nos meten presos?*" Nadie le 17 _____ (contestar) al que 18 _____ (hablar): su novia lo 19 _____ (mirar) y 20 _____ (escupir) un chicle por la ventanilla.

Adaptado de http://vocescubanas.com

F

Estás viajando como mochilero/a durante tu año sabático por América del Sur, y acabas de llegar a la capital de un país. Es medianoche. Piensas pasar la noche en un hotel barato antes de volver a tu país al día siguiente. Al acercarte al hotel, ¡alguien te roba tu dinero y tu pasaporte! Cuenta esta anécdota a tu compañero/a, describiendo en detalle lo que pasó después y cómo conseguiste volver a tu país.

Luego escribe a un amigo que tiene intención de visitar el mismo país, contándole tu experiencia y dándole cinco consejos sobre cómo evitar una experiencia como la tuya (250 palabras como mínimo).

¡NO OLVIDES!

Cómo escribir una lista de consejos o instrucciones

Página 140 en la Unidad 5.

G

Investiga en internet sobre las atracciones turísticas de un país hispánico. Imagina que estás viajando como mochilero/a en ese país y que has comenzado un blog para que tu familia y tus amigos puedan seguir tu progreso. Escribe el blog de un día del viaje, describiendo lo que te pasó (250 a 400 palabras) y lo que piensas de las costumbres del país.

¡NO OLVIDES!

Cómo escribir un blog

Página 53 en la Unidad 2.

II: Jugamos, entrenamos, nos divertimos

5 El clásico DAKAR sudamericano ahora llega más lejos

A Antes de leer el texto, observa con atención el título y mapa de este artículo, y responde las siguientes preguntas de forma oral con la clase:

- Dakar, ¿está en este mapa? ¿Dónde está?
- ¿Qué crees que marca la línea roja?
- ¿Cuáles crees que son los principales problemas de seguir ese camino?
- ¿Cuántos kilómetros crees recorre?

¡Observa!

*Atacama = el desierto más seco del mundo, ubicado en el norte de Chile y el sur del Perú.
*Mauritania = país de la costa oeste de África donde se corría una parte del famoso Rally Dakar, que ahora se corre en Sudamérica.

A vuelo de cóndor, alrededor de 5.000 kilómetros separan a Mar del Plata de Lima. En el 2012, el Dakar propone una epopeya panamericana de más de 9.000 kilómetros en total. El trazado en línea, que lleva al rally de las costas del Atlántico a las del Pacífico, permite transportar a los participantes a nuevos territorios, de una América distinta. La importancia del desafío impone también una modificación del formato deportivo, que este año comprende 14 días de carrera.
Constantemente guiados por la Cordillera de los Andes, los pilotos llegarán a Atacama*, y experimentarán en especial la diversidad de dunas al aventurarse a Perú.

ARGENTINA, VERSIÓN ALTA MAR
GRAN LARGADA + 5 ETAPAS

Las sesiones deportivas comienzan desde el 1º de enero, después de la ceremonia de largada de Mar del Plata. Acostumbrados a cruzar Argentina, esta vez los pilotos y sus equipos tomarán una "línea de corte" inédita para llegar a la Cordillera de los Andes. Solo se seleccionaron algunos paisajes familiares y sectores de calidad para entrar al programa argentino del 2012.

CHILE, RUMBO A ATACAMA
5 ETAPAS + 1 DÍA DE DESCANSO

La entrada a Chile comienza primeramente con una parte de escalada. Después de haber cruzado el macizo andino, el rally se prepara para bordearlo hasta el final, abriéndose camino entre montañas y océano. Durante este cruce del eje sur-norte, el Dakar prevé perderse en el desierto de Atacama, donde además de la ciencia de las dunas se necesitan aptitudes de navegación.

PERÚ, OTRO PAÍS DE DESIERTO
4 ETAPAS + LLEGADA

A nivel del mar, esta vez el paso de la frontera es indoloro, pero el contraste es bien real. Antes de llegar a Lima, los participantes más experimentados del rally pueden prepararse para revisar lo conocido. Los sectores de dunas peruanas pueden parecer interminables, salvo para aquellos que dominan los caminos de Mauritania*. Allí, la diversidad de territorios y de modos de vida se impone, y los caminos de arena exigirán un delicado aprendizaje.

Adaptado de http://www.dakar.com

B Encuentra las palabras o frases en el texto que corresponden a las siguientes definiciones:

1. metafóricamente, a grandes rasgos
2. serie de hechos gloriosos que se cantan en un poema épico
3. que incluye o recorre el continente americano
4. dibujado
5. competición de coches a campo traviesa, por caminos difíciles
6. reto
7. competición de velocidad
8. punto en el que empieza una carrera
9. período en el desarrollo de una acción u obra
10. subida a una montaña o altura
11. grupo de alturas o montañas
12. recorrerlo por sus lados
13. espera
14. acción de conducir o manejar una nave o un coche
15. que no causa dolor
16. excepto

C Todas las siguientes frases tienen errores. Sin modificar su estructura, corrígelas con la información del texto.

1 El Dakar sudamericano recorre un total de 5.000 kilómetros desde el Pacífico hasta el Atlántico.

2 Esta es una competencia científica que tiene quince días de duración.

3 Se sigue la línea de los Alpes y se cruza el desierto del Sahara.

4 El rally empieza el último día del año en la costa de Chile.

5 Como esta vez el rally es más corto, se eligieron sitios inusuales en Argentina.

6 En Chile, primero se recorre la costa y después se va hacia el sur.

7 Para entrar al oasis de Atacama, hay que conocer bien las montañas.

8 Es difícil al entrar al Perú, aunque no haya diferencia de paisajes.

9 En el Perú, los corredores inexpertos recordarán las dunas de Mauritania.

10 Antes de la salida de Lima se experimentan territorios uniformes, que precisan mucha atención.

D ¿De qué genero son los siguientes nombres de sitios? Decide si llevan *el/la/los/las* cuando van seguidos de adjetivos. Cuatro de ellos pueden llevarlo aun sin un adjetivo, ¿cuáles son?

Francia   Madrid   Japón   Gales   Sahara   Grecia   México D.F.
Brasil   Irán   Pirineos   Ecuador   Cuba   Puerto Rico
Aleutianas   París   Emiratos Árabes Unidos   China

E Trabaja con un(a) compañero/a. ¡Uno de ustedes ha participado del Rally Dakar en Sudamérica! Preparen una entrevista televisiva en la que hablen de:

- cómo fue cada etapa
- qué problemas tuvo el participante en Argentina, Chile y Perú
- qué le resultó más interesante, más difícil y más divertido y por qué
- si lo haría el próximo año y por qué (no)
- qué consejo daría a los que quieren participar.

¡NO OLVIDES!

Cómo escribir una entrevista

Página 72 en la Unidad 3.

F Ahora escribe un artículo (250 a 400 palabras) para un diario/periódico en el que relatas los eventos hablados en la entrevista, y tu opinión sobre lo que ha dicho el participante.

Gramática

EL GÉNERO DE LOS SUSTANTIVOS

Recuerda que:

- la mayoría de los nombres de los países, ciudades o continentes no llevan artículo en español. Por ejemplo: *España, Bolivia, Buenos Aires, Sudamérica.*

- algunos países sí suelen llevar artículo (esto es porque se refieren a antiguas regiones o a sustantivos colectivos). El artículo puede ponerse o no en estos casos. Por ejemplo: ***el** Perú,* ***la** Argentina,* ***los** Estados Unidos.*

- los nombres de países sí requieren de su artículo si son seguidos por un adjetivo. Por ejemplo: ***la** España **democrática**, **el** Chile **andino**.*

- el género de los países debe ser aprendido, aunque en ciertos casos puede ser deducido. Por ejemplo: *(el) México, (la) Inglaterra, (el) Canadá, (el) Egipto, (la) India.*

Para repasar el género de los sustantivos, ver 3 en el Resumen gramatical.

6 Ganaste. ¡Ganamos!

A **Antes de leer el texto, mira la foto y contesta las siguientes preguntas:**

- **¿De qué tipo de prueba se trata?**
- **¿Qué tipos de impedimento físico tienen los dos atletas?**
- **¿Cómo pueden correr?**

Esta es una historia verídica que sucedió en olimpíadas para minusválidos de Seattle, también llamadas de "Paraolimpíadas". Nueve participantes, todos con deficiencia mental o física, se alinearon para la largada de la carrera de los cien metros. A la señal, todos partieron, no exactamente disparados, pero con deseos de dar lo mejor de sí, terminar la carrera y ganar el premio. Todos, excepto un muchacho, que tropezó en el piso, cayó rodando y comenzó a llorar.

Los otros ocho escucharon el llanto, disminuyeron el paso y miraron hacia atrás. Vieron al muchacho en el suelo, se detuvieron y regresaron… Una de las muchachas, con síndrome de Down, se arrodilló, le dio un beso al muchacho y le dijo: "Listo, ahora vas a ganar". Y todos, los nueve competidores entrelazaron los brazos y caminaron juntos hasta la línea de llegada. El estadio entero se puso de pie; los aplausos duraron largos minutos. Las personas que estaban allí aquel día comentan esa historia hasta el día de hoy. ¿Por qué?

Porque en el fondo, todos sabemos que lo que importa en esta vida, más que ganar solo, es ayudar a los demás para vencer, aunque ello signifique disminuir el paso y cambiar el rumbo. "Ojalá que también seamos capaces de disminuir el paso o cambiar el rumbo para ayudar a alguien que en cierto momento de su vida tropezó y necesita de ayuda para continuar".

Adaptado de http://luismagik.blogspot.com

Los Juegos Paralímpicos

B **Todas las siguientes frases tienen errores. Sin modificar su estructura, corrígelas con la información del texto.**

1 Los nueve participantes estaban a punto de terminar la carrera.
2 Los corredores salieron para hacer el mínimo esfuerzo para perder la carrera.
3 El joven que cayó se puso a reír.
4 En vez de detenerse, los otros participantes aceleraron el paso.
5 El atleta con síndrome de Down le dijo que iba a ganar, para desalentarlo.
6 Los nueve alcazaron la línea de salida uno tras otro.
7 El público los abucheó y nadie se levantó de su asiento.
8 No tener miedo a vencer es lo que más importa en la vida.

C **Comenta el texto con tu compañero/a. Concéntrense en estos dos aspectos del tema:**

- **Si la carrera hubiera sido para atletas normales, ¿se habrían parado ellos para ayudar a su compañero? ¿Por qué (no)?**
- **¿Es importante triunfar en el deporte? ¿Por qué (no)?**

D **Eres una de "las personas que estaban allí aquel día". Escribe un e-mail a un amigo/a (250 palabras como mínimo) dando tu reacción. Menciona:**

- **por qué estabas allí como espectador(a)**
- **lo que sentiste al ver lo que pasó durante la carrera**
- **cómo entregaron las medallas para aquella carrera**
- **tu opinión de la reacción de los atletas.**

¡NO OLVIDES!

Cómo escribir correspondencia informal

Página 79 en la Unidad 3.

E Comenta con tu compañero/a la siguiente afirmación:

"Lo que importa en esta vida, más que ganar solo, es ayudar a los demás para vencer".

Después, escribe una redacción (250 a 400 palabras) para dar tu opinión personal sobre ella.

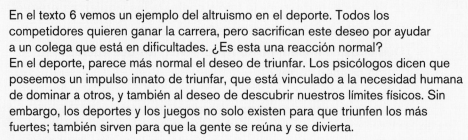

TEORÍA DEL CONOCIMIENTO

El altruismo y el deporte

En el texto 6 vemos un ejemplo del altruismo en el deporte. Todos los competidores quieren ganar la carrera, pero sacrifican este deseo por ayudar a un colega que está en dificultades. ¿Es esta una reacción normal?

En el deporte, parece más normal el deseo de triunfar. Los psicólogos dicen que poseemos un impulso innato de triunfar, que está vinculado a la necesidad humana de dominar a otros, y también al deseo de descubrir nuestros límites físicos. Sin embargo, los deportes y los juegos no solo existen para que triunfen los más fuertes; también sirven para que la gente se reúna y se divierta.

Preguntas:

¿Por qué queremos vencer en el deporte?
¿Es bueno o malo el deseo de triunfar sobre otros?
Esencialmente, ¿jugamos para dominar a otros, o por el placer de compartir el juego con nuestros compañeros?
¿Es altruista el espíritu de los Juegos Olímpicos?

7 Rafael Nadal: "Soy bastante miedoso"

A Antes de leer el texto, mira la foto y contesta las siguientes preguntas:

- **¿Qué ha pasado?**
- **En tu opinión, ¿qué relación existe entre los dos jugadores?**

Rafa Nadal se sienta junto a la piscina interior de su hotel y habla de sus sueños, sus miedos y sus retos.

Pregunta: Rafa, ¿cómo vas a mantener el nivel de los últimos seis años?

Respuesta: Aguantar el nivel de siempre, mental y tenísticamente, ahí tan arriba, va a ser muy complicado. Todos tenemos que tener bien claro que lo que he hecho en los últimos años es muy difícil de repetir. Uno nunca sabe cuándo puede tener un bajón. Ojalá no pase este año. Pero, cuando uno lleva tiempo ahí, es normal que empiece a tener alguna laguna.

P. ¿Cuál es el rival que más miedo le da?
R. En el tenis no se puede tener miedo, porque solo es un juego.

P. Entonces, ¿a qué le tiene miedo? ¿A la oscuridad?
R. Ufff… Eso seguro. Soy bastante miedoso. Quedarme solo en casa no me gusta nada. Si mis padres han salido a cenar, irme a mi cuarto, apagar las luces y echarme a dormir es imposible.

P. ¡Se hunde un mito*!
R. Es imposible que dure un minuto. Si hago eso, no duermo en toda la noche. Me quedo en el sofá, con las luces y la televisión encendidas. De pequeño, me costaba mucho: me iba a dormir y a la media hora… , a la habitación de mis padres.

P. Sus amigos dicen que los desespera con su desorden.
R. Intento mejorar. Mi problema es que tengo muchas cosas. Llego con tres bolsas de ropa porque me he ido un mes, con el ordenador, la Play… Llego a mi cuarto, está impecable y al rato ya no está tan impecable. Mi madre, la pobre, habrá trabajado mucho y en poco tiempo ve que todo se ha ido al traste.

P. ¿Cómo lleva a los paparazzi?
R. Con naturalidad. No hago nada malo. No me parece correcto, ni para mí ni para nadie, que esté en la piscina de mi casa y pueda venir un tío*, sacarme una foto y publicarla. Es una falta de intimidad y privacidad brutal. Desde mi humilde punto de vista, ver por la televisión que constantemente se dicen barbaridades, que se persigue a una persona, no es una cosa productiva para la juventud y la sociedad.

Adaptado de http://lavilla.rtve.es

¡Observa!

*¡Se hunde un mito! = expresión de sorpresa porque se lo conoce por su seguridad en el tenis.
*un tío (E., coloq.) = una persona

B

Empareja las palabras y frases tomadas del texto con su definición correspondiente:

1 miedoso	9 desespera	a súper limpio	i extinguir
2 aguantar	10 impecable	b dichos desagradables	j poco tiempo después
3 bajón	11 al rato	c derrumbarse	k sigue con insistencia
4 laguna (metafórico)	12 ido al traste (coloq.)	d tinieblas	l se impacienta mucho
5 oscuridad	13 humilde	e modesto	m leyenda
6 apagar	14 barbaridades	f temeroso	n arruinado
7 hundirse	15 persigue	g falta	ñ mantener
8 mito		h caída	

C

Decide si las siguientes frases referidas al texto son verdaderas o falsas. Marca con una cruz (*X*) la opción que te parezca correcta. Escribe las palabras del texto que justifican tu respuesta en cada caso.

		Verdadero	Falso
1	Rafa Nadal tiene confianza en su habilidad para mantener el mismo nivel siempre.		
2	A Rafa le parece lógico que su nivel de tenis baje de vez en cuando.		
3	Cuando está solo en casa, Rafa encuentra fácil conciliar el sueño.		
4	Cuando era niño, tenía miedo de quedarse en su propia habitación.		
5	Cuando vuelve a casa después de bastante tiempo fuera, lo primero que hace es arreglar su habitación.		
6	El trabajo de limpieza que hace su madre se echa a perder.		
7	No le molesta que sus tíos le saquen fotos.		
8	Para Rafa, la televisión debe ser prohibida, porque se dicen tantas barbaridades.		

D

Rellena el espacio en las frases siguientes en el tiempo y el modo más apropiados del verbo entre paréntesis.

1 Es posible que tu amiga _____ (volver) aquí en tren, si ha perdido el avión.

2 ¡Ojalá Mamá _____ (venir) antes de medianoche!

3 Me parece normal que los viajeros _____ (pagar) un suplemento para viajar en el tren de alta velocidad.

4 ¿No sería mejor que _____ (ir nosotros) a Santiago en coche?

5 Creo que Javier _____ (tener) las mochilas.

6 Que yo _____ (saber), el correo viene cada día, salvo el domingo.

7 Me parece que si vas en taxi _____ (llegar) más rápidamente.

8 No conozco a nadie que _____ (jugar) al tenis mejor que Rafa Nadal.

9 Si _____ (perder él) el avión, no podría asistir a la conferencia.

10 Tengo que mandar unos mensajes antes de que nos _____ (poner) en camino.

Gramática

USOS DEL SUBJUNTIVO

Recuerda que el subjuntivo se usa normalmente:

- después de juicios de valor. Por ejemplo: *No me parece correcto que **esté** en la piscina de mi casa y **pueda** venir un tío sacarme una foto…*

- después de expresiones de posibilidad y probabilidad. Por ejemplo: *Es imposible que **dure** un minuto.*

- después de *ojalá*. Por ejemplo: *Ojalá no **pase** este año.*

Para repasar la forma y los usos del subjuntivo, ver 11.B en el Resumen gramatical.

E Escribe una entrevista a un(a) deportista destacado/a de tu elección para una revista deportiva. Concéntrate en poner de relieve algunos aspectos personales, como sus intereses fuera del deporte que practique, su familia, las memorias de su niñez, sus miedos, sus alegrías, etc.

> **¡NO OLVIDES!**
> Cómo escribir una entrevista
> **Página 72 en la Unidad 3.**

III: ¿Y qué tal si vamos a...?

8 "¡Oye, orejas! ¿Me pones una cerveza?"

Un bar español ha puesto en marcha una curiosa iniciativa para atraer clientes: ofrece una cerveza y una tapa* gratis a cambio, simplemente, de un insulto original que actúe a modo de terapia y desahogo frente a la tensión y las presiones de la crisis económica. El negocio, situado en la localidad costera de Cullera, cerca de Valencia, fue inaugurado el martes pasado y en menos de una semana ha cosechado gran éxito del público. El bar se llama Casa Pocho y está regentado por dos polacos afincados en España.

"Estamos en crisis y la gente empieza a discutir", dijo Bernard Mariusz, uno de los dueños. "En lugar de desahogarse con sus parejas, pueden venir al local e insultarnos. Eso sí, en plan cariñoso".

Los dueños aclararon que en Casa Pocho no se toleran ataques verbales fuera de tono. Los camareros premian la originalidad de los clientes y no la palabra más malsonante, como alguien pudiera pensar. "La idea funciona bien y viene gente de todas las edades, trabajadores, desempleados, jubilados, a insultarme", comentó Mariusz. "Todo el mundo participa, pero nadie se pasa".

En una pizarra situada a la entrada, se explica la iniciativa. Muchos clientes entran escépticos y, casi cohibidos, a la hora de arremeter contra los camareros. Entonces, Mariusz les anima para que no sean tímidos y encuentren un insulto suficientemente gracioso para ganar el premio.

"Una señora me dijo que mis orejas se parecían a un Seat 600 (viejo modelo de automóvil de fabricación española) con las puertas abiertas", explicó. "También me han dicho que debo peinarme en el reflejo del agua de la fuente porque el espejo se rompería con lo feo que soy".

Según el dueño, la idea funciona muy bien en la recaudación del negocio pero, más importante, considera que los clientes consiguen desahogarse. "Parece mentira, pero la gente sale feliz y al final me dan la mano al salir del local", precisó. "Se lo pasan bien y se trata de eso, que se lo pasen bien".

Adaptado de http://www.terra.com.co

> **¡Observa!**
> *tapa (E.) = porción pequeña de comida (por ejemplo, champiñones, calamares) que se toma como aperitivo por la mañana o por la noche con una bebida.

A   Este texto tiene muchas frases de uso común. Empareja las siguientes frases del texto con sus significados. Las letras *bastardillas* indican frases "hechas" o comunes.

1. ha *puesto en marcha*
2. *ha cosechado* gran éxito
3. *está regentado por*
4. empieza a discutir
5. *En lugar de* desahogarse con
6. *en plan* cariñoso
7. *fuera de tono*
8. la palabra más malsonante
9. nadie se pasa
10. *a la hora de* arremeter
11. *Parece mentira, pero*
12. *Se lo pasan bien*

a. tiene por dueños a
b. ha hecho funcionar
c. ninguna persona abusa
d. en vez de sacarse las tensiones con
e. disfrutan
f. comienza a pelear
g. el término más ofensivo
h. en el momento de precipitarse a hacer algo
i. ha tenido mucha aceptación
j. de forma afectuosa
k. de manera inadecuada para la situación
l. uno no puede creerlo, sin embargo

B Termina las frases siguientes con una de las frases en el recuadro, según el sentido del texto. ¡Cuidado! Hay cinco finales de más.

1 En un bar costero se puede ganar una cerveza y una tapa…

2 El bar es de unos inmigrantes polacos que…

3 Las frases deben ser…

4 Un dueño recuerda que…

5 Al propietario le parece que…

a … vieron que la gente tiene problemas económicos y se estresa.

b … decidieron ayudar a las parejas que están en crisis.

c … algunos se pasaron con los insultos.

d … se rieron de sus orejas y de su cara.

e … ¡gritando improperios a los que sirven!

f … ¡diciendo un insulto a los que sirven!

g … moderadas y originales.

h … ofensivas pero creativas.

i … no pueden romper la timidez de sus clientes.

j … está bien que la gente utilice esta terapia.

C Identifica en el texto todos los ejemplos de la voz pasiva con el verbo *ser* y con el *se* (ten cuidado con los verbos reflexivos, que tienen *se* pero no son pasivos o impersonales). Menciona si hay algún caso de *estar* pasivo.

Gramática

LA VOZ PASIVA CON "SER" Y CON "SE"

Recuerda que:

- para expresar una acción pasiva en español, se utiliza la estructura **sujeto + *ser* + participio** (opcional: + *por* + agente). Por ejemplo: *El bar **fue abierto por unos inmigrantes polacos***.

- el auxiliar ***ser*** va en el mismo tiempo del verbo activo, y el participio concuerda en género y número con el sujeto de la pasiva. Por ejemplo:
  Voz activa: *Los clientes **inventan** insultos cariñosos.*
  Voz pasiva: *Los insultos cariñosos **son inventados** por los clientes.*

- a veces se utiliza el ***estar*** pasivo, sin el agente, cuando se considera que es el resultado de un proceso. Por ejemplo: *El bar **está preparado** para recibir a los clientes.*

- el ***se*** es usado en español para dar énfasis a la acción, y no admite el agente. Con ***se*** pueden formarse:
  - la **voz pasiva refleja**: con verbo en tercera persona singular o plural). Por ejemplo: ***Se dice*** *un insulto original.* ***Se reciben*** *cerveza y tapas.*
  - las **oraciones impersonales**: sin sujeto conocido, y solo con verbo en tercera persona singular. Por ejemplo: ***Se ayuda*** *a los clientes a distenderse.*

Para repasar la forma y uso de la voz pasiva y el se reflejo o impersonal, ver 11.I en el Resumen gramatical.

D ***¡Camarero, un mojito, por favor!*** Si visitas un bar español o hispanoamericano, es muy probable que entre sus cócteles preferidos figure este cóctel cubano. Completa la receta con los verbos entre paréntesis en la forma correcta del *se* (de pasiva refleja o el impersonal). ¡Cuidado! Algunos verbos son de cambio radical.

1_____ (introducir) las hojas de menta hierbabuena en un mortero (o si no, 2_____ (colocar) en una tablita). 3_____ (agregar) el azúcar y se machaca todo junto. 4_____ (dejar) macerar esta mezcla durante unos minutos. Esto es importantísimo, porque así 5_____ (conseguir) extraer todo el sabor de la menta para el cóctel.

6_____ (picar) los cubitos de hielo y 7_____ (poner) en un vaso. 8_____ (agregar) el ron y 9_____ (remover) con el hielo. Después 10_____ (añadir) el jugo de limón y el agua con gas o tónica. Para una buena presentación, 11_____ (decorar) el vaso con una rodajita de limón o unas hojitas de menta hierbabuena y 12_____ (servir) con pajitas.

Nota: para la versión sin alcohol o "virgen", reemplazar el ron por agua con gas, limonada o jugo de manzana.

¡Salud!

Mojito

Ingredientes

jugo/zumo de ½ limón

ron a gusto (mejor un ron blanco, como Havana Club)

1 cucharada de azúcar

6 hojas de menta hierbabuena

cubitos de hielo

agua con gas (o tónica)

E Trabaja en un grupo pequeño. Tienen el dinero para comprar un bar en un país hispano (elijan el que más les guste), pero como tienen competencia, deben hacer una propuesta al municipio, representado por el/la profesor(a). Deben explicar:

- su idea de un tema original para atraer clientes
- la razón o las razones por la(s) que creen que es apropiado
- qué tienen que hacer los que atienden
- qué tienen que hacer los clientes.

¡Mucha suerte con su propuesta!

F Investiga en internet sobre la costumbre del "tapeo" en España y escribe un artículo para la revista de tu escuela sobre esta costumbre. No te olvides de mencionar:

- el origen de las tapas
- la variedad de tapas
- cuándo y dónde se toman
- las diferencias regionales
- tu opinión sobre esta costumbre.

9 Moviendo las caderas con Shakira

A Antes de escuchar el audio, mira la foto y contesta las siguientes preguntas:

- ¿De qué tipo de espectáculo se trata?
- ¿Qué hace la chica en el centro?
- ¿Qué hacen las personas que la acompañan?

Más de 6 millones de espectadores siguieron a Shakira en el concierto de anoche. ¡Y ella bailó con un estilo y una habilidad tan maravillosos! Siempre me he preguntado dónde y cómo Shakira aprendió a bailar así. Bueno, tuve la suerte de conocer a una amiga suya colombiana, Patricia, que se incorporó a su grupo de bailarines, en el bar del hotel Caracas. Ella me lo explicó todo.

¡Observa!

ADN = ácido desoxirribonucleico (la parte de la célula que contiene la información genética).

B En la siguiente lista de frases, además del ejemplo, solo hay cuatro que son correctas con respecto al audio. Elígelas y márcalas con una cruz (X). Te damos una como ejemplo.

Pista 29

Ejemplo: *Según Patricia, Shakira comenzó a bailar en su infancia.*	X
1 La danza está en los genes de Shakira.	
2 La madre de Shakira es española.	
3 En la música de la costa colombiana hay una mezcla de influencias.	
4 En Baranquilla, el baile es de suma importancia.	
5 Para mantenerse en forma, Shakira sigue unos ejercicios especiales.	
6 Ella va al gimnasio todos los días, sin falta.	
7 Le cuesta no comer chocolate.	
8 Parece que nada la hace engordar.	

C Has asistido a un concierto de Shakira u otro/a cantante famoso/a. Escribe una reseña del concierto poniendo de relieve:

- el lugar
- tu opinión de los artistas
- la reacción del público
- una conclusión en la que evalúas tu experiencia del evento.

¡NO OLVIDES!

Cómo escribir una reseña

Página 108 en la Unidad 4.

10 *Volver* y Pedro Almodóvar

A **Antes de leer el texto, mira la foto y contesta las siguientes preguntas:**

- **¿Quiénes son la actriz y el director de la foto? ¿Por qué son famosos?**
- **¿Por qué se dice que ella es su "musa"?**
- **¿Por qué crees que la película se llama *Volver*?**
- **¿Qué significa que "causaron furor"?**

Filmada veinte años después de *Matador*, su primer gran éxito, *Volver* nos deja en evidencia a un Almodóvar que sabe hablar de mujeres desde una muy peculiar mirada. En *Volver* se mezclan los recuerdos infantiles, los miedos, las creencias de pueblo, las costumbres. Almodóvar, con extrema paciencia, atrapa algunos de esos elementos con su cámara en imágenes brillantes. Solo que, el cine de Pedro Almodóvar no es exclusivamente un cine de imágenes; es un cine de argumento, donde el guión desempeña un papel importante y el diálogo, frase a frase, nos conduce a una sola idea.

Volver es retornar a algo del pasado… es volver a hacer una comedia; volver al universo femenino; volver a los paisajes de La Mancha; volver a dirigir actrices como Carmen Maura; volver al tema del hilo que separa la vida de la muerte. Y es sin duda, la muerte como su propio autor lo expresa, el hilo conductor* del relato: "*Volver* es un homenaje a las gentes de mi pueblo en relación con la muerte y con los muertos. Los muertos no mueren nunca". Tema recurrente en el universo del cineasta, el de la muerte; siempre acompañado de un toque de policial de suspenso. Tema que en esta ocasión maneja con un particular humor: [que incluye en ello] la figura del fantasma de la madre de Raimunda y Sole muerta en un incendio, que termina trabajando en la peluquería de Sole disfrazado de peluquera rusa. El director juega allí alegremente con el límite entre la vida y la muerte; entre realidad y fantasía.

Pedro Almodóvar y su musa Penélope Cruz causaron furor con su última película: **Volver**

Aunque Almodóvar nos indique que el film habla de una familia de mujeres, de tres generaciones de mujeres cargadas de conflictos y de dudas, nosotros sabemos que en realidad es una excusa para desarrollar una personal versión del género trágico. *Volver* nos muestra a un director que ha llegado a descubrir la esencia del pueblo español, y especialmente en lo que hace al sexo femenino; un autor que ha hallado un rumbo distinto, pero no menos interesante, que el de *Hable con ella* (donde los protagonistas son hombres)… porque Pedro Almodóvar sabe muy bien cómo hablar de las mujeres, aunque las rodee de muerte y fantasmas.

Adaptado de http://www.minotaurodigital.net

¡Observa!

*hilo conductor = esta frase metafórica se refiere a un tema que da continuidad a la narración o al argumento.

B **Encuentra las palabras en el texto que corresponden a las siguientes definiciones:**

1 texto con el contenido de un filme
2 obra humorística
3 porciones de terreno (vistas especialmente desde un punto de vista artístico)
4 mujeres que interpretan un papel en el cine, el teatro, etc.
5 acto que muestra respeto hacia algo o alguien

6 persona que produce o dirige películas de cine
7 pincelada
8 inseguridad por lo que va a pasar
9 manipula
10 relativo a la tragedia
11 camino
12 personaje principal

289

C Contesta las preguntas siguientes, en lo posible con tus propias palabras.

1 Según la reseña, ¿qué talento especial del director revela *Volver*?

2 ¿Qué quiere decir el escritor cuando dice que "el cine de Pedro Almodóvar no es exclusivamente un cine de imágenes"?

3 Según la reseña, ¿cuál es el tema principal de *Volver*?

4 ¿Por qué parece fantástica la madre de Raimunda y Sole?

5 ¿Qué diferencia evidente señala el escritor entre *Hable con ella* y *Volver*?

D Investiga en internet sobre los filmes de un cineasta hispano, y escribe una reseña (250 a 400 palabras) de uno que hayas visto, subrayando lo siguiente:

- dónde tiene lugar
- el tema central
- los personajes principales
- algunos vínculos con otras películas del cineasta (considera si esta película es típica de su obra)
- tu opinión sobre si ha tenido éxito en la realización de la obra.

> **¡NO OLVIDES!**
>
> Cómo escribir una reseña
>
> **Página 108 en la Unidad 4.**

¡Veamos una película!

Aquí tienes el nombre y datos de una película en español que trata de los viajes del Che Guevara por Sudamérica.

***Los diarios de motocicleta* (Argentina, Chile, Perú y otros, 2004)**
Género: drama/biográfica
Director: Walter Salles
Reparto: Gael García Bernal, Rodrigo de la Serna y Mercedes Morán.

Si es posible, mírala y debate los siguientes puntos con la clase:
- ¿Quiénes son los protagonistas del viaje?
- ¿Cuál es el objetivo de los viajeros?
- Menciona por lo menos dos incidentes y cómo los solucionaron.
- ¿Cómo se divierten Ernesto y Alberto?
- ¿Qué cambia en Ernesto al final de la película? ¿Por qué?
- ¿Harías tú ese viaje por Sudamérica? ¿Por qué (no)?

¡Escuchemos una canción!

Aquí tienes el nombre de una canción que trata del tema de la diversión.

La vida es un carnaval
Género: salsa
Álbum: Mi vida es cantar (1998)
Cantante: Celia Cruz (Cuba)

Si es posible, escúchala y debate los siguientes puntos con la clase:
- ¿Qué les dice la cantante a los que piensan que la vida es desigual y que están solos?
- ¿Cómo es la vida, según ella?
- ¿Qué hay que hacer? ¿Por qué?
- ¿Qué hay que pensar cuando la vida es cruel y las cosas no cambian?
- Menciona por lo menos dos tipos de personas negativas a las que la cantante dice "¡Uaaa!" (expresión de desprecio).
- ¿Estás de acuerdo con el mensaje de la canción? ¿Por qué (no)?

IV: Literatura
[Nivel superior]

11 El canto errante

Rubén Darío (1867–1916), pseudónimo de Félix Rubén García Sarmiento, fue un poeta nicaragüense de un talento excepcional. Fue un gran renovador del español como lenguaje literario, siguiendo las ideas y el estilo de los poetas simbolistas franceses de la época. Como poeta, buscó lo oculto, lo que se encontraba por debajo de la realidad. Su poesía se puede llamar "escapista": está poblada de escenas fantásticas, en paisajes lejanos en el tiempo y en el espacio. Dijo de su poesía: "He expresado lo que expresaba mi alma y he querido penetrar en el alma de los demás, y hundirme en la vasta alma universal". En su vida, Rubén Darío viajó mucho por Sudamérica y Europa: fue corresponsal del diario argentino *La Nación* en Buenos Aires y Madrid; vivió mucho tiempo en París; viajó en Bélgica, Italia e Inglaterra. Su vida personal fluctuaba entre el pesimismo y el optimismo; tomaba drogas y se emborrachaba con frecuencia, como si buscara una realidad más exótica que la cotidiana. La publicación de su obra *Azul* (1888) le dio renombre internacional. Siguieron sus obras más famosas: *Cantos de vida y esperanza* (1905), *El canto errante* (1907), *El poema de otoño* (1910), *El oro de Mallorca* (1913).

El poema "El canto errante" proviene del libro de poemas del mismo nombre.

El canto errante

El cantor va por todo el mundo
sonriente o meditabundo.

El cantor va sobre la tierra
en blanca paz o en roja guerra.

Sobre el lomo del elefante
por la enorme India alucinante.

En palanquín y en seda fina
por el corazón de la China;

en automóvil en Lutecia*;
en negra góndola en Venecia;

sobre las pampas* y los llanos
en los potros americanos;

por el río va en la canoa,
o se le ve sobre la proa

de un steamer sobre el vasto mar,
o en un vagón de sleeping-car.

El dromedario del desierto,
barco vivo, le lleva a un puerto.

Sobre el raudo trineo trepa
en la blancura de la estepa.

O en el silencio de cristal
que ama la aurora boreal.

El cantor va a pie por los prados,
entre las siembras y ganados.

Y entra en su Londres en el tren,
y en asno a su Jerusalén.

Con estafetas y con malas,
va el cantor por la humanidad.

En canto vuela, con sus alas:
Armonía y Eternidad.

Extraído de **El canto errante**,
Rubén Darío (Nicaragua)

¡Observa!

*Lutecia = antigua ciudad de la Galia romana (hoy Francia), actualmente un barrio de París.
*pampas (SA.) = llanos de Sudamérica (palabra del quechua).

A **Lee el poema y comenta con tu compañero/a:**

- **la figura del cantor**
- **por qué el viajero cambia de modo de transporte**
- **el ambiente que crean el lenguaje y el ritmo del poema**
- **si les gusta el poema y por qué (no).**

12 El beso de la mujer araña

Manuel Puig (1932–1990) fue un escritor argentino cuyas novelas muestran una perfecta armonía entre la cultura popular, la cinematografía y la literatura. Desde pequeño se sintió fascinado por el cine, lo que lo llevó a vincularse con la vanguardia artística de Buenos Aires y a estudiar cinematografía en Roma y en Nueva York. Plasmó estos conocimientos del séptimo arte y su crítica social de la clase media argentina en obras tales como *La traición de Rita Hayworth* (1968), que relata los amoríos de un adolescente a través de escenas de comedias de Hollywood, *Boquitas pintadas* (1969) y su tercera novela, *The Buenos Aires Affair* (1973) que fue secuestrada por los militares, obligando a Puig a exiliarse en Brasil y en México.

Su obra más exitosa es *El beso de la mujer araña* (1976), también prohibida por la dictadura militar argentina en los años 1970 y llevada al teatro primero, y al cine en 1985. Esta historia narra las conversaciones entre dos presos, uno de ellos un homosexual aficionado al cine, Molina, y el otro un revolucionario, Valentín. Su amistad se basa en conversaciones como la siguiente, en las que Molina narra en detalle el argumento de películas que ha visto, que van intercalándose con conversaciones sobre sus vidas fuera de la cárcel, sus deseos y ambiciones.

¡Observa!

*pileta (Arg., Uru. y Bol.) = piscina
*(vos) imaginate … me contás = (tú) imagínate … (tú) me cuentas (para el uso de *vos*, ver 6 en el Resumen gramatical).
*pelotudo/a (despectivo, CS) = idiota
*no más/nomás (HA) = "solamente", muletilla común
*sonso/zonzo (HA) = tonto, ridículo

—… Abajo la pileta* está a oscuras, la otra sale del vestuario y prende las luces, las de la pileta, que están debajo del agua. Se está acomodando el pelo para colocarse la gorra de baño cuando oye pasos. Pregunta, un poquito alarmada, si es la portera. No hay contestación. Entonces se aterroriza, larga la salida de baño y se zambulle. Mira desde el medio del agua a los bordes de la pileta, que están oscuros, y se oyen los rugidos de una fiera negra que pasea enfurecida, no se la ve casi, pero una sombra va como escurriéndose por los bordes. Los rugidos se oyen apenas, son siempre rugidos como entre dientes, y le brillan los ojos verdes mirando a la otra en la pileta que entonces sí se pone a gritar como loca. En eso baja la portera y prende todas las luces, le pregunta qué le pasa. Ahí no hay más nadie, ¿por qué tantos gritos? La otra está como avergonzada, no sabe cómo explicar el miedo que tiene, imaginate* cómo le va a decir que ahí se metió una mujer pantera. Y entonces le dice que le pareció que había alguien ahí, un animal escondido. Y la conserje la mira como diciendo esta pelotuda* qué habla…

… y están en eso cuando ven en el suelo la salida de baño hecha jirones y huellas de patas de animal, de haber pisado en lo mojado… ¿Me estás escuchando?

—Sí, pero no sé por qué esta noche no hago más que pensar en otra cosa.

—¿Termino la película?

—Sí, por favor.

—¿En qué estábamos?

—En que la muchacha se salva en la pileta.

—Bueno, cómo era entonces… Ahora viene el encuentro con la pantera y el psicoanalista.

—Perdoname… No te vayas a enojar.

—¿Qué pasa?

—Mejor seguimos mañana, Molina.

—Falta poco para terminar.

—No me puedo concentrar en lo que me contás*. Perdóname.

—¿Te aburriste?

—No, eso no. Tengo un lío en la cabeza. Quiero estar callado, y ver si se me pasa la histeria. Porque me reía de histérico no más*.

—Como quieras.

—Quiero pensar en mi compañera, hay algo que no entiendo, y quiero pensarlo. No sé si te ha pasado, que sentís que te estás por dar cuenta de algo, que tenés la punta del ovillo y que si no empezás a tirar ya… se te escapa.

—Bueno, hasta mañana entonces.

—Hasta mañana.

—Mañana ya se termina la película.

—No sabés qué lástima me da.

—¿A vos también?

—Sí, querría que siguiese un poco más. Y lo peor es que va a terminar mal, Molina.

—Pero ¿de veras te gustó?

—Bueno, se nos pasaron las horas más rápido, ¿no?

—Pero gustarte gustarte, no te gustó.

—Sí, y me da lástima que se termine.

—Pero sos sonso*, te puedo contar otra.

—¿De veras?

—Sí, me acuerdo clarito clarito de muchas.

—Entonces perfecto, vos ahora te pensás una que te haya gustado mucho, y mientras yo pienso en lo que tengo que pensar, ¿de acuerdo?

—Tirá del ovillo.

—Perfecto.

—Hasta mañana, que descanses.

—Hasta mañana, igualmente.

Extraído de **El beso de la mujer araña** *Manuel Puig (Argentina)*

A

Empareja las siguientes palabras y frases con sus significados:

1 prende
2 gorra de baño
3 se zambulle
4 bordes
5 rugidos

6 escurriéndose
7 jirones
8 lío
9 ovillo
10 lástima

a costados
b compasión hacia alguien por sus males
c bola de hilo o de lana
d filtrándose
e enciende

f pedazos desgarrados de ropas o telas
g sumerge su cuerpo entero en el agua
h voz de felinos grandes
i sombrero de goma para usar bajo el agua
j desorden

B

¿Qué párrafo resume mejor el argumento de la película que narra Molina: el 1, el 2 o el 3?

1 Una mujer enciende las luces de la piscina y la protagonista, que está dentro de ella, siente que la observa alguien escurridizo, la mujer pantera. Se zambulle y vuelve a ver la imagen del animal, por lo que empieza a gritar; esto atrae a la portera, que se asusta y empieza a buscar al animal, que deja la salida de baño hecha jirones.

2 Se encienden las luces de la piscina y la protagonista, que se viste y entra, se siente observada por un ser especial, una mujer pantera. Se zambulle y vuelve a verla y oírla, por lo que empieza a gritar. Los gritos llaman la atención de la portera, que no le cree, pero al hablar notan que la salida de baño fue destruida por un animal.

3 Después de que las luces internas de la piscina son encendidas, la protagonista se viste, pero oye unos rugidos, y, temerosa, entra en el agua. Cuando se zambulle, vuelve a oír los rugidos y al salir ve a la mujer pantera. Por eso, grita, y viene la portera, que no le cree, pero ambas pueden ver que la salida de baño fue destrozada por un animal.

C

En la siguiente lista de frases, además del ejemplo, solo hay cinco que son correctas según lo que dice el diálogo del texto (después de la narración de la película por Molina). Elígelas y márcalas con una cruz (X). Te damos una como ejemplo.

Ejemplo: *Molina está contando la película a Valentín.*	X
1 Valentín no quiere saber cómo termina la película de la mujer pantera.	
2 A continuación, la mujer pantera ataca a un psicoanalista.	
3 Valentín siente que ha perdido la concentración.	
4 A Valentín le preocupa algo de su compañera.	
5 Valentín está tejiendo, y pierde la punta del ovillo.	
6 Ambos quisieran que la película no terminara mañana.	
7 A Molina le parece que a Valentín no le gustó de veras la película.	
8 Valentín quiere que las horas pasen más rápidamente.	
9 Molina cree que Valentín es tonto y que no entiende las películas.	
10 Molina se compromete a pensar en otra película mientras Valentín piensa en sus cosas.	

D

Juega con la clase: debes pensar en el argumento de una película en silencio unos minutos. Después, tal y como hace Molina en el texto, debes narrar el argumento de la película, sin decir en ningún momento de qué película se trata. Tus compañeros/as pueden hacer preguntas sobre los detalles, ¡pero atención: en ningún momento puedes mencionar el nombre de la película ni de sus personajes! Si tus compañeros/as no adivinan la película en cinco minutos, ganas tú, y debes decir su nombre.

E

¿Te gustan las películas? ¡Tienes la oportunidad de escribir la tuya! Escribe un diálogo (300 a 400 palabras) entre dos o más personajes *de películas diferentes* que se encuentran en tu peli (por ejemplo, ¿qué le diría un personaje de acción como Indiana Jones a uno de fantasía, como Harry Potter?).

TAREA CREATIVA SOBRE LITERATURA DE SEGUNDO AÑO

Escribe una redacción (mínimo 200 palabras) sobre la importancia del tema *el ocio* en uno de los libros que has leído. Puedes responder una o más de estas preguntas:

- Si pudieras hacer un viaje con uno de los personajes, ¿con cuál sería y por qué?
- ¡Saliste con uno de los personajes y lo pasaste genial! Escribe en tu diario personal todos los detalles de lo que hicieron.
- ¿Qué escena del libro/la obra te gustaría ver en el cine? ¿Por qué?

V: ¡A jugar!

Bingo

Aquí tienes una lista de palabras y frases relacionadas con los temas tratados en esta unidad. Copia la tarjeta de bingo a continuación y escribe nueve palabras o frases de la lista en sus espacios.

deportista	conductor	ventanilla
guión	vía	destacar
bailarín	equipaje	protagonista
mochila	territorio	actriz
atravesar	transbordo	competencia
recorrido	desfile	carrera
avería	papel	

El/La profesor(a) va a leer las definiciones de las palabras o frases en un orden aleatorio. Si corresponden a las palabras en tus casilleros, debes marcarlas con una cruz (**✗**).

Cuando hayas marcado todas las palabras o frases, debes gritar "bingo", y el juego se detiene. ¡Cuidado! Para poder ganar el juego, la persona que ha completado todos los casilleros debe leer sus palabras y definirlas correctamente o con un ejemplo.

UNIDAD 11 La diversidad cultural

- ◎ I: De aquí, de allá, juntos, separados
- ◎ II: Los jóvenes somos así
- ◎ III: Los valores de la gente de hoy
- ◎ IV: Literatura [Nivel superior]
- ◎ V: ¡A jugar!

¡Piensa!

"Los derechos culturales son parte integrante de los derechos humanos, que son universales, indisociables e interdependientes. El desarrollo de una diversidad creativa exige la plena realización de los derechos culturales... toda persona debe poder participar en la vida cultural que elija y ejercer sus propias prácticas culturales, dentro de los límites que impone el respeto de los derechos humanos y de las libertades fundamentales".

Artículo 5, Declaración Universal de la UNESCO sobre la Diversidad Cultural (2001)

- ¿Qué cultura consideras como la tuya? ¿Es respetada donde vives?

- ¿Por qué emigra la gente?
- ¿Conoces algún país/alguna nación compuesta de distintas culturas?
- ¿Qué problemas y/o beneficios resultan de la mezcla de culturas?
- ¿Existe una cultura de los jóvenes y una de los adultos? Si es así, ¿en qué se diferencian?
- ¿Qué es una "tribu urbana"?
- ¿Por qué las modelos adelgazan tanto?
- ¿Son bellas o feas las obras de la pintura y escultura moderna?

I: De aquí, de allá, juntos, separados

1 Los hispanos que van y vienen, ¿se integran?

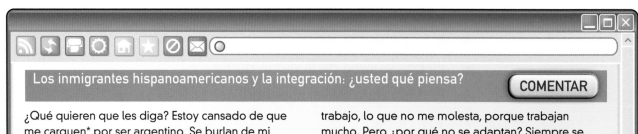

Los inmigrantes hispanoamericanos y la integración: ¿usted qué piensa?

COMENTAR

¿Qué quieren que les diga? Estoy cansado de que me carguen* por ser argentino. Se burlan de mi acento, me dicen "cheeeee" todo el tiempo. No son todos los peruanos, claro, son sobre todo los que no me conocen, pero me gustaría que se separaran menos de mí y que me vieran como su vecino sudamericano, que ahora está acá. Seremos de etnias distintas, pero tenemos demasiado en común. ¡Que me dejen en paz!
Fernando, 45 años, Lima

Yo soy paraguaya y vine acá, a España, para ganarme el pan con el sudor de mi frente. Debo decir que, con excepción de los viejitos más anticuados, nadie me hizo mala cara. Soy como de la familia para la gente con que trabajo, y me lo dicen constantemente. Las nenas quieren que venga a todas sus reuniones familiares.
Clara, 50 años, Santiago de Compostela

¿Por qué tengo yo que tolerar a esa gente que viene y que no se adapta? Me refiero a los bolivianos, sobre todo. Vienen acá, a Argentina, donde tienen una educación gratuita, y donde encuentran un trabajo, lo que no me molesta, porque trabajan mucho. Pero ¿por qué no se adaptan? Siempre se visten distinto, no se juntan con nosotros, no comen nuestra comida. Acá nunca hubo ghettos* entre los inmigrantes, ¿por qué empiezan ahora?
María, 67 años, Buenos Aires

¡Ya basta de tanta "tolerancia" falsa! Mira, si son tan pobres en sus países, ¿por qué no se organizan mejor, en vez de venir acá a robarnos el trabajo?
Esteban, 33 años, México D.F.

No puedo creer que en pleno siglo XXI, con una cultura globalizada, con internet, con todo lo que sabemos sobre todo el mundo, la gente siga segregando a los demás. ¿Que si me considero muy diferente de un colombiano por ser venezolano? ¡Qué ridiculez! ¡Si hasta compartimos los colores de una bandera! Pero la bandera que llevamos todos dentro es la de ser latinoamericanos, y eso nos convierte en uno; las diferencias son simples colores de un arco iris que es único en el mundo.
Hugo, 39 años, Mérida, Venezuela

¡Observa!

*cargar (esp. Arg., coloq.) = fastidiar
*ghetto (esp. Arg., del italiano) = gueto, grupo de personas de otra cultura que se separa.

A ¿Quién lo dice? ¡Cuidado! Algunas frases pueden referirse a más de una persona, o a ninguna.

	Fernando	Clara	María	Esteban	Hugo
1 "Abusan de nuestra generosidad".					
2 "La integración completa no existe".					
3 "No concibo cómo la gente sigue discriminando a sus vecinos".					
4 "¡Ya estoy harto de las bromas por mi nacionalidad!"					
5 "Estoy aquí por el trabajo".					
6 "¡Que no vengan más!"					
7 "Compartimos mucho y nos diferencia poco".					
8 "Aunque seamos de pueblos distintos, somos hermanos".					
9 "Me tratan como a un pariente".					
10 "¿Por qué no se integran del todo?"					

B Completa la tabla con las palabras que faltan.

Verbo	Sustantivo	Adjetivo
	paz	
		familiar
	tolerancia	
molestar		
	junta	
		falso/a
		pobre
		culto/a
segregar		
diferenciar		
	ridiculez	
simplificar		

C Lee el texto otra vez y haz una lista de todos los ejemplos del subjuntivo. A continuación, mira 11.B en el Resumen gramatical para explicar sus usos.

D Ahora completa estas oraciones con *una* de las opciones dadas: el indicativo o el subjuntivo.

1 Me parece normal que la gente <u>busca/busque</u> trabajo en cualquier sitio.

2 Hijo querido, lo que más quiero es que <u>eres/seas</u> feliz, no importa dónde.

3 ¡Que <u>pasan/pasen</u>, que aquí son bienvenidos!

4 No me acuerdo de dónde <u>venía/viniera</u>.

5 –¿Qué pasa, Claudia?
   –¡Que <u>hablan/hablen</u> sin saber lo que dicen! ¡Así no se puede avanzar!

6 Quiero vivir en un sitio donde <u>hay/haya</u> seguridad, y no lo encuentro.

7 Mi padre quiere que me <u>quedo/quede</u>.

8 Estoy segura de que ella <u>era/fuera</u> de Paraguay.

9 Si <u>observas/observes</u> con detención, verás que somos muy parecidos.

10 ¡No hagas lo que no quieres que te <u>hacen/hagan</u> a ti!

E Ahora lo vives en carne propia. Te has mudado a un país hispano donde te discriminan por ser distinto/a. Escribe una carta informal (250 a 400 palabras) a un(a) amigo/a, explicándole la situación y pidiéndole consejo. Explica:

● dónde estás y de dónde eres

● por qué te discriminan

● qué han hecho para hacerte sentir mal

● si crees que podrás integrarte o no, y por qué.

Gramática

USOS DEL SUBJUNTIVO

Recuerda que el subjuntivo se usa normalmente:

● después de un verbo de emoción. Por ejemplo: *Estoy cansado de que me* **carguen** *por ser argentino.*

● después de expresiones de deseo. Por ejemplo: *Me gustaría que se* **separaran** *menos de mí.*

● para expresar una orden en tercera persona. Por ejemplo: *¡Que me* **dejen** *en paz!*

Para repasar la forma y los usos del subjuntivo, ver 11.B en el Resumen gramatical.

¡NO OLVIDES!

Cómo escribir correspondencia informal

Página 79 en la Unidad 3.

2 Los migrantes internos y el lugar donde vivo

¿Cómo afecta la migración interna al lugar donde vive la gente? Ciudadanos de varias ciudades hispanoamericanas responden.

 A ¿Quién lo dice?

Pista 30

	Ana	Enrique	Asunción	Alfredo
1 Muchos migrantes dejan una casa cómoda en su región para trasladarse a la ciudad.				
2 Algunos migrantes pierden sus casas cuando hace mal tiempo.				
3 Hay gente que gana bien que pierde su trabajo por los migrantes.				
4 A veces ocurren conflictos cuando llega gente del campo.				
5 Los migrantes buscan un lugar sin habitantes donde asentarse.				
6 Los dirigentes del país tienen intención de construir más casas.				
7 Los migrantes llevan muchos años viviendo en la miseria.				
8 Si los migrantes no tienen con qué pagar el dinero prestado deben marcharse.				

 B Encuentra las palabras o frases en el audio que corresponden a las siguientes definiciones:

Ana

1 se establecen

2 deshabitado

3 tejidos gruesos para cubrir el suelo

Enrique

4 casas

5 albergar

6 pagado

Asunción

7 reemplazan

8 salario

9 contrato de deuda por una vivienda

Alfredo

10 hacer frente

11 sin casa

12 lucha

 C Eres un inmigrante instruido que te has trasladado a la capital de tu país hispanoamericano, buscando un trabajo profesional. Escribe tu diario para los tres primeros días, describiendo:

- la casa/el piso/departamento que has encontrado
- los pasos que has dado para buscar un empleo
- la acogida de la gente.

> **¡NO OLVIDES!**
>
> Cómo escribir un diario
>
> **Página 113 en la Unidad 4.**

3 La Argentina: una "ensalada" de gente

A

Antes de leer el texto, observa el siguiente collage de fotos de familias y amigos y responde las preguntas con tus opiniones:

- **¿Cómo son estos argentinos físicamente?**
- **¿De qué orígenes crees que son?**
- **¿Por qué son todos tan diferentes?**
- **¿Crees que viven en comunidades o guetos?**

¡Observa!

*De muestra baste un botón = dicho que significa "con ver solo un poco, puede entenderse la situación".
*petiso (CS) = hombre de baja estatura.
*(vos) mirá = (tú) mira (ver 11.D en el Resumen gramatical).
*che (Arg. y Uru., coloq.) = expresión común para llamar la atención, demostrar confianza, o muletilla (de origen desconocido).

Pocos países hay tan difíciles de "definir" como la Argentina. Tan extenso es su territorio, tan fuertes sus contrastes, con los hielos eternos sobre sus más de 5.000 kilómetros de Andes, su Patagonia, sus selvas subtropicales y cataratas, sus desiertos, sus pampas súper fértiles, que cuesta pensar en ella como en una sola nación.

Sin embargo, algo sí unifica este país austral, y es que somos una mezcla entre criollos, los pocos indígenas que sobrevivieron y se mestizaron ¡y millares de inmigrantes! Hoy son chinos (¿quién no tiene un mercadito chino a la vuelta de casa?) y, como siempre, sudamericanos. Pero el argentino típico es intrínsecamente europeo. Dice el chiste: *un argentino es un italiano que habla español, quiere ser sofisticado como un inglés (y termina siendo raro como un francés).* ¡Y no está tan errado! De muestra baste un botón*: recuerdo que al pasar lista en mi escuela primaria, saltábamos los que teníamos apellidos italianos: Sebastián Pollachini, Nonona Pioli, "el petiso*" Bettinotti, muchos otros y yo; claro, intercalados con los españolísimos Pedro Solís, Liliana Díaz, Oscar Ávalo; pero jamás faltaba la inglesa Raquel Pitt, o la irlandesa Magdalena Casey, o los ucranianos Pablo Barchuk y Pepito Stepaniuk, los judíos alemanes, polacos y rusos Teplitsky, Zimerman y Neumeyer, y a no olvidarse de la siria Natalia Nasrallah y del armenio Oundjian.

Si nos preguntan, nuestros abuelos y bisabuelos llegaron entre fines del siglo XIX y principios del XX. Nos contaban cómo venían de guerras, escapando de la hambruna, y la Argentina les había dado tierras y un lugar donde empezar de nuevo, con la condición de que la ayudaran a desarrollarse. Me contaba mi *nonno* que en su época el español era lengua minoritaria en Buenos Aires. Sin embargo, desde aquel entonces, y por ley, todos los argentinos tenemos una educación en español, con nuestro característico *vos*.

¿El resultado? No nos vemos tan diferentes el uno del otro: integración plena (lo cual no implica discriminación entre clases, claro). Busques por donde busques, no vas a encontrar guetos; aunque Once, en Buenos Aires, tenga una notable comunidad judía, conviven con católicos, ortodoxos, ateos, o gente de la calle que cree en lo que sea.

En fin, uno puede pasar días, meses, años, escudriñando de dónde venimos los argentinos. Seguramente encontrará buenas explicaciones históricas para muchas de nuestras costumbres, las europeas, las criollísimas como el *mate* y el *asado*, las modernas, las importadas. Lo cierto es que, al menos para mí, sí existe un sentimiento "argentino" que las abraza a todas, con una mentalidad latina que da buen sabor a nuestra ensalada de orígenes y que hace que de a ratos digamos "mirá* qué evolucionados que están en Europa", pero otras veces "acá se vive bien, che*".

B Encuentra las palabras o frases en el texto que corresponden a las siguientes definiciones:

1 llanos de Sudamérica

2 habitantes de un mismo país, regidos por un mismo gobierno

3 del sur

4 en el Cono Sur, blancos descendientes de los colonos españoles

5 mezclaron sus razas

6 conjuntos de miles

7 broma

8 puestos entre otros

9 lograr su potencial

10 de forma legal

11 completa

12 comunidades de una sola raza o religión dentro de una ciudad

13 buscando con mucha atención

14 forma tradicional de preparar la carne

15 por momentos

C Completa las siguientes frases con una de las opciones, según lo que dice el texto:

1 Al autor le parece que la Argentina:
   a) tiene gran variedad de paisajes, aunque sea un solo país.
   b) se considera un solo país, pero debería ser varios.
   c) es demasiado grande como para considerarla como una.

2 Con respecto a su gente, los argentinos:
   a) son inmigrantes europeos, que desplazaron a los nativos.
   b) son sudamericanos, pero de familias de Europa.
   c) vienen del mestizaje del europeo con los pocos indígenas de la zona.

3 La inmigración actual:
   a) es totalmente diferente a la del pasado.
   b) sigue siendo de Sudamérica, entre otras.
   c) está influenciada por el comercio con China.

4 Según el chiste, un argentino:
   a) reniega de sus orígenes latinos, porque admira a los franceses.
   b) habla lengua latina pero piensa como un anglosajón.
   c) tiene rasgos latinos, pero quiere ser diferente.

5 La lista de clase de la escuela primaria del autor muestra:
   a) los orígenes variados de los inmigrantes.
   b) que los argentinos tienen nombres y apellidos en muchos idiomas.
   c) que algunas nacionalidades mantenían sus nombres, pero otras no.

6 Los inmigrantes que llegaron a la Argentina:
   a) sufrieron hambrunas al llegar, porque no estaba desarrollada.
   b) venían escapando de las Guerras Mundiales, entre 1918 y 1945.
   c) buscaban un sitio donde recordar a sus países y tener una mejor vida.

7 La lengua en la Argentina:
   a) era muy variada en tiempos de los inmigrantes, pero se unificó.
   b) no era el español en Buenos Aires, pero cambió con la ley.
   c) era un español muy distinto, con el *vos*, pero se reemplazó con la educación.

8 Los argentinos:
   a) no formaron guetos de razas, pero sí de grupos religiosos.
   b) no se consideran diferentes en sus orígenes, aunque a veces sí de clase.
   c) se mezclaron muy bien, pero en Buenos Aires hay 11 comunidades importantes.

9 Si uno investiga las costumbres argentinas:
   a) descubrirá que muchas son extranjeras, pero que existen las locales.
   b) notará que la mayoría son europeas.
   c) verá que se cambiaron las extranjeras por las locales, como el *mate* y el *asado*.

10 Para el autor:
   a) los argentinos no deciden si admiran lo local o lo extranjero.
   b) hay un sentimiento argentino en conflicto con sus orígenes europeos.
   c) aunque se admire Europa, los argentinos sienten orgullo por su país.

D Encuentra los seis casos de régimen preposicional de verbos en el texto.

E Aquí tienes un texto que habla del carácter de los argentinos. Los verbos del texto tienen un régimen preposicional. Complétalos con la preposición que consideres adecuada.

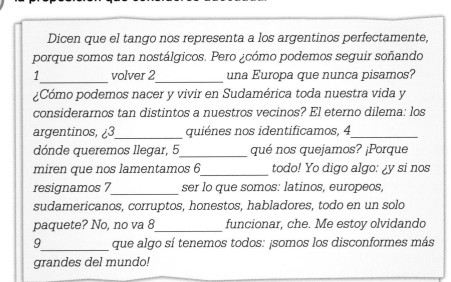

> Dicen que el tango nos representa a los argentinos perfectamente, porque somos tan nostálgicos. Pero ¿cómo podemos seguir soñando 1_____ volver 2_____ una Europa que nunca pisamos? ¿Cómo podemos nacer y vivir en Sudamérica toda nuestra vida y considerarnos tan distintos a nuestros vecinos? El eterno dilema: los argentinos, ¿3_____ quiénes nos identificamos, 4_____ dónde queremos llegar, 5_____ qué nos quejamos? ¡Porque miren que nos lamentamos 6_____ todo! Yo digo algo: ¿y si nos resignamos 7_____ ser lo que somos: latinos, europeos, sudamericanos, corruptos, honestos, habladores, todo en un solo paquete? No, no va 8_____ funcionar, che. Me estoy olvidando 9_____ que algo sí tenemos todos: ¡somos los disconformes más grandes del mundo!

Gramática

EL RÉGIMEN PREPOSICIONAL DE LOS VERBOS

Recuerda que:

- ciertos verbos normalmente van acompañados por una preposición, es decir siguen un "régimen preposicional". Por ejemplo: *pensar en*, *ayudar a*.

- muchos de estos verbos necesitan la preposición para tener un sentido completo. Por ejemplo: ***Depende de*** *cómo los veas, los argentinos son más europeos o más latinoamericanos.*

Para repasar el régimen preposicional de los verbos ver 14 en el Resumen gramatical.

F Ahora investiga en internet o con una buena enciclopedia (también puedes usar las secciones *¿Qué sabes de…?* en este libro) y escribe el guión para una presentación oral (250 a 400 palabras) sobre los orígenes y las gentes de otro país hispano. Tienes que dar detalles sobre:

- cuáles son los principales grupos étnicos
- sus tradiciones y religiones
- si se han integrado varias comunidades o no y por qué
- si hay migración actualmente y por qué (no).

¡NO OLVIDES!

Las presentaciones orales

Página 262 en la Unidad 9.

¿Qué sabes de... la Argentina?

Antes de leer la información sobre la Argentina, completa este pequeño cuestionario para ver cuánto sabes de ese país.

1 ¿Cuál es la superficie aproximada de la Argentina?

a) 1.500.000 km² (el doble de Chile)

b) 2.750.000 km² (un poco menos que India)

c) 4.000.000 km² (la mitad de Brasil)

2 ¿Por qué se llama Tierra del Fuego su extremo sur?

a) Porque los españoles fueron atacados con fuego.

b) Porque hay muchos volcanes.

c) Porque los indios hacían fuego en todos los sitios por el frío.

3 ¿Cómo se llamó al independizarse de España?

a) Provincias Unidas de Buenos Aires

b) Provincias Unidas del Río de la Plata

c) Estados Unidos de Sudamérica

4 ¿Quiénes fueron los "desaparecidos"?

a) opositores de la dictadura, secuestrados y torturados

b) intelectuales argentinos que se exiliaron en Europa

c) aborígenes argentinos que fueron masacrados

5 ¿Qué país europeo envió más inmigrantes a la Argentina en los siglos XIX y XX?

a) España

b) Italia

c) Francia

El país

◎ **Argentina**, o **la Argentina**, limita al norte con Paraguay y Bolivia, al este con el océano Atlántico, Uruguay y Brasil, al oeste con Chile, y al sur con Chile y los océanos Atlántico y Pacífico.

◎ Su nombre proviene del latín *argentum*, plata, metal precioso común en los ríos Paraná y Uruguay, que forman el **Río de la Plata**, el más ancho del mundo (220 km).

◎ Es el país hispano más grande del mundo, con 2.780.400 km² (también reclama territorios del Atlántico Sur, con lo que ocuparía 3.761.274 km²), divididos en **23 provincias** y una Ciudad Autónoma, **Buenos Aires**, su capital.

◎ Su clima es cálido y desértico en la Puna (altiplano sudamericano) y el noroeste; montañoso seco en Cuyo, centro; subtropical húmedo en el nordeste; templado en la Pampa Húmeda; ventoso y árido en la Patagonia y Tierra del Fuego.

◎ Los aproximados 40.000.000 de argentinos viven principalmente en ciudades del norte: Buenos Aires, Córdoba, Mendoza y Rosario. Los blancos europeos son un 85%, el 15% restante son mestizos y amerindios.

◎ Es un país muy rico en recursos naturales, con grandes industrias de petróleo, gas natural, pesca y madera. Su principal actividad económica es la **agricultura** (exportador mundial de cereales) y **ganadería** (su carne es apreciada mundialmente).

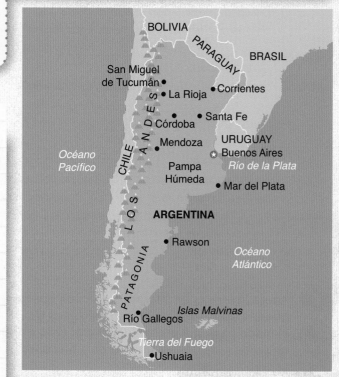

José de San Martín

Historia

El período precolombino

El amplio territorio argentino estaba poblado por diversas civilizaciones: el noroeste andino era parte del **imperio inca**; en la zona central estaban los **puelches** y **pampas**. Los **tehuelches**, guerreros que habitaban el sur, eran altos y dejaban huellas grandes, por lo que los españoles los llamaron "patagones" (pies grandes) y a su tierra **Patagonia**. En el gélido extremo sur vivían los **onas** y los **yaghanes**. Iban prácticamente desnudos y hacían fuego tanto en la tierra como en sus barcas para calentarse, por lo que los españoles denominaron a la isla grande austral **Tierra del Fuego**. Hoy en día, en el oeste de la Patagonia siguen presentes los **mapuches**, y en el nordeste de Argentina habitan los **tobas** y los **guaraníes**.

La Conquista y el período colonial

Magallanes llegó al Río de la Plata en 1520. Pedro de Mendoza fundó **Nuestra Señora del Buen Ayre** en **1536**. Sin embargo, los ataques repetidos de los querandíes obligaron a los españoles a abandonar el fuerte. Juan de Garay fundó una segunda **Ciudad de La Santísima Trinidad** y **Puerto de Santa María del Buen Ayre** en **1580**.

La corona española creó entonces el **Virreinato del Río de la Plata** en 1777, con capital en Buenos Aires, y territorios en expansión que comprendían ambos lados del Atlántico.

La independencia y el siglo XIX

Los excesos de los virreyes y la falta de apoyo de España fortalecieron los movimientos de independencia. Así, en **1810**, durante la **Revolución de Mayo**, en un cabildo abierto en Buenos Aires, los patriotas crearon una junta de gobierno independiente para la región.

El general **José de San Martín** (1778–1850), gran libertador argentino, luchó incansablemente contra los realistas. Cruzó los Andes a lomo de burro y ayudó a liberar a Chile, y junto a Bolívar al Perú. El **9 de julio de 1816** se proclamaba finalmente la independencia de las **Provincias Unidas del Río de la Plata**.

Durante el siglo XIX hubo varias guerras civiles en territorio argentino, principalmente entre los *unitarios* y los *federales*.

El conservador Julio Argentino Roca emprendió la **Campaña del desierto**, una dura lucha contra los aborígenes del sur, y anexó la Patagonia.

Los siglos XX y XXI

Argentina gozó de varios gobiernos democráticos y de una prosperidad marcada durante el siglo XX, especialmente gracias al trabajo de inmigrantes europeos y de exportación de carne y cereales a los países europeos en guerra.

Evita y Juan Domingo Perón

Sin embargo, desde 1930 ganaron protagonismo los militares. **Juan Domingo Perón**, del Partido Justicialista, aumentó los salarios y nacionalizó los servicios públicos. Su esposa, **"Evita" Duarte**, luchó por los derechos de la mujer, que obtuvo el voto.

Un golpe de estado en 1976 llevó al poder una **Junta Militar**, presidida por Rafael Videla. Empezaba así una época oscura de represión, de los "**desaparecidos**", opositores secuestrados y torturados, cuya existencia quedaba "borrada". En 1982, el gobierno militar tomó por la fuerza las *Islas Malvinas*, desencadenando la **Guerra de las Malvinas** con el Reino Unido. La derrota de Argentina marcó el cierre de la dictadura y el resurgimiento de la democracia.

La Argentina del siglo XXI vivió otra crisis económica en 2001. La dura postura del gobierno llevó a varias revueltas. Finalmente, el país emprendió un proceso de recuperación económica exitosa que continúa, apoyado por su participación en el **MERCOSUR**, mercado al que pertenece desde su fundación en 1993.

La Argentina y la diversidad cultural

La población argentina es famosa por sus contrastes culturales. Los últimos años del siglo XIX y la primera mitad del XX vieron la llegada de tres olas de inmigración europea, de aquellos que escapaban del hambre y las guerras en sus países.

Los **italianos** imprimieron su sello en la cultura argentina, especialmente en ciudades como Buenos Aires y Córdoba, seguidos por los **españoles**. El país también atraía a alemanes, ingleses, escoceses, galeses, franceses, ucranianos, libaneses, sirios, turcos, entre tantos otros, que obtenían tierras y casas a cambio del desarrollo de sus industrias. Todos ellos llevaron y mantuvieron sus costumbres, aunque se asimilaron a la cultura latina y aprendieron el castellano. En las provincias, y especialmente el campo, se mantiene vivo el espíritu **criollo**, es decir, hispano, y aún el aborigen, con sus costumbres.

Los **gauchos**, pobladores criollos de los territorios más recónditos, aún hoy mantienen sus tradiciones, su vestimenta y su música, que se suma a la gran variedad de ritmos folclóricos argentinos.

Para más información:
http://www.argentinaturistica.com

303

II: Los jóvenes somos así

4 Algunas tribus urbanas en México

En México, hace más de 60 años que existen tribus urbanas documentadas. No necesariamente son chavos* sin oficio ni beneficio*; al contrario, son chicos que estudian, trabajan o simplemente son sanos. He hecho una investigación real en las calles, y recogí factores interesantes. Tienen una identidad juvenil, y para pertenecer no hace falta solo vestirse o pensar igual, hay que tener talento y autenticidad.

CHOLOS

http://www.10puntos.com

Muchos son emigrantes que vivieron en EUA o hijos de mexicanos nacidos allá. Su look es muy desenfadado: pantalones sin fajar, casi donde termina la nalga, camisas o camisetas de talla extra grande; se cortan el cabello a rapa y se tatúan alguna parte de la calva. Su estilo de vida es un poco más gringo: comen pizza y hamburguesas, a veces tacos. La mayoría tiene auto propio o camioneta pickup sin legalizar, de seis u ocho cilindros, muy bien decorada. Hablan espanglish. Su estilo de vida es muy de ellos, no buscan protagonismo ni mucho menos.

CHAVOS BANDA

Característicos de las ciudades más grandes del país. Escuchan el rock urbano en español. Su look es muy simple, porque son de clase humilde; la mayoría vive en vecindades y son muy de barrio. Hoy día, los chavos banda han dejado la droga con pegamento y se han organizado culturalmente; dejaron las calles y muchos de ellos formaron asociaciones en su comunidad.

¡Observa!

*chavo/a (Méx., Nic., Hond., coloq.) = muchacho/a
*sin oficio ni beneficio = vago, porque vive sin un trabajo (oficio) ni un ingreso de dinero (beneficio).
*a lo puro güey (Méx., coloq.) = sin orden o técnica
*FARO (Méx.) = Fábrica de Arte de la Zona Oriente (del D.F.)

Bicimaníacos o Xtrials

No solo se dedican a andar en bici, sino que hacen todo tipo de piruetas. Hay eventos en toda ciudad para apoyar este estilo de vida, y grandes empresas refresqueras y de ropa patrocinan las presentaciones de los más grandes exponentes. Su música es punk rock, muy parecida al rock pop en inglés. Su vestimenta es jeans y sudadera o playera y casco o gorra en la cabeza. Siempre andan con rodillera y coderas. Son muy tranquilos, pero muy selectivos.

Skatos

Chicos un poco desmadrosos en patineta, con vestimenta muy desenfadada: jeans, playera o sudadera en colores vistosos. Son los grafiteros que pintan a lo puro güey*. Su música es el ska. Dicen que están en contra del maltrato a los niños, por eso llevan un muñeco de peluche que cuidan con el alma.

Grafiteros o Taggers

Hijos de los chavos banda y genéticamente descendientes de los grandes muralistas mexicanos, han logrado darle una nueva cara a puntos de las ciudades para beneplácito de mucha gente. Se visten un tanto *cholo* y un poco *chavo banda*. Están bien organizados, y en algunos lugares hasta son reconocidos como artistas, tanto que en FARO* hay una academia para ellos. Escuchan música rap.

Fresas

Niños más o menos bien, van a escuela privada y no tienen una identificación de vestimenta ni de identidad. Se visten mezclando, a veces como roqueros y a veces muy rosas. Son un poco hipócritas y muy burlones con las clases bajas.

Adaptado de http://mexico.bligoo.com

A

 V

Trabaja con un(a) compañero/a. Emparejen las siguientes palabras y frases del texto con sus significados.

1	desenfadado	a	sarcásticos o despectivos
2	sin fajar	b	que venden o fabrican bebidas gaseosas
3	nalga	c	ligero, sin seriedad
4	a rapa (Méx., coloq.)	d	que provoca placer a
5	calva	e	tabla con ruedas para desplazarse o jugar
6	vecindades	f	parte carnosa del trasero
7	refresqueras (Méx.)	g	ropa que abriga el tronco del cuerpo, a veces con capucha
8	patrocinan	h	parte de la cabeza donde debería haber pero no hay pelo
9	sudadera	i	al ras, como lo hace una afeitadora
10	playera (Méx.)	j	alocados y sin normas
11	casco	k	sin cinturón
12	desmadrosos (Méx., coloq.)	l	apoyan y difunden
13	patineta (HA)	m	conjunto de casas o habitaciones donde se convive
14	para beneplácito de	n	en México, camiseta con mangas y estampada
15	burlones	ñ	gorro de metal o plástico para proteger la cabeza

 B

Todas las siguientes frases tienen errores. Sin modificar su estructura, corrígelas con la información del texto.

1 Para el autor, en las tribus urbanas hay vagos que tienen una identidad antigua y mediocre.

2 Los *cholos* son mexicanos ingleses que visten ropa ajustada y llevan cabello largo.

3 Si conoces a un *chavo banda*, verás que escuchan pop latino y que viven en suburbios.

4 Los *chavos banda* son muchachos ricos que se drogan y que no ayudan a la comunidad.

5 Los *bicimaníacos o Xtrials* manejan patinetas y patrocinan a refresqueras.

6 Si te acercas a un *skato*, verás que son cuidadosos cuando se visten y que pintan bien mientras escuchan rap.

7 Los *skatos* tratan mal a los más pequeños, por eso llevan un muñeco rotoso.

8 Busca conocer a un *grafitero o tagger*, porque pintan a lo puro güey.

9 Si eres *fresa*, seguramente fuiste al colegio nacional y te vistes igual que tu grupo.

10 Los *fresas* suelen tratar con cariño a la gente más humilde.

 C

Tienes la oportunidad de entrevistar a un(a) miembro de una tribu urbana en México. Elige la que más te interese (o busca información sobre otras, como por ejemplo los *góticos*, o *emos*) y escribe la entrevista (250 a 400 palabras) con él/ella. No te olvides de preguntarle:

- por qué se identifica con esa tribu
- si son violentos o no
- qué hacen normalmente
- cómo le gusta vestirse a él/ella en particular y por qué
- qué grupo musical/cantante le gusta escuchar a él/ella y al grupo
- cuáles son sus valores.

> **¡NO OLVIDES!**
>
> Cómo escribir una entrevista
>
> **Página 72 en la Unidad 3.**

5 El rock de las Malvinas

A **Antes de leer el texto, observa la fotografía y contesta las siguientes preguntas con tus opiniones:**

- ¿De dónde crees que son los integrantes de esta banda? ¿Por qué?
- ¿Qué tipo de música crees que tocan? ¿Por qué?

Es una banda de Londres. Aunque el 25% de sus miembros sea argentino (Gabriel Boccazzi, guitarra y voz) y en el parche de la batería se mezclen la bandera argentina con la británica, el sonido *beat* y hasta cómo se paran sobre el escenario les imprime una identidad londinense. Bajo un ímpetu unificador, The Draytones ha editado su disco *Up In My Head* en la Argentina, tienen intenciones de tocar más seguido aquí y acaban de tocar en las Islas Malvinas.

"Lo de Malvinas surgió como una broma cuando recién comenzó el grupo", explica Gabriel. "Somos argentinos e ingleses y años atrás, cuando lanzamos el primer single, la portada tenía las dos banderas. Un ex combatiente, Gabriel Sagastume, nos contactó por e-mail y nos felicitó por la idea de la integración, la amistad y nos propuso ir a tocar allá para llevar el mensaje de unificación y paz, que está todo bien". Tras trabajar durante un año lograron tocar en las islas y permanecer una semana. Gabriel sigue: "El logo de las dos banderas en la batería podía herir susceptibilidades*, así que tratamos de evitarlo en público". Luke Richardson (batería y voz), agrega: "Bueno, por lo menos porque tiene la bandera argentina. Eso les molesta a los malvinenses". Gabriel: "Además de tocar… Lo único que hicimos fue esperar. Bueno, visitamos el Cementerio Darwin y otros lugares. Es un lugar con un paisaje hermoso, bellísimo". "Sí, pero el clima era horrible", se ríe Luke y agrega "fuimos a ver los pingüinos". ¿Eh? En la tapa de *Up In My Head* aparece un busto con palabras escritas en inglés y español: amor, sueño, verdad, paciencia y… pingüinos. "Sí –sigue Luke–, los pingüinos eran algo que queríamos ver. Ocupan nuestros pensamientos".

Los Draytones y Gabriel Sagastume

Gabriel se mudó a Londres hace siete años para vivir de la música. Había formado una banda de rock cuando conoció a Luke, y al separarse ese grupo comenzaron con The Draytones.

La banda suele hacer una versión de *La respuesta*, el hit de Los Gatos Salvajes, la banda del legendario argentino Litto Nebbia. Luke, en perfecto español, cuenta que Gabriel le pasó discos de Los Gatos al resto de la banda. "Que, en definitiva, tienen lo mismo que nosotros buscamos en la música británica de los años sesenta que escuchamos". ¿Y qué le parece un grupo sudamericano sonando beatle a un inglés? Chris Le Good (bajo), acota: "Bueno, no importa, en Japón no sabían inglés pero igual cantaban las canciones de Los Beatles". Luke: "Es simpático escucharlos. Es como cuando me escuchan a mí, un inglés, cantando canciones en español".

Adaptado de http://edant.clarin.com

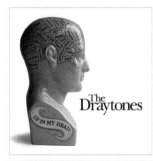

***Tapa del disco* 'Up In My Head'**

¡Observa!

*podía herir susceptibilidades: debido a que Argentina reclama las islas como territorio argentino, y que en 1982 se desencadenó una guerra entre Argentina y el Reino Unido a causa de esta razón.

B **Encuentra en el texto los sinónimos de las siguientes palabras:**

1 grupo
2 integrantes
3 tablado
4 publicado
5 chiste
6 apenas
7 luchador
8 quedarse
9 lesionar
10 escultura

C

Encuentra en el texto los antónimos de las siguientes palabras:

1 se acuestan
2 divisor
3 infrecuente
4 contratapa

5 separación
6 afrontarlo
7 hermoso
8 provisionalmente

9 encontramos
10 antipático

D

Termina cada una de las frases siguientes con uno de los finales en el recuadro, según el sentido del texto. ¡Cuidado! Hay cinco finales de más.

1 The Draytones es una banda…
2 La idea de tocar en las Islas Malvinas…
3 El argentino Gabriel Boccazzi comenzó…
4 The Draytones tocan una canción…
5 Dicen que la lengua…

> **a** … su carrera con The Draytones.
> **b** … con una banda diferente a la actual.
> **c** … con un cuarto de miembros de Argentina.
> **d** … con un 75% de miembros de Argentina.
> **e** … en español.
> **f** … muy famosa de un grupo argentino.
> **g** … fue un fracaso por las susceptibilidades.
> **h** … tuvo que planearse mucho pero fue exitosa.
> **i** … sus países tenían gustos musicales muy diferentes.
> **j** … no es tan importante para la música.

E

Lee el texto otra vez y haz una lista de todos los verbos que están en tiempos pasados.

F

Aquí tienes un resumen de la historia de las Islas Malvinas. Elije uno de los tiempos verbales para completarla.

Los argentinos 1 <u>bautizaban/habían bautizado/bautizaron</u> a las islas cercanas a su costa este como Malvinas, porque dicen que en un principio 2 <u>habían llegado/llegaban/han llegado</u> allí inmigrantes de Saint Maló, en Francia. Su historia es bastante triste. Mientras 3 <u>creció/crecía/ha crecido</u> la población de la Argentina, que 4 <u>era/fue/había sido</u> muy escasa en el sur, 5 <u>llegaron/habían llegado/han llegado</u> colonos ingleses, que 6 <u>declaraban/declararon/han declarado</u> ese territorio como británico en 1833. Argentina 7 <u>rechazó/había rechazado/rechazaba</u> esta acción, objetando que ya 8 <u>colonizaba/colonizó/había colonizado</u> las islas y que 9 <u>tuvieron/tenían/han tenido</u> un gobierno argentino. Argentina 10 <u>ha reclamado/había reclamado/reclamaba</u> su soberanía desde entonces. Lamentablemente, en 1982, esta disputa 11 <u>se volvía/se volvió/se ha vuelto</u> sangrienta, porque la dictadura militar 12 <u>envió/enviaba/ha enviado</u> tropas para tomar las islas por la fuerza, y el gobierno británico las 13 <u>defendió/ha defendido/había defendido</u>. La guerra de Malvinas/Falkland 14 <u>duró/duraba/había durado</u> solo dos meses, pero 15 <u>dejaba/dejó/había dejado</u> las relaciones entre los países en muy mal estado. Hoy se dialoga más que antes, pero continúan con sus posturas firmes sobre la soberanía. Por eso es tan emotivo cuando jóvenes británicos y argentinos, que antes 16 <u>fueron/eran/han sido</u> enemigos, predican la paz y la hermandad. Lo peor 17 <u>ha pasado/había pasado/pasaba</u>; hay que ver un futuro pacífico para todos.

Gramática

LOS TIEMPOS PASADOS EN CONTEXTO

Recuerda que los tiempos pasados del indicativo hacen énfasis en distintos aspectos:

- el **pretérito perfecto** conecta una acción que ha ocurrido en un período que va desde el pasado hasta el presente. Suele ir acompañado de **ya** o **todavía**. Por ejemplo: *Todavía no he escuchado a esa banda.*

- el **pretérito indefinido** se usa para narrar acciones en el pasado y enfatizar que se completaron. A veces va acompañado de marcadores como **ayer**, **anoche**, **el mes/año pasado**. Por ejemplo: *La banda se formó en Londres a principios de la década.*

- el **pretérito imperfecto** se usa para describir acciones habituales o estados en el pasado. A veces es acompañado de marcadores como **cuando**, **antes**, **mientras**. Por ejemplo: *Antes, todos querían sonar como los Beatles.*

- el **pretérito pluscuamperfecto** se usa para establecer lo que había pasado antes de un punto de referencia en el pasado. A veces va acompañado de **ya** o **todavía**. Por ejemplo: *Gabriel había tocado con otra banda antes de sumarse a The Draytones.*

Para repasar la forma y uso de los tiempos pasados, ver 11.A.II, III, VI y VII en el Resumen gramatical.

G Seguro que tienes un(a) cantante o grupo de música preferido/a. Habla con el resto de la clase y explícales:

- de dónde es/son
- cómo es su música
- si tiene(n) ideas y/o mensajes para la sociedad (por ejemplo, de paz)
- qué expresa(n) en sus canciones.

H ¡Fuiste a un concierto de tu cantante/banda preferido/a! Estás realmente feliz y decides escribirle un e-mail (250 a 400 palabras) a un(a) amigo/a que habla español. Explícale:

- qué pasó exactamente en el concierto
- por qué te gusta tanto ese/a cantante/banda
- si tienen una subcultura (por ejemplo, gestos, ropa, peinados) para identificarse con él/ella
- si crees que tu amigo/a debería conocerlo/la.

> **¡NO OLVIDES!**
>
> Cómo escribir correspondencia informal
>
> **Página 79 en la Unidad 3.**

6 ¿Expresión artística o mutilación del cuerpo?

Piercing

1 Los piercings son <u>super bonitos</u>. Los uso como una manera de <u>embellecer</u> mi cuerpo.

2 A los 15 años mis padres me dejaron hacer el primer piercing en el <u>ombligo</u>, donde solían llevarlo mis amigos.

3 ¡También los tengo ahora en la oreja, la ceja y el labio!

4 Meter piercing en la cara no es una molestia sino una manera de expresarse.

5 Todos los miembros de mi grupo musical preferido llevan piercing en la ceja y por eso yo me hice los mismos.

6 La ventaja principal de los piercings es que <u>te los puedes quitar</u> y no pasa nada.

7 Me dicen que los tatuajes duelen mucho, así no me los hago.

8 También creo que llevar tatuajes es una forma de <u>mutilarse</u> el cuerpo de manera permanente.

Tatuajes

1 ¡<u>Me molan</u> los tatuajes! Los tengo en la espalda, el hombro y debajo del <u>ombligo</u>.

2 Cuando pasé <u>la mayoría de edad</u>, mis padres me dejaron hacerme un tatuaje; me lo hice en la espalda.

3 A mí me gustan los tatuajes de la naturaleza, como <u>mariposas</u> y serpientes.

4 No me hago tatuajes relacionados con la guerra porque estoy en contra de la violencia.

5 Dicen que parece sexy que uno tenga tatuajes, pero eso no me interesa nada. Para mí el tatuaje es una expresión artística.

6 No he tenido efectos adversos en la piel porque las <u>tintas</u> son de origen vegetal y <u>no dañan nada</u>.

7 Varios amigos míos tienen demasiados tatuajes, algunos muy impresionantes. Pues… yo creo que el que se tatúa todo el cuerpo es tonto.

8 No me gustan los piercings porque hay riesgo de una infección al ponérselos.

Adaptado de http://gua30.wordpress.com

A

Encuentra las palabras o frases subrayadas en el texto que corresponden a las siguientes definiciones:

1 matices de color
2 insectos con alas de colores vistosos
3 cortarse una parte del cuerpo
4 edad adulta
5 no causan ningún perjuicio

6 hermosos
7 son removibles
8 cicatriz redonda en medio de la barriga
9 poner bonito
10 me gustan mucho (E., coloq.)

B

Con referencia a los tatuajes o los piercings, ¿quién lo diría, el chico, la chica, o ambos?

	chico (piercings)	chica (tatuajes)
1 Puedes renunciar a ellos sin tener problemas.		
2 Me encantan los que representan animales.		
3 Me gusta expresarme mediante ellos.		
4 Mis amigos y yo estamos de acuerdo sobre dónde ponerlos.		
5 Comencé a seguir esta moda cuando era menor.		
6 No los tengo en la cara.		
7 Algunos amigos los tienen en exceso.		
8 Necesité el permiso de mis padres.		
9 No te hacen daño.		
10 Es una tontería ponérselos en todo el cuerpo.		

C

¿De qué genero son los siguientes sustantivos?

> estante   piel   nariz   pie   mutilación
> mano   corazón   edad   color   imagen
> punk   televisión   costumbre   uña   libertad
> tema   diamante   naturaleza   diente
> disc jockey   álbum   foto   red   escaparate
> tribu   problema   paz

Gramática

EL GÉNERO DE LOS SUSTANTIVOS

Recuerda que:

- los sustantivos que terminan en **-ción/-sión** y en **-dad/-tad/-tud** son femeninos.
  Por ejemplo: *la* expre**sión**, *la* infec**ción**, *la* herman**dad**.

- los sustantivos que terminan en **-e** pueden ser de género masculino o femenino.
  Por ejemplo: **el** *tatuaje*, **la** *serpiente*.

Para repasar el género de los sustantivos, ver 3 en el Resumen gramatical.

D

Comenta con tu compañero/a el tema de los piercings y/o los tatuajes. Concéntrense en los temas siguientes:

- ¿Por qué la gente lleva tatuajes y/o piercings?
- ¿Les parece bien que lo haga? ¿Por qué (no)?
- ¿Están de acuerdo con la chica en que el tatuaje es una expresión artística?
- ¿Les gustaría hacerse un piercing o un tatuaje? Si es así ¿dónde se lo harían?

E

Escribe una lista para aconsejar a un(a) amigo/a que se haga un piercing o un tatuaje o para aconsejarle que no se lo haga. Piensa en los aspectos positivos y negativos de lo que dicen el chico y la chica:

- el efecto sobre el cuerpo
- si es feo o bonito
- lo que diría su grupo de amigos
- lo que dirían sus padres.

¡NO OLVIDES!

Cómo escribir una lista de consejos o instrucciones

Página 140 en la Unidad 5.

III: Los valores de la gente de hoy

7 Lo que creen los koguis

> **¡Observa!**
>
> *precolombina = anterior al descubrimiento de América por Cristóbal Colón.

Los koguis son una tribu precolombina* que vive una existencia aislada. Son una de las etnias que viven en la Sierra Nevada de Santa Marta, en Colombia. Para cada una de estas etnias, los picos nevados son considerados el centro del mundo; creen que la montaña es el corazón del mundo.

Los koguis demuestran una total indiferencia hacia las condiciones materiales de la vida, y aunque por ejemplo su situación económica puede mejorar, pues sus cultivos pueden dar mejores cosechas y existe la posibilidad de producir artículos para la venta, nunca ha sido esa su elección. Simplemente los aspectos materiales de la existencia no les interesan, y por lo tanto vivir en la pobreza no les causa un gran impacto.

El mundo se concibe como dos pirámides sostenidas sobre una misma base. Internamente, lo conforman nueve mundos, cada uno con su propia tierra y sus propios habitantes. La Tierra está ubicada en el quinto piso. Hacia arriba los mundos están emparentados con la luz y hacia abajo están emparentados con la oscuridad.

La Sierra es considerada como un cuerpo humano, donde los picos nevados representan la cabeza; las lagunas de los páramos el corazón; los ríos y las quebradas las venas. Con esa base, toda la geografía de la Sierra es un espacio sagrado.

La máxima autoridad de los koguis la constituye el Mamo. Él es el intermediario entre las fuerzas celestiales y los hombres. Su sabiduría y conocimiento permiten el equilibrio entre las fuerzas. Dice comunicarse con las plantas, animales y otros seres vivientes del mundo, para recibir consejos que les permitan cuidar del planeta. Asimismo, el Mamo recibe noticias de grandes cambios en el mundo, tal como se ve en algunas profecías. Enseña que todo lo que obtenemos de la tierra debe ser devuelto a ella. Las semillas, por ejemplo, son bendecidas antes de ser plantadas, y cada vez que se caza un animal debe existir algún tipo de recompensa para la tierra.

En los pueblos koguis no hay cárceles ni lugares de castigo, y predomina siempre un ambiente de paz, tranquilidad y espiritualidad. Desde los primeros años de convivencia entre la familia, son comunes las manifestaciones colectivas de trabajo espiritual que consisten en reuniones donde la gente canta, medita y hace oración alrededor del fogón, en jornadas que incluyen niños y adultos y que suelen durar hasta altas horas de la madrugada.

Adaptado de http://germanov.wordpress.com

 A Trabaja con un(a) compañero/a. Emparejen las siguientes palabras del texto con sus sinónimos.

1 aislada	9 páramos	a vida en común	i predicciones
2 etnias	10 quebradas	b desfiladeros	j razas
3 cosechas	11 equilibrio	c imagina	k días
4 elección	12 profecías	d apartada	l fundamento
5 concibe	13 bendecidas	e constituyen	m armonía
6 base	14 convivencia	f consagradas	n preferencia
7 conforman	15 fogón	g fuego en el suelo	ñ relacionados
8 emparentados	16 jornadas	h mesetas	o recolección

 B Termina las frases siguientes con una de las frases en el recuadro, según el sentido del texto. ¡Cuidado! Hay seis finales de más.

1 Los koguis creen que…

2 A los koguis no les interesa para nada…

3 En la visión del mundo de esta tribu…

4 Los koguis comparan las características de la sierra…

5 El Mamo es un sabio…

6 Las familias koguis se juntan alrededor del fuego…

---

a … con rasgos del cuerpo humano.

b … la Tierra está compuesta de nueve mundos.

c … cantando y rezando hasta altas horas de la noche.

d … pidiendo a la montaña que les traiga la paz.

e … las montañas son el centro de su existencia.

f … la claridad está arriba y la oscuridad debajo.

g … la sierra es un dios falso con que tienen que luchar.

h … con las figuras de animales y plantas.

i … que puedan beneficiarse de vender sus productos.

j … que sus cosechas sean buenas o malas.

k … que piensa que los koguis deben recibir una recompensa por los animales que otros cazan.

l … que tiene vínculos con todo lo que vive en el planeta.

C Identifica en el texto todos los ejemplos de la voz pasiva con el verbo *ser* y con *se* (ten cuidado con los verbos reflexivos, que tienen *se* pero no son pasivos o impersonales). Menciona si hay algún caso de estar pasivo.

 D Pon las siguientes frases en la voz activa:

1 El Perú fue conquistado por Francisco Pizarro en el siglo XVI.
2 Los niños son criados por la tribu en un ambiente de tranquilidad.
3 Su modo de vivir será destruido por el consumismo.
4 Las medidas fueron tomadas por el Gobierno.
5 La revista es publicada por una empresa venezolana.

E Pon las siguientes frases en la voz pasiva:

1 Los indígenas vendieron los terrenos el año pasado.
2 Los ciudadanos construirán un nuevo monumento en este lugar.

 F Transforma las siguientes frases de pasiva refleja (con *se*) en voz pasiva (con *ser*):

1 Se ha establecido la sede de la empresa en La Paz.
2 Se imprime el periódico en Cuba.
3 Se revisó la camioneta en el garaje de enfrente.

 G Comenta las siguientes preguntas con tu compañero/a:

● ¿Les parece atractiva la vida que llevan los koguis? ¿Por qué (no)?
● ¿Les gustaría ser miembros de esta comunidad? ¿Por qué (no)?

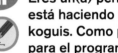
Gramática

LA VOZ PASIVA CON "SER" Y CON "SE"
Recuerda que:

● para expresar una acción pasiva en español, se utiliza la estructura **sujeto + ser + participio** (opcional: **+ por + agente**). Por ejemplo: *La Sierra es considerada por los koguis* como un cuerpo humano.
● el auxiliar *ser* va en el mismo tiempo del verbo activo, y el participio concuerda en género y número con el sujeto de la pasiva. Por ejemplo:
Voz activa: *Los koguis respetan los picos nevados.*
Voz pasiva: *Los picos nevados son respetados por los koguis.*
● a veces se utiliza el *estar* pasivo, sin el agente, cuando se considera que es el resultado de un proceso. Por ejemplo: *La Tierra está ubicada* en el quinto piso.
● *se* es usado en español para dar énfasis a la acción, y no admite el agente. Con *se* pueden formarse:
• **La voz pasiva refleja:** con verbo en tercera persona (singular o plural). Por ejemplo: *El mundo se concibe como dos pirámides; cada vez que se caza un animal…*
• **Las oraciones impersonales:** sin sujeto conocido, y solo con verbo en tercera persona singular. Por ejemplo: *… tal como se ve en algunas profecías.*

Para repasar la forma y uso de la voz pasiva y el *se* reflejo o impersonal, ver 11.I en el Resumen gramatical.

 H Eres un(a) periodista de televisión que está haciendo un programa sobre los koguis. Como parte de tu investigación para el programa entrevistas a un cacique de la tribu, y quieres saber lo siguiente:

● ¿Qué concepto de la familia tienen los koguis?
● ¿Por qué no les importa vender sus productos?
● ¿Por qué no quieren cambiar sus costumbres para compartir los valores de la sociedad moderna hispanoamericana?

Escribe una entrevista de 250 palabras como mínimo.

TEORÍA DEL CONOCIMIENTO

¡NO OLVIDES!
Cómo escribir una entrevista
Página 72 en la Unidad 3.

Las creencias antiguas y modernas

Las antiguas civilizaciones sudamericanas veneraban deidades omnipotentes que daban sentido a su mundo: los incas de América del Sur tenían a Inti, dios del sol, con poder sobre la tierra, el agua y el fuego; los aztecas, de México, tenían como deidad suprema a Quetzalcóatl (la serpiente emplumada). Estos dioses primitivos representaban el mundo natural: los animales, las montañas, las tormentas, la luna, el sol.

El mundo moderno rechaza la visión de lo sagrado de estas civilizaciones: sabemos cómo ocurren las tormentas, la luna es una masa de piedra muerta, nuestro sol es uno de muchos soles dentro del cosmos. En el siglo XIX, un naturalista británico, ▶

Charles Darwin, quién emprendió un viaje científico en barco, principalmente alrededor de Sudamérica, para observar el mundo natural en todas sus formas, formuló **la teoría de la evolución**, llevando a muchos a decidir que la ciencia lo puede explicar todo.

No obstante, las civilizaciones modernas siguen creyendo en unas fuerzas naturales o sobrenaturales; las grandes religiones explican a sus creyentes cómo funciona el sistema diseñado por los poderes que rigen nuestra vida espiritual. Sin embargo, en algunos países las creencias son menos fuertes, los partidarios del ateísmo ponen en tela de juicio estas creencias.

Preguntas

¿Por qué hay diferentes creencias? ¿Todas tienen razón, o son algunas mejores que otras?

¿Te parece evidente la existencia de un Dios omnipotente? ¿Por qué (no)?

¿Existirán las religiones dentro de cien años? ¿Por qué (no)?

8 Domo y Lituche

Introducción

Los mapuches son un pueblo indígena que habita el sur de Chile y el suroeste de Argentina. La historia de Domo y Lituche, en la que se narra el comienzo del pueblo, deriva en parte del cristianismo; en esta leyenda se ve claramente una fusión de las creencias indígenas con las historias de la Biblia cristiana.

¡Observa!

*pewén o pehuén = árbol, especie de araucaria, de la región patagónica de Chile y Argentina.

Hace infinidad de lluvias, en el mundo no había más que un espíritu que habitaba en el cielo. Solo él podía hacer la vida.

Un día decidió crear a una criatura vivaz e imaginativa, a la cual llamó "Hijo". Luego, muy contento, lo lanzó a la tierra. El impulso fue tan fuerte que se golpeó duramente al caer. El espíritu progenitor, desesperado, quiso verlo y abrió una ventana en el cielo. Esa ventana es Kuyén, la luna, y desde entonces vigila el sueño de los hombres.

El gran espíritu quiso seguir los primeros pasos de su hijo. Para mirarlo abrió un gran hueco redondo en el cielo. Esa ventana es Antú, el sol, y su misión es desde entonces calentar a los hombres y alentar la vida cada día.

Pero en la tierra, el hijo del gran espíritu se sentía terriblemente solo. Nada había, nadie con quién conversar. Cada vez más triste, miró al cielo y dijo: ¿Padre, por qué he de estar solo?

Pronto le envió desde lo alto una mujer de suave cuerpo y muy graciosa, la que cayó sin hacerse daño cerca del primer hombre. Ella estaba desnuda y tenía mucho frío. Para no morir helada, echó a caminar y sucedió que a cada paso suyo crecía la hierba, y cuando cantó, de su boca insectos y mariposas salían a raudales y pronto llegó a Lituche el armónico sonido de la fauna.

Cuando uno estuvo frente al otro, dijo ella: –Qué hermoso eres. ¿Cómo he de llamarte?

–Yo soy Lituche, el hombre del comienzo.

–Yo soy Domo, la mujer, estaremos juntos y haremos florecer la vida amándonos –dijo ella.

–Así debe ser, juntos llenaremos el vacío de la tierra –dijo Lituche.

Lituche pronto aprendió que los frutos del pewén* eran su mejor alimento, y con ellos hizo panes. Domo cortó la lana de una oveja, luego con las dos manos, frotando y moviéndolas una contra otra, hizo un hilo grueso. Después, en cuatro palos grandes enrolló la hebra y comenzó a cruzarlas. Desde entonces hacen así sus tejidos en colores naturales, teñidos con raíces.

Broche contemporáneo de los mapu[...] (Gloria Wasserman Kobbert)

Cuando los hijos de Domo y Lituche se multiplicaron, ocuparon el territorio de mar a cordillera. Luego hubo un gran cataclismo, las aguas del mar comenzaron a subir, guiadas por la serpiente Kai-Kai. La cordillera se elevó más y más, porque en ella habitaba Tren-Tren, la culebra de la tierra, y así defendía a los hombres de la ira de Kai-Kai. Cuando las aguas se calmaron, comenzaron a bajar los sobrevivientes de los cerros. Desde entonces se los conoce como "hombres de la tierra" o mapuches.

Adaptado de http://www.redindigena.info

A Decide cuál de las dos opciones es sinónimo de las palabras que están en el texto.

1 vivaz
   a) viviente
   b) vigoroso

2 alentar
   a) animar
   b) atrasar

3 a raudales
   a) en abundancia
   b) juntos

4 frotando
   a) friccionando
   b) separando

5 enrolló
   a) lió
   b) cortó

6 tejidos
   a) tejanos (E.)
   b) telas

7 teñidos
   a) coloreados
   b) acalorados

8 culebra
   a) tigre
   b) serpiente

9 cerros
   a) colinas
   b) lluvias

B En la siguiente lista de frases, además del ejemplo, solo hay cinco que son correctas con respecto al texto. Elígelas y márcalas con una cruz (X). Te damos una como ejemplo.

Ejemplo: *El espíritu que habitaba en el cielo era el único que podía crear vida.*	X
1 El espíritu estaba tan enfadado que echó a su hijo a la tierra.	
2 La leyenda cuenta que el sol se originó del deseo del espíritu de observar su creación.	
3 El hijo se sentía triste porque su padre no estaba con él.	
4 Domo, la mujer, se dañó al caer a la tierra.	
5 Si la mujer no hubiera comenzado a andar, se habría muerto de frío.	
6 Lo primero que le impresionó a la mujer fue la hermosura del hombre.	
7 Lituche aprendió que para sobrevivir tenía que comer fruta y pan.	
8 Pronto Domo aprendió a tejer, utilizando la lana de una oveja.	
9 La inundación era el escenario de la lucha entre dos serpientes.	
10 Los mapuches siguieron viviendo en la sierra a causa de la inundación.	

C Llena los espacios con el verbo *ser* o *estar* en el tiempo adecuado. A veces hay más de un tiempo posible.

1 Los koguis _____ en aquella parte de Colombia desde hace siglos.

2 Nosotros, Domo y Lituche, _____ los primeros habitantes del mundo.

3 Cuando llegué como inmigrante a Bogotá, no _____ preparada para todo lo que pudiera pasar.

4 ¿Crees que _____ posible acompañarte a la exposición de arte precolombino mañana?

5 Después de vivir aquí durante 6 meses, me _____ acostumbrando a hablar con los indígenas.

6 Creo que muchos jóvenes _____ esclavos de la moda y no piensan por sí mismos.

7 Muchas de las creencias de los indígenas _____ transmitidas oralmente.

8 La conocí ayer; _____ la primera vez que hablé con ella.

9 Según ella, Estados Unidos no _____ un país de influencias, como lo _____ nuestros países latinos.

10 Descolgó el teléfono: "_____ yo, Verónica", dijo.

Gramática

SER Y ESTAR

Recuerda que:

• el verbo **ser** responde a la pregunta *¿Qué es algo?* o *¿Quién es alguien?* Es decir, tiene que ver con **la naturaleza** de una cosa o una persona. Por ejemplo: *Yo* **soy** *Lituche, el hombre del comienzo.*

• el verbo **estar** responde a la pregunta *¿Dónde está algo o alguien?* o *¿En qué estado está algo o alguien?* Es decir, tiene que ver con **la situación** o **la condición** o **estado** de una cosa o una persona. Por ejemplo: *¿Padre, por qué he de* **estar** *solo?*

Para repasar los usos de *ser* y *estar*, ver 11.H en el Resumen gramatical.

D Investiga en internet los valores de los mapuches y comenta lo que encuentres con tu compañero/a. A continuación, uno de ustedes debe hacer una presentación (10 minutos aproximadamente) sobre este tema delante de la clase, poniendo de relieve lo que pueden aprender los chilenos y los argentinos modernos de estos valores.

¡NO OLVIDES!

Las presentaciones orales

Página 262 en la Unidad 9.

 E Te interesa la cultura de los aborígenes americanos, sobre todo las antiguas leyendas, como la de Domo y Lituche. Busca en internet otras leyendas de tribus sudamericanas para ver:

- lo que estas leyendas tengan en común
- si sus creencias se han fusionado en parte con las de otras religiones, como el cristianismo.

Luego escribe un blog (250 a 400 palabras) para explicar lo que has aprendido.

¡NO OLVIDES!

Cómo escribir un blog

Página 53 en la Unidad 2.

9 La moda y la anorexia, ¿quién tiene la culpa?

A Antes de leer el texto, observa la siguiente fotografía y opina sobre ella:

- ¿Te parece bonita la modelo?
- ¿Qué opinas de su espalda? Descríbela.
- ¿Crees que las modelos deben ser delgadas o no? ¿Por qué?

¡Observa!

*perchas = soportes de forma triangular para colgar la ropa.
*cola (HA) = trasero

www.modaweb.com — **TEMA DEL DÍA – Las modelos anoréxicas**

- Los diseñadores no quieren modelos en sus pasarelas, quieren perchas*. Si la percha es linda, mucho mejor. Y si tiene cara de pescado pero es flaca, pero muy flaca, está todo bien. La maquillan y ya está.

- Las jóvenes se matan haciendo dietas, corriendo, levantando pesas, todo para alcanzar el ideal de mujer. Se operan la panza, las tetas, la cola*, la nariz, se sacan costillas para achicar la cintura hasta convertir su imagen en una obsesión.

- La mujer ideal, por lo menos en Argentina, debe ser flaca. Lo dicen los negocios de venta de ropa. Si usted no tiene talle 42 o menos, olvídese de comprar algo a la moda.

- Las chicas lloran porque se ven gordas cuando tienen un peso normal para su altura y su edad. Deciden alimentarse a leche o a tomates y manzanas.

- Las revistas promocionan artefactos para hacer gimnasia con modelos esculturales que seguramente nunca los necesitaron, y la gente va y compra con la esperanza de que va a quedar igual a la chica de la foto.

Mientras tanto chicas hermosas mueren.
¿Quién tiene la culpa?

Clic acá para dejar tu mensaje de voz

Una modelo posó para la foto

B Decide si las siguientes frases referidas al texto son verdaderas o falsas. Marca con una cruz (X) la opción que te parezca correcta. Si es falsa, explica por qué con tus propias palabras.

	Verdadero	Falso
1 Los diseñadores buscan mujeres muy delgadas para sus desfiles.		
2 Si la modelo es demasiado flaca, la maquillan para que no se note.		
3 Las jóvenes cometen suicidio con dietas y ejercicios.		
4 Las chicas modifican partes de su cuerpo para alcanzar el ideal.		
5 En Argentina, cuanto más delgada es una mujer, más bella se considera.		
6 La ropa de moda es normalmente de talle 42.		
7 Las chicas lloran porque aunque sean normales, esto no es lo que pide la moda.		
8 Uno ve en revistas a modelos que usaron artefactos y que adelgazaron.		
9 Nadie quiere ser como las modelos de las revistas.		
10 El problema de todo esto es que en su esfuerzo por ser más y más flacas, algunas chicas pierden la vida.		

C Completa la tabla con las palabras que la faltan:

Verbo	Sustantivo	Adjetivo
		flaca
maquillar		
	joven	
	dieta	
	pesa	
	ideal	
achicar		
	obsesión	
		a la moda*
		gorda
		escultural
	esperanza	

*frase adjetiva

D Ahora escucha las respuestas grabadas. Trabaja con un(a) compañero/a. Contesta las siguientes preguntas con sus palabras. Comprueben sus respuestas con su profesor(a).

Pista 31

1   Según Gabriela, ¿qué predican los diseñadores y a quién(es)?

2   ¿Qué desórdenes de alimentación menciona Gabriela y quién(es) los sufren?

3   ¿A quién(es) culpa Gabriela de esta situación?

4   La chica del segundo mensaje, ¿cuánto tiempo sufrió por ser delgada y cómo estaba en el peor momento?

5   ¿Cómo pudo superar su desorden alimenticio?

6   ¿Qué sentía su familia?

7   ¿Qué piensa de su peso actual?

8   ¿Qué hace para ayudar a los demás?

9   ¿Cuál es el problema de Gigi?

10   ¿Qué diferencia ve entre la anorexia y lo que muestran las revistas?

11   ¿Qué experiencia ha tenido Gigi con algunos muchachos?

12   ¿Cuál es el consejo de Gigi para las que buscan ser demasiado flacas?

Escucha nuevamente el audio y debate con un(a) compañero/a el siguiente tema:

● ¿Creen que esas chicas son normales? ¿Por qué (no)?

● ¿Ustedes culparían a las mismas personas y medios que ellas? ¿Por qué (no)?

Una vez que tengan sus respuestas, debatan el tema con el resto de la clase.

 Eres amigo/a de Carla, una chica que está en problemas. Aquí tienes la información sobre su caso. Escríbele un e-mail (250 a 400 palabras) para darle consejos y explícale lo que opinas.

Carla, tu mejor amiga desde la infancia, tiene 17 años y está obsesionada con su figura. Antes era una chica tranquila, pero desde que empezó a salir con otras chicas muy delgadas, empezó a perder peso de una forma alarmante. Ahora pesa solo 49 kilos y mide 1,60. La ropa le cuelga y dice que todavía se ve gorda. No habla del tema, pero se sabe que sufre de anorexia (vomita lo que come) y posiblemente bulimia (toma laxantes). Su novio, Raúl, no parece estar muy contento, pero no dice nada, y como Carla no escucha, su familia te pidió que, como viejo/a amigo/a, la ayudes.

> **¡NO OLVIDES!**
>
> Cómo escribir correspondencia informal
>
> **Página 79 en la Unidad 3.**

G Diseña un folleto (250 palabras como mínimo) que advierta contra los peligros de la anorexia. Menciona:

● por qué comienza la anorexia en los/las jóvenes

● los peligros para la salud que implica

● los problemas psicológicos que acarrea

● el tratamiento que se recomienda

● una organización, sitios web y/o número de teléfono para contactar.

> **¡NO OLVIDES!**
>
> Cómo se crea un folleto
>
> **Página 176 en la Unidad 6.**

¡Veamos una película!

Aquí tienes el nombre y datos de una película en español que trata del tema de la diversidad cultural.

***Fresa y chocolate* (Cuba, 1994)**
Género: comedia dramática
Director: Tomás Gutiérrez Alea y Juan Carlos Tabío
Reparto: Jorge Perugorría, Vladimir Cruz, Mirta Ibarra y Francisco Gattorno.

Si es posible, mírala y debate los siguientes puntos con la clase:
• ¿Quiénes son los protagonistas de la película?
• ¿Cuáles son las diferencias entre David y Diego?
• ¿Cómo es la relación en un principio? ¿Por qué?
• ¿Qué pasa con el tiempo?
• ¿Crees que esta película nos enseña a ser más tolerantes? ¿Por qué (no)?

¡Escuchemos una canción!

Aquí tienes el nombre de una canción que trata del tema de las naciones pluriculturales.

Raza de mil colores
Género: salsa/pop
Álbum: Almas del silencio (2003)
Cantante: Ricky Martin (Puerto Rico)

Si es posible, escúchala y debate los siguientes puntos con la clase:
• ¿Qué quiere decir con "ser leña de un mismo fuego"?
• ¿De qué está orgulloso el cantante?
• ¿Qué le regaló el cielo?
• ¿Qué razas menciona en la canción?
• ¿Qué dice que ha heredado de cada una de ellas?

10 Una "gringuita" perdida en Chiloé

Isabel Allende es posiblemente la escritora de lengua española más leída en todo el mundo en las últimas décadas. Nació en Lima, Perú, en 1942, pero es chilena de origen. Sobrina del presidente chileno Salvador Allende, al ser él depuesto por el dictador Pinochet, su familia se exilió. Empezó su carrera como periodista y continuó como maestra en Venezuela, donde un 8 de enero empezó a escribir una larga carta a sus familiares. Esa carta se convirtió en una novela, *La casa de los espíritus* (1982), que la lanzó a la fama. Es uno de los máximos exponentes del **realismo mágico** latinoamericano, y su maestría de la palabra se demuestra en sus muchas novelas, ensayos, obras de teatro y cuentos.

El siguiente es un extracto de su novela *El cuaderno de Maya* (2011). La historia tiene lugar en el presente y trata de una joven estadounidense de 17 años, Maya, que debe escapar de California y refugiarse en el país de sus abuelos, Chile. Así llega a Chiloé, una isla grande al sur del país austral, donde ve grandes contrastes no solo en el paisaje, sino en la gente y sus valores. Ella va escribiéndolo todo en su cuaderno, como se lo indicó su Nini (como llama a su abuela), y mientras evade a quienes la persiguen no solo descubre Chile, sino a sí misma.

Manuel Arias apareció finalmente y me reconoció por la descripción que mi Nini le había dado por teléfono. ¿Qué le diría? Que soy un obelisco de pelos pintados en cuatro colores primarios y con una argolla en la nariz. Me tendió la mano y me recorrió de una rápida mirada, evaluando los rastros de barniz azul en mis uñas mordidas, los vaqueros roñosos y las botas de comandante pintadas con spray rosado, que conseguí en una tienda del Ejército de Salvación cuando era mendiga.

–Soy Manuel Arias, –se presentó el hombre, en inglés.

–Hola. Me persiguen el FBI, la Interpol y una mafia criminal de Las Vegas –le anuncié a boca de jarro, para evitar malentendidos.

–Enhorabuena –dijo.

–No he matado a nadie y, francamente, no creo que se den la molestia de venir a buscarme al culo del mundo.

–Gracias.

–Perdona, no quise insultar a tu país, hombre. En realidad esto es bien bonito, mucho verde y mucha agua, ¡pero hay que ver lo lejos que está!

–¿De qué?

–De California, de la civilización, del resto del mundo. Mi Nini no me dijo que haría frío.

–Es verano –me informó.

–¡Verano en enero, dónde se ha visto!

–En el hemisferio sur –replicó secamente.

Mala cosa, pensé, este sujeto carece de sentido del humor. Me invitó a tomar té, mientras esperábamos a un camión que le traía un refrigerador y debía haber llegado tres horas antes. Entramos a una casa marcada por un trapo blanco enarbolado en un palo, como una bandera de rendición, señal de que allí se vendía pan fresco. Había cuatro mesas rústicas con manteles de hule y sillas de varias clases, un mostrador y una estufa, donde hervía una tetera negra de hollín. Una mujer gruesa, de risa contagiosa, saludó a Manuel Arias con un beso en la mejilla y a mí me observó un poco desconcertada antes de decidirse a besarme también.

–¿Americana? –le preguntó a Manuel.

–¿No se nota? –dijo él.

–¿Y qué le pasó en la cabeza? –agregó ella, señalando mi pelo teñido.

–Nací así –le informé, picada.

–¡La gringuita habla cristiano! –exclamó ella, encantada. –Siéntese no más, al tiro les traigo tecito.

Me tomó de un brazo y me sentó con determinación en una de las sillas, mientras Manuel me explicaba que en Chile gringo es cualquiera persona rubia angloparlante y que cuando se usa en diminutivo –gringuito o gringuita– es un término afectuoso.

*Extraído de **El cuaderno de Maya***
Isabel Allende (Chile)

A Encuentra las palabras o frases en el texto que corresponden a las siguientes definiciones:

1 objeto circular de metal u otro material

2 señales

3 pintura protectora

4 muy sucios

5 jefe militar inmediatamente superior al capitán

6 mujer que pide limosna

7 sin preámbulos, muy directamente

8 expresión de felicitación

9 le falta

10 vehículo grande para transportar objetos

11 pedazo de tela viejo y roto

12 colocado en lo alto

13 tela de goma de gran uso por ser impermeable

14 mueble donde un vendedor muestra sus productos

15 aparato donde se quema leña, usado para calentar

16 residuo negro del humo

17 cambiado de color

18 fastidiada (coloq.)

19 expresión que significa que es de habla castellana

20 en seguida (Chi., coloq.)

B En la siguiente lista de frases, además del ejemplo, solo hay cinco que son correctas con respecto al texto. Elígelas y márcalas con una cruz (**X**). Te damos una como ejemplo.

Ejemplo: *Maya ha llegado a Chiloé, isla del sur de Chile.*	**X**
1 Ella se considera una muchacha muy bonita y elegante.	
2 Le gusta llevar muchos colores en su ropa y cuerpo.	
3 Está muy preocupada porque la persigue la justicia.	
4 Le gusta el paisaje, pero le parece ridículo que las estaciones estén invertidas.	
5 Manuel Arias es un hombre fácil de ofender.	
6 En esa zona de Chile, cuando uno ve una bandera blanca, puede comprar pan en ese lugar.	
7 En la casa podían observarse muebles cubiertos de una sustancia negra.	
8 La señora que los recibió fue agresiva con Maya.	
9 A Maya le molestó que la señora hiciera un comentario sobre el color de su cabello.	
10 Lo que Maya percibía como falta de cortesía en la señora era en realidad una expresión de cariño.	

C ¡Es tu turno de empezar la historia! Debes escribir lo que sucedió antes de que Maya llegara a Chiloé. Tu redacción (200 a 400 palabras) debe incluir los siguientes detalles:

- cómo era su vida hasta que se fue a Chile
- por qué la persigue la justicia
- por qué su Nini le aconsejó que fuera
- por qué escribe todo en su cuaderno
- cómo llegó a Chiloé (observa la distancia desde San Francisco, Estados Unidos, de donde viene, y esta isla chilena).

11 ¿Qué no hemos cumplido?

Maruja Torres, escritora española, nació en Barcelona en 1943. De familia humilde, no recibió formación universitaria; dice que en su barrio "los libros no existían". Después de trabajar como mecanógrafa, a los 14 años comenzó a interesarse por el periodismo, y a los 19 años se dedicó a esta profesión. Comenzó a trabajar para los periódicos *El País* y *Diario 16* en los años 80, y sigue escribiendo artículos de prensa hasta hoy. Desde 1986 se dedica cada vez más a la literatura. Ha ganado los prestigios premios Planeta, con *Mientras vivimos* (2000),

y Nadal, con *Esperadme en el cielo* (2009). En su carrera variada de periodista, Maruja Torres ha sido reportera de guerra, trabajando como enviada especial en el Líbano, Panamá, Israel y Guatemala. Tiene fama de ser muy polémica: el Partido Popular, el partido político de derechas en España, ha sido uno de los blancos de sus acusaciones. El siguiente fragmento proviene de *Mientras vivimos*, que trata de las pasiones y las dudas de mujeres de varias generaciones. Regina es novelista y tiene casi 50 años; Judit, que tiene 20 años, admira a Regina y quiere imitarla.

Cuando Regina y Judit entraron en el salón, Álex se hallaba <u>despatarrado</u> en el sofá preferido de la <u>dueña</u> de la casa. Iba vestido con un pijama oscuro que parecía un chándal*, o viceversa, y tenía en una mano el <u>mando a distancia</u> del televisor, por cuya pantalla <u>desfilaban</u> imágenes de videoclips musicales. Con la otra mano sujetaba el mando del equipo de sonido, del que surgía una <u>atronadora</u> <u>sarta</u> de decibelios.

–¿Qué es ese ruido? ¿El apocalipsis? –Regina no pudo evitar la ironía, aunque le quedó <u>desvirtuada</u> porque tuvo que gritarla <u>a voz en cuello</u>.
–Hamlet –le respondió el chico, bajando el volumen.
–Qué bien. Debe de ser el monólogo.
Judit <u>se apresuró</u> a intervenir.
–Es el nombre de un grupo de metal español. Parece que son muy buenos, aunque yo tampoco entiendo gran cosa –añadió.
–Esta canción se llama Insomnio –informó el muchacho.

Regina se mordió la lengua para no lanzar otra pulla*. Hacía demasiado tiempo que había perdido contacto con la música moderna. Lo último que recordaba con <u>agrado</u> era la imagen de Police en la que Sting se quitaba la camiseta por la cabeza y se quedaba con el <u>suculento</u> torso desnudo, habían pasado más de veinte años.
…

–Me gustaría saber en nombre de qué extraña promesa que se supone que les hemos hecho y que no hemos cumplido –<u>resopló</u> Regina, presa de furor generacional– los jóvenes de hoy en día se creen con derecho a hacer lo que les pasa por los <u>cojones</u> y a plantar sus <u>patazas</u> en nuestra propiedad privada.

Extraído de **Mientras vivimos**
Maruja Torres (España)

¡Observa!

*chándal (E.) = ropa deportiva, compuesta de un pantalón y un jersey.
*pulla (E.) = insulto

A

Busca en el texto las palabras o frases subrayadas que corresponden a las siguientes definiciones:

1 dispositivo automático para cambiar canales
2 jugoso
3 placer
4 respiró fuertemente
5 piernas grandes y torpes (coloq.)
6 con las piernas muy abiertas
7 desmerecida
8 iban en fila
9 en voz muy alta
10 cadena
11 propietaria
12 testículos (vulg.)
13 estruendosa
14 se dio prisa

B

Contesta las preguntas siguientes, en lo posible con tus propias palabras.

1 ¿Qué estaba haciendo Álex?
2 ¿Por qué la pregunta de Regina no tuvo el efecto que ella quería?
3 ¿Por qué intervino Judit?
4 ¿Cómo se sabe que Regina había perdido contacto con la música moderna?
5 ¿Por qué estaba de mal humor Regina?

C

Comenta el siguiente tema con tu compañero/a. ¿Estás de acuerdo con tus padres en cuanto a lo siguiente? ¿Por qué (no)?

- **los gustos: la música, la ropa, la vida social, etc.**
- **los valores: el comportamiento personal, la religión, la política, etc.**

D

Tus padres te han prohibido salir. No están de acuerdo contigo en que estés fuera con tus amigos/as hasta la madrugada. Tampoco les gustan el comportamiento, la ropa ni los valores de tus amigos/as.

Escribe un blog (200–400 palabras y utilizando un seudónimo) en el que describas cómo te diferencias de tus padres e intentes explicar por qué hay una brecha generacional entre tú y ellos. Invita respuestas.

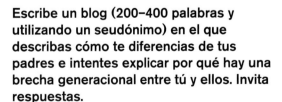

¡NO OLVIDES!

Cómo escribir un blog

Página 53 en la Unidad 2.

TAREA CREATIVA SOBRE LITERATURA DE SEGUNDO AÑO

Escribe una redacción (mínimo 200 palabras) sobre la importancia
del tema *la diversidad cultural* en uno de los libros que has leído.
Puedes responder una o más de estas preguntas:

- ¿Hay algún personaje que venga de otra cultura? ¿Qué contrastes culturales notas?
- Uno de los personajes ha decidido emigrar a tu país/región. Escribe su carta
  a su familia o amigo/a con sus impresiones.
- ¿Hay diferentes valores entre los personajes de la obra? ¿En qué se notan?

V: ¡A jugar!

Seis grados de separación

Para este juego es necesario (foto)copiar las secuencias de seis casillas. La primera y
la sexta casilla contienen dos palabras que están relacionadas por un tema, por
ejemplo: *los inmigrantes* ➡ ... ➡ *la integración*. Tienes que llenar las cuatro
casillas vacías con una secuencia de palabras que se relacionen lógicamente entre sí.

Puedes trabajar con un(a) compañero/a o en grupo para vincular las seis palabras
en una secuencia, de la primera a la sexta. Por ejemplo:

los inmigrantes ➡ *las diferencias* ➡ *la discriminación* ➡ *el acostumbramiento*
➡ *la tolerancia* ➡ **la integración**

La pareja (o el grupo) tiene que justificar las palabras que elija y su posición en la
secuencia. Gana quien termine primero y justifique sus palabras de manera
convincente. Tienen cinco minutos para terminar cada secuencia.

los migrantes	➡	➡	➡	➡	➡ el desarrollo
la diversidad	➡	➡	➡	➡	➡ la música
los jóvenes	➡	➡	➡	➡	➡ las tribus urbanas
el rock	➡	➡	➡	➡	➡ seguir el mensaje
la adolescencia	➡	➡	➡	➡	➡ los tatuajes
la moda	➡	➡	➡	➡	➡ internet
los aborígenes	➡	➡	➡	➡	➡ los buenos valores
el odio	➡	➡	➡	➡	➡ el amor
las muchachas	➡	➡	➡	➡	➡ la anorexia
el arte	➡	➡	➡	➡	➡ el placer

UNIDAD **12** La ciencia y la tecnología

¡Piensa!

"América Latina ha sido hasta ahora incapaz de crear una tecnología propia para sustentar y defender su propio desarrollo. ... Las universidades latinoamericanas forman, en pequeña escala, matemáticos, ingenieros y programadores que de todos modos no encuentran trabajo sino en el exilio: nos damos el lujo de proporcionar a los Estados Unidos nuestros mejores técnicos y los científicos más capaces, que emigran tentados por los altos sueldos y las grandes posibilidades abiertas, en el norte, a la investigación".

Eduardo Galeano, pensador y escritor uruguayo
Extraído de **Las venas abiertas de América Latina** *(1971)*

● ¿Te parece que los países hispanos deben defender a sus científicos, crear su tecnología propia y apoyar la investigación? ¿Por qué (no)?

● ¿Qué invención te parece más útil?

● ¿Te gustaría ser inventor(a)? ¿Por qué (no)?

● En tu opinión, ¿son peligrosas la ciencia y la tecnología? ¿Por qué (no)?

● ¿Qué crees que significa la expresión "fuga de cerebros"?

● ¿Te parece bien que los médicos utilicen las técnicas genéticas para curar o evitar las enfermedades?

● ¿Cómo puede la robótica mejorar nuestra calidad de la vida?

● ¿Te parece que en el futuro usaremos tecnología completamente "verde" o ecológica? ¿Por qué (no)?

I: Inventos e inventores hispanos

1 ¡Tomen nota de este gran inventor!

László József Bíró, conocido en la Argentina como Ladislao José Biro (1899–1985), fue un inventor y periodista húngaro, nacionalizado argentino que realizó un total de 32 inventos, entre ellos el bolígrafo, que le dio fama internacional. Es por eso que en Argentina se le dice "birome" al bolígrafo y que el 29 de septiembre, día de su nacimiento, se ha declarado como el Día del Inventor.

Cuando Ladislao tuvo la idea del invento que lo haría famoso, ya había inventado el lapicero fuente de agua, una máquina para lavar ropa, un sistema de cambios automático en los autos y un vehículo electromagnético. La historia cuenta que estaba molesto por los trastornos que le ocasionaba su pluma fuente cuando esta se le atascaba en medio de un reportaje, y que obtuvo la idea de su creación observando a unos niños mientras jugaban en la calle con bolitas. En algún momento una de ellas atravesó un charco y al salir de este siguió trazando una línea de agua sobre la superficie seca de la calle. La dificultad de trasladar ese mecanismo a un instrumento de escritura residía entonces en la imposibilidad para desarrollar esferas de un tamaño suficientemente pequeño. Biro patentó un prototipo, pero nunca llegó a comercializarse.

En 1940 él, su hermano y su socio y amigo Meyne, quien lo ayudó a escapar de la persecución nazi por su origen judío, emigraron a la Argentina. Tiempo después, su esposa Elsa y su hija Mariana desembarcarían también en Buenos Aires. La principal razón por la que habían elegido este destino fue un encuentro casual en 1938: Biro estaba en Yugoslavia haciendo notas para un periódico húngaro. El argentino Agustín Pedro Justo lo vio llenando un telegrama con un prototipo del bolígrafo y, maravillado por esa forma de escribir, se puso a charlar con él. Biro le habló de la dificultad para conseguir una visa y Justo, que no le había dicho aún quién era, le dijo que en Argentina su invento tendría grandes posibilidades de fabricarse a escala. Le dio entonces una tarjeta que decía: Agustín P. Justo: presidente.

El 10 de junio de 1940 formaron la compañía *Biro Meyne Biro*. En un garage, con 40 operarios y un bajo presupuesto perfeccionó su invento y lo lanzaron al mercado bajo el nombre comercial de *Birome* (por las sílabas iniciales de Biro y Meyne). Al principio los libreros consideraron que esos lapicitos a tinta eran demasiado baratos como para venderlos como herramienta de trabajo y los vendían como juguetes para chicos.

Cuando comenzaron a promocionarse se les llamaba "esferográfica" y se hacía hincapié en que siempre estaba cargada, secaba en el acto, permitía hacer copias con papel carbónico, era única para la aviación y su tinta era indeleble.

En 1943, Biro licenció su invento a Eversharp Faber, de los Estados Unidos, en la entonces extraordinaria suma de USD 2.000.000, y en 1951 a Marcel Bich, de Francia.

El resto es historia… ¡escrita con birome!

Adaptado de http://www.aeromental.com

 A Busca en el texto sinónimos para las siguientes palabras:

1 reportero
2 hizo
3 birome (Arg., Par. y Uru)
4 crónica
5 canicas
6 venderse
7 fortuito
8 construirse
9 empresa
10 se enfatizaba que

B Busca en el texto antónimos para las siguientes palabras:

1 entretenido
2 fluía
3 borrando
4 húmeda
5 tolerancia
6 horrorizado
7 facilidad
8 grandes
9 más tarde
10 poco durable

 C Elige la oración que mejor conteste a cada pregunta según lo que dice el texto.

1 ¿Quién fue Ladislao José Biro?
   a) Un periodista húngaro que llevó 32 de sus inventos a Argentina.
   b) Un reportero húngaro-argentino que tuvo un invento famoso.
   c) El inventor más famoso nacido en Argentina.

2 ¿A qué se le dice "birome" en Argentina?
   a) Es una felicitación del Día del Inventor, el 29 de septiembre.
   b) Al bolígrafo original inventado por Biro.
   c) A todos los bolígrafos, en honor a su inventor.

3 ¿Cuándo tuvo la idea de inventar el bolígrafo?

   a) Al combinar su lapicero de fuente de agua con bolitas de juego.

   b) Al caer tinta de su pluma fuente sobre bolitas de niños.

   c) Al conectar lo que pasó con las bolitas de los niños con sus problemas para escribir.

4 ¿Qué dificultad tenía en un principio?

   a) Que la esfera era demasiado pequeña para fabricarse.

   b) Que era imposible comercializar el prototipo.

   c) Que las esferas eran demasiado pequeñas para patentarse.

5 ¿Cómo fue la emigración de Biro?

   a) Escapaba con su amigo y su familia del Holocausto nazi.

   b) Temía que lo persiguieran los nazis por su invento.

   c) Su esposa, hija y amigo le aconsejaron irse de Hungría.

6 ¿Por qué decidió ir a Argentina?

   a) Porque Agustín Pedro Justo lo convenció de hablar con el presidente.

   b) Porque Agustín Pedro Justo, presidente, vio su potencial.

   c) Porque Agustín Pedro Justo lo conectó con gente importante de Argentina.

D Lee el texto otra vez y haz una lista de todos los verbos que están en tiempos pasados.

E Ahora completa la siguiente historia de un inventor y de un invento muy especiales con uno de los tiempos del pasado de los verbos en paréntesis.

Gramática

LOS TIEMPOS PASADOS EN CONTEXTO

Recuerda que los tiempos pasados del indicativo hacen énfasis en distintos aspectos:

- el **pretérito perfecto** conecta una acción que ha ocurrido en un período que va desde el pasado hasta el presente. Suele ir acompañado de **ya** o **todavía**. Por ejemplo: ¿Alguna vez te **has preguntado** de dónde viene el nombre "birome"?
- el **pretérito indefinido** se usa para narrar acciones en el pasado y enfatizar que se completaron. A veces va acompañado de marcadores como **ayer**, **anoche**, **el mes/año pasado**. Por ejemplo: En la entrevista, Biro **conoció** al presidente de Argentina.
- el **pretérito imperfecto** se usa para describir acciones habituales o estados en el pasado. A veces es acompañado de marcadores como **cuando**, **antes**, **mientras**. Por ejemplo: Antes **se escribía** con pluma fuente.
- el **pretérito pluscuamperfecto** se usa para establecer lo que había pasado antes de un punto de referencia en el pasado. A veces va acompañado de **ya** o **todavía**. Por ejemplo: Hasta que leí el texto, no sabía que un inmigrante argentino era quien **había inventado** la birome.

Para repasar la forma y uso de los tiempos pasados, ver 11.A.II, III, VI y VII en el Resumen gramatical.

¡Un invento con mucho color!

¡Este inventor realmente 1_____ (cambiar) nuestra forma de ver las cosas! Guillermo González Camarena 2_____ (nacer) el 17 de febrero de 1917 en Guadalajara, Jalisco. Este hombre multifacético día tras día por igual 3_____ (investigar), 4_____ (inventar) o 5_____ (componer) canciones.

Cuando Guillermo 6_____ (ir) a cumplir dos años de edad la familia González 7_____ (trasladarse) a la ciudad de México. Desde muy pequeño 8_____ (entretenerse) fabricando juguetes que 9_____ (moverse) con electricidad, así que un día 10_____ (instalar) un laboratorio en el sótano de su casa. Al cumplir los doce años de edad, este niño prodigio ya 11_____ (construir) su primer transmisor de aficionado.

En 1934, él 12_____ (fabricar) su propia cámara de televisión, cuando 13_____ (contar) con solo 17 años de edad. Guillermo 14_____ (querer) darle color, y así 15_____ (desarrollar) un Sistema Tricromático Secuencial de Campos a partir de los colores primarios, que 16_____ (obtener) la patente 40235. Su familia 17_____ (pensar) que 18_____ (estar) loco, ¡porque normalmente 19_____ (construir) sus cámaras con materiales de basura!

▶

Así, este "genio loco" 20_____ (continuar) perfeccionando su invento y 21_____ (fundar) los laboratorios Gon-Cam. 22_____ (estar) especialmente interesado en usar su invento para alfabetizar, y así 23_____ (desarrollar) el Sistema de Educación de *Telesecundaria*.

24_____ (morir) en un accidente automovilístico en 1965, pero antes de morir, su invento 25_____ (retransmitir) las Olimpíadas de Japón y el orgulloso mexicano lo 26_____ (presentar) en la Feria Mundial de Nueva York.

Adaptado de http://es.wikipedia.org y http://www.biografiasyvidas.com

F Trabaja con un(a) compañero/a. Abajo y en la próxima página tienes tablas sobre tres inventores hispanos. Cada uno debe obtener la información que le falta, haciendo preguntas y respondiéndolas con tiempos pasados. Por ejemplo: *Nació en…; Se dedicaba a/Trabajaba en…; Inventó…, que fue/era…; Murió el… en…*
¡Tienen solo 15 minutos para completar sus fichas! ¡Suerte!

Estudiante A:

nombre	fecha y sitio nacimiento	estudio y/o trabajo	invento(s)	fecha y sitio muerte
Juan de la Cierva y Codorníu	21/9/1895, Murcia, España		−autogiro: primer helicóptero. −1920: construcción en Madrid de tres prototipos que no funcionaron −1923: primer vuelo de *autogiro C.4* (cuarto prototipo) en Getafe	
Carlos Juan Finlay		−1844: estudios en Le Havre, Francia −1851: fiebre tifoidea −durante una noche al rezar rosario y escuchar mosquitos zumbando decide estudiarlos		−19/8/1915, La Habana, Cuba −3 de diciembre: Día del Médico en varios países de América
Víctor Celorio	27/7/1957, Ciudad de México, México		−tecnología de *Libro por Pedido (Book On Demand)*. −anticipación a la llegada de "internet"	

Estudiante B:

nombre	fecha y sitio nacimiento	estudio y/o trabajo	invento(s)	fecha y sitio muerte
Juan de la Cierva y Codorníu		−niñez: interés por la aviación; construcción de modelos capaces de volar, con su amigo Tomás −1912: construcción y vuelo de su avión biplano con piloto y pasajero		−9/12/1936, Croydon, Inglaterra, en accidente aéreo del KLM, vuelo regular Londres–Ámsterdam
Carlos Juan Finlay	3/12/1833, Camagüey, Cuba		−la fiebre amarilla causada por agente intermediario: hembra de mosquito *Culex* o *Aedes aegypti* −individuo picado una vez queda inmunizado	
Víctor Celorio		−niñez: amor por los libros, deseo de ser escritor desde los 10 años −década 1980: creación red digital de centros de impresión en México D.F. −publicación (en inglés y español) de sus cuentos cortos, novelas y ensayos		−aún vivo −residencia y trabajo en Gainesville, Florida, Estados Unidos

G Hay muchos inventores hispanos en la historia. Elige uno en particular y escribe un folleto (250 a 400 palabras) para su museo. Tu folleto debe incluir:

> **¡NO OLVIDES!**
>
> Cómo se crea un folleto
>
> **Página 176 en la Unidad 6.**

- fecha y sitio de nacimiento
- educación
- cómo empezó su investigación
- qué descubrió y el impacto que tuvo
- cómo se utilizó y comercializó
- qué puede observarse en el museo (si es posible con fotos)
- qué sitios web o libros pueden leerse sobre él/ella
- más detalles del museo, por ejemplo días/horas de apertura.

2 Un inventor habla

Alberto Sternberg es un inventor miembro de la Asociación de Inventores del Uruguay. Es un técnico industrial que trabaja con su señora. Ella inventó un aparato odontológico para la fabricación de prótesis dentales y ambos crearon su tecnología, que ha sido patentada.

Pista 32

A Escucha el audio con atención y decide cuál de las dos opciones es sinónimo de las palabras que has oído.

1 fabricación
   a) empresa
   b) manufactura

2 fortuito
   a) casual
   b) fuerte

3 limpiadora
   a) mujer que asea
   b) mujer creativa

4 aparato
   a) cuadro
   b) máquina

5 perseverancia
   a) tenacidad
   b) ingenio

6 excéntrico
   a) conformista
   b) extravagante

7 "ido"
   a) distraído
   b) desaparecido

8 agallas
   a) valentía
   b) dinero

B Decide si las siguientes frases referidas al audio son verdaderas o falsas. Marca con una cruz (X) la opción que te parezca correcta. Explica por qué en cada caso con tus propias palabras.

	Verdadero	Falso
1 En Uruguay, un inventor puede hacerse rico si la fabricación del producto es barata.		
2 El invento de Alberto Sternberg fue una inspiración súbita.		
3 No son necesarios estudios universitarios para ser inventor.		
4 El inventor es el que tenga la idea y no el que desarrolle sus usos.		
5 Según Sternberg, los inventores no nacen con el don creativo.		
6 La cualidad más necesaria en un inventor es la imaginación.		

C Comenta con tu compañero/a lo que significa la siguiente afirmación: *El nerd nace. El inventor se hace.*

A continuación contesten las preguntas siguientes:

• En su opinión, ¿qué cualidad es más necesaria para ser inventor?

• ¿Es necesario que los grandes inventos tengan éxito comercial? ¿Por qué (no)?

• "Los grandes inventos suponen un cambio en la sociedad". ¿Están de acuerdo?

Luego escribe un artículo para la revista de tu escuela (250 a 400 palabras) sobre uno de estos temas.

3 El mexicano que asesoró a los creadores de Google

Héctor García Molina, fungía a mediados de la década de los noventa como director del Laboratorio de Ciencias Computacionales de la Universidad de Stanford, en California, cuando los entonces estudiantes Larry Page y Sergey Brin, fundadores de Google, desarrollaban su tesis doctoral. La investigación de Page y Brin se centraba en el desarrollo de un mejor método de búsqueda en internet. Su coordinador y asesor de proyecto era el mexicano García Molina. "Yo me encargaba de proporcionarle los fondos, tenía el dinero del proyecto", recordó el profesor originario de Monterrey, Nuevo León. "Ellos eran estudiantes muy brillantes, muy inteligentes", dijo.

The Search (La Búsqueda), un libro del periodista John Battelle en el que relata la fundación de Google, cita que García Molina dotaba a Brin y a Page del equipo necesario para su investigación y que incluso llegó a donarles una computadora. En esa época, Page trabajó también directamente con García Molina en el estudio y desarrollo de un sistema para detectar copias de documentos en grandes bases de datos, útil para localizar violaciones a los derechos de autor.

El mexicano ha preferido la academia al mundo corporativo, a pesar de los éxitos empresariales a su alrededor. Desde 1979 ha investigado el campo de las bibliotecas digitales y los sistemas de bases de datos al mismo tiempo que ha trabajado en el Departamento de Ciencias Computacionales de la Universidad de Stanford, el cual dirigió entre 2001 y 2004. "Me gusta mucho ser profesor, me interesa mucho más", dijo.

El profesor egresó en 1974 como ingeniero electricista del Instituto Tecnológico de Monterrey, cuando empezaba apenas a desarrollarse la computación. "No me metí de lleno en eso, pero sí me tocó en la carrera tener contacto con las primeras computadoras", dijo. Recién egresado, a los 21 años, vio la oportunidad de continuar estudiando y decidió emigrar a Estados Unidos para cursar su maestría y doctorado en la Universidad de Stanford. El mexicano había llegado en el momento propicio al lugar adecuado. Stanford se encuentra en el Valle del Silicón, en California, y en ese entonces la industria de la tecnología de la información comenzaba a despuntar precisamente ahí en ese sitio. "Recibí muy buena educación aquí", reconoce.

García Molina ha publicado en los últimos 25 años cientos de investigaciones, varias editadas en libros, y es invitado con frecuencia a ofrecer conferencias relacionadas a su campo de investigación.

Este mexicano confía en que los proyectos que actualmente desarrolla junto con otros científicos computacionales, "van a ser las cosas más interesantes", alrededor de internet en los próximos años.

Adaptado de http://www.eluniversal.com.mx

A **Encuentra las palabras o frases en el texto que corresponden a las siguientes definiciones:**

1 ejercía un oficio o una función
2 sitio donde se realizan experimentos
3 libro con los resultados de la investigación de doctorado
4 profundización en el estudio de un tema o una materia
5 diligencia o acciones dirigidas a encontrar
6 máquinas que se usan en conjunto
7 en Hispanoamérica, ordenador
8 conjuntos de información organizados de forma electrónica
9 "copyright"
10 de las compañías
11 de las computadoras y su ciencia
12 especializado/a en la electricidad
13 en Hispanoamérica, informática
14 estudios universitarios de grado
15 TI

B Todas las siguientes frases tienen errores. Sin modificar su estructura, corrígelas con la información del texto.

1 Héctor García Molina estudió con los fundadores de Google durante su maestría.

2 Este colombiano les daba clases para realizar su proyecto.

3 Él incluso les dio una idea para desarrollar su tesis.

4 García Molina y Sergey Brin crearon documentos para penalizar las violaciones de derechos de autor.

5 El profesor García Molina se dedica a su empresa y a dirigir a los estudiantes de ingeniería en Stanford.

6 Cuando estudiaba tecnología en México, García Molina se dedicaba mucho a la computación.

7 No había terminado sus estudios cuando decidió ir a cursar su carrera en Estados Unidos.

8 García Molina tuvo suerte porque en Nueva York encontró una industria de la robótica muy avanzada.

9 Este profesor ha leído muchos artículos y organiza conferencias en su tema.

10 Él cree que los proyectos eran más interesantes en el pasado.

C Encuentra los *diez* casos de régimen preposicional de verbos en el texto.

D Completa las siguientes frases referidas a las ciencias con la preposición que consideres adecuada según los verbos.

1 Muchos genios aprenden _____ inventar jugando.

2 A veces no se conocen los inventores hispanos porque emigraron _____ otros países.

3 No me sorprende que haya ganado un premio; desde niño siempre ha soñado _____ investigar este tema.

4 Su descubrimiento precede _____ muchos en el área, pero nadie lo recuerda.

5 Hay que tratar _____ que estos cerebros hispanos no se vayan de sus países.

6 Este tratado escrito por un cubano versa _____ la cura de la fiebre amarilla.

7 Hay que confiar _____ los avances de la ciencia.

8 ¡Cyndi se enamoró _____ un español que es un genio loco!

E Investiga la biografía de un(a) científico/a (si es posible hispano/a) que te resulte muy interesante, en internet o una enciclopedia. Prepara una presentación oral (de 10 minutos aproximadamente) con detalles de su vida y cómo logró ser famoso/a.

F ¿Cómo llega uno a ser inventor? ¿Se comienza con un lápiz y un papel? ¿Qué se necesita? ¿Se debe tener una gran idea? Comenta este tema con tu compañero/a y hagan una lista de lo que se debe hacer para ser inventor. Luego escribe cinco consejos (250 palabras como mínimo) para las personas que quieren dedicarse a esta profesión.

Gramática

EL RÉGIMEN PREPOSICIONAL DE LOS VERBOS

Recuerda que:

- ciertos verbos normalmente van acompañados por una preposición, es decir siguen un "régimen preposicional".
Por ejemplo: *ayudar **a**, destacarse **en***.

- muchos de estos verbos necesitan la preposición para tener un sentido completo. Por ejemplo: *El profesor García Molina los **ayudaba a** continuar con la investigación.*

Para repasar el régimen preposicional de los verbos, ver 14 en el Resumen gramatical.

¡NO OLVIDES!

Cómo escribir una lista de consejos o instrucciones

Página 140 en la Unidad 5.

II: Los logros científicos

4 La fuga de cerebros chilenos aterriza en el extranjero

Por desarrollo profesional, por amor o por simple espíritu aventurero, muchos chilenos han hecho las maletas para probar suerte en otros países y hoy se destacan en los más selectos ambientes de la ciencia y la tecnología.

A Antes de escuchar el audio, trabaja con un(a) compañero/a. Emparejen las siguientes palabras con sus significados.

1	proyecciones	7	inviable	a	que da satisfacción	f	posibilidades futuras
2	investigación	8	nichos	b	contribución	g	económicamente imposible
3	estrategia	9	desarrollándose	c	edén	h	metal rojizo
4	aporte	10	potencial	d	exploración	i	áreas pequeñas
5	cobre	11	voz	e	sonido de las cuerdas vocales humanas	j	creciendo
6	paraíso	12	reconfortante			k	táctica
						l	capacidad

B ¿Quién lo dice? Escucha el audio en el que cuentan lo que hacen y si se han decidido a volver o no.

Pista 33

	Florencia Peña y Lillo	Carlos Osorio	Jacinta Moreno	Sergio Larraín	Mauricio Aracena
1 "Vamos a volver con mi mujer para dar lo aprendido en Chile".					
2 "Se progresa en lo mío en Estados Unidos".					
3 "Aquí se investiga y se vende a gran escala".					
4 "Para un tipo de científico, Chile es ideal".					
5 "Los chilenos tienen que pensar globalmente".					
6 "Vine porque había más futuro aquí en ese momento".					
7 "Chile tiene un nivel tecnológico bajo y necesita nuestra ayuda".					
8 "Me entusiasma ver a la gente usando mi producto".					
9 "Nunca se olvidan las raíces chilenas".					
10 "Chile tiene buen nivel de vida".					

C Trabaja con un(a) compañero/a. Contesten las siguientes preguntas:

- ¿A qué quieren dedicarse en el futuro?
- ¿Emigrarían del país para progresar? ¿Por qué (no)?

- ¿Qué opinan de los que se van para estudiar?
- Si uno se especializa en otro país, ¿debe volver al suyo? ¿Por qué (no)?

D Ahora escribe un blog (250 a 400 palabras) de "fuga de cerebros", hablando como una persona que quiso emigrar para especializarse, adónde fuiste, qué hiciste y si has decidido volver o no, y por qué.

¡NO OLVIDES!

Cómo escribir un blog

Página 53 en la Unidad 2.

¿Qué sabes de... Chile?

Antes de leer la información sobre Chile, completa este pequeño cuestionario para ver cuánto sabes de ese país.

1 ¿Cuántos kilómetros mide de largo Chile, aproximadamente?

  a) unos 2.500 km, como Noruega

  b) unos 5.700 km, como Argentina

  c) unos 6.500 km, es decir, más que Argentina

2 ¿Qué famosa(s) isla(s) del Pacífico es/son chilena(s)?

  a) la isla de Pascua o Rapa Nui

  b) las islas Galápagos

  c) el archipiélago de Nueva Caledonia

3 ¿Qué conquistador español fundó Santiago del Nuevo Extremo, hoy Santiago de Chile, su capital?

  a) Pedro de Mendoza

  b) Pedro de Valdivia

  c) Francisco Pizarro

4 ¿Qué país perdió una guerra territorial contra Chile entre 1879 y 1884?

  a) Argentina

  b) Bolivia

  c) Paraguay

5 ¿Qué dictador latinoamericano estuvo en el poder en Chile durante casi tres décadas?

  a) Alfredo Stroessner

  b) Anastasio "Tacho" Somoza García

  c) Augusto Pinochet

El país

◉ Chile limita al norte con Perú, al este con Bolivia y Argentina, al oeste con el océano Pacífico y al sur con los océanos Pacífico y Atlántico. Su sector antártico reclamado se extiende hasta el Polo Sur.

◉ Es un país de un máximo de **445 km de anchura** y de unos **6.535 km de longitud**, flanqueado de norte a sur por la Cordillera de los Andes, que forma muchos **fiordos** e **islas** en su extremo sur. Cuenta con un territorio de ultramar: la **Isla de Pascua**.

◉ Se divide en **doce regiones** muy variadas: el clima del desierto de **Atacama**, en el norte, es el más seco del mundo; en la zona intermedia destacan una meseta desértica y un gran valle, en gran contraste con el clima oceánico de sus golfos, fiordos, estrechos e islas en la **Patagonia**, y polar en Magallanes y **Tierra del Fuego**.

◉ Los aproximados 18.000.000 de chilenos, que son en un 92% mestizos y un resto de amerindios principalmente, viven principalmente en la zona central, en el área de **Santiago-Valparaíso-Viña del Mar**, tres de sus principales ciudades.

◉ Chile es un país rico en **pesca** y principalmente en **minería**, siendo famosas sus explotaciones de cobre (es uno de los mayores productores mundiales), plata, hierro, azufre y oro. Sus vinos son apreciados en todo el mundo.

Monolitos o **moáis** *de Rapa Nui o Isla de Pascua*

Santiago de Chile

Historia

El período precolombino

Antes del período incaico, el largo territorio chileno estaba poblado en el norte por los **atacameños**, **diaguitas**, **changos**, **alacalufes** y en la Patagonia y Tierra del Fuego por los **tehuelches**, **araucanos** y **onas**. A mediados del siglo XV, los incas empezaron su conquista, llegando hasta el centro. Los aborígenes chilenos, en especial los mapuches de la Patagonia, han mantenido y reforzado su cultura, hoy en día apreciada.

La Conquista y el período colonial

Ya en 1520, el portugués **Magallanes** descubrió y cruzó el estrecho que hoy lleva su nombre, entre la Isla Grande de Tierra del Fuego y el continente. Magallanes es hoy la región XII de Chile. Los conquistadores españoles, notablemente Diego de Almagro, debieron luchar contra los araucanos. **Pedro de Valdivia** fundó la ciudad de **Santiago del Nuevo Extremo** en **1541**, y su segunda expedición desde el Perú fundó las ciudades de **La Serena**, **Concepción**, **La Imperial**, **Valdivia** y **Los Confines**, todas en **1549**. Muerto Valdivia por los araucanos, continuó la conquista García Hurtado de Mendoza, que llegó hasta la **Isla Grande de Chiloé** (la Patagonia fue el último confín, tierra inhóspita, muchos años más). En 1565 se creó la **Real Audiencia de Chile**, que respondía al Perú colonial español.

La independencia y el siglo XIX

Los sucesos de la Revolución de Mayo de 1810 en Buenos Aires, Argentina, resonaron en Chile. El Cabildo de Santiago simpatizaba con los criollos, que terminaron por sublevarse. En un **Cabildo abierto el 18 de septiembre de 1810**, constituyeron una junta de patriotas que asumió el poder de la región. El ejército enviado por el virrey de Perú se enfrentó ante el valiente **Bernardo O'Higgins**. El país fue organizado en forma federal. En 1828 se promulgó una nueva Constitución que oficializaba la **descentralización** política y administrativa.

En 1851, el presidente Manuel Montt impulsó la **colonización**, inició un programa de obras públicas, y Chile tuvo un código civil redactado por el erudito **Andrés Bello**.

Después de una guerra con España (1865-1866), se desencadenó la **guerra del Pacífico (1879-1884)**, tras la cual Chile pasaba a poseer la región entre los paralelos 23 y 24, y Bolivia perdía su costa y Perú su provincia de Arica. Domingo Santa María promulgó la ley que establecía la Cordillera de los Andes como límite con Argentina.

Los siglos XX y XXI

La primera mitad del siglo XX encontró al país en medio de una crisis social y política. Se sucedieron varios presidentes, elegidos por el pueblo chileno, y en 1970 llegó al poder el socialista **Salvador Allende Gossens**, quien nacionalizó la minería, la banca y los grandes monopolios industriales. Sin embargo, el **11 de septiembre de 1973** una junta militar, presidida por **el general Augusto Pinochet,** dio un golpe de Estado y derrocó a Allende. Empezó entonces una época oscura en la historia chilena, con suspensión de los derechos civiles y mano dura del gobierno.

Pinochet obstaculizaba la transición a la democracia. En 1998 se declaró **senador vitalicio**. Chile finalmente decidió retirarle la inmunidad y juzgarlo, pero no cumplió su condena por declararse **demente senil**.

El siglo XXI encontró a un Chile en pleno **desarrollo económico y social**. La economía chilena ha crecido mucho. Este país forma parte de la Cooperación Económica de Asia Pacífico (APEC) desde 1994, es miembro asociado del MERCOSUR desde 1996, año en que se unió al Acuerdo de Libre Comercio en América del Norte (TLC).

La ciencia y técnica y Chile

Si bien Chile comparte con el resto de Latinoamérica una situación poco ventajosa con respecto a la ciencia y la técnica, con la "**fuga de cerebros**" que van a países como Estados Unidos o a Europa, su I + D (investigación y desarrollo) ha crecido considerablemente en los últimos años, con la ayuda de los mercados internacionales de los que forma parte, especialmente con América del Norte. Así, ya se observan campos de **energía solar** en la región de Atacama, donde se aprovecha la radiación unos 362 días al año. Se ha proyectado la construcción de siete represas hidroeléctricas en la Patagonia, aunque han provocado mucha controversia por su impacto medioambiental.

La educación universitaria de los científicos chilenos es de alto nivel, y es apoyada por la **Comisión Nacional de Investigación Científica y Tecnológica (CONICYT)**, que pertenece al estado (el Ministerio de Educación) desde su fundación en 1967.

Para más información:
http://www.turismochile.cl

5 Un "alacrán" robótico para salvar vidas humanas

Se llama Alacrán*. No es venenoso, pero sí que es capaz de retirar escombros de hasta 400 kilos de peso y, con ello, salvar la vida de personas que queden atrapadas entre ellos a consecuencia de un terremoto o cualquier otro tipo de catástrofe.

Con la forma de dos brazos humanos que funcionan como pinza, la extremidad principal del robot "Alacrane"* puede agarrar con precisión y levantar con cuidado, gracias a un sistema hidráulico, personas y escombros de un peso máximo de entre 100 y 400 kilos, según se encuentre más o menos extendida.

Así lo ha explicado Alfonso García Cerezo, el director del departamento de Ingeniería de Sistemas y Automática de la Universidad de Málaga y coordinador de este proyecto de robótica móvil orientado a la búsqueda y rescate de personas.

Aunque el corazón de este alacrán de más de un metro de alto surgió de una máquina demoledora de edificios, su nueva función es totalmente opuesta, puesto que en lugar de destruir, su misión es localizar víctimas entre los escombros gracias a una cámara térmica.

En cuanto a su funcionamiento, "Alacrane" puede operar de forma completamente automática y, por ejemplo, desplazarse entre dos puntos, mientras otra persona se limita a observar sus movimientos en la pantalla de un ordenador situado a metros de distancia.

"Pero dependiendo del riesgo que se corra no solo con el robot, sino con las personas u objetos que se vayan a rescatar, se va restringiendo esa posibilidad hasta llegar a la situación más segura, que es la de rescate de una persona, donde solo se le permite hacerlo de manera teleoperada", ha señalado García Cerezo.

En este caso, los movimientos del robot se controlan mediante un mando a distancia* y con ayuda de softwares de realidad aumentada que simulan, a partir de datos obtenidos por los sensores, los espacios que se escapan al campo visual de este alacrán todoterreno, capaz de andar por terrenos abruptos y hasta de subir escaleras.

De esta manera, se consigue que el operador pueda trabajar de forma natural, como si estuviese en el escenario de la catástrofe directamente.

Adaptado de http://www.elmundo.es

¡Observa!

*Alacrán/Alacrane = "alacrán" (o "escorpión") se refiere a un arácnido cuya cola tiene un aguijón venenoso; "Alacrane" sugiere la palabra inglesa "crane" (grúa).
*mando a distancia (E.) = dispositivo automático para hacer funcionar una máquina desde lejos.

A   Busca en el texto las palabras o frases subrayadas que corresponden a las siguientes definiciones:

1 moverse de un lugar a otro

2 desechos de una obra, por ejemplo un edificio derribado

3 que se mueve por medio de un líquido bajo presión

4 sistema por el que se añade información virtual a la información real existente

5 persona que maneja una máquina

6 liberación de un peligro

7 destructora

8 dispositivos que detectan variaciones en el tamaño o movimientos

9 instrumento cuyos extremos se aproximan para sujetar algo

10 relativa al calor

11 asir fuertemente

12 superficie sobre la que se proyectan imágenes

13 controlada por un operador remoto

14 vehículo que puede circular por cualquier terreno

B   ¿Qué párrafo resume mejor el texto: el 1, el 2 o el 3?

1 En la Universidad de Málaga se ha desarrollado un nuevo robot que es capaz de levantar escombros muy pesados y salvar la vida de las víctimas de los desastres naturales. Esta máquina localiza a las personas atrapadas por medio de una cámara web y utiliza sus brazos para rescatarlas. Todo puede hacerse automáticamente: el operador observa en la pantalla de un ordenador las acciones del robot, mientras este se desplaza de un lugar a otro. El robot puede "ver" todo mediante sensores, que traslada los datos al operador. Este se ubica a unos metros del robot, siguiendo sus movimientos de manera remota.

2   El robot "Alacrane", desarrollado en España, se utiliza para salvar la vida de las víctimas de desastres naturales como terremotos. ¿Cómo funciona? Sus brazos pueden agarrar objetos muy pesados y rescatar a personas atrapadas debajo de los escombros. El robot las localiza mediante una cámara térmica. Funciona de manera remota: puede trasladarse de un lugar a otro mientras un operador situado a unos metros de distancia sigue sus movimientos en una pantalla. El robot es capaz de realizar todo el rescate de manera teleoperada. En este caso algunos datos pueden ser obtenidos por los sensores del robot; el operador puede manejarlo como si estuviera en el escenario mismo.

3   En el futuro, las víctimas de los terremotos pueden ser rescatadas por un nuevo robot español llamado "Alacrane". Esta máquina utiliza las pinzas de sus dos brazos para agarrar a escombros y las personas atrapadas. Para determinar el lugar donde están las víctimas dispone de una cámara térmica. Toda la operación es remota; nunca intervienen rescatadores humanos. El operador se ubica a unos metros del robot mientras este se desplaza entre dos puntos: es decir, se trata de un robot teleoperado. Si el robot no puede "ver" algo, tiene sensores para detectarlo. El operador no está en el escenario, pero controla el rescate como si estuviera allí.

Gramática

USOS DEL SUBJUNTIVO

Recuerda que el subjuntivo se usa normalmente:

- después de un antecedente indefinido. Por ejemplo: *...con las personas u objetos que se **vayan** a rescatar...*
- después de verbos de "influencia". Por ejemplo: *De esta manera, se consigue que el operador **pueda** trabajar de forma natural...*
- después de **como si**. Por ejemplo: *...**como si estuviese** en el escenario de la catástrofe directamente.*

Para repasar la forma y los usos del subjuntivo, ver 11.B en el Resumen gramatical.

  Lee el texto otra vez y haz una lista de todos los ejemplos del subjuntivo. A continuación, mira el Resumen gramatical 11.B para explicar sus usos.

  Ahora completa estas oraciones con *una* de las opciones dadas: el indicativo o el subjuntivo.

1   Me encanta que los robots hacen/hagan los trabajos que antes hacían las personas.

2   El operador hace que el robot se desplaza/se desplace donde se sospecha/se sospeche que hay/haya personas atrapadas.

3   ¡No conozco a nadie que tiene/tenga una imaginación tan creativa como ella!

4   Mucha gente imagina que dentro de 100 años el hombre llegará/llegue al planeta Marte.

5   Es cierto que las células madre pueden/puedan mejorar la vida de muchos hombres.

6   Si teníamos/tuviéramos más imaginación, inventaríamos una manera de resolver el problema del hambre en los países subdesarrollados.

7   En cuanto sabes/sepas los resultados de la encuesta, tendrás que poner tu proyecto en marcha.

8   Me parece que ciertas teorías científicas son/sean peligrosas.

9   Hay una posibilidad de que los genes influyen/influyan en nuestra conducta.

10   ¿Dónde podemos encontrar un científico que está/esté en contra de las ideas de Darwin?

 Eres testigo de un terremoto en tu ciudad o región. Ves el robot Alacrane trabajando para rescatar a personas que están atrapadas debajo de los escombros. Un amigo tuyo te ha escrito un e-mail para saber lo que pasó y si tú y tu familia estáis sanos y salvos. Escribe una respuesta (250 a 400 palabras) asegurándole que todos estáis bien y:

- **describe los daños que ha causado el terremoto**
- **describe cómo funciona este robot increíble**
- **explica cuáles, en tu opinión, son las ventajas de utilizar tales máquinas.**

¡No te olvides de utilizar tus propias palabras!

¡NO OLVIDES!

Cómo escribir correspondencia informal

Página 79 en la Unidad 3.

6 Tratan a una niña con cáncer con sus células madre*

A **Antes de leer el texto, observa la foto y contesta las siguientes preguntas con tus opiniones:**

- **¿Qué están haciendo las personas?**
- **¿Se ven felices en tu opinión?**
- **¿Crees que la niña está completamente sana? ¿Por qué (no)?**

Una niña española de cuatro años se está recuperando de un tumor cerebral grave gracias a un tratamiento con células madre. El caso de esta niña, Alba Ramírez, es singular porque se trata del primer caso conocido de una persona que recibe en España un tratamiento de células madre de su propio cordón umbilical para combatir un tumor cerebral.

Los padres de Alba, que nació sin ningún problema de salud el 9 de febrero de 2007 en Cádiz (sur de España), decidieron congelar su cordón umbilical y conservar así sus células madre.

"Fue decir: tal vez sirva o no, pero vamos a congelarlo. Y ha sido una decisión providencial", indicó hoy la madre de la niña.

Aunque no puede considerarse aún que la pequeña esté curada completamente, porque no ha transcurrido el tiempo suficiente –en oncología* son necesarios cinco años– Alba lleva 16 meses sin tratamiento y hace una vida normal, aunque tiene que acudir a las lógicas revisiones periódicas.

A los 22 meses, la niña empezó a tener unos síntomas que preocuparon a sus padres, especialmente inestabilidad a la hora de andar, lo que dio origen a un periplo de visitas a médicos hasta que a la pequeña se le diagnosticó un meduloblastoma*.

El proceso de curación comenzó con la extirpación de la mayor parte del tumor adosado en el cerebro y después se sometió a Alba a quimioterapia para reducir el tamaño del tumor restante, informó en un comunicado la empresa Crio-Cord, el banco español de conservación de células madre que congeló el cordón umbilical de la niña.

A continuación se le aplicó quimioterapia más intensiva para eliminar completamente las células tumorales, pero en esta última fase la quimioterapia no solamente destruye el tumor sino también el sistema sanguíneo del paciente; por ello, había que recomponer dicho sistema con células madre. Por eso, se procedió al trasplante de las células madre de su cordón umbilical, que previamente habían

sido solicitadas por el Hospital Niño Jesús de Madrid a Crio-Cord.

Tras el trasplante, las células madre migraron hasta la médula ósea, donde se multiplicaron y empezaron a generar glóbulos blancos, glóbulos rojos y plaquetas*, iniciando así la regeneración de su sistema sanguíneo. A los 60 días del trasplante, le fueron infundidas nuevas células madre, en esta ocasión provenientes de su sangre periférica, para acelerar el implante plaquetario.

Una niña se recupera gracias a células madre de su cordón umbilical

Catorce meses después del trasplante, la niña ha reconstruido completamente su sistema sanguíneo. Según cuenta su madre, Alba está luchando con las secuelas de las intervenciones quirúrgicas, pero está "ganando" y "venciendo" a esta enfermedad de forma "excepcional".

Adaptado de http://www.elnacional.com.do

¡Observa!

*células madre = células progenitoras que son capaces de dividirse y renovarse; pueden generar células especializadas o específicas.
*oncología = parte de la medicina que trata de los tumores cancerígenos.
*meduloblastoma = tumor cerebral que se encuentra en los niños y que crece muy rápidamente.
*plaqueta = elemento de la sangre que interviene en la coagulación.

B **Busca en el texto sinónimos para las siguientes palabras:**

1 tejido anormal	5 viaje largo	9 pedidas
2 del cerebro	6 extraccíon	10 introducidas
3 pelear	7 pegado	11 circundante
4 inspecciones	8 de la sangre	12 consecuencias

C Busca en el texto antónimos para las siguientes palabras:

1	desmejorando	5	tranquilizaron	9	construye
2	común	6	estabilidad	10	posteriormente
3	descongelar	7	aumentar	11	frenar
4	insólito	8	admitir	12	perdiendo

D Termina las frases siguientes con una de las frases en el recuadro, según el sentido del texto. ¡Cuidado! Hay cinco finales de más.

1 Alba Ramírez tenía suerte de que…

2 Cuando se trata de un cáncer hay que…

3 Para acabar completamente con el cáncer…

4 El tratamiento al que los médicos sometieron a Alba…

5 La salud de Alba está cada vez mejor…

a … después de más de un año y de recibir dos tratamientos de células madre.

b … destruyó el tumor sin hacer más daño.

c … esperar cinco años antes de saber si el tratamiento ha tenido éxito.

d … necesitó la restauración del sistema sanguíneo de la niña.

e … que los médicos detectaran su problema cuando nació.

f … sus padres decidieran congelar su cordón umbilical cuando nació.

g … los médicos decidieron no tratarla con quimioterapia para evitar que se destruya el sistema sanguíneo.

h … pero la enfermedad está ganando la lucha.

i … acudir a revisiones durante 16 meses antes de recibir la luz verde.

j … los médicos tuvieron que tratarlo con quimioterapia.

E Rellena los espacios con la forma adecuada de *ser* o *estar*.

Blog sobre los pros y los contras de la investigación en células madre

Yo me pregunto, ¿acaso no 1._____ en el siglo XXI? La humanidad siempre 2._____ inteligente y ha buscado soluciones a sus problemas. Esta 3._____ una de esas grandes soluciones, y 4._____ en nosotros saber aceptarla. No 5._____ justo que 6._____ dudando del potencial de las células madres y que cada minuto muera alguien. 7._____ importante que 8._____ sensatos y que ayudemos de una manera responsable. ¡Adelante con estos pasos para la humanidad!

Belén Blancos, Ushuaia, Argentina

El asunto 9._____ netamente ético: ¿nosotros 10._____ Dios para poder clonar, crear, vidas y cambiarlas? No. 11._____ verdad que 12._____ capacitados para hacer mucho, pero en nosotros 13._____ la moralidad para decir: "esto 14._____ mal y no 15._____ bueno hacerlo". ¿Acaso 16._____ bien construir un monstruo como Frankenstein? Esa misma historia nos muestra que 17._____ una aberración. ¡Ya basta de tanto jugar a 18._____ dioses! 19._____ creados por Dios, y solo en Él 20._____ la decisión de sanar algo así.

Milagros Martín, San Antonio, Tejas, EE. UU.

Gramática

SER Y ESTAR

Recuerda que:

- el verbo *ser* responde a la pregunta *¿Qué es algo?* o *¿Quién es alguien?* Es decir, tiene que ver con **la naturaleza** de una cosa o una persona. Por ejemplo: *El caso de esta niña, Alba Ramírez,* **es** *singular.*

- el verbo *estar* responde a la pregunta *¿Dónde está algo o alguien?* o *¿En qué estado está algo o alguien?* Es decir, tiene que ver con **la situación** o **la condición** o **estado** de una cosa o una persona. Por ejemplo: *La niña* **está** *mucho mejor después del tratamiento.*

Para repasar los usos de *ser* y *estar*, ver 11.H en el Resumen gramatical.

F Habla de las siguientes opiniones sobre la utilización de las células madre congeladas de humanos con tu compañero/a:

En contra:
"Hay un ser humano que puede desarrollarse dentro de esas células. Se pueden formar embriones. Lo que están haciendo para curar enfermedades e investigar es básicamente clonar humanos".

A favor:
"El uso de células madre es indispensable para curar enfermedades que hasta ahora han sido incurables. No estamos clonando ni matando a nadie, solo usando células de un cordón umbilical, que no tienen otro uso".

¿Con cuál de las opiniones están de acuerdo? ¿Por qué?

Luego de hablar del tema, investiga sobre las células madre en internet. Finalmente, escribe una carta al director del hospital de tu pueblo o al gobierno de tu pueblo/región justificando tu opinión (250 a 400 palabras).

> **¡NO OLVIDES!**
>
> Cómo escribir correspondencia formal
>
> **Página 134 en la Unidad 5.**

G Eres un(a) periodista que trabaja para el periódico digital de Cádiz. Este periódico quiere publicar una entrevista a la madre de Alba, en la que cuente la experiencia que ha tenido durante el tratamiento de su hija. Escribe la entrevista. No te olvides de hacer preguntas con relación a:

- el momento en el que los padres descubrieron que su hija estaba enferma
- su decisión de congelar su cordón umbilical
- los médicos que trataron a Alba
- la actitud de Alba hacia su enfermedad
- lo que piensan del tratamiento con células madre.

> **¡NO OLVIDES!**
>
> Cómo escribir una entrevista
>
> **Página 72 en la Unidad 3.**

TEORÍA DEL CONOCIMIENTO

¿Son peligrosas la ciencia y la tecnología?

La ciencia siempre está descubriendo nuevas maneras de mejorar la condición humana, y se combina con la tecnología para implementar sus descubrimientos. Sin embargo, muchas veces surgen cuestiones éticas con relación a los nuevos hallazgos.

- Cuando en 1918 el neozelandés Ernest Rutherford logró partir el átomo, este científico ilustre no podía predecir las consecuencias terribles de su descubrimiento. Ahora Rutherford es considerado como "el padre de la bomba atómica", que destruyó tantas vidas japonesas en 1945. Sin embargo, la energía nuclear es usada también para fines pacíficos y puede considerarse beneficiosa para la raza humana.

- En Edimburgo, en 1996, tuvo lugar la primera clonación de un animal: la oveja Dolly fue clonada a partir del ADN derivado de una oveja adulta. Este experimento planteó cuestiones éticas muy graves,

por ejemplo la posible extensión de esta tecnología a la clonación de un bebé. Así, para una pareja infértil, recurrir a la clonación podría ser la única manera de tener un bebé. También sería una manera de recuperar a alguien tras un accidente fatal.

Preguntas

¿Han sido mayores las ventajas que los inconvenientes de la energía nuclear?

La mayoría de los científicos se oponen a la extensión de la tecnología de la clonación a los bebés humanos. ¿Tienen razón? ¿Por qué (no)?

Los científicos, ¿deben prometer usar sus conocimientos de manera inofensiva hacia los seres humanos?

¿Es posible que los científicos abusen de los avances y, como el Dr. Frankenstein en la ficción, traten de "ser Dios" y crear algo monstruoso?

7 ¡Ya me siento mucho mejor, doctor Robot! [Nivel superior]

A Antes de leer el artículo, observa la foto y contesta las siguientes preguntas con tu opinión personal:

- ¿Dónde está esta persona?
- ¿Para qué crees que sirven las máquinas con pantalla?

Dentro de unos años, deambular por los pasillos de un hospital será menos aburrido. Además del continuo ajetreo de camillas, enfermeras y visitantes, uno podrá cruzarse con robots de más de metro y medio de altura y una pantalla por cabeza donde se perfilará la cara sonriente de un doctor saludando a sus colegas al pasar.

En realidad, ese médico se encontrará a cientos de kilómetros de distancia, tal vez en el salón de su casa, lo cual no le impedirá acudir virtualmente a la próxima intervención quirúrgica de páncreas o visitar a sus pacientes. Esto ya es realidad en más de 350 hospitales en el mundo que utilizan el RP-7, un robot móvil inalámbrico de la compañía americana *InTouch Health*. El hospital de Vall d'Hebron de Barcelona es el primero español en probarlo para presenciar en directo operaciones de cirugía pediátrica realizadas en el Johns Hopkins de Baltimore (EE. UU.) o permitir a doctores en Buenos Aires asistir virtualmente a intervenciones del centro catalán.

Basta un portátil con webcam conectado a internet (vía Wi-Fi o 3G) para manejar remotamente el RP-7. El médico visualiza en su ordenador lo que retransmiten dos cámaras de alta definición del robot, una de ellas con objetivo de gran angular. Con el ratón o un joystick controla las escapadas del RP-7 por pasillos y habitaciones en el hospital de destino.

El robot, de 1,65 metros de altura y 100 kilos de peso, capaz de girar 360 grados en segundos, muestra en su pantalla el rostro del doctor captado por la webcam del portátil. Un altavoz comunica a ambos lados.

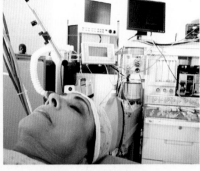

El resultado es una especie de androide humanizado (o doctor robotizado) sorprendentemente efectivo.

"La calidad de la imagen es extraordinaria, aprecias la pupila de un paciente a la perfección o un líquido caer gota a gota. Lo ves todo", explica Vicenç Martínez, director de procesos quirúrgicos del hospital.

El objetivo es ambicioso. Un robot de este tipo permitiría a hospitales de escasos recursos en pequeñas localidades contar virtualmente con la presencia de especialistas. Con el número de facultativos cayendo año a año, la solución apunta a la telemedicina. "Muchos centros no cuentan con un hepatólogo o un neumólogo. En lugar de trasladarnos allí, podemos ayudar desde aquí con el robot", dice Martínez.

El RP-7 es aplicable a cualquier área médica, desde ginecología a traumatología. También a varias tareas, como presenciar intervenciones, diagnosticar a pacientes o pasar consulta. Las pruebas de este año servirán para medir los beneficios de esta técnica: reducir la mortalidad, minimizar el tiempo de estancia en el hospital, recortar gastos al eliminar traslados de especialistas…

Adaptado de http://www.elpais.com

B Encuentra las palabras o frases en el texto que corresponden a las siguientes definiciones:

1 andar sin objetivo
2 actividad intensa con movimientos incesantes
3 se verá el perfil
4 no dejará que pase algo
5 relacionada con la cirugía
6 comunicado sin cables
7 de la medicina especializada en niños
8 a la distancia pero como si estuviera aquí
9 ordenador/computadora de tamaño pequeño fácil de transportar
10 lente con capacidad de ver ángulos en detalle
11 periférico que amplía la voz y los sonidos
12 (de un líquido) suministrado lentamente
13 limitados
14 médicos (formal)
15 médico especialista en hígado
16 médico especialista en respiración
17 medicina que trata el sistema de reproducción femenino
18 medicina que trata de la curación de las heridas

C Contesta las siguientes preguntas según lo que dice el texto, en lo posible con tus propias palabras.

1 ¿Quién(es) irán y vendrán en los pasillos de los hospitales del futuro?

2 ¿Qué es el RP-7 y dónde se usa?

3 En cuanto al uso de robots, ¿qué hacen en el hospital Vall d'Hebron de Barcelona?

4 ¿Qué necesita un médico para trabajar con el RP-7?

5 ¿Qué puede hacer el médico a través del robot? Da detalles.

6 Describe las dimensiones y las partes del RP-7.

7 ¿Qué detalles pueden observarse con el robot?

8 ¿Por qué será una solución usar este robot en el futuro? ¿Para quién(es)?

9 ¿Qué especialidades pueden utilizar la "telemedicina"?

10 ¿Qué buscan probar este año?

D Primero debate la siguiente declaración con la clase:

En el futuro, nadie va a ser curado por personas, sino solo por robots y máquinas.

- ¿Estás de acuerdo? ¿Por qué (no)?

- ¿Crees que es posible, o es pura ciencia ficción? ¿Por qué?

Escribe las conclusiones en una redacción (250 a 400 palabras), cuidando exponer de forma clara los puntos a favor y en contra.

III: La tecnología en nuestras vidas

8 Le ofrecemos un carro bonito, ecológico, ¡y mexicano!

No es producto de la imaginación, la empresa Vehizero, situada al sur del Distrito Federal, ha desarrollado en México dos modelos de vehículos que funcionan con un sistema híbrido de alimentación de energía, es decir, cuentan con un módulo de baterías y un pequeño motor de combustión interna de gasolina, a un precio igual o menor al de sus similares tradicionales.

"Al haberlo desarrollado en México tenemos una independencia tecnológica total, es decir, no dependemos de ningún proveedor, lo que nos permite sacar los vehículos al mercado a un precio que compite a la par con lo que hay de oferta en gasolina", aseguró Sean O'Hea, director de la compañía.

Después de 15 años de investigación y varios millones de dólares, la tecnología híbrida de Vehizero verá la luz con una producción piloto inicial de dos modelos: 40 unidades de vehículos de carga ligeros y 40 taxis en el primer trimestre de este año; y para junio planean iniciar la producción formal.

Las unidades híbridas marca Vehizero están diseñadas para ofrecer ventajas en ahorro de combustible del orden del 30 al 50 por ciento en los taxis y entre 50 y 80 por ciento en el modelo de carga, en zonas urbanas con las características de la Ciudad de México.

Tienen un motor eléctrico que funciona con un banco de baterías, el cual se conecta durante la noche a la red de electricidad, y por la mañana las baterías aguantan una hora y media de uso de acelerador, que es el único momento en que estos vehículos consumen energía.

Cuando el sistema detecta una baja en los niveles de las baterías, automáticamente activa un pequeño motor de combustión interna a base de gasolina que las recarga en todo momento que el acelerador no se use. "Si te vas de Tlalpan a Polanco haces una hora, pero realmente usas el acelerador 15 minutos. En tu coche, aunque no aprietes el acelerador, sigues quemando combustible", aseguró O'Hea.

De acuerdo con el directivo, un vehículo tradicional similar a sus modelos gasta 2,6 veces más gasolina en términos monetarios, incluyendo el pago que implica conectarse a la red de electricidad.

También resultará un vehículo con bajos costos de mantenimientos. "No hay mucho que hacerles, podrías tener que cambiar carbones al motor eléctrico pero después de 20 años, y el juego cuesta 1,50 dólares. A un auto normal le cambias cinco litros de aceite, al Vehizero solo medio litro; el tradicional tiene cuatro bujías, y el Vehizero solo una", afirmó O'Hea.

Adaptado de http://fox.presidencia.gob.mx/buenasnoticias

A Completa las partes del coche con las palabras siguientes:

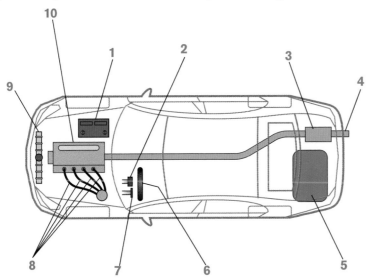

tubo/caño de escape
batería   volante
depósito de combustible
radiador   silenciador
cables de bujías
acelerador   motor
pedal de freno

B Decide si las siguientes frases referidas al texto son verdaderas o falsas. Marca con una cruz (X) la opción que te parezca correcta. Si es falsa, explica por qué.

	Verdadero	Falso
1 Los modelos de automóviles Vehizero son producidos en su totalidad en México.		
2 Los modelos híbridos funcionan con electricidad y un motor a gas.		
3 Les conviene fabricarlos en México porque la mano de obra es barata.		
4 Los vehículos Vehizero cuestan tanto como los comunes.		
5 Luego de mejorar un prototipo, Vehizero venderá coches para acarrear objetos y para personas.		
6 Si uno usa un coche Vehizero puede ahorrar hasta un cuarto de combustible.		
7 El motor eléctrico debe cargarse en estaciones.		
8 Cuando el acelerador gasta toda la energía eléctrica, se activa un motor de gasolina.		
9 Este vehículo es ideal para la Ciudad de México y sus distancias.		

Gramática

EL GÉNERO DE LOS SUSTANTIVOS

Recuerda que:

- los sustantivos que terminan en los sufijos del griego *-ama*, *-ema* u *-oma* son masculinos. Por ejemplo: *el progr**ama**, **el** sist**ema**, **el** axi**oma**.

- los sustantivos abstractos que terminan en *-encia* o *-ía* son femeninos. Por ejemplo: *la* pot**encia**, *la* excel**encia**, *la* bat**ería**.

- existen sustantivos que cambian de significado si cambian de género. Por ejemplo: *el* capital (= dinero de inversión), *la* capital (= ciudad cabecera).

Para repasar el género de los sustantivos, ver 3 en el Resumen gramatical.

C ¿De qué genero son los siguientes sustantivos relacionados con el texto? ¡Cuidado! Hay *cuatro* que cambian de significado si son de género masculino o femenino. ¿Cuáles son? Explica los dos sentidos de estas palabras:

mercado   bujía   luz   tecnología   taxi   radio   combustible
sur   motor   red   par   electricidad   energía   problema
coche   carbón   batería   orden   nivel   sistema
independencia   auto   aceite   margen   acelerador

Trabaja con un(a) compañero/a. Preparen una presentación oral (10 minutos como mínimo) sobre una máquina que, como *Vehizero*, sea ecológica. Tienen que dar todos los detalles:

- cómo está compuesta
- en su opinión, las ventajas de su uso
- en su opinión, las desventajas de su uso.

 Diseña una publicidad (250 palabras como mínimo) que ponga de relieve las características más innovadoras del coche híbrido. No te olvides de mencionar:

- las diferencias entre este coche y un coche convencional
- el motor
- el ahorro de combustible

- el precio
- las ventajas ecológicas
- las ventajas tecnológicas.

> **¡NO OLVIDES!**
>
> Las presentaciones orales
>
> **Página 262 en la Unidad 9.**

> **¡NO OLVIDES!**
>
> Cómo escribir una publicidad
>
> **Página 105 en la Unidad 4.**

9 El triunfo de la tecnología

Durante 69 días –del 5 de agosto al 13 de octubre de 2010– 33 mineros estuvieron atrapados en una mina en el desierto de Atacama, en el norte de Chile. Todos los medios de comunicación se reunieron en una especie de pueblo que fue construido cerca de la entrada de la mina para divulgar cada noticia a una audiencia global. Al final, lograron rescatar a los mineros gracias a la tecnología.

Se llevó a los mineros a la superficie en una máquina llamada Cápsula Fénix. Esta cápsula fue adaptada por los ingenieros, que tomaron como base una máquina destinada para llevar material. Llevaba cámaras que permitían ver su recorrido por el conducto excavado en la roca. Se realizaron pruebas de seguridad frecuentes durante el rescate.

La ciencia y tecnología triunfó no solo al hacer posible la extracción de los mineros atrapados bajo tierra, sino también al permitir su supervivencia. Las características de la roca en el desierto de Atacama fueron explicadas por los geólogos; la salud de los mineros fue monitorizada por dispositivos electrónicos; unos sensores fueron adosados al cuerpo de los mineros para controlar su estado físico; la comunicación entre la superficie y los mineros fue por fibra óptica.

La tecnología más avanzada hizo posible este rescate, pero también hubo otro triunfo: el de la valentía humana. Sin ella, nunca se habría contado esta historia extraordinaria de supervivencia.

 Este párrafo, escrito por uno de los mineros rescatados de la mina, contiene seis errores. ¿Cuáles son? Justifica tus ideas refiriéndote al texto.

¡Doce largas semanas bajo tierra! Cuando las fuerzas militares bajaron para "extraernos" de la mina estábamos agotadísimos. No sé cómo sobrevivimos tanto tiempo sin ningún contacto con el mundo exterior. Después del rescate fuimos a la ciudad más cercana para hablar con la prensa internacional, que se habían reunido allí. Nos dijeron que la máquina que utilizaron, el Cohete Félix, había sido construida por los ingenieros basándose en una especie de cápsula espacial, y que sin ella el rescate no habría sido posible. ¡Qué milagro!

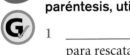 **B** **Llena los espacios con el verbo entre paréntesis, utilizando una construcción pasiva, con el verbo *ser*.**

1 El jefe de los ingenieros dijo: "Esta tecnología no _____ (probar) hasta hoy".

2 Ayer hablaron los 16 rescatistas que _____ (presentar) oficialmente a la prensa.

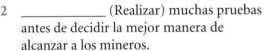 **C** **Llena los espacios con el verbo entre paréntesis, utilizando una pasiva refleja.**

1 _____ (Necesitar) casi una hora para rescatar a cada minero.

2 _____ (Realizar) muchas pruebas antes de decidir la mejor manera de alcanzar a los mineros.

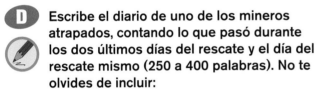 **D** **Escribe el diario de uno de los mineros atrapados, contando lo que pasó durante los dos últimos días del rescate y el día del rescate mismo (250 a 400 palabras). No te olvides de incluir:**

- las emociones del minero mientras espera el rescate
- las reacciones de (algunos de) sus compañeros a lo que estaba ocurriendo
- las emociones del minero al ser reunido con su familia.

Gramática

LA VOZ PASIVA CON "SER" Y CON "SE"

Recuerda que:

- para expresar una acción pasiva en español, se utiliza la estructura **sujeto + ser + participio (opcional: + por + agente)**. Por ejemplo: *Esta cápsula **fue adaptada** por los ingenieros.*
- el auxiliar **ser** va en el mismo tiempo del verbo activo, y el participio concuerda en género y número con el sujeto de la pasiva. Por ejemplo:
  Voz activa: *Los geólogos **explicaron** las características de la roca en el desierto de Atacama.*
  Voz pasiva: *Las características de la roca en el desierto de Atacama **fueron explicadas** por los geólogos.*
- a veces se utiliza el "*estar* pasivo", sin el agente, cuando se considera que es el resultado de un proceso. Por ejemplo: *33 mineros **estuvieron atrapados** en una mina en el desierto de Atacama.*
- el **se** es usado en español para dar énfasis a la acción, y no admite el agente. Con **se** pueden formarse:
  - la **voz pasiva refleja**: con verbo en tercera persona (singular o plural). Por ejemplo: ***Se realizaron** pruebas de seguridad frecuentes durante el rescate.*
  - las **oraciones impersonales**: sin sujeto conocido, y solo con verbo en tercera persona singular. Por ejemplo: ***Se llevó** a los mineros a la superficie en la Cápsula Fénix.*

Para repasar la forma y uso de la voz pasiva y el *se* reflejo o impersonal, ver 11.I en el Resumen gramatical.

¡NO OLVIDES!

Cómo escribir un diario

Página 113 en la Unidad 4.

¡Veamos una película!

Aquí tienes el nombre y datos de una película en español que trata del tema de la ciencia y la tecnología.

***Abre los ojos* (España, 1997)**
Género: drama/ciencia ficción
Director: Alejandro Amenábar
Reparto: Eduardo Noriega, Penélope Cruz y Chete Lera

Si es posible, mírala y debate los siguientes puntos con la clase:

- ¿Cómo es el protagonista de la película al principio?
- ¿Qué le pasa?
- ¿Cuándo nota que su vida es "rara"?
- ¿Qué impacto tuvo la ciencia en su vida?
- ¿Qué harías tú si notaras, como César, que estás viviendo una fantasía?

¡Escuchemos una canción!

Aquí tienes el nombre de una canción que trata del tema del desarrollo y la gente.

Plástico
Género: salsa "nuyorican"
Álbum: Siembra (1978)
Cantante: Rubén Blades (Panamá)

Si es posible, escúchala y debate los siguientes puntos con la clase:

- ¿Cómo es la chica? ¿Qué busca?
- ¿Cómo es el muchacho? ¿Qué busca?
- ¿Cómo vive la pareja? ¿Qué enseña a sus hijos?
- ¿Cómo es la ciudad?
- ¿Qué dice el cantante sobre los "modelos importados"?
- ¿Cuál es la conclusión que saca?
- ¿Crees que el progreso nos convierte en "gente plástica", como la de la canción? ¿Por qué (no)?

IV: Literatura [Nivel superior]

10 Un inventor muy joven

Roberto Arlt (1900–1942) fue un novelista, cuentista, dramaturgo, periodista e inventor argentino. Hijo de inmigrantes (un prusiano y una austrohúngara) pobres, tuvo una niñez dura: sus dos hermanas murieron y su padre lo amenazaba con castigos físicos. El pequeño Roberto entonces se quedaba despierto en las noches, imaginando historias, y en sus escritos aparece su padre como personaje. Como fue expulsado de la escuela, se convirtió en autodidacta y trabajó en un periódico, una biblioteca y en varios oficios manuales, como el de mecánico y trabajador portuario. Toda esta rica experiencia la volcó en sus novelas y cuentos. Su estilo era directo y poco complicado, por lo que se lo conoce como "el primer autor moderno de la República Argentina". Escribió para el teatro, con obras como *La isla desierta*. Como periodista, sobresale su columna llamada *Aguafuertes porteñas* (1936).

El juguete rabioso (1926), cuento de su primera novela, de la que proviene el extracto a continuación, es su obra más autobiográfica, y describe la vida de un muchacho curioso que entra en la escuela de aviación. Fue adaptada al cine, a la televisión y al teatro.

… me detuve frente a la puerta de una oblonga habitación, cuyo centro ocupaba una mesa.

En derredor de ella, tres oficiales, …

–¿Qué quiere usted?

–Me he presentado, señor, por el aviso…

–Ya se llenaron las vacantes.

Objeté, sumamente tranquilo, con una serenidad que me nacía de la poca suerte.

–Caramba, es una lástima, porque yo soy medio inventor, me hubiera encontrado en mi ambiente.

–¿Y qué ha inventado usted? Pero entre, siéntese –habló un capitán incorporándose en el sofá.

Respondí sin inmutarme:

–Un señalador automático de estrellas fugaces, y una máquina de escribir en caracteres de imprenta lo que se le dicta. …

–A ver, tome asiento –me indicó uno de los tenientes examinando mi catadura de pies a cabeza. –Explíquenos sus famosos inventos. ¿Cómo se llamaban?

–Señalador automático de estrellas fugaces, señor oficial.

Apoyé mis brazos en la mesa, y miré con mirada que me parecía investigadora, los semblantes de líneas duras y ojos inquisidores, tres rostros curtidos de dominadores de hombres, que me observaban entre curiosos e irónicos. Y en aquel instante, antes de hablar, pensé en los héroes de mis lecturas predilectas…

Confortado, segurísimo de no incurrir en errores, dije:

–Señores oficiales: ustedes sabrán que el selenio conduce la corriente eléctrica cuando está iluminado; en la oscuridad se comporta como un aislador. El señalador no consistiría nada más que en una célula de selenio, conectada con un electro-imán. El paso de una estrella por el retículo del selenio, sería señalada por un signo, ya que la claridad del meteoro, concentrada por un lente cóncavo, pondría en condiciones de conductor al selenio.

–Está bien. ¿Y la máquina de escribir?

–La teoría es la siguiente. En el teléfono el sonido se convierte en una onda electromagnética. Si medimos con un galvanómetro de tangente la intensidad eléctrica producida por cada vocal y consonante, podemos calcular el número de amperios vueltas, necesarios para fabricar un teclado magnético, que responderá a la intensidad de corriente de cada vocal.

…

–Y de mecánica, ¿sabe algo?

–Algo. Cinemática… Dinámica… Motores a vapor y explosión; también conozco los motores de aceite crudo. Además, he estudiado química y explosivos, que es una cosa interesante.

…

–Es notable lo que sabe este muchacho. ¿Qué edad tiene usted?

–Dieciséis años, señor.

–¿Dieciséis años?

–Sí, señor.

–¿Se da cuenta, capitán? Este joven tiene un gran porvenir. ¿Qué le parece que le hablemos al capitán Márquez? Sería una lástima que no pudiera ingresar.

–Indudablemente –y el oficial del cuerpo de ingenieros se dirigió a mí.

–Pero, ¿dónde diablos ha estudiado usted todas esas cosas?

–En todas partes, señor. Por ejemplo: voy por la calle y en una casa de mecánica veo una máquina que no conozco. Me paro, y me digo estudiando las diferentes partes de lo que miro: esto debe funcionar así y así, y debe servir para tal cosa. Después que he hecho mis deducciones, entro al negocio y pregunto, y créame, señor, raras veces me equivoco. Además, tengo una biblioteca regular, y si no estudio mecánica, estudio literatura.

Extraído de **El juguete rabioso**
Roberto Arlt (Argentina)

A **Decide cuál de las dos opciones es sinónimo de las palabras según lo que dice el texto.**

1 oblonga
   a) más larga que ancha
   b) más ancha que larga

2 en derredor de
   a) enfrente de
   b) alrededor de

3 sin inmutarme
   a) sin mostrar mis emociones
   b) sin interesarme

4 estrellas fugaces
   a) meteoros
   b) satélites

5 caracteres de imprenta
   a) letras de formato estándar
   b) símbolos fonéticos

6 catadura
   a) cara
   b) imagen física

7 semblantes
   a) cuerpos
   b) caras

8 predilectas
   a) preferidas
   b) detestadas

9 aislador
   a) que no conduce electricidad
   b) que conduce electricidad

10 imán
   a) metal
   b) barra magnetizada

11 retículo
   a) red
   b) obstáculo

12 lente
   a) orificio
   b) cristal

B Decide si las siguientes frases referidas al texto son verdaderas o falsas. Marca con una cruz (X) la opción que te parezca correcta. Escribe las palabras del texto que justifican tu repuesta en cada caso.

	Verdadero	Falso
1 Cuando el joven se presentó, no quisieron aceptarlo.		
2 Él había inventado algo que fotografiaba las estrellas y que leía los impresos.		
3 Lo hicieron salir y demostrar sus inventos.		
4 Los tres oficiales parecían fuertes y le recordaban los libros que había leído.		
5 El primer invento se basaba en las propiedades cambiantes del selenio.		
6 El segundo invento utiliza un teléfono que responderá a la intensidad de la voz.		
7 Al joven le interesa inventar cosas que tengan que ver con motores.		
8 A los oficiales les parece que el muchacho sabe mucho para su edad.		
9 El oficial del cuerpo de ingenieros no cree que deban dejarlo ingresar.		
10 El joven es autodidacta.		

C ¡Participa de la competencia de grandes inventores! Sigue las siguientes instrucciones:

- Tienes 10 minutos para pensar en un invento como los del texto. Puedes tomar nota de los detalles.
- Después debes explicar en cinco minutos al resto de la clase para qué sirve tu invento.
- Ellos pueden hacerte preguntas sobre los detalles durante cinco minutos.
- Si tus respuestas son satisfactorias para el/la profesor(a), pasas a otra ronda, y tienes que crear otro invento.
- Gana el/la estudiante que "sobrevive" las rondas hasta el final.

D Escribe la continuación del diálogo (250 a 400 palabras) entre el muchacho de la historia y el capitán Márquez. Debes incluir:

- la recomendación de los oficiales
- la reacción del capitán Márquez
- detalles de lo que requiere el capitán
- cómo el joven puede ayudarlos
- si el capitán decide darle el ingreso o no, y por qué.

11 El progreso

Este artículo irónico sobre los avances en la medicina, publicado en el periódico español *El País*, fue escrito por **Juan José Millás** (ver su biografía en la página 28).

¡Observa!

*nacionalismo vasco = se refiere a las reivindicaciones del pueblo vasco, en el norte de España, de tener una identidad, y por lo tanto una nación, distintas.

*sectores marginales = transexuales

Un médico llamado Starling paseaba una mañana de 1905 por el campo, cuando observó en lo alto de un árbol una luz a la que se acercó <u>con cautela</u>. "No temas", dijo una voz procedente del resplandor. "¿Quién eres?", preguntó Starling. "Soy una hormona", respondió la voz. "¿Y qué es una hormona?". "Una sustancia <u>de naturaleza proteica o esteroide</u> que determina <u>la morfología</u> y el metabolismo del cuerpo, los caracteres sexuales y todo cuanto seas capaz de imaginar".

Starling anunció la buena nueva a la comunidad científica y en poco tiempo <u>florecieron</u> los templos o laboratorios <u>dedicados al culto</u>, no ya de la hormona en general, sino de la testosterona, el estrógeno y otros fluidos glandulares a quienes <u>el fervor endocrino</u> erigió altares <u>por doquier</u>. Durante mucho tiempo se creyó que para combatir cualquier insuficiencia bastaba con <u>hacer rogativas</u> a la hormona correspondiente. Fueron días de <u>exaltación linfática</u>, de fe en la hipófisis y demás <u>ganglios</u> productores de sustancias proteicas. Los médicos juraban que el hallazgo significaría el control de la vejez, del número de dedos, del color de la piel y del carácter.

Entonces apareció el <u>anticristo</u> de la hormona, que no es otro que el gen. Algunos profetas lo habían anunciado: "La genética os confundirá con sus milagros; tomará una oveja y la duplicará, y una gallina, y la <u>desdoblará</u>. Se descubrirá el gen de la tos y el de la tristeza y el del nacionalismo vasco*. A todos ellos se erigirán templos del tamaño de las antiguas catedrales, en los que los gobiernos invertirán miles de millones del <u>presupuesto nacional</u>".

Así fue. De hecho, las hormonas devinieron en piezas de <u>bricolaje</u> sexual para sectores marginales*: el progreso va cambiando unos dioses por otros.

Lo que hace falta es que sea para bien.

Extraído de **El País** *27/03/1998*

A

Busca en el texto las palabras o frases subrayadas que corresponden a las siguientes definiciones:

1 por todas partes
2 dividirá lo doblado
3 cálculo de los ingresos y gastos del Estado
4 abultamientos en un nervio
5 prosperaron
6 antagonista de Jesucristo
7 con devoción hacia los ritos
8 prudentemente
9 trabajos caseros
10 rezar
11 veneración por las hormonas
12 que contiene proteínas y esteroides
13 emoción por la linfa
14 forma

B

Contesta las preguntas siguientes, en lo posible con tus propias palabras.

1 ¿Cómo anticipaba la hormona que reaccionaría Starling a su presencia?
2 ¿Cómo recibió la noticia de la hormona la comunidad científica?
3 Según el escritor, ¿cuáles eran los avances que los científicos atribuían a la hormona?
4 Según los profetas, ¿por qué parecería milagrosa la genética?
5 Según el artículo, ¿cómo apoyarían los gobiernos al gen?

C

El artículo comienza con una comparación entre la revelación de Dios a Moisés en el desierto y la de la hormona al médico Starling. El autor sigue comparando los avances científicos con la religión hasta el final del texto. Comenta con tu compañero/a cómo utiliza el lenguaje de la religión en el texto. Luego comenten lo que quiere decir el autor por su frase final: "Lo que hace falta es que sea para bien".

TAREA CREATIVA SOBRE LITERATURA DE SEGUNDO AÑO

Escribe una redacción (mínimo 200 palabras) sobre la importancia del tema *la ciencia y la tecnología* en uno de los libros que has leído. Puedes responder una o más de estas preguntas:

- ¿Hay algún elemento científico o tecnológico en la obra? Si es así, describe su importancia. Si no, explica por qué.
- Uno de los personajes ha tenido un problema que solo se puede solucionar de forma técnica. Describe el problema y la solución.
- De repente, ¡aparece un robot de última generación en la obra! ¿Cómo reaccionan y qué dicen los personajes?

V: ¡A jugar!

TA-TE-TÍ

El objetivo de este juego es formar TA-TE-TÍ, o TRES EN RAYA en el tablero.

Instrucciones:

- Dividan la clase en dos grandes grupos.
- Designen un(a) "moderador(a)" que tenga muy buen español, o lo es el/la profesor(a).
- Para saber quién empieza, el/la moderador(a) puede preguntar: *¿Cuál es la capital de…?* El grupo que conteste correctamente tiene el primer turno.
- El grupo que tiene turno elige un número en el tablero (por ejemplo: 7 las misiones espaciales).
- El/La moderador(a) elige una persona de las tarjetas y un tiempo (por ejemplo: él/ella/usted. Pretérito indefinido).
- Los dos grupos piensan en una frase referida a lo que dice el casillero con esa persona y ese tiempo (por ejemplo: *El siglo pasado, el hombre llegó a la luna por primera vez*).
- El grupo de turno tiene UNA SOLA oportunidad de decir la frase. Si la dice correctamente, puede poner su cruz o círculo en el casillero.
- Si el grupo comete un error mínimo en la estructura (por ejemplo: *El siglo pasado, el hombre llegué a la luna…*), el otro grupo tiene la oportunidad de dar una contestación correcta y poner su cruz o círculo en el casillero.
- Gana el grupo que completa un TA-TE-TÍ o TRES EN RAYA. Si hay un empate, gana el grupo que tiene más cruces o círculos en el tablero.

1 el ordenador/ la computadora	2 los usos de la robótica	3 el automóvil híbrido
4 la ingeniería electrónica	5 la genética	6 los rayos láser
7 las misiones espaciales	8 la energía nuclear transgénicos	9 los alimentos

yo tú / vos él / ella / usted	nosotros / as vosotros / as ellos / ellas / ustedes

Pretérito perfecto	Pretérito indefinido	Pretérito imperfecto	Futuro

PRÁCTICA PARA EL EXAMEN 4

Nivel medio (A)

Realiza *una* de las tareas siguientes. Escribe entre 250 y 400 palabras.

1 **Diversidad cultural**

Has vuelto de una estancia en un país hispánico, donde has asistido a un colegio internacional para mejorar tus conocimientos del español. Escribe un artículo para la revista de tu escuela en el que cuentes tu(s) experiencia(s) de vivir en otro país y lo que aprendiste de estar entre alumnos de distintas culturas.

2 **Costumbres y tradiciones**

En tu escuela, todos/as los/las alumnos/as tienen que llevar el uniforme del colegio. Piensas que los/las más grandes deberían tener más libertad para vestirse según sus preferencias personales. Escribe una carta al/a la director(a) de la escuela para explicar tus ideas sobre el uniforme y para convencerlo/la de que sería beneficioso cambiar las reglas.

3 **Salud**

Un(a) amigo/a tuyo/a te ha escrito para pedirte consejo sobre cómo puede perder peso. Escríbele un correo electrónico describiendo un programa de ejercicio y una dieta que puede seguir. Explícale cómo lo que recomiendas puede ayudarlo/la a adelgazar.

4 **Ocio**

Tu escuela está organizando una excursión a una sierra en un país hispano para practicar el montañismo. El organizador te pide que escribas un folleto para promocionar este viaje. En el folleto debes incluir una descripción de la región que los alumnos van a visitar, el equipo, la ropa que deben llevar y las actividades planeadas.

5 **Ciencia y tecnología**

Formas parte de un grupo de estudiantes que, como actividad para el programa de CAS (creatividad, acción y servicio), ha realizado un curso para enseñar el uso de internet a niños de una escuela de barrio en un país hispano. Escribe en tu diario las conclusiones de haber llevado a cabo este proyecto.

Nivel medio (B)

Realiza *una* de las tareas siguientes. Escribe entre 250 y 400 palabras.

1 **Diversidad cultural**

Estás haciendo un proyecto sobre los grupos y minorías diferentes de la población de tu región. Como parte del proyecto realizas una entrevista con un(a) representante de una minoría en la que él/ella cuenta los problemas de formar parte de una subcultura. Escribe la entrevista.

2 **Costumbres y tradiciones**

Estás en un país hispánico para mejorar tus conocimientos del español y de la cultura del país. Has ido a una fiesta tradicional en un pueblo de la región donde te encuentras. Escribe un blog en el que cuentes qué pasó, la impresión que te causó la fiesta y lo que aprendiste con esta experiencia.

3 **Salud**

Formas parte de un grupo que hace una campaña llamada "¡Bici sí!", que quiere que más gente use la bicicleta como modo de transporte. Escribe un folleto para promocionar esta campaña, explicando por qué es saludable usar la bicicleta. Incluye información sobre qué ropa llevar y dónde se puede circular en bicicleta en el sitio donde vives.

4 Ocio

Anoche asististe a un concierto de tu cantante preferido/a. Fuiste al concierto con mucha ilusión, ¡pero fue un desastre! Escribe un correo electrónico a un(a) amigo/a, describiendo lo que pasó y dando las razones por las cuales el concierto fracasó.

5 Ciencia y tecnología

El municipio de la ciudad hispana en la que vives, que está entre el mar y la montaña, está debatiendo la introducción de una forma de energía renovable (del sol, de las olas, etc.). Escribe una carta al municipio en la que recomiendes tu forma preferida de energía renovable, describiendo las ventajas que su uso tendría para la ciudad.

Nivel superior

SECCIÓN A

Realiza *una* de las tareas siguientes. Escribe entre 250 y 400 palabras.

1 Diversidad cultural

Estás en una gran ciudad hispánica en la que coexisten dos culturas: una cultura mayoritaria y una subcultura. Crees que la cultura dominante no reconoce las costumbres ni los derechos de la minoría como debería. Escribe una carta al municipio de la ciudad, en la que te quejes de la falta de reconocimiento de la minoría y en la cual propongas remedios a esta situación de desigualdad.

2 Costumbres y tradiciones

Durante una estancia en un pueblo hispánico te invitaron a asistir a una fiesta que conmemora un evento histórico importante. Escribe un e-mail a un(a) amigo/a hispánico/a en el que le cuentes en qué consistió el evento y qué hizo la gente que estaba allí.

3 Salud

Estás haciendo un proyecto sobre el abuso de las drogas como actividad para el programa de CAS (creatividad, acción y servicio). Escribe un folleto para advertir a la gente sobre el abuso de las drogas. Debes exponer los efectos de consumir droga, los peligros de tomar drogas blandas, y dar información sobre la rehabilitación.

4 Ocio

Has visto una película que te gustó mucho. Escribe una reseña de dicha película para la revista de tu escuela, destacando los aspectos que más te impresionaron.

5 Ciencia y tecnología

Vas a dar un discurso a los alumnos de tu escuela sobre los beneficios de la nueva tecnología para la educación. Escribe el texto de tu discurso.

SECCIÓN B

A partir del fragmento siguiente, expresa tu opinión personal y justifícala. Elige *uno* de los tipos de texto trabajados en clase. Escribe entre 150 y 250 palabras.

En muchos países, la inmigración ha sido necesaria para que creciera la economía, sin alterar las posibilidades de empleo de la población nativa, o incluso mejorándolas. Sin embargo, muchos políticos dicen que hay que limitar la inmigración, porque se pueden producir tensiones sociales.

Consejo 13
El registro de la tarea

Las tareas del examen piden que reacciones *personalmente* a un tema, pero:

- siempre tienes que adoptar **el formato** requerido por la pregunta. Por ejemplo, el estilo de un **folleto** pide un enfoque distinto del de una **entrevista**.
- si se trata de correspondencia con alguien, el registro puede ser:
  - **informal** (un correo electrónico, una carta a un(a) amigo/a).
  - **formal** (una carta al/a la director(a) de una empresa, al municipio).
- para la correspondencia, no te olvides de utilizar una **apertura** y un **cierre** apropiados.

Consejo 14
El contexto de la tarea

En cada tarea tendrás que considerar un contexto apropiado. Por lo tanto, ten en cuenta lo siguiente:

- ¡Cuida no usar **estereotipos** referidos a la gente de que escribes!
- Cuida no hacer **deducciones injustificadas** (por ejemplo, decir que una región es pobre o subdesarrollada).
- Considera que lo que funciona en tu cultura **puede no funcionar** en una cultura hispana.

Resumen gramatical

1 La acentuación ortográfica

El **único** acento ortográfico o escrito del español es el agudo: ´

El acento ortográfico es llamado **tilde**.

Las palabras se dividen en:

- **Esdrújulas**: su acento oral cae en la **antepenúltima** sílaba. Todas deben llevar tilde.
- **Llanas o graves**: su acento oral cae en la **penúltima** sílaba. Son las más comunes y solo llevan tilde si acaban en una consonante que **no sea -n** o -**s**.
- **Agudas**: el acento oral cae en la **última** sílaba. Llevan tilde si acaban en **vocal** (*á, é, í, ó, ú*) o en -**n** o en -**s**.

Por ejemplo:

Esdrújulas	Llanas o graves	Agudas
índigo	*carta*	*campeón*
hispánico	*espacio*	*compás*
gramática	*copas*	*café*
ópera	*examen*	*habló*
árboles	*cárcel*	*universidad*

Notas:

- Las palabras monosílabas (de una sola sílaba) no llevan tilde, excepto al diferenciarse de otras monosílabas, cuando llevan **acento diacrítico**. Por ejemplo: *tu* (posesivo) – *tú* (pronombre); *de* (preposición) – *dé* (verbo); *si* (conjunción condicional) – *sí* (pronombre y adverbio).
- Cuando existe diptongo (combinación de dos vocales, una abierta – a, e, o – y una cerrada – i, u – o dos vocales cerradas), si el acento oral recae sobre la vocal cerrada, se rompe el diptongo, formando **hiato**. En un hiato, la vocal cerrada lleva tilde y no sigue las reglas de acentuación. Por ejemplo: *día, río, país*.
- Los pronombres, adjetivos y adverbios interrogativos o exclamativos **siempre** llevan tilde, en oraciones interrogativas **directas** o **indirectas**. Por ejemplo:
  ¿*Cómo* te llamas?
  Me preguntó *cómo* me llamaba.
  ¡*Qué* calor!
- Las **palabras compuestas** llevan tilde:
  - Si el verbo lleva tilde o si la unión del verbo y pronombre da una palabra esdrújula. Por ejemplo:
    Déme una idea.
    Escúchame atentamente.
  - Si se forma un adverbio con -*mente* a partir de un adjetivo que lleva tilde. Por ejemplo: *inútil* – *inútil*mente.

2 Los artículos

El artículo definido

	Singular	Plural
Masculino	el	los
Femenino	la	las

el coche, *la* madre, *los* coches, *las* madres

Notas:

- a + el = al
  de + el = del
  Las ondas del mar.
  Vamos al cine.
- Los sustantivos femeninos que comienzan con *a* o *ha*, toman el artículo definido masculino cuando el acento cae sobre la sílaba inicial. Por ejemplo: *el* agua (*fría*), *el* aula, *el* hambre.
- Existe un artículo **neutro** (*lo*) que se usa solo en **singular** para denominar ideas o características. Por ejemplo: *lo especial, lo útil*.

Usos

El artículo definido se usa:

- con los sustantivos abstractos, los que se usan en un sentido general y los que significan una cosa única.
  La democracia es una forma de gobernar la sociedad.
  No me gustan las tortillas.
  ¿Dónde está el infierno?
- con las lenguas.
  El español se habla en muchos países.
  Nota: cuando una lengua sigue los verbos *hablar, saber* y *aprender* se puede omitir el artículo:
  María habla japonés. Ahora está aprendiendo (el) chino.
- delante de los títulos personales, excepto cuando uno se dirige directamente a la persona.
  La señora Sánchez vive en Caracas.
  pero
  Buenos días, señora Sánchez.
- con los días de la semana.
  La galería cierra los domingos pero está abierta los lunes.
- con algunos países, ciudades y regiones. Por ejemplo: *El Reino Unido, El Salvador, La Coruña, La Mancha, La Pampa.* En algunos casos es opcional: *(La) Argentina, (La) India.*
  Nota: si el país, la ciudad o la región están seguidos de un adjetivo, debe escribirse el artículo determinado.
  La España democrática.
  El Egipto de los faraones.

- con partes del cuerpo y con los verbos *gustar* y *doler*.
  Tiene (**los**) *ojos azules.*
  Me duele **la** *cabeza.*
  Me gusta **el** *ron.*

- con accidentes geográficos como *río, calle, islas*, etc..
  el *río Uruguay*
  la *calle Venustiano Carranza*
  las *islas Baleares*

El artículo indefinido

	Singular	Plural
Masculino	un	unos
Femenino	una	unas

un *piso,* **una** *chica,* **unos** *pisos,* **unas** *chicas*

Nota: los sustantivos femeninos que comienzan con *a* o *ha* toman el artículo indefinido masculino cuando el acento cae sobre la sílaba inicial. Por ejemplo:
un *águila romana,* **un** *área,* **un** *habla*

Usos

El artículo indefinido se usa:

- cuando mencionamos algo por primera vez.
  Por ejemplo: *Estoy haciendo* **un** *proyecto.*

- con el verbo *haber*. Por ejemplo: *Hay* **un** *estadio en mi barrio.*

El artículo indefinido no se usa:

- con profesiones después del verbo *ser*, excepto si le sigue un adjetivo.
  Por ejemplo: *Mi tío es futbolista.*
  Mi tío es **un** *futbolista* **excepcional**.

- delante de *otro, tal, medio, qué* y *mil*.
  Por ejemplo: *No tiene otro remedio.*
  No habría hecho tal cosa.
  ¡Qué chica tan rara!

3 Los sustantivos

Los sustantivos son las palabras que utilizamos para nombrar cosas, personas, animales e ideas. Los sustantivos naturalmente son de género masculino o femenino, y casi todos tienen una forma singular y plural.

Género

El género de algunos sustantivos es **biológico**. Por ejemplo: **el** *hijo,* **la** *hija,* **el** *gallo,* **la** *gallina.*

Aunque la mayoría de los sustantivos que terminan en *-o* son masculinos, y la mayoría de los que terminan

en *-a* son femeninos, muchos sustantivos comunes contradicen esta "regla". Por ejemplo:

el *día*	**la** *moto*
el *problema*	**la** *modelo*
el *planeta*	**la** *mano*

Los grupos siguientes, por regla general, son masculinos:

- los que terminan en *-aje* y *-or*.
  el *garaje,* **el** *paisaje,* **el** *calor,* **el** *amor*

- los ríos, mares, lagos, árboles y las montañas.
  el *Orinoco,* **el** *Mediterráneo,* **el** *Titicaca,* **los** *Andes,* **el** *manzano*

- los coches. **el** *nuevo SEAT*

- los colores. **El** *rojo me gusta más que* **el** *azul.*

- los días de la semana y los puntos cardinales.
  el *lunes,* **el** *sábado;* **el** *norte,* **el** *oeste*

- palabras de origen griego que terminan en *-ama, -ema, -oma* y *-eta*. **el** *drama,* **el** *problema,* **el** *idioma,* **el** *planeta*

Los grupos siguientes, por regla general, son femeninos:

- los sustantivos que terminan en *-ción, -sión -dad, -tad, -triz, -(t)ud* y *-ie*.
  la *solución,* **la** *tensión,* **la** *universidad,* **la** *dificultad,* **la** *actriz,* **la** *salud,* **la** *juventud,* **la** *serie*

- las letras del alfabeto.
  la *eñe*

- las islas y las carreteras.
  la *islas Canarias;* **la** *M50.*

Número

La mayor parte de los sustantivos forman el plural agregando:

- *-s* , si terminan en una vocal.
  la profesora ⟶ *las profesoras*
  el estudiante ⟶ *los estudiantes*
  el café ⟶ *los cafés*

- *-es*, si terminan en una consonante.
  el profesor ⟶ *los profesores*
  la flor ⟶ *las flores*

- Si el singular termina en *-z*, el plural termina en *-ces*.
  la voz ⟶ *las voces*
  el lápiz ⟶ *los lápices*

- Los sustantivos de acentuación aguda pierden el acento en el plural por convertirse en graves terminados en *-s*.
  el francés ⟶ *los franceses*
  la decisión ⟶ *las decisiones*

- Los sustantivos que terminan en *-s* en una sílaba átona (no acentuada) no cambian en el plural.
  el martes ⟶ *los martes*
  la crisis ⟶ *las crisis*

- Los sustantivos que terminan en una **consonante** (especialmente *-en*) que tienen el acento en la penúltima sílaba agregan un acento escrito en el plural, por convertirse en palabras esdrújulas.
  el examen ⟶ *los exámenes*
  la imagen ⟶ *las imágenes*
- Como regla, si un sustantivo plural incluye los dos géneros, se usa el masculino plural.
  los *hermanos (= hermano(s) y hermana(s))*
  los *hijos (= hijo(s) e (hija(s))*
  los *padres (= el padre y la madre)*
  los *reyes (= el rey y la reina)*
- Para formar el plural de nombres propios solo se usa el artículo plural.
  la familia Gómez = **los** *Gómez*
  la ONG = **las** *ONG (Organizaciones No Gubernamentales)*

4 Diminutivos y aumentativos

En español, especialmente cuando se habla, se expresa opinión, emoción, tamaño o afecto mediante el uso de formas diminutivas o aumentativas. Estas formas son comunes con sustantivos y con adjetivos.

Formación:

- Diminutivos: se agregan los sufijos *-ito/a, -ico/a, -illo/a, -uelo/a* o *-ín/ina*.
  pequeño ⟶ *pequeñito / pequeñico* (adj.)
  ratón ⟶ *ratoncillo / ratoncito* (sust.)
  joven ⟶ *jovenzuelo* (sust.)
  pillo ⟶ *pillín* (adj.)
- Aumentativos: se agregan los sufijos *-ote/a, -azo/a, -ón/-ona*.
  grande ⟶ *grandote* (adj.)
  libro ⟶ *librazo* (sust.)
  panza ⟶ *panzón* (sust. o adj.)

Notas:

- En muchos casos se agrega una consonante antes del sufijo. Por ejemplo:
  café ⟶ *cafecito / cafelito*
  canción ⟶ *cancioncilla*
- La letra *c* antes de *a, o, u* se convierte en *qu* antes de *i* (para mantener el sonido). Por ejemplo:
  chico ⟶ *chiquito*
- En ciertas regiones se utiliza más de un sufijo a la vez. Por ejemplo:
  Comí solo un poquitico.
- Muchos sustantivos formados con estos sufijos tienen un significado diferente al de su raíz. Por ejemplo: *sombrilla* (quitasol), *telefonazo* (llamada telefónica).

5 Los adjetivos

Los adjetivos son las palabras que utilizamos para describir los sustantivos.

Formación

- Muchos adjetivos terminan en *-o* (masculino) y *-a* (femenino) en el singular; las formas plurales terminan en *-os* y *-as*.
  barato ⟶ *baratos; barata* ⟶ *baratas*
- La mayoría de adjetivos que terminan en una consonante, en *-e* o *-i*, son iguales en el masculino y femenino, y solo añaden *-(e)s* en el plural.
  dulce (m./f.) ⟶ *dulces* (m./f.)
  real (m./f.) ⟶ *reales* (m./f.)
- Los adjetivos que terminan en *-z* en el singular terminan en *-ces* en el plural.
  capaz (m./f.) ⟶ *capaces* (m./f.)
- Los adjetivos que terminan en *-án, -ón, -ín* y *-or* agregan *-es* para la forma masculina plural, y *-a/-as* para las formas femeninas.
  bonachón (m.) ⟶ *bonachona* (f.)
  bonachones (m. pl.) ⟶ *bonachonas* (f .pl.)
  trabajador (m.) ⟶ *trabajadora* (f.)
  trabajadores (m. pl.) ⟶ *trabajadoras* (f .pl.)
- Los adjetivos gentilicios (de nacionalidad) que terminan en *-és* añaden *-a* y pierden el acento en la forma femenina y en el plural.
  escocés (m.) ⟶ *escocesa* (f.)
  escoceses (m.) ⟶ *escocesas* (f.)

Notas:

- Los adjetivos gentilicios comienzan con minúscula.
  los **e**spañoles; *una pizza* **i**taliana; *dos mujeres* **p**eruanas.
- Los adjetivos comparativos son iguales en las formas masculina y femenina. En el plural, solo se añade *-es*.
  mayor (m./f. sing.) ⟶ *mayores* (m./f. pl.)
  peor (m./f. sing.) ⟶ *peores* (m./f. pl.)

La concordancia de los adjetivos

Los adjetivos concuerdan en género y número con el sustantivo al que acompañan.

un chico aburrido	*una señora gorda*
un nuevo problema	*una mano dura*
unos días hermosos	*unas mujeres felices*

La posición de los adjetivos

Los adjetivos suelen ponerse después de los sustantivos.
las estrellas **claras** *y* **lejanas**
Si se quiere dar un énfasis o valor especial se pone un adjetivo antes del sustantivo.
Al evocar aquel **fugaz** *verano…*

351

Los adjetivos siguientes se anteponen al sustantivo normalmente.

- *alguno, ninguno, malo, bueno, grande, santo:* **algún** problema; un **mal** momento; una **buena** experiencia; una **gran** dificultad, **San** Sebastián
  Nota: *grande* es *gran* cuando va antepuesto, *santo* es *san* y el resto de estas palabras pierde la *-o* final cuando va antes de sustantivos masculinos.
- Los números ordinales y el adjetivo *último*:
  mi **primer** viaje a Sudamérica; la **tercera** semana; los **últimos** días
- Algunos adjetivos comunes: *ambos, llamado, otro, mucho, poco, tanto:*
  Vinieron **ambos** padres.
  mucho ruido y **pocas** nueces; **otro** día

Los adjetivos comparativos

Los adjetivos comparativos suelen emplearse para comparar personas o cosas.

- Comparaciones de superioridad: *más* + adjetivo + *que...*:
  El ruso es **más difícil que** el francés.
- Comparaciones de inferioridad: *menos* + adjetivo + *que...*:
  Javier es **menos trabajador que** Jaime.
- Comparaciones de igualdad: *tan(to)* + adjetivo/ sustantivo + *como...*:
  En las Palmas la temperatura es **tan alta** en invierno **como** en verano.
  Comimos **tanto** queso **como** jamón.
- También se emplea la construcción *cuanto más/ menos ... (tanto) más/menos* para indicar una correlación de intensidad.
  Cuanto **más** trabaja, **(tanto) más** gana.

- Algunos adjetivos comparativos son irregulares.

Adjetivo	*Forma comparativa*
bueno; malo	mejor; peor
mucho; poco	más; menos
grande; pequeño	mayor; menor

  Ana ha sacado **mejores** notas **que** Nacho.

  Pedro ha sacado notas **peores que** las de Nacho y las de Ana.

- *más/menos de*
  Antes de un número o valor numérico, *más* y *menos* llevan la preposición *de*.
  Vinieron **más de** cien personas.
  Llegamos en **menos de** una semana

El superlativo

El superlativo se forma con las siguientes estructuras:

- Superlativos regulares: *el/la/los/las/lo más/ menos(es)* + adjetivo *(+ de)*:
  Sevilla es **la más antigua** de las grandes ciudades **de** España.
- Superlativos irregulares: *el/la/los/las/lo mejor(es), peor(es), mayor(es), menor(es)* + sustantivo *(+ de)*:
  Jorge es **el mejor amigo** de mi hermano.

Existe también un superlativo absoluto que se forma agregando *-ísimo/a/os/as* al adjetivo. Al usarlo, los adjetivos que terminan en vocal, la pierden:
fácil ⟶ *facilísimo*; *mucho* ⟶ *muchísimo*
una tarea **facilísima**

Ciertos adjetivos tienen otros cambios ortográficos (para conservar su pronunciación):
rico ⟶ *riquísimo*; *feliz* ⟶ *felicísimo*:
una comida **riquísima**; dos chicos **felicísimos**

6 Los pronombres personales

	De sujeto	De objeto directo	De objeto indirecto	Con preposiciones	Reflexivos
Primera persona singular	yo	me	me	mí	me
Segunda persona singular, informal	tú*	te	te	ti	te
Segunda persona singular, formal	usted	lo/le (m.); la (f.)	le	usted	se
Tercera persona singular	él (m.)/ella (f.)	lo/le (m.); la (f.)	le	él/ella/sí	se

Primera persona plural	nosotros/as	nos	nos	nosotros/as	nos
Segunda persona plural, informal (E.)	vosotros/as**	os	os	vosotros/as	os
Segunda persona plural (formal E., informal/formal HA)	ustedes**	los/les (m.); las (f.)	les	ustedes	se
Tercera persona plural	ellos (m.)/ellas (f.)	los/les (m.); las (f.)	les	ellos/ellas/sí	se

* el pronombre personal singular *vos* se utiliza en lugar de *tú* en muchos países y regiones hispanoamericanos.

** *vosotros/as*, solo se usa en España; en Hispanoamérica se usa *ustedes* tanto para situaciones formales como informales.

Pronombres de sujeto

- Por regla general, los pronombres de sujeto se usan para dar énfasis y contrastar.

  Soy yo.

  Cuando comemos fuera, ella escoge siempre helado y yo fruta.

- En la segunda persona, hay dos posibilidades: informal y formal.

  Informal: tú y vosotros (E.) utilizan la segunda persona del verbo.

  Formal: usted y ustedes utilizan la tercera persona del verbo.

  ¿Vienes (tú) conmigo al cine esta noche? (informal singular)

  ¿Venís (vosotros) con nosotros al cine esta noche? (informal plural, España)

  ¿Sabe (usted) dónde está la Oficina de Turismo? (formal singular)

  ¿Saben (ustedes) dónde está la Oficina de Turismo? (formal plural, España; formal e informal plural, Hispanoamérica)

Pronombres de objeto directo e indirecto

Posición

Los pronombres de objeto:

- pueden anteponerse o posponerse al verbo si se trata de un infinitivo o un gerundio.

  Solo quiero decirte una cosa. = Solo te quiero decir una cosa.

  Estamos esperándolos desde las cinco. = Los estamos esperando desde las cinco.

- deben posponerse al verbo si se trata de un imperativo afirmativo.

  ¡Déjame en paz!

  Pregúntenle eso a su padre.

Estos pronombres también pueden anteponerse a un verbo auxiliar:

Solo te quiero decir una cosa…

Le estamos esperando desde las cinco.

Cuando dos pronombres se anteponen al verbo, el uno directo y el otro indirecto, el pronombre indirecto se pone primero.

Me los entregó ayer. (me es indirecto; los es directo)

Pronombres de objeto de tercera persona y de segunda persona formal plural

- *Lo/Los y le/les* son intercambiables cuando se refieren a personas masculinas en la tercera persona.

- Las formas femeninas son *la y las.*

- También se usan *lo/los, la/las y le/les* para **la segunda persona formal.**

  ¿Lo/Le conoció en Vigo? (Puede referirse a *él* o a *usted*.)

  La vi en la calle. (Puede referirse a *ella* o a *usted*)

  Los/les dejamos salir (a *ellas* o a *ustedes*) y *las dejamos entrar* (a *ellas*).

- Cuando es seguido por un objeto directo, el pronombre indirecto *le/les* debe cambiarse por *se.*

  –¿Diste el mensaje a tus compañeros?

  –No, profesora, no se lo di. (le ⟶ se es indirecto = a ellos; lo es directo = el mensaje.)

  –¡Pues dáselo inmediatamente!

Pronombres que se usan con preposiciones

Las formas de estos pronombres son iguales a las de los pronombres de sujeto con la excepción de *mí, ti* y *sí.*

El regalo es para ti.

Entré después de ella.

Nota: los pronombres *mí, ti* y *sí* combinan con la preposición *con* para formar *conmigo, contigo* y *consigo. Consigo* normalmente es seguido de *mismo/a.*

¿Está Carmen contigo?

Está enojado consigo mismo.

Los pronombres reflexivos

- Los pronombres reflexivos son los mismos que los de objeto directo, con la excepción de la tercera persona, donde se usa *se*.

  > *Se levanta todos los días a la misma hora.*
  > *Nos acostamos cuando queremos.*

- Los pronombres reflexivos pueden anteponerse o posponerse al infinitivo o al gerundio, y deben posponerse al imperativo.

  > *¿Por qué están riéndose?* = *¿Por qué se están riendo?*
  > *No puedo despertarme antes de las ocho.* = *No me puedo despertar antes de las ocho.*
  > *¡Márchate en seguida!*

7 Los demostrativos (adjetivos y pronombres)

Los adjetivos y pronombres demostrativos indican dónde se encuentra algo o alguien y concuerdan en género y número con el sustantivo al que se refieren.

Singular	Plural
este/esta	estos/estas
ese/esa	esos/esas
aquel/aquella	aquellos/aquellas

- *Este*, etc. se emplea para algo cercano al hablante.
  > **Esta** *es mi decisión.*
  > **Este** *bolígrafo está roto.*

- *Ese*, etc. se emplea para algo a una distancia no muy lejana del hablante.
  > **Ese** *señor está enfermo.*
  > *Dame* **ese** *lápiz.*

- *Aquel*, etc. se emplea para algo muy alejado del hablante.
  > *Quiero escalar* **aquella** *montaña.*
  > *Mira* **aquellas** *nubes. Va a llover dentro de poco.*

El siguiente diálogo demuestra el uso de los tres pronombres demostrativos:
> –*Por favor, quisiera probarme un vestido.*
> –*¿Te gusta* **este**?
> –*No, prefiero* **ese**.
> –*¿Por qué no te pruebas* **aquel** *también? ¡Es perfecto para ti!*

Nota: en caso de ambigüedad o de estilo, se puede distinguir los pronombres demostrativos de los adjetivos con una tilde sobre la primera *e* de los pronombres: **éste**, etc., **ése**, etc. **aquél**, etc.

El pronombre demostrativo neutro

El pronombre demostrativo tiene formas neutras: *esto, eso, aquello*. No tienen forma plural ni llevan tilde. Estas formas no se refieren a un sustantivo específico sino a una idea.

> *Me gusta mucho* **esto**.
> *¡* **Eso** *es una insensatez!*

8 Los posesivos (adjetivos y pronombres)

Los adjetivos y pronombres posesivos indican una relación de posesión entre personas u objetos.

Los adjetivos posesivos

	Singular	Plural
Primera persona singular	mi	mis
Segunda persona singular informal	tu	tus
Segunda persona singular formal	su	sus
Tercera persona singular	su	sus
Primera persona plural	nuestro/a	nuestros/as
Segunda persona plural informal (E.)	vuestro/a	vuestros/as
Segunda persona plural (formal E., formal/informal HA)	su	sus
Tercera persona plural	su	sus

- Los adjetivos posesivos concuerdan en género y número con la persona o cosa que se posee.
  > *A los alumnos no les gustaba* **su** *profesor.*
  > *Los fines de semana voy con* **mis** *dos hermanas a ver a* **nuestros** *abuelos.*

- *Tu(s), vuestro/a/os/as* y *su(s)* se usan para la segunda persona, informal y formal.

  Informal: *¿Tienes* **tu** *entrada?* (hablando con un(a) amigo/a)
  > *¿Tenéis* **vuestras** *entradas?* (hablando con dos o más amigos, solo en España)
  > *¿Tienen* **sus** *entradas?* (hablando con dos o más amigos, solo en Hispanoamérica)

  Formal: *¿Tiene* **su** *entrada?* (hablando con una persona a quien no se conoce)
  > *¿Tienen* **sus** *entradas?* (hablando con dos o más personas desconocidas)

Si el adjetivo posesivo va después del sustantivo, es idéntico en forma al pronombre posesivo, sin el artículo (**ver la tabla de pronombres posesivos abajo**). Por ejemplo:
*Ese perro **mío** es de raza.*
*Un amigo **nuestro** nos visita.*

Los pronombres posesivos

Los pronombres posesivos indican una posesión ya mencionada. Llevan el artículo, que normalmente se omite después del verbo *ser*. Coinciden con una forma de los adjetivos posesivos.

	Singular	Plural
Primera persona singular	(el/la) mío/a	(los/las) míos/as
Segunda persona singular informal	(el/la) tuyo/a	(los/las) tuyos/as
Segunda persona singular formal	(el/la) suyo/a	(los/las) suyos/as
Tercera persona singular	(el/la) suyo/a	(los/las) suyos/as
Primera persona plural	(el/la) nuestro/a	(los/las) nuestros/as
Segunda persona plural informal (E.)	(el/la) vuestro/a	(los/las) vuestros/as
Segunda persona plural (formal E., formal/ informal HA)	(el/la) suyo/a	(los/las) suyos/as
Tercera persona plural	(el/la) suyo/a	(los/las) suyos/as

*Sus abuelos viven en Guadalajara; **los míos** viven en Alcalá de Henares.*
*Este DVD es **mío**, no **tuyo**.*

9 Las oraciones relativas

Los relativos se usan para conectar una o más frases. Por ejemplo: *Celebramos la fiesta ayer. + La fiesta terminó tarde. = La fiesta **que** celebramos ayer terminó tarde.*

Los pronombres relativos suelen ir acompañados del artículo determinado, y son:
> *que*
> *el/la/los/las que*
> *el/la cual; los/las cuales*
> *quien(es)*
> *lo que; lo cual*

También existe un adjetivo relativo:
> *cuyo/a/os/as*

que
Es el más común de los relativos. Se usa:
- como pronombre de sujeto.
  *El señor **que** dejó su cartera en el mostrador es colombiano.*
- como pronombre de objeto.
  *Ella compró un poncho **que** tejieron los indios.*

el/la/los/las que; el/la/los/las cual(es)
Suelen usarse después de las preposiciones.
> *La chica **de la que** se enamoró se llama Rosetta.*
> *El día **en el que** ocurrió el terremoto estaba fuera.*
> *Hubo un silencio, **durante el cual** nadie se movió.*

quien(es)
Se usa solo para personas y normalmente va después de una preposición.
> *El chico **a quien** viste en el mercado es mi hermano.*

Nota: *quien(es)* no puede usarse en subordinadas con valor adjetivo que no lleven coma o estén en aposición; se debe usar *que*. Por ejemplo: *Los hombres **que** volvieron de la guerra estaban traumatizados.*

lo que; lo cual
Se usan para expresar ideas.
> *Hablaba sin parar, **lo que** no me gustaba nada.*
> *Eligió esa carrera, **lo cual** no está mal.*

cuyo/a/os/as
Este adjetivo relativo concuerda en género y número con el sustantivo que acompaña.
> *Su abuelo, **cuya** vida había sido una gran aventura, murió a los 98 años.*

10 Las oraciones interrogativas y exclamativas

Las oraciones interrogativas

Son palabras que se emplean para hacer preguntas. Siempre llevan acento.

¿Qué?	*¿(A)dónde?*
¿Cuál(es)?	*¿Por qué?*
¿(De) quién(es)?	*¿Cuándo?*
¿Cómo?	*¿Cuánto/a/os/as?*

¿Qué?
Puede ser adjetivo o pronombre:
> *¿**Qué** dijeron?*
> *¿A **qué** hora entras?*

¿Cuál(es)?

Se usa cuando se tiene que escoger entre alternativas.

> *¿Cuál prefieres, la de pollo o la de marisco?*
> *(hablando de una paella)*

¿Quién(es)? y ¿de quién(es)?

Se usan para hablar de personas.

> *¿Quién sabe?*
> *¿De quién es este paraguas?*

¿Cómo?

> *¿Cómo sabías que venía yo?*
> *¿Cómo fue la fiesta?*

¿Dónde? y ¿adónde?

Dónde indica un sitio, *adónde* movimiento hacia un sitio.

> *¿Dónde están mis gafas?*
> *¿Adónde iremos en verano?*

¿Por qué?

> *¿Por qué existe el racismo?*
> **Nota:** la respuesta a *¿por qué?* es una sola palabra, sin acento: *porque.*

¿Cuándo?

> *¿Cuándo piensas partir para Argentina?*

¿Cuánto/a/os/as?

Pueden ser adjetivos o pronombres.

> *¿Cuánto cuesta ese abrigo?*
> *¿Cuántas películas de Pedro Almodóvar has visto?*

Preguntas indirectas

En las preguntas indirectas, las palabras interrogativas siempre llevan tilde.

> *No sé a **qué** hora comienza la corrida.*
> *Le pregunté **dónde** vivía.*

Las oraciones exclamativas

Las palabras siguientes introducen exclamaciones:
¡Qué!   ¡Cómo!   ¡Cuánto(a/os/as)!

¡Qué!

> *¡Qué pena!*

Nota: si *¡qué!* va seguido de un sustantivo y adjetivo, se pone *más* o *tan* antes del adjetivo.

> *¡Qué chica **más** guapa!*
> *¡Qué fiesta **tan** aburrida!*

¡Cómo!

> *¡Cómo! ¡Y no te devolvió el dinero!*

¡Cuánto!

Puede ser adverbio o adjetivo.

> *¡Cuánto me gustó el espectáculo!*
> *¡Cuántas veces me has dicho eso!*

Las exclamaciones indirectas

En las exclamaciones indirectas, las palabras exclamativas siempre llevan acento.

> *¡No sé **cómo** te atreves a decirme eso!*

11 El verbo

11.A El indicativo

I) El presente

Formación

Verbos regulares

El presente del indicativo de los verbos regulares se forma agregando las terminaciones **en negrita** a la raíz del verbo.

	hablar	comer	vivir
yo	habl**o**	com**o**	viv**o**
tú	habl**as**	com**es**	viv**es**
él/ella/usted	habl**a**	com**e**	viv**e**
nosotros/as	habl**amos**	com**emos**	viv**imos**
vosotros/as (E.)	habl**áis**	com**éis**	viv**ís**
ellos/ellas/ustedes	habl**an**	com**en**	viv**en**

Nota: en varios países y regiones hispanoamericanos (especialmente en Argentina, Uruguay, Paraguay y Chile) se utiliza *vos* en lugar de *tú.* El verbo toma distinta forma en el presente del indicativo y subjuntivo.

vos	habl**ás**	com**és**	viv**ís**

Verbos irregulares

Muchos verbos son irregulares solo en la primera persona del singular. Por ejemplo:

estar: estoy, estás, está, estamos, estáis, están
poner: pon**g**o, pones, pone, ponemos, ponéis, ponen

Para los verbos que cambian la raíz o la ortografía del verbo ver la sección 11.F Cambios ortográficos de los verbos.

Usos

El presente se usa:

- para decir lo que pasa en el momento en el que se habla.
  Estamos listos.
  No dicen nada.

- para describir una acción habitual o un estado.
  Vamos a Puerto Rico cada verano.
  Está lista.

- para hablar de una verdad.
  Hace mucho frío en la Patagonia en invierno.
- para dar información.
  Los comercios cierran a las 20:30.
- para hablar del futuro.
  ¿Nos vemos mañana?

II) El pretérito indefinido

Formación

Verbos regulares

El pretérito indefinido se forma agregando las terminaciones **en negrita** a la raíz del verbo.

	hablar	**comer**	**vivir**
yo	habl**é**	com**í**	viv**í**
tú/vos	habl**aste**	com**iste**	viv**iste**
él/ella/usted	habl**ó**	com**ió**	viv**ió**
nosotros/as	habl**amos**	com**imos**	viv**imos**
vosotros/as (E.)	habl**asteis**	com**isteis**	viv**isteis**
ellos/ellas/ ustedes	habl**aron**	com**ieron**	viv**ieron**

Verbos irregulares

Las formas irregulares deben ser aprendidas. La siguiente es una lista de 12 de los verbos irregulares más comunes.

	dar	**estar**	**decir**
yo	di	estuve	dije
tú/vos	diste	estuviste	dijiste
él/ella/usted	dio	estuvo	dijo
nosotros/as	dimos	estuvimos	dijimos
vosotros/as (E.)	disteis	estuvisteis	dijisteis
ellos/ellas/ ustedes	dieron	estuvieron	dijeron

	ser	**ir**	**venir**
yo	fui	fui	vine
tú/vos	fuiste	fuiste	viniste
él/ella/usted	fue	fue	vino
nosotros/as	fuimos	fuimos	vinimos
vosotros/as (E.)	fuisteis	fuisteis	vinisteis
ellos/ellas/ ustedes	fueron	fueron	vinieron

	hacer	**ver**	**poder**
yo	hice	vi	pude
tú/vos	hiciste	viste	pudiste
él/ella/usted	hizo	vio	pudo
nosotros/as	hicimos	vimos	pudimos
vosotros/as (E.)	hicisteis	visteis	pudisteis
ellos/ellas/ ustedes	hicieron	vieron	pudieron

	poner	**querer**	**saber**
yo	puse	quise	supe
tú/vos	pusiste	quisiste	supiste
él/ella/usted	puso	quiso	supo
nosotros/as	pusimos	quisimos	supimos
vosotros/as (E.)	pusisteis	quisisteis	supisteis
ellos/ellas/ ustedes	pusieron	quisieron	supieron

Notas:

- *Ir* y *ser* tienen las mismas formas en el pretérito indefinido.
- A diferencia de las formas regulares, la primera y la tercera persona del singular no llevan tilde.

Usos

El pretérito indefinido se usa:

- para narrar una acción en el pasado y enfatizar que se completó.
  *El año pasado **fui** de vacaciones a Cuba.*
- para narrar una serie de acciones en el pasado.
  *El miércoles **fuimos** al bar para tomar una copa. Allí **nos reunimos** con Alejandro y luego **volvimos** a casa para dormir una siesta.*
- para referirse a un período (largo o corto) bien definido en el pasado.
  *El general Franco **fue** dictador de España **entre 1939 y 1975**.*
  *Esa mariposa **vivió** solo **un día**.*
  *Los dinosaurios **vivieron** en Sudamérica durante **millones de años**.*

Nota: a veces, el pretérito indefinido se acompaña de marcadores temporales como *ayer, la semana pasada, hace un mes/año*, etc.

III) El pretérito imperfecto

Formación

Verbos regulares

El pretérito imperfecto se forma agregando las terminaciones **en negrita** a la raíz del verbo.

	hablar	comer	vivir
yo	hablaba	comía	vivía
tú/vos	hablabas	comías	vivías
él/ella/usted	hablaba	comía	vivía
nosotros/as	hablábamos	comíamos	vivíamos
vosotros/as (E.)	hablabais	comíais	vivíais
ellos/ellas/ ustedes	hablaban	comían	vivían

Verbos irregulares

Tres verbos tienen formas irregulares en el imperfecto: *ir, ser* y *ver*.

	ir	ser	ver
yo	iba	era	veía
tú/vos	ibas	eras	veías
él/ella/usted	iba	era	veía
nosotros/as	íbamos	éramos	veíamos
vosotros/as (E.)	ibais	erais	veíais
ellos/ellas/ ustedes	iban	eran	veían

Usos

El pretérito imperfecto se usa para:

- expresar acciones habituales o repetidas en el pasado.
- hacer descripciones en el pasado.
- describir una acción en desarrollo en el pasado (usualmente cuando otra acción la interrumpe).

Iba a la piscina todos los días.
Era un día muy lluvioso, y desafortunadamente llevaba mis zapatos nuevos.
Vestía una camisa negra y zapatos blancos.
Estaban en el bar. Charlaban con el vecino de enfrente, cuando entró Enrique.

IV) El futuro

Formación

Verbos regulares

El futuro de los verbos regulares se forma agregando las terminaciones **en negrita** al infinitivo del verbo.

	hablar	comer	vivir
yo	hablaré	comeré	viviré
tú/vos	hablarás	comerás	vivirás
él/ella/usted	hablará	comerá	vivirá
nosotros/as	hablaremos	comeremos	viviremos
vosotros/as (E.)	hablaréis	comeréis	viviréis
ellos/ellas/ ustedes	hablarán	comerán	vivirán

Verbos irregulares

Estos 12 verbos tienen una raíz irregular en el futuro.

caber: **cabré**, etc.   poder: **podré**, etc.
decir: **diré**, etc.   poner: **pondré**, etc.
haber: **habré**, etc.   querer: **querré**, etc.
hacer: **haré**, etc.   saber: **sabré**, etc.
salir: **saldré**, etc.   tener: **tendré**, etc.
valer: **valdré**, etc.   venir: **vendré**, etc.

La mayoría de los verbos derivados de estos también tiene una raíz irregular.

deshacer : desharé, etc.
intervenir : intervendré, etc.
mantener: mantendré, etc.
equivaler: equivaldré, etc.
predecir: prediré, etc.

Usos

El futuro se usa para:

- hablar de acciones futuras.
  El concierto será el 5 de noviembre.
- expresar suposiciones.
  Serán las siete.

Nota: el futuro puede expresarse con *ir + a +* infinitivo, especialmente si se trata de una intención. Ambas formas del futuro son intercambiables, pero la forma con *ir + a +* infinitivo tiende a usarse más en contextos informales.
En el verano vamos a ver a nuestros amigos en Argentina.

V) El condicional

Formación

El condicional de los verbos regulares se forma agregando las terminaciones **en negrita** al infinitivo del verbo.

	hablar	comer	vivir
yo	hablaría	comería	viviría
tú/vos	hablarías	comerías	vivirías
él/ella/usted	hablaría	comería	viviría
nosotros/as	hablaríamos	comeríamos	viviríamos
vosotros/as (E.)	hablaríais	comeríais	viviríais
ellos/ellas/ ustedes	hablarían	comerían	vivirían

Verbos irregulares

Estos 12 verbos tienen una raíz irregular en el condicional.

caber: **cabría**, etc.   poder: **podría**, etc.
decir: **diría**, etc.   poner: **pondría**, etc.
haber: **habría**, etc.   querer: **querría**, etc.
hacer: **haría**, etc.   saber: **sabría**, etc.
salir: **saldría**, etc.   tener: **tendría**, etc.
valer: **valdría**, etc.   venir: **vendría**, etc.

Usos

El condicional se usa:

- para expresar una acción que solo puede realizarse si una condición se cumple.
  Iría con él si me pagara el viaje.
- para pedir favores.
  ¿Podría traerme un vaso más limpio?
- para suposiciones en el pasado.
  Sería mediodía cuando vinieron.

VI) El pretérito perfecto

Formación

El pretérito perfecto se forma con el verbo auxiliar *haber* y el participio.

	haber
yo	he
tú/vos	has
él/ella/usted	ha
nosotros/as	hemos
vosotros/as (E.)	habéis
ellos/ellas/ustedes	han

El participio se forma con la raíz del infinitivo + -ado (verbos que terminan en -ar) o -ido (verbos que terminan en -er o -ir). Por ejemplo: *he hablado*; *he comido*; *he vivido*.

Los siguientes verbos forman un participio irregular:

abrir	*abierto*	morir	*muerto*
cubrir	*cubierto*	poner	*puesto*
decir	*dicho*	resolver	*resuelto*
escribir	*escrito*	romper	*roto*
freír	*frito*	satisfacer	*satisfecho*
hacer	*hecho*	ver	*visto*
imprimir	*impreso*	volver	*vuelto*

Nota: a veces, el pretérito perfecto se acompaña de marcadores temporales como *hasta ahora, recientemente, hoy, en estos días/meses,* etc.

Usos

El pretérito perfecto se usa para vincular el pasado con el presente.

*Juan no **ha venido** todavía.*
***He tenido** una buena idea.*
***He roto** el reloj de la abuela.*

Expresa un pasado muy reciente.

*Hoy **he ido** al trabajo muy temprano.*

Nota: en varias regiones del mundo hispano (por ejemplo, Galicia, Uruguay) no se utiliza este tiempo verbal; se lo reemplaza por el pretérito indefinido.

VII) El pretérito pluscuamperfecto

Formación

El pretérito pluscuamperfecto se forma del imperfecto del verbo auxiliar *haber* y el participio (de forma invariable).

	hablar	comer	vivir
yo	había hablado	había comido	había vivido
tú/vos	habías hablado	habías comido	habías vivido
él/ella/usted	había hablado	había comido	había vivido
nosotros/as	habíamos hablado	habíamos comido	habíamos vivido
vosotros/as (E.)	habíais hablado	habíais comido	habíais vivido
ellos/ellas/ustedes	habían hablado	habían comido	habían vivido

Uso

El pretérito pluscuamperfecto se usa para expresar lo que **había pasado** antes de otra acción completada en el pasado, que se usa como punto de referencia.

*Cuando **llegamos** al cine los otros ya **habían entrado**.*

VIII) El futuro perfecto

Formación

El futuro perfecto se forma del futuro del verbo auxiliar *haber* y el participio (de forma invariable).

	hablar	comer	vivir
yo	habré hablado	habré comido	habré vivido
tú/vos	habrás hablado	habrás comido	habrás vivido
él/ella/usted	habrá hablado	habrá comido	habrá vivido
nosotros/as	habremos hablado	habremos comido	habremos vivido
vosotros/as (E.)	habréis hablado	habréis comido	habréis vivido
ellos/ellas/ustedes	habrán hablado	habrán comido	habrán vivido

Uso

El futuro perfecto se usa para una acción futura anterior a otra acción futura, que se usa como punto de referencia.

*Cuando **llegues** al aeropuerto, el avión ya **habrá despegado**.*

IX) El condicional perfecto

Formación

El condicional perfecto se forma con el condicional del verbo auxiliar *haber* y el participio (de forma invariable).

	hablar	comer	vivir
yo	habría hablado	habría comido	habría vivido
tú/vos	habrías hablado	habrías comido	habrías vivido
él/ella/usted	habría hablado	habría comido	habría vivido
nosotros/as	habríamos hablado	habríamos comido	habríamos vivido
vosotros/as (E.)	habríais hablado	habríais comido	habríais vivido
ellos/ellas/ustedes	habrían hablado	habrían comido	habrían vivido

Uso

El condicional perfecto se usa para una acción que habría pasado si se hubiera cumplido una condición.

*Si no me hubieras dado las entradas no **habría ido** al concierto.*

11.B El subjuntivo

I) El presente del subjuntivo

Formación

El presente del subjuntivo se forma agregando las terminaciones **en negrita** a la raíz del verbo.

	hablar	comer	vivir
yo	habl**e**	com**a**	viv**a**
tú	habl**es**	com**as**	viv**as**
él/ella/usted	habl**e**	com**a**	viv**a**
nosotros/as	habl**emos**	com**amos**	viv**amos**
vosotros/as (E.)	habl**éis**	com**áis**	viv**áis**
ellos/ellas/ustedes	habl**en**	com**an**	viv**an**

Notas:

- En las regiones donde se usa *vos* en lugar de *tú*, el verbo toma la siguiente forma (aunque también se puede usar *vos* con la forma de *tú*):

  vos   habl**és**   com**ás**   viv**ás**

- Algunos verbos que son regulares en el indicativo cambian de ortografía en el presente del subjuntivo para conservar el sonido de la consonante. Por ejemplo: *llegar: llegue, llegues, etc.; coger: coja, cojas,* etc. (Ver 11.F Cambios ortográficos de los verbos).

- Los verbos irregulares forman el presente del subjuntivo quitando la *-o* final de la primera persona del singular del presente del indicativo y agregando las terminaciones de los verbos regulares. Por ejemplo: *hacer (haga, hagas, haga, hagamos, hagáis, hagan).* Los siguientes verbos son excepciones: *dar (dé, des, dé, demos, deis, den), estar (esté, estés, esté, estemos, estéis, estén), haber (haya, hayas, haya, hayamos, hayáis, hayan), saber (sepa, sepas, sepa, sepamos, sepáis, sepan)* y *ser (sea, seas, sea, seamos, seáis, sean).*

II) El perfecto del subjuntivo

El perfecto del subjuntivo se forma con el presente del subjuntivo del verbo auxiliar *haber* y el participio (de forma invariable).

	hablar	comer	vivir
yo	haya hablado	haya comido	haya vivido
tú/vos	hayas hablado	hayas comido	hayas vivido
él/ella/usted	haya hablado	haya comido	haya vivido
nosotros/as	hayamos hablado	hayamos comido	hayamos vivido
vosotros/as (E.)	hayáis hablado	hayáis comido	hayáis vivido
ellos/ellas/ustedes	hayan hablado	hayan comido	hayan vivido

Nota: con la persona *vos*, el verbo toma la siguiente forma (aunque también se puede usar *vos* con la forma de *tú*):

vos   hayás hablado   hayás comido   hayás vivido

III) El imperfecto del subjuntivo

El imperfecto del subjuntivo se forma agregando las terminaciones **en negrita** a la raíz de la tercera persona del plural del pretérito indefinido del indicativo.

	hablar	comer	vivir
yo	habl**ara/ase**	com**iera/ese**	viv**iera/ese**
tú/vos	habl**aras/ases**	com**ieras/eses**	viv**ieras/eses**
él/ella/usted	habl**ara/ase**	com**iera/ese**	viv**iera/ese**
nosotros/as	habl**áramos/ásemos**	com**iéramos/ésemos**	viv**iéramos/ésemos**
vosotros/as (E.)	habl**arais/aseis**	com**ierais/eseis**	viv**ierais/eseis**
ellos/ellas/ustedes	habl**aran/asen**	com**ieran/esen**	viv**ieran/esen**

Notas:

- Hay dos terminaciones distintas para el imperfecto del subjuntivo, *-ara/-era,* etc. y *-ase/-ese,* etc., que son intercambiables. Se usa más la primera.
- Si la *i* de un verbo terminado en *-er* o *-ir* está entre dos vocales, se cambia por *y*. Por ejemplo: *caer: cayera/ese, cayeras/eses, cayera/ese, cayéramos/ésemos, cayerais/eseis, cayeran/esen.*
- Los verbos irregulares siguen la misma regla que los regulares para la formación: *tener: tuviera/ese,* etc.; *hacer: hiciera/ese,* etc.; *poner: pusiera/ese,* etc.; *decir: dijera/ese,* etc.

IV) El pluscuamperfecto del subjuntivo

El pluscuamperfecto del subjuntivo se forma con el imperfecto del subjuntivo del verbo auxiliar *haber* y el participio (de forma invariable).

	hablar	comer	vivir
yo	hubiera/ese hablado	hubiera/ese comido	hubiera/ese vivido
tú/vos	hubieras/eses hablado	hubieras/eses comido	hubieras/eses vivido
él/ella/usted	hubiera/ese hablado	hubiera/ese comido	hubiera/ese vivido
nosotros/as	hubiéramos/ésemos hablado	hubiéramos/ésemos comido	hubiéramos/ésemos vivido
vosotros/as (E.)	hubierais/eseis hablado	hubierais/eseis comido	hubierais/eseis vivido
ellos/ellas/ustedes	hubieran/esen hablado	hubieran/esen comido	hubieran/esen vivido

V) Usos del subjuntivo

El subjuntivo se usa en tres tipos de oraciones: las subordinadas, las principales y las condicionales.

El uso del subjuntivo en las oraciones subordinadas

a) Se usa el subjuntivo en oraciones que son dependientes de:

- verbos y expresiones de **posibilidad, probabilidad** y **duda**: *ser posible que, ser probable que, puede que, dudar que.*
  *Puede (ser) que no **lleguen** hasta la noche.*
  *¡Es tarde! Dudo que nos **llamen** ahora.*
- verbos y expresiones de "**emoción**": *querer que, esperar que, alegrarse de que, temer que, es un pena que, me gusta que.*
  *Espero que **te recuperes** pronto.*
  *Quiero que **vuelvas** mañana.*
  *Me/te, etc. gusta que **hayas venido**.*

- verbos y expresiones de **influencia**: *hacer que, conseguir que, impedir que, evitar que.*
  *Consiguió que la **dejaran** entrar.*
- **juicios de valor**: *ser importante que, sería mejor que.*
  *Sería mejor que **vinieras** conmigo.*
- verbos y expresiones de **permiso** y **prohibición**: *dejar que, permitir que, prohibir que.*
  *Lo prohibieron que **saliera** después de las 10 de la noche.*
- verbos y expresiones de **necesidad**: *ser necesario que, hacer falta que.*
  *Hace falta que **terminen** esta parte antes de continuar.*
- verbos y expresiones de **concesión**: *sin que, a menos que, a no ser que, aunque, a pesar de que.*
  *No podremos abrir la puerta a menos que **encontremos** la llave.*
  *Entraron en la habitación sin que los otros **se dieran cuenta**.*
- verbos y expresiones de **condición**: *con tal (de) que, a condición de que.*
  *Puedes llevar el diccionario, con tal (de) que me lo **devuelvas** mañana.*
- verbos y expresiones de **petición**: *pedir, rogar.*
  *Le pedí que me **diera** la dirección de su amiga.*
- verbos de **pensar** y **creer en forma negativa**: *no creer que, no pensar que, no parecer que.*
  *¡No creo que **vayamos** a terminar nunca!*
- expresiones de **negación de realidad**: *no ser que, no (ser) porque.*
  *No es que **fuera** mala, se separó porque no la quería.*
- **conjunciones temporales con sentido futuro**: *cuando, en cuanto, mientras, hasta que, antes de que.*
  *Cuando **vuelvas** de España, tráeme aceite de oliva.*
  *No podré descansar hasta que **sepa** adónde se ha ido.*
- **conjunciones de finalidad**: *para que, a fin de que, de modo/manera que.*
  *Te escribo para que te **des** cuenta de mi dilema.*
- *como si.*
  *Me miró como si **estuviera** loco.*
- **antecedentes indefinidos.**
  *Buscamos un colegio que **tenga** buenas instalaciones deportivas.*
  *No conozco a nadie que **haya ido** a la fiesta.*

b) En las oraciones principales, el subjuntivo se usa:

- para expresar **posibilidad** o **duda**: *quizá(s), tal vez.*
  *Quizás **tenga** que trabajar todo el verano, pero no lo sé.*

361

- con *ojalá*, para expresar deseos personales.
  ¡Ojalá **haya aprobado** el examen!

c) El subjuntivo se utiliza en estructuras condicionales para expresar **probabilidad** o **imposibilidad** (ver 11.C Las oraciones condicionales).

> Si **fuera** cubano, bailaría bien la salsa.
>
> Si **hubiera nacido** en Cataluña, hablaría castellano y catalán.

11.C Las oraciones condicionales

Las oraciones condicionales pueden clasificarse en tres tipos:

- Condiciones **probables** o **posibles**:
  si + presente del indicativo… futuro/presente del indicativo/imperativo.
  Si **tienen** dinero, **pueden** salir.
  Si **llueve**, no **iremos** al parque.
  Siéntate si **estás** cansada.

- Condiciones **poco probables** o **imposibles**:
  si + imperfecto del subjuntivo,… condicional.
  Si **ganara/ase** la lotería te **compraría** un apartamento con vistas al mar.
  Si **fuera/ese** indígena, **lucharía** por mis derechos.

- Condiciones **imposibles**, porque están **en el pasado**: *si* + pluscuamperfecto del subjuntivo… condicional perfecto.
  Si **hubiéramos/ésemos llegado** a tiempo, no **habríamos perdido** el tren.
  No sé lo que **habrían dicho** sus padres si **hubieran sabido** la verdad.

11.D El imperativo

Formación

El imperativo tiene cuatro formas:

- El imperativo informal singular *(tú; vos)**
- El imperativo informal plural *(vosotros* [España]; *ustedes* [Hispanoamérica])**
- El imperativo formal singular *(usted)*
- El imperativo formal plural *(ustedes* [España])

*El imperativo con *vos* se usa en aquellos países o regiones hispanoamericanas donde se usa *vos*.

** En Hispanoamérica se emplea la misma forma *(ustedes)* para el tratamiento informal y formal.

El imperativo de *tú* y *vos*

Tú

Verbos regulares

Para la forma afirmativa, se suprime la última letra de la segunda persona singular del presente del indicativo:

hablas → *habla*; *comes* → *come*; *escribes* → *escribe*

> ¡**Habla** más claramente!
> **Come** todo lo que te serví.
> **Escribe** el e-mail cuanto antes.
> ¡**Entiéndeme** de una vez!

Verbos irregulares

Los siguientes verbos tienen formas irregulares:

decir → *di*; *hacer* → *haz*; *ir* → *ve*; *oír* → *oye*; *poner* → *pon*; *salir* → *sal*; *ser* → *sé*; *tener* → *ten*; *venir* → *ven*

Para la forma negativa (para verbos regulares o irregulares), se pone **no** ante la segunda persona del singular del presente del subjuntivo:

No me **hables**.
No digas nada.

Vos (Hispanoamérica)

Para formar el imperativo afirmativo de *vos*, se suprime la *-d* del imperativo de *vosotros*, y se coloca la tilde sobre la *-a, -e* o *-i* final (excepto cuando va seguida de un pronombre de objeto).

> ¡**Hablá** más claramente!
> **Comé** todo lo que te serví.
> **Escribí** el e-mail cuanto antes.
> ¡**Entendeme** de una vez!

Para la forma negativa se pone **no** ante la segunda persona del subjuntivo de *vosotros*, pero sin la *i* intermedia:

> **No hablés** así.
> **No comencés** a preocuparte.
> **No** lo **escribás** todavía.

Nota: es común reemplazar esta forma negativa por la de *tú*.

El imperativo de *vosotros* (España)

Para la forma afirmativa, se sustituye la última letra del infinitivo, es decir -*r*, por -*d*:

hablar → **hablad**; *comer* → **comed**; *escribir* → **escribid**; *hacer* → **haced**; *decir* → **decid**

Para la forma negativa, se pone **no** ante la segunda persona del plural *(vosotros)* del presente del subjuntivo:
no habléis; no comáis; no escribáis; no hagáis; no digáis

El imperativo de *usted* y *ustedes*

El imperativo de *usted* o *ustedes*, afirmativo y negativo, es idéntico a la tercera persona del presente del subjuntivo.

Forma afirmativa:

usted: hable; coma; escriba; haga; venga; diga
ustedes: hablen; coman; escriban; hagan; vengan; digan

Forma negativa:

usted: no hable; no coma; no escriba; no haga; no venga; no diga
ustedes: no hablen; no coman; no escriban; no hagan; no vengan; no digan

El imperativo de *nosotros*

El imperativo para la primera persona del plural (*nosotros*), afirmativo y negativo, es idéntico a la primera persona del plural del presente del subjuntivo.

Hablemos mañana.
No salgamos hasta que vengan los otros.

En los verbos reflexivos se omite la -**s** final, se agrega un tilde, y se coloca la persona al final:
Acostémonos.

Notas:

- Los pronombres de objeto se agregan al final de los imperativos afirmativos:
  ¡Escríbela en seguida!
  ¡Dígame!
  ¡Cómetelo!

- Se puede usar *que* + el subjuntivo para expresar una orden o un deseo:
  ¡Que aproveche!
  ¡Que lo pases bien!
  ¡Que ella se vaya!

- Cuando se usa el imperativo para uno mismo (*yo*), se usa la segunda persona (*tú/vos*):
  ¡No te desesperes! Ya pasa, ya pasa.

11.E Las formas continuas del verbo

Las formas continuas del verbo se forman de *estar* + el gerundio

yo	estoy		
tú/vos	estás		hablando
él/ella/usted	está	+	comiendo
nosotros/as	estamos		viviendo
vosotros/as (E.)	estáis		
ellos/ellas/ustedes	están		

Usos

- Esta forma se usa para expresar una acción que se desarrolla en el momento en el que se habla. Se usa con todos los tiempos, pero es más común con el presente y el pretérito imperfecto.

  En este momento, está hablando con su vecino.
  Las muchachas estaban jugando en la calle.
  No creo que ellos estén considerando esa opción.

- Los verbos *ir, venir, salir, seguir, continuar, andar* y *llevar* también se utilizan con el gerundio para expresar la **duración** de una acción.
  Va anocheciendo.
  Mis padres llevan 50 años viviendo en la misma casa.
  Él no quería casarse, pero ella seguía insistiendo.
  Quería que nosotros siguiéramos/ésemos ocultando la verdad.

11.F Cambios ortográficos de los verbos

Cambios en la raíz del verbo

Verbos que terminan en -**ar** y -**er**

- En el presente del indicativo, la raíz cambia la vocal *o* por **ue** y la vocal *e* por **ie** en la primera, segunda y tercera persona del singular y en la tercera persona del plural.
  contar: cuento, cuentas, cuenta, contamos, contáis, cuentan
  entender: entiendo, entiendes, entiende, entendemos, entendéis, entienden

- En el presente del subjuntivo ocurren los mismos cambios:
  contar: cuente, cuentes, cuente, contemos, contéis, cuenten
  entender: entienda, entiendas, entienda, entendamos, entendáis, entiendan

- La raíz cambia también en el imperativo de *tú*.
  contar: cuenta
  entender: entiende

Verbos que terminan en -**ir**

- Hay tres tipos de verbos con terminación en -**ir**, y cada uno sigue un patrón diferente en el presente del indicativo.
  Los verbos como *pedir* cambian la *e* por la *i*.
  Los verbos como *mentir* cambian la *e* por *ie*.
  Los verbos como *dormir* cambian la *o* por **ue**.

- Estos cambios ocurren en la primera, segunda y tercera persona del singular y en la tercera persona del plural.
  pedir: pido, pides, pide, pedimos, pedís, piden
  mentir: miento, mientes, miente, mentimos, mentís, mienten
  dormir: duermo, duermes, duerme, dormimos, dormís, duermen

- En el presente del subjuntivo de verbos como *pedir*, el cambio ocurre en **todas las personas** del verbo.
  pedir: pida, pidas, pida, pidamos, pidáis, pidan

- En el presente del subjuntivo de verbos que terminan en -ir, hay **cambios adicionales** en la primera y segunda persona del plural:
  mentir: *mienta, mientas, mienta, mintamos, mintáis, mientan*
  dormir: *duerma, duermas, duerma, durmamos, durmáis, duerman*

- En el pretérito indefinido, los verbos como *pedir* y *mentir* cambian la **e** por la **i** en la tercera persona singular y plural:
  pedir: *pedí, pediste, pidió, pedimos, pedisteis, pidieron*
  mentir: *mentí, mentiste, mintió, mentimos, mentisteis, mintieron*
  mientras que los verbos como *dormir* cambian la **o** por la **u**:
  dormir: *dormí, dormiste, durmió, dormimos, dormisteis, durmieron*

- En el imperfecto del subjuntivo de este tipo de verbos, la **e** se cambia por la **i** y la **o** por la **u** en **todas** las personas:
  pedir: *pidiera/ese, pidieras/eses, pidiera/ese, pidiéramos/ésemos, pidiérais/éseis, pidieran/esen*
  mentir: *mintiera/ese, mintieras/eses, mintiera/ese, mintiéramos/ésemos, mintiérais/éseis, mintieran/esen*
  dormir: *durmiera/ese, durmieras/eses, durmiera/ese, durmiéramos/ésemos, durmiérais/eseis, durmieran/esen*

- La raíz cambia también en el imperativo de *tú* y el gerundio:
  imperativo: *pide*   *miente*   *duerme*
  gerundio: *pidiendo*   *mintiendo*   *durmiendo*

Otros cambios ortográficos

En ciertos verbos ocurren cambios ortográficos para mantener el sonido de ciertas consonantes.

Los verbos terminados en **-ar** cambian en el presente del subjuntivo y la primera persona del pretérito indefinido cuando:

- **-ar** va precedido por **c-**: c → qu
  sacar: Presente del subjuntivo: *saque, saques, saque*, etc. Indefinido: *saqué, sacaste*, etc.

- **-ar** va precedido por **g-**: g → gu
  llegar: Presente del subjuntivo: *llegue, llegues, llegue*, etc. Indefinido: *llegué, llegaste*, etc.

- **-ar** va precedido por **z-**: z → c
  empezar: Presente del subjuntivo: *empiece, empieces, empiece*, etc. Indefinido: *empecé, empezaste*, etc.

Nota: la **z** que cambia a **c** ya no representa mantener un sonido en Canarias o Hispanoamérica, donde la pronunciación de **z**, **c(e/i)** y **s** es siempre /s/.

- **-ar** va precedido por **gu-**: u → ü
  averiguar: Presente del subjuntivo: *averigüe, averigües, averigüe*, etc. Indefinido: *averigüé, averiguaste*, etc.

Los verbos terminados en **-er** e **-ir** cambian las consonantes en la primera persona del presente del indicativo y en todas las personas del subjuntivo cuando:

- **-er** va precedido por **c-**: c → z
  Presente del indicativo: *venzo, vences*, etc.
  Presente del subjuntivo: *venza, venzas, venza*, etc.

- **-er** e **-ir** van precedidos de *vocal + c-*:
  vocal + c → -zc-
  Presente del indicativo: *traduzco, traduces*, etc.
  Presente del subjuntivo: *traduzca, traduzcas, traduzca*, etc;
  Presente del indicativo: *conozco, conoces, conoce*, etc. Presente del subjuntivo: *conozca, conozcas, conozca*, etc.

- **-er** va precedido por **g-**: g → j
  Presente del indicativo: *cojo, coges*, etc.
  Presente del subjuntivo: *coja, cojas, coja*, etc.

- **-ir** va precedido por **gu-**: gu → g
  Presente del indicativo: *sigo, sigues*, etc.
  Presente del subjuntivo: *siga, sigas, siga*, etc.

Debe agregarse la tilde en la primera, segunda tercera persona del singular del presente del indicativo y del subjuntivo, y en el imperativo de *tú* de ciertos verbos, cuando:

- **-ar** va precedido por **u-**:
  continuar: Presente del indicativo: *continúo, continúas, continúa, continuamos, continuáis, continúan.*
  Presente del subjuntivo: *continúe, continúes*, etc.
  Imperativo: *continúa*

- **-ar** va precedido por **i-**:
  enviar: Presente del indicativo: *envío, envías, envía, enviamos, enviáis, envían.*
  Presente del subjuntivo: *envíe, envíes*, etc.
  Imperativo: *envía*

11.G *Gustar* y verbos similares

Ciertos verbos se usan principalmente en tercera persona, singular y plural, y hacen referencia al efecto que una acción tiene sobre una persona. Los más comunes son:

apetecer	importar
costar	interesar
doler	molestar
encantar	preocupar
faltar	tocar
gustar	

- La construcción con estos verbos requiere el **pronombre de objeto indirecto**.
  Le gusta el regalo.
  Nos faltan dos sillas más.

- A veces se agrega otro pronombre, precedido por la preposición *a*, para enfatizar o aclarar la persona.
  A mí me toca.
  A ellos no les gustó la película, pero a ellas sí.

Nota: estos verbos también se pueden usar sin "me, te, le, etc." cuando no afectan a una persona.
Por ejemplo: *Los problemas preocupan al gobierno.*

11.H *Ser* y *estar*

Ser se utiliza cuando se habla de la **naturaleza** de una cosa o una persona. Se emplea:

- para señalar características que forman parte de la identidad de algo o alguien.
  Soy boliviana.
  Las montañas son altas.

- para las profesiones.
  Soy carnicero.
  Joan Miró era pintor.

- para indicar el origen o la propiedad.
  Estos zapatos son míos.
  La estatua es de madera.

- para dar la hora.
  Son las cinco y media.

- con los infinitivos, sustantivos y pronombres.
  Lo esencial es vivir una vida sana.
  Barcelona es una ciudad mediterránea.
  Soy yo quien te llamó ayer.

- como verbo auxiliar para la voz pasiva.
  La casa fue construida por su abuelo.

- para señalar dónde tiene lugar un evento.
  ¿Sabes dónde es la fiesta?

Estar se emplea para hablar de:

- la situación de algo o alguien (temporal o permanente).
  El Museo del Oro está en Bogotá.
  Estábamos en México cuando empezó el huracán.

- un estado que se considera pasajero.
  Estoy triste. (Es decir, de momento.)

Las playas están limpias. (Pero es posible que se ensucien.)

- un cambio en el aspecto de una persona.
  ¡Qué joven estás, Marisa!

Estar también se emplea para expresar el resultado de una acción:

> *El asunto ya está resuelto.*
> *La puerta estaba cerrada.*

Las formas continuas del verbo se forman con *estar* + el gerundio (Ver 11.E Las formas continuas del verbo).

> *Está estudiando para el examen.*

Al combinarse con *ser* o con *estar*, muchos adjetivos tienen significados diferentes.

Por ejemplo:

Ser	*Estar*
alegre (carácter)	alegre (estado de ánimo)
listo (inteligente)	listo (preparado)
malo (malvado)	malo (para personas: enfermo; para cosas: podrido o de mal sabor)
triste (de tristeza intrínseca)	triste (apenado temporalmente)

11.I La voz pasiva

Se puede expresar una misma oración de manera **activa** o de manera **pasiva**, de acuerdo al énfasis que se quiere dar (al sujeto o al objeto).
> Voz activa: *Anaya publica sus novelas.*
> Voz pasiva: *Sus novelas son publicadas por Anaya.*

La voz pasiva puede emplearse en todos los tiempos del verbo. Por ejemplo:
> *El concierto será celebrado el sábado.*
> *Esa pintura ha sido dada al Museo de Arte Contemporáneo.*
> *El pueblo fue destruido por el terremoto.*

Se suele utilizar las siguientes construcciones en lugar de la voz pasiva con *ser*:
- Un verbo activo en la tercera persona del plural, cuando no queremos o podemos especificar el sujeto activo:
  Le entregaron las llaves de la casa. [en voz pasiva: *Las llaves de la casa le fueron entregadas.*]

- Duplicación del pronombre de objeto directo delante del verbo.
  Aquella novela la escribió Mario Vargas Llosa.
  [en voz pasiva: *Aquella novela fue escrita por Mario Vargas Llosa.*]

365

Puede expresarse una **voz pasiva refleja** usando *se* + verbo en tercera persona (singular o plural):
Se alquilan *casas.*

También puede expresarse **impersonalidad** con *se* + verbo en tercera persona singular:
En este pueblo **se bebe** *mucho.*

11.J Los verbos reflexivos o pronominales

Formación

Los verbos reflexivos están compuestos de un verbo y un pronombre reflexivo: *levantar* + *se* = *levantarse*. El pronombre cambia según la persona.

	levantarse
yo	me levanto
tú	te levantas
él/ella/usted	se levanta
nosotros/as	nos levantamos
vosotros/as	os levantáis
ellos/ellas/ustedes	se levantan

Nota: el pronombre *vos* lleva la tilde:
vos   te levantás

- Un verbo transitivo se convierte en verbo reflexivo agregando el pronombre reflexivo:
  cortar = verbo transitivo (es decir, el verbo tiene un pronombre de objeto directo)
  cortarse = verbo reflexivo (es decir, el verbo tiene un pronombre reflexivo)
  Fernando **cortó** *el pan.*   (él lo cortó)
  Fernando **se cortó.**   (él se cortó **a sí mismo**)

- Para formar el imperativo reflexivo de *nosotros/as*, se suprime la **s** final:
  Levantémonos. (Levantemos + nos)

- Para formar el imperativo reflexivo de *vosotros/as*, se suprime la **s** final:
  Sentaos. (Sentad + os)

11.K El infinitivo

Formación

- El infinitivo simple de las tres conjugaciones termina en **-ar**, **-er** e **-ir**: *hablar, comer, vivir.*
- El infinitivo compuesto se forma del infinitivo del verbo *haber* + el participio: *haber hablado, haber comido, haber vivido.*

Usos

El infinitivo:

- puede tener el valor de un sustantivo. Suele ir precedido del artículo definido.
  El vivir *en Cantabria es muy agradable.*

- sigue a los verbos auxiliares modales: *deber (de), tener que, poder, haber que.*
  Tienes que **mandar***le un mensaje.*
  ¿Puedo **ayudar***?*

- sigue a los verbos *acabar de* (= la acción del verbo ha ocurrido un poco antes), y *volver a* (= "hacer de nuevo").
  No la he visto pero sé que **acaba de llegar.**
  He **vuelto a copiar** *el CD.*

- sigue a los verbos de "percepción", como *ver, mirar* y *oír*.
  La vi **entrar** *en la discoteca.*
  Los oyó **cantar** *en la calle.*

- a veces se emplea en vez del imperativo:
  Tocar *el timbre.* (= Toque(n) el timbre.)
  No **pisar** *el césped.* (= No pise(n) el césped.)
  No **fumar.** (= No fume(n).)

- precedido por *al*, significa "*cuando*", refiriéndose a una acción que ocurre al mismo tiempo que la del verbo principal de la frase.
  Al **entrar** *en la habitación, saludó a su hermano.*
  (= Cuando entró…)

11.L El participio

Formación

El participio se forma:

- cambiando la terminación **-ar** del infinitivo por **-ado**.
- cambiando la terminación **-er** e **-ir** del infinitivo por **-ido**.

Usos

- Los tiempos compuestos se forman con *haber* + el participio. El participio es invariable.
  Todavía no he **visto** *La Sagrada Familia.*
  Cuando llegó, ya habíamos **comido.**

- Para formar la voz pasiva con **ser** y **estar.**
  El participio concuerda en género y número con el sujeto del verbo.
  "El Aleph" fue **escrito** *por Borges.*
  Las obras están **terminadas.**

- Como adjetivo. El adjetivo concuerda en género y número con el sustantivo.
  unos pantalones **rotos**
  una chica muy **educada**

- Funciona como sustantivo con el artículo neutro *lo.*
  Lo **divertido** *es jugar con los videojuegos.*
  Lo **dicho, dicho** *está.*

11.M El gerundio

Formación

El gerundio se forma:

- cambiando la terminación *-ar* del infinitivo por *–ando*.

- cambiando la terminación *-er* e *-ir* del infinitivo por *-(i/y)endo*

cantar ⟶ *cantando*
volver ⟶ *volviendo*
escribir ⟶ *escribiendo*
oír ⟶ *oyendo*

Usos

El gerundio se emplea para expresar:

- una acción que es simultánea con otra.
*Estaba sentada en la plaza, **mirando** los pájaros.*

- la manera de realizar algo.
*Hizo su fortuna **trabajando** en la Bolsa.*

- la forma continua del verbo, con *estar*.
*El ministro estaba **hablando**.*

- la duración de una acción, principalmente con *ir, venir, salir, continuar, seguir, andar* y *llevar*.
*La deuda nacional **va aumentando** cada vez más.*
***Salimos corriendo**.*
***Llevan** tres años **construyendo** aquellos edificios.*
***Seguían pidiendo** ayuda.*

11.N Los verbos modales

Los verbos modales son verbos auxiliares que se usan con otros verbos en infinitivo.

Los verbos modales principales son:

- *poder*: expresa posibilidad o capacidad.
*¿**Puedo** ayudarle?*
*No **puedes** ir a Panamá porque tu carro está averiado.*

- *deber*: expresa una obligación fuerte.
***Debemos** obedecer las leyes del país.*

  Nota: *deber de* expresa la idea de probabilidad o suposición:
***Debe de** haber llegado porque su coche está fuera.*

- *tener que*: expresa una obligación menos fuerte.
*Primero **tienes que** encender el ordenador.*

- *haber que*: expresa una obligación impersonal.
***Hay que** estudiar mucho para ingresar en la universidad.*
*Durante la guerra, **había que** hacer sacrificios.*

12 Los adverbios

Los adverbios sirven para modificar verbos, adjetivos y otros adverbios:

- Vamos *rápidamente*.

- Me parece *mucho* mejor.

Las principales categorías de adverbios son: **de modo, de tiempo, de lugar, de cantidad** y **de comparación**.

Adverbios de modo

Los más comunes son:

bien	como
despacio	de repente
igual	mal

*Volvió **de repente**.*
*Lo has escrito **bien/mal**.*

- Muchos adverbios de este grupo se forman con la forma femenina del adjetivo + el sufijo *-mente*:
*clara + mente = **claramente***
*feliz + mente = **felizmente***

- Si dos adverbios que terminan en *-mente* van juntos, el primero suprime el sufijo:
*Las medidas del gobierno van a cambiar el país **social** y **políticamente**.*

Adverbios de tiempo

Los más comunes son:

ahora	entonces	recién
a menudo	hoy	siempre
antes	luego	tarde
a veces	mañana	temprano
ayer	mientras	todavía
después	nunca	ya
en seguida/enseguida	pronto	

*Volvió **tarde**.*
*Hablaremos **después**.*
*¡Vuelve **pronto**!*

Adverbios de lugar

Los más comunes son:

abajo	allí/allá	delante
adelante	a lo lejos	dentro
adentro	arriba	detrás
(a)fuera	atrás	encima
aquí/acá	cerca	fuera
ahí	debajo	lejos

*Ven **acá**.*
*La iglesia se encuentra muy **cerca**.*
*Mis maletas están **arriba**.*

367

Adverbios de cantidad

Los más comunes son:

apenas	nada	tanto
mucho	cuanto	más
bastante	(un) poco	todo
muy	demasiado	menos
casi	tan	

La iglesia está **bastante** *cerca del banco.*
Habla **demasiado***.*
Bebe **poco** *y come* **menos***.*

Adverbios comparativos

- Los adverbios comparativos se forman poniendo más/menos antes del adverbio: **más** *eficazmente;* **menos** *despacio.*

- Algunos adverbios comparativos son irregulares:

adverbio	forma comparativa
bien	mejor
mal	peor
mucho	más
poco	menos

Mi hermano conduce **peor** *desde el accidente.*
No sé quién cocina **mejor***, mi madre o mi padre.*

Ciertos adjetivos pueden funcionar a veces como adverbios:

Por favor, ¡habla más **alto***!*
Lo pasamos **fatal***.*
Vamos **rápido***, ¿no?*

13 La negación

Los adverbios negativos más comunes son:

no	ninguno
nunca	ni (siquiera)
jamás	ni... ni
nada	tampoco
nadie	apenas

Usos

- Los adverbios negativos suelen anteponerse al verbo (especialmente *ser*):
  No *sé.*
  Nunca *va al cine.*

- Estos adverbios, con excepción de *no*, también pueden posponerse al verbo. Cuando esto ocurre, siempre se coloca *no* antes del verbo, formando una doble negación:
  No va **nunca** *al cine.*
  No vio **nada***.*

- Dos o más adverbios negativos pueden ponerse después del verbo:
  No entiende **nunca nada***. (=* **Nunca** *entiende* **nada***.)*
  No veo **tampoco** *a* **nadie***. (=* **Tampoco** *veo a* **nadie***.)*

14 Las preposiciones

Las preposiciones son palabras funcionales que se relacionan con otra(s) palabra(s) (por ejemplo, un sustantivo, un pronombre o un infinitivo) para complementarlas.

Las preposiciones son:

- de una palabra: *a, ante, bajo, cabe, con, contra, de, desde, durante, en, entre, hacia, hasta, mediante, para, por, según, sin, so, sobre, tras.*
  Según *las instrucciones, hay tiempo* **hasta** *hoy* **para** *completar el formulario.*

- locuciones preposicionales: *a pesar de, al lado de, con relación a, después de, etc.*
  Está **cerca/lejos de** *mi casa.*
  El coche está **delante/detrás/debajo de** *la casa.*

Después de una preposición se debe usar el infinitivo del verbo:
Antes de **salir** *voy a* **despedirme** *de la abuela.*

Muchos verbos se utilizan con una preposición. Esto se llama "régimen preposicional" del verbo.
Por ejemplo: *comenzar a, pensar en, soñar con, tratarse de*

a

Se emplea:

- para el complemento directo de personas.
  Conocí **a** *tu padre en Sevilla.*
  Nota: a veces se usa también con animales, para expresar cariño.
  Ven y conoce **a** *mi perrito.*

- para expresar destino:
  Vamos **al** *centro* **a** *buscar regalos.*

- para indicar horario:
  A *las cinco de la tarde.*

- para indicar ritmo o velocidad:
  El tren sale para Arequipa dos veces **al** *día.*

antes de/ante/delante de

- Por regla general, *antes de* se refiere al tiempo, pero puede referirse al espacio; *ante* y *delante de* se refieren al espacio (real o metafórico).
  Ven **antes de** *las seis.*
  Tuvo que comparecer **ante** *el juez.*

*Nunca habla de eso **delante de** los niños.*
***Ante** la situación, el dictador tuvo que retirarse.*

con

Se emplea:

- para referirse a la compañía.
  *Come **con** nosotros.*

- para indicar el modo de hacer algo.
  *Buscó por todas partes **con** la antorcha.*

- al dar cambio de dinero.
  *Son cuatro pesos **con** cincuenta.*

- combinado con *mí, ti* y *sí*, formar:
  conmigo, contigo, consigo.
  *Quiero ir a Cuba **contigo**.*

de

Se emplea para indicar:

- posesión.
  *Este coche es **de** Rafael.*

- origen.
  *Soy **de** Alicante.*

- material.
  *Tengo una caja vieja **de** madera.*

desde

- Expresa el origen en el tiempo y en el espacio.
  ***Desde** aquí se ve el castillo.*
  ***Desde** 1983, los argentinos tienen un gobierno democrático.*

en

Expresa:

- lugar.
  *Antes estudiaba **en** la Universidad de Salamanca.*
  *Ponlo **en** la cocina.*

- modo de transporte.
  *Viajamos **en** tren.*

hacia

- Expresa dirección sin expresar destino.
  *Para llegar al hotel, tienes que ir **hacia** la catedral.*

hasta

- Significa el término límite de lugar, tiempo o cantidad.
  *¿Por qué no caminamos **hasta** la plaza?*
  *Se quedó en el restaurante **hasta** las cuatro y luego se marchó.*
  *Acepta ofertas **hasta** los 5.000 bolívares.*

para

Expresa:

- finalidad.
  *Este CD es un regalo **para** mi hermano.*
  *¿**Para** qué sirven las vacaciones? **Para** relajarse.*

- tiempo.
  *Por favor, haz el trabajo **para** el lunes.*

por

Se usa para indicar:

- causa.
  *Lo hizo **por** ella.*
  ***Por** mí no te preocupes.*

- medio.
  *Lo busqué **por** todos lados.*
  *Entra **por** la puerta principal.*

- precio.
  *Compré la chaqueta **por** cien euros.*

- el sitio por donde se pasa.
  *Cruza **por** allí y lo encontrarás.*

- el agente en una construcción pasiva.
  *Este alcázar fue construido **por** los moros.*

- fórmulas de juramento o ruego.
  *¡**Por** Dios!*
  ***Por** lo qué más quieras, ven pronto.*

sobre

Indica:

- la posición superior de algo.
  *El avión volaba **sobre** el pueblo.*

- acerca de qué se está hablando.
  *Quisiera saber más **sobre** el Museo del Prado.*

- la hora aproximada.
  *Llegaremos **sobre** las dos y media.*

15 Las conjunciones

Las conjunciones se emplean para vincular palabras, frases u oraciones.

Hay dos grupos de conjunciones:

- las **coordinantes**: *ni, o/u, pero, sino, y/e*
- las **subordinantes**: *así que, aunque, como, cuando, de modo que, mientras, para que, porque, que, si, ya que,* etc.

Las conjunciones coordinantes

Estas conjunciones vinculan palabras y frases que tienen el mismo peso:

*El niño se cayó **y** se echó a llorar.*
*Vamos a ir al cine **o** al teatro.*
*No sé quién es **ni** de dónde viene.*
*Los Reyes Católicos, Fernando **e** Isabel.*
*¿Prefieres helado **u** horchata?*

Notas

- *y* se convierte en *e* cuando la palabra siguiente empieza con -*i* o -*hi*.

- *o* se convierte en *u* cuando la palabra siguiente empieza con -*o* u -*ho*.

- *pero* y *sino* tienen un sentido adversativo:

  - *pero* une oraciones, adjetivos y adverbios.
    Tu equipo es bueno pero no tiene posibilidades de ganar la copa.
    Es una persona inteligente pero vaga.

  - *sino* (o *sino que*, cuando le sigue una oración con un verbo activo) se emplea para contradecir una afirmación negativa en la primera oración.
    Mi novia no es alta y morena, sino baja y rubia.
    El dueño no solo no le pidió perdón sino que además lo insultó.

Las conjunciones subordinantes

Las conjunciones subordinantes introducen oraciones que dependen de la oración principal.
Aunque la selección argentina parece fuerte, no creo que gane la copa.
Sabemos que han llegado ya.
Solo pude terminar el trabajo porque me ayudaste.

16 Los números

Los números *cardinales* se usan para **contar**, mientras que los *ordinales* se usan para **indicar orden**.

Los números cardinales

1	uno/a	17	diecisiete
2	dos	18	dieciocho
3	tres	19	diecinueve
4	cuatro	20	veinte
5	cinco	21	veintiuno/a
6	seis	22	veintidós
7	siete	23	veintitrés
8	ocho	24	veinticuatro
9	nueve		
10	diez	30	treinta
11	once	31	treinta y uno
12	doce		
13	trece	40	cuarenta
14	catorce	50	cincuenta
15	quince	60	sesenta
16	dieciséis	70	setenta

80	ochenta	700	setecientos/as
90	noventa	800	ochocientos/as
100	cien	900	novecientos/as
101	ciento uno/a	1.000	mil
102	ciento dos	1.001	mil uno/a
120	ciento veinte	100.000	cien mil
200	doscientos/as		
300	trescientos/as	1.000.000	un millón
400	cuatrocientos/as	3.000.000	tres millones
500	quinientos/as	1.000.000.000	mil millones
600	seiscientos/as	1.000.000.000.000	un billón

Notas:

- Los números cardinales hasta el 30 se escriben con una palabra.

- La conjunción *y* se intercala entre decenas y unidades (desde *dieciséis* hasta *noventa y nueve*), pero no entre centenas y unidades, centenas y decenas, miles y unidades, miles y centenas.
  41 = cuarenta **y** uno
  104 = ciento cuatro
  110 = ciento diez
  1.006 = mil seis
  1.152 = mil ciento cincuenta **y** dos

- Los miles, millones, etc. llevan un punto (con excepción de los años).
  La Paz está a 3.640 metros sobre el nivel del mar.
  Colón descubrió América en el año 1492.

- Las fracciones se indican por medio de una coma.
  La temperatura es de 25,7º.
  Solo un 31,4 % de la población está de acuerdo.

Uno/una
Los números que terminan en *uno* pierden la -*o* final antes de un sustantivo masculino. *Una* no cambia antes de un sustantivo femenino.
  *una clase de **treinta y un** chicos*
  *una clase de **veintiuna** chicas*

Cien(to)
Cuando se pone antes de un sustantivo, un adjetivo, o *mil*, *ciento* pierde -*to*.
  ***cien** kilómetros*
  *las **cien** mayores empresas del mundo*
  *100.020 = **cien** mil veinte*
  ***cien** mil habitantes*

Ciento no cambia cuando se pone antes de otro número (con la excepción de *mil*).
  120 = ciento veinte
  195 = ciento noventa y cinco

Mil

El sustantivo plural *miles* va seguido por la preposición *de*.

> **Miles de** *personas llenaron la plaza.*

Un millón

Un millón (plural *millones*) va seguido por la preposición *de*.

> *un **millón de** dólares*
> *cinco **millones de** participantes*

Nota: el número 1.000.000.000 se considera como *mil millones*, aunque muchos la denominan *un billón*, que tradicionalmente es 1.000.000.000.000.

La hora

Se usa el horario de veinticuatro horas (especialmente con referencia al transporte).

> *El tren de las **22:45**.*

Cuando se habla, es más usual referirse al reloj de 12 horas, y se agrega a la hora "de la mañana", "de la tarde" o "de la noche".

> *Vamos a tomar el tren de las **10:45** de la noche.*

Nota: en países hispanoamericanos con mucho contacto con los Estados Unidos, se suele usar el formato inglés *a.m.* (antes del mediodía) y *p.m.* (después del mediodía).

Las fechas

Se usan los números cardinales para las fechas, con la excepción del primer día del mes (especialmente en Hispanoamérica).

> *el 9 de junio*
> *el 1 de diciembre = el primero (o 1º) de diciembre*
> *= el día uno de diciembre.*

Para fechas de más de mil suele no ponerse un punto después de mil. Esto no se aplica de manera consistente.

> *el año 2014 (o 2.014)*

Para escribir la fecha se intercala *de* entre el día y el mes, y el mes y el año.

> *24 **de** diciembre **de** 2002 (o 2.002)*

Para hablar de décadas se dice:

> *los años noventa o la década de los noventa.*

Los porcentajes

El símbolo % indica un *porcentaje* y al ir después de un número, se dice *por ciento* o (menos usual) *por cien*.

Los porcentajes son precedidos del artículo definido o el artículo indefinido, y se pone una coma antes de los decimales.

> ***el 25%*** *de la población es de países africanos*
> ***un 50,5%*** *de los votantes*

Los números ordinales

1º/ª	primero/a
2º/ª	segundo/a
3º/ª	tercero/a
4º/ª	cuarto/a
5º/ª	quinto/a
6º/ª	sexto/a
7º/ª	séptimo/a
8º/ª	octavo/a
9º/ª	noveno/a
10º/ª	décimo/a
20º/ª	vigésimo/a
30º/ª	trigésimo/a
40º/ª	cuadragésimo/a
50º/ª	quincuagésimo/a
60º/ª	sexagésimo/a
70º/ª	septuagésimo/a
80º/ª	octogésimo/a
90º/ª	nonagésimo/a
100º/ª	centésimo/a
1000º/ª	milésimo/a

- Los números ordinales son adjetivos, por lo que deben concordar con el sustantivo en género y número.
  *el **quinto** piso*
  *la **segunda** vez*

- *Primero* y *tercero* pierden la *-o* final antes de un sustantivo masculino.
  *las **primeras** experiencias de la infancia*
  *el **primer** paso*
  *el **tercer** día*

- Las fracciones pueden expresarse usando los números ordinales.
  *la **quinta** parte de la población*
  *la **cuarta** parte de la basura se recicla.*

- Los siguientes ordinales se escriben con números romanos (estos siempre se escriben con mayúscula):
  - **los siglos:** de forma oral se dicen los números cardinales, especialmente después del diez.
    el siglo III (se dice "el siglo tercero" o "el siglo tres")
    el siglo XXI (se dice "el siglo veintiuno")
  - **los reyes:** de forma oral se dicen los números ordinales hasta "décimo", después se usan los cardinales.
    Juan Carlos I (se dice "Juan Carlos primero")
    Alfonso XIII (se dice "Alfonso trece")

Acknowledgements

Audio CD: with thanks to Rowan Laxton at Alchemy Post and Montserrat Roig, Carlos Pando, Giovanna Hernández, Juan Solari, Miryam A. and Sebastián Bianchi.

For the full list of audio CD acknowledgements, please see the Teacher's Resource Book (ISBN: 978 14441 46424).

Text credits

p. 12 http://www.diaridetarragona.com/tarragona/038749; **p.16** es.answers. yahoo.com/question; **p.19** www.guiajuveil.com; **p.21** http://www.laprensa. com.bo; **p.23** http://kurenai.obolog.com and http://losrestosdelnaufragio. espacioblog.com; **p.24** www.20minutos.es; **p.28** José Hernández, *El Gaucho Martín Fierro*; Juan José Millás, *El mundo* (Planeta 2007); **p.30** Laura Esquivel, *Malinche* (Editorial Suma de Letras, 2006); **p.36** 'Con todas las letras' from *Rosario 3, Ciencia y Tecnologia*, rosario3.com (18 July 2009); **p.40**: Graciela Limón, 'El impacto del español sobre el inglés en la literatura chicana', congresosdelalengua.es; **p.42**: El catalan (España): publico.es; El gallego (España): es.answers.yahoo.com; El nahuatl (México): yohablomilengua.blogspot.com, reproduced by permission of Raul Macuil Martinez and Gerardo Sanchez Farfan; El quechua (Peru): kausachun-trekk-peru.com; **p.44** comunidad.terra.es; **p.51** sepiensa.org.mx/contenido; **p.56** Gabriel Garcia Marquez, *El poder de la palabra*, congresosdelalengua.es; **pp.56–7**: *Tan veloz como el deseo* (Editorial Plaza & Janés, 2001) © Laura Esquivel Casanovas & Lynch Agencia Literaria; **p.59** Pablo Neruda, 'El Liceo, el Liceo!' (1920); **p.62** Quique Lavilla, 'La educacion me da vidilla', El Mundo, 10.03.2011; **p.70**: "Paraiso de postal" es rescatado por una ONG, 'Une Option de Plus', a French-Equadorian NGO; **p.81** Primera parte: visionglobal.over-blog.com, Segunda parte: as.com; **p.84** Antonio Machado, 'Recuerdo infantil' from *Soledades, galerías y otros poemas. Textos Hispánicos Modernos*, edited by Geoffrey Ribbans (Editorial Labor, 1975); **p.85** Manuel Rivas, 'Un maestro especial', from *La Lengua de las mariposas* from the collection *Qué me quieres, amor* (Alfaguara, 2000); **pp.87–88** Ernesto Sabato, *El Tunel* (Editorial Sudamericana, 1972); **p.90** La Republica (25.02.2011); **p.92** revistaenie.clarin.com (2011); **p.95** Kitty: *youtube.com*, Luisa and Carlos: vagos.es, Fernando: formspring.me; **p.99** Paula Lorenzo, 'La radio como herramienta para que los chicos expresen sus opiniones', portal.educ. ar (25.06.2007); **p.106** chavodel8.com (19.11.2006); **p.112** 'A 30 años del "Tejerazo"', contexto.com.ar (23.02.2011); **p.114** 'Evo Morales tilda de racistas a medios de comunicación de Bolivia', prensaescrita.com; **p.116** Maye Primera, elpais.com (18.08.2010); **p.120** Julio Cortázar, 'El diario a diario' from *Historias de cronopios y de famas* (Alfaguara, 2000); **p.121** 'La chica de la tele' from *Los objetos nos llaman* (Editorial Seix Barral, 2008) Juan José Millás, Casanovas & Lynch Agencia Literaria; **pp.127–8** argijokin. blogcindario.com; **p.130** congresosdelalengua.es; **p.135** Keane J. Shore, 'En una choza de paja abierta', idrc.ca; **p.137** Carmen Pérez-Lanzac, El País (10.06.2009); **p.140** Lucas Cruzado Clarin, 'Su madre lo abandonó al nacer y él la reencontró por Facebook', edant.clarin.com, (09.04.2010); **p.143** Sergio M. Mahugo, 'El periodismo tradicional, victima del atentado de ETA en la Universidad de Navarra', egaleradas.com; **p.146** Ramón Muñoz, 'El locutorio acabará con Facebook', El País (26.07.2010); **pp.150–1** Antonio Skármeta, 'El cartero de Neruda' from *Ardiente paciencia* (Editorial Sudamericana, 2000); **p.152** quotation from Quim Monzó: lletra.com; **p.153** Quim Monzó, 'Cualquier tiempo pasado' from *Mil cretinos* (Anagrama, 2008); **p.156** Extracts from mx.answers.yahoo.com; **p.158** Extract from an interview with the journalist Rosa Maria Calaf (14.07.2009), redi.um.es; **p.164** Pablo Fonseca, '90% de costas ticas perderían área debido a cambio climático', nacion.com (22.06.2010); **p.165** 'Café de Costa Rica en tierras más altas', elpais.co.cr; **p.167** noticias.terra.com/noticias; **p.169** 'Ambientalistas prevén desastre ambiental en Patagonia chilena por represas', noticias.latam.msn.com; **p.171** Juan Carlos Calvo, portalforestal.com (July 2010); **pp.172–3** 'Vivir en La Oroya, la ciudad más contaminada de América', edant.clarin.com; **p.174** Pedro Ordaz, 'Las campeonas de la polución frenan al coche, El Pais, 23.01.2011; **p.176** 'Mira A Tu Alrededor', greenpeace.org, reproduced by permission of Greenpeace Spain; **pp.176–7** extracts from juventudymilenio. org and elblogverde.com; **p.178** Pura Vida. Ecoturismo en Costa Rica from puravidaecoturismo.com.cr; **p.182** Baldomero Fernández Moreno, 'Setenta balcones y ninguna flor'; **p.184** Luis Sepúlveda, *Un viejo que leía novelas de amor* (Editorial Tusquets, 2001), Literarische Agentur Mertin; **p.186** Juan Rulfo, 'Es que somos muy pobres', from *El llano en llamas* (Planeta, 1953);

p.191 es.answers.yahoo.com; **p.196** Carlos Fresneda, 'Miedo y desolación en Arizona', El Mundo (28/30.07.2010); **p.200** 'Qué pobres somos', adapted from paulocoelhoblog.com, 13.05.2011, Sant Jordi Asociados Agencia Literaria S.L.U; **p. 202** Juan Carlos Romero, '¿Por qué somos pobres?', elpais.com.co (08.11.2010); **p.204** 'Escribir un comentario…', adapted from elpais.com.co; 'Ecuador: Chicos de la calle', es.kindernothilfe.org; **p.206** '¿Por qué hay tanto machismo en el mundo?' es.answers.yahoo.com; **p.209** losmonosabios.org and pocamadrenews.wordpress.com; **p.211** Laura Esquivel, *Como agua para chocolate* (Nuevas Ediciones de Bolsillo, 1989); **p.212** Eduardo Galeano, *Las venas abiertas de América Latina* (Editorial Siglo XXI, 2010); **p.214** Ramón J. Sender, *Réquiem por un campesino español* (Destino libro, 1984); **p.217** elcorreogallego.es; **p.219** 'Apuntate a las vacaciones sostenibles: 5 consejos', jovenesverdes.org; **pp.225–6**: Luis Angel Sanz, 'El pasado "es agua bajo el puente"', from *Del holocausto a la reconciliación*, El Mundo, 10.11.2010; **p.228** es.answers.yahoo.com; **p.230** '¿Qué ejercicios físicos puedo hacer para bajar de peso?', espanol. answers.yahoo.com; 'Diez excusas para no hacer ejericio' from puntofape. com, reproduced by kind permission of Fabian Aaron; **pp.233–4**: Lluís Bassat, 'La lucha contra la pobreza pasa por mejorar la salud', La Vanguardia, 31.07.2010; **pp.235–6** Slvaro Corcuera 'El ultimo gramo', El País Semanal, 25.07.2010; **p.237** Exercise D, adapted from ugr.es; Teoría del conocimiento box, Candela Soldeplata, 20minutos.es, 02.03.2005; **p.241** Feliciano Acosta, Alcaraz and Natalia Krivoshein de Canese, *Mombe' Ugua'U: Colección de mitos, fábulas y leyendas paraguayas* (Servilibro, 2003); **p.245** 'Banderillas negras en Cataluña' El Mundo, 29.07.2010; **p.249** 'Las Fallas de Valencia', aula2.el-mundo.es, 10.02.2004 and lavoz.com.ar (17/03/2011); **p.254** '¿Qué es la Pachamama?' from *Santos populares: ritos populares a la Pachamama* (Revista Predicciones, XYZ Editora S.A.); **p.257** 'Investigarán efecto en indígenas de lectura apocalíptica de calendario Maya', verde.latam.msn.com; **p.259** 'Carta de Claudia, de El Rocío', Claudia Alfaro, es.smeet.com/blog/2011-06-14; **p.261** 'Goya: la evolución de un pintor excepcional', artehistoria.jcyl.es; **p.263** Maggy Cuesta, 'Entrevista a Felix Beltran', www.joancosta.com; **p.265** Octavio Paz, *El laberinto de la soledad* (Fondo de Cultura Económica, 1992); **p.267** Manuel Mujica Láinez, *Misteriosa Buenos Aires, Capitulo XXXIV* (Ed. Sudamericana, 2009); **p.270** 'Mochileros recorriendo Sudamérica', viajeros.com; **p.274** 'Un viajecito en Chiva, el más colombiano de los transportes' destinosyplanes.com; **p.275** 'La Ultima moda Rumba en Chiva de noche', cartagenainfo.com; **p.278** '¿Saldría de esta el viajero?', rutas.excite.es, 05.07.2008; **p.280** Exercise E, vocescubanas.com/reportesdeviaje; **p.281** DAKAR 2012: ¡EL PERÚ!, dakar. com; **p.283** luismagik.blogspot.com; **p.284** Juan José Mateo, 'Rafael Nadal: Soy bastante miedoso', lavilla.rtve.es, 28.01.2009; **p.286** 'Bar español regala cerveza y tapa a cambio de un insulto', terra.com.co; **p.289** Jorge Jofre, 'Volver y Pedro Almdóvar', minotaurodigital.net; **p.291** Rubén Darío, 'El canto errante' (1907) from *El Canto errante* (poemas-del-alma.com); **p.292** Manuel Puig, *El beso de la mujer araña*, (Editorial Seix Barral, 2002); **p.304** mexico.blogoo.com; **p.306** Guillermo Zaccagnini, 'El rock de las Malvinas', edant.clarin.com; **p.308** 'Expresión artística o mutilación del cuerpo', gua30.wordpress.com; **p.310** 'Koguis, los hijos del jaguar, el corazón del mundo, la montaña sagrada de Colombia y la profecía de los hermanos mayores', germanov.wordpress.com; **p.312** 'Monitores Culturas Originarias', redindigena.info; **p.314** 'Tema del día – Las modelos anoréxicas', clarinete. idoneos.com; **p.317** Isabel Allende, *El cuaderno de Maya* (Editorial Plaza & Janés, 2011); **p.319** Maruja Torres, *Mientras vivimos* (Planeta, 2000); **p.321** Eduardo Galeano, extract from *Las venas abiertas de América Latina* (1971); **p.322** 'Grandes inventos y logros científicos realizados por latioamericanos', aeromental.com; **p.323–324** http://es.wikipedia.org and www. biografiasyvidas.com; **p.327** 'El mexicano que asesoró a los creadores de Google', eluniversal.com.mx, 17.11.2006; **p.332** 'Un "alacrán" robótico para salvar vidas humanas', elmundo.es; **p.334** 'Tratan a una niña con cáncer con sus células madre', elnacional.com.do, 07.03.2011; **p.337** Manuel Ángel-Méndez 'Un hospital barcelonés prueba un robot para diagnosticar a pacientes', elpais.com, 21.01.2010; **p.338** 'Le ofrecemos un carro bonito, ecológico, ¡y mexicano!', http://fox.presidencia.gob.mx; **pp.342–3** Roberto Arlt, *El juguete rabioso*, biblio3.url.edu.gt; **p.345** Juan José Millás, 'El progreso', elpais.com, 27.03.1998.

Every effort has been made to trace or contact copyright holders prior to publication. If contacted, the publisher will be pleased to rectify any omissions or errors at the earliest opportunity.